Volker Gallé (Hrsg.)
im Auftrag von Rheinhessen Marketing e. V.

Gunter Mahlerwein

Rheinhessen 1816–2016

Die Landschaft – Die Menschen
und die Vorgeschichte der Region seit dem 17. Jahrhundert

Volker Gallé (Hrsg.)
im Auftrag von Rheinhessen Marketing e. V.

Gunter Mahlerwein

Rheinhessen
1816–2016

Die Landschaft – Die Menschen
und die Vorgeschichte der Region seit dem
17. Jahrhundert

Nünnerich-Asmus
Verlag & Media

432 Seiten mit 72 Abbildungen

Titelabbildung
Hessisches Staatsarchiv Darmstadt, R4 Nr. 4251 UF; © dieth & schröder / Rheinhessenwein e. V.;
Aufnahme: Thomas Huckle, Wendelsheim; Privatbesitz

Bibliografische Information der Deutschen Nationalbibliothek

Die Deutsche Nationalbibliothek verzeichnet diese Publikation in der Deutschen Nationalbibliografie;
detaillierte bibliografische Daten sind im Internet über http://dnb.d-nb.de abrufbar.

© 2015 by Nünnerich-Asmus Verlag & Media GmbH, Mainz am Rhein
2. Auflage 2016

ISBN 978-3-945751-14-5

Herausgegeben von Volker Gallé
im Auftrag von Rheinhessen Marketing e. V.

Idee: Gunter Mahlerwein

Gestaltung: Bild1Druck GmbH, Berlin

Druck: Beltz Bad Langensalza GmbH

Lektorat: Natalia Thoben, David Richter

Gestaltung des Titelbildes: Sebastian Ristow

Printed by Nünnerich-Asmus Verlag & Media GmbH

Weitere Titel aus unserem Verlagsprogramm finden Sie unter: www.na-verlag.de

Herausgeber und Verlag danken
für die finanzielle Unterstützung
dieser Monografie

Altertumsverein Worms e. V.

Förderverein 200 Jahre Rheinhessen e. V.

Grundstücksverwaltungsgesellschaft der Stadt Mainz

Handwerkskammer Rheinhessen

IHK für Rheinhessen

Kulturfonds Peter E. Eckes

Landkreis Alzey-Worms

Landkreis Mainz-Bingen

Rheinhessenwein e. V.

Sparkasse Mainz

Sparkasse Rhein-Nahe

Sparkasse Worms-Alzey-Ried

Volksbank Alzey-Worms eG

Inhalt

Politik im 19. Jahrhundert 191

Vorwort

Am 8. Juli 2016 wird Rheinhessen 200 Jahre alt. Ein Zwanzigstel dieses Zeitraumes habe ich mit der Planung, Konzeptionalisierung, Vorbereitung und schließlich mit dem Schreiben des nun vorliegenden Buches zur Geschichte Rheinhessens verbracht. Nicht nur, um das Verhältnis von beschriebener und mit dem Beschreiben verbrachter Zeit in ein angemesseneres Verhältnis zu setzen, sondern auch aus der Erkenntnis heraus, dass Rheinhessen ohne seine Vorgeschichte nicht zu verstehen ist, wurde das Ausmaß der zu beschreibenden Zeitdauer verdoppelt. Es werden somit die fast vier Jahrhunderte vom Ausbruch des Dreißigjährigen Krieges bis zum Jubiläum 2016 behandelt.

Ein solches Projekt ist ohne die Hilfe und Unterstützung vieler Menschen nicht möglich.

An erster Stelle möchte ich Volker Gallé danken, mit dem ich seit Jahrzehnten über Rheinhessen diskutiere. Er hat die Idee einer Geschichte Rheinhessens vor mehr als zehn Jahren sofort aufgegriffen und im Rahmen der Vorbereitungen zum Rheinhessen-Jubiläum für seine Realisierung gesorgt. Auf seinen Rat und seine Unterstützung konnte ich mich in allen Phasen der Arbeit am Buch stets verlassen.

Dank Volker Gallés Vermittlung hat sich RheinhessenMarketing e.V. der Umsetzung und Finanzierung des Buchprojektes angenommen. Damit hat der Vorstand des Vereins unter Vorsitz von Peter E. Eckes das Erscheinen dieser Monografie überhaupt erst ermöglicht. Dafür bedanke ich mich ganz herzlich – ebenso für die angenehme Zusammenarbeit mit Helmut Dieth als Beauftragtem des Vorstandes.

Teile des entstehenden Textes haben Prof. Dr. Gerold Bönnen, Volker Gallé, Dr. Rainer Karneth, Rainer Knußmann, Dr. Elmar Rettinger und Dr. Thomas Schröder vorab gelesen und

mir viele nützliche Hinweise gegeben, Dr. Helmut Schmahl hat mir – wie schon so oft – immer wieder großzügig Material aus seinem Fundus an Quellen zur rheinhessischen Geschichte zur Verfügung gestellt, wofür ich sehr dankbar bin.

Vielen Dank auch an alle Personen und Institutionen, die Bildmaterial bereitgestellt haben. Hervorheben möchte ich an dieser Stelle die große Hilfe, die mir bei der Bildbeschaffung durch Dr. Rainer Karneth vom Museum der Stadt Alzey, Prof. Dr. Wolfgang Dobras vom Stadtarchiv Mainz und Prof. Dr. Gerold Bönnen vom Stadtarchiv Worms zuteil wurde.

Der Altertumsverein Worms hat in der Abschlussphase des Buches mit einem großzügigen Druckkostenzuschuss die Erweiterung des ursprünglich geplanten Umfanges ermöglicht, wofür ich dem Vorstand und dem 1. Vorsitzenden des Vereins, Dr. Josef Mattes, sehr zu Dank verpflichtet bin.

Dem Nünnerich-Asmus Verlag danke ich für die gute Zusammenarbeit.

In fast allen Büchern über die Region aus dem 19. und 20. Jh. wird die Geselligkeit der Rheinhessen beschrieben. Die Arbeit an der Geschichte Rheinhessens dagegen erforderte ein jahrelanges eremitenhaftes Zurückziehen an den Schreibtisch, um das Buch termingerecht zum Jubiläum vorlegen zu können. Das erduldet zu haben, ohne mir die Freundschaft aufzukündigen, dafür danke ich allen meinen Freunden und Bekannten.

Ganz besonders danke ich meiner Frau Christine Hach für die Bereitschaft, den Eremit im eigenen Haus zu ertragen, und ihre Skepsis gegenüber allen Beteuerungen, dass beim nächsten Buch alles besser wird.

Widmen möchte ich das Buch drei Lehrern: dem mit mir nur sehr weitläufig verwandten Lehrer Mahlerwein, der in den späten sechziger Jahren mit seinen Schilderungen der Gimbsheimer Geschichte im Fach „Heimatkunde" bei mir das schon früh vorhandene Interesse für Vergangenes auf das Lokale lenkte; meinem leider 2015 verstorbenen Geschichtslehrer am Oppenheimer Gymnasium Edgar Heucher, in dessen Leistungskurs ich früh mit theoretischen Schriften der französischen Sozialgeschichte in Berührung kam, jederzeit aber auch Referate über Isaak Maus und die Mainzer Republik halten durfte; und meinem aus Neu-Bamberg stammenden akademischen Lehrer und Doktorvater Prof. Dr. Albrecht P. Luttenberger, der wesentlich meine Vorstellung von Geschichtswissenschaft prägte.

Gimbsheim, im September 2015
Gunter Mahlerwein

Einleitung:
1816 – die Geburtsstunde einer Region

Ein Festakt im Erthaler Hof, ein *Te Deum* im Dom, ein Festmahl im Stadthaus und die Aufführung eines Theaterstückes stehen am Beginn der Geschichte Rheinhessens. Mit dieser Folge von Veranstaltungen vollzogen die geladenen Amts- und Würdenträger am 12. Juli 1816 in Mainz die Übergabe der neu geschaffenen linksrheinischen Provinz an den – persönlich nicht anwesenden – Großherzog Ludewig von Hessen-Darmstadt. Bereits am 7. Juli war der entsprechende Vertrag unterzeichnet, am 8. Juli das die Herrschaft über den neuen Landesteil begründende „Besitzergreifungspatent" veröffentlicht worden. Die Bevölkerung wurde über die „Besitzergreifung" ihrer Region durch den Aushang des Vertragstextes an Gebäuden und

Plätzen und über die *Großherzoglich Hessische Zeitung* informiert. Nachdem in den folgenden Tagen die Zeremonie der Besitzübergabe in Worms und Alzey für die Städte und das Umland wiederholt worden war, wurden die Beamten und Ortsvorstände der Kantone Bingen, Oberingelheim und Nieder-Olm in Mainz auf die neue Obrigkeit verpflichtet. Damit war die Übernahme vollendet.

Diesen feierlichen Tagen waren viele Verhandlungen vorausgegangen. Nach der Niederlage Napoleons waren die europäischen Karten auf dem Wiener Kongress 1814/1815 neu gemischt worden. Insbesondere die Verhältnisse im ehemaligen, 1806 untergegangenen,

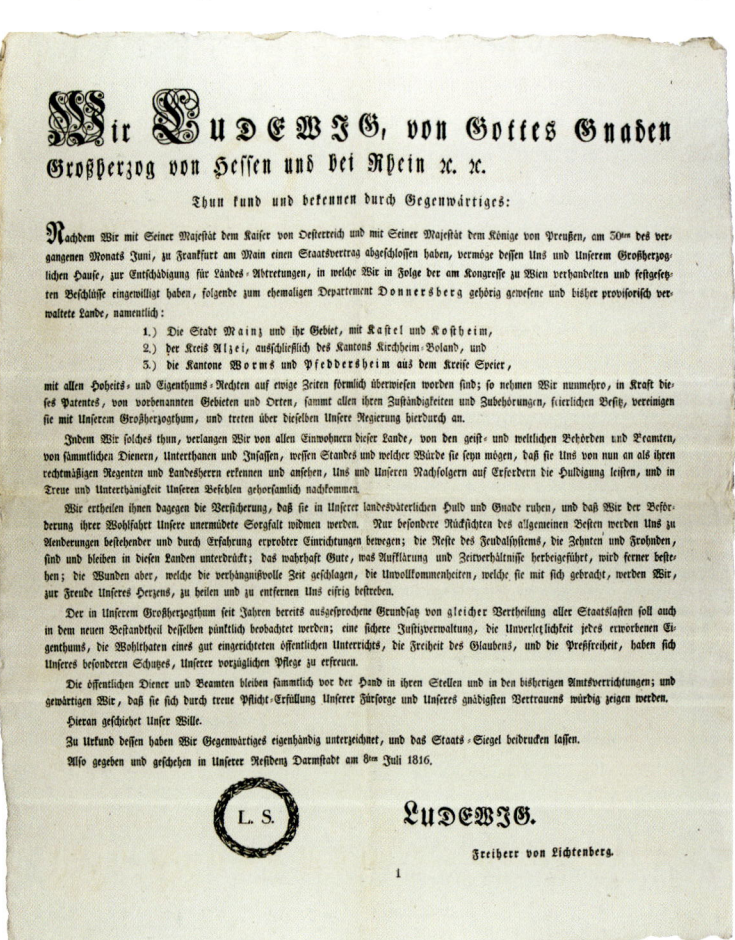

Abb. 1:
Besitzergreifungspatent von 1816.

Heiligen Römischen Reich Deutscher Nation mussten nach dem Ende der französischen Vorherrschaft geordnet werden. Seit dem Beginn der Revolutionskriege 1792 waren die jahrhundertealten territorialen Strukturen zusammengebrochen und hatten sich neue staatliche Formationen gebildet, die jetzt nicht mehr lebensfähig waren. Die meisten deutschen Staaten waren in enge Abhängigkeit von Napoleon geraten. Die sog. Rheinbundstaaten hatten sich 1806 von Kaiser und Reich gelöst und sich – auch militärisch – Napoleon zugewandt. Die Fürsten der Rheinbundstaaten konnten sich unter dem Schutz des französischen Kaisers kleinere und geistliche Territorien einverleiben und so nicht nur ihre Souveränität bewahren, sondern auch ihre Macht ausbauen, indem sie die Chance nutzten, ihre Staatswesen in ihrem Sinne zu modernisieren. Die links des Rheins gelegenen Territorien waren seit 1792 während des Revolutionskrieges wiederholt von französischen Truppen besetzt worden und waren seit Ende 1797/Anfang 1798 (völkerrechtlich erst 1801) Teil Frankreichs. Eine der wichtigsten Aufgaben des Wiener Kongresses war es nun, dieses von Napoleon geprägte Staatensystem neu auszurichten, ohne das Alte Reich wiederherzustellen. Die vier linksrheinischen Departements sollten in ein wie auch immer organisiertes deutsches Staatsgebilde zurückgeführt werden und auf der anderen Rheinseite waren die Interessen der ehemaligen Rheinbundstaaten am Fortbestand ihrer seit 1806 vollzogenen Erweiterungen und die der Großmächte Preußen und Österreich unter Berücksichtigung des europäischen Gleichgewichtes auszuloten.

Preußen gelang es, sein Staatsgebiet, das nach der Niederlage gegen Napoleon 1807 stark geschrumpft war, erheblich über seine alten Grenzen hinaus zu erweitern. Mit der Übernahme des Herzogtums Westfalen, des Rheinlandes und des (heutigen) Saarlandes erstreckte

sich das Königreich nun weit nach Westen, verfügte aber über kein zusammenhängendes Staatsgebiet, da zwischen seinem östlichen und westlichen Teil keine Verbindung bestand. Die Eingliederung des Herzogtums Westfalen in den preußischen Staat gehört unmittelbar zur Vorgeschichte der Entstehung Rheinhessens. Denn dieses vormals kurkölnische Territorium war der Landgrafschaft von Hessen-Darmstadt 1803 als Entschädigung für verloren gegangene, vor allem im Elsass gelegene, linksrheinische Ländereien zugesprochen worden. Dem Verlust Westfalens hatte sich der seit 1806 den Titel eines Großherzogs führende Ludewig I. zunächst noch vehement entgegengesetzt. Insbesondere die Aussicht, als Ersatz einen Teil des linksrheinischen Landes zu bekommen, das 15 Jahre zu Frankreich gehört hatte, konnte ihn nicht überzeugen. Bei den Verhandlungen in Wien konnten sich seine Gesandten aber nicht gegen die Interessen der Großmächte durchsetzen. So kam es zur in der Schlussakte des Wiener Kongresses vom 9. Juni 1815 festgehaltenen Regelung:

„Se. kön. Hoh. der Großherzog von Hessen erhält für das dem Könige von Preussen abgetretene Herzogthum Westphalen eine Länderfläche auf dem linken Rheinufer, im ehemaligen Departement Donnersberg, mit 140,000 Seelen. Se. königl. Hoheit werden dieses Gebiet als völliges souveraines Eigenthum besitzen; auch werden sie den Theil der Salzwerke von Kreuznach, welcher auf dem linken Ufer der Nahe liegt, erhalten; Preussen behält jedoch die Souverainetät.“

Dieser etwas vagen Regelung hat Rheinhessen seine Existenz zu verdanken. Sie bedurfte aber noch der Feinabstimmung. In Nachverhandlungen in Paris im Oktober/November 1815 und von Mai bis Juli 1816 in Frankfurt am Main wurde das Gebiet genau festgelegt: Die zum Arrondissement Mainz zählenden Kan-

Abb. 2:
Rheinhessen 1835.

tone Alzey, Bechtheim, Bingen, Mainz, Nieder-Olm, Ober-Ingelheim, Oppenheim, Wöllstein und Wörrstadt, die Stadt Mainz mit Kastel und Kostheim sowie die Kantone Worms und Pfeddersheim, die aus dem Arrondissement Speyer ausgegliedert wurden. Ausgenommen blieb der ehemals ebenfalls zum Arrondissement Mainz zählende Kanton Kirchheimbolanden. Fünf Städte, Mainz, Worms, Bingen, Alzey und Oppenheim sowie 179 ländliche Gemeinden bildeten die neue Provinz, in der etwa 160.000 Einwohner lebten, 20.000 mehr als in der Wiener Schlussakte geschätzt worden waren.[1]

Abgesehen von kleinen Veränderungen beschreibt diese Festlegung des neuen Landesteils bis heute das 1817 zum ersten Mal als „Rheinhessen" bezeichnete Gebiet.

Anmerkungen

1 Degreif, Anschluß, S. 126–132; Artikel 47 der Schlussakte des Wiener Kongresses, online unter: http://www.staatsvertraege.de/Frieden1814-15/wka1815-i.htm (3.7.2015) Karenberg, Entwicklung, S. 85f.; Heße, Rheinhessen, S. 27–40.

Rheinhessen als Raum

Die Kreation einer Provinz durch die verhandelnden Großmächte beim Wiener Kongress und die Diplomaten in Paris und Frankfurt geschah über die Köpfe der in diesem Raum lebenden Menschen hinweg.[1] Den Bewohnern der benachbarten Regionen erging es ähnlich. Der größere Teil des Donnersberg-Departements ging als „Rheinkreis" an das Königreich Bayern und bekam später den bis heute gültigen Namen „Pfalz", der vormals ein deutlich größeres Gebiet links und rechts des Rheins und auch große Teile von Rheinhessen bezeichnet hatte. Der in der ersten Hälfte des 19. Jhs. auch gebräuchliche Begriff „Rheinbayern" konnte sich auf Dauer nicht durchsetzen.[2] Das linke Rheinufer nördlich von Bingen bis nach Kleve wurde Preußen zugeschlagen und später „Rheinpreußen", „Rheinprovinz" oder ganz allgemein „Rheinland" genannt. Alle diese am Reißbrett geschaffenen Provinzen müssen – wie viele andere Gebietskreationen dieser Jahre auch – als territoriale Kunstprodukte, als „konstruierte" Räume gelten. Und doch haben diese zunächst als Verwaltungseinheiten geschaffenen Zusammenschlüsse langfristig Wirkung entfaltet. Zum 1. Januar 2000 wurde im Rahmen einer Umstrukturierung der Verwaltung des Landes Rheinland-Pfalz der Regierungsbezirk Rheinhessen-Pfalz aufgelöst. Seitdem existiert Rheinhessen als politische und administrative Einheit nicht mehr. Trotzdem wird über Rheinhessen vielleicht mehr denn je gesprochen und geschrieben, wird 2016 das 200-jährige Jubiläum der „Besitzergreifung" und somit der „Provinz Rheinhessen" gefeiert, konnte Rheinhessen als größtes deutsches Weinbaugebiet reüssieren und steht eine Fußballmannschaft, deren Spieler man auch überregional als „Rheinhessen" bezeichnet, in der Ersten Bundesliga.

Das dem hessischen Großherzog und der linksrheinischen Bevölkerung gleichermaßen aufgezwungene Konstrukt „Rheinhessen"

wurde offensichtlich in den 200 Jahren seines Bestehens mit Leben gefüllt. In den neueren Kultur- und Geowissenschaften werden die Begriffe Raum und Region seit einiger Zeit nicht mehr als feste, abgrenzbare Größen definiert. Vielmehr hat sich die Vorstellung durchgesetzt, dass Räume und Regionen erst durch das Wirken der Menschen entstehen, durch ihr Handeln, ihre Beziehungen, ihre Wahrnehmungen. Durch das Verhalten und das Agieren der Menschen bilden sich Strukturen aus, die wiederum zurückwirken auf die Handelnden. Verdichtungen, Verknüpfungen und Vernetzungen prägen Regionen, machen sie unverwechselbar und „eigenartig". Nur mehr oder weniger willkürliche Grenzziehungen können das nicht bewirken. Aber zweifelsohne wurden durch die Entscheidungen von 1816 Dynamiken in Gang gesetzt, die zur Bildung einer von innen und von außen als Einheit wahrnehmbaren Region beitrugen. Um die Entstehung und Entwicklung dieser Region „Rheinhessen" soll es im vorliegenden Buch gehen.

Wenn Räume vor allem als Ergebnis der Handlungen der in ihnen lebenden Menschen verstanden werden, dann ist eine Vielzahl von unterschiedlichen Raumbildungen denkbar, die nacheinander und nebeneinander stattfinden oder die sich überlagern. Wir reden von historischen Räumen, von politisch-territorialen Räumen, Landschaftsräumen, Wirtschaftsräumen, Verkehrsräumen, Kommunikationsräumen, kulturell geprägten Räumen, konfessionell geprägten Räumen, Sprachräumen, in denen sich Menschen bewegen, die aber nicht unbedingt deckungsgleich sind. Wie diese unterschiedlichen Räume und Raumbezüge sich durch die Festlegung der neuen Provinz Rheinhessen im Jahr 1816 verändert haben, wo sie den neuen Umständen angepasst wurden, wo sie sich ihnen versperrten und für welche raumbildenden Lebensbezüge der Menschen die Schaffung des neuen Landesteils weitgehend folgenlos blieb, diese

Fragen sollen in der vorliegenden Geschichte von Rheinhessen immer wieder mitgedacht werden.

Rheinhessen als Landschaft

Rheinhessen aus der Sicht der Geologen

Die Bedeutung „natürlicher Grenzen" beim Zuschnitt einer neuen Provinz dürfte den Diplomaten in Wien bewusst gewesen sein, als sie die Umrisse des zukünftigen Rheinhessens festlegten. Im Osten und Norden vom Rhein, im Nordwesten von der Nahe eingefasst, war

lediglich der südöstliche Abschluss nicht durch topographische Eigenheiten, sondern auf der Grundlage bereits bestehender Kantonsgrenzen definiert worden. Geologisch ist dieser Raum weitgehend mit dem „Mainzer Becken" gleichzusetzen, einer im Zusammenhang mit dem Einbruch des Oberrheingrabens entstandenen Senke, die deutlich von den umliegenden Gebirgslandschaften, im Norden der

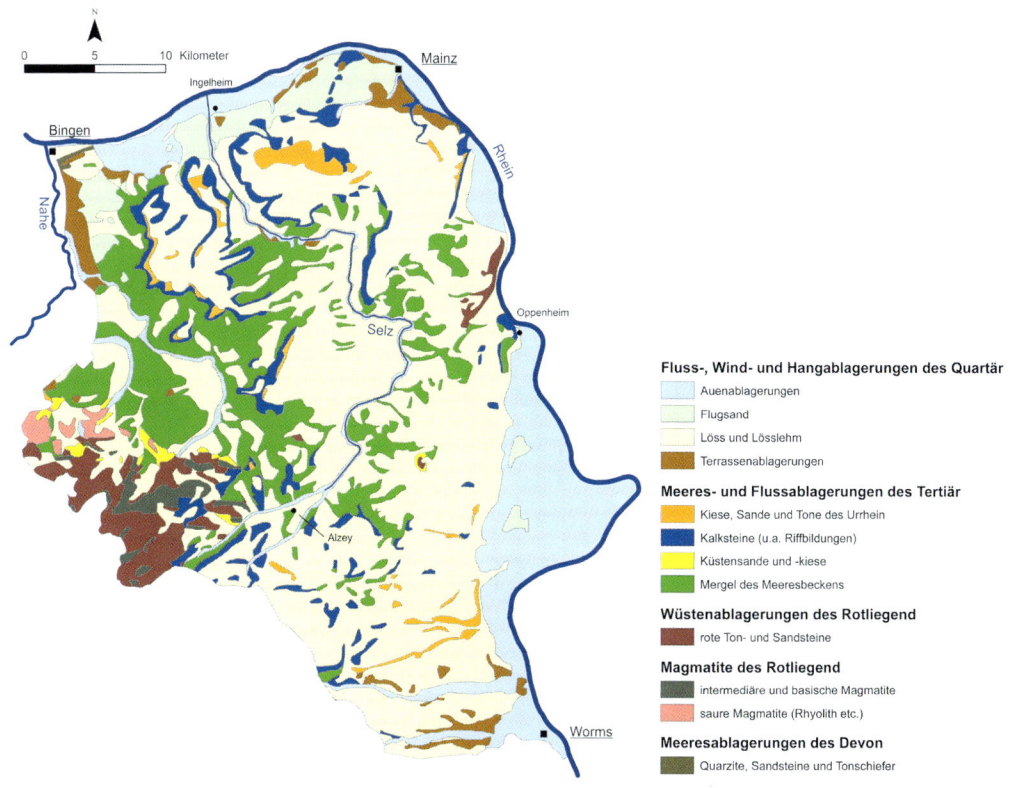

Abb. 3:
Geologische Karte Rheinhessens.

Rheingau und der Taunus als Teil des rheinischen Schiefergebirges, im Westen das Nahebergland und im Süden die Haardt, abgesetzt ist. Über viele Millionen Jahre lagerten sich hier einige hundert Meter Sedimente ab. Seit einigen Jahrzehnten hat sich für die charakteristische Mischung von Plateaus und Hügeln der Name „Rheinhessisches Tafel- und Hügelland" durchgesetzt. Unterschiedlich breite Flussebenen und Auenlandschaften leiten im Osten und Norden Rheinhessens zum Rhein, im Nordwesten zur Nahe über. Weite Teile des Tafel- und Hügellandes sind von einer mächtigen Lössschicht bedeckt, die zusammen mit dem im gesamtdeutschen Vergleich überdurchschnittlich warmen Klima als Grundlage eines ausgesprochen fruchtbaren Acker- und Weinbaus gelten kann. Die geringen Niederschläge, mit etwa 500–550 mm deutschlandweit unter Durchschnitt, können der Landwirtschaft allerdings auch Probleme bereiten. Nicht nur die aufgrund der guten agrarischen Bedingungen frühen und intensiven Rodungen und Kultivierungen, sondern vor allem die in weiten Teilen Rheinhessens vorherrschenden Steppenböden sind Ursache für die Waldarmut der Region.

Wenn auch aus geologisch-geografischer Sicht noch etliche weitere Untergliederungen des Raumes vorgenommen werden können, so kann doch dem Zuschnitt der neuen Provinz gerade angesichts der Gunst der Bodenverhältnisse und des Klimas eine vergleichsweise hohe Homogenität zugesprochen werden.[3]

Vom Paradies zur Weinkulturlandschaft – Sichtweisen auf Rheinhessen vom 17. bis zum 21. Jahrhundert

„Die schönste Ebene der Welt", mit diesen euphorischen Worten beschrieb der französische General Duras im April 1689 in einem Brief an den Kriegsminister Louvois die Gegend zwischen Selz und Rhein, was ihn allerdings nicht daran hinderte, als einer der Hauptakteure des Pfälzischen Erbfolgekrieges an der Zerstörung der Städte und Dörfer in dieser schönen Region mitzuwirken.

Fast alle Reiseberichte und Landesbeschreibungen des 18. und 19. Jhs. betonen die landschaftlichen Reize der Region. 1713 beschrieb der französische Reiseschriftsteller Francois Maximilien Misson in seiner viel gelesenen *Reise nach Italien* die Umgebung von Worms als eine „überaus angenehme landschafft". 1688 hatte er auf seinem Weg von Frankfurt nach Heidelberg bei Gernsheim den Rhein überquert und war, nachdem er „verdrießliche und gefährliche Wege" passiert hatte, weiter in die alte Reichsstadt gereist. Knapp 100 Jahre später bewunderte Heinrich Sander aus dem Fenster seiner Kutsche von Kreuznach nach Mannheim heraus die (damals noch sog.) „paradiesische Pfalz" und die „ganz herrliche Gegend" um Alzey. Vor allem die viel bereiste Strecke in der Rheinebene zwischen Mainz und Worms hatte es den Reiseschriftstellern, die seit dem späten 18. Jh. in wachsender Zahl unterwegs waren, angetan. Angesichts der „fruchtbarsten Gegenden" und der „herrlichen Fruchtfelder" zwischen Mainz und Guntersblum geriet Philipp Wilhelm Gercken 1791 ins Schwärmen. Der bayerische Dramatiker Franz Kratter empfand 1791 die Umgebung von Oppenheim als einen „glücklichen Wechsel der schönsten Gegenden", die seinen „Geist (…) zum schwelgenden Genuß der Reize der Natur" anregten. Im gleichen Jahr offenbarte der aus Oldenburg stammende Schriftsteller Gerhard Anton von Halem seinen Lesern sein Vergnügen angesichts der *„lachenden Gegenden, wo Hügel und Ebenen, Fruchtfelder und Weinberge miteinander wechseln."* Ganz ähnlich wird die Oppenheimer Gegend auch in dem 1796 in deutscher Übersetzung erschienenen Reisebuch von Aurelio Giorgi di Bertola charakterisiert: Der italienische Autor genoss die Aussicht auf *„mehrere schmale Gründe, sanfte und grasreiche Abhänge, liebliche Gruppen von Gärten und Wäldern, und auf den breiten Strom, der, mit grünenden Inseln geschmückt, an dem Fusse der Berge hingleitet"*. Er nahm wahr, dass *„die Berge"* bei Nackenheim *„rauher"* waren und bei Mainz von *„sanften Hügeln"*, die *„über und über mit Weingärten und Fruchtbäumen bedeckt sind"*, abgelöst wurden. Die *„bezaubernde Rheingegend"* um das *„paradiesische Mainz"* entzückte eine französische Emigrantin auf ihrer Reise 1793 ebenso wie die *„schönste Landschaft"* um Worms. Der im nahen Frankfurt geborene Johann Wolfgang von Goethe weilte öfter in der Region. Bekannt ist die Schilderung der *„Belagerung von Mainz"* von 1793, die er fast 30 Jahre später niederschrieb und in der er ausführlich über die Ereignisse in Mainz und den umliegenden Dörfern berichtete. 1814 besuchte er das Rochusfest im *„herrlich gelegenen Bingen"* und nutzte die Gelegenheit, während sich die Menge in die Kapelle drängte, um auf der Rückseite des Rochusberges, *„der weiten Aussicht zu genießen, die sich in das Tal eröffnet, in welchem die Nahe ungesehen heranschleicht. Hier beherrscht ein gesundes Auge die mannigfaltigste, fruchtbarste Gegend, bis zu dem Fuße des Donnersbergs, dessen mächtiger Rücken den Hintergrund majestätisch abschließt."* Auch der berühmte französische Schriftsteller Victor Hugo bemerkte 1838 bei seiner Rheinreise auf dem Weg von Mainz nach Bingen die *„sieben oder acht Stunden (Entfernungen wurden in der Postkutschenzeit in Zeitangaben*

wiedergegeben, Anm. GM) reicher, grüner, lachender Ebenen, mit schönen glücklichen Dörfern an den Ufern des Flusses."*

Wenn auch die europaweite Begeisterung für den Rhein, die berühmte Rheinromantik des 19. Jhs., sich vor allem auf das landschaftlich spektakuläre Mittelrheintal mit seinen Burgen und den damit verbundenen Geschichten und Mythen bezog und das daran südlich anschließende Rheinhessen doch merklich weniger Aufmerksamkeit beanspruchen konnte, so faszinierten die Differenziertheit der Landschaft und die Ergiebigkeit ihrer Landwirtschaft doch offensichtlich alle die Region aufsuchenden Reiseschriftsteller seit dem späten 17. Jh. Ihre Begeisterung über die landschaftlichen Reize findet sich indes auch in den statistischen und agrarökonomischen Texten und in den Reiseratgebern des 19. Jhs. wieder. Von der *„fruchtbaren hügeligen Strecke"* zwischen der *„Ebene des Rheintals und einem Vorsprung der Vogesen"* schwärmte der Agrarökonom Johann Nepomuk Schwerz 1816 beim Durchreisen der Gegend um Pfeddersheim, um dann später beim Blick in das Rheintal bei Guntersblum vollends in Verzückung zu geraten: *„Indem ich von Wintersheim über die Höhe hierher fuhr, entdeckte ich den Rhein, der sich in, für das Auge, unerklärbaren Krümmungen, Bogen und Umwegen durch die reiche und vollkommene Ebene windet, die sich von Oppenheim aus, bis in die Gegend von Frankenthal (…) von Norden nach Süden erstreckt. (…) wir fuhren unmittelbar bei Gundersblum nach diesem glücklichen Edenthal von der Höhe hinab, und wer je mit offenen Augen da hinab fuhr, der rief gewiß wie ich: Welche Gegend! Welcher Boden! Welches Land!"*

In der ersten Hälfte des 19. Jhs. kamen in vielen deutschen Territorien statistische Landesbeschreibungen in Mode, die nicht nur den Zweck hatten, interessierten Zeitgenossen genaue Auskunft über statistische und geografische Daten zu liefern, sondern auch das Zusammenwachsen der vielerorts neu zusammengewürfelten Länder und Provinzen zu befördern. Auch hier wird die Vielfalt der rheinhessischen Landschaft betont. So beschreibt Wilhelm Heße 1835 – wie schon Joseph Jérome elf Jahre vorher – detailliert jeden Hügel und jeden Bachlauf der neuen Provinz, um dann besonders das Nahetal als eine der *„schönsten Landschaften in Rheinhessen“* hervorzuheben: *Die malerisch schöne Form der dasselbe einschließenden Berge, die Fruchtbarkeit und Kultur dieses Thales bieten dem Auge den interessantesten Wechsel dar.“* Jerome empfiehlt Durchreisenden wie Einheimischen den Borzelberg in der Gemarkung von Weinolsheim zur *„vorzüglichen Übersicht der schönen Umgegend, die einen mannichfachen reizenden Anblick gewährt.“* Das angenehme Klima, das Frühling und Sommer drei bis vier Wochen früher beginnen lässt als *„im Vogelsberg oder im Hinterlande“*, preist Georg Wilhelm Justin Wagner 1831 an.

Diese Autoren benennen aber auch die Probleme: Vor allem die Überschwemmungen in den Flusstälern machten den Anwohnern immer wieder zu schaffen. *„In seinen Eisgängen und Überschwemmungen ist der Rhein sehr furchtbar“*, urteilte Johann Andreas Demian 1824. In zehn Jahren käme es durchschnittlich drei Mal zu Überschwemmungen, die durch die Schneeschmelze in der Schweiz ausgelöst würden. Wiederholte schwere Überschwemmungen veranlassten die Bewohner von Rudelsheim bei Guntersblum 1823 dazu, ihr Dorf aufzugeben und in einem höher gelegenen Gemarkungsteil eine neue Siedlung, nach dem Großherzog Ludwigshöhe genannt, zu errichten. An der Nahe seien die Anwohner fast jeden Winter Überschwemmungen ausgesetzt, berichtet Joseph Jérome 1824. Als gefährlicher für die Gesundheit wurden die stehenden Ge-

wässer eingeschätzt. Die *„Sümpfe“* an Altrheinarmen, Wagner nennt 1831 neben Gimbsheim und Eich auch die sumpfige Lage in Mombach, Heidesheim und Kastel, *„machen diese Gegenden ungesund, und die Fieber gleichsam einheimisch“*. Demian führt das Wechselfieber auf die *„mephytischen Ausdünstungen“* des Altrheins zurück. Die tatsächlich von in stehenden Gewässern brütenden Insekten übertragenen Malariakrankheiten veranlassten den Oppenheimer Landtagsabgeordneten Braun 1827 von der Region als von einem *„Paradies mit Leichengestalten bevölkert“* zu sprechen. Die Bewohner der Dörfer unterhalb von Hanglagen waren immer wieder von Rutschungen und Abschwemmungen von Erdmassen betroffen.[5]

Bereits in der Mitte des 19. Jhs. betonten Reisende, dass es nicht die Ursprünglichkeit der Naturlandschaft war, die sie für Rheinhessen einnahm, sondern ihre agrarisch geprägte Form, die eben auch als schön empfunden werden konnte: *„Die Naturansicht eines vollkommen cultivirten Landes hat auch ihre Reize, deren Beschauung ein besonderes Interesse gewährt.“* Auch ohne Wald, so Wilhelm Dieffenbach 1850 anlässlich einer Wanderung in der Gegend von Bechtheim, *„scheint es der Landschaft nirgends an Abwechselung, Mannichfaltigkeit und interessanter Unterbrechung zu fehlen.“* Die Schilderung der Landwirtschaft geriet immer stärker in den Vordergrund, wenn die Schönheit der Region dargestellt werden sollte: *„Die Provinz Rheinhessen (…) gehört zu den schönsten und herrlichsten Gegenden Deutschlands, ist vortrefflich angebaut und voll von hübschen Dörfern und freundlichen Landstädten.“* Der Vergleich mit dem Paradies wurde weiterhin gezogen. Die *„sanften Anhöhen“* zwischen Worms und Mainz, so der weitgereiste Eduard Ferdinand von Callot im Jahr 1855, gewährten einen *„wonnigen Anblick, um so mehr, als sie wie die ganze Umgebung sehr fruchtbar sind und* *hier trefflicher Wein gedeiht"*. Die Gegend um Mainz empfand Callot auf beiden Seiten des Rheins als ein *„wahres Paradies, sowohl durch seine Fruchtbarkeit, als durch die Schönheit der Gegend"*. Im späten 19. Jh. bezog sich die Rede vom Paradies aber eher auf den wirtschaftlichen Wohlstand als auf landschaftliche Ästhetik: *„Rheinhessen ist eine sehr blühende Provinz, ein Stückchen Paradies auf Gottes schöner Welt"*, diese Aussage wurde 1871 mit der Lage von Handel, Gewerbe und dem *„außerordentlich lohnenden"* Ackerbau begründet.[6]

Das Bild Rheinhessens als Paradies scheint sich doch sehr stark von der Vorstellung der Landschaft als „Garten" abgeleitet zu haben, deren Schönheit sich eben gerade in ihrer Nützlichkeit ausdrückte und die daher eher in klimatisch begünstigten Ebenen und leichten Anhöhen gefunden wurde. In der Romantik setzten sich andere Landschaftsideale durch. Jetzt wurde Unberührtheit geschätzt, entwickelte man einen Sinn für schroffe, raue Formen. Außer in den Schweizer Alpen fanden die Zeitgenossen diese Ursprünglichkeit und Wildheit auch im Mittelrheintal. Im gleichen Zusammenhang und im gleichen Zeitraum entstand das – vorrangig deutsche – Schwärmen für den Wald, seine Überhöhung als Sehnsuchtslandschaft in der Waldromantik, wobei wie in der Begeisterung für den Rhein in der für den Wald immer auch nationale Momente mitschwangen. Rheinhessen konnte weder schroffe Felsen noch ausgedehnte Wälder bieten und geriet daher in der Konkurrenz der Regionen um den in der zweiten Hälfte des 19. Jhs. sich bereits formierenden Tourismus gegenüber Hochgebirgs-, Mittelgebirgs- und Küstenlandschaften ins Hintertreffen.

Das schwindende Selbstbewusstsein zeigt sich noch 1932 bei Wilhelm Hoffmann, wenn er in seiner *Rheinhessischen Volkskunde* resigniert konstatiert: *„Unser Teil des Rheinlands aber zeigt*

wohl goldne Saaten in den Tälern und an den Höhen mehr oder minder edlen Wein, aber hochragende Bergesgipfel mit nichten noch zerklüftete Felsgebilde noch waldumrauschte Seen. (…) Die Gegend zwischen Worms und Mainz hat man wohl den ‚idyllischen Rhein' genannt, in den kurzen Tälchen zwischen Wöllstein und Neu-Bamberg erblickt man die ‚Rheinhessische Schweiz' und auf den Neuborn bei Wörrstadt hat man Gedichte gemacht. Sie sind gewiß nicht zu verachten, aber sie zeigen doch auch nur, wie anspruchslos man hier inbezug auf landschaftliche Reize ist, die man wohl reichlich in der Nähe haben kann, aber dann außerhalb." Die jetzt wahrgenommene Kargheit der Landschaft wurde allerdings auch zur gleichen Zeit mit deutlicher Anlehnung an das in den 1920er- und frühen 1930er-Jahren vorherrschende ästhetische Ideal der „Neuen Sachlichkeit" als Ausdruck von *„Sachlichkeit und Einklang zwischen Landschaftsform, Boden und Vegetation"* beschrieben.[7]

Angesichts des Bevölkerungswachstums des 19. Jhs. stieg der Druck weiter an, auch wenig ergiebige Gemarkungsteile landwirtschaftlich zu nutzen. Einer der massivsten Eingriffe in die Landschaft war der Rheindurchstich am Kühkopf bei Guntersblum 1828/29, der nicht nur wegen der besseren Schiffbarkeit vorgenommen wurde, sondern auch einen erheblichen Zugewinn an Agrarflächen brachte. Denn aufgrund der dadurch erhöhten Fließgeschwindigkeit wurde die Sohle des Flusses tiefer gelegt, was zu einer Absenkung des Grundwasserspiegels und somit zu einer Entwässerung des anliegenden Landes führte. Bereits im 19., verstärkt aber seit dem frühen 20. Jh. wurden etliche Feuchtgebiete trockengelegt und Bäche begradigt. Schon Johannes Neeb berichtete, dass in *„älterer Zeit"* ein gewisser Ausgleich zwischen *„Wald und Feld"* in Rheinhessen bestanden habe: Die nördlichen Seiten der Hügel seien ebenso mit *„Gehölz besetzt"* gewesen wie die

Ortswälle, Ortsgräben, die „*Rechen*" und die von den Siedlungen weiter entfernt gelegenen Gemarkungsteile. Die Niederungen seien nasser gewesen und als Holzklauer genutzt worden. Mit diesem Brennmaterial seien vor allem die weniger begüterten Einwohner gut versorgt gewesen. Bereits im Erscheinungsjahr dieses Berichts 1838 waren viele kleine Waldungen und Gehölze verschwunden. Knapp 100 Jahre später beklagt Wilhelm Hoffmann, dass die ältere Generation noch viele dieser Gehölze gekannt habe, sie aber ebenso wie die Feldraine schon vor der Feldbereinigung „*nahezu restlos beseitigt worden*" seien. Die aufgrund der extremen Parzellierung in Rheinhessen seit dem späten 19. Jh. zunächst nur mit geringem Erfolg propagierte, aber dann in verschiedenen Wellen intensivierte Flurbereinigung, führte zu betriebswirtschaftlich sinnvollen Zusammenlegungen der Agrarflächen, die aber das Landschaftsbild nachhaltig veränderten. Von einer „*Mannigfaltigkeit*" der Landschaft – wie sie von den Reisenden des frühen 19. Jhs. vorgefunden wurde – kann daher für viele Teile der Region kaum noch die Rede sein.

Als durch Farbe, Sonne und Ackerkultur geprägte Flächen nahmen die rheinhessischen Literaten des 20. Jhs. ihre landschaftliche Umgebung wahr. Am deutlichsten wird das bei Anna Seghers' Schilderung einer spätsommerlichen Landschaft in der Erzählung *Der Kopflohn*: „*Er kam auf die offene Straße. Schon war alles eingebracht bis auf Kartoffel und Rüben. Fast sehnte man sich danach, die unruhigen, grünen, winzig gewellten Flächen der Rübenfelder möchten verschwinden, damit alles klar und fertig sei und erdfarben. Auf dem gelben Stoppelfeld gegen den Fluß zu lag die blaßgelbe, dreifach geteilte Wolke einer Schafherde.*" Elisabeth Langgässer beschrieb die Lage ihrer Heimatstadt Alzey: „*Auf den lang hingleitenden Bodenwellen des rheinischen Hügellandes liegt es an diesem Spätfrüh-*

lingstage wie erschöpft in den stumpfen, rostigen Farben der Ackererde da, von vielen Apfelbäumen umbuscht, die durch den reichlichen Ansatz der Früchte fast olivengrün schimmerten; trocken und staubig, als sei die Natur ihres Auftrags, immer das gleiche zu bilden, überdrüssig geworden." Der Nackenheimer Carl Zuckmayer hatte vor allem den „*rötlichen Glanz der Erde*" im Blick, als er 1966 seine Heimat beschreiben sollte: „*Diese Gegend zeigt in ihrer starken, besonnten Fruchtbarkeit ein äußerst einfaches, nüchternes Gepräge. Die Rebstöcke stehen ordentlich und brav, die Obstbäume in Reihen gegliedert und nur der rötliche Hautglanz der Erde verrät etwas von ihrem heimlichen Heißblut, von ihrem gezügelten Temperament.*"

Anders als im nördlichen Rheinhessen, wo für die Zeit um 1830 noch einige, heute verschwundene oder stark reduzierte Waldbestände nachgewiesen werden können, finden sich im südwestlichen Teil der Region noch fast unverändert große Waldflächen. Die Bezeichnung „Rheinhessische Schweiz" für diesen Landstrich ist zurückzuführen auf eine seit dem 19. Jh. zu beobachtende Mode, attraktive und abwechslungsreiche Landschaften auch aus Gründen der Touristikwerbung nach der seit dem späten 18. Jh. als Landschaftsideal geltenden Schweiz zu benennen. Seit einigen Jahren gibt es – ebenfalls tourismusfördernde – Bestrebungen, Rheinhessen als die „Toskana Deutschlands" zu etablieren. Auch hier sind die Rheinhessen nicht alleine, sondern gibt es eine Vielzahl von Regionen in Deutschland und sogar in Frankreich, die das Attribut, eine Toskana zu sein, beanspruchen. Zweifelsohne lässt sich der Wechsel von der Schweiz zur Toskana mit veränderten Landschaftsidealen erklären. An die Stelle der waldreichen, gebirgigen, vielerorts als „naturbelassen" empfundenen Schweiz – oder zumindest gleichberechtigt neben sie – tritt die Toskana, deren trockenes,

Abb. 4:
Weinlandschaft Rheinhessen.

warmes Klima und deren sanfte Hügel, aber auch deren intensive Landwirtschaft und deren Weinbau Anknüpfungspunkte an rheinhessische Zustände bieten und die als neue Sehnsuchtslandschaft des späten 20. und frühen 21. Jhs. ein ideales Pendant für eine eben nicht mehr durch „Mannigfaltigkeit" definierte Region darzustellen verspricht.

Die seit geraumer Zeit zu beobachtende erhöhte Aufmerksamkeit für eine attraktive Landschaft verdankt sich sicher nicht nur dem verstärkten Interesse an Fremdenverkehr. Umwelt- und na-

turschützerische Belange sowie Interessen des Hochwasserschutzes und der Erosionsvermeidung spielen dabei ebenso eine Rolle. Dennoch sind die positiven Auswirkungen von Renaturierungsmaßnahmen, etwa an der Selz oder am Seebach, auch für die touristische Erschließung Rheinhessens nicht zu übersehen. In der Konkurrenz der Regionen um Aufmerksamkeit und Besucher wird Landschaft zur Marke. Die *„fließende, ja fast schwingende Landschaft"* und ihr Weitsichtpotential werden so zu Alleinstellungsmerkmalen einer *„Weinkulturlandschaft Rheinhessen"*.[8]

Rheinhessen als historischer Raum

Gemeinsam erlebte Ereignisse, geteilte Erinnerungen und Erfahrungen verbinden die Einwohner einer Region miteinander. Das Bewusstsein einer gemeinsamen Vergangenheit kann sich auf die eigene Lebenszeit, aber auch auf einen längeren Zeitraum beziehen, der im Sinne eines „kollektiven Gedächtnisses" durch Erzählungen und sinnliche Wahrnehmungen präsent bleibt. Wir können so eine Region als einen historischen Raum verstehen, dessen Bewohner durch gemeinsame Erfahrungen geprägt sind, deren – bewusste und nicht bewusste – Handlungen und Verhaltensweisen durch diese gemeinsame Vergangenheit mitbestimmt sind und die ihrerseits wiederum die Entwicklung dieser Region beeinflussen.

Aufgrund dieser Vorüberlegungen dürfte nachvollziehbar sein, dass die Beschreibung des dergestalt definierten historischen Raumes Rheinhessen nicht mit dem Jahr 1816 beginnen kann. Vielmehr sind etliche Aspekte der Geschichte Rheinhessens nur aus seiner Vorgeschichte heraus zu verstehen. Dabei soll allerdings nicht die weit zurückliegende Vergangenheit, etwa die Römerzeit, das Mittelalter oder die Reformationszeit, betrachtet werden, gleichwohl in diesen Epochen zweifelsohne auch wichtige Entwicklungspfade für die rheinhessische Geschichte des 19. bis 21. Jhs. vorgezeichnet wurden (man denke nur an die Einführung des Weinbaus, die Entstehung von Dörfern und Städten oder die konfessionspolitischen Entscheidungen). Vielmehr erscheint es sinnvoll, die Darstellung mit dem 17. Jh. zu beginnen, da die Folgen der Kriege und Krisen dieses Jahrhunderts auch noch um 1816 deutlich zu spüren waren.

Dem Blick auf die Ereignisgeschichte des 17. und 18. Jhs. vorangestellt ist die Beschreibung der territorialen Gliederung des Raumes vor 1798, ohne deren Verständnis eine Einordnung der Geschehnisse der vorfranzösischen Zeit nicht möglich ist und die aufgrund der damit verbundenen konfessionellen Unterschiede den Charakter der Region heute noch mitprägt.

Überall ist Ausland! Sichtbare und unsichtbare Grenzen

16 Landesgrenzen überschreiten musste ein Reisender im späten 18. Jh., wenn er sich von Bingen aus entlang des Rheins auf den Weg nach Worms machte. Schon bald nach dem Aufbruch aus der unter der Herrschaft des Mainzer Domkapitels stehenden Stadt Bingen passierte er das im Besitz der Grafen von Ingelheim befindliche Gaulsheim. Frei-Weinheim, die nächste Station, war ebenso wie die nahe gelegenen Dörfer Ober- und Nieder-Ingelheim kurpfälzisch. Bei Heidesheim betrat er kurmainzisches Territorium, das er auch in Budenheim nicht verließ. In Mombach aber übte wiederum das Mainzer Domkapitel die Ortsherrschaft aus. Mit Mainz erreichte er die Residenzstadt des gleichnamigen geistlichen Kurfürstentums. Mainzisch war auch – zumindest am Ende des 18. Jhs. – Weisenau, der nächste Ort auf dem Weg nach Süden, ebenso Laubenheim. In Bodenheim, der nächsten Station, war das Mainzer Kloster St. Alban Inhaber der Dorfherrschaft. Nackenheim hingegen war wieder kurmainzisch. In Nierstein betrat der Reisende erneut kurpfälzisches Gebiet. Guntersblum gehörte zur Grafschaft

Abb. 5:
Territoriale Gliederung um 1787.

Leiningen. Hier residierte bereits seit langem ein Zweig des Grafengeschlechtes, am Ende des Alten Reiches sogar die Linie Leiningen-Guntersblum. Auf der Landstraße nach Worms ging es nun eine Weile weiter, ohne dass Dörfer betreten wurden. Allerdings verließ der Reisende schon gleich hinter Guntersblum das leiningische Territorium und passierte die Gemarkungen der westlich und östlich der Straße gelegenen kurpfälzischen Dörfer Gimbsheim, Alsheim und Eich. Westlich folgte dann das kleine gräflich-wartenbergische Residenzdorf Mettenheim, das leiningisch-hardenburgische Bechtheim und das kurpfälzische Osthofen, bevor mit Rheindürkheim ein Ort erreicht wurde, der unter der Herrschaft des Hochstifts Worms stand. Die Gemarkung eines weiteren Residenzdorfes wurde gestreift, Herrnsheim, Sitz der Herren von Dalberg, bevor schließlich die Reichsstadt Worms erreicht wurde.

Hätte sich der Reisende für einen anderen Weg entschieden, wäre die territoriale Abwechslung wohl kaum geringer gewesen. Ein Marsch entlang der Nahe und in der Nähe des Appelbachs, von dort über Alzey nach Worms, hätte ihn über das kurmainzische Büdesheim und Dietersheim, die kurpfälzischen Dörfer Sponsheim, Grolsheim, Gensingen, durch die Gemarkungen des österreichischer Herrschaft unterstehenden Biebelsheim, des kurpfälzischen Pfaffen-Schwabenheim und des schönbornischen Badenheim, zum mainzischen Gau-Bickelheim, dem leiningischen Wallertheim geführt, bevor er auf der Landstraße ab Armsheim wieder kurpfälzisches Gebiet betreten hätte, auf dem er durch die Oberamtsstadt Alzey bis nach Worms gelangte. Wäre er von Ingelheim an der Selz entlang gelaufen, hätte er neben kurpfälzischen und kurmainzischen Dörfern die im Besitz der Herren von Dienheim befindlichen Gemeinden Hahnheim und Friesenheim sowie das sickingische Köngernheim durchquert.[9]

Die territoriale Vielfalt der Region erklärt sich aus ihrer Bedeutung als verkehrsgünstig gelegenes und dicht bevölkertes Altsiedelland. Seit sich das System der älteren Grundherrschaft im Hochmittelalter aufgelöst hatte, konkurrierte eine Vielzahl von Herrschaftsträgern um die unterschiedlichen Herrschaftsrechte. Die sukzessive Übernahme der wichtigsten dieser Rechte, vor allem der Gerichtsherrschaft, führte zur Ortsherrschaft und zur Einbindung der Gemeinden in die entstehenden Territorien. Die Kurpfalz war am erfolgreichsten. Mit 94 im späteren Rheinhessen gelegenen Gemeinden hatten die pfälzischen Kurfürsten ihre Vorherrschaft im Süden und in der Mitte der Region fast flächendeckend ausbauen können und verfügten auch im Norden mit den zum Oberamt Ingelheim zählenden Kommunen über einen nicht unbedeutenden Teil der Ortsherrschaften. Dagegen konnte Kurmainz im Linksrheinischen die Ortsherrschaft nur über 31 Gemeinden in der Umgebung von Mainz, Bingen und – in geringerem Ausmaß – um Wöllstein ausüben. 30 verschiedene Ortsherren können am Ende des Alten Reiches für die restlichen 64 Gemeinden gezählt werden, ein Großteil davon in der Zone zwischen dem südlichen, pfälzisch dominierten, und dem nördlichen, überwiegend kurmainzischen, Rheinhessen gelegen. Sieben Dörfer zählten zur in mehrere Linien zersplitterten Grafschaft Leiningen. Sechs Gemeinden fielen 1736 als Teil der Grafschaft Falkenstein, die bereits im 17. Jh. an den Herzog von Lothringen veräußert worden war, durch die Heirat von Franz-Stephan von Lothringen mit Maria-Theresia von Österreich an das Haus Habsburg-Lothringen. Über sieben Dörfer geboten mit den Grafen von Grumbach, von Salm und von Grehweiler verschiedene Linien der Rheingrafen. Nur fünf Gemeinden des Hochstifts Worms waren im Linksrheinischen gelegen. Vier Dörfer gehörten den Herren von Dalberg, drei denen von

Dienheim. Weitere 19 geistliche, gräfliche und reichsritterschaftliche Herrschaftsträger besaßen je ein oder zwei Dörfer im Gebiet des heutigen Rheinhessen. Nicht in allen Orten hatte sich ein Herr durchsetzen können. In Wöllstein teilten sich Kurmainz und die Grafschaft Nassau-Saarbrücken die Ortsherrschaft, Ippesheim war zur Hälfte falkensteinisch, zur anderen Hälfte zählte es am Ende des 18. Jhs. zum Fürstentum Bretzenheim. Im gemeinschaftlichen Besitz mehrerer ritterschaftlicher Familien, der sog. Ganerben, waren Bechtolsheim, Mommenheim, Nieder-Saulheim und Schornsheim. Den Status als Reichsstadt hatte nur Worms bis an das Ende des Alten Reiches bewahren können, die ehemaligen Reichsstädte Oppenheim, Odernheim und Pfeddersheim waren schon im Mittelalter in kurpfälzische Hände geraten.

Mit der Zuschreibung der Ortsherrschaft ist nur ein Teil der Herrschaftsrechte benannt, mit denen sich die Bewohner der Region konfrontiert sahen. Über die Grundherrschaft, die Leibherrschaft oder die Zehntherrschaft konnten auch andere Herrschaftsträger als der Ortsherr ihnen gegenüber Rechte geltend machen. Dabei konnten Grundherrschaft und Zehntherrschaft, also das Recht, auf verliehenes Land Abgaben zu fordern und das Recht, den Zehnten der Ernte, ursprünglich eine Abgabe an die Kirche, einzuziehen, vielfach zersplittert sein, sodass eine verwirrende Fülle von herrschaftlichen Ansprüchen auf den ländlichen Untertanen lastete. Die Leibherrschaft wurde meist vom jeweiligen Orts- oder Landesherrn ausgeübt, wobei die Ansprüche der pfälzischen Kurfürsten auf Untertanen benachbarter Herrschaften noch im späten 17. Jh. zu kriegerischen Auseinandersetzungen führten. Sie war vor allem eine Abgabenbelastung, die sich aus regelmäßig zu entrichtenden Zahlungen, einer Abgabe von 10 % des Vermögens bei Wegzug aus dem Territorium und schließlich einer – allerdings nicht überall erhobenen – Sterbefallabgabe zusammensetzte.

Diese aus dem Mittelalter stammenden Herrschaftsbeziehungen wurden durch die aus ihrer Bündelung hervorgegangene Landesherrschaft überlagert, wobei nicht alle Ortsherren die Landeshoheit erringen konnten. Konnten zwar die Reichsritter wie die Dalberg in ihren Dörfern eine „quasiterritoriale Hoheit" aufbauen, so standen über den Ortsherrschaften der Klöster St. Alban oder Maria-Dalheim oder denen des Mainzer Domkapitels die landesherrlichen Ansprüche des Mainzer Kurfürsten.[10]

Bis zum Ende des Alten Reiches war die territoriale Zugehörigkeit einzelner Gemeinden noch im Fluss. Zwar waren die Herrschaftsgebiete der beiden großen Territorien Kurpfalz und Kurmainz aufgrund der Unteilbarkeit der kurfürstlichen Lande einigermaßen fest umrissen, gleichwohl kam es auch hier noch zu Neuerwerbungen und Übernahmen. Aber die Besitzungen der gräflichen und ritterschaftlichen Familien wurden durch Erbteilungen und Verkauf immer wieder verändert. So verkaufte der Graf von Leiningen-Falkenburg im Jahr 1690 sein Dorf Mettenheim an einen Frankfurter Kaufmann, der es 19 Jahre später für die gleiche Summe von 14.000 Gulden an den Grafen Johann Kasimir Kolb von Wartenberg veräußerte. Noch 1790 wurde Planig vom Kloster St. Jakob an das von Kurfürst Karl-Theodor von der Pfalz für seinen außerehelichen Sohn Karl August neu geschaffene Fürstentum Bretzenheim verkauft.[11]

Für die Bevölkerung des Raumes hatte diese Vielfalt von Herrschaftsträgern etliche Konsequenzen. Seit dem Augsburger Religionsfrieden von 1555 konnte der Landesherr die Konfession seiner Untertanen bestimmen. Wenn auch diese Regelung im Westfälischen Frieden revidiert wurde und anderskonfessionellen Minderheiten

Abb. 6:
Sog. Weißes Schloss in Erbes-Büdesheim.

die Ausübung ihrer Religion mit Einschränkungen gestattet war, lagen zwischen benachbarten Dörfern und Städten häufig nicht nur politische, sondern auch konfessionelle Grenzen. So ist die konfessionelle Gliederung Rheinhessens in einen mehrheitlich protestantischen und einen eher katholischen Teil mit der früheren Zugehörigkeit der Ortschaften zur bis 1685 reformiert-calvinistischen Kurpfalz, zum lutherischen Leiningen, zur katholischen Herrschaft Dalberg, zum katholischen Kurmainz oder einer der anderen Ortsherrschaften zu erklären. Bedeutete auch der Übergang der Herrschaft an eine anderskonfessionelle Linie nach 1648 nicht mehr, dass die Einwohner des Landes ihre Konfession wechseln mussten, so hatte das doch Konsequenzen für ihre Religionsausübung. Noch schwieriger war der Fall, wenn, wie bei den ganerbschaftlichen Dörfern, die verschiedenen Ortsherren unterschiedlichen Konfessionen angehörten. Die unterschiedlichen religionspo-

litischen Entscheidungen der Landes- und Ortsherren in und nach der Reformationszeit, aber auch die in unterschiedlichem Ausmaß praktizierte Tolerierung andersgläubiger Untertanen prägten nicht nur die gemischtkonfessionelle Ausrichtung der gesamten Region, sondern auch die innerhalb der Städte und Dörfer.

Rechtliche Unterschiede gab es zwischen den Einwohnern der Städte und denen des Landes. Stadtbürger hatten mehr Freiheiten, unterlagen keiner Leibherrschaft. Bürger der Reichsstadt Worms waren zudem keinem Landesherren untertan, hatten sich aber mit den obrigkeitlichen Ansprüchen ihres Dreizehnerrats auseinanderzusetzen.

Die Menschen der Region waren unterschiedlich intensiver Herrschaftsausübung und verschiedenen politischen Zielsetzungen ausgesetzt. Vor allem in den Kriegen des 17. Jhs. standen

Abb. 7:
Neues Schloss der Grafen von Leiningen in Guntersblum.

ihre Herren nicht selten auf Seiten unterschiedlicher Kriegsparteien. Das gilt sicher in erster Linie für den Dreißigjährigen Krieg, in dem die konfessionelle Zugehörigkeit die militärische Bündniszugehörigkeit bestimmte. Aber auch in den folgenden Kriegen führte die unterschiedliche Bündnispolitik, vor allem im Hinblick auf Frankreich, wiederholt zu gegensätzlichen Positionierungen. Besonders deutlich wurde das im ersten Revolutionskrieg, als die französische Armee die kurpfälzischen Dörfer aufgrund der Neutralitätspolitik des Kurfürsten nicht besetzte und somit auch das Experiment der Mainzer Republik in einem Großteil des späteren Rheinhessens nicht zum Tragen kam.

Auch im Alltag der Einwohner der Region wirkte sich die territoriale Zugehörigkeit aus. Ob der Landes- und Ortsherr im entfernten Mannheim, später sogar in München, in Wien oder in Mainz saß und man vor allem mit sei-

nen Beamten auf unterer und mittlerer Ebene konfrontiert war oder ob man den Anforderungen eines Herren ausgesetzt war, der im eigenen Dorf residierte, war für das Verständnis von Herrschaft und für den Grad der Herrschaftsdurchdringung von elementarer Bedeutung. Auch die Frage, ob man Untertan eines im regionalen Vergleich mit erheblicher – auch militärischer – Macht ausgestatteten und im späten 18. Jh. reformorientierten Landesherren war oder eines in der Diskussion der Zeit schon häufig als reformunfähigen Duodezfürsten verspotteten Herrschers eines machtlosen Kleinstaates, wirkte sich auf die Lebensbedingungen in den Dörfern und Städten aus.

Dass sich die stärkeren Mächte im Zweifelsfall durchzusetzen wussten, belegt ein Beispiel aus dem dalbergischen Heßloch aus dem Jahr 1745, das überdies auch zeigt, dass es selbst innerhalb eines Dorfes mit einer klar definier-

33

Abb. 8:
Schloss Wallbrunn in Partenheim.

ten Ortsherrschaft noch Angehörige anderer Herrschaften gab. In Heßloch waren zwei ursprünglich aus dem Besitz des Klosters Otterberg stammende, jetzt der Kurpfalz zugehörige Höfe mit Pächtern, sog. Erbbeständern, besetzt, die nicht der dalbergischen Gerichts- und Ortsherrschaft unterstanden. In einem Streit hatte einer von ihnen einen Heßlocher Bürger erschlagen, konnte sich aber der Bestrafung durch Flucht in das benachbarte kurpfälzische Dittelsheim entziehen, woraus ein mehrjähriger Konflikt zwischen den pfälzischen und den dalbergischen Behörden entstand.[12]

Die negative Bewertung des Alten Reiches als „territorialer Flickenteppich" ist in der modernen Geschichtswissenschaft mittlerweile einer Einschätzung gewichen, die auch die Vorteile dieser Struktur erkennt. Wenn nicht der Nationalstaat des 19. Jhs., aber auch nicht Frankreich oder England als Maßstab genommen werden, zeigen sich die Spielräume, die sich aus dem komplexen Herrschaftsgemisch ergaben. Am Beispiel der Region des späteren Rheinhessens kann das deutlich gemacht werden. Die Vorteile, die sich für den Einzelnen aus der territorialen Mischung ergeben, können bereits – negativ gewendet – am Heßlocher Beispiel gesehen werden, wo sich eben ein Delinquent jahrelang durch geschicktes Ausspielen der Obrigkeiten der Bestrafung entziehen konnte. Die Möglichkeit, auszuweichen, Chancen in anderen Territorien zu nutzen, sollte trotz aller Beschränkungen des Ortswechsels nicht unterschätzt werden. Das enge Nebeneinander stellte nicht zuletzt für die Herrschenden auch eine Konkurrenzsituation dar. Das wird in Krisensituationen deutlich, wenn etwa im Jahr 1739 Heßlocher Untertanen wegen Unregelmäßigkeiten bei der Abgabenerhebung und Fehlverhalten der herrschaftlichen

Abb. 9:
Schloss Hahnheim.

Beamten damit drohten, *„mit Weib und Kinder alles zu verlassen"*. In ihrer Regierungs- und Verwaltungspraxis orientierten sich die Obrigkeiten nicht selten an der Politik der umliegenden Territorien, wie etwa an der Entstehung von Policeyverordnungen in der Reichsstadt Worms gesehen werden kann. Die Koexistenz verschiedener Konfessionen und Religionen führte bei allen Spannungen, die über Jahrhunderte in verschiedener Intensität immer wieder sichtbar werden, dennoch zu einer größeren gegenseitigen Toleranz.

Auch das Nebeneinander verschiedener Herrschaftsebenen und -formen dürfte die Bereitschaft der Untertanen zur Kritik an der Obrigkeit eher verstärkt haben. Das zeigen nicht nur etliche Auseinandersetzungen zwischen Rat und Bürgerschaft in Worms, sondern auch die zahllosen Konflikte, die immer wieder wegen der unterschiedlichen Auslegung von Kompetenzen der landesherrlichen Beamten in den Territorien entstanden. Saß der Ortsherr im eigenen Dorf, unterlag dessen Herrschafts- und Lebensstil mit Sicherheit genauer Beobachtung.

Die Funktion einer Stadt oder einer Gemeinde als Residenz wirkte sich nicht nur auf die Herrschaftsausübung aus. Die Hofhaltung und das prachtvolle Schloss des Kurfürsten prägten das gesellschaftliche Leben in Mainz in vielfältiger Weise. Mindestens genauso bedeutsam war die Existenz eines Schlosses aber auch für die Entwicklung von Kleinstädten und Dörfern. Die leiningischen Schlösser in Guntersblum, das Schloss der Herren von Wallbrunn in Partenheim, das der Hettersdorf in Lörzweiler, das Köth von Wanscheidsche Schloss in Sörgenloch, das Wendelsheimer Schloss des Rheingrafen Carl Magnus, das Schloss der Grafen von

Wartenberg in Mettenheim, das Schloss der Herren von Dienheim in Hahnheim oder das dalbergische Schloss in Herrnsheim – sie alle waren Zentren und zugleich Fremdkörper im dörflichen Leben, wirkten sich auf die soziale Entwicklung der Gemeinden aus, stellten einen bedeutenden wirtschaftlichen Faktor dar und waren kulturelle Anziehungspunkte. Dass dabei die herrschaftlichen Zumutungen, die mit der direkten und unmittelbaren Herrschaftsausübung verbunden waren, als allzu drückend empfunden werden konnten, zeigt das Beispiel Mettenheim, wo die Einwohner in der französischen Zeit das Wartenbergische Schloss verwüsteten und niederrissen.[13]

Anmerkungen

1 Zum Folgenden vgl. Mahlerwein, Rheinhessen als Raum.
2 Applegate, Identität, S. 35, 40.
3 Heße, Rheinhessen, S. 1; Leser, Rheinhessen, S. 1–4; Ziehen, Wald; einen sehr guten Einblick in die Geologie Rheinhessens bietet: Gute Gründe für Rheinhessenwein. Steine. Böden. Terroir, herausgegeben vom Rheinhessenwein e. V. und vom Landesamt für Geologie und Bergbau Rheinland-Pfalz, Mainz o. J.
4 Griffet, Band 5, S. 379, Brief Duras an Louvois vom 12. April 1689; Misson, Reise nach Italien, S. 92; Sander, Beschreibung, S. 628; Gercken, Reisen III, S. 123–125; Kratter, Bemerkungen, S. 157; Halem, Blicke, S. 28; Malerische Rheinreise, aus dem Italienischen des Abbate de Bertola, Mannheim 1796, S. 45f.; hierzu auch: Klussmann, Rhein, S. 25; Reise einer Französischen Emigrantin, S. 92–102; Goethe, Sankt-Rochus-Fest S. 414, 428; Hugo, Rhein, S. 65f.
5 Schwerz, Beobachtungen, S. 105, 251f.; Jérome, Jahrbuch 1824, S. 9–25; Heße, Rheinhessen, S. 1–8; Wagner, Beschreibung IV, S. 52f.; Demian, Beschreibung, S. 27f.; Wagner, Beschreibung II, S. 55; Demian, Beschreibung, S. 28; Harsch, Durchstich, S. 67; Vortrag des Niedersaulheimer Bürgermeisters Johannes Neeb, in: Amtlicher Bericht, S. 314–318. Als „mephytisch" verstand man seinerzeit „Luft" mit zu wenig Sauerstoff oder mit Anteilen „erstickenden Gases".
6 Dieffenbach, Rhein; Cannabich, Lehrbuch, S. 506; Callot, Orient, S. 98–102; Freie Deutsche Schulzeitung, Fünfter Jahrgang 1871, S. 216.
7 Raymond, Landschaft, S. 5f. Radkau, Ökologie, S. 48–50; Hoffmann, Volkskunde, S. 16f.; Klippel, Landschaft, S.1; zitiert nach: Rainer Karneth (dem ich für diesen Hinweis danke), Der Rheinhessen Identität(?) – Regionale Identitäten zwischen „Volksgeist" und Event.
8 Mahlerwein, Herren, S. 15f.; P. Krocker, Die Landwirtschaft in der Provinz Rheinhessen, Worms 1882, S. 35; Neeb, Steuerung, S. 423–429; Hoffmann, Volkskunde, S. 53; Vogeley, Betriebsverhältnisse, S. 24; Seghers, Kopflohn, S. 79; Hilzinger, Langgässer, S. 13f.; Zuckmayer, Glanz; Ziehen, Wald, S. 25; Krings, Toskana; Gallé, Schweiz; Vgl. etwa: Ministerium für Umwelt und Forsten RLP (Hrsg.), Gewässerwanderwege; Weinkulturlandschaft Rheinhessen.
9 Territoriale Zuschreibungen nach Schmitt, Rechtsquellen, passim; Widder, passim und Brilmayer, Rheinhessen, passim.
10 Brilmayer, Rheinhessen, passim; Schmitt, Algesheim, passim; Jérome, Jahrbuch 1824, S. 3–9; Nahmer, Handbuch, S. 413f., 432–436, 461, 470, 479–482; Mahlerwein, Herren, S. 16–36; Battenberg, Gerichtsverfassung, S. 13.
11 Mahlerwein, Herren, S. 19; Ebersold, Bretzenheim, S. 116.
12 Staatsarchiv Darmstadt, Abt. O 1 A, Dalbergarchiv, 95/3 Acta den von dem gewesenen Administrations-Erbbeständer Johannes Babst zu Heßloch begangenen Meuchelmord betr.; 102/13, Herrschaft Dalberg ca. Johannes Pabst wegen Mißhandlung.
13 Schnettger, Territorien, S. 537; Staatsarchiv Darmstadt, Abt. O 1 A, Dalbergarchiv, 78/1, Untersuchung gegen Keller 1739/40; Mahlerwein, Policey, S. 82; Mahlerwein, Reichsstadt, S. 314–324; Mahlerwein, Herren, S. 346–371; Weber, Graf Ludwig, S. 102.

Vom Dreißigjährigen Krieg bis zu den Revolutionskriegen: Rheinhessen im 17. und 18. Jahrhundert

Kriegszeiten

„verwüstet, ungebauet, zum Teil verbrannt und leer" – der Dreißigjährige Krieg

Viele Menschen gestorben oder geflüchtet, viele Häuser zerstört, viele Dörfer verlassen, viele Äcker unbebaut: Diese Situation hätte ein Reisender vorgefunden, der die Region zwischen Worms und Mainz, Bingen und Alzey im Jahr 1648, als der Krieg nach langwierigen Verhandlungen in Münster und Osnabrück endlich zu Ende war, besucht hätte. Nur wenige andere Gegenden mussten vom Anfang bis zum Schluss so massiv unter dem Krieg leiden. 1620 habe *das hispanische Kriegsvolk (ihm) alles hinweggeraubt und solches Plündern und Rauben bis ins Jahr 1621 und 22 sich kontinuiert. Dannenhero dieses Gut ungebaut* müssen liegen lassen, ja zur *Defendierung meines Lebens fast in die 1 ½ Jahre lang nicht viel in dem Dorf und bei der Wohnung mich finden lassen dürfen … Darum oft mehr Disteln als Frucht uff den Gütern gewachsen.*" Diese Klagen des Schultheißen Philipp Heinz aus Hahnheim bereits über die frühen Jahre des Dreißigjährigen Krieges zeigen das ebenso wie Berichte aus der Schlussphase, dass Undenheim *„in vielen Jahren nicht bewohnt gewesen"*, dass Wörrstadt zwischen 1642 und 1649 *„öd und wüst"* gelegen, sodass *„niemand darin wohnen können"*, dass Westhofen seit 1635 *„gänzlich verödet"* oder dass Osthofen seit 1642 *„menschenleer"* gewesen sei. Viele Menschen waren in die Städte geflüchtet, in der Hoffnung, hinter den Stadtmauern mehr Sicherheit zu finden: *„Damit jeder beurteilen kann, wie ganz öde allenthalben dieses arme Land rings um die Stadt hat verlassen werden müssen, so ist zu wissen, daß im Herbst* 1644 und im ganzen Jahr 1645 die Einwohner von über 30 verschiedenen pfälzischen Dörfern in diese Stadt Worms zusammen getrieben und geflüchtet sind und größtenteils auch noch bis in diesem Jahr 1648 sich kümmerlich darin aufhalten müssen.*" Dass aber auch die Stadt nur unvollkommenen Schutz bot, dass die Versorgungssituation dort völlig zusammenbrechen konnte, die Übertragung von Seuchen angesichts der durch den Zuzug beengten Wohnbedingungen beschleunigt werden konnte, lässt sich einem – sicher übertriebenen – Bericht aus Worms im Jahr 1635 ablesen, als dort sehr viele Menschen *„theils an der Pest, theils an der Hungersnot"* gestorben waren und der Hunger so groß gewesen sei, *„dass auch die Todten in den Gräbern nicht mehr sicher waren und der Rath den Kirchhof mit einer Wache musste versehen".*[1]

Die verhängnisvolle Politik des Kurfürsten Friedrich V. von der Pfalz ließ die Region, deren verkehrsgünstige Lage am Rhein in Friedenszeiten ein Segen, in Kriegszeiten aber immer Ursache vieler Bedrohungen und Gefahren war, zu einem Zentrum der Auseinandersetzungen werden. Getrieben von der Motivation, die Kurpfalz als führende protestantische Macht im Reich zu etablieren, hatte Friedrich durch die Annahme der böhmischen Königskrone sich offen gegen den Kaiser gestellt und Anlass zum militärischen Eingreifen gegeben. Während die Liga, das Bündnis der katholischen Stände, nach Böhmen zog, um die böhmischen Rebellen und ihren neuen König zu bekämpfen, marschierte ein spanisches Heer unter Ambrogio Spinola im Namen des Kaisers in die linksrheinische Pfalz. Im September 1620 wurde die Gegend zwischen Kreuznach, Alzey und Oppenheim besetzt. Guntersblum, obwohl leiningisch und nicht kurpfälzisch, wurde, weil sich die *„Inwohner zur Wehr gesetzt, und ihnen (dem spanischen Volck, d. h. der spanischen Armee) keine Einlägerung gestatten wöllen, auch dero etliche erschossen und beschädiget, in Brand gesteckt und ganz in die Asche gelegt"*. Worms war zunächst Hauptquartier der Truppen der protestantischen Union, die Spinola aber nur wenig entgegensetzen konnten. In den folgenden Jahren wurde die Reichsstadt durch Besetzungen und Kontributionsforderungen verschiedener Kriegsparteien stark belastet. Nach der Übergabe Frankenthals 1623 konnten die Spanier ihre Besatzungsherrschaft im linksrheinischen Teil der Kurpfalz für mehrere Jahre stabilisieren.[2] Während die Kurpfalz, aber eben auch die lutherische Reichsstadt Worms, durch den Kriegsverlauf in den 1620er-Jahren bereits viel zu leiden hatte, stellte sich die Situation für die Residenzstadt Mainz in jener Zeit offenbar noch vollkommen anders dar. Zwar ließ Kurfürst Johann Schweikhard von Kronberg ab 1620 unter dem Eindruck des beginnenden Krieges die Befestigungsanlagen ausbauen, sein Nachfolger Georg Friedrich von Greiffenklau war aber noch 1626 zuversichtlich genug, um den Bau eines Hofes für seine Familie und die Planung eines neuen Schlosses in Angriff zu nehmen. Auch in Bingen waren die Auswirkungen des Krieges zunächst eher wirtschaftlicher Natur, indem durch die spanische Besetzung in der Umgebung die Handelsbeziehungen empfindlich gestört wurden.

Mit dem Kriegseintritt Schwedens änderte sich die Lage auch für den katholischen Teil (des späteren) Rheinhessens. Bereits die Nachricht vom nahenden Heer Gustav Adolfs ließ Adel und Geistliche Ende 1631 aus Mainz fliehen. Am 7. Dezember setzten die schwedischen Truppen bei Oppenheim über den Rhein und vertrieben in den kommenden Wochen die spanischen und kaiserlichen Truppen aus der Kurpfalz.

Auch Mainz wurde nun belagert und am 23. Dezember eingenommen. Hatten die Spanier versucht, die kurpfälzischen Einwohner zu rekatholisieren, so versuchten die Schweden nun – mit nur geringem Erfolg –, die Mainzer zum Protestantismus zu bekehren. Die Schweden hielten sich bis 1635 in der Region, nachdem ihr König Gustav Adolf bereits 1632 in der Schlacht bei Lützen gefallen war. Die Bilanz ihrer Besatzung war ohne Zweifel negativ, auch wenn sie als Verteidiger der protestantischen Interessen und der kurpfälzischen Politik aufgetreten waren. In Worms hatten sie etliche Häuser in den Vorstädten abgebrochen, um sie im Verteidigungsfall nicht den Kriegsgegnern überlassen zu müssen. Der Mainzer Vorort Vilzbach wurde aus den gleichen Gründen niedergebrannt. Das Kloster Rupertsberg bei Bingen wurde im Mai 1632 zerstört, Finthen beim Abzug der Schweden dem Erdboden gleichgemacht. In Mainz war ein Viertel der Häuser demoliert worden, allerdings weniger durch direkte Kriegseinwirkungen, sondern meist durch Bürger und Soldaten auf der Suche nach Bau- und Brennmaterial. Noch schlimmer war jedoch die Auswirkung der Pestepidemie, die während der Besatzungszeit 1632 und 1635 in den Städten wütete. Die Rückeroberung der Region durch kaiserliche und spanische Truppen brachte keine Beruhigung, ganz im Gegenteil. Die Zahlung von Zwangsabgaben an die verschiedenen Kriegsparteien kann ein Indiz für die gesamte Belastung der Bevölkerung sein. Dass die Stadt Worms zwei Drittel der knapp 2,5 Millionen Gulden, die während des gesamten Krieges aufzubringen waren, in den sieben Jahren der Besatzung durch kaiserliche Truppen zwischen 1635 und 1642 zu zahlen hatte, zeigt daher die massive Verschlimmerung der Situation in diesen Jahren an. Mehr als große Schlachten machten die Besetzungen, Belagerungen, Forderungen nach Geld und Naturalien sowie die Übergriffe der umherziehenden Soldaten der Bevölkerung zu schaffen. Nachdem auch Frankreich 1635 in den Krieg eingetreten war, waren die Verhältnisse noch unüberschaubarer geworden. Ein Bericht über die Lage in leiningischen Dörfern ab der Mitte der 1630er-Jahre kann sicher stellvertretend für die gesamte Region stehen: Nach der Besetzung durch *„das schwedische Kriegsvolk Ao. 1631 und 1632"* und durch *„die kaiserliche Armada Ao. 1635"* habe 1636/37 eine *„bei Menschen Gedenken unerhörte Teuerung (…)* überhand genommen, *daß kein Mensch oder Vieh mehr in (den) Dorfschaften bleiben können, sondern haben die Inwohner samt und sonders sich mit Weib und Kindern teils in fremde weit entlegene, teils in benachbarte, etwas mehr verwahrte Städte und Örter, sich des Hungers zu erwehren, begeben, und lange Zeit für und elendiglich behelfen müssen dergestalt, daß noch bis uf den heutigen Tag vorgeschriebene Dorfschaften verwüßt, ungebauet, zum Teil verbrannt und leer stehen; also gar, daß auch von zehn oder zwölf Mannen, so in vorigen Zeiten daselbst gewohnet, kaum einer mehr übrig oder bei Leben ist."*

Obwohl seit 1643 in Münster und Osnabrück über einen Frieden verhandelt wurde, ging der Krieg unvermindert weiter. 1644 wurden Worms, Mainz und die dazwischen liegende Region von den Franzosen eingenommen, die bis zum Ende des Krieges, in Mainz und Bingen sogar bis 1650, blieben.[3]

„alles über undt trüber" – die Folgen des Krieges für die Region

Die Bevölkerungsverluste durch den Krieg lassen sich nur schätzen. Mainz verlor etwa die Hälfte seiner Bevölkerung, Worms ein Drittel, Alzey die Hälfte bis zwei Drittel, für Oppenheim werden die Verluste auf 74 % geschätzt.

Während also die großen Städte zwar auch einen gravierenden Bevölkerungsrückgang zu verzeichnen hatten, der aber – sicher auch aufgrund des Zuzugs Schutz suchender Landbevölkerung – deutlich geringer ausfiel als in den Landstädten, werden die Verluste auf dem Land auf etwa 70 % geschätzt. Nur ein kleiner Teil der Menschen in den Dörfern und Städten dürfte durch direkte Gewalteinwirkung gestorben sein. Vielmehr setzten Hunger, Teuerungen und Krankheiten der Bevölkerung zu. Der bereits zitierte Bericht der leiningischen Kanzlei beschreibt deren Ursachen eindringlich: *„Wieviel Ernten sein daselbst im Felde zu Schanden gemacht, abgeätzt, ausgedroschen und weggeführet worden? Wieviel Herbste sind durch die Soldaten gehindert, geschmählert und zunichte gemacht worden, ehe man gewußt oder wissen können, was solche ertragen oder daraus gelöset werden möchte. (…) Hierzu kommt das Vieh und viele Pferde, welche nicht allein absonderlich, stückweis zum öfteren, sondern auch vielmal mit ganzen Herden abgenommen und weggeführet, ohne was an solchen Orten denen Inwohnern an ihnen, ihrer Weib und Kinder an Leib, Leben und Ehre vor Schaden, Pein und Not zugefüget worden."* Unter diesen Umständen war an eine ausreichende Versorgung der Städte nicht zu denken. Der Mangel an Nahrungsmitteln wurde noch durch die Forderungen der Besatzungssoldaten verschärft. Dazu kam die Holznot im Winter. Das erhöhte die Anfälligkeit für Krankheiten, zumal für durch Soldaten eingeschleppte Seuchen. Wenn in den letzten Kriegsjahren überhaupt noch Menschen in den Siedlungen außerhalb der ummauerten Städte anzutreffen waren, so dürfte ihre Lage ähnlich gewesen sein wie die der etwa 60 Familien, die in Oppenheim ausharrten, wo schon 1643 *„alles über undt trüber"* ging und *„nichts mehr gebawet, oder gehandhabet"*, also keine Landwirtschaft, kein Handwerk und kein Handel mehr betrieben wurde.[4]

Über das Schicksal der Pfalz war bei den Friedensverhandlungen, bei denen der Mainzer Kurfürst Bischof Johann Philipp von Schönborn eine wichtige Rolle spielte, lange beraten worden. Karl Ludwig, dem Sohn des 1632 während der Pest in Mainz gestorbenen „Winterkönigs" Friedrich V., wurde die mittlerweile an Bayern übertragene fünfte Kurwürde nicht mehr zuerkannt, sondern eine neu geschaffene achte Kur zugesprochen. Zudem wurden die Oberpfalz von der Kurpfalz abgetrennt und einige seit dem Mittelalter an Kurpfalz verpfändete Gebiete wieder von den ehemaligen Landesherren ausgelöst. Die im späteren Rheinhessen liegenden Gebiete der Kurpfalz waren von diesen Maßnahmen nicht betroffen. In der Religionsfrage aber wurde der Pfalz entgegen gekommen. Abweichend von der Regelung für das restliche Reich sollte nicht der konfessionelle Stand von 1624, sondern der von 1618, also der Zustand vor der Rekatholisierung durch die bayerischen (in der rechtsrheinischen Pfalz) und die spanischen Truppen im linksrheinischen Teil der Pfalz wiederhergestellt werden. Anders als im Augsburger Religionsfrieden von 1555 und im Prager Frieden von 1635 wurde der Calvinismus nun anerkannt. Eine Regelung des Friedensvertrags wurde (nicht nur) für das Gebiet des späteren Rheinhessen noch wichtig: Ein neuer oder ein konvertierter Landesherr konnte seinen Untertanen nicht mehr seine Konfession aufzwingen, wie das 1555 geregelt worden war. Damit war der Grundstein gelegt für die zukünftige Mehrkonfessionalität nicht nur der Städte, sondern auch vieler Landgemeinden.

Sieht man von diesen zunächst vor allem für die Protestanten günstigen Regelungen ab, so war das Fazit des Krieges – wie bereits am Anfang des Kapitels geschildert – verheerend. Viele Dörfer und Städte erreichten erst im späten 18. Jh. wieder den Bevölkerungsstand von 1618. In vielen Orten waren große Teile der Bausubstanz zerstört. So standen in Dienheim nach dem Krieg nur noch 18 von ehedem 44 Häusern, die zudem noch als „sehr baufällig" galten. Andere Dörfer, wie das bereits erwähnte Vilzbach bei Mainz oder Rommersheim bei Wörrstadt, waren ganz zerstört und wurden nicht mehr aufgebaut. Die Landwirtschaft lag darnieder, da die Gemarkungen vieler Dörfer, deren Einwohner geflüchtet oder tot waren, seit Jahren nicht mehr bebaut wurden, viele Gebäude zerstört waren und kaum noch Vieh in den Ställen war.[5]

Ein „zweiter Dreißigjähriger Krieg"? Vom Wildfangstreit bis zum Pfälzischen Erbfolgekrieg

„Unruhen zwischen Churpfaltz und Mainz" – der Streit um die Wildfänge

Schon 1664 kam es wieder zu militärischen Auseinandersetzungen. Das Festhalten der Kurpfalz am „Wildfangrecht", also der Ausübung der Leibherrschaft über alle unehelich Geborenen und Zuwanderer nicht nur in der Kurpfalz, sondern auch in den angrenzenden Territorien, sorgte gerade in der Nachkriegszeit, in der alle Landesherren an Zuzug interessiert waren, für erhebliche Konflikte mit den Nachbarn. Auf Initiative des Mainzer Kurfürsten Johann Philipp von Schönborn, der seit 1663 auch als Bischof von Worms von den pfälzischen Ansprüchen betroffen war, bildete sich eine Koalition aus den geistlichen Kurfürsten, den Bischöfen von Speyer und Straßburg, dem Herzog von Lothringen und den ebenfalls betroffenen Reichsrittern. Vor allem die Truppen des lothringischen Herzogs setzten den pfälzischen Orten in den auch als „Lothringischer Krieg" bezeichneten Auseinandersetzungen der folgenden Jahre schwer zu. 1664 wurde Gau-Odernheim von den Mainzern eingenommen, denen die lothringischen Truppen folgten. 1665 flohen viele Niersteiner ins rechtsrheinische Trebur *„wegen der Unruhen so zwischen Churpfalz und Mainz bestanden"*. Auch Einwohner aus Mommenheim und Undenheim hielten sich in diesen Jahren auf der rechten Rheinseite auf. Trotz der 1667 herbeigeführten Einigung, in der der Kurpfalz ihre Rechte im Wesentlichen bestätigt wurden, besetzten die Lothringer Gau-Odernheim 1668 ein drittes Mal.

Nur wenige Jahre später, als sich der Krieg Ludwigs XIV. gegen die Niederlande zwischen 1672 und 1679 zu einem europäischen Konflikt ausweitete, zogen schon wieder Soldaten durch die Dörfer und Städte. Kurpfalz und Kurmainz hatten noch zu Beginn des Krieges den antifranzösischen brandenburgischen Truppen den Rheinübergang verwehrt. Dass sich die Pfalz dann aber nach einigem Zögern auf die Seite des Reiches und damit gegen Frankreich stellte, sollte sich schon bald dadurch rächen, dass die französischen Truppen bei Sinsheim 1674 die kaiserliche Armee besiegten und danach Teile der rechtsrheinischen Pfalz verwüsteten. Die linke Rheinseite blieb auch nicht verschont. Schon bevor das Reich Frankreich 1674 den Krieg erklärte, waren die Menschen hier durch die aufmarschierenden und durchziehenden Heere alarmiert. Im September 1673 hatten die gegen Frankreich vereinten Armeen den Rhein überschritten, sich in der Nähe von Mainz vereinigt und waren über Essenheim nach Oppenheim gezogen, um auf ihrem Weg Richtung Speyer und Philippsburg ihr Lager zwischen Uelversheim und Dienheim aufzuschlagen. Die Gemeinde Bechtheim schickte im September 1673 einen ihrer Bürger *„wegen der Kriegsunruhe umb Kundtschaft nacher Mannheim"*, im November einen anderen Einwohner mit dem gleichen Auftrag nach Mainz. Im gleichen

Monat waren Bewohner Undenheims bereits *„vor den französischen Trubeln"* nach Oppenheim geflohen. Im Dezember 1674 marschierten französische Truppen über Frankenthal und Bockenheim nach Alzey, zerstörten, nachdem ihre Forderungen dort mit Kanonenschüssen beantwortet worden waren, das Umland und machten auf ihrer Rückkehr nach Bockenheim reiche Beute. Dass Osthofen und Westhofen 1676 niedergebrannt wurden, wie seit dem 19. Jh. überliefert wird, lässt sich nicht bestätigen, vielmehr liegt hier eine Verwechslung mit dem elsässischen Westhoffen vor. Allerdings litt die Bevölkerung der Region bis Kriegsende unter Einquartierungen.[6]

Ludwigs XIV. Kampf um Reunionen

Nachdem schon der Friedensschluss von Nimwegen im Jahr 1679 für Frankreich vorteilhaft gewesen war, ließ Ludwig XIV. eine rechtliche Offensive folgen, die ihm weitere Gebietszugewinne bringen sollte. Unter dem Begriff „Reunion" beanspruchte Frankreich Gebiete und Orte, die durch rechtliche Beziehungen, meist lehnsrechtlicher Natur, einst mit dem Königreich oder mit ihm nach den letzten Friedensschlüssen abgetretenen Territorien verbunden gewesen sein sollen. Deren Eingliederung wurde dann mit scheinbar legalen Argumenten von sog. Reunionskammern betrieben, notfalls aber auch mit militärischer Gewalt durchgesetzt. Das betraf nicht nur das Elsass, Lothringen oder das kurpfälzische Oberamt Germersheim, sondern auch einzelne Dörfer auf (später) rheinhessischem Gebiet, die zu Herrschaften wie Nassau-Saarbrücken, Pfalz-Zweibrücken, Falkenstein, Leiningen oder Dalberg gehörten. In all diesen Gemeinden machte Frankreich seinen Anspruch auf die Oberherrschaft geltend. Die annektierten Gemeinden, unter anderen: Badenheim, Bechtolsheim, Schornsheim, Gabsheim, Essenheim, Mommenheim, Stadecken, Köngernheim und Dalheim, wurden zur neu geschaffenen französischen Saarprovinz geschlagen. 1684 wurden diese Reunionen vom Reich für zunächst 20 Jahre anerkannt.[7]

„gänzlichen in die Aschen gelegt" – der Pfälzische Erbfolgekrieg

Der Pfälzische Erbfolgekrieg übertraf dann alle bis dahin bekannten Kriegsgräuel. Noch heute sichtbare Ruinen oder die Tatsache, dass in den Städten und Dörfern der Region nur sehr wenige Bauten – und auch nur wenige archivalische Quellen – aus der Zeit vor 1700 zu finden sind, machen deutlich, wie sehr dieser Krieg die Geschichte des Raumes geprägt hat und warum er auch mehr als drei Jahrhunderte danach immer noch einen wichtigen Platz in der kollektiven Erinnerung einnimmt. Die Geschichte vieler Städte und Dörfer der Region kann in ein „Vorher" und „Nachher" geteilt werden. Erst die Zerstörungen des Zweiten Weltkrieges erreichten – in den Städten – wieder ein ähnlich verheerendes Ausmaß.

Die im deutschen Sprachraum übliche Bezeichnung „Pfälzischer Erbfolgekrieg" trifft die Kriegsursache nur teilweise und nur ungenau. Sicher spielte das pfälzische Erbe eine wesentliche Rolle in der Begründung des Krieges, wobei die Nachfolge des 1685 ohne direkten Erben gestorbenen Kurfürsten Karl nicht in Frage gestellt wurde. Die Kurwürde und das Kurfürstentum gingen an die katholische Linie Pfalz-Neuburg über. Die Schwester Karls, Elisabeth Charlotte, die durch ihre Briefe berühmte „Liselotte von der Pfalz", war 1671 an den Herzog Philipp von Orléans, den Bruder Ludwigs XIV., verheiratet worden. Entgegen anderer Verträge erhob Ludwig nach dem Tod ihres Bruders – und gegen den ausdrücklichen Willen Liselottes – nicht nur Ansprüche auf das Privatvermögen Karls, sondern auch auf alle

nicht lehensrechtlich gebundenen Teile – unter anderem Oppenheim und Ingelheim – und somit auf einen erheblichen Teil des pfälzischen Territoriums. Kurfürst Philipp-Wilhelm, als Schwiegervater des Kaisers Leopold I. nach ursprünglicher Nähe zu Frankreich mittlerweile klar auf der kaiserlichen Seite positioniert, lehnte das Ansinnen Ludwigs ab. Ein weiterer Kriegsgrund war die Nachfolge des Kölner Erzbischofs und Kurfürsten, bei dem Ludwig einen ihm genehmen Kandidaten nicht gegen den Favoriten des Kaisers hatte durchsetzen können. Insgesamt muss der Krieg aber als Teil der Auseinandersetzung um die Vorherrschaft Frankreichs angesehen werden. Die neuere Forschung beschreibt den Krieg daher auch neutraler als „Neunjährigen Krieg", als letzte Phase eines „zweiten Dreißigjährigen Krieges" zwischen 1667 und 1697, in der das Interesse Frankreichs darin lag, durch übersteigerte Forderungen die Anerkennung der Reunionen zu erreichen.[8]

Noch während Ludwig in einem Manifest eine Vertragslösung der Pfälzer Erbangelegenheit bei gleichzeitiger Bestätigung seiner bisherigen Annektionen in Aussicht stellte, trat das französische Heer über die Grenzen. Ende September 1688 erreichte es Alzey, dessen Einwohnerschaft wie die anderer Orte in der Pfalz dem französischen König zu huldigen hatte. Am 1. Oktober rückte ein französisches Regiment mit 2.000 Soldaten gegen Oppenheim vor. Die Stadt kapitulierte schnell und der dort ansässige kurpfälzische Landschreiber nahm den französischen General offenbar so für sich ein, *„daß selbiger alle Drohworte von Plündern und Schlägen in Höflichkeit verwandelt"* und den Oppenheimern die Wahrung ihrer Privilegien versprach. Die Besatzung des Schlosses aber setzte den Franzosen Widerstand entgegen. Erst nach mehrstündigem Gefecht wurde die „Burg Landskron" eingenommen. Nur die

Fürsprache des Landschreibers bewahrte den Schlosskommandanten davor, *„unter das Thor"* gehängt zu werden.

Noch am selben Tag zogen Teile der Truppe in Richtung Worms weiter, um sich mit 12.000 Soldaten bei Hochheim zu verbinden. Angesichts dieser Übermacht blieb der Stadt Worms nichts anderes übrig, als die Aufnahme einer französischen Garnison und die Einsetzung eines französischen „Gouverneurs" zu akzeptieren. Nachdem ein Teil des Heeres über den Rhein weiterzog und Philippsburg und Heilbronn einnahm, forderte ein anderer Teil vom Mainzer Kurfürsten, einige hundert Schweizer Soldaten zur Sicherung der Brücken und des Rheinüberganges in der Residenzstadt einzuquartieren. Trotz der Zusage, dass diese Soldaten ihm *„Pflicht und Eyd abstatten sollten"*, wollte sich der Kurfürst nicht darauf einlassen, änderte aber nach dem Anrücken von 20.000 Soldaten seine Meinung, ließ unter etlichen Bedingungen *etwas Guarnison"* in die Stadt und reiste selbst nach Erfurt ab.[9] Auch Mannheim und Heidelberg hatten vor der französischen Armee kapituliert, die anschließend weit in Richtung Württemberg vordrang.

In den ersten Kriegswochen konnten die Franzosen einigermaßen ungehindert agieren. Da Reichstruppen noch im Türkenkrieg gebunden waren, reagierte das Reich im Februar 1689 erst spät mit einer Kriegserklärung gegen Frankreich. Bereits vorher hatten aber schon kursächsische Truppen die französische Armee bis zum Rhein zurückgedrängt. Zudem geriet Frankreich unter Druck, als die Seemächte England und Niederlande an die Seite der gegnerischen Allianz traten.

Der Erkenntnis, dass die neu eroberten Gebiete nicht gehalten werden konnten, folgte ein fataler Plan: die Zerstörung der Region, um dem nachrückenden Gegner keine Operationsbasis zu bieten. Dieser Vorschlag des Kriegsministers Louvois wurde von Ludwig XIV. gut geheißen und von den Truppen unter General Melac ab Januar 1689 zunächst in der Gegend um Heidelberg in die Tat umgesetzt, wo elf Dörfer systematisch niedergebrannt wurden.[10]

Im Linksrheinischen traf dieses Schicksal als Erstes das Altrheindorf Eich. Ende März 1689 versuchte eine kursächsische Einheit von 300 Soldaten hier einen Posten zu installieren, was den Angriff eines aus Oppenheim, Worms, Speyer und anderen Orten zusammengezogenen französischen Heeres von 6.000 Mann zur Folge hatte. Die Sachsen hätten sich, so die Berichte im *Theatrum Europaeum* und in einer anderen zeitgenössischen Publikation, so massiv zur Wehr gesetzt, dass 400 französische Soldaten ums Leben gekommen seien. Aus Rache hatten die Franzosen *„darauff besagtes Eich"* sowie das benachbarte Hamm und Rheindürkheim *„gäntzlich eingeäschert."* In den Briefen der französischen Generäle Huxelles und Duras und des Intendanten de la Goupilliere an den Kriegsminister Louvois ist allerdings von gefallenen französischen Soldaten nicht die Rede, so dass diese Meldungen offensichtlich als Kriegspropaganda zu verstehen sind. Vielmehr war Eich ein Ort, den die Strategen schon vorher wegen seiner schlechten Zugänglichkeit auf dem Landweg und seiner guten Eignung als Rheinübergang als einen der für sie gefährlichsten im Blick hatten. Um den „Feinden" jeden Gedanken an Rückkehr zu nehmen, so Huxelles an Louvois, ließ er den Ort plündern und abbrennen. *„Die Kirch sampt dem Thurm"*, 86 Häuser, 54 Scheunen, 61 Ställe, die Schmiede, zwei Backhäuser, das Pfarrhaus, das Schulhaus, das Rathaus und die Pforten fielen in Eich den Flammen zum Opfer. Ein Augenzeugenbericht, von einem landgräflich-hessischen Beamten in Zwingenberg aufgenommen, schildert die Belagerung und Zerstörung des Dorfes sehr drastisch: Sächsische Dragoner hätten in Alsheim vier Franzosen angetroffen, einen erschossen und die drei anderen in ihr Lager nach Eich gebracht. Gegen ein heranrückendes Heer von 1.000 Franzosen konnten sich die sächsischen Truppen einen Tag lang verteidigen, gaben aber auf, als immer mehr französische Soldaten vor dem Dorf erschienen. Die *„Einwohner mann- und weiblich Geschlechts"* seien *„nackend ausgezogen, theils zusammen gekoppelt und mit fort auf Maintz geführet"* worden.

Die Nachrichten aus den Altrheindörfern mussten auch die Einwohner der nahe gelegenen Reichsstadt Worms erschrecken. Dort waren die Vereinbarungen, dass nicht mehr als 300 Soldaten und keine Reiterei aufgenommen werden sollten, kein Winterquartier bezogen werden sollte, dass der Stadt ihre alten Rechte garantiert blieben, die Juden unter der Jurisdiktion der Stadt blieben und die Soldaten lediglich Quartier, aber keine Verpflegung erhalten sollten, nach dem Einmarsch der Besatzung unter Marquis de Barbézieux nicht eingehalten worden. Vielmehr besetzten mehrere tausend Soldaten die Stadt und waren ständig durchziehende Truppen zu versorgen. Der Handelsverkehr mit anderen Städten wurde erheblich eingeschränkt, Schiffe und Wagen beschlagnahmt.

Im Februar 1689 begann die Zerstörung der Stadt zunächst mit der Niederlegung der Stadtmauern. Entgegen allen Beschwichtigungen wurde der Rat am 23. Mai von Intendant de la Fond unterrichtet, dass die Stadt aus Gründen der *„raison de guerre"* in Brand gesetzt werden sollte und von den Einwohnern innerhalb von sechs Tagen zu räumen sei. In einem Bericht an Louvois gab General Duras die den Räten von Speyer, Worms und Oppenheim vorgetragene Argumentation wieder: Da der französische König nicht in der Lage sei, ihre Städte zu be-

festigen, die „Feinde" sich aber ihrer bemächtigen wollten, bleibe keine andere Lösung als ihre Zerstörung, um den Kriegsgegnern keine Gelegenheit zu bieten, sich in strategisch günstigen Positionen festzusetzen. Alle Eingaben, Bittprozessionen und Gebete waren vergebens. Am Pfingstdienstag, dem 31. Mai 1689, wurde morgens der Befehl ausgegeben, dass sich um die Mittagszeit niemand mehr in der Stadt befinden dürfe. Nachdem im Laufe des Morgens planmäßig die zurückgelassenen Güter der Einwohner geplündert wurden, kündigte um vier Uhr nachmittags ein Trommelwirbel das bevorstehende Zerstörungswerk an. Innerhalb von vier Stunden soll die Stadt *„gänzlichen in die Aschen gelegt"* worden sein.

Rat, Bistum und Hochstift ließen später die Schäden auflisten, um – vergebens – Ersatzansprüche an die *„Kron Frankreich"* zu stellen. Neben Bürgerhof und „Neuer Münze", Kaufhaus, Römer, Tanzhaus, Hospital, Waisenhaus, Lazarett, Zeughaus, Rheinkran, Gymnasium, evangelischen Kirchen und Stadthäusern für geistliche und weltliche Beamte als städtische Gebäude waren 964 Privathäuser an diesem Pfingstdienstag verbrannt worden. Bistum und Hochstift legten eine eigene Liste vor. Teilweise oder ganz niedergebrannt wurden der Dom, der Bischofshof, die Johanneskirche, die Stiftskirche St. Paul, die Pfarrkirche St. Rupertus, das Andreasstift, die Stiftskirche St. Martin, die Pfarrkirche St. Lampertus, die Liebfrauenstiftskirche mit der St. Jodokuskapelle, das Jesuitenkollegium, der Richardikonvent, das Dominikanerkloster, das Karmeliterkloster, 52 Häuser des Domstiftes, 22 Stiftshäuser des Martinstiftes, Stiftshäuser und Mühle des Paulusstiftes, 12 Kanonikerhäuser des Liebfrauenstiftes.

Zur gleichen Stunde wie Worms wurden auch Oppenheim und Speyer niedergebrannt. Eine Zeichnung Peter Hammans zeigt den Blick

Abb. 10:
Peter Hammann, Brandsäulen über Speyer, Worms und Oppenheim 1689.

vom Haardtrand bei Freinsheim in die Rheinebene auf drei Rauchsäulen über den brennenden Städten.[11]

Viele Einwohner waren in den Tagen zwischen der Ankündigung und der Durchführung der Zerstörung geflüchtet, viele von ihnen trotz Verbot über den Rhein, andere waren gegen die Anordnungen bis zum letzten Tag in der Stadt geblieben. Während die Einwohner mit Vermögen in Städten auf rechtsrheinischem Gebiet (Frankfurt, Hanau, Darmstadt, Gießen) Aufnahme fanden, blieb der ärmere Bevölkerungsteil in der Nähe, um möglichst bald wieder in die Stadt zurückzukehren und sich in den Ruinen und Kellern niederzulassen. Von

der Realisierungschance des Planes, die Bewohner umzusiedeln – und zwar die Protestanten in das Elsass, die Katholiken nach Burgund und Lothringen – waren die französischen Strategen selbst nicht überzeugt. Ebenfalls im Mai wurde die ehemalige Reichsstadt Odernheim angezündet und die Hälfte der Häuser dort zerstört, obwohl erhebliche Gelder als „Brandschatzung" gezahlt worden waren. Am 4. Juni wurde Bingen in Brand gesetzt. Wenn die „Feinde" sich außerstande sähen, Posten in den nun zerstörten Städten Speyer, Worms oder Oppenheim einzurichten, könnten sie auf den Gedanken kommen, Bingen zu „fortifizieren" und dadurch die Kommunikation zwischen Mainz und der Saarregion, dem Hunsrück, der Pfalz und den rheinabwärts gelegenen Städten empfindlich stören – so die mörderische Logik, aus der heraus Marquis de Chamlay dem Kriegsminister in Paris die Pläne erläuterte (und im gleichen Atemzug auch die Zerstörung aller Dörfer am Rhein zwischen Philippsburg und Oppenheim vorschlug). Auch in Bingen wurde den Bürgern bereits einige Tage zuvor die Zerstörung angekündigt und sie wurden aufgefordert, ihre Habseligkeiten in das Kapuzinerkloster zu bringen, das dann aber als eines der ersten Gebäude abgebrannt wurde. Zudem mussten die Binger Einwohner und die der umliegenden Dörfer noch die Reste der Mauern und Türme nach dem Brand abreißen. Auch hier wurde nach dem Krieg ein Verzeichnis aufgestellt, das den Wert aller verbrannten Gebäude mit 313.333 Gulden angab. Außer der Burg Klopp, der Liebfrauenkirche, dem Kapuzinerkloster, mehreren Kapellen und den Adelshöfen gingen fast 300 Häuser in Flammen auf.

Im Juli begannen die im Reichsheer zusammengefassten deutschen Truppen unter der Führung von Herzog Karl von Lothringen, das von Franzosen besetzte Mainz zu belagern. Nach zwei Monaten Belagerung, während der die Stadt auch durch Bombardierungen von deutscher Seite zu leiden hatte, zogen die Franzosen am 11. September aus Mainz ab und eine alliierte Besatzung unter General von Thüngen ein. Der Stützpunkt Mainz konnte während des ganzen Krieges gehalten werden und war immer wieder Ausgangsort für militärische Initiativen gegen die das Umland weitgehend kontrollierenden französischen Truppen.[12]

Trotz der Rückeroberung von Mainz, der im Oktober auch die von Bonn folgte, gelang es den alliierten Truppen nicht, die Franzosen zurückzuschlagen. Deren Strategie, den Gegnern keine Handbreit unverbrannten Bodens zurückzulassen, wurde eher noch konsequenter

umgesetzt. Bis zum Ende des Jahres 1689 wurden noch etliche Dörfer gerade in der Region zwischen Rhein und Nahe Opfer der Zerstörungspolitik. Nicht für alle in der zeitgenössischen Publizistik genannten Ortszerstörungen finden sich in der lokalgeschichtlichen Literatur Belege. So sollen – nach Aussage einer der wichtigsten Quellen der Zeit, der 1690 erschienenen Schrift *Der französische Attila, Ludovicus XIV* – Ober- und Nieder-Ingelheim zeitgleich mit Bingen abgebrannt worden sein, wofür es aber keinen weiteren Nachweis gibt. Ebenfalls den Flammen fielen im Oktober 1689 – nach Auskunft der gleichen Quelle – Bechtheim, Dalsheim, Flörsheim, Gundheim, Herrnsheim, Osthofen und Westhofen zum Opfer. Manche Gemeinden wurden mehrfach heimgesucht. So brannten die Franzosen im Juni einen Teil Pfeddersheims nieder, im September dann den Rest, nach Gundheim kamen sie im Dezember noch einmal, um die restlichen Häuser abzubrennen. Bereits im März hatten die Franzosen in Alzey „*sehr übel (ge)haußt*", im Oktober brannten sie auch diese Stadt ab. Weil sie die ihnen auferlegten Kontributionen nicht zahlen konnten, wurden – so meldet es zumindest das *Theatrum Europaeum* – im Frühjahr 1690 Ockenheim, Welgesheim, Zotzenheim, Sprendlingen, Badenheim und Siefersheim eingeäschert, im Mai folgten Stadecken, Essenheim, Udenheim, Jugenheim, Schwabenheim und Sörgenloch, schließlich auch Algesheim, wo sich die Einwohner in das Schloss zurückgezogen hatten. Damit nicht genug, wurden auch noch „*alle Früchte bis Kreuznach ruiniert*", d. h. die Aussaaten auf den Feldern vernichtet, um den Gegner weiter zu schwächen.[13]

Vor allem in der Umgebung von Mainz kam es immer wieder zu Zusammenstößen zwischen französischen und deutschen Soldaten. Allerdings fehlen auch hier für verschiedene Berichte aus dem *Theatrum Europaeum* weitere

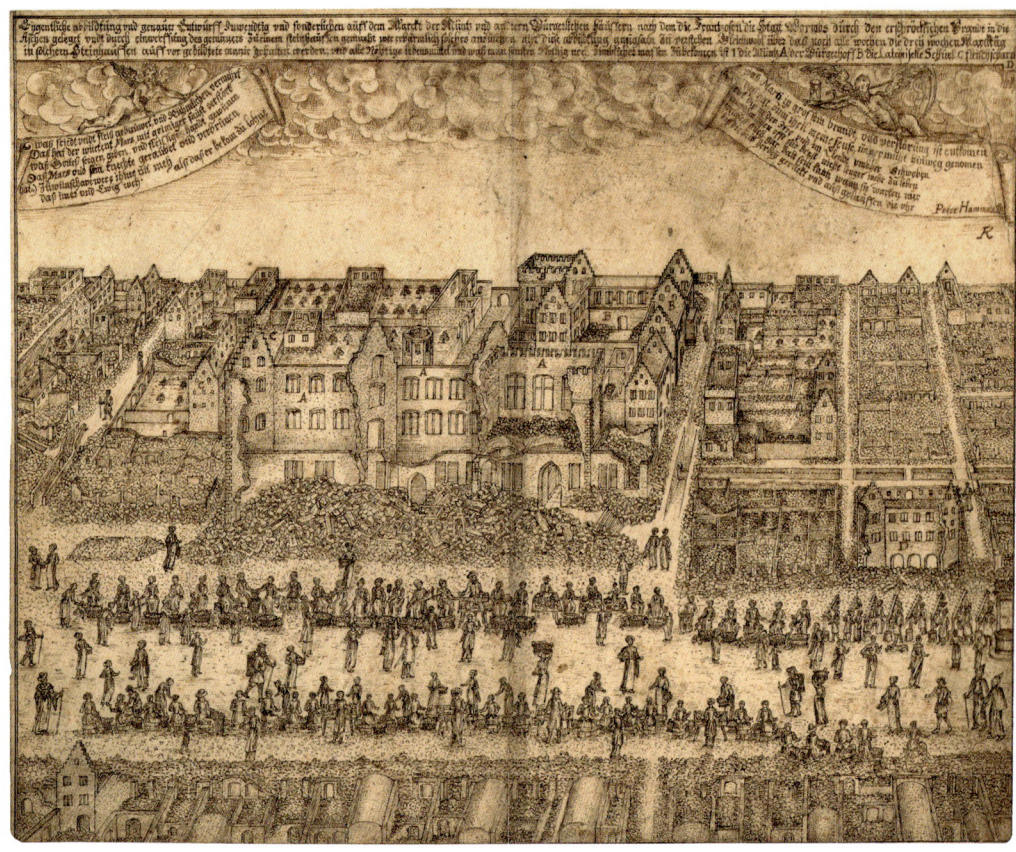

Abb. 11:
Peter Hamman, Markttag im zerstörten Worms.

Quellen, sodass die Erfolgsmeldungen doch als Propaganda kritisch zu hinterfragen sind. So sei es im Juni 1690 im Ober-Olmer Wald zu einem Gefecht zwischen 500 in Mainz stationierten Husaren und Dragonern und einer *„frantzösischen Purthey"* gekommen, wobei 380 französische Soldaten getötet worden sein sollen. Für 1691 werden im Zusammenhang mit größeren Truppenbewegungen und der drohenden erneuten französischen Einnahme von Mainz die Zerstörung *„ettlicher* Dörfer" in der Nähe des französischen Hauptlagers in Nieder-Olm und die Vernichtung der Getreide- und Grasernte im Mainzer Raum gemeldet. Die Weisenauer allerdings hätten die Franzosen abgewehrt und so ihr Dorf *„vom Brand errettet"*.

Auch die folgenden Jahre waren geprägt von Besetzungen, der Erpressung von Kriegsgeldern, Geiselnahmen von Amtsträgern im Falle ausbleibender Zahlungen, Gefechten zwischen französischen und alliierten Soldaten und immer wieder Plünderungen: *„ist alles in Bretzenheim ausgeplündert worden"*, vermerkte der Ober-Olmer Pfarrer in seinem Kirchenbuchim Juli 1694.Im September sollen Laubenheim, Nackenheim, Bodenheim und erneut Bretzenheim geplündert worden sein. Gerade die Gemeinden in der Nähe des Rheines scheinen zuweilen auch zwischen den Fronten gelegen zu haben. 1692 lag eine *„Teutsche Armee"* in Alsheim, die ebenfalls Forderungen an die umliegenden Gemeinden stellte, hessische Husaren bedrohten die Gimbsheimer Einwohner mit der Niederbrennung des Dorfes, falls ihnen kein Wein geliefert werden würde. 1693 beschlagnahmten die Franzosen das Gimbsheimer Vieh und arrestierten den dort für die Verwaltung und Gerichtsbarkeit der umliegenden Dörfer ansässigen – damals „Oberfauth" genannten – Obervogt. 1694 hatte ein französisches Regiment in dem Altrheindorf 40 Wochen lang sein Lager eingerichtet. Hier übrigens begann der Oberst des Regiments, der gerade 20-jährige Duc de Saint-Simon, mit der Aufzeichnung seiner Memoiren, die später in die Literaturgeschichte eingingen: *„Je les commençai donc en juillet 1694, étant mestre de camp d'un régiment de cavalerie de mon nom, dans le camp de Guinsheim sur le Vieux-Rhin, en l'armée commandée par le maréchal-duc de Lorges."* („Ich begann sie also im Juli 1694, als Oberst eines Reiterregiments, das meinen Namen trug, im Feldlager zu Gimbsheim am Alten Rhein, im Heere, das der Marschall Herzog von Lorge führte.")

Während viele Einwohner der Mainzer Umlandgemeinden nach der Rückeroberung der Stadt in den Schutz ihrer Mauern flüchteten, ist aus den Kirchenbüchern der rechtsrheinischen Gemeinden zu rekonstruieren, dass viele Einwohner der zerstörten und der immer wieder aufs Neue bedrohten anderen Dörfer über den Rhein gingen. Häufig kamen sie aber noch während des Krieges zurück, weil sie ihre Existenz in den rechtsrheinischen Riedgemeinden auch nicht sichern konnten.

An einen Wiederaufbau in den Städten und Dörfern war vor Ende des Krieges noch nicht zu denken. Dennoch scheinen sich etliche Familien in den zerstörten Häusern notdürftig eingerichtet zu haben. Aus Worms berichtete das Ratsmitglied Johann Friedrich Seidenbender, dass viele der noch stehen gebliebenen Gewölbe, Keller und Mauern witterungsbedingt

in den Monaten nach dem Brand vollends eingestürzt seien, dass aber viele Menschen sich in ihnen bei Gefährdung ihres Lebens durch Krankheiten und Unfälle aufgehalten hätten.[14]

Die Tatsache, dass in den meisten rheinhessischen Dörfern kaum Gebäude aus der Zeit vor 1700 existieren, kann schon als Indiz dafür gewertet werden, dass das Ausmaß der Zerstörungen noch deutlich höher war, als über die erhaltenen schriftlichen Quellen überliefert ist.

Der Krieg wurde nicht am Rhein entschieden. Frankreich war zu stark, um von der Allianz besiegt zu werden, konnte aber auch selbst keinen den Krieg beendenden militärischen Erfolg erzielen. Erst die Strategie, mit einzelnen Mitgliedern der Allianz 1697 separate Friedensverhandlungen zu führen, versetzte die französische Politik in die Lage, wenigstens einen Teil ihrer Ziele umzusetzen. Zwar musste Ludwig XIV. alle Gebiete zurückgeben, die nach 1679 „reuniert" worden waren, konnte aber den dauerhaften Besitz des Elsass festschreiben und seine europäische Machtstellung doch weitgehend halten. Dass die französischen Ansprüche auf das pfälzische Erbe ausgeglichen werden müssten und der Papst als entscheidende Instanz in dieser Auseinandersetzung im Jahr 1702 300.000 Taler als Entschädigung festlegte, die von der Pfalz an Frankreich zu entrichten war, dürfte vielen Zeitgenossen angesichts der verheerenden Zerstörungen mehr als fragwürdig vorgekommen sein. Mit der Aufnahme einer Klausel in den Friedensvertrag von Rijswijk, die die während der Besetzung erreichte Rekatholisierung der Pfalz festschrieb – und die im heimlichen Einvernehmen zwischen katholischem Kurfürst, Kaiser und Frankreich kurz vor Abschluss des Vertrags aufgenommen worden war – zeigte sich zudem die trotz aller schlimmen Erfahrungen weiterhin bestehende

49

Bereitschaft, mit dem französischen König zusammen zu wirken, wenn es denn dem eigenen Interesse diente.[15]

Die Kriege des 18. Jahrhunderts: Vom Spanischen Erbfolgekrieg bis zu den Revolutionskriegen

„frantzösische troublen" und andere Streitigkeiten um Erbfolgen

Die Kriege des 18. Jhs. erreichten in der Region nicht mehr das zerstörerische Ausmaß wie die des 17. Jhs. Trotzdem wurden die Städte und Dörfer immer wieder stark in Mitleidenschaft gezogen. Schon wenige Jahre nach dem Friedensschluss von Rijswijk ging es wieder los. Um die spanische Thronfolge entbrannte 1701 ein Erbfolgekrieg, bei dem sich Frankreich erneut einer Allianz von Reichsständen, darunter auch Kurpfalz und Kurmainz, und den Seemächten gegenüber sah. Wieder war die Region von französischen Besetzungen betroffen. Bereits die Nachricht von herannahenden Franzosen ließ viele Oppenheimer im Oktober 1703 über den Rhein flüchten. Bei der nachfolgenden Besetzung kam es wiederholt zu kleineren Zwischenfällen. Für die Jahre 1703 und 1704 wurde die Zahlung einer Kontribution von jeweils 3.000 Gulden festgelegt. 1705 scheinen deutsche Soldaten im Winterquartier in Oppenheim gelegen zu haben, die ebenfalls versorgt sein wollten. Dennoch musste die Stadt ständig Fuhrwerke und Schanzarbeiter in das französische Lager schicken. Die Auseinandersetzungen zwischen französischen Soldaten und Oppenheimer Bürgern am Bartholomäusmarkt im Jahr 1708 lässt sich aus einer Auflistung der Schäden rekonstruieren: Mehrere Oppenheimer bekamen wegen erlittener Schläge eine Entschädigung zugesprochen. Am Katharinenmarkt scheint die Situation eskaliert zu sein,

jetzt ist von Toten und Verletzten die Rede: einem Bürger sei durch *„du Hall drei Kugeln in den Leib geschossen"* worden, *„daß derselbe starb mit Hinterlassung einer hochschwangeren Frau und sieben Kindern"*, der gleiche *„Unterpartisan du Hall"* verletzte auch den Stadthauptmann so *„übel (…), daß er im Bett liegen muß"*, ein Bürger wurde durch ein Bajonett verwundet, dem *„Chirurg mit Flinte Plesur in Backen"* zugefügt. Aber auch ein französischer Soldat wurde verletzt. Eine *„pestilentische Seuche"*, die in der Stadt einquartierte Soldaten eingeschleppt hatten, ließ die Sterblichkeit zwischen 1712 und 1714 hochschnellen. Aus anderen Städten und Gemeinden liegen ähnliche Informationen vor. In Alzey lagerten 1704/05 Franzosen, im darauf folgenden Winter kurpfälzische Soldaten. Mainz hatte, anders als die umliegenden Gemeinden Essenheim und Mombach, keine Einquartierungen zu ertragen. Auch aus Pfiffligheim und Leiselheim sind Beschwerden über ein französisches Soldatenlager im Jahr 1713 bekannt. In Bingen waren nacheinander Truppen des Kurfürsten, französische Soldaten, hessische und lüneburgische Verbände im Winterquartier oder am Durchmarschieren, die alle verpflegt werden mussten oder Schäden anrichteten. Selbst nach dem Frieden von Rastatt 1714 erschienen hier noch französische Soldaten, erpressten Zahlungen und Naturallieferungen und nahmen einige Geiseln mit in ihr Lager in Meisenheim. Insgesamt aber scheint dieser Krieg keine sehr nachhaltigen Schäden im hiesigen Gebiet verursacht zu haben. Erkennbar ist das etwa an steigenden Heirats- und Geburtenzahlen in Oppenheim in den Jahren vor 1712.[16]

Nach 19 Friedensjahren – eine so lange Ruhephase hatten die Menschen seit Ausbruch des Dreißigjährigen Krieges nicht mehr erlebt – traf der Polnische Erbfolgekrieg ab 1733 die Region umso härter. *„In diesem Jahr brach ein blutiger Krieg aus zwischen dem Kaiser und* *dem König von Frankreich. Zu Beginn des Monats August kam das französische Heer in unsere Gegend. Das Lager befand sich von Köngernheim einschließlich bis Oppenheim in die Länge und Breite. Die französischen Soldaten raubten Früchte auf den Feldern und in den Scheunen, plünderten die Hütten und Häuser der Bauern und, was das Tollste ist, sie schonten nicht die katholischen Kirchen und Pfarrer."* Das vermerkte der Undenheimer katholische Pfarrer 1734 in seinem Kirchenbuch. Hintergrund des Krieges war der Streit um die Erbfolge in Polen, wo Frankreich und der Kaiser je eigene Kandidaten in das Amt bringen wollten. Neben den kriegerischen Auseinandersetzungen in Polen selbst fanden die Kampfhandlungen zwischen Frankreich und dem Reich wieder einmal bevorzugt entlang des Rheines statt. Die Kurpfalz hatte schon 1728 mit Frankreich einen Neutralitätspakt geschlossen, den sie jetzt auch mehr oder weniger einhalten konnte, indem sie das zur Unterstützung des Reichs vorgesehene Kontingent an Soldaten zur Sicherung in den eigenen Festungen halten durfte. Dennoch wurde sie schwer in Mitleidenschaft gezogen. Nach der für die Franzosen siegreichen Belagerung von Philippsburg überquerten im Juli 1734 französische Truppen den Rhein, lagerten zunächst in der Nähe von Worms, marschierten von dort nach Nieder-Olm und nahmen den kurmainzischen Ort ein. Danach zogen sie bis Oppenheim, von dort in Richtung Mainz, womöglich mit dem Ziel die kurfürstliche Residenzstadt zu belagern. Dieser Plan wurde aber aufgegeben und die Truppen zogen Richtung Süden ab. Auf der rechten Rheinseite hielten die kaiserlichen Truppen unter dem alten Prinz Eugen die Stellung. In den Kriegsjahren 1734 und 1735 wechselten sich die französischen und deutschen Soldaten in den Dörfern und Städten mehrfach ab. Dabei dürfte es für deren Einwohner nicht von großer Bedeutung gewesen sein, welche Partei nun gerade vor Ort war.

In Oppenheim plünderten die dort einmarschierenden 1.400 französischen Soldaten im Juli 1734 die Speicher und Scheunen der Einwohner, nachdem ihre Forderungen nicht erfüllt worden waren. Die Gemeinde Eich hatte allein im November und Dezember 1.734 Leistungen im Wert von 1.828 Gulden an die kaiserliche Armee zu erbringen: die Stellung von Fuhrwerken, Heu, Hafer, Brot, Wein. Als dann 1735 13 Wochen lang 1.200 französische Soldaten in der Gemarkung und im Ort lagerten, mussten Pferde versorgt, Schanzen gebaut, Wagen und Wachen gestellt werden. 400 Eichen und Birnbäume wurden gefällt und sämtliche Holzvorräte verbrannt. Eppelsheim, gleichwohl pfälzisch, wurde 1734 von französischen Soldaten fast vollständig zerstört. Alzey war ebenfalls abwechselnd von Kaiserlichen und Franzosen besetzt, die ihre Forderungen gegenüber der Bevölkerung mit Nachdruck durchsetzten. Erneut erschienen im November 1734 von Worms aus kommend 8.000 französische Soldaten in Nieder-Olm und verwüsteten den Ort. Militärkarten aus dem Jahr 1735 zeigen, dass zwischen Mai und September in Pfffligheim, Westhofen, Weinolsheim, Oppenheim, Algesheim, Stadecken, Flonheim, Bermersheim und Heppenheim französische Lager eingerichtet waren. Immer wieder scheint es zu Kampfhandlungen in der Nähe der Siedlungen gekommen zu sein. So ist der Einsatz eines brandenburg-preußischen Husarenregimentes im Juli 1735 bei Nieder-Olm, einen Monat später bei Klein-Winternheim überliefert.

Die Folgen dieser Belastungen sind den Kirchenbüchern direkt abzulesen. Die vierfache Zahl von Toten hatte Oppenheim im September 1734 zu beklagen, nachdem den plündernden französischen Soldaten kaiserliche gefolgt waren, die ebenfalls versorgt werden wollten. Zu erklären ist dieser schnelle Anstieg von Infektionskrankheiten aufgrund der schlechten Ernäh-

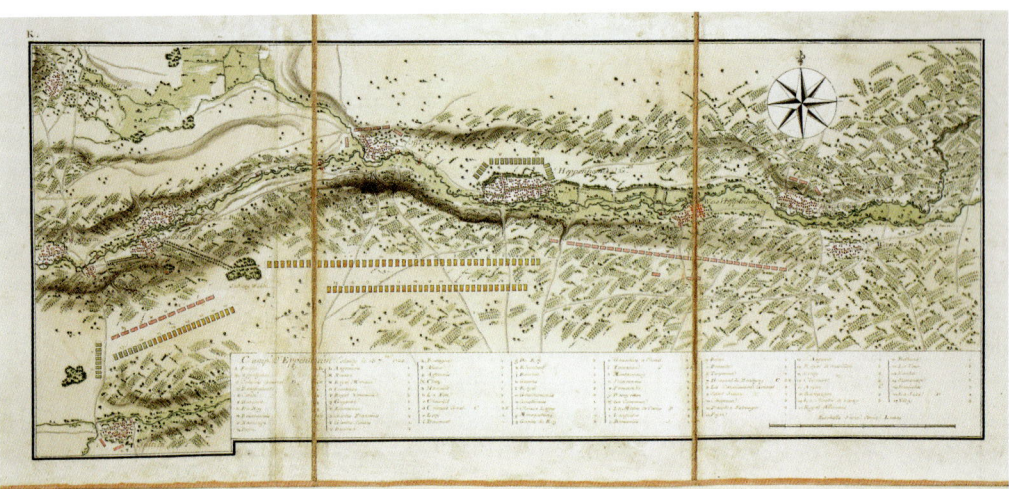

Abb. 12:
Ausschnitt aus Militärkarte von 1735: *Camp d'Eppenheim.*

rungssituation. Auch in Mombach, Nieder-Olm und Zornheim überstieg die Zahl der Beerdigungen in diesen Jahren die der Geburten. In Westhofen starben etliche Einwohner 1735 an der Ruhr, zweifelsohne Folge des französischen Heerlagers. Dort hatten die Franzosen zu ihrer Versorgung überdies das Wasser des Mühlbaches in die Gräben um das Dorf umleiten lassen, weswegen der Müller Johannes Pabst in einer Eingabe an das Oberamt in eigener Sache, sicher aber auch im Interesse der Gemeinde um Abgabennachlass bat, weil durch die *"französische Truppen, marches et remarches, wie auch starke Einquartierung und Lieferung an Früchten und fourage in den verflossenen zwei Jahren die Unterthanen dergestalt enerviret worden, daß die meisten nicht das liebe Brod, viel weniger die herrschaftlichen Beschwerden (d. h. die Abgaben) zu entrichten, behalten haben."*[47]

Bereits zwei Jahre nach dem Friedensschluss von 1738 brach der Österreichische Erbfolgekrieg aus. Im Streit um die Nachfolge des letzten männlichen Habsburgers auf dem Kaiserthron, Karl VI., standen sich Frankreich,

Preußen, Bayern und Spanien auf der einen Seite, Österreich, Russland, England, Sachsen und die Niederlande als die sog. Pragmatische Armee auf der anderen Seite gegenüber. In der Frage der Kaiserwahl unterstützte der Mainzer Kurfürst von Eltz nur unter französischem Druck den bayerischen Kurfürst Karl Albrecht. Sein Nachfolger von Ostein bezog offen Stellung gegen ihn, während der pfälzische Kurfürst sich eindeutig an der Seite seines wittelsbachischen Verwandten positionierte. Im Erbfolgekrieg versuchte die Kurpfalz aber, sich neutral zu halten, was allerdings von der Pragmatischen Armee, die die Pfalz an der Seite Frankreichs sah, nicht anerkannt wurde.

Im Mai 1743 besetzte die französische Armee von Speyer aus die Region zwischen Worms und Oppenheim. Oppenheim sollte mit 600 Mann belegt werden, um einen Rheinübergang der Pragmatischen Armee zu verhindern, zog sich aber bald schon wieder zurück. Die Alliierten marschierten von Hanau den Main entlang, überquerten bei Mainz den Rhein und bewegten sich langsam Richtung Süden vor. Mit ihnen zogen als Befehlshaber der britischen Truppen der (in Hannover geborene) englische König George II. und sein Sohn, der Duke of Cumberland, deren Aufenthalt in Oppenheim und in Worms doch wohl einiges Aufsehen erregte, ebenso wie das Auftreten des „Bergschotten-Regiments", deren Aufmachung, vor allem ihr bis an die entblößten Knie reichender Umhang offensichtlich auch für Diskussionen sorgte. Nachdem zu der in Worms wartenden Armee noch die bei Rheindürkheim den Rhein überquerenden holländischen „Auxiliartruppen" gestoßen waren, zogen die Verbündeten weiter in Richtung Speyer und von dort ins Rechtsrheinische, wo im Juni die Franzosen in der Schlacht von Dettingen geschlagen wurden.

Auch 1744 wurde der Krieg am Rhein fortgesetzt. Frankreich, bislang als Unterstützung des Kaisers auftretend, erklärte nun England und Österreich offiziell den Krieg. Am Rhein standen sich die französische Armee auf der linken Seite und die österreichische am rechten Ufer gegenüber. Anfang Juli gingen die Österreicher fast zeitgleich an fünf Orten zwischen Walluf im Rheingau und Schreck bei Philippsburg über den Rhein. Durch die Vortäuschung einer Attacke bei Stockstadt, das Übersetzen auf die Rheinhalbinsel Kühkopf und andere Truppenbewegungen gelang es den Österreichern, die Franzosen von ihrer wichtigsten Übergangsposition bei Philippsburg abzulenken. In der Nacht vom 1. auf den 2. Juli überquerte ein anderer großer Teil des österreichischen Heeres, darunter viele *Husaren, Croaten und Panduren*", bei Weisenau den Rhein, und marschierte über Oppenheim bis nach Worms, um von dort aus weiter nach Süden vorzustoßen.

Ende des Jahres 1744 konnten die Franzosen wieder Land gewinnen und sich am Rhein von Freiburg aus nach Norden bewegen. Als Winterhauptquartier wählte der neue Oberbefehlshaber Maillebois Worms. Ende Januar 1745 starb Kaiser Karl VII. überraschend. Das brachte noch einmal neue Dynamik in den Krieg. Vom Februar 1745 an belagerten die Franzosen Mainz. Nachdem sie die Belagerung im Juni abbrechen mussten, war die Stadt frei für den Einzug des Ehemanns Maria Theresias, Franz Stephan von Lothringen, der als Kandidat auf der Reise zur Kaiserkrönung nach Frankfurt war. Zeitgleich rückten von Mainz aus österreichische Truppen unter der Führung des Generals von Bernclau nach Süden vor und lieferten sich zwischen Oppenheim und Nierstein ein Gefecht mit den in Oppenheim liegenden Franzosen, von denen der größte Teil getötet worden sein soll. Danach hatte die Stadt wieder einmal Plünderungen zu erdulden. Das französische Hauptheer war mittlerweile unter Prinz von Conti bei Nordheim nach Rheindürkheim übergesetzt und zog über Worms weiter Richtung Speyer. Ein anderer Teil des Heeres unter Führung des Marquis de Chatelet, der sein Hauptquartier in Guntersblum eingerichtet hatte, hatte aber bereits im August schon wieder die Kontrolle über die Rheinfrontgemeinden inne. Nach der Kaiserkrönung scheint sich aber die Lage zumindest am Rhein beruhigt zu haben. Bis zum Frieden von Aachen im Jahr 1748 ist nur noch vereinzelt von Militärlagern, so eines hessen-darmstädtischer Soldaten im Jahr 1747 in Mombach, zu hören.[18]

Der Siebenjährige Krieg

Im Siebenjährigen Krieg 1756–1763 fanden in der Region zwar keine Kampfhandlungen statt, aber Truppendurchzüge und Einquartierungen belasteten die Gemeinden in gewohnter Weise.

Bereits Ende 1756 und im Jahr 1757 standen kaiserliche Truppen in der Binger Gegend.

1757 war ein Teil der dieses Mal mit Maria Theresia verbündeten französischen Armee unter General de Soubise vom Niederrhein auf Schiffen bis vor Mainz gekommen und von da auf dem Landweg weiter in Richtung Osten marschiert. Nachdem sie im November bei Rossbach in Thüringen besiegt worden waren, zogen sie sich über den Rhein zurück. Dem Mainzer Kurfürst war es gelungen, seine Residenzstadt vor der Nutzung als Winterquartier zu bewahren. Stattdessen hatte Oppenheim drei Jahre lang bis 1760 etliche Einquartierungen zu erdulden. Die Klagen sind die üblichen: Amtsträger der Stadt würden bedroht und geschlagen, die Bürger misshandelt, ihre Leistungen mit minderwertigem Geld bezahlt. Das Hospital reichte nicht für die Versorgung der verwundeten und kranken Soldaten aus, sodass die Sebastianskirche als Lazarett herhalten musste. Die stark gestiegene Sterblichkeit der Oppenheimer Bevölkerung im Frühjahr 1758 ist zweifelsohne auf diese Situation zurückzuführen. 1760, 1762 und 1763 kam es zu erneuten Anstiegen der Todesfälle. Bereits die Zunahme der Sterbefälle in Gonsenheim und im Nieder-Olmer Raum im Jahr 1757 zeigen die Präsenz von Soldaten und durch sie eingeschleppte Seuchen in der Region an.[19]

Zwischen den Fronten: Die Revolutionskriege

War die Region in den Kriegen des 18. Jhs. trotz einiger Kampfhandlungen und aller negativen Auswirkungen auf die Bevölkerung eher Durchmarschgebiet, so änderte sich das im letzten Krieg des Jahrhunderts, dem Revolutionskrieg von 1792 bis 1797. Diesmal stand der Raum zwischen Worms, Bingen und Mainz wie das gesamte linke Rheinufer im Zentrum des Geschehens.

Begonnen hatte der Krieg aus deutscher Perspektive mit einem fehlgeschlagenen Feldzug. Als Folge der zunehmenden politischen Spannungen zwischen dem revolutionären Frankreich und den anderen europäischen Mächten hatte die französische Nationalversammlung am 20. April 1792 Österreich den Krieg erklärt. Im Juli trat Preußen an die Seite Österreichs. Der Mainzer Kurfürst Erthal stand – anders als die neutrale Kurpfalz – von Anfang an fest auf der Seite der Verbündeten, deren Vormarsch nach Paris die Revolution beenden und die alten Machtverhältnisse wiederherstellen sollte. Schlechte Vorbereitung, lange Regenfälle, die das Vorwärtskommen behinderten, eine Ruhrepidemie und schließlich die berühmte „Kanonade" vom 20. September stoppten das so siegesgewisse Unternehmen bei Valmy in der Champagne etwa 230 km vor Paris. Der aus Wendelsheim stammende Friedrich Christian Laukhard hat die „Campagne in Frankreich" anders als Goethe nicht aus der Kutsche heraus, sondern als preußischer Soldat miterlebt und eindringlich beschrieben. Anders als geplant marschierten nicht die verbündeten Heere in Paris ein, sondern starteten die Revolutionstruppen eine Gegenoffensive, in deren Verlauf die französische Rheinarmee unter General Custine von Landau aus über Speyer und Worms auf Mainz zumarschierte, das am 21. Oktober kampflos kapitulierte. Es folgte die Phase der „Mainzer Republik".

Spätestens bis Anfang November war die gesamte Region zwischen Landau und Bingen unter französischer Kontrolle. Die Ereignisse dürften Erinnerungen an 1689 geweckt haben, zumal 1789 in der Region der 100 Jahre zuvor stattgefundenen Zerstörungen gedacht wurde. Aber anders als damals wollte die Revolutionsarmee die Bevölkerung am Rhein nicht erobern, sondern befreien. Ihre Soldaten sollten als Freunde, als Befreier wahrgenommen werden. Daran richtete sich auch die Besatzungspolitik der ersten Zeit aus, die als vergleichsweise gemäßigt gelten kann. Die kurpfälzischen Dörfer und Städte waren aufgrund der pfälzischen Neutralität nicht besetzt worden, hatten aber auch Einquartierungen und Hilfeleistungen zu erbringen. Die bekannten strategischen Punkte standen wieder im Fokus. Im kurpfälzischen Oppenheim lagerten schon im Oktober 1792 neun französische „Compagnien" zur Überwachung der dortigen Schiffsbrücke, im November waren dort und in der Nachbargemeinde Nierstein über 1.500 Soldaten einquartiert. Die gerüchteweise bevorstehende Ankunft von 15.000 Mann führte daher zu Unruhe. Wie hier waren die Franzosen bei Gernsheim/Eich und an anderen neuralgischen Punkten besonders wachsam, um einen Rheinübergang preußischer Soldaten zu verhindern. Anders als in früheren Kriegen wurde in dieser Phase in den kurpfälzischen Gemeinden nicht requiriert, sondern sollten alle Lieferungen an die französische Armee bezahlt werden. Auch in den besetzten Städten wurde zunächst gemäß der revolutionären Losung *Friede den Hütten, Krieg den Palästen"* versucht, die unteren und mittleren Schichten vor allzu großen Belastungen zu verschonen. So sollten in Worms nur die Ratsmitglieder die der Stadt auferlegte Kontributionszahlung von 1,2 Millionen Livres erbringen. Trotzdem wurden die immensen Belastungen bald spürbar. Wie immer wurden die Einwohner zu Schanzdiensten verpflichtet, mussten Nahrungsmittel, Wein und Brennholz für die Soldaten bereit gestellt werden. Am Ende des Jahres war in Oppenheim kein Holz mehr zu bekommen, weswegen die Einwohner kurz davor standen, ihre Obstbäume umzuhauen. In Bingen mussten 4.000 Soldaten versorgt und untergebracht werden. In Nieder-Olm hatten die Bauern bis Ende des Jahres Heu, Stroh und Hafer im Wert von fast 1.000 Gulden zu liefern.[20]

Im März 1793 wechselte das Kriegsglück. Nachdem preußische Truppen in St. Goar und bei Bacharach über den Rhein gesetzt waren und am 27. März bei Waldalgesheim die Franzosen besiegt hatten, dauerte es nur wenige Tage, bis die Gegend zwischen Mainz und Landau, mit Ausnahme dieser beiden Städte, von den Preußen zurückerobert war. Schon am 28. März wurde Bingen, nachdem es von Weiler und Rüdesheim aus mit Kanonen beschossen worden war, eingenommen. Ein Teil des französischen Heers zog sich nach Mainz zurück, ein anderer unter Führung des Generals Custine marschierte in Richtung Worms. Nach einem Nachtlager des Generals in Erbes-Büdesheim und der Truppen auf der Wendelsheimer Höhe ließen sie sich von einem Trupp Preußen auch aus Alzey verjagen und zogen bis Pfeddersheim. Der preußische König Friedrich Wilhelm II. überquerte am 30. März bei Oppenheim den Rhein und marschierte bis Armsheim. Nach Gefechten bei Oberflörsheim und Alsheim und wohl eher kleineren Zusammenstößen bei Odernheim, Steinbockenheim oder Flonheim traten die Franzosen den Rückzug in Richtung Süden an und zogen sich auch aus Worms, Frankenthal und Speyer bis nach Landau zurück.[21]

Die Region wurde nun von preußischen, hessischen, sächsischen und ab Mai auch österreichischen Soldaten besetzt. Das Hauptquartier des preußischen Königs befand sich in Guntersblum, später in Bodenheim. Nur noch Mainz war in den Händen der Franzosen. Auf ihre Kapitulation konzentrierten sich dann alle Kräfte in der folgenden dreimonatigen Belagerung. Seit Mitte April zogen die alliierten Truppen einen weiten Belagerungsring um die Stadt und das rechtsrheinische Kastel. 44.000 deutschen Soldaten standen 23.000 französische Soldaten in der als Festung ausgebauten Residenzstadt gegenüber. Keineswegs war der Erfolg für die gegen Frankreich vereinigten Truppen sicher. Ausfälle der Franzosen machten ihnen zu schaffen. Goethe berichtet in seiner bekannten, allerdings erst 1820 niedergeschriebenen *Belagerung von Mainz* von französischen Angriffen bei Mombach und bei Weisenau, das niedergebrannt wurde, und schließlich von der französischen Attacke auf das preußische Hauptquartier in Marienborn in der Nacht vom 30. auf den 31. Mai, die 30 Franzosen und 90 Preußen das Leben kostete. Ab Mitte Juni begann das Bombardement, das Goethe von einem sicheren Platz aus beobachtete: *„Wir sahen auf der Schanze vor Marienborn diesem schrecklichen Schauspiele zu; es war die sternenhellste Nacht, die Bomben schienen mit den Himmelslichtern zu wetteifern, und es waren wirklich Augenblicke, wo man beide nicht unterscheiden konnte. Neu war uns das Steigen und Fallen der Feuerkugeln; denn wenn sie erst mit einem flachen Zirkelbogen das Firmament zu erreichen drohten, so knickten sie in einer gewissen Höhe parabolisch zusammen, und die aufsteigende Lohe verkündigte bald, daß sie ihr Ziel zu erreichen gewusst."* Aus der Perspektive der in der Stadt eingeschlossenen Menschen beschrieb der Mainzer Handelsmann Daniel Dumont die gleiche Nacht des 28. Juni: *„Der Brand dieser Nacht war schrecklich, und traf mehrere Orte der Stadt. Abends um zehn Uhr fiengen die beiden Dhomtürme und das Langhaus zu brennen an. (...) Zu gleicher Zeit legte das Feuer die eine Seite des Leichhofs und einige Häuser in der Augustinerstraße in Asche. Einige Stunden später brannte die ehemalige Jesuitenkirche."*

Ein anderer Augenzeuge, Karl Wilhelm Friedrich Schaber, ein von den Franzosen in Alzey festgenommener und in Mainz festgehaltener Schriftsteller, schildert die Situation eindringlich: *„Die Noth in der Stadt wird groß – Brand und Haubitzen zerstören die Wonungen, tödten Menschen, Schrecken und Angst ist allgemein."* Nach weiteren heftigen Bombardements kapitulierten die Franzosen schließlich am 23. Juli, unter der Bedingung des freien Abzugs mehr aus taktischen als aus militärischen Gründen.

Rund 3.000 deutsche und 2.000 französische Soldaten, aber nur 17 Zivilisten sollen bei den Kampfhandlungen in den Monaten der Belagerung ihr Leben gelassen haben. Viele Gebäude, darunter das Lustschloss Favorite, die Jesuitenkirche, die Liebfrauenkirche, das *„adeliche Gesellschafts- und Komödienhaus"* sowie etwa 60 Privathäuser waren zerstört, der Dom massiv beschädigt. *„Wir kommen wieder"*, soll der französische Kommissar Merlin de Thionville beim Auszug aus der Stadt gerufen haben und tatsächlich war der Triumph der Alliierten nur eine Zwischenetappe im noch vier Jahre anhaltenden Krieg.[22]

Nicht nur die in Mainz eingeschlossenen Menschen, die zudem auch noch dem zunehmenden Druck der Franzosen und der Jakobiner ausgesetzt waren, hatten zu leiden. Auch die Dörfer in der weiteren Umgebung waren in den Kampf um die Residenz- und Festungsstadt mit einbezogen. Sie hatten Naturalien an die verbündeten Armeen zu liefern, Einquartierungen zu erdulden, Fronfuhren zu übernehmen und Arbeitskräfte nach Mainz zu Schanzarbeiten zu schicken. Magister Lauckhardt beschreibt in seinen Erinnerungen die unmenschliche Behandlung der Schanzarbeiter durch die preußischen Soldaten: *„Ich habe bei Mainz und bei Landau arme Leute arbeiten sehen, welche in 24 Stunden nichts essen konnten, weil ihr Vorrat alle war und sie keinen Kreuzer Geld hatten. Daß man die armen Bauern bei solchen Arbeiten auch noch misshandelt, davon bin ich selbst Zeuge geworden, dumme, unverständige Korporäle und unmündige Offiziere schlugen die armen Leute, daß es eine Schande war."*

Die kurzfristige Rückkehr der alten Mächte brachte der Region aber keinen Frieden. Auch wenn die Kampfhandlungen zwischen Franzosen und den preußischen und österreichischen Truppen jetzt in der West- und Südpfalz und im Elsass stattfanden, litten die rheinhessischen Städte und Dörfer doch unter der Präsenz des Militärs. Die Haushaltsrechnungen aller Gemeinden zeigen die hohen Belastungen, denen ihre Einwohner in dieser Zeit ausgesetzt waren. So ließen sich etwa die in Undenheim lagernden Preußen mit Vieh, Heu und Stroh beliefern, mit Holz, das die Undenheimer selbst ankaufen mussten, die Dorfhandwerker mussten den Soldaten zu Diensten sein, die Frauen als „Waschweiber" arbeiten, ein General ließ sich vom ortsansässigen Krämer Messer und Gabeln auf Kosten der Gemeindekasse liefern. Die Klage des kurpfälzischen Oberschultheißen Guerdan über die Einquartierung preußischer Soldaten in seinem Haus im Februar 1794 könnte als symptomatisch für die Situation insgesamt gelesen werden: „Es geht nunmehro in die 3te woch dass mich meine alte hemeroidal umständen überfallen, woran ich schmerzhaft geliten, (…) stellen sie sich also vor, wie bei so misslichen gesundheitsumständen wir uns in einer bitteren Lage befinden, da mein gantzes Haus beinahen beleget ist, worbei mir meine schöhn möblirte zimmer ganz und gar ruiniret werden."[23]

Bereits im Dezember 1793 hatten sich die Preußen nach der abgebrochenen Belagerung Landaus auf eine Linie etwa zwischen Worms, Alzey und Kreuznach zurückgezogen und den erneuten Angriff der Franzosen erwartet. Am 7. Januar 1794 besetzten französische Truppen wieder Worms. Mittlerweile hatte sich die Besatzungspolitik verändert, die Direktive aus Paris lautete nunmehr, das übliche Kriegsrecht anzuwenden und von „philanthropischen Grundsätzen" abzusehen. Die Vehemenz, mit

der dieser Politikwechsel 1793/94 in die Tat umgesetzt wurde, zeigt sich in der bis heute bekannten Bezeichnung „Plünderwinter". Allerdings waren davon vorwiegend heute pfälzische Gebiete betroffen. In Worms zerstörten die Franzosen am 20. Januar 1794 das Schloss, das einige Jahre vorher die französischen gegenrevolutionären Emigranten beherbergt hatte. In Leiselheim bei Worms konfiszierten sie im März etliche Kühe, Ochsen und Pferde, was eben der neuen Politik der „Ausleerung der Pfalz" entsprach. Von hier sind Schadensmeldungen erhalten, die verdeutlichen, dass dieses Mal auch nicht vor den Kleidertruhen der Einwohner Halt gemacht wurde.

Einer preußischen Offensive im Sommer 1794 folgte nach mehreren Rückschlägen ein neuerlicher Rückzug, dann im Herbst der überraschende Ausstieg Preußens aus der Koalition, gerade in dem Moment, als seine Truppen bei Kaiserlautern wieder die Überhand gegenüber den Franzosen gewonnen hatten. Dieses aus machtpolitischen Interessen, insbesondere an der Stabilisierung Norddeutschlands, motivierte Ausscheren aus der Reichspolitik führte zum preußisch-französischen Separatfrieden von Basel im April 1795, in dem Preußen die Abtretung der linksrheinischen Gebiete an Frankreich anerkannte.

Schon Ende Oktober 1794 übernahmen die Franzosen nach dem Abzug der Preußen wieder die Kontrolle. Die Situation gegenüber dem Frühjahr und Frühsommer 1793 hatte sich umgekehrt. Nun waren die Österreicher in Mainz eingeschlossen und die Franzosen bereiteten die erneute Belagerung der Stadt vor. Mit etwa 30.000 Soldaten schlossen sie einen Belagerungsring aus Wällen, Gräben und Forts, die sog. Mainzer Linien. Berichte aus französischer Perspektive schildern die für die Belagerer widrigen Umstände des sehr harten Winters von 1794/95. Die an Produkten aller Art reiche Pfalz sei seit langem durch die Armeen ausgelaugt gewesen, so durchaus selbstkritisch General Saint Cyr in seinen Erinnerungen. Transporte seien auf kaputten Wegen kaum vorangekommen, die Planung sei schlecht gewesen, wegen Nachschubmangels hätten die Soldaten Hunger leiden müssen. Viele hätten Wurzeln gegessen, wovon sie krank geworden seien oder den Verstand verloren hätten. Der kälteste Winter des Jahrhunderts, den Saint Cyr in der Rückblende für strenger als den des späteren Russlandfeldzugs hielt, ließ zweimal den Rhein zwischen Basel und Mainz gefrieren. Aufgrund des daraus resultierenden Holzmangels mussten die Soldaten täglich etliche Stunden selbst Holz sammeln. Im Frühjahr verbesserte sich die Lage nur langsam. Die Wege wurden besser, aber viele Pferde waren wegen Überanstrengung und Hunger verendet. Trotzdem war die Armee vor Mainz weiterhin in der Lage, Krieg zu führen und Versuche, die Blockade der Stadt aufzubrechen, bis in den Herbst 1795 abzuwehren. Erst nachdem im Rechtsrheinischen die Durchbrechung des Ringes durch kaiserliche Truppen gelungen war und so weitere Soldaten in Stadt kamen, wagte der österreichische General Clerfait bei Hechtsheim und Weisenau einen erfolgreichen Befreiungsschlag.

Dem Abzug der französischen Soldaten folgte aber schon im Sommer 1796 eine erneute Belagerung. Für die Menschen im Umland machte es kaum noch einen Unterschied, wer gerade versorgt werden musste. So hatten die Landgemeinden nach der Vertreibung der Franzosen im Herbst 1795 weiterhin Lieferungen an das Magazin in Alzey zu erbringen, das jetzt aber von französischer in österreichische Hand über-

gegangen war. Das Beispiel Undenheim zeigt die Situation im Sommer 1796 sehr anschaulich: Dort waren am Morgen des 15. Juni kaiserliche Soldaten erschienen, die mit Frühstück, Kaffee und Wein versorgt werden wollten, am nächsten Tag kamen drei verschiedene französische Husarentrupps und forderten Geld, Heu und Schlachtvieh. In Oppenheim verlangten französische Soldaten am 17. Juni blaues Tuch, wurden von einer kaiserlichen Patrouille vertrieben und kamen am gleichen Tag noch einmal, um erneut Forderungen zu stellen. Auch der Hinweis an die kaiserlichen Reiter, die 1796 *„in voller Wut"* nach Friesenheim kamen *„mit aufgepflanztem Gewehr und aufgespannten Hahnen an den Pistolen, ganz schreckbar"* und Geld gefordert hatten, *„daß sie Freundes Leuthe von uns wären"*, hielt die Soldaten nicht von Requirierungen ab.

Solcherart zog sich der Krieg noch bis Ende 1797 hin. Im Winter 1796/97 lagerten die Österreicher im Selztal von Ingelheim über Undenheim bis Gau-Odernheim, zwischen Gensingen und Alzey die Franzosen, dazwischen lag ein Streifen Niemandsland. Entschieden wurde aber nicht am Rhein. Nach den Siegen der französischen Truppen unter Napoleons Führung über Österreich in Oberitalien und einem vorläufigen Friedensabkommen im Mai, das schon zu einem Waffenstillstand zwischen denen in der Region lagernden Armeen führte, stimmte Österreich im Oktober 1797 im Frieden von Campo Formio der Abtretung des linken Rheinufers an Frankreich zu; auf Druck Napoleons auch der Übergabe von Mainz, das die Kaiserlichen am 30. Dezember 1797 verließen. Für 16 Jahre wurde das Gebiet zwischen Worms, Bingen und Mainz wie das gesamte linksrheinische Ufer französisch.[24]

Lebensläufe und Familiengeschichten – die Bevölkerungsentwicklung im 17. und 18. Jahrhundert

Die Bevölkerungsentwicklung Rheinhessens lässt sich erst für die Zeit nach 1816 auf regionaler Basis darstellen. Jetzt erst liegen Statistiken vor, die sich auf die gesamte Provinz beziehen und die im zeitlichen Verlauf miteinander verglichen werden können. Für die Zeit vorher sind wir auf Schätzungen angewiesen, die auf der Grundlage von Steuerverzeichnissen, Huldigungslisten oder militärischen Erhebungen angestellt werden. Dabei wurden meist nicht die Personen innerhalb einer Stadt oder eines Dorfes gezählt, sondern nur die Haushalte oder die – in der Regel männlichen – Haushaltsvorstände. Bei diesen Zählungen fehlten zudem auch etliche Gruppen. Wer nicht steuerpflichtig war oder wer dem Landesherrn nicht zu huldigen hatte, der oder die wurde nicht verzeichnet. Erst im späten 18. Jh. wurden die ersten Landesstatistiken in der Kurpfalz und in Kurmainz erstellt, die den aktuellen Bevölkerungsstand abzubilden versuchten. Die Bevölkerungsgeschichte des 17. und 18. Jhs. muss daher auf der Grundlage von Annahmen, etwa wie viele Personen in einem Haushalt lebten oder wie groß die Zahl der in den Quellen nicht so einfach aufzufindenden Gruppen gewesen sein könnte, beschrieben werden.

Die Lebensläufe einzelner Menschen und die Geschichte von Familien lassen sich über die Einträge zu Taufen, Hochzeiten und Sterbefällen in den Kirchenbüchern rekonstruieren. So kann die Bevölkerungsgeschichte ganzer Städte und Dörfer – mit Ausnahme der jüdischen Einwohner – die eben keine derartigen Quellen hinterlassen haben – aus der Mikroperspektive erzählt werden.

Nach dem Krieg: „erödet und auffs neu verderbet"

Wie beschrieben war der Einwohnerverlust während des Dreißigjährigen Krieges in den Städten geringer als in den Dörfern. Dennoch soll Mainz etwa die Hälfte seiner Bevölkerung verloren und 1644 nur noch 6.000–6.500 Einwohner gehabt haben. Worms war zwischen 1630 und 1650 von 7.000–8.000 auf 4.000–5.000 Einwohner geschrumpft, in Alzey sollen 1653 650 Menschen gelebt haben, gegenüber 2.000 am Ende des 16. Jhs., der Einwohnerstand Oppenheims war zwischen 1610/20 und 1648 von knapp 1.500 auf 378 gefallen. In Gau-Algesheim lassen sich im Jahr 1653 108 der vor dem Krieg in 178 Haushalten verzeichneten Familien nicht mehr finden, allerdings waren während des Krieges 81 Familien, meist aus nächster Umgebung, zugezogen, sodass der Bevölkerungsverlust nur 15 % ausmachte.[25] Lediglich für einzelne Dörfer sind Schätzungen der Einwohnerzahlen bekannt. In Zornheim sollen 1630 etwa 335 Menschen gelebt haben, 1640 nur noch 200. Für Undenheim werden vor dem Krieg etwa 600 Einwohner geschätzt, danach noch 200. Für Rheinhessen insgesamt werden die Verluste auf 60–70 % veranlagt, was sicher als grober Annäherungswert verstanden werden kann.[26]

„wir Menschen und Untertanen, die das verödete Land wiederum bauen und in den Stand bringen, höchst bedürfen" – die Anwerbung von Zuwanderern nach den Katastrophen des 17. Jahrhunderts

Um das Land wieder zu besiedeln und die Wirtschaft wieder in Gang zu bringen, nicht zuletzt auch um die nach dem Krieg hoch verschuldeten Staatshaushalte zu sanieren, mussten die Landesherren, allen voran der Kurpfälzer, mit allen Mitteln versuchen, die Bevölkerungsverluste wieder auszugleichen. Aufforderungen an die im Krieg geflohenen Untertanen, unter Androhung des Verlustes ihrer Güter wieder zurückzukehren, blieben weitgehend wirkungslos, weil *„niemand mehr da war, der diesem Ruf hätte folgen können"*. Befristete Abgabenfreiheit, Privilegien, Hilfen bei der Reparatur oder dem Neubau von Häusern sollten Zuzugswillige anlocken. Langfristig bedeutsam war in der Kurpfalz die Toleranz gegenüber Angehörigen anderer Konfessionen als der reformiert-calvinistischen. Dass Kurfürst Karl Ludwig den Zuzug für Katholiken und Lutheraner, aber auch für Angehörige kleiner religiöser Gruppen, etwa der Waldenser, der Hutterer und insbesondere der Mennoniten, ermöglichte, war vielleicht religionspolitischer Einsicht, sicher aber auch wirtschafts- und bevölkerungspolitischem Kalkül geschuldet. Auch Juden wurde erstmals seit dem Mittelalter wieder der Zuzug gestattet. Der größte Teil der Zuwanderer dürfte aber die reformierte Konfession des Landesherrn geteilt haben. Viele Zuzügler kamen aus der Schweiz, die vom Krieg nicht betroffen gewesen war. Ein hoher Bevölkerungsstand und eine krisenhafte Wirtschaftslage, zudem auch politische Querelen, ließen hier bei vielen die Bereitschaft reifen, die Heimat Richtung Norden zu verlassen. Auch aus anderen alpenländischen Regionen

kamen Zuwanderer. Bekannt sind die häufig aus Tirol stammenden Bauhandwerker, die sich schon früh in den rheinhessischen Dörfern nachweisen lassen. So finden sich schon in den 1650er- und 1660er-Jahren im Kirchenbuch des dalbergischen Dorfes Herrnsheim Eintragungen von Eheschließungen von in Tirol und Österreich geborenen Männern mit – zumindest teilweise – einheimischen Frauen. In Pfeddersheim wurden Tiroler Maurer, die die Aufnahme als Bürger beantragten oder als Zeugen in Gerichtsverfahren auftraten, aktenkundig. Zuwanderer aus bayerischen Dörfern wurden 1669 in Binger Kirchenbüchern erfasst. Im reformierten Kirchenbuch von Erbes-Büdesheim sind für die 1650er- bis 1670er-Jahre etliche *„welsche"*, also aus dem französischen Sprachraum stammende Gemeindemitglieder, und sehr viele Zuwanderer aus dem niederrheinischen, niederländischen, flämischen und wallonischen Raum vermerkt. Immigranten aus der Schweiz tauchen hier erst in den 1680er-Jahren auf. Auch die in späteren Jahrzehnten noch zunehmende Einwanderung von Italienern nach Mainz und Bingen nahm in dieser Zeit ihren Anfang. Anders als in der Kurpfalz war die Zuwanderung nach Mainz oder in das dalbergische Herrnsheim nicht von konfessioneller Toleranz geprägt.

Die Wiederbesiedlung des Landes kam allerdings nur langsam voran. 1661 hatte Kurfürst Karl Ludwig seine Bereitschaft, die bislang kaum geduldeten Mennoniten aufzunehmen, damit begründet, dass *„wir Menschen und Untertanen, die das verödete Land wiederum bauen und in den Stand bringen, höchst bedürfen"*. Ein Vierteljahrhundert später erließ sein Nachfolger Kurfürst Karl ein Patent, mit dem Einwanderer geworben werden sollten, das kaum anders klingt: dem Land – und hier ist vor allem das Oberamt Alzey gemeint – würde es *„bis auff gegenwärtige Zeit, ahn unterschiedlichen Orthen,* *die zur nahrung und gewerb bequem, Es noch ahn Inwohnern und unterthanen gebrechen."* Den Grund dafür, dass auch noch 37 Jahre nach dem Ende des Dreißigjährigen Krieges immer noch viele Güter *„wüst und öde"* lagen, benennt der Kurfürst deutlich: die Region sei eben nicht nur *„hiebevor in dem 30 Jährigen Krieg allerdings eröditet, sondern auch nachgehents durch unterschiedliche fernere Kriegsunruhen und Bedrangnußen auffs neu verderbet worden."*[27]

„die schreckliche Seuche der Pestilenz"

Zu diesen *„Bedrangnußen"* kann sicher auch die letzte große Pestepidemie von 1666/67 gezählt werden, die weite Teile Europas erfasste. Von Amsterdam wurde sie seit 1663 rheinaufwärts verbreitet. Kölner Kaufleute sollen sie dann nach Mainz eingeschleppt haben, von wo aus sie schnell die Dörfer und Städte der Umgebung erfasste. Allein in Mainz sollen 2.300 Menschen gestorben sein, in Bingen 1.300. Die Schilderung einer Chronik, dass in Worms *„etliche 1.000 Menschen hinweg gerissen"* worden seien, dürfte sicher übertrieben sein, zeigt aber die Brisanz der Situation. Aus Alzey wird berichtet, täglich seien 20 Menschen gestorben. Gewöhnlich wurden von solchen Epidemien in den Städten aufgrund der engeren Wohnsituation mehr Menschen betroffen. Dennoch gibt es auch Berichte über ein schnelles Voranschreiten der Krankheit in den Dörfern. In Heßloch hatte *„in diesem 66. Jahr, zu Endt des Maji, die schreckliche seuche der Pestilenz in unserer Heimat ihren Anfang genommen und mehr Kinder hinweggerissen, als zur Welt lassen geboren werden."* Durch einquartierte Soldaten kam die Pest nach Osthofen, wo mit 256 Einwohnern fast die Hälfte der Gemeinde umkam. In Ober-Olm wurden 1666 mit 181 Toten 27-mal mehr Sterbefälle gezählt als in durchschnittlichen

Jahren. In Nierstein starben nur im November und Dezember 156 Personen, im etwas abgelegeneren Schwabsburg nur zehn, was ein Hinweis auf den Verbreitungsweg der Seuche sein könnte. Aus dem Nierstein-Oppenheimer Raum sind auch ergreifende Geschichten über die Kriegsopfer erhalten, etwa des Niersteiners *„Wilhelm der Windtmüller"*, der an einem einzigen Tag sieben Kinder verlor und schließlich selbst starb, oder des Oppenheimer Bürgermeisters und Sattlers Hans Marx Graff, der im Verlauf des Oktobers 1666 seine Frau und seine vier Kinder zu Grabe tragen musste.[28]

„Kriegsunruhen und Bedrängnußen"

Die Zerstörungen des Pfälzischen Erbfolgekriegs, die Flucht vieler Bewohner und auch die durch die Anwesenheit der Soldaten höhere Anfälligkeit für Krankheiten ließen die Bevölkerungszahlen der Region am Ende des Jahrhunderts erneut rapide absinken. In Worms lebte nur noch ein Drittel der Vorkriegsbevölkerung, in Mainz starben allein während der französischen Besetzung von Oktober 1688 bis September 1689 1.400 Menschen, in Alzey grassierte 1689 die „Rote Ruhr", Oppenheim verlor fast die Hälfte seiner Einwohner.

Aus 84 Gemeinden des kurpfälzischen Oberamtes Alzey sind Untertanenverzeichnisse erhalten, die im Februar 1698 angefertigt wurden, um die konfessionelle Situation in den Dörfern nach dem Ende des Krieges zu erfassen. Danach lebten in zehn der Dörfer (Bechenheim, Dautenheim, Eimsheim, Esselborn, Frettenheim, Hangen-Wahlheim, Hangen-Weisheim, Kettenheim und Wahlheim, Schimsheim, Wintersheim) weniger als zehn Familien. Wenn auch aus dem Vergleich dieser Quelle mit anderen Informationen deutlich wird, dass die Listen unvollständig sind, so geben sie doch einen Eindruck vom niedrigen Bevölkerungsstand am Ende des Jahrhunderts.[29]

Aufschwung

Bereits während des Krieges setzte allerdings in einigen Orten wieder ein Bevölkerungsaufschwung ein. So sind in Alzey ab 1692 eine Steigerung der Heirats- und der Geburtszahlen sowie ein erneuter Zuzug zu beobachten. Ab der Mitte der 1690er-Jahre kamen viele der ins Rechtsrheinische geflüchteten Oppenheimer aus ihrem dort provisorisch errichtetem Hüttendorf Neu-Oppenheim und aus anderen Städten zurück. In das zerstörte Worms kehrten nach dem Friedensschluss innerhalb weniger Jahre auch so viele Menschen wieder zurück oder siedelten sich hier neu an, dass bereits um 1700 der Vorkriegsstand wieder erreicht war. Auch die Dörfer füllten sich wieder: Wurden 1698 nur noch 41 Familien in Alsheim gezählt, so waren es 1705 schon wieder 115, Leiselheim wuchs in der gleichen Zeitspanne von ungefähr 80 auf 193 Einwohner an, Gau-Heppenheim von 120 auf etwa 150 im Jahr 1707. Die Bevölkerungszahlen der Dörfer in der Umgebung von Mainz allerdings stagnierten am Ende des 17. Jhs. noch.[30]

Das 18. Jh. ist dann durch ein anhaltendes Bevölkerungswachstum geprägt. Das gilt für die Region des späteren Rheinhessens wie auch für weite Teile Mitteleuropas insgesamt. Zwar waren die Kriege auch weiterhin Ursache für erhöhte Sterblichkeit und einen Rückgang der Heiraten und Geburten, aber verglichen mit den Katastrophen des 17. Jhs. blieben die Auswirkungen zeitlich begrenzt und wurden durch die positive Entwicklung in Friedenszeiten schnell wieder ausgeglichen. Epidemien wie die Ruhr, Influenza, Fleckfieber, an den

Flüssen auch die Malaria brachen immer wieder aus und forderten viele Todesopfer, die Pest allerdings war weitgehend gebannt. So wurden vielerorts die Bevölkerungsverluste des 17. Jhs. bis zur Mitte des 18. Jhs. ausgeglichen und das Bevölkerungswachstum beschleunigte sich in der zweiten Hälfte des Jahrhunderts, vor allem im letzten Drittel, noch einmal merklich. Als Ursache dafür wird die Zunahme der innerehelichen Fruchtbarkeit angenommen, das heißt, pro Ehe kamen mehr Kinder auf die Welt. Diese Steigerung wird vor allem mit Verbesserungen der Ernährung in Zusammenhang gebracht.

Deutliche Unterschiede in der Bevölkerungsentwicklung sind zwischen Städten und Dörfern zu beobachten. So hatte die Stadt Mainz im 18. Jh. in der Summe ein Geburtendefizit von 947 zu verzeichnen, in zwölf ihrer Umlandgemeinden aber wurden 10.000 mehr Geburten als Todesfälle gezählt. Das Wachstum der Städte lässt sich daher vorrangig auf Zuzug zurückführen. In Mainz stieg die Bevölkerung von 1700 bis 1780 um 115 % an, sank dann allerdings bis 1800 aufgrund der Besetzungen und Belagerungen in den 1790er-Jahren deutlich ab. Alzey verdoppelte seine Bevölkerung zwischen 1717 und 1798 nahezu. In Worms war bereits 1710 der Vorkriegsbevölkerungsstand von 1689 übertroffen, bis zum Ende des Jahrhunderts stieg die Bevölkerung in einem einigermaßen kontinuierlichen Wachstum nur noch um ein Drittel an. In Bingen blieben die Einwohnerzahlen konstant. An der unterschiedlichen Entwicklung kann die Attraktivität der jeweiligen Stadt für Zuziehende, aber auch ihre unterschiedliche Bereitschaft, Fremde aufzunehmen, abgelesen werden.

Wenn auch etliche Zuwanderer aus entfernter gelegenen Regionen kamen, so war doch der größte Teil vorher im Umland ansässig gewesen. Der Bevölkerungsüberschuss der Dörfer in der Umgebung ließ die Städte wachsen. Dass der Bevölkerungszuwachs vor allem auf die Entwicklung in der ländlichen Gesellschaft zurückzuführen war, zeigt sich an den überlieferten Daten. Von zehn Dörfern in der Umgebung von Mainz sind die Bevölkerungszahlen vom Anfang und vom Ende des Jahrhunderts bekannt, in fünf wuchs die Einwohnerschaft um 70–113 % an, in einem weiteren um 165 %, vier Dörfer nahmen um 218–346 % zu. In Alsheim verdoppelte sich der Bevölkerungsstand, in Eich betrug die Steigerung zwischen 1721 und 1793 163 %; 130 % in Mölsheim von 1698 bis 1792, 112 % in Leiselheim. Allein zwischen 1777 und 1791 legten 53 zum kurpfälzischen Oberamt Alzey zählende Gemeinden um durchschnittlich 9 % zu, dabei zeigt sich, dass die Dörfer mit der geringsten Bevölkerungsdichte den größten Zuwachs hatten. Dort, wo noch Ressourcen an Land zu erwarten war, zogen die meisten Menschen hin.

Für die Zeit um 1800 wurde für Rheinhessen eine Bevölkerungsdichte von 108 Einwohnern pro km² errechnet. Das war der höchste Stand in einem ländlichen Gebiet im deutschsprachigen Teil des Reichs. Zu erklären ist das mit den günstigen klimatischen Verhältnissen und den fruchtbaren Böden, die eine landwirtschaftliche Existenz auch schon auf kleinen Betriebsflächen zuließen, andererseits aber auch Tagelöhnern und Gewerbetreibenden selbst bei geringem Landbesitz zusätzliche Absicherung boten. Aufgrund der Realerbteilung waren die Voraussetzungen für eine Existenzgründung hier auch einfacher als in anderen Regionen, in denen der Besitz nur an einen Nachkommen vererbt wurde. Zudem war der verkehrsgünstig gelegene Raum auch immer Zuwanderungsgebiet.[31]

Mobilität

Dass die Gesellschaft des 18. Jhs. mobil war, zeigt sich nicht nur an den städtischen Bürgeraufnahmeprotokollen, sondern kann auch an der Bevölkerungsentwicklung der Dörfer beobachtet werden. Sicher sind in den Städten die meisten Zuwanderer zu finden. Nur die Hälfte aller um 1800 in Oppenheim lebenden Familienväter waren hier geboren, nur 43 % der 1778 erfassten Mainzer Bürger stammten aus der Domstadt. In Alzey standen den 230 Einheimischen, die zwischen 1700 und 1796 das Bürgerrecht erhielten, 277 Zugezogene gegenüber. In Worms wurden zwischen 1698 und 1781 857 Neubürger aufgenommen. Die in den Städten dauerhaft oder vorübergehend lebenden Menschen ohne Bürgerrecht machten in Worms am Ende des 18. Jhs. etwa ein Fünftel, in Mainz 15 % der Bevölkerung aus. Gerade bei dieser Gruppe der Beisassen und Tolerierten ist von hoher Mobilität auszugehen.

Der überwiegende Teil der Zuwanderer kam aus der nächsten Umgebung. So lebten zwei Drittel der in Alzey Zuziehenden vorher weniger als 30 km entfernt, die Hälfte der Oppenheimer Neubürger stammte aus (dem heutigen) Rheinhessen, in Mainz überwogen die Zuzüge aus dem Gebiet des „Untererzstiftes" (Mainzer Umland, Bingen, Rheingau, Main-Taunus und Bergstraße). In Worms waren allerdings nur 13 % der Zuwanderer im heutigen Rheinhessen oder in der Vorderpfalz geboren, hier zogen viele aus Baden, Hessen und Franken zu. Wie in den beiden Domstädten stellte auch in Oppenheim der Rhein keine Grenze dar, etwa ein Zehntel der Zuwanderer kam dort aus dem Rechtsrheinischen. Vor allem Mainz, Worms und Bingen waren für Zuziehende aus weiter entfernten Regionen attraktiv. Menschen aus Frankreich, Italien, Böhmen und den Niederlanden siedelten sich in Mainz im 18.

Jh. an. Bekannt sind die italienischen Händler, die am Ende des 18. Jhs. zwar weniger als 1 % der Bevölkerung ausmachten, aber sehr rührige Geschäftsleute waren. In Worms suchten viele Einwanderer aus dem Elsass (allein 16 Bürger kamen aus Straßburg) und aus den Alpenländern, aber auch aus Mittel- und Ostdeutschland ihr Glück.[32]

Wenn Dörfer einen besonders hohen Bevölkerungszuwachs aufwiesen, ist das zweifelsohne ein Indiz für verstärkte Zuwanderung. So kann in Eich im letzten Viertel des 18. Jhs. eine Zunahme um 70 % beobachtet werden. Das ist nur zu erklären mit einem massiven Zuzug, dessen Motive wohl in der Hoffnung lagen, sich als Bürger der Altrheingemeinde mit einem Allmendstück aus den dort noch vorhandenen großen, nicht oder nur extensiv genutzten Flächen einen Teil der Eigenversorgung zu sichern. Auch Armsheim, Eppelsheim, Hamm und Monzernheim erlebten in den Jahren 1777 bis 1792 einen weit überdurchschnittlichen, auf Zuwanderung basierenden Bevölkerungsanstieg.[33]

„ihr liebes Vatterland wiewohl zu ihrem großen Leidwesen zu verlassen" – Auswanderer im 18. Jahrhundert

In den Kriegen und Krisen des 17. Jhs. hatten viele Menschen ihre Heimat verlassen und wenige waren wieder zurückgekehrt. Die Ziele und das weitere Schicksal der meisten dieser Abwanderer sind kaum bekannt. Eine geringe Rolle dürfte bei diesen Wanderungsbewegungen die Fernwanderung gespielt haben. Gleichwohl sind einige wenige Beispiele überliefert. Zu den frühesten Amerika-Auswanderern aus Deutschland sind die Quäker aus Kriegsheim zu zählen, die, seit 1659 in der Gemeinde

ansässig, 1685 in die neu gegründete nordamerikanische Kolonie Pennsylvania übersiedelten. 1709 kam es zur ersten großen Auswandererwelle in Richtung Nordamerika, als das Zusammentreffen von Belastungen durch den Spanischen Erbfolgekrieg, Ernteausfällen wegen Unwetter, eines sehr kalten Winters und einer Viehseuche in der von den Schäden des Pfälzischen Erbfolgekrieges noch nicht erholten Oberrheinregion ein Ausmaß annahm, das in vielen Familien den Entschluss zum Aufbruch reifen ließ. So soll die Hälfte der Einwohner von Gau-Odernheim bereit gewesen sein, ihren Besitz versteigern zu lassen und *„ihr liebes Vatterland wiewohl zu ihrem großen Leidwesen zu verlassen, wegen der unerschwenglichen angesetzten Gelder, und Mangel der ohnentbahrlichen Leibsnotturfft"*. Wenn auch nur drei Gau-Odernheimer Familien dieses Vorhaben in die Tat umsetzten, so machten sich aber doch 13.000 Menschen, von denen zwei Drittel aus der rechts- und linksrheinischen Pfalz kamen, aus Südwestdeutschland auf den Weg. Allerdings erreichte nur ein Bruchteil von ihnen das erhoffte Ziel. Die Fahrt führte über die Zwischenstation England, wo die Emigranten in der Nähe von London in einem Flüchtlingslager untergebracht wurden. Die Katholiken wurden direkt wieder zurück geschickt, 4.000 protestantische Auswanderer als Kolonisten nach Irland gebracht und nur 3.000 auf die Schiffe nach Amerika gelassen. 800 starben bei der Überfahrt. In Amerika angekommen, wurden die Auswanderer am Hudson River angesiedelt, wo die Lebensumstände aber so schlecht waren, dass etliche von ihnen beschlossen, unter abenteuerlichsten Bedingungen weiterzuziehen.

Auch die Auswanderung nach Ungarn in den 1720er-Jahren war nicht immer von Erfolg gekrönt. So trug der Eckelsheimer Pfarrer 1724 in sein Kirchenbuch ein: *„Auf Pfingsten 7 Familien*

(…), zusammen 34 Seelen – in Ungarn abgegangen, so aber nach ausgestandener viele Miseria, da viele in ungarn Todes verbleiben, guten theils, doch bettelarm zurückkamen: das heißt Bleib im Land und nehre dich redlich (Psalm 37,3)". Hintergrund dieses fehlgeschlagenen Versuchs war die Anwerbung von Siedlern durch Kaiser Karl VI. für seine nach 1683 im Donauraum eroberten Gebiete im Jahr 1722. Angezogen von vielen Vergünstigungen und Versprechungen – so wurden freie Reise, Überlassung von Baumaterial, Befreiung von Steuern und der Verpflichtung zu Einquartierungen zugesagt –, ließen sich, trotz Vorbehalten ihrer Landesherren wiederum gerade süddeutsche Auswanderungswillige, darunter viele aus dem Oberamt Alzey, finden. Nicht alle machten die schlechten Erfahrungen der Eckelsheimer, sondern brachten es nach vielen Anfangsschwierigkeiten noch zu großbäuerlichen Existenzen in der neuen Heimat.

Wenn auch die Vorstellung von drei „Schwabenzügen", die die Geschichte der Auswanderung aus Süddeutschland nach Südosteuropa lange geprägt hat, mittlerweile als überholt gilt, sind doch Verdichtungen der Auswanderungsbewegungen in den 1720er-Jahren, um die Mitte des Jahrhunderts und zwischen 1763 und 1772 zu erkennen. Der Werbung Maria Theresias um neue Siedler folgten 1766 etliche Einwohner der Region, vorwiegend aus katholischen Gemeinden wie Abenheim, Heidesheim oder Planig, von wo aus sich jeweils Gruppen von 90 bis 150 Menschen auf den Weg machten.

Das Hauptmotiv der südwestdeutschen Auswanderung im 18. Jh. waren die wirtschaftlichen Probleme, die am Anfang des Jahrhunderts durch die noch spürbaren Kriegsnachwirkungen und sonstige widrige Umstände bedingt waren, ab der Mitte des Jahrhunderts sicher aufgrund des Bevölkerungswachstums und angesichts der Realerbteilung in der Verknappung der Ressourcen zu sehen sind. Demgegenüber standen religiöse Gründe, die Heimat zu verlassen, zurück. Allenfalls für Sondergruppen, wie die Mennoniten oder die Pietisten, war die Hoffnung auf ein Leben ohne Einschränkungen der Religionsausübung in der Neuen Welt verlockend genug, um die Reise anzutreten. Einigermaßen spektakulär war der Fall der 90 Gimbsheimer „Erweckten", die das Altrheindorf 1749 und 1751 verließen, um in Pennsylvania in die religiöse Gemeinschaft von Ephrata einzutreten. Angeworben von dem radikalen Pietisten Conrad Beissel, der die Kommunität 1735 gegründet hatte und dessen Bruder Peter seit 1720 in Gimbsheim lebte, hatten sich die Anhänger eines seit den 1740er-Jahren bestehenden pietistischen Zirkels wohl auch aufgrund ihrer Auseinandersetzungen mit dem Oberamt und dem reformierten Pfarrer vor Ort zur Übersiedlung entschlossen. Aber auch an diesem Beispiel zeigt sich das Gewicht der Ökonomie: Es waren überwiegend arme Leute, die Gimbsheim verließen, hinter denen schwierige, durch Missernten, Überschwemmungen und Belastungen infolge des Österreichischen Erbfolgekriegs geprägte Jahre lagen.[34]

Arme und Reiche, Mehrheiten und Minderheiten

„Leuthe wohlhabend- mittel- und armen standes" – soziale Unterschiede in den Dörfern

1781 besuchte Kurfürst Karl Theodor von der Pfalz das Oberamt Alzey, um sich und sein Gefolge einige Tage *„mit einem Hasenjagen zu erlustigen"*. Am letzten Tag seines sechstägigen Aufenthalts in der Region machte er in Westhofen Station und übernachtete mit der *„gnädigen Landesfrau"* im *„Blauen Zimmer"* des Anwesens von Johann Dietrich Orb, eines Küfermeisters und Bauern. Von ihrer Schlafstätte aus konnten der Landesherr und die „Landesfrau" die kunstvoll verschnörkelten und jeweils mit einer Krone versehenen Initialen der Erbauer des Hauses an der Decke bewundern: Johann Christian Orb und seine Frau Eva Margaretha hatten das Gebäude zwischen 1750 und 1754 errichten lassen und zum Zeichen ihres Stolzes über den Neubau nicht nur die Initialen an der Zimmerdecke, sondern über einem aufwändigen barocken Portal eine Inschrift über den Erbauer des Hauses sowie ein Zunftwappen als Schlussstein des Torbogens anbringen lassen. Eigens für den hohen Besuch soll eine (heute noch erhaltene) Toilette im Zugang zum Keller eingerichtet worden sein. Ob Karl-Theodor seine Herberge als einigermaßen standesgemäß ansah, ist nicht überliefert. Zweifelsohne aber hatte er in einem der prächtigsten bäuerlichen Anwesen der Region übernachtet, das aufgrund seiner repräsentativen Ausstattung und der Größe von Wohn- und Wirtschaftsgebäuden selbst im an eindrucksvollen Hofreiten nicht armen Westhofen hervorstach.

1764, zehn Jahre nachdem in Westhofen das Orbsche Anwesen fertig gestellt worden war,

starb in Heßloch die Witwe Anna Maria Dietz. Um ihre Besitztümer zu gleichen Teilen unter ihren drei Kindern zu verteilen, wurde ihr gesamtes Hab und Gut inventarisiert und versteigert. Die Verstorbene hatte kein Haus besessen, allerdings anderthalb Morgen Acker und eine *„gelb-rothe Kuh"*. Unter ihren nachgelassenen Sachen waren lediglich das für 6 Gulden und 15 Kreuzer versteigerte *„Oberbett"* und die *„Bettlath"* für 2 Gulden und 12 Kreuzer sowie einige Getreidevorräte, etwas Tuch und der *„Dung"* von einem gewissen Wert, alle anderen Gegenstände erbrachten lediglich einige Kreuzer: vier *„erdene"* Häfen", ein *„steinern Krug"*, eine *„alte Kisten"* oder ein *„Kuchenpfann"*. Die Summe der noch ausstehenden 20 Gulden, die sie noch für ein Rind und *„Frucht"* zu bekommen gehabt hätte, wurde durch die fast gleiche Höhe an Passivschulden, für Hausmiete, Beerdigungs- und Inventarisierungskosten, aufgewogen. Jedes ihrer Kinder erbte somit eine Geldsumme von 48 Gulden.

Die Unterschiede in der materiellen Ausstattung sind augenscheinlich, auch wenn die Quellen, aus denen wir die Informationen schöpfen, verschiedener Natur sind. Eindeutig handelt es sich bei den Westhofener Orbs um eine der reichsten Familien im ländlichen Raum. Die Witwe Dietz war am anderen Ende des dörflichen Vermögensspektrums angesiedelt, allerdings mit (zwar geringem) Acker- und Viehbesitz nicht ganz unten, sondern immer noch in einer Position, in der man sich in normalen Jahren einigermaßen durch das Leben schlagen konnte.

Dass es Arme und Reiche auch im 18. Jh. und auch in rheinhessischen Dörfern gab, überrascht nicht. Es stellt sich aber die Frage, wie groß die Differenzen zwischen den verschiedenen Vermögensgruppen waren, in welche Richtung sich die ungleiche Verteilung von Ressourcen innerhalb der ländlichen Gesellschaft bewegte und welche Auswirkungen das im alltäglichen Leben hatte. Die materielle Ausstattung wurde auch im 18. Jh. als das wichtigste Unterscheidungskriterium innerhalb der Einwohnerschaft eines Dorfes angesehen, das zeigen nicht zuletzt auch Quellen aus der Zeit, in denen von Leuten *„wohlhabend- mittel- und armen standes"* gesprochen wurde. Andere Faktoren, die sich im Alltagsleben auch deutlich bemerkbar machten, wie die Konfession oder die rechtliche Stellung als Bürger oder als nur geduldete *„Beisassen"*, traten demgegenüber zurück. Die sichtbarste Grenze im Dorf war die zwischen Bauern, also Familien, die über genug Land verfügten, um damit weitgehend selbstständig wirtschaften zu können, und den unterbäuerlichen Existenzen, die zu wenig oder gar kein Land besaßen und so als Tagelöhner, Gewerbetreibende oder Handwerker zusätzliche oder eigene Einkommen erwirtschaften mussten, um ihre Existenz zu sichern. Wegen der in der Region üblichen Realerbteilung, bei der alle Nachkommen mit dem gleichen Erbteil ausgestattet wurden, war das keine fixe Grenze, sondern konnten bei jedem Generationswechsel die Existenzgrundlagen neu bestimmt werden. Angesichts des Bevölkerungszuwachses im 18. Jh. ist eine Zersplitterung der Landressourcen zu erwarten und insofern die Zunahme des unterbäuerlichen Anteils der Dorfbevölkerung. Tatsächlich kann genau diese Entwicklung in den Dörfern, für die Daten vorliegen, beobachtet werden. So besaßen in Eich 1683 47 % der Haushalte zu wenig Land, um als Vollbauern zu wirtschaften. Bis zum Ende des 18. Jhs. war diese Gruppe auf knapp 80 % angewachsen. Im benachbarten Alsheim stieg der Anteil der Landarmen und Landlosen von etwa der Hälfte im Jahr 1721 auf zwei Drittel im frühen 19. Jh.

Auf eine ähnliche Entwicklung deutet hin, dass in Leiselheim 1705 193 Einwohner und 18 Pferde gezählt wurden, 1783 410 Einwohner und ebenfalls 18 Pferde, aber auch acht Ochsen, dass also in der Summe der Anteil der Familien mit Zugvieh abgenommen hatte. Unter den vollbäuerlichen Familien sind die mittleren Bauern von den wohlhabenden zu unterscheiden. Waren die vermögenden Familien auch in Krisenzeiten in der Lage, noch Überschüsse zu erwirtschaften und verstanden sie es häufig, ihr Einkommen durch zusätzliche einträgliche Gewerbe wie Mühlen, Gastwirtschaften oder – wie im Fall Orb – der Küferei zu steigern und so ihren Kindern auch trotz Erbteilung einen guten Start zu ermöglichen, so waren die mittleren landwirtschaftlichen Existenzen in schlechten Jahren oder bei Teilung schon vom Abstieg in die unterbäuerliche Schicht bedroht. Gerade in der mittleren Schicht waren auch Bau- und Nahrungsmittel produzierende Handwerker zu finden, die zusätzlich zu ihrem Gewerbe noch Landwirtschaft betrieben. Eher im unteren Vermögenssegment waren die armen Handwerke Schuster, Schneider und Weber angesiedelt, die ebenso wie die Tagelöhner ihre Existenz häufig mit einem Stück Land und auf der Gemeindeweide gehaltenem Vieh absicherten, teilweise aber auch ohne jeden Landbesitz waren.

Die Zugehörigkeit zu einer dieser Gruppen prägte die Lebensweisen in mehrfacher Hinsicht. Angehörige der bäuerlichen Oberschicht bewohnten und bewirtschafteten große Hofreiten, während die Unterschicht meist in beengten Verhältnissen lebte, sehr häufig zur Miete, in kleinen Häusern mit einer Küche, einer Stube und einer zusätzlichen Schlafstelle unter dem Dach. Nicht nur wegen der beengten Wohnverhältnisse, sondern auch wegen der geringen Versorgungsmöglichkeiten und fehlenden Arbeitsmöglichkeiten waren Unter-

Abb. 13:
Tagelöhnerhaus aus dem späten 18. Jh. in Gimbsheim.

Die Unterschiede in der Ausstattung wurden an den Beispielen Orb und Anna Maria Dietz deutlich. Im Lauf des 18. Jhs. vergrößerte sich der Abstand zwischen den armen und den reichen Dorfbewohnern. Bereits in der Mitte des 18. Jhs. besaßen die Heßlocher Oberschichtfamilien das Vierfache des Möbelbestandes von Tagelöhnerfamilien, das Verhältnis des Durchschnittswertes der Häuser der Unterschicht zu denen der Oberschicht stieg von 1:4,6 auf 1:7 bis zum Ende des Jahrhunderts. Fand sich in den Tagelöhnerhäusern oft nur die Grundausstattung mit Bettlade, Kiste, Bank und Tisch, so besaßen die wohlhabenden Bauern bereits Schränke, Stühle, Sessel, repräsentatives Geschirr und zudem neben der größeren Menge an Kleidungsstücken auch schon vornehme Textilien wie Reithosen, Mantel, Rock und Weste, während die Kleidung ihrer Frauen sich vor allem durch bessere Qualität der Materialien auszeichnete.[35]

„bürgerliche Haushalte" und andere – soziale Unterschiede in den Städten

Die Differenzierung der Dorfgesellschaft des 18. Jhs. kann vor allem auf der Grundlage eines Kriteriums beschrieben werden: Landbesitz. Abgesehen von Ausnahmen wie in den Dörfern residierende Adlige, landesherrliche Beamte oder den Pfarrern, gehörten die Einwohner dem gleichen Stand an und soziale Mobilität bedeutete meist die Bewegung innerhalb dieses Standes, die häufiger nach unten verlief als nach oben. In den Städten reicht die primär wirtschaftlich definierte Ungleichheit allein nicht zur Beschreibung der Sozialstruktur aus. Vielmehr war vom Mittelalter bis zum Ende des Alten Reiches das entscheidende Merkmal das Nebeneinander von Ständen, also von sozialen Gruppen, deren Mitglieder sich in ihrer Rechtsstellung, ihren Erwerbsformen und in der Frage, ob sie Herrschaft

schichthaushalte meist kleiner. Lebten 1773 in den Tagelöhnerhäusern in Alsheim durchschnittlich 3,5 Personen, waren es in den Bauernhäusern knapp sechs. Das erklärt sich aus der im Vergleich späteren Heirat der Tagelöhner und der infolgedessen geringeren Kinderzahl, aber auch daraus, dass deren Kinder das Elternhaus früh verließen, um bei den Bauern als Gesinde zu dienen. Je reicher die Bauern, umso größer die Haushalte: Mehr eigene Kinder, aber auch zusätzliche Gesindekräfte im Haus zeigten, dass mehr Personen versorgt werden konnten, aber auch mehr Arbeitskräfte gebraucht wurden. Geheiratet wurde – wenig erstaunlich – gerade in der bäuerlichen Oberschicht weitgehend *„unter sich"*. Nur so konnte die durch die Realteilung verursachte Gefahr eines zu geringen Landbesitzes in der Existenzgründungsphase umgangen werden.

Abb. 14:
Haus Orb in Westhofen 1750–1754.

ausübten oder erduldeten, voneinander fundamental unterschieden. Ob man zum Klerus, Adel, Bürger- oder Bauernstand gehörte, war von grundlegender Bedeutung für die persönlichen Handlungsspielräume. Abgesehen von der Möglichkeit, in den geistlichen Stand einzutreten, waren die Grenzen zwischen diesen Ständen kaum zu durchbrechen.

In den Städten trafen die Angehörigen der verschiedenen Stände aufeinander. Gerade in einer Residenz- und Domstadt wie Mainz war der Anteil von Klerus und Adel an der Bevölkerung vergleichsweise hoch. Außer Wien gäbe es nur wenig Städte in Deutschland, *„wo ein so zahlreicher und mächtiger Adel versammelt ist wie hier"*, urteilte Johann Kaspar Riesbeck in seinen nicht unkritischen *Briefen*

eines reisenden Franzosen 1783. *„Die fetten Dohmpfründen und die Hofnung, aus ihrem Schoos einen Kurfürsten zu zeugen"* lockten die Adelsfamilien nach Mainz. Tatsächlich machten die 150 bis 200 Adligen, die hier in ihren Stadtpalais oder am Hof lebten, etwa 1 % der Bevölkerung aus. In Worms lebten einige Adlige als *„Sitzgedinger"* ohne Bürgerrecht, die hier *„eine bessere education"* als auf dem Land und einen *„stillen Lebenswandel entfernt von dem Getümmel des Hofes"* erwarteten. Die acht Adelsfamilien, die in Oppenheim bis zur Stadtzerstörung 1689 lebten, waren Nachfahren der mittelalterlichen Burgmannen.

Ebenfalls zahlreich war in den Domstädten Mainz und Worms die zum Klerus zählende Personengruppe. In Worms wird ihre Anzahl (inklusive ihres Personals) auf etwa 500, ein Achtel bis ein Zehntel der Gesamtbevölkerung, geschätzt, in Mainz sollen in der zweiten Jahrhunderthälfte etwa 750 Personen geistlichen Standes, 3,5 % der Einwohnerschaft, gelebt haben. Den weitaus größten Anteil der Stadtbevölkerungen machten freilich die Zunftbürger aus.

Im Lauf der Frühen Neuzeit wurden die rein ständischen Unterscheidungsmerkmale zunehmend durch andere Faktoren sozialer Ungleichheit überlagert: Vermögen und Einkommen, Bildung, soziale Vernetzung, Prestige und Ansehen, die eine Beschreibung der sozialen Ordnung in einem Schichtenmodell gerechtfertigt erscheinen lassen. Über die Steuersummen und den Immobilienbesitz können die verschiedenen Vermögensgruppen innerhalb der Städte als Ober-, Mittel- und Unterschicht dargestellt werden. Falls man die Adligen überhaupt zur städtischen Gesellschaft zählen will (sie selbst dürften sich so wohl nicht gesehen haben), dann lagen sie nach Vermögen und Prestige an der Spitze. In der Reichsstadt Worms können unterhalb dieser Gruppe die Familien, aus denen heraus nach dem Verschwinden der Patrizier der Rat besetzt wurde, und Angehörige der freien Berufe, in den Residenz- und Amtsstädten die höheren Beamten der landesherrlichen Behörden hinzugezählt werden. Aus den Reihen der Zunftbürger ohne öffentliche Ämter konnten vor allem die über den lokalen Rahmen aktiven Händler und Kaufleute, vereinzelt auch Bäcker, Metzger und Wirte mit erheblichem Immobilienbesitz und Barvermögen, zur wirtschaftlichen Oberschicht gehören. Der größte Teil der Zunftbürger ist sicher zur Mittelschicht zu rechnen, im oberen Bereich das Nahrungsmittelhandwerk, im unteren Bereich und von sozialem Abstieg bedroht, wie auf dem Land, die Textil- und Lederhandwerker. Gerade in den als Ackerbürgerstädten stark von Landwirtschaft und Weinbau geprägten Städten wie Oppenheim zählten zu dieser Mittelschicht auch die Vertreter (wein)bäuerlicher Professionen. Für Worms lässt sich die wirtschaftliche Situation durch Hausbesitz und Einkommen über Steuerlisten rekonstruieren. Danach machte die obere Vermögensklasse 1766 16 %, im Jahr 1790 nur noch ein Zehntel, die mittlere Gruppe erst ein Viertel, später nur noch etwas mehr als ein Fünftel der „bürgerlichen Haushalte" aus, während der Anteil der unteren Gruppe von 58 % auf mehr als zwei Drittel stieg.

Unterhalb der Zünfte sind in allen Städten Tagelöhner, Gelegenheitsarbeiter, Handlanger ebenso wie Näherinnen, Wäscherinnen und Spinnerinnen zu finden, die als Unterschicht anzusehen sind, oft keinen Grund- oder Hausbesitz hatten und nicht als Bürger, sondern nur als geduldete Beisassen innerhalb der Stadtmauern lebten. Fast ein Fünftel der Bevölkerung Alzeys war am Ende des Jahrhunderts völlig besitzlos, für Mainz wird der Anteil der unterzünftischen Bevölkerung auf etwa 10 % geschätzt.

Zu diesen Bevölkerungsgruppen sind noch in der Garnisons- und Universitätsstadt Mainz die Soldaten zu zählen und die Studenten, gegen Ende des 18. Jhs. etwa 500 bis 700.[36]

Juden in Stadt und Land

Juden standen außerhalb der ständischen Ordnung. An den Rhein waren sie schon in der späten Römerzeit gekommen. Mainz und Worms hatten sich im Mittelalter als wichtige Zentren des europäischen Judentums etabliert. Trotz temporärer Vertreibungen und Ausweisungen, in Worms zuletzt 1615, existierten in den beiden Städten große jüdische Gemeinden fast kontinuierlich vom frühen Mittelalter bis zum Holocaust. In Worms wurden am Anfang des 17. Jhs. 95 Haushalte, insgesamt 759 Personen jüdischen Glaubens, gezählt, am Ende des Jahrhunderts 100 Haushalte. Auf 126 Haushalte stieg ihre Zahl bis zum Ende des 18. Jhs. an. Die Mainzer Gemeinde war zunächst deutlich kleiner, erst in den 1640er-Jahren, als viele Familien in die sichereren Städte flüchteten, lebten hier etwa 300 Personen in 63 Haushalten. 1788 wurden 848 Juden in Mainz gezählt, die etwa 2 % der Einwohnerschaft ausmachten. In Bingen stellten dahingegen die 51 jüdischen Familien mit 343 Angehörigen im Jahr 1765 einen Anteil von 12 % an der Bevölkerung. In Alzey konnte sich nach der Vertreibung der Juden aus der Kurpfalz im späten 14. Jh. erst nach dem Dreißigjährigen Kreis wieder eine jüdische Gemeinde bilden. Ein jüdischer Friedhof wurde erstmals 1704 erwähnt, dürfte aber bereits vorher einige Jahrzehnte existiert haben. 1722 lebten hier neun, 1744 elf Familien, 1789 wurden 21 Haushalte gezählt. Drei Oppenheimer Juden wurden nach einer über 100-jährigen Abwesenheit erstmals wieder 1674 erwähnt, im 18. Jh. stagnierte ihre Zahl bei acht bis zehn Familien. In Gau-Algesheim lebten 1766 19 Juden.[37]

Die im Spätmittelalter einsetzende Verdrängung der Juden aus den Städten führte zu einer stärkeren Ansiedlung im ländlichen Raum. Im Oberamt Alzey zahlten 1661 31, 1745 61 und 1765 81 jüdische Familien Schutzgeld an den Kurfürsten. Neben den in Alzey wohnenden elf Familien verteilten sich die restlichen 50 Familien des Jahres 1745 auf 21 Landgemeinden. Im gleichen Jahr wurden im Oberamt Oppenheim außer den in der Amtsstadt lebenden neun Familien 23 weitere Haushalte in acht Landgemeinden erfasst. Gegenüber den im Durchschnitt zwei bis drei Familien pro Ort lebten in elf reichsritterschaftlichen Dörfern 1722 durchschnittlich vier jüdische Familien pro Gemeinde.

Von 45 rheinhessischen Landgemeinden, in denen bereits in der Frühen Neuzeit oder im 19. Jh. eine Synagoge existierte, sind die Einwohnerzahlen aus dem Jahr 1804 bekannt. Auch wenn es gerade in der Zeit der Revolutionskriege zu einigen Veränderungen kam, kann für die weitaus meisten dieser Gemeinden auch von einer nennenswerten jüdischen Bevölkerung vor 1800 ausgegangen werden. Dabei fällt auf, dass in vormals leiningischen, reichsritterschaftlichen und rheingräflichen Dörfern die meisten Juden lebten. Das lässt Rückschlüsse auf die Ansiedlungspolitik der jeweiligen Ortsherren zu. Den größten Anteil an jüdischen Einwohnern hatte Weisenau aufzuweisen. 1804 lebten hier, obwohl in den Kriegsjahren seit 1793 viele nach Mainz übergesiedelt waren, noch 150 Juden. Bereits im 15. Jh. hatten sich in der nahe bei Mainz gelegenen Gemeinde Juden nach ihrer Ausweisung aus der Domstadt angesiedelt. Im 18. Jh. stellten sie zeitweise ein Fünftel der Ortsbevölkerung. Dieser hohe Anteil erklärt sich nicht nur als Folge früherer Vertreibungen, sondern auch daraus, dass Weisenau mehrere Ortsherren hatte. Dass in Gemeinden mit geteilter Ortsherrschaft sich die Herrschaftsträger in der Aufnahme jüdischer Familien überboten, um sich gegenseitig in der Steuer- und Abgabeneinnahme nicht nachzustehen, führte auch andernorts zu großen Gemeinden. Die ebenfalls an den Abgaben interessierten Herren der reichsritterschaftlichen und anderen kleinherrschaftlichen Dörfer hatten wegen der Geschäftstätigkeit der Juden, die vor allem in benachbarten größeren Territorien aktiv waren, kaum Beschwerden ihrer Untertanen wegen jüdischer Konkurrenz zu befürchten. Die großen Gemeinden in Fürfeld (1804: 105 Personen), Flonheim, Nieder-Wiesen, Partenheim, Sprendlingen, Stein-Bockenheim, aber auch in den leiningischen Dörfern Guntersblum und Bechtheim dürften zumindest zum Teil darauf

71

zurückzuführen sein. In eben diesen Dörfern sind auch die frühesten Synagogen und Friedhöfe zu finden.

Die in den Städten und Territorien ansässigen Juden hatten an die Obrigkeit Schutzgeld zu zahlen, hinzu kamen etliche weitere Sonderabgaben neben den üblichen landesherrlichen Steuern. Ihre wirtschaftliche Situation hatte sich seit den nicht zuletzt auch aus Konkurrenzneid motivierten Vertreibungen aus den Städten im Spätmittelalter verschlechtert. Aufgrund strenger Restriktionen blieben ihnen nur Handel und Finanzdienstleistungen in den Bereichen, in denen sie die Geschäfte christlicher Händler und Handwerker nicht störten. So war ihnen in Worms nur die Pfandleihe, der Viehhandel, der Handel mit gebrauchten Waren und mit Gold und Silber sowie mit bestimmten Stoffen, seit dem 17. Jh. wohl auch mit Wein und Branntwein erlaubt. In Mainz durften sie mit Wein, Getreide und Pfändern handeln, Geld verleihen und Münzen wechseln. Das Verbot, eigene Läden oder Marktstände einzurichten, wurde von den Zünften streng überwacht. Außer der Metzgerei durften sie auch kein Handwerk ausüben. Während in Worms bereits im 17. Jh. jüdische Ärzte auch christliche Patienten behandelten, waren universitäre medizinische Prüfungen in Kurmainz erst ab 1784 erlaubt.

Die Landjuden waren im Pferde- und Viehhandel, im Handel mit landwirtschaftlichen Produkten, vor allem Wein und Getreide, und im Kredit- und Leihgeschäft aktiv. Als Krämer durften sie in der Regel auch auf dem Land keine Ladengeschäfte eröffnen, sondern waren häufig als Hausierer unterwegs. In Kurmainz und in Kurpfalz wurde in den 1780er-Jahren Juden der Erwerb von Grundbesitz unter bestimmten Bedingungen, etwa christlichem Vorkaufsrecht, gestattet. Grundlegende Veränderungen der Erwerbstätigkeit brachten diese Reformen allerdings nicht, zumal ihre Umsetzung von nicht-jüdischer Seite in der Praxis auch behindert wurde. So konnte Moyses Kahn in Weisenau 1791 seine Pläne, eine Tabakmanufaktur zu errichten, aufgrund der Intervention des Mainzer Handelsstandes und seines mit Tabak handelnden Vorstehers Daniel Dumont nicht realisieren.

Die Vermögensunterschiede innerhalb der jüdischen Bevölkerung waren erheblich. Das Spektrum reichte von sehr reichen „Hoffaktoren", die in Mainz im Dienst der Kurfürsten als Händler und Bankiers tätig waren, bis zu den vielen „Betteljuden", die nicht im Schutz der Obrigkeiten standen und als Hausierer und Bettler unterwegs waren. In Mainz gehörten 1785 etwa 4 % zu den Höchststeuerzahlern, 45 % sind als Mittelschicht zu charakterisieren, die andere Hälfte der unter landesherrlichem Schutz stehenden Juden hatte nur wenig oder gar kein Vermögen. Neben diesen 134 Familien wohnten noch 109 jüdische Beisassen mit ihren Familien in der Domstadt, die ebenfalls als arm gelten können. Die überwiegende Mehrheit lebte also in ökonomisch schwierigen Verhältnissen. In den Dörfern war die Spreizung zwischen reichen und armen Familien nicht so breit. Auch hier zeigen Kennzeichnungen jüdischer Einwohner in Berichten und Steuerverzeichnissen als „armer Jud", „ist blutarm" oder „geht betteln", wie sie etwa in Fürfeld 1722 zu finden sind, dass ein erheblicher Anteil der Dorfjuden ebenfalls um die Existenz zu kämpfen hatte.

Lebten die Juden in den größeren Städten Worms und Mainz in Ghettos, – in Mainz übrigens erst seit dem späten 17. Jh., nachdem sie nach ihrer Wiederansiedlung in der ersten Hälfte des 17. Jhs. ihre Wohnungen zunächst verstreut im Stadtgebiet hatten –, so hatten sie in den Dörfern sicher engeren Kontakt mit ihren christlichen Nachbarn. In Alzey gab es kein Ghetto, aber auch hier lebten die jüdischen Familien vor allem in einer Straße. In Oppenheim fanden sich ihre Häuser, trotz der Verordnung, dass *„kein Judt in der Haubtgaß wohnen"* sollte, im späten 17. Jh. zum Teil direkt am Marktplatz.[38]

„Wiedertäufer, Anabaptisten und Quäker" – christliche Minderheiten

Die Mennoniten stellten die zweite nennenswerte religiöse Minderheit in der Region dar. Aus der Täufer-Bewegung des 16. Jhs. hervorgegangen, von den anerkannten Konfessionen durch die Praxis der Glaubens- oder Erwachsenentaufe, die Eidverweigerung und die Ablehnung von Kriegsdienst unterscheidbar und bis in das 17. Jh. vielfach verfolgt und nur selten geduldet, erfuhren sie in der zweiten Hälfte des 17. Jhs. von einigen Landesherrschaften Tolerierung, zum einen, weil die Bestimmungen des Westfälischen Friedens bei sehr großzügiger Auslegung diese Möglichkeiten schufen, zum anderen, weil die Landesherren ein Interesse an der Wiederbesiedlung ihres Territoriums nach dem Dreißigjährigen Krieg hatten. Während in Kurmainz aus konfessionspolitischen Gründen kein Entgegenkommen zu erwarten war, waren es vor allem die Kurpfalz und die Reichsritter, die Mennoniten aufnahmen. Der religionspolitisch tolerante pfälzische Kurfürst Karl Ludwig gewährte schweizerischen Täufern, die sich bereits im Land aufhielten, im Jahr 1664 mit einer „Generalkonzession" das Aufenthaltsrecht unter bestimmten Bedingungen. Noch im gleichen Jahr wurden 124 mennonitische Haushaltsvorstände in der Kurpfalz gezählt, bis 1790 vergrößerte sich ihre Anzahl auf 351. Der größte Teil von ihnen, nämlich drei Viertel der Gesamtzahl von 1664 und

40 % am Ende des 18. Jhs., lebte im Oberamt Alzey. Im Oberamt Oppenheim gab es 1785 nur einen mennonitischen Haushalt in Dexheim. Dahingegen wurden 1777 in 20 von 82 Gemeinden des Alzeyer Oberamts insgesamt 78 mennonitische Familien gezählt, das entsprach 1 % der Gesamtbevölkerung. Aufgrund ihrer landwirtschaftlichen Fähigkeiten und ihres Arbeitsethos waren sie gern gesehene Pächter der großen grundherrschaftlichen Güter. Obwohl sie häufig nur befristet als Temporalbeständer für die Dauer ihres Leihvertrages in den Gemeinden blieben, bildeten sich schon früh einige Schwerpunkte mennonitischen Lebens innerhalb des Oberamtes aus. Bereits 1661 konnten ursprünglich aus dem Kanton Zürich stammende Mennoniten, die über zehn Jahre in der Gegend von Colmar gelebt hatten, den nördlich von Worms gelegenen kurpfälzischen Hof Ibersheim pachten. 1683 wandelten sie ihren Zeitpachtvertrag gegen die einmalige Zahlung von 6.000 Gulden in einen Erbbestand um. Die rund 2.000 Morgen Land wurden nun auf zwölf, später 24 Beständer aufgeteilt. Während des pfälzischen Erbfolgekriegs verließen die zwölf Beständerfamilien Ibersheim, um dann 1698 wieder zurück zu kehren. Über Jahrhunderte blieb der Hof Ibersheim, in Landkarten auch als Wiedertäuferhof bezeichnet, eine – abgesehen vom Gesinde – fast rein mennonitische Siedlung und ein Zentrum dieser Glaubensrichtung. In Kriegsheim lebten schon um 1600 dreizehn „anabaptistische" Familien. Trotz etlicher Schwierigkeiten mit der kurpfälzischen Obrigkeit konnte sich diese Gruppe auch über den Dreißigjährigen Krieg in der Gemeinde halten. Ein Teil von ihnen wechselte unter dem Einfluss des Engländers William Ames, der in Kriegsheim in den späten 1650er-Jahren predigte, zur Quäker-Bewegung und verließ 1685 nach etlichen Auseinandersetzungen mit dem Oberamt die Kurpfalz in Richtung Amerika. Die Kriegsheimer Menno-

niten wurden durch schweizerische Flüchtlinge seit den 1650er-Jahren verstärkt, auch ein Teil der 215 aus Bern stammenden Flüchtlinge, die 1671 im Oberamt Alzey aufgenommen worden waren, ließ sich in Kriegsheim nieder. Um 1680 wurden 52 der Kriegsheimer Einwohner zu den Mennoniten gezählt, 1685 elf Mennonitenfamilien und sechs Quäkerhaushalte verzeichnet. 1773 lebten 41 Mennoniten in der Gemeinde. In Erbes-Büdesheim wurden 1731 sieben mennonitische Familien gezählt, die mit anderen Glaubensangehörigen aus Albisheim, Nieder-Wiesen und dem Weierhof bei Kirchheimbolanden eine Gemeinde bildeten. Ab 1748 hielt die mennonitische Gemeinde Erbes-Büdesheim eigenständige Versammlungen im Schloss ab, später auf dem Schniftenbergerhof bei Kriegsfeld.[39]

Das Land, „in dem man allerhand Religionen passiren läst" – vom Zusammenleben der Konfessionen

Aus *„dem Land (…), in dem man allerhand Religionen passiren läst"*, stammte die Witwe, die Grimmelshausens *Seltsamer Springinsfeld* im gleichnamigen, 1670 erschienenen Roman heiratete und dieses Land war, das lässt sich aus dem folgenden Text herauslesen, die Kurpfalz. Den Ruf der Toleranz hatte sich Kurfürst Karl Ludwig durch seine konfessionellen Ausgleichsbemühungen und seine Bereitschaft erworben, im Zuge der Wiederbesiedlung der Pfalz nach dem Dreißigjährigen Krieg auch Zuwanderer katholischen, lutherischen, jüdischen Glaubens und sogar Vertreter religiöser Splittergruppen zuzulassen. Die Pfalz und somit große Teile des heutigen Rheinhessen war im 18. Jh. eines der Territorien im Alten Reich, in dem die Mehrkonfessionalität stark ausgeprägt war, in dem – wie Leopold Mozart 1763 bei seinem Besuch in Mannheim erstaunt zur Kenntnis nahm – Katholiken, Lutheraner, Reformierte, Juden und Mennoniten offenbar friedlich nebeneinander lebten.

Diese Entwicklung war weder selbstverständlich noch reibungslos verlaufen. Zwar war anderen Konfessionen die Ansiedlung in der zweiten Hälfte des 17. Jhs. gestattet worden, was aber noch lange nicht bedeutete, dass sie in ihrer Religionsausübung frei gewesen wären. Die reformierte Kirche repräsentierte die Landeskonfession, Lutheraner und Katholiken waren zwar geduldet, durften aber keinen offenen Gottesdienst praktizieren und auch zu ihren privaten Hausandachten keinen Geistlichen hinzuziehen. Lediglich in Oppenheim war nach den Bestimmungen des Westfälischen Friedens eine lutherische Gemeinde zugelassen, in Alzey wurde ihre Bildung verhindert. Selbst in nicht der eigenen Landesherrschaft unterstehenden Dörfern versuchte die Kurpfalz, über alte Patronatsrechte den reformierten gegen den lutherischen Kultus durchzusetzen. In Wendelsheim führten die Auseinandersetzungen in den 1650er- und 1660er-Jahren zu gewaltsamen Öffnungen verschlossener Kirchentüren, der zeitweiligen Vertreibung des lutherischen Geistlichen, schließlich sogar zur Einsetzung eines reformierten Pfarrers mithilfe militärischer Gewalt – eine Situation, die die Wendelsheimer 1661 klagen ließ, dass *wir alle fast selbst nit wissen, was wir glauben solle(n)"*. Auch in Nieder-Saulheim nahm die Kurpfalz mehrere Anläufe, gegen den Willen der dortigen Ganerben einen reformierten Pfarrer einzusetzen.

Die während des Dreißigjährigen Krieges durchgeführte Rekatholisierung der Kurpfalz wurde wieder rückgängig gemacht. Katholiken sollten – freilich wenig erfolgreich – zur Teilnahme an reformiertem Gottesdienst und Unterricht gezwungen und der Besuch katholischer Gottesdienste in benachbarten Territorien unterbunden werden. So entschuldigte sich der Alsheimer Löwenwirt Christoffel 1672, der ermahnt worden war, er sitze immer auf der Empore und nicht im Chor bei den jungen Burschen, damit, dass er *„allein der catholischen religion nicht unter den anderen möchte sizen."* Bereits 1652 hatten sich die Gau-Odernheimer Katholiken beschwert, man zwinge sie zur Teilnahme am reformierten Gottesdienst. Auch katholische Gottesdienste in Adelshöfen und Ordenshäusern waren untersagt. 1654 schritten die Behörden gegen solche Zusammenkünfte in Ober-Ingelheim und Oppenheim ein, 1656 untersagte das Alzeyer Oberamt einem Wormser Geistlichen den Gottesdienst in der Komturei des Deutschen Ordens in Ober-Flörsheim. Dass die Nieder-Saulheimer und wohl auch andere Katholiken jeden Sonntag in das Schloss von Junker Köth von Wanscheid in Udenheim zum Gottesdienst gingen, unterband das Oberamt 1682 mit der Verhängung einer empfindlichen Geldstrafe gegen den Junker.

Mit der französischen Reunionspolitik und mit dem Wechsel der Kurwürde an die katholische Linie Pfalz-Neuburg 1685 kam der Umschwung. Bereits vor dem Pfälzischen Erbfolgekrieg war in nicht-kurpfälzischen, von der Reunionspolitik erfassten evangelischen Gemeinden der im Namen König Ludwigs XIV. durch den Intendanten de la Goupillière verkündete Erlass von 1684 durchgesetzt worden, dass überall, wo zwei Kirchen existierten, eine den Katholiken zur Verfügung gestellt werden müsse und wo es nur eine Kirche gebe, diese gemeinschaftlich genutzt werden solle. Diese

zwangsweise Einführung des Simultaneums blieb nicht unwidersprochen. So beschwerte sich die lutherische Gemeinde des ganerbschaftlichen Bechtolsheim 1685, die *„Römisch-Catholische (sei) durch Frantzösische Gewalt zum erstenmahl in die Kirch eingedrungen".* Der evangelische Pfarrer, der Unterschultheiß und ein weiterer *„Gemeins-Mann"* seien arrestiert und erst nach der Zusage der Gemeinde, dass man *„auch den Römisch-Catholischen den Kirchen-Gang eingestehen"* wolle, wieder frei gelassen worden. In der Folge aber – so die Beschwerde der lutherischen Gemeinde – hätten sich die Katholiken mit der Aufstellung von Kruzifixen, der Schmückung des Altars, öffentlichen Prozessionen, *„Herumtragung des venerabilis",* mit Fahnen und Schießen an Fronleichnam immer mehr *„etabliret."* In Badenheim bestätigte der französische Intendant 1686 die Übernahme der Kirche durch die Katholiken zum Nachteil der Protestanten. Auch in Schornsheim, Friesenheim, Köngernheim und Hahnheim wurde 1686 die katholische Mitbenutzung der Kirche durchgesetzt.[40]

Mit dem Regierungsantritt des katholischen Kurfürsten Philipp Wilhelm und dessen Erklärung, dass auch den Lutheranern und den Katholiken die freie Religionsausübung gestattet sein solle, wurden zunehmend auch die reformierten Gemeinden in der Pfalz unter Druck gesetzt. Schon 1685 warnte der Alsheimer reformierte Pfarrer vor dem Überhandnehmen des *„Pabstthumeyffers"* und wies Gerüchte, die katholischen Exerzitien seien erlaubt und den Katholiken werde die Nutzung der Oberkirche und des Kirchhofs zu ihren *„römischen ceremonien"* gestattet, empört zurück. In Erbes-Büdesheim wurde den katholischen Einwohnern seit 1686 der Zugang zur bislang von der reformierten Gemeinde alleine beanspruchten Kirche gewährt. In Alzey wurden katholische Messen seit Ende 1685 in einem Privathaus, dann in einem Saal im Schloss gefeiert. An Maria Himmelfahrt 1687 war Alzey das Ziel der ersten Prozession seit der Reformation, die von Flonheim ihren Ausgang genommen hatte und über Erbes-Büdesheim, Bornheim, Wendelsheim, Wallertheim und Weinheim führte.

Der Pfälzische Erbfolgekrieg verschlechterte die Position der Reformierten weiter. Die französische Besatzung begann, das Edikt von 1684 auch in der Kurpfalz durchzusetzen. In Alsheim erschien schon im Oktober 1688 ein französischer Priester und reklamierte eine der beiden Kirchen für den katholischen Kultus. Im Dezember befahl der für das Oberamt Alzey zuständige Intendant la Fontenelle, dass die reformierten und lutherischen Kirchen auch den Katholiken geöffnet werden müssten. Aufgrund des Krieges wurde dieser Erlass offensichtlich nicht überall durchgeführt oder wie in Odernheim nur zeitweise umgesetzt, wo die Franzosen 1688 einen katholischen Altar in der reformierten Kirche installierten, der aber ein Jahr später von den Reformierten wieder beseitigt wurde. Als dann allerdings der Krieg mit dem Frieden von Rijswijk beendet wurde, legte Ludwig XIV. in geheimer Absprache mit der Kurie und dem pfälzischen Kurfürst Johann Wilhelm fest, dass in den linksrheinischen Gebieten die *„katholische Religion"* in dem aktuellen Stand bleiben sollte, also die Simultaneen weiter Bestand haben sollten.[41] Johann Wilhelm nahm die französische Unterstützung seiner Konfessionspolitik nicht nur bereitwillig an, sondern nutzte diese Vorlage für weitere Schritte zugunsten der katholischen Sache. Zudem versuchte er, durch die Einsetzung eines lutherischen Konsistoriums 1698 den Einfluss der reformierten Kirche weiter zurück zu drängen. Erst reichspolitische Entwicklungen brachten ihn zum Einlenken. Während des Spanischen Erbfolgekrieges war er auf die Unterstützung der protestantischen Kurfürsten angewiesen, um die Oberpfalz und

die erste weltliche Kurwürde, die 1648 verloren gegangen waren, zurück zu gewinnen. In der Folge handelte er 1705 mit Brandenburg-Preußen eine Lösung aus, die die Kultfreiheit für alle drei Konfessionen vorsah und das Simultaneum durch eine Kirchenteilung ersetzen sollte. Das geschah durch ein Verfahren, in dem die Kirchengebäude nach ihrer Qualität bewertet wurden und von je sieben Kirchen die Reformierten fünf und die Katholiken zwei zugesprochen bekamen. Auch das Kirchenvermögen wurde entsprechend geteilt. Nach diesem Modell wurden beispielsweise die Kirchen von Gau-Odernheim, Armsheim, Dittelsheim, Wonsheim und Selzen den Reformierten zugesprochen, die Katholiken bekamen die Kirchen in Spiesheim und Undenheim. Die reformierte Gemeinde in Undenheim hielt ihre Gottesdienste in einer umfunktionierten alten Scheune, die Lutheraner trafen sich in einem privaten Haus. Dass die Umsetzung der Kirchenteilung nicht reibungslos verlief, ist stellvertretend für viele andere Konflikte auch an diesem Beispiel zu zeigen. So wurde für die Kirche in Gau-Odernheim eben doch die Fortsetzung des Simultaneums festgelegt, indem der Chor vom Schiff durch eine Wand abgetrennt und den Katholiken zugesprochen werden sollte, eine Lösung, die bis zum Ende des 19. Jhs. für Streit sorgte. In Undenheim schlug die reformierte Gemeinde 1713 der kurpfälzischen Regierung vor, das Schiff der Kirche vom Chor abzutrennen und wie in Odernheim zu verfahren, als Gegenleistung sollten die Katholiken die Kirche in Vendersheim erhalten. Auch wenn dieses Ansinnen in Heidelberg wohl ernsthaft beraten worden war, um an diesem Tausch zu zeigen, *„wie gern man friedlich und nachbarlich lebt"*, wurde es nicht in die Tat umgesetzt. Stattdessen wurde 1715 der Bau einer eigenen Kirche beschlossen. Die kleinere lutherische Gemeinde hatte bereits 1713 einen einfachen Fachwerkbau als Kirche errichtet. Da die lutherischen Gemeinden bei der Kirchenteilung leer ausgegangen waren, mussten sie den Bau ihrer Kirchen selbst finanzieren.

In etlichen der ehemals reunierten, nicht zur Kurpfalz zählenden Gemeinden wurde am Simultaneum festgehalten. Es sind viele Auseinandersetzungen überliefert, die die Konfliktträchtigkeit dieser Konstruktion belegen. In Volxheim, das 1715 über Tausch von der Kurpfalz an Kurmainz kam, klagte der reformierte Pfarrer, der katholische Geistliche habe in der gemeinsam genutzten Kirche ein „Crucifix auf die Cancel gestellet", sodass er sich kaum bewegen könne. In Stadecken und Elsheim beschwerten sich die Reformierten, das Simultaneum sei mit Gewalt eingeführt worden, indem man „mit Hinwegreißung der Stühle einen Altar" errichtet habe, und bei Messefeiern und Predigten werde „die evangelische Religion recht ärgerlich geschändet und geschmähet". 1755 wurde der katholische Pfarrer, der sich in der Bechtheimer Kirche im Chor auf seinen Gottesdienst vorbereitet und den lutherischen Pfarrer wegen dessen Zeitüberziehung kritisiert hatte, von lutherischen Gemeindemitgliedern aus der Kirche geprügelt. Zudem beschwerte sich der Geistliche, die Lutherischen würden oft die Kirchturmuhr um eine Stunde zurückstellen und so ihren Gottesdienst weit über die vereinbarte Zeit hinaus verlängern.[42]

Trotz aller Probleme und Ausnahmeregelungen etablierte sich durch die Teilung von 1705 eine dauerhafte Organisation des Kirchenwesens und eine Koexistenz der drei Konfessionen, die auch nicht durch die politische Bevorzugung der katholischen Konfession durch Kurpfalz, wie sie sich etwa in Ämterbesetzungen zeigte, grundlegend in Frage gestellt wurde.

Das Zusammenleben im Alltag blieb auch weiterhin spannungsreich. Störungen bei Prozessionen, Verstöße der protestantischen Handwerker gegen das Arbeitsverbot an katholischen Feiertagen oder auch etliche Klagen wegen Beleidigungen und Ehrverletzungen mit konfessionellem Hintergrund belegen das. Andererseits kam es nicht selten zu Mischehen. In Alzey etwa wurde im Verlauf des 18. Jhs. jede fünfte Ehe zwischen Partnern verschiedener Konfession geschlossen. Wenn das wiederum häufig zu Streit über die Konfessionszugehörigkeit der Kinder aus diesen Ehen führte, ist die Tatsache, dass solche familiäre Verbindungen überhaupt eingegangen wurden, ein Zeichen dafür, dass die Konfessionsgruppen nicht in völlig abgeschiedenen Milieus lebten. Dass eine „unsichtbare Grenze" zwischen den Konfessionen gleichwohl existierte, zeigen demografische Forschungen. In Oppenheim und in Alzey konnte festgestellt werden, dass in reformierten Familien im Durchschnitt weniger Kinder als in katholischen Familien zur Welt kamen, also eine aktive Geburtenbeschränkung praktiziert wurde, und auch die Kindersterblichkeit bei den Protestanten niedriger war. Das kann als Zeichen einer stärkeren „Diesseitsorientierung" der Reformierten gedeutet werden, letztlich einer Einsicht, dass eine geringere Kinderzahl bessere Lebenschancen bedeutete.

Die kurmainzischen Städte und Dörfer blieben von diesen gemischtkonfessionellen Entwicklungen weitgehend unberührt. In Mainz lebten – außer den jüdischen Einwohnern – nur wenige Nicht-Katholiken als „Tolerierte", denen kein Bürgerrecht zugestanden wurde. Auch in den kurmainzischen Gemeinden blieb man konfessionell unter sich. In den sehr seltenen Fällen von Mischehen mussten die nicht-katholischen Partner konvertieren.[43]

Dass das von Leopold Mozart als pfälzische Besonderheit hervorgehobene „Nebeneinander" der Konfessionen öfter ein „Gegeneinander", aber eben auch ein *„Miteinander"* sein konnte, dürfte dem Musiker in der Kürze seines Aufenthaltes nicht aufgefallen sein, dass es aber dem Weitgereisten, der ganz Europa kannte, als erwähnenswert erschien, unterstreicht die Bedeutung dieser Beobachtung.

Wirtschaftsgeschichte

„Bracheliegen" und Jauche-düngung – alte Praxis und „neue Landwirthschaft"

„Kaum vom Lager erheben", hätten sich die Kühe nach dem langen Winter im Stall gekonnt, wenn sie im Frühjahr auf die Weide getrieben werden sollten, erinnert sich ein alter Landwirt aus der Pfeddersheimer Gegend in den 1830er-Jahren an die Situation in der rheinhessischen Landwirtschaft vor etwa 1770. Im Sommer auf geringer Weidefläche und den disteligen Brachflächen gehalten, im Winter im Stall kümmerlich mit Stroh und Spreu, aber nur wenig Heu und Rüben gefüttert, sei das Vieh in einem erbarmungswürdigen Zustand gewesen. Mit der Feldwirtschaft habe es nicht besser gestanden. In der Zweifelderwirtschaft sei hauptsächlich Dinkel und Roggen auf der einen Hälfte der Gemarkung angebaut worden, die andere habe brach gelegen, nur auf einem sehr geringen Teil habe man einige Rüben und Kartoffeln gepflanzt. Der wenige Mist aus der Winterstallhaltung habe bei weitem nicht ausgereicht, um die Brache zu düngen. Die Erträge waren dementsprechend niedrig.

Ein anderer, fast 100-jähriger Bauer erzählt um 1840 eine andere Geschichte über das 18. Jh. Es habe damals außer den adligen Grundbesitzern keine Reiche, aber auch keine Arme gegeben, jeder habe auf der Brache eine Kuh halten können, Gänse, Schweine und Schafe konnte man *„vor das Thor"* treiben, niemand habe die Bedürftigen vom *„Stoppeln"* auf bereits abgeernteten Feldern abgehalten.

Beide Erinnerungen wurden im 19. Jh. aufgeschrieben, um Stellung zu beziehen in einem Diskurs über die richtige Art, Agrarwirtschaft zu betreiben, und sind daher nur mit Vorbehalt zu lesen. Werden im ersten Text die Nachteile der Brache für die Entwicklung der Landwirtschaft beschrieben, so wird im zweiten das soziale Ausgleichsmoment einer Form von Landwirtschaft betont, das zu einem guten Teil auf der kollektiven Nutzung der Gemarkung beruhte.

Eine dritte Quelle vermittelt wiederum ein anderes Bild. Johann Goswin Widder bezeichnete 1787 das kurpfälzische Oberamt Alzey als *„Korn-Speicher"* der Pfalz. Von hier wurden die Märkte in Worms, Frankenthal, Speyer und Mannheim beliefert, um die lokale, aber auch die überregionale Nachfrage zu befriedigen.[44]

Welche Beschreibung kam der Realität nun am nächsten: die der schlechten Erträge und des kümmerlichen Viehstandes, die eines für alle auskömmlichen Wirtschaftssystems oder die einer Überschüsse exportierenden Region? Um das zu beantworten, müssen über die reinen Beschreibungen hinaus auch statistische Daten betrachtet werden, die aber nur spärlich und vor allem für das späte 18. Jh. vorliegen.

Die bereits in der zweiten Hälfte des 18. Jhs. hohe Bevölkerungsdichte hatte früh zu einer Ausnutzung aller Landressourcen geführt. 87 % des Bodens wurde in den Gemeinden des Alzeyer Oberamtes 1777 als Ackerland genutzt, auf 3 % wurde Wein angebaut. Für Wald und Grünland zur extensiven Bewirtschaftung war kaum Raum vorhanden. Nur knapp 1% der Fläche war mit Wald bewachsen, auf 6% waren Wiesen angelegt, und weniger als 2% dienten als Weide. Sehr ähnlich waren die Agrarflächen in den Gemeinden des Mainzer Umlandes am Ende des 18. Jhs. aufgeteilt. Auch im Oberamt Oppenheim überwog um 1785 der Ackerbau mit Gemarkungsanteilen zwischen 70 und 90 %, es stechen hier aber ausgesprochene Weinbaudörfer wie Nierstein mit 14 % oder Ober-Ingelheim mit 12,4 % Weinbergen heraus.[45] Nur in den nahe am Rhein gelegenen Dörfern gab es noch große Flächen Grünland und ungenutzte Gemarkungsteile, die wegen Überschwemmungsgefahr und permanenter Wasserschäden für eine Aussaat zu riskant waren. Die in Rheinhessen verbreitete Zweifelderwirtschaft existierte kaum noch in ihrer reinen Form der Abfolge Wintergetreide-Brache, sondern war durch örtlich differenzierte Modelle mit Teileinsaat der Brachflächen und Anbau von Sommergetreide teilweise der Dreifelderwirtschaft angenähert, teilweise bereits freiem Anbau mit vieljährigen Fruchtfolgen gewichen. Gemeindeweiden, Allmenden und Brache waren in einzelnen Dörfern schon weitgehend zurückgedrängt, in anderen deutlich im Auflösungsprozess inbegriffen, in weiteren Gemeinden durchaus aber noch gängige Praxis. Hauptgetreideart war der im Anbau unriskante Roggen, gefolgt von Dinkel oder Spelz, Gerste und Hafer. Der Ernteertrag war in der Tat gering, mit durchschnittlich 7,9 hl Roggen pro Hektar lag das Saat-Ernte-Verhältnis in den Dörfern am Altrhein bei 3,3. Ähnliche Werte sind aus dem Oberamt Kreuznach für

die Nahegegend überliefert. In Pfeddersheim und Pfifflingheim bei Worms allerdings wurden zwischen 10 und 13 hl/ha geerntet, was möglicherweise eher dem rheinhessischen Durchschnitt entspricht. Die Brache wurde zu einem Teil mit Hülsen-, Wurzel- und Ölfrüchten und Textilpflanzen bebaut. Kartoffeln können seit den 1730er-Jahren nachgewiesen werden und wurden im Jahrzehnt vor den Krisenjahren 1770/71, in denen schlechte Getreideernten eine europaweite Teuerung und Hungerkrisen auslösten, bereits verbreitet angebaut. Erst die Erfahrung der Jahre 1770/71 führte zu einer deutlichen Anbausteigerung.

Die Viehhaltung war in dieser grünlandarmen Landwirtschaft tatsächlich schwierig, aber nicht so desolat, wie das die Erinnerungen des alten Bauern nahelegen. Auf weniger als ein Drittel der Haushalte von 54 südrheinhessischen Gemeinden wäre ein Pferd gekommen, ein Fünftel besaß im Durchschnitt einen Ochsen, jede Familie durchschnittlich ein Schwein und anderthalb Kühe.

In durchschnittlichen Erntejahren konnte etwa ein Drittel der Ernte nach Abzug von Eigenbedarf, Viehfutter und Saatgut vermarktet werden. Schon ab einem Besitz von etwa drei Hektar konnte eine Familie als vollbäuerlich gelten.[46]

Das verfügbare Land der Bauern setzte sich aus Grundstücken mit verschiedenen Besitzrechten zusammen. Anders als in vielen Teilen Deutschlands war im Linksrheinischen ein Großteil des Landes freies bäuerliches Eigentum, das in Parzellen aufgeteilt, verkauft, vererbt und geteilt werden konnte. In den Gemeinden des Oberamts Alzey betrug der Anteil dieser Besitzkategorie am gesamten genutzten Land fast 70 %. Die restlichen 30 % gehörten landesherrlichen, geistlichen, adligen oder bürgerlichen

Grundherren, die die Nutzungsrechte zeitlich befristet oder vererbbar an bäuerliche Familien verliehen. In den Gemeinden des Mainzer Umlandes war wegen der Nähe zur erzbischöflichen Residenz auch im späten 18. Jh. noch ein deutlich größerer Anteil in der Hand kirchlicher Grundherren, in Bodenheim waren mit 2.500 Morgen 71 % der genutzten Gemarkung Grundherrschaftsland. Auch in Nierstein waren drei Viertel des Ackerlandes im Eigentum geistlicher und adliger Grundherren.

Die Betriebsstruktur der Bauerngüter war von den unterschiedlichen Besitzrechten abhängig. Setzte sich der überwiegende Teil der bäuerlichen Wirtschaften aus einer unterschiedlich großen Zahl von Parzellen verschiedenen Besitzrechtes zusammen, die bei Erbvorgängen und Heiraten immer wieder neu zusammengewürfelt wurden, so gab es eine kleine Schicht von Bauernfamilien, die über die oft generationenlange Beleihung mit zusammenhängenden, meist nicht teilbaren Gütern aus grundherrlicher Herkunft große Betriebe bewirtschafteten, die ihnen zwar nicht eigen waren und für die sie grundherrliche Abgaben zu zahlen hatten. Aufgrund der meist guten Qualität der Böden und der meist auch mit in die Erbleihe übernommenen Höfe waren diese Güter aber ausgesprochen begehrt.

Die unterschiedliche Bewertung der Landwirtschaft des 18. Jhs. resultierte letztlich aus den unterschiedlichen Interessen verschiedener sozialer Gruppen im Dorf. Die alte Praxis der Landwirtschaft wurde als nicht mehr ausreichend angesehen, um den steigenden Bedarf einer wachsenden Gesellschaft zu befriedigen. In ganz Europa wurde daher, selbst an den Höfen des Adels und in den geselligen Vereinen des städtischen Bürgertums, darüber diskutiert, wie die Erträge gesteigert werden könnten. Als vorrangiges Problem wurde die Versorgung mit Nährstoffen erkannt. Zu wenig Vieh produzierte zu wenig Dünger, weswegen zur Erhaltung der Bodenfruchtbarkeit vielerorts noch Brachen notwendig waren. Wege aus diesem Dilemma wurden in verschiedenen europäischen Regionen schon seit geraumer Zeit erprobt und in der agrarwissenschaftlichen Literatur der Zeit auch propagiert. Durch die Bepflanzung der Brache mit Leguminosen (Klee, Esparsette, Luzerne) und Rüben könnte das Futterangebot und somit der Viehbestand vergrößert werden, sowie durch die Sommerstallhaltung eine Verdoppelung der Düngermenge erzielt werden. Die Fähigkeit der Leguminosen, Luftstickstoff über Knöllchenbakterien in Bodenstickstoff umzuwandeln, ermöglichte zudem neue Fruchtfolgesysteme. Systematischere Düngeverfahren wie die Jauchedüngung optimierten die Stickstoffversorgung des Bodens.

In Rheinhessen und der Pfalz setzten sich die in den Niederlanden und England schon erprobten Innovationen ab der Mitte des 18. Jhs. in einem Tempo durch, das den französischen Agrarhistoriker Jean Vogt von einer *„pfälzisch-rheinhessischen Agrarrevolution"* sprechen ließ. Die wichtigsten Impulse für die Modernisierung der Agrarwirtschaft gingen von Pächtern der großen Güter aus. Vor allem mennonitische Bauernfamilien wirkten als Pioniere. Ihr aus ihrer religiösen Einstellung resultierender Arbeitsethos, ihre Mobilität und ihr innerer Zusammenhalt verschafften ihnen Vorteile in der landwirtschaftlichen Praxis. Sie verfügten über verwandtschaftliche und religiöse Beziehungen, die sich von der Schweiz bis nach Holland erstreckten. Agrarwirtschaftliche Innovationen konnten sich in diesem Kommunikationsnetz schnell verbreiten und aufgrund der Sonderstellung innerhalb der Gemeinden auch eher ausprobiert werden. Die grundlegenden Neuerungen in der rheinhessisch-pfälzischen Landwirtschaft sind einem Angehörigen dieser Gruppe zu verdanken: David Möllinger, ein Nachfahre von im 17. Jh. aus der Schweiz eingewanderten Mennoniten, hatte sich 1744 in Monsheim niedergelassen. Auf seinem Hof betrieb er eine Branntweinbrennerei, eine Essigsiederei und eine Bierbrauerei. Mit den Brand- und Braurückständen konnte er Ochsen mästen und dadurch die in Rheinhessen unbekannte Jauchedüngung praktizieren. Durch Versuche mit Esparsette wurde er zum Pionier des Kleebaus. Er konnte so die ganzjährige Stallhaltung einführen und die Brache überwinden. Seinem Beispiel wurde gerade im mennonitischen Milieu schnell gefolgt.[47]

Bereits 1772 sollen 28 zum Oberamt Alzey zählende Gemeinden zur Stallfütterung übergegangen sein, in weiteren 23 Dörfern wurde das Vieh auch im Stall gefüttert, aber in der Erntezeit auf die Stoppelfelder getrieben. Ähnliches wird aus Zotzenheim, Bosenheim, Schwabenheim, Ober-Hilbersheim und Hackenheim gemeldet. Auch wenn Friedrich Casimir Medicus, der diese Informationen überlieferte, die Situation wohl insgesamt zu idealisiert beschreibt, kann doch von einem einsetzenden Wandel ausgegangen werden. Der schnellen Übernahme der neuen Methoden standen allerdings alte Gewohnheiten entgegen: kollektive Zwänge wie etwa die Brachbeweidung oder Flurenwirtschaft, die starke Parzellierung, aber auch die Scheu vor dem mit Experimenten verbundenen Risiko, das durchaus auch Ernteausfall bedeuten konnte, und das Fehlen des für die Neuerungen notwendigen Kapitals, das für zusätzlichen Scheunen- und Stallbau und den Zukauf von Vieh notwendig war. Die Erfolge der Agrarpioniere scheinen dann aber doch überzeugt zu haben. Spätestens in den 1790er-Jahren orientierten sich etliche Bauern an der neuen Praxis des Landbaus. So wird etwa aus dem Oberamt Oppenheim, wo kaum Mennoniten zu finden waren, berichtet, dass der Futterbau fast überall eingeführt sei, sich

die Stallfütterung immer weiter ausbreite, zunehmend Kleebau betrieben würde und somit der Viehstand deutlich habe zunehmen können. Auch in Bretzenheim wurde 1783 schon Stallfütterung praktiziert, allerdings noch kein Kleebau betrieben, hier reichten der Dünger aus der Stadt Mainz (also die zur Bodenverbesserung genutzten Exkremente) sowie die Rückstände der Branntweinbrennereien und Bierbrauereien zur Viehfütterung, um die Ergebnisse zu steigern.

Wir befinden uns also am Ende des Jahrhunderts in einer agrarischen Umbruchsituation, bei der es Gewinner, aber auch Verlierer gab. Der Wegfall der kollektiven Nutzungen von Gemeindeweide, Allmende und Brache bedeutete für die landarmen und landlosen Schichten eine erhebliche Einbuße und nahm ihnen die Möglichkeit, Vieh zur Selbstversorgung zu halten.[48]

Ein anderes Problem, nämlich die ansteigende Arbeitsbelastung und das wachsende Risiko durch die neuen Methoden sprach der bereits als Dichter bekannte Badenheimer Bauer Isaak Maus 1788 an. Durch den erhöhten Personal- und Viehbedarf sei die bäuerliche Wirtschaft *„aufs äußerste angespannt"*. Der Bauer, der nicht erfahren sei, langfristige Planungen vorzunehmen, verliere den Überblick über eine Wirtschaft mit mehr Menschen, mehr Vieh, mehr Einnahmen und Ausgaben: *„Es kommen verwickeltere Geschäften vor, als sein Kopf gewohnt ist und zum Erkundigen, zum Verreisen, zum Nachsinnen hat er keine Zeit"*. Der erhöhte Arbeitsaufwand könne im Krankheitsfall des Bauern oder der Bäuerin nicht bewältigt werden, auf das Gesinde sei nicht hinreichend Verlass, während im alten System krisenhafte Situationen dieser Art durch die Hilfe von Ehepartnern, Verwandten und Nachbarn, die über einen größeren zeitlichen Handlungsspielraum verfügten, gelöst werden konnten. Auch dass die familiäre Kommunikation nur noch zweck-orientiert stattfinden kann, problematisiert Maus: *„Die neue Landwirthschaft überladet den Hausvater so sehr mit Geschäften daß er mit den Seinigen nichts anderst sprechen kann als: dies müssen wir heut' und jenes müssen wir morgen thun. Gerade als ob des Landmanns einzige und höchste Bestimmung wäre, in der Erde zu wühlen?"* Den Trend zur Modernisierung konnte Maus mit seinen Überlegungen, in denen auch nicht-modernisierungsbereiten Bauern eine Rationalität zuerkannt wurde anstatt sie wie in vielen anderen Schriften der Zeit als Vertreter des *„alten Schlendrian"* zu verunglimpfen, allerdings nicht aufhalten.[49]

„Niernsteiner", Liebfrauenmilch und „geringere Trauben-Gattungen" – Weinbau im 18. Jahrhundert

„Ein Glas Rheinwein, echten Niernsteiner" verlangte der Leipziger Zecher Frosch in „Auerbachs Keller" von Faust und Mephistopheles kredenzt zu bekommen. Diese Szene findet sich in Goethes erster Version des Faust-Stoffes, im *Urfaust* von 1775. Auch wenn es der Niersteiner Wein nicht in die endgültige Faust-Version schaffte, zeugt das doch von seinem guten Ruf. Auch der Dorfrichter Adam in Heinrich von Kleists 1808 uraufgeführtem Lustspiel *Der zerbrochene Krug* setzte auf die Wirkung des Niersteiner Weins, um mit seiner Hilfe die Aufmerksamkeit des Gerichtsrats Walter herabzusetzen. Zweifelsohne war der Niersteiner im 18. Jh. der bekannteste der Rheinweine vom linken Rheinufer. In etlichen Reise- und Landesbeschreibungen wurde er als den Rheingauer Weinen ebenbürtig gerühmt. Die besten Weine, so befand Anton Friedrich Büsching 1790, wüchsen auf den sonnenreichen Hügeln in der Gegend von Osthofen und Alsheim sowie in Dienheim, Oppenheim und

eben Nierstein. Andere Autoren nennen noch Westhofen, Bodenheim, Laubenheim als besonders gute Weinorte. Die Rotweine aus Ingelheim, Budenheim und Heidesheim waren Weinkennern des 18. Jhs. ebenso vertraut wie die Wormser Liebfrauenmilch. Riesling und der spät reifende „Hartheinste", auch als Orleanstraube bekannt, waren die bevorzugten Qualitätssorten an den Rheinhängen, während in weniger begünstigten Lagen „geringere Trauben-Gattungen" wie Gutedel, Muskateller, Weißalben (Elbling), Veltliner, Trollinger oder „schwarzer Welscher" angebaut wurden. In guten Jahren verkauften die Oppenheimer und Niersteiner Winzer Wein im Wert von 30.000–40.000 Gulden, der über holländische Speditionshändler nach England, Schweden, Preußen, Russland, aber auch nach Hessen und nach Frankfurt geliefert wurde. Dementsprechend hoch wurde ein Weinberg in einer solchen Lage gehandelt: zwischen 1.200 und 2.000 Gulden soll ein Morgen in Nierstein am Ende des 18. Jhs. wert gewesen sein. Friedrich Peter Wundt beschrieb 1791 detailliert die arbeitsintensive Anbaupraxis in Nierstein und Oppenheim, sparte aber auch nicht mit Kritik: In Oppenheim würden die vielen Gärten in der Ebene auch für Weinbau genutzt, wodurch es oft zu Frostschäden käme und der gute Ruf des Oppenheimer Weins gefährdet sei. Die Niersteiner würden *„aus Geiz nach allzu vielen Weingütern (…) all ihre Höhen"* mit Weinberge anlegen, wo sie *„am obersten Rand der Berge"* kaltem Wind ausgesetzt seien und den Trauben daher die *„nötige Hize"* fehle.

Nicht nur die Boden- und Klimaverhältnisse limitierten den Weinbau, sondern vor allem der hohe Arbeitsaufwand, der Düngerbedarf und die Notwendigkeit, im Sinne einer zuerst auf Versorgungssicherheit zielenden landwirtschaftlichen Praxis den Ackerbau zu bevorzugen. Daher waren die dem Weinbau gewidmeten

Flächen verglichen mit späteren Zeiten nicht sehr umfangreich. Nur 3,3 % der Agrarflächen in den 54 Gemeinden des Oberamtes Alzey waren 1777 mit Reben bepflanzt, 5,6 % in sieben Gemeinden des Mainzer Umlandes. Nur wenige Dörfer fielen mit 8–12 % deutlich aus diesem Durchschnitt heraus: im Alzeyer Oberamt Aspisheim, Dienheim, Hochheim bei Worms, Selzen, Spiesheim und Westhofen. Mit 13,8 % nahm Nierstein auch quantitativ die Spitzenstellung ein, im Oberamt Oppenheim gefolgt von Ober-Ingelheim (12,4 %) und Elsheim (9,7 %). Oppenheim verzeichnete nur 7,3 % Rebflächen, aber 13 % Gärten, in denen – wie Wundt kritisierte – ebenfalls Wein angebaut wurde.

Dass sehr viele Familien mit Weinbau beschäftigt waren, ihn aber zu einem nicht unerheblichen Teil für den Eigenbedarf betrieben, zeigt das Beispiel Alsheim. Hier verfügten 1767 zwei Drittel der Haushalte über Weinberge. 45 % dieser Gruppe produzierten in Durchschnittsjahren weniger als 100 Liter, 41 % zwischen 100 und 500 Litern und lediglich 18 Familien hatten einen Ertrag von mehr als 500 Litern. Bei einem geschätzten Verbrauch von nur einem fünftel Liter Wein pro Tag, das war die Menge, die ein Gutsbesitzer im frühen 19. Jh. seinem Gesinde zugestand, wären wohl nur diese letztgenannten Haushalte in der Lage gewesen, Wein zu verkaufen.[50]

„Kaufmannsgeist", Zünfte und „Fabriquen" – Handel, Handwerk und Gewerbe

Während die Landwirtschaft der Region seit dem späten 18. Jh. als ausgesprochen innovationsfreudig dargestellt wurde, gilt dies nicht für Handwerk, Gewerbe und Handel. Hier überwog schon in den zeitgenössischen Be-schreibungen die Wahrnehmung der Defizite, Konkurrenzen und verpassten Chancen. So beschrieben zwei kritische Geister, Johann Nikolaus Becker und Johann Kaspar Riesbeck, den trotz der überaus günstigen Lage der Stadt am Zusammenfluss von Rhein und Main, an der Schnittstelle zwischen Oberrhein und Niederrhein, nur mittelmäßigen Mainzer Handel. Die Kaufleute seien *„nur Krämer, die größtentheils von der Verzehrung der Stadt und des Landes umher ihre Nahrung ziehen, und nebenher Spediteurs für die Kaufleute von Frankfurt und einige andere Städte machen"*, denen es also an Unternehmergeist fehle, die keine großen Geschäfte tätigten und vor größeren Transaktionen zurück schreckten. Beide Autoren erkennen die Fortschritte an, die die Umorientierung der Mainzer Handelspolitik seit der Mitte des 18. Jhs. mit der Förderung des Fernhandels gebracht hatte, und sehen die Gewinne, die die Stadt aufgrund des Stapelrechts und als Umschlagplatz für Wein, Getreide und andere Landesprodukte erzielte. Dennoch sei sie im Schatten Frankfurts geblieben, hätten der *„kleinlichte (…) Kaufmannsgeist"*, aber auch religionspolitische Engstirnigkeit, durch die die Ansiedlung einer hugenottischen Handelsgesellschaft auf der rechtsrheinischen Seite verhindert worden war, eine ihrer Lage und Bedeutung entsprechende Entwicklung gebremst. Riesbeck und Becker sehen in der politischen und sozialen Ordnung der Stadt das Hauptproblem. Adel und Geistlichkeit seien im Besitz des *„großen Kapitals"*, das aber nur für *„inneren Verzehr"* verschwendet und nicht durch die Anlage in *„Handlung und Industrie"* vermehrt würde. Zudem seien die Kaufleute in Frankfurt Teil der Stadtregierung, während sie in Mainz vom Adel verachtet würden.

Das Wormser Wirtschaftsleben des späten 18. Jhs. wird in der zeitgenössischen Literatur unterschiedlich bewertet. Philipp Wilhelm

Gehrcken beschrieb die Situation zwar grundsätzlich positiv, es wird aber deutlich, dass neue Impulse völlig fehlten. Die „Hauptnahrung" stelle die „Landöconomie" dar: einträglicher Acker- und Weinbau und eine gute Viehzucht, erst danach kommen Schifffahrt, Holzhandel und der starke Durchgangsverkehr, der aus der Lage zwischen Mainz und Frankfurt einerseits, Mannheim und Speyer andererseits resultiere. Da die Steuern nur mäßig seien, stünden die Einwohner insgesamt „gut da", es gebe auch viele Wohlhabende und Fremde, die wegen der „guten Lebensart" und weil es nicht so teuer sei, hier gerne lebten. Der Schwede Björnsthål hingegen beurteilte Worms in seinen 1782 auf Deutsch erschienenen Reiseberichten gerade im Vergleich mit Mannheim deutlich negativer: „Die Stadt ist arm, treibt wenige Handlung." An die Zeit vor der Zerstörung erinnert der Artikel in Zedlers Universal-Lexikon von 1749: damals seien täglich aus mehr als 100 Ortschaften „Leute auf den Markt" gekommen, es habe einen großen „Vorrath an Getreyde, Wein, Wildpret und Fischen" gegeben. Mittlerweile aber sei die Stadt – und hier zitiert Zedler einen Reisebericht von 1701 wörtlich – „arm, elend und einsam".

Auch die Situation Bingens wird von Gehrcken als günstig dargestellt, „ein artiges und nahrhaftes Städtchen, das von Weinhandel, von der Schiffahrt, von der herum liegenden schönen Landschaft etc viel Verkehr hat".[51]

Auffälligerweise fehlt in allen diesen Beschreibungen ein wesentlich mit urbaner Ökonomie verbundener Wirtschaftszweig: das Handwerk. Das mag mit dem merkantilistisch geprägten Wirtschaftsdenken der Zeit zusammenhängen, das Exporte und Handelsüberschüsse in den Vordergrund stellte. Handwerker, die für den innerstädtischen Bedarf arbeiteten, waren in dieser Denkrichtung nur von nachgeordnetem Interesse. Nur so lässt sich erklären, dass etwa

das hohe ökonomische Potenzial, das Adel und hohe Geistlichkeit in Mainz gerade für die ansässigen Handwerker und Gewerbetreibenden darstellte, in den Beschreibungen der Zeit nicht zur Sprache kam. Zudem war das Zunftsystem, in dem städtisches Gewerbe und Handwerk organisiert war, gerade bei aufgeklärten Autoren in Verruf geraten. Außer den wirtschaftlichen Aufgaben, also der Regelung der Produktion, der Vermarktung und der Nachwuchsausbildung, erfüllten die Zünfte auch soziale, religiöse und nicht zuletzt auch politische Funktionen. Das Bürgerrecht in den Städten war meist an Zunftzugehörigkeit gebunden. In Absprache, aber auch in Auseinandersetzung mit der städtischen Obrigkeit, organisierten die Zünfte das städtische Wirtschaftsleben. Gegen ihren Willen waren kaum Veränderungen möglich.

Um das Bürgerrecht zu erhalten, musste ein Anwärter in einer Zunft aufgenommen werden. Eine Voraussetzung dafür war neben der Absolvierung der beruflichen Ausbildungsstufen der Nachweis eines Vermögens. Dessen Höhe wurde in Mainz im 18. Jh. neu festgesetzt, was einen Eindruck der Vermögens- und Einkommensunterschiede zwischen den verschiedenen Berufsgruppen ermöglicht. Nur 200 Gulden mussten die Perückenmacher vorweisen, 300 Gulden die Schreiner und die Mitglieder der Häckerzunft, in der Weinbergarbeiter, Holzhauer und Tagelöhner organisiert waren. 400 Gulden sollte haben, wer in die Zünfte der Schuhmacher, Fassbinder, Spengler, Schneider, Gastwirte aufgenommen werden wollte. Die Nahrungsmittelhandwerker scheinen mehr verdient zu haben, hier lag das Mindestvermögen von Bäckern bei 1.200 Gulden, das von Metzgern war mit 1.500 Gulden dem der Goldschmiede gleichgestellt, weit vorne lagen mit 4.000 Gulden die Bierbrauer. 5.000 Gulden Vermögen sollten die Angehörigen des Handelsstandes besitzen. Die Häckerzunft, in die auch alle Berufsangehörigen aufgenommen wurden, die keiner anderen Zunft zuzuordnen waren, hatte die weitaus meisten Mitglieder: 385 wurden 1763 gezählt, sogar 530 im Jahr 1774. 190 Schuhmacher und 115 Schneider im Jahr 1763 zeigen die hohe Nachfrage an. Die demgegenüber geringe Zahl von 65 Webern, verteilt auf die drei Zünfte der Woll-, Linnen- und Strumpfweber, verweist auf die lediglich auf den städtischen Binnenmarkt orientierte Produktion. 31 Bauhandwerker, zu denen Maurer und Steinmetzen, Zimmerleute und Leyendecker (Schieferdecker) zählten, scheinen für eine Residenzstadt wie Mainz fast eine geringe Anzahl zu sein. Die besonderen Ansprüche einer Residenzstadt zeigen sich in der Existenz von Gold- und Silberschmieden und Vergüldern, aber auch die Perückenmacher dürften ihre Kundschaft insbesondere bei Adel und Geistlichkeit gefunden haben, Bender und Schröter waren für Herstellung und Transport von Weinfässern zuständig, die 1763 77 Mitglieder starke Schiffleutezunft lässt die Bedeutung des Rheins als Wirtschaftsfaktor erkennen.

Zur Förderung des Groß- und Außenhandels wurden die Großhändler 1747 von der Krämerzunft getrennt und als Handelsstand von zünftischen Vorgaben befreit. 294 Krämern standen im Jahr 1763 57 Großhändler gegenüber, die vor allem im Wein-, Tabak-, Holzhandel reüssierten, aber auch für die Belieferung von Adel und hoher Geistlichkeit mit gehobenen Konsumwaren sorgten. Die Attraktion der Residenzstadt für Großhändler, wie sie sich am Zuzug nach 1747 erkennen lässt, und ihre regionale Grenzen überspannende Handelstätigkeit können das von den reisenden Aufklärern gezeichnete negative Bild teilweise korrigieren.

Das Wormser Gewerbe war in 17 Zünften organisiert. Auch hier zeigt sich eine weitgehend auf den innerstädtischen Markt konzentrierte Gewerbetätigkeit. Das ist etwa daran zu erkennen, dass das Nahrungsmittelhandwerk mit einem Fünftel der Zunftangehörigen die größte Gruppe stellte, während Zünfte wie die Weber, die von ihren Produkten her auch einen überregionalen Markt bedienen hätten können, deutlich weniger Mitglieder hatten. Das Baugewerbe profitierte vom Wiederaufbau der Stadt nach der Zerstörung von 1689. Auch in Worms handelten die überregional agierenden Kaufleute vor allem mit Wein und Holz.

Das mit dem Zunftwesen verbundene Prinzip eines für alle Zunftangehörigen ausreichenden Auskommens verhinderte allzu große Eigeninitiativen und jeden Fortschritt innerhalb des Systems, da innerhalb und zwischen den Zünften genau darauf geachtet wurde, dass kein Handwerker aus den Regulierungen ausbrach. Eine Überbesetzung verschiedener Gewerbe und eine damit einhergehende Verarmung von Zunftmeistern konnten allerdings im 18. Jh. auch nicht mehr verhindert werden.

Dass innerhalb des Zunftsystems kaum Innovationen möglich waren, zeigen viele Beschwerden und Klagen über nicht ordnungsgemäßes Verhalten. Besonders eindrücklich ist das Beispiel eines Wormser Schulmeisters, der in den 1780er-Jahren offensichtlich sehr erfolgreich die Konstruktion von Klavieren begonnen und in nur drei Jahren über 100 Instrumente in *„entfernte lande"* verkauft hatte, aber auf Betreiben eines Orgelmachers, der sich insbesondere an der Vergabe der Schreinerarbeiten an örtliche Schreinermeister störte, diese lukrative Tätigkeit beenden musste.

An die Einrichtung von Manufakturen, in denen Angehörige verschiedener Handwerksberufe zentralisiert produzierten, zusätzliche Arbeitskräfte spezialisierte Arbeitsvorgänge übernahmen und auch Heimarbeiter als Zulieferer tätig waren, war in einem solchen, von den Zünften geprägten Klima nicht zu denken. Auch in Mainz konnte sich diese unternehmerische Innovation bis in das späte 18. Jh. nicht etablieren. Allerdings traten einige Mainzer Kaufleute als Manufakturunternehmer auf, die ihre *„Fabriquen"* aber außerhalb der Stadt unterhielten. Als Instrument der Armenhilfe und -disziplinierung wurde 1786 eine *„Armenfabrik"* eingerichtet, in der mehrere hundert Männer, Frauen und Kinder in getrennten Sälen Tuch und Wolle herstellten, die aber schon bald wegen Unrentabilität aufgegeben wurde. Drei der 59 Manufakturen, die 1786 in der industriefreundlichen Kurpfalz gezählt wurden, standen in Alzey: eine Ledermanufaktur mit sechs Arbeitern, eine Strumpfweberei mit drei Arbeitern und eine Leinwandfabrik mit 22 Arbeitern und sieben Webstühlen. Im Oberamt Oppenheim hingegen konnten 1791 noch keine Manufakturen und Fabriken in die statistischen Listen eingetragen werden, was auch nicht als Manko angesehen wurde: *„Man glaubet, daß man dieselbigen auch wohl entbehren könne, weil der Acker und Weinbau Beschäftigung sowohl als Nahrungsquellen genug darreiche."*

In der Zeit des Kurfürsten Karl Theodor wurde in der Pfalz der seit dem Mittelalter vernachlässigte Bergbau reaktiviert. Neben dem Eisenabbau in der Nordpfalz, im heutigen Rheinhessen auch in der Eisenhartgrube bei Nack, sind vor allem die Quecksilbergruben zu nennen, die neben den großen Abbaustätten in Spanien und im heutigen Slowenien die einzigen genutzten Vorkommen in Europa waren. Neben den schon im Mittelalter und im 17. Jh. genutzten Gruben in Mörsfeld und Kriegsfeld wurde im heute rheinhessischen Gebiet Quecksilber in den Gemarkungen von Erbes-Büdesheim, Nack, Nieder-Wiesen und Wonsheim gewonnen. Zu dem eindringlich von Ökonomen geforderten Bau von Quecksilberfabriken in der Nähe der Fundstätten kam es aber nicht.[52]

Handwerk war in der frühen Neuzeit nicht nur in den Städten zu finden. Bereits im späten Mittelalter arbeiteten in den Dörfern Bäcker, Metzger, Müller und Schneider. Bis zum 18. Jh. weitete sich das Spektrum dörflicher Handwerker und Gewerbetreibender zunehmend aus. Das lässt zum einen auf die steigende Nachfrage und die steigenden finanziellen Möglichkeiten der Dorfbewohner rückschließen. Andererseits ist die Existenz vieler außerlandwirtschaftlicher Berufe auch ein Indiz dafür, dass die agrarischen Ressourcen begrenzt waren und wirtschaftliche Alternativen gesucht werden mussten. Sehr häufig geschah das in Form von Mischökonomien, also in der Verbindung von landwirtschaftlicher und gewerblicher Arbeit. Dabei fällt auf, dass bestimmte Gewerbezweige oft mit unterschiedlicher Landausstattung einher gingen. Müller, aber auch Gastwirte, zählten oft zur wirtschaftlichen Oberschicht der Dörfer, nicht nur aufgrund ihrer gewerblichen Einnahmen, sondern auch, weil sie häufig über große Agrarflächen verfügten. Nahrungsmittelhandwerker und die Angehörigen des Baugewerbes waren oft im mittleren Besitzspektrum zu verorten, während die armen Handwerker wie Leineweber, Schuhmacher oder Schneider meist auch nur über wenig oder gar kein Land verfügten.

Im Wesentlichen scheinen die dörflichen Handwerker für den lokalen Bedarf gearbeitet haben. Einer Ausweitung ihres Absatzmarktes auf die Städte hätten auch die städtischen Zünfte entgegengewirkt. Dennoch dürfte es zwischen ländlichen Siedlungen im engeren Umkreis einer Stadt und den Stadtbewohnern zum Austausch auch gewerblicher Produkte und von Dienstleistungen gekommen sein.

In einigen Regionen Deutschlands bildeten sich im 18. Jh. gewerbliche Strukturen heraus, die man unter dem Begriff „Protoindustrie" zu fassen versucht. Darunter ist eine Massenproduktion für überregionale und internationale Märkte zu verstehen, die über Heimarbeit im Auftrag eines als Verleger bezeichneten Unternehmers organisiert war. Im rheinhessischen Raum sind solche Entwicklungen nicht zu beobachten.[53]

„Widersetzlichkeit und Subordination" – Macht und Herrschaft in Stadt und Land

Am Nikolaustag 1779 brach sich der Heßlocher Schultheiß Huther ein Bein. Seine folgende monatelange Bettlägerigkeit nutzte sein Vertreter Peter Schäfer im Dorfgericht aus, sich ihm nicht zustehende Kompetenzen anzumaßen. Unter seiner Leitung trafen sich die Angehörigen des Gerichts im Wirtshaus eines Gerichtsmannes, hielten dort trinkfreudige nächtliche Sitzungen ab, verliehen eigenmächtig die Schafweide, verkauften das Gemeindekorn, vergaben gemeindliche Aufträge und verteilten die Gemeindeämter; das alles, ohne nach der Meinung des dalbergischen Beamten, des Kellers, zu fragen. Mehr noch, den Keller wollten sie verklagen, die *„pfaffen"* in die Klöster zurückjagen, den kranken Schultheißen absetzen und an seiner Stelle Peter Schäfer wählen. Ihre Gerichtstätigkeit ließen sie sich nach alter Gewohnheit in Wein begleichen, den sie nächtelang verzechten. Ging der Wein aus, bestraften sie sich gegenseitig, um sich die Strafe wiederum in Wein auszahlen zu lassen.

Von diesen Vorgängen erfuhr die dalbergische Ortsherrschaft durch den Bericht ihres Beamten. Daher ist zu hinterfragen, ob sich das alles tatsächlich in der beschriebenen Weise zugetragen hatte, und auch das Urteil des Kellers, *„bey diesen leuten (sei) respect und zutrauen zur gnädigen Herrschaft sowohl als zu ihrem vorgesetztem beamten sehr verfallen"*, ist mit Vorsicht zu beurteilen. Tatsächlich stellen die Monate zwischen Dezember 1779 und Juni 1780 einen Höhepunkt in einer jahrzehntelang und in wechselnden Koalitionen geführten Auseinandersetzung zwischen ortsherrschaftlichem Beamten, örtlichem Schultheiß, Dorfgericht und anderen Angehörigen der Gemeinde um die Macht im Dorf dar.

Fälle dieser Art, in der um Macht und Herrschaft gestritten wurde, finden sich in vielen Gemeindeakten, wenn auch nicht immer so spektakulär wie im Heßlocher Beispiel.

Ansprüche auf Herrschaftsausübung und auf Mitsprache in kommunalen Angelegenheiten wurden von verschiedenen Seiten formuliert: Landes- und Ortsherrschaft, die Beamten vor Ort, die von der Ortsherrschaft eingesetzten, aber aus der Dorfgesellschaft stammenden Schultheißen, die vielen Gemeindebürger, die über jährlich rotierende oder dauerhafte Ämter wichtige Funktionen im Dorfgericht und der kommunalen Verwaltung erfüllten, sie alle wollten in gemeindlichen Belangen mitreden. Zudem boten die regelmäßigen Gemeindeversammlungen Gelegenheit, Bedenken und Vorschläge anzubringen. Das Potenzial für Streit und Auseinandersetzungen, das sich aus dieser von Dorf zu Dorf unterschiedlichen Konstellation ergab, war groß. Häufig kam es zwischen herrschaftlichem Beamten und dörflichem Schultheiß zu Kompetenzkonflikten wegen unklarer Zuständigkeiten. Das Agieren der Schultheißen wiederum wurde von der Dorfbevölkerung kritisch verfolgt, nicht selten gab es Streit wegen der als ungerecht empfundenen Verteilung von Belastungen, wegen kollektiver Nutzungen, wegen der Rechtsprechung im Dorfgericht. Wenn auch über den Blick auf die in Gerichtsprotokollen und Berichten an die Obrigkeit überlieferten Konflikte nicht übersehen werden darf, dass das System der Einbindung und Partizipation der Gemeindebürger über Jahrhunderte funktionierte, so wird doch deutlich, dass Herrschaft auf der untersten Ebene, der Dorfgemeinde, nicht widerspruchsfrei ausgeübt werden konnte. Herrschaftliche und kommunale Funktionsträger hatten immer mit Einsprüchen aus der Dorfgesellschaft zu rechnen. Zwar lassen 63 Klagen vor dem Eicher Dorfgericht zwischen 1720 und 1793 wegen *„Widersetzlichkeiten"* nicht den Schluss zu, dass die Altrheingemeinde im 18. Jh. unregierbar war. Die zunehmend gereizten Reaktionen der Amtsträger zeigen aber, dass sie alltäglich Kritik ausgesetzt waren, die nicht immer die Schärfe annehmen musste, wie im Falle des Soldaten Brandt, der, beim Holzdiebstahl ertappt, gesagt hatte, er *„schmeiße, welches Worth er aber annoch unfläthiger ausgeredet"* (wie der Gerichtsschreiber etwas verschämt protokollierte) *„in des hofkammerraths Bericht, dann schmeiße er auch den Unterfauth (Untervogt/Unterschultheiß) voll"*, deren Vehemenz sie aber auch mitunter resignieren ließ. So klagte der Eicher Unterfauth Demel 1784, dass, wenn er sich *„von denen untergebenen in jeden fällen, wo er die herrschaftlichen befehlgen befolgen solle (…) auf öffentlicher Straße beschimpfet und beschämet sehen müsste, so wäre ihm das Vorstandsamt ein sehr beschwehrlich und empfindliches"*.[54]

Auch in den Städten wurde um Macht und Herrschaft gerungen. Gerade in einer Reichsstadt wie Worms, in der Angehörige der städtischen Gesellschaft als Ratspersonen die Obrigkeit stellten, lebten Diskussionen über Herrschaftsanspruch

und Herrschaftspraxis der verschiedenen Funktionsträger immer wieder neu auf. Dabei standen sich die auf Lebenszeit ernannten Mitglieder des Dreizehnerrates, die nur temporär eingesetzten Angehörigen des wechselnden Rates und die durch die Zünfte sich artikulierende Bürgerschaft als Konfliktparteien gegenüber. Kritisiert wurden zu hohe oder ungerecht verteilte Steuern, Fehler in der Verwaltung und Rechnungsführung, Korruption und Vetternwirtschaft, Hinterziehung, grundsätzlich auch die Kompetenzen des Rates und die Rekrutierung der Ratsmitglieder. Meist konnten diese Auseinandersetzungen innerhalb der städtischen Parteien nicht geklärt werden, sodass langjährige Klagen vor den für die Reichsstädte zuständigen Reichsgremien, Reichskammergericht und Reichshofrat, verhandelt wurden. Besonders in Krisenzeiten machte sich die grundsätzliche Konfliktstruktur der Reichsstadt bemerkbar. So versuchte der während des Pfälzischen Erbfolgekrieges nach Frankfurt geflüchtete Rat, seinen Herrschaftsanspruch gegenüber den in den Ruinen verbliebenen Bürgern durchzusetzen, musste aber Ansätze bürgerlicher Selbstbestimmung, etwa bei der Auswahl eines neuen Pfarrers, zurückdrängen. Seit 1718 wurde über die ungerechte Verteilung der Steuerlasten gestritten. Dieser Streitpunkt führte, von anderen Themen überlagert, zu einem Rechtsstreit vor den Reichsgerichten, der bis zum Ende der Reichsstadt nicht geklärt werden konnte. Im späten 18. Jh. entzündeten sich die Auseinandersetzungen zwischen dem ständigen Dreizehnerrat und dem wechselnden Rat um die unterschiedliche Auslegung von Kompetenzen. Gegen den von Mitgliedern der Krämerzunft und einigen wenigen Familien dominierten Dreizehnerrat richtete sich auch die am Reichshofrat eingereichte Klage der Bürgerschaft 1788. Innerhalb des bestehenden Systems war eine Reform der städtischen Verfassung nicht möglich und die Konflikte letztendlich nicht lösbar. Auffällig ist allerdings, dass auch die Zeit der französischen Besetzungen ab Herbst 1792 nicht genutzt wurde, um die Probleme grundlegend anzugehen, sondern dass die grundsätzliche Autorität des Rates auf der Basis des Bürgereides anerkannt blieb.

In der Residenzstadt Mainz nahmen die Konflikte kein Ausmaß an, das dem von Worms vergleichbar gewesen wäre. Mit dem Verlust der Selbstständigkeit als Freie Stadt im späten 15. Jh. hatte auch der Mainzer Stadtrat seine Autonomie verloren. Stadtvorstand und Zünfte standen unter kurfürstlicher Aufsicht. Aber auch hier brachte die Bürgerschaft ihre Beschwerden vor, so etwa bei der Wahl Johann Philipp von Schönborns zum Kurfürsten 1647, der kaum darauf einging, allerdings 1660 eine neue Ratsordnung erließ, in der den Vertretern der Bürgerschaft mehr Kompetenzen zugesprochen wurden. Trotz aller Kontrolle der Landesherrschaft über die städtischen Organe blieben auch hier Beschwerden über nachlässige Amtsführung nicht aus.

In Bingen verlief die Konfliktlinie zwischen der Bürgerschaft und dem die Ortsherrschaft ausübenden Mainzer Domkapitel. Dort lebte der alte Streit um den Rechtsstatus der Einwohner 1752 wieder auf, als die Binger sich weigerten, der Forderung des Domkapitels nachzukommen und Fronarbeitskräfte für den Landstraßenbau bei Weiler zur Verfügung zu stellen, mit dem Argument, sie seien von Frondiensten befreit. Das Domkapitel ließ daraufhin von einer von 200 Soldaten begleiteten Kommission die Rathausschränke aufbrechen und Dokumente konfiszieren. Einer weitergehenden Klage wirkte das Domkapitel entgegen, indem es bei einer Gemeindeversammlung forderte, jeder einzelne Bürger sollte vortreten und durch Stimmabgabe entscheiden, ob er sich am Prozess beteiligen wolle. Damit und mit der Verlesung der 1525 nach Unruhen ausgestell-

ten Unterwerfungsurkunde konnte die Bürgerschaft eingeschüchtert und zum Verzicht auf den Prozess bewegt werden. Die Nutzungsrechte des Binger Waldes blieben ein anderer Streitpunkt, der noch 1789 zu einer Klage der Stadt gegen das Domkapitel führte.

Ähnlich wie in den kurpfälzischen Dörfern das Dorfgericht stand auch der Oppenheimer Stadtrat nicht nur unter Beobachtung der Obrigkeit, sondern auch immer unter der der Bürger. Insbesondere die hohen Ausgaben der – nach der Zerstörung 1689 nur noch bürgerlichen – Ratsherren für den *„Imbs"*, gemeinsame Mahlzeiten vor und nach den Ratssitzungen, und andere durch die Ratsherren verursachte Kosten erregten Kritik. Wie in vielen Dörfern gab es auch in der Kleinstadt Oppenheim Streit wegen der Nutzung der Gemeindeweide. 1740 sah der Rat sich deswegen sogar mit einer *„würckliche(n) revolution"* unter der Bürgerschaft konfrontiert, die von einigen *„unruhige(n) Auffwickler(n) und Redelsführer(n)"* aufgestachelt worden sei.

In Alzey entzündete sich Streit an der nach dem Übergang der Kurpfalz an eine katholische Linie im Jahr 1685 zunehmenden Bevorzugung von Katholiken bei der Besetzung des Rates der mehrheitlich reformierten Stadt.[55]

Insgesamt lässt sich beobachten, dass die Einwohner der Städte und Dörfer ein zwar unterschiedlich stark ausgeprägtes, aber trotz aller landesherrschaftlichen Vereinnahmungen überall noch vorzufindendes Maß an Mitsprache- und Partizipationsmöglichkeiten hatten. Auch die im Laufe des 18. Jhs. in allen Territorien beobachtbare Tendenz der Herrschaft, die Reste kommunaler Autonomie zurückzudrängen, konnte die Bürger nicht davon abbringen, ihren Ansprüchen auf verfassungsmäßig vorgegebene oder – häufiger – auf informelle

Art Gehör zu verschaffen, und somit auch die Handlungsspielräume der territorialen wie der lokalen Herrschaftsträger zu begrenzen. Von absolutistischem Durchregieren der Obrigkeiten konnte auch auf lokaler Ebene nicht die Rede sein.

Zwischen Befreiung und Belagerung – die Mainzer Republik

„Freut euch alle liebe Kinder!
Holla! holla! wir sind frei!
Kauf sich jeder Haus und Rinder,
Nehm ein Weibchen noch dabei."

Mit dieser und weiteren 25 Strophen eines in schlichten Reimen gehaltenen und sicher in einem einfachen Volksliedton zu singenden *Freiheitsliedes für den Landmann* wandte sich im Frühjahr 1793 der aus der Schweiz stammende Arzt Dr. Suter an die ländliche Bevölkerung der rheinisch-pfälzischen Region. Gleich im ersten Vierzeiler redet er von Freiheit und Eigentum. Dann wird der Alltag eines in Freiheit lebenden Bauern geschildert: Feldarbeit von früh bis spät, familiäres Zusammenleben und selbst das nächtliche eheliche Liebesspiel werden vom Bauer, aus dessen Perspektive Suter schreibt, im Bewusstsein seiner neu erworbenen Freiheit wahrgenommen und als sorgenfreies, fast paradiesisches Dasein dargestellt. Die Winterzeit dient der familiären und dörflichen Kommunikation: zu Hause und im Wirtshaus erzählt man sich von den Erfolgen des französischen Heeres über die Preußen, singt mit der Wirtstochter das Revolutionslied Ça ira und hofft auf weitere Siege der Revolutionsarmee. Freiheit bedeutet die Abwesenheit aller Mühsal, verspricht ein ewiges Fest: *„Hobsasa, s'ist immer Kirmeß, wenn man ewig frei kann seyn."* Der Erinnerung an alte Lasten und Bedrückungen wird die Sinnhaftigkeit der neuen Abgaben gegenübergestellt. Erst gegen Ende des Liedes wird die Gleichheit beschrieben. Gleichheit heißt, mit der Tochter des Amtmannes tanzen zu dürfen, keinen Hut mehr ziehen, kein Knie mehr beugen zu müssen, mit *„Amtmann, Schulz und Pfarrer"* auf einer Stufe verkehren zu können. Mit einem Trinkspruch auf *„der Franken Wohl"* und auf General Custine endet das Lied. Der Kontext des Liedes ist unschwer am Inhalt und am Datum seiner Veröffentlichung zu erkennen: die Mainzer Republik.[56]

Als Mainzer Republik wird die Zeit zwischen Oktober 1792 und Juli 1793 bezeichnet, als die französischen Truppen die Revolution an den Rhein bringen wollten, in der Mainz zum Zentrum einer Republik werden sollte und sich die gewählten Vertreter aus Mainz und seinem linksrheinischen Umland im Rheinisch-Deutschen Nationalkonvent für den Anschluss der Region zwischen Landau und Bingen an das revolutionäre Frankreich aussprachen. Es ist auch die Phase, in der ein Teil der später Rheinhessen zugehörigen Gemeinden und Städte erstmals politisch vereint wurde.[57]

Am Anfang stand ein fehlgeschlagener Feldzug. Am 20. April 1792 hatte die französische Nationalversammlung Österreich den Krieg erklärt, im Juli trat Preußen an die Seite Österreichs. Ein auf dem Mainzer Fürstenkongress im gleichen Monat formuliertes Manifest des Oberbefehlshabers der verbündeten Truppen, des Herzogs von Braunschweig, richtete sich vor allem an die Pariser Bevölkerung mit der Warnung vor massiver militärischer Vergeltung, falls die Sicherheit der französischen Königsfamilie nicht gewährleistet werden sollte. Doch gerade diese Drohungen lösten in Paris eine Radikalisierung der Revolution aus, die letztlich zur Absetzung des Königs und zur Ausrufung der Republik führte. Der Mainzer Kurfürst Erthal stand – anders als die neutrale Kurpfalz – von Anfang an fest auf der Seite der Verbündeten, deren Vormarsch nach Paris die Revolution beenden und die alten Machtverhältnisse wieder herstellen sollte. Stattdessen war wenige Wochen später das linke Rheinufer von den Franzosen besetzt und hatte Mainz am 21. Oktober kampflos kapituliert. Einen Tag später nahmen die Franzosen auch Frankfurt ein.

Es ist mittlerweile üblich, das nun folgende Dreivierteljahr der französischen Besetzung in drei angesichts der militärischen Situation und der Besatzungspolitik deutlich zu unterscheidende Abschnitte zu unterteilen: ein erster von Oktober bis Dezember, von Franz Dumont als *„liberale Phase"* charakterisierter Zeitraum, die Monate Januar bis März 1793, die von stärkerem politischen und militärischen Druck geprägt waren und die letzte Phase von April bis Juli, in der das linke Rheinufer wieder zurückerobert worden war und sich die französischen Truppen nur noch in Mainz halten konnten, die Stadt unter Belagerung und Kriegsrecht litt.

Die Franzosen kamen als Befreier. So war zumindest ihr Selbstverständnis. Der Bevölkerung in den besetzten Gebieten die Freiheit zu bringen, sie vom *„Joch der Tyrannei"* zu entbinden, ihnen das Selbstbestimmungsrecht über ihre zukünftige Staatsform zuzugestehen, dabei darauf zu achten, dass nicht die bislang *„Unterdrückten"* durch die Besetzung belastet werden, sondern deren Unterdrücker, das war das politische Programm des Pariser National-

konvents im Oktober 1792. Im Vertrauen darauf, dass sich die befreiten Völker ohnehin für den Anschluss an das revolutionäre Frankreich entscheiden würden, sollten Urwahlen durchgeführt werden. Mit diesen Plänen der Eingliederung benachbarter Territorien befand sich die revolutionäre Politik aber auch eindeutig in der Tradition Ludwigs XIV. und seiner Reunionsbestrebungen. Damals wie jetzt spielte der Rhein als *„natürliche Grenze"* Frankreichs dabei eine hervorgehobene Rolle.

Tatsächlich traten die französischen Soldaten zunächst ungewohnt diszipliniert und vergleichsweise rücksichtsvoll im Umgang mit der Zivilbevölkerung auf. Das Ziel, das besetzte Gebiet nicht als Eroberung, sondern auf freiwilliger Basis mit dem Mutterland der Revolution zu vereinigen, machte Überzeugungsarbeit seitens der Besatzer notwendig. Eine *„Revolutionierung"* von oben konnte nur gelingen, wenn sie innerhalb der Bevölkerung auf genügend Widerhall stieß. Es musste also für den Systemwechsel und damit letztlich für den Anschluss an Frankreich geworben werden.

Die Bedingungen dafür waren in den Städten und Dörfern sehr unterschiedlich, darunter Reichsstädte wie Worms oder Speyer, kleine Land-, Amts- und Residenzstädte, Dorfgemeinden verschiedenster territorialer Zugehörigkeiten und eben die Residenzstadt Mainz. Ausgenommen waren die zahlreichen Gemeinden und Amtsstädte, die zur neutralen Kurpfalz zählten. Schon diese Mischung vormals nie zusammengehöriger Gemeinwesen machte einen einheitlichen Verlauf der Revolutionierung mehr als unwahrscheinlich.

Fast überall in der Region hatten die Nachrichten aus dem nahen Frankreich seit 1789 für Reaktionen gesorgt. Häufig wurden alte Konflikte mit neuem Vokabular und teilweise auch vehe-

Abb. 15:
Versammlung des Mainzer Jakobinerklubs.

ment wieder aufgenommen. In Worms etwa wurden Streitigkeiten zwischen Rat und Bürgerschaft und innerhalb des Rates mit Hinweisen auf die französischen Vorgänge ausgetragen, in kurpfälzischen Dörfern des Oberamtes Alzey wurde die geplante Wiedereinführung einer alten leibherrschaftlichen Abgabe verschoben, in Mainz nutzten Handwerker Fahnen und Kokarden in der Farbe der Trikolore für ihren Protest gegen die Zunftpolitik des Kurfürsten. In allen Territorien wurde von der Obrigkeit vor Flugblättern und Schriften der Franzosen gewarnt, die offensichtlich vom Elsass aus ihren Weg in die Region fanden. Auch wenn viele Konflikte strukturell bedingt waren und innerhalb des alten Systems offensichtlich nicht mehr gelöst werden konnten, kann von einer vorrevolutionären Stimmung allerdings kaum die Rede sein.

Eifrig debattiert über die Veränderungen in Frankreich wurde in den seit den 1780er-Jahren entstehenden Lesegesellschaften in den Städten, in denen sich über konfessionelle und ständische Schranken hinweg eine neue bürgerliche Schicht zusammenfand, und deren Vereinszweck geradezu in der Beschaffung von Informationen über Zeitungen und Zeitschriften und im Raisonnieren über das Gelesene bestand.

Als Custine Mainz erreichte, waren der Kurfürst und sein Hof, insgesamt mit Bediensteten sicher mehrere tausend Personen, längst geflohen. Mit dem französischen Heer kam der wegen seiner „Freigeisterei" höchst umstrittene Wormser Gymnasialprofessor Georg Wilhelm Böhmer in die Stadt, der sich Custine schon

Anfang Oktober als Sekretär angeschlossen hatte. Ihm kam bei der Werbung für die Revolution in Mainz eine wichtige Rolle zu. Bereits unmittelbar nach der Kapitulation der Stadt rief er – jetzt als Redakteur der *Mainzer Zeitung* – zur Gründung einer *„Gesellschaft der Freunde der Freiheit und Gleichheit"* nach dem Vorbild des Pariser Jakobinerclubs auf, die dann schon am 23. Oktober erfolgte.

Dieser Klub sollte für die geplante Revolutionierung der Mainzer Bevölkerung eine wesentliche Rolle spielen. Bis Ende November traten fast 500 Personen in den Klub ein. Ein relativ strenges Aufnahmeverfahren und die Verpflichtung auf den Eid, *„frei leben und sterben"* zu wollen, sollte für die klare Positionierung der Klubmitglieder sorgen. Federführend bei der Gründung und dann auch in den Führungsfunktionen waren Intellektuelle; neben Böhmer Georg Wilhelm Wedekind, vormals kurfürstlicher Leibarzt und Medizinprofessor, der Mathematikprofessor Mathias Metternich, die Theologen Felix Anton Blau und Anton Joseph Dorsch, der 1790 nach Straßburg emigriert war und jetzt wieder nach Mainz zurückkehrte sowie nach einigem Zögern schließlich auch Georg Forster, der in ganz Europa berühmte Naturforscher und Reiseschriftsteller, der seit 1788 in Mainz als Universitätsbibliothekar wirkte.

Professoren und Lehrer waren mit 21 % im Klub eindeutig überrepräsentiert, ebenso mit 11 % ehemalige kurfürstliche Amtsträger. Mit 45 % der Mitglieder waren die Handwerker die größte Gruppe innerhalb des Klubs. Anfangs jeden Abend, später dann an vier Tagen der Woche wurden im Klub Reden und Vorträge gehalten und diskutiert. In *Vorlesungen an das Volk* wurden auch Nichtmitglieder angesprochen, sodass die Wirkung weit über den Klub hinausging.

Eine zweite Gruppe von Akteuren, die die Mainzer Bevölkerung von den Segnungen der französischen Revolution überzeugen sollten, hatte Custine wenige Tage nach seinem Einmarsch aus Straßburg angeworben: Um die Mainzer zu *„elektrisieren"* und die Revolution in Speyer, Worms, Frankfurt und Mainz predigen zu lassen, suchte er geeignete Redner. Neben dem bereits erwähnten Dorsch folgten Friedrich Christian Cotta, Sohn des bekannten Stuttgarter Verlegers, und der Theologe Friedrich Georg Pape dem Ruf.

Nachdem Custine zunächst die alte kurfürstliche Verwaltung im Amt belassen hatte, ersetzte er sie im November durch eine „Allgemeine Administration", die neben Verwaltungsaufgaben eindeutig politische Ziele zu verfolgen hatte. Das Führungspersonal dieser neuen Behörde rekrutierte er aus den Intellektuellen des Klubs, allen voran Dorsch als Präsident und Forster als dessen Stellvertreter.

Auf verschiedenen Wegen versuchten sowohl die Jakobiner in Klub und Verwaltung als auch die Besatzungskräfte, die Mainzer nun in den folgenden Wochen für die Revolutionsziele zu begeistern und zu einer positiven Stellungnahme zu bewegen. Erreichten die Reden und Diskussionen im Klub nur die dort Versammelten und deren direktes Umfeld, so konnte über Druckschriften ein weitaus größeres Publikum angesprochen werden. Böhmer selbst übernahm die Redaktion der *Mainzer Zeitung*. Das *Mainzer Intelligenzblatt* wurde in den Dienst der Besatzungsmacht gestellt. Eigens gegründete Revolutionszeitschriften nach französischem Vorbild waren der von Mathias Metternich herausgegebene *Bürgerfreund*, Wedekinds *Patriot* und *Der fränkische Republikaner*. Eine *Neue Mainzer Zeitung* mit dem Untertitel *Der Volksfreund* begründete Georg Forster im Januar 1793. Zu diesen Periodika kam eine erhebliche Menge an Flugschriften und Broschüren, in denen mit Abdrucken der Klubreden, mit Gedichten und anderen Texten für die Revolutionierung geworben wurde. Den direkten Kontakt suchten die Jakobiner bei Versammlungen, Feiern, in Wirtshäusern und nicht zuletzt auch über Predigten ihnen nahe stehender Pfarrer. Eine wesentliche Rolle kam der symbolischen Vermittlung zu. Die Errichtung eines Freiheitsbaumes auf dem Höfchen anstelle des dort stehenden Maß- und Gerichtssteins, der als Zeichen des alten Feudalsystems galt, lockte am 3. November viel Mainzer an.

Das Aufstellen der Freiheitsbäume in den Städten und Dörfern wurde in den folgenden Monaten wie ein Volksfest nach Art der Kirchweihen inszeniert, mit Musik und Wein, freilich aber auch mit Reden und Unterschriftenlisten zugunsten des Anschlusses an Frankreich.

Das Ziel all dieser Aktionen war die Absicht, eine positive Erklärung der Mainzer Bevölkerung zur Revolution zu erreichen. Anders als erwartet, fielen die Reaktionen keineswegs eindeutig aus. Schon am 27. Oktober hatte Custine die Vorsteher der Mainzer Zünfte zu sich bestellt, um von ihnen zu erfahren, ob sie bei der alten Verfassung bleiben wollten oder eine neue wünschten, und keine ihn zufriedenstellende Antwort erhalten. Die Zünfte blieben zurückhaltend, vor allem wohl, weil sie durchaus berechtigt mit der Aufhebung der Zunftverfassung und der Einführung einer Gewerbefreiheit rechneten, die keineswegs in ihrem Interesse lag. Zudem hatten sie mit dem Exodus des Hofes wichtige Abnehmer ihrer Produkte und Dienstleistungen verloren, was ihre Skepsis sicher noch verstärkte.

Kann für die ersten Wochen tatsächlich von einer weitgehend offenen Diskussion gesprochen werden, in der die Bevölkerung überzeugt werden sollte, aber doch auch kontroverse Meinungsäußerungen möglich waren, so begann die Lage bereits im Dezember, angespannter zu werden. Die Rückeroberung Frankfurts durch deutsche Truppen führte den Mainzern vor Augen, dass das Kriegsglück nicht nur auf der Seite der Franzosen stand, dass also auch die Besetzung ihrer Stadt nur vorübergehend sein könnte. Das ließ sicher viele vorsichtiger in ihren politischen Bekundungen werden. Das anfänglich disziplinierte Verhalten der französischen Soldaten veränderte sich zusehends. Erste Austritte aus dem Klub und ein von den Jakobinern jetzt doch klarer erkanntes Desinteresse ihrer Mitbürger führten zu Enttäuschungen auf Seiten der Revolutionsbefürworter. Als Wende der Geschichte der Mainzer Republik muss aber der 15. Dezember angesehen werden, an dem der Pariser Nationalkonvent einen gravierenden Politikwechsel beschloss: die Aufhebung des Selbstbestimmungsrechtes und die Einführung der französischen Staatsform in den besetzten Gebieten (das betraf außer der hier behandelten Region auch Belgien, Savoyen und Nizza). Die Entwicklung in Mainz ist nie ohne Verbindung mit der Lage in Paris zu sehen und dort wurde der Tonfall im Verlauf der Diskussionen um die Zukunft des abgesetzten Königs zunehmend radikaler. Letztlich war es die Entwicklung in Belgien, wo man eher mit einer unabhängigen belgischen Republik sympathisierte als mit einem Anschluss an Frankreich, die den Umschwung herbei führte. Der Antrag des Abgeordneten Cambon, der – gegen Robespierres Willen – im Nationalkonvent fast unverändert angenommen wurde, sah vor, alle bestehenden Autoritäten in den besetzten Gebieten abzuschaffen und in Urwahlen, die von Kommissaren des Konvents geleitet werden sollten, neue Administrationen bestimmen zu lassen. Alle, die die Prinzipien von Freiheit und Gleichheit ablehnten, sollten als Feinde Frankreichs angesehen werden.

In Mainz wurde diese neue Ausrichtung der französischen Politik aber erst gegen Ende des Monats bekannt. Eine bereits von der Allgemeinen Administration initiierte Abstimmung über die zukünftige Verfassung, an der alle Männer über 21 Jahren mit Ausnahme der Knechte und Dienstboten teilnehmen sollten, kam zum Stillstand. 29 von 40 Gemeinden vor allem im Mainzer Umland, aber nur etwa 10 % der Mainzer Zunftbürger hatten sich für die „fränkische Konstitution" ausgesprochen.

Die Jakobiner hatten nun den Politikwechsel mit zu vollziehen. Forster etwa musste sich mit der Idee, dass die Abstimmungen nun unter der Aufsicht französischer Kommissare und mit erheblich mehr Zwang durchgeführt werden sollten, arrangieren: weil die Mainzer doch allzu träge seien, müssen *„wir es ihnen noch wohl gnädigst befehlen, daß sie frei werden sollen und müßen, dann geht's."*

Am Neujahrstag 1793 trafen die drei Pariser Konventskommissare, allesamt Mitglieder der radikalen Bergpartei, in Mainz ein. Unter ihrer Leitung wurden die nun flächendeckend durchzuführenden Wahlen zu neu einzurichtenden „Munizipalitäten", also Gemeinde- und Stadtvorständen, und zum als „Rheinisch-Deutscher Nationalkonvent" bezeichneten Parlament organisiert. Vor der Stimmabgabe sollten die Wahlberechtigten einen Eid schwören, in dem sie sich von ihren bisherigen Landesherren lossagen und den Grundsätzen von Freiheit und Gleichheit verpflichten sollten. Vor allem diese Eidleistung führte zu massiven Protesten. Zwar konnten in 147 von 180 linksrheinischen Gemeinden von Wahlkommissaren, häufig Mitglieder der städtischen Klubs, Wahlen mit allerdings ausgesprochen unterschiedlicher Beteiligung durchgeführt werden. Die geringe Beteiligung aber gerade in Mainz, wo lediglich 8 % der Wahlberechtigten ihre Stimme abga-

ben, zeigt den zweifelhaften Erfolg dieser zunehmend repressiv durchgeführten Kampagne an. Noch vor der Wahl waren oppositionelle Bürger ausgewiesen worden, einen Tag nach der Verkündung des Wahlergebnisses folgten die Geistlichen, die sich geweigert hatten, den Eid abzulegen. Selbst viele Mitglieder des mittlerweile ohnehin geschrumpften Jakobinerklubs hatten nicht an den Wahlen teilgenommen. Gewiss hatte auch die militärische Lage zur Zurückhaltung beigetragen: am 6. Januar war Hochheim auf der rechten Rheinseite von den Preußen erobert worden, seit dem 10. Februar galt für Mainz der Belagerungszustand. In dieser Situation dürfte die Furcht vieler vor den bereits angedrohten Maßnahmen der alten Herren größer gewesen sein als die vor den Folgen der Eidverweigerung. Aber mit Sicherheit hatte die zunehmend repressive und konfrontative Haltung der Besatzungskräfte, der Administration und auch der einheimischen Jakobiner in einer zumal seit der Hinrichtung des französischen Königs aufgeladenen Situation erheblich dazu beigetragen, den Versprechungen der neuen Machthaber zu misstrauen. Auch nach Ablauf der Wahl setzten die Pariser Konventskommissare die noch *„ungeschworenen"* Mainzer mit einem Ultimatum, den Eid abzulegen oder ausgewiesen und enteignet zu werden, weiter unter Druck. Massenausweisungen, Anfang April auch die der Mainzer Juden, waren die Folge.

Auf dem Land war die Werbung für die Ideale der Revolution erfolgreicher. In mehr als einem Drittel der von der Revolutionierung betroffenen 200 Dörfer können für die erste Phase der Besetzung revolutionsfreundliche Aktivitäten festgestellt werden: Einzelaktionen wie Abgabeverweigerungen, die Existenz politischer Gruppen, die Beteiligung an der Dezemberabstimmung, die zwar mit Unterstützung der Besatzungsmacht, aber nicht wie später bei der

Munizipalisierung unter teilweise massivem Druck durch Regierungskommissare vollzogen wurde. Können solche Aktionen, die in ihren Formen zumal auch vor 1792 nicht unbekannt waren, nicht unbedingt direkt auf die jakobinische Propaganda zurückgeführt werden, sondern auch von der allgemeinen unsicheren politischen Stimmung verursacht worden sein, so scheint der Einfluss der städtischen Jakobiner bei den Abstimmungen und bei der Bildung revolutionsfreundlicher Kreise eher nachzuweisen zu sein.

In 24 von 38 Gemeinden fand sich bei der Abstimmung über die angestrebte weitgehende Übernahme der französischen Verfassung im Dezember 1792 eine Mehrheit. Der weitaus größte Teil dieser Dörfer lag in unmittelbarer Nähe der Städte Worms, Mainz und Bingen, war also für die politische Werbung der dortigen Jakobiner leicht erreichbar. Aber auch das von den Zentren weiter entfernte Wöllstein hatte sich mit großer Mehrheit für den Systemwechsel entschieden. Deshalb war es zur Mustergemeinde geworden, mit deren Beispiel in anderen Dörfern geworben wurde. So hatte Suter sein Freiheitslied den Wöllsteinern gewidmet. Auch andere im späteren Rheinhessen gelegene Dörfer, in denen die Zustimmung zur Verfassung hoch war, galten als Vorbild: Nackenheim, Neubamberg und Volxheim.

In etwa der Hälfte der Gemeinden sind dort ansässige Vermittler der jakobinischen Ideen nachweisbar; häufig Pfarrer und Lehrer, die teilweise auch Mitglieder der städtischen Klubs waren. In Wöllstein stand Kaplan Münch auf der Seite der Jakobiner, in Nackenheim Pfarrer Arand. Ihr lutherischer Amtskollege Heres aus Bechtheim war ebenso Anhänger der Französischen Revolution wie der im gleichen Ort sitzende Amtmann Susemihl, der bis zur Ankunft der Franzosen seine Dienste als leiningischer

Beamter allerdings ohne jeden Hinweis auf allzu große Sympathie für unterdrückte Untertanen ausgeübt hatte.

Der Einflussdieser aufgrund ihrer Ämter zweifelsohne als Respektspersonen angesehenen Männer reichte vor dem Hintergrund der militärischen Situation offensichtlich aus, um einen doch erheblichen Teil der stimmberechtigten männlichen Haushaltsvorstände zu einer positiven Stellungnahme zu bewegen. Auch Wirte, die stets wichtige Personen vor Ort waren, wenn es darum ging, Neuigkeiten zu verbreiten oder Meinungen zu bilden, können als Sympathisanten ausgemacht werden. Bekannt ist der Fall des Dromersheimer Krämers und Wirtes Krebs, der seine Stube mit *„demokratischen Schriften gleichsam tapeziret"* hatte.

In 16 Dörfern ist die Existenz von politischen Gruppierungen nachzuweisen bzw. aufgrund der überdurchschnittlich aktiven Beteiligung von Teilen der Dorfbevölkerung an politischen Aktionen anzunehmen. In mindestens zehn Fällen gehörten diesen meist nur aus wenigen Personen bestehenden, in der Regel wenig organisierten, Gruppen mehrheitlich Mitglieder der bäuerlichen Oberschicht an. In neun Gemeinden agierten Pfarrer und Lehrer als Sympathisanten oder sogar als treibende Kräfte dieser Kreise. Als Aktivitäten der Gruppen sind überliefert: das gemeinsame Lesen und Verteilen der Mainzer Schriften, die Organisation von Freiheitsbaumpflanzungen und -festen, die Neuwahl von Ortsvorständen vor der Munizipalisierung, die Mithilfe bei der Dezemberabstimmung und den Munizipalisierungen; im Einzelfall: das Abfassen von Beschwerdeschriften, Strafaktionen gegen örtliche Revolutionsgegner, Abgabenverweigerungen.

In ihren Schriften und in den Verhörprotokollen der später inhaftierten „Landjakobiner" zeigt sich, wie sie die Begriffe der Französischen Revolution verstanden und gebrauchten. Freiheit wird verstanden als System, in dem *„das volck Herr"* sei und als Abwesenheit aller *„drückenden Abgaben, Zehnten und Pächten"*. Gleichheit bedeutet Abgabengleichheit. Das alte System wird beschrieben als *„Despotismus"*, als *„Zwang"*, der mit *„den Ketten der Sklaverei"* und mit *„diktatorischer Autorität"* durchgesetzt wurde.

Allerdings bezogen sich viele der Beschwerden und Aktionen nicht auf die Herrschaft, sondern direkt auf gemeindeinterne Probleme. Mehrfach wurde versucht, einen neuen Ortsvorstand oder einzelne neue Amtsträger einzusetzen, wurde gegen amtierende Schultheißen oder Bürgermeister Beschwerde eingereicht, wurden schlechte Rechnungsführung, mangelhafte Amtsausübung, verschwenderisches Finanzgebaren, Vetternwirtschaft im Ortsvorstand kritisiert.

Zentrales Thema der ländlichen politischen Akteure war also ihr konkretes Lebensumfeld, die Gemeinde. Auf sie bezog sich der Großteil der Veränderungsvorschläge. Demgegenüber nehmen die von den städtischen Jakobinern besetzten, auf die ländliche Situation bezogenen Themen kaum einen oder gar keinen Platz im dörflichen Diskurs ein. Allenfalls die allgemeinen Begriffe werden übernommen, auch um sich damit in der Gemeinde machtpolitisch zu positionieren. Wenn etwa der Dromersheimer Wirt Krebs, nachdem er im Streit auf einen politischen Gegner geschossen haben soll, sich gegenüber der Gemeinde rechtfertigte, das *„geschehe nach der neuen Konstitution, nach Freiheit und Gleichheit"*, wenn die Mitglieder des amtierenden Dorfgerichtes als *„aristogratten"* bezeichnet wurden oder wenn man sich über die *„Sclaverei des Schultheißen"* beschwerte, der ein *„Unterdrücker der Gemeindsleute"* sei, dann

zeigt sich an diesen wenigen Beispielen, wie mit der Übernahme, Umdeutung und Instrumentalisierung des politischen Vokabulars auch Gemeindepolitik betrieben wurde. Damit soll den dörflichen Revolutionsfreunden keineswegs das Bewusstsein für überlokale Zusammenhänge abgesprochen werden. Das angesichts der ungewissen militärischen Situation nicht unriskante und auch oft genug innerhalb der Gemeinde sehr umstrittene Eintreten für den Systemwechsel spricht gegen eine solche Vermutung. Die Politisierung der ländlichen Gesellschaft scheint sich aber – wenn überhaupt – auch im Umfeld der Mainzer Republik nur in Verbindung mit gemeinderelevanter Thematik vollzogen zu haben.

Am 17. März wurde der Rheinisch-Deutsche Nationalkonvent im Deutschhaus eröffnet, dem 130 Abgeordnete angehörten, die aber zu keinem Zeitpunkt alle versammelt waren. Bereits einen Tag später erklärte der Konvent den *„ganzen Strich Landes von Landau bis Bingen, welcher Delegirte"* entsandt hatte, zu einem *„freyen, unabhängigen, unzertrennlichen Staat"*.

Am 21. März beschlossen die Abgeordneten, den „fränkischen Nationalkonvent" um die *„Einverleibung in die fränkische Republik"* zu bitten. Als die drei Mainzer Delegierten, unter ihnen Georg Forster, am 30. März dem Nationalkonvent diese Bitte vortrugen, hatte sich die Situation in Mainz schon völlig verändert. Ende des Monats war den deutschen Truppen die Eroberung der linksrheinischen Region gelungen, Mainz als letzte Bastion der Mainzer Republik wurde eingekreist. Es begann die Belagerung von Mainz.

In dieser letzten Phase wurden die Geschicke der Stadt mehr von dem ausschließlich französisch besetzten Kriegsrat als von den zivilen Organisationen gelenkt. Der nach der Auflösung im März erneut gegründete Jakobinerklub war praktisch bedeutungslos geworden: Zwischen der vom Rheinisch-Deutschen Nationalkonvent, der nicht mehr tagte, noch eingesetzten neuen Allgemeinen Administration und der gewählten, eher gemäßigten Munizipalität kam es zu erheblichen Meinungsverschiedenheiten über das weitere Vorgehen. Das kompromisslose Agieren gegen die Zivilbevölkerung in dieser Phase, die zudem von den Bombardements und Zerstörungen geprägt war, vor allem die weiter ausgeführten Exportationen nicht zum Eid bereiter Bürger, dürfte die wichtigste Ursache gewesen sein für die pogromartige Stimmung, die sich nach der französischen Kapitulation und dem Abzug der französischen Soldaten nach dem 22./23. Juli in teilweise brutalen Aktionen der Selbstjustiz gegenüber den in der Stadt verbliebenen oder bei Fluchtversuchen aufgegriffenen Jakobinern und deren Sympathisanten entlud.

Die zwei Seiten der Mainzer Republik, das Pendeln zwischen Freiheit und Bevormundung, ist zu offensichtlich, als dass man sich unkritisch auf ihr Erbe beziehen kann. Trotzdem kann sie als ein Experiment gelten, in dem neue Formen von Öffentlichkeit geballt in einer überschaubaren lokalen Gesellschaft ausprobiert wurden. Seien es politische Reden, Lieder, Texte, Theaterstücke, an die Bevölkerung gerichtete Publizistik aller Art, sicher auch die Formen parlamentarischer Arbeit, mögen sie noch so rudimentär und aus der heutigen Sicht durch ihre Vorbedingungen belastet gewesen sein: In vielen Bereichen können wir vom „ersten Mal" sprechen, von einer über den lokalen Rahmen hinaus gehenden gesellschaftlichen Politisierung, von Phänomenen, die erst Jahrzehnte später wieder aufgegriffen wurden und zweifelsohne zur Vorgeschichte der Demokratie gezählt werden können. Allerdings auch zu einer anderen Vorgeschichte, nämlich der

eines staatlichen Handelns, das, ideologisch begründet, tief in die menschlichen Schicksale eingreift, das das Denken und Verhalten seiner Bürger in bislang nicht gekannter Weise bestimmen will.

Wenn auch nur kurze Zeit existent, so sind die Nachwirkungen der Mainzer Republik vor allem über ihre Kontinuitätslinien, die in die Zeit des Anschlusses an Frankreich ab 1797/1798 reichen, sichtbar.

Anmerkungen

1 Curschmann, Undenheim, S. 59f.; Eintrag des Wormser reformierten Pfarrer Colbius in das Kirchenbuch, Schüler/Roschy, Leiselheim, S. 74f.; Mahlerwein, Reichstadt, S. 298.

2 Egler, Spanier, S. 43–62; Holl, Guntersblum I, S. 126–129; Mahlerwein, Reichstadt, S. 294f.

3 Dobras, Stadt, S. 258–263; Reidel, Bingen, S. 96f., 103; Mahlerwein, Reichstadt, S. 298f.; Rettinger, Umlandgemeinden, S. 186; Schnettger, Ereignisse, S. 512; Holl, Guntersblum I, S. 144; Curschmann, Undenheim, S. 61; Niedecken, Bingen, S. 42.

4 Guntersblum I, S. 144f; Zschunke, Oppenheim, S. 231.

5 Schaab, Kurpfalz II, S. 122f.; Schnettger, Ereignisse, S. 513–515; Dienheim, S. 63.

6 Dotzauer, Wildfangstreit; Schaab, Kurpfalz II, S. 131–134, 141f.; Schnettger, Ereignisse, S. 516; Beaurain, Histoire, S. 121; Deschamps, Memoires, S. 205; Jarry de la Roche, Oberrhein, S. 29; Curschmann, Undenheim, S. 61f.; vgl. aber http://www.zedler-lexikon.de/blaettern/einzelseite.html?id=481034&bandnummer=55&seitenzahl=0468&supplement=0&dateiformat=1; Bender, Bechtheim, S. 286–288; Mahlerwein, Reichstadt, S. 299.

7 Schnettger, Ereignisse, S. 518f.; Malettke, Bourbonen, S. 216–218; Curschmann, Undenheim, S. 62; Behringer/Clemens, Geschichte, S. 48–50; Press, Kriege, S. 428.

8 Zum Pfälzischen Erbfolgekrieg vgl. allgemein: Press, Kriege, S. 430–442; Schaab, Kurpfalz II, S. 148–156; Schnettger, Ereignisse, S. 520–522; Burkhardt, Vollendung, S. 98–105.

9 Theatrum. Europaeum XIII, S. 313f.

10 Schaab 2, S. 151.

11 Theatrum Europaeum XIII, S. 682; Griffet V, S. 350–362; Mahlerwein, Herren, S. 65; Wörner, Gefecht; Mahlerwein, Reichstadt, S. 299–303; Griffet VI, S. 7–19, Brief Duc du Duras an Louvois vom 21. Mai 1689; Theatrum Europaeum XV, S. 202f.; Tyranney, S. 145; Reuter, Hamman, S. 68f.

12 Mahlerwein, Worms, S. 299–303; Griffet VI, Duras an Louvois, 21. Mai 1689, S. 10f.; Odernheim Band 1, S. 67–71; Griffet VI, S. 32–35, Brief Chamlay an

Louvois vom 28. Mai 1689; Keuscher, Feuerbrände, S. 17–51; Theatrum Europaeum XIII, S. 721–735; Raumer, Zerstörung, S. 176–180.

13 Teutschmuth, Attila, S. 186, 517, 521, 531, 539, 550, 551, 554, 556, 559, 576, 579, 580, 597; Petry, Grund, S. 239; Theatrum Europaeum XIII, S. 1040–1043.

14 Theatrum EuropaeumXIII, S. 1043; Theatrum Europaeum XIV, S. 33f., 754; Mahlerwein, Ortsgeschichte, S. 141–144; Saint-Simon, Memoires, Chapitre Premier; Rettinger, Umgebung, S. 174, 177, 182, 190, 200; Curschmann, Undenheim, S. 63–65; Mahlerwein, Reichsstadt, S. 302.

15 Press, Kriege, S. 439–442; Schnettger, Ereignisse, S. 522.

16 Schnettger, Ereignisse, S. 523; Heller-Karneth, Alzey, S. 73f.; Rettinger, Umgebung, S. 157, 184, 192; Roschy, Leiselheim, S. 84f.; Reidel, Stadt, S. 108; Licht, Oppenheim, S. 192f.; Zschunke, Oppenheim, S. 235.

17 Curschmann, Undenheim, S. 66; Schaab, Kurpfalz 2, S. 178f.; Zschunke, Oppenheim, S. 239f.; Mahlerwein, Herren, S. 39f.; Heller-Karneth, Alzey, S. 76; Rettinger, Umgebung, S. 195f.; Massuet, Histoire, S. 221, 256f.; Collection des Cartes militaires du Duc de Luynes et de Chevreuse, Ankündigung der Versteigerung der Bibliothek der Ducs de Luynes bei Sotheby's, online unter: http://www.sothebys.com/es/auctions/ ecatalogue/lot.pdf.PF1323.html/f/102/PF1323-102.pdf (26.2.2014). Mehrere dieser Karten wurden mittlerweile von den Altertumsvereinen Worms und Alzey erworben und befinden sich im Stadtarchiv Worms und im Museum der Stadt Alzey; Gieraths, Kampfhandlungen, S. 264; Zschunke, Oppenheim, S. 240; Rettinger, Umgebung, S. 192, 196, 201; Grünewald, Von Häusern, S. 83, 93.

18 Richter, Maria Theresia, S. 338–371; Campagne, S. 99–109; Fama, S. 100–112; Boyse, Review, S. 29f; Boislisle (Hrsg.), Lettres, S. 118f.; Fäsch, Geschichte, S. 23, 60; Rettinger, Umgebung, S. 159, 192; Licht, Oppenheim, S. 195f.; Schnettger, S. 525f.; Kulenkampff, Österreich, S. 12–15.

19 Rettinger, Umgebung, S. 113f., 160–162; Curschmann, Undenheim, S. 69f.; Licht, Oppenheim, S. 196f.; Zschunke, Oppenheim, S. 241f.; Reidel, Stadt, S. 115–119.

20 Zur Mainzer Republik s.u.; Dumont, Zeitalter, S. 341; Rettinger, Umgebung, S. 197; Dumont, Republik, S. 63–65; Licht, Oppenheim, S. 200.

21 Dumont, Zeitalter, S. 350; Dumont, Republik, S. 460–462; Bleibtreu, Denkwürdigkeiten, S. 149–151; Jomini, Histoire, S. 292–297; Jomini, Relation, S. 241–243.

22 Dumont, Mayence, S. 338–345; Lautzas, Belagerung; Gallé, Belagerung; Goethe, Belagerung, S. 375; Schaber, Tagebuch, S. 77; Daniel Dumont, Belagerung, zitiert nach Lautzas, Belagerung, S. 210.

23 Laukhard, Leben, S. 365; Mahlerwein, Alsheim-HALASEMIA II, S. 5; Curschmann, Undenheim, S. 73.

24 Curschmann, Undenheim, S. 72–74, 78–80; Dumont, Mainzer Republik, S. 478–481; Dumont, Worms, S. 370f.; Schüler/Roschy, Worms-Leiselheim, S. 110f.; Dumont, Mayence, S. 346f.; Gouvion, Memoires, S. 134–154; Neumer, Friesenheim, S. 67.

25 Rödel, Leben, S. 652; Mahlerwein, Reichsstadt, S. 325; Heller-Karneth, Alzey, S. 55; Zschunke, Oppenheim, S. 228; Gau-Algesheim, Lesebuch, S. 44–47.

26 Kneib, Zornheim, S. 15; Curschmann, Undenheim, S. 142f.; Müller, Erbes-Büdesheim, S. 415.

27 Schaab, Kurpfalz II, S. 136–140; Stievermann, Absolutismus, S. 335f.; Rettinger, Umgebung, S. 435–437; Cappel, Schweizer; Reimann, Trauungen; Blisch/ Hoffmann, Leben, S. 327; Müller, Erbes-Büdesheim, S. 478–484; Reves, Kaufleuten; von Schlachta, Gefahr, S. 313; Mahlerwein, Alsheim-HALASEMIA I, S. 87.

28 Mahlerwein, Demografie (RLP), S. 611; Mahlerwein, Worms, S. 325; Rettinger, Nierstein, S. 190; Zschunke, Oppenheim, S. 231f.; Rettinger, Umgebung, S. 153–155; Heller-Karneth, Alzey, S. 61; Dittelsheim-Heßloch, S. 26.

29 Rödel, Mainz, S. 236f.; Mahlerwein, Worms, S. 325; Heller-Karneth, Alzey, S. 64; Zschunke, Oppenheim, S. 233; Kilian/Neumer/Poller, Untertanenverzeichnisse, S. 13–31; Mahlerwein, Alsheim-HALASEMIA I, S. 115f.

30 Mahlerwein, Reichsstadt, S. 325; Heller-Karneth, Alzey, S. 64f.; Zschunke, Oppenheim, S. 232f.; Mahlerwein, Herren, S. 65f.; Rettinger, Umgebung, S. 156; Schüler/ Roschy, Worms-Leiselheim, S. 90–92; Scholl, Gau-Heppenheim, S. 443f.

31 Mahlerwein, Herren, S. 60, 68–72; Rettinger, Umgebung. S. 128, 171; Heller-Karneth, S. 58; Mahlerwein, Reichsstadt, S. 326; Blisch/Hoffmann u. a., Leben, S. 309; Rödel, Mainz, S. 122; Schüler/Roschy, Worms-Leiselheim, S. 90, 106; Fuchs/Horter/Schweizer, Mölsheim, S. 40, 124; Pfister, Bevölkerungsgeschichte, S. 19–23.

32 Zschunke, Oppenheim, S. 256; Rödel, Leben, S. 674; Heller-Karneth, Alzey, S. 91; Hüttmann, Untersuchungen, S. 165–175; Mahlerwein, Reichsstadt, S. 326; Schrohe, Mainz, S. 173; Augel, Einwanderung, S. 148; Reves, Kaufleuten, S. 135–160.

33 Mahlerwein, Herren, S. 72f.; Mahlerwein, Demografie, S. 625f.; Berechnung nach Bevölkerungszahlen in: Hoferichter, Oberamt, S. 89–154.

34 Schmahl, Auswanderung, S. 30–34; Schmahl, Aufbruch, S. 92–97.; Schmahl, Radikalpietisten; Eckelsheim, S. 85; Krauss, Auswanderer, S. 31.

35 Grünewald, Häusern, S. 310–315; Gemeindearchiv Heßloch, X 13, Inventare, Inventar Anna Maria Dietz vom 16. Februar 1764; Schüler/Roschy, Worms-Leiselheim, S. 106; Mahlerwein, Herren, S. 80–152.

36 Rödel, Leben, S. 653–658; Mahlerwein, Reichsstadt, S. 328–333; Zschunke, Oppenheim, S. 53–58; Mahlerwein, Demografie, S. 630–635.

37 Schütz, Magenza, S. 684f., 689; Rapp/Böcher, Juden, S. 102f.; Böcher, Juden; Grünfeld, Juden, S. 21; Fischbach/Westerhoff, Synagogen, S. 160f.

38 Mahlerwein, Demografie, S. 659f., 664f.; Fischbach/ Westerhoff, Synagogen, passim; Hoffmann, Landjuden, S. 37–41; Hausmann, Wohnen, S. 119; Reuter, Von den Anfängen, S. 672; Zschunke, Oppenheim, S. 128; Schütz, Magenza, S. 685–688.

39 Konersmann, Duldung,; Pfister, Täufer, S. 264–273;

Fellmann, Kriegsheim; Müller, Erbes-Büdesheim,
S. 616f.; Gerlach, Mennoniten, S. 29f.

40 Grimmelshausen, Springinsfeld, S. 105; Schnabel-Schüle,
Kirche, S. 739; Ernst, Kirche, S. 270–295, 299–305;
Mahlerwein, Alsheim-HALASEMIA I, S. 105;Ad Num.
XLIV. Bechtolsheim; Meyr, Ad Num V.; Struve, Corpus,
S. 53; Curschmann, Undenheim, S. 305.

41 Jalabert, Catholiques, S. 239–244; Mahlerwein, Alsheim-
HALASEMIA I, S. 110; Curschmann, Undenheim,
S. 304f.; Müller, Erbes-Büdesheim, S. 512–524; Schaab,
Kurpfalz II, S. 155–157; Schmahl, Simultaneum; Vogler,
Simultaneum.

42 Curschmann, Undenheim, S. 304–308, 374–378;
Schaab, Kurpfalz II, S. 156–158; Schmahl, Simultaneum;
Flegel, Kirche, S. 470; Gemeindearchiv Bechtheim, Abt.
XII, Kirchenangelegenheiten, Befragung des Pfarrers
Petrus Marschall vom 27. Januar 1755; Corpus actorum
et gravaminum religionis des Heiligen Röm. Reichs,
Frankfurt/Leipzig 1724, S. 61.

43 Zschunke, Oppenheim, S. 264–269; Heller-Karneth,
Alzey, S. 274–279, 329–331, 333–374; Rheingans,
Handel, S. 162f.; Rettinger, Umgebung, S. 58.

44 Zeitschrift für die landwirtschaftlichen Vereine des
Großherzogthums Hessen 4 (1834), S. 147–151,
190–192, 221–225; Neeb, Abschaffung; Widder,
Versuch, S. 16.

45 Mahlerwein, Herren. S. 167; Rettinger, Umgebung,
S. 75f.; Wundt, Versuch, passim.

46 Mahlerwein, Herren. S. 165–200, 215–226, 238–241.

47 Mahlerwein, Herren, S. 246–263; Mahlerwein,
Umbruch.

48 Mahlerwein, Herren, S. 246–258; Mahlerwein, Alsheim-
HALASEMIA II, S. 56–58; Medicus, Methoden; Wundt,
Oberamt Oppenheim, S. 20f.; Napp-Zinn, Pfeiffer,

S. 92–94 (über Georg Adam Schleeweins Bericht
über seine landwirtschaftliche Reise 1783); Stauder,
Landwirtschaft.

49 Mahlerwein, Herren, S. 241–243; Maus, Ackerbau.

50 Goethe, Faust, S. 365–420, S. 383; Heinrich von Kleist,
Der zerbrochne Krug, Stuttgart 1977, S. 58; Gercken,
Reisen, S. 15; Büsching, Erdbeschreibung, S. 639;
Neue Sammlung, S. 83; Jung, Versuch, S. 157; Wundt,
Oppenheim, S. 127–141; Bemerkungen, S. 71–75;
Hoferichter, Oberamt Alzey; Wundt, Oppenheim;
Rettinger, Umgebung, S. 75; Mahlerwein, Herren,
S. 263f.

51 Riesbeck, Briefe, S. 312–314; Becker, Mainz, S. 24f.;
Gehrcken, Reisen, S. 93, 129–131; Björnståhls Briefe,
S. 202f.; Artikel Worms in Zedler, Band 59, Sp. 42;
Missons Reisen, S. 67.

52 Rheingans, Handel, S. 161–170; Verzeichnis der Zünfte
in der Stadt Mainz in den Huldigungs-Jahren 1763
und 1774, in: Meusel, Litteratur, S. 559f.; Matheus,
Großhändler; Mahlerwein, Reichsstadt, S. 333–341;
Mathy, Armenvater; Mathy, Residenz, S. 304–306; Mörz,
Absolutismus, S. 275, 442f; Wundt, Oppenheim, S. 24f.;
Suckow, Beschreibung; Suckow, Betrachtungen.

53 Mahlerwein, Wirtschaftsgeschichte, S. 687f.

54 Mahlerwein, Herren, S. 339–343, S. 347–364.

55 Mahlerwein, Reichsstadt, S. 314–324; Mathy, Residenz,
S. 269–272, 284;Reidel, Stadt, S. 90 f.; Zschuncke,
Oppenheim, S. 129–134; Heller-Karneth, Alzey,
S. 375–381.

56 Mahlerwein, Jakobiner, S. 39.

57 Zum Folgenden vgl. v.a. Dumont, Mainzer Republik,
passim; Landtag Rheinland-Pfalz (Hrsg.), Die Mainzer
Republik; Reichardt, Blut, S. 266–284; Dumont,
Revolutionspublizistik; Dumont, Worms, S. 361–367.

Die französische Zeit

„Ein neues Zeitalter"

Ein neues Zeitalter versprach der französische General Hatry den Mainzern im Januar 1798. Auch wenn seine Adressaten nach jahrelangen wechselnden Besetzungen und Belagerungen gegenüber den in diesen Jahren nicht seltenen pathetischen Erklärungen skeptisch geworden sein mögen, sollte der General mit der Aussage, dass ihnen ein epochaler Umbruch bevorstehe, Recht behalten. Der Einzug der französischen Truppen am 30. Dezember 1797 in die Festungs- und Residenzstadt war nicht nur der Beginn einer 16-jährigen Phase, in der Mainz, wie das gesamte linksrheinische Gebiet, ein Teil Frankreichs wurde. Er markierte auch das Ende eines Herrschaftssystems, dessen Anfänge ins Mittelalter zurückreichten. Mit der Eingliederung in die Republik Frankreich wurden innerhalb weniger Monate politische, rechtliche, soziale und ökonomische Transformationen in Gang gesetzt, die so tiefgreifend waren, dass zweifelsohne von einer Revolution gesprochen werden kann, einer *„Revolution nach der Revolution"* (Franz Dumont) allerdings, in der „von oben" die Systemveränderungen dekretiert wurden, die in Frankreich „von unten", vom Bürgertum, erkämpft worden waren.

Der kampflosen Einnahme von Mainz zwei Tage vor dem Jahreswechsel 1797/98 war ein Ultimatum General Hatrys vorausgegangen, in dem er den Abzug der kurmainzischen und kaiserlichen Truppen verlangt und nicht nur mit der Bombardierung der Stadt, sondern erneuten Angriffen auf kurmainzisches Gebiet auch im Rechtsrheinischen gedroht hatte. In den dann folgenden Kapitulationsverhandlungen forderten die Vertreter der Mainzer Seite nicht nur Zusagen zur Besatzungspraxis, son-

dern auch Garantien für die weltlichen und geistlichen Institutionen und Amtsträger sowie Rechte für die Bürger, die von Hatry mit Verweis auf die Zuständigkeit der Regierung nur teilweise gegeben wurden. Diese Forderungen waren sicher nicht nur der Enttäuschung geschuldet, dass im Laufe der Rastätter Verhandlungen offenbar wurde, dass die „Integrität des Reiches", also das Verbleiben des linken Rheinufers beim Reich, keineswegs die Basis des Friedensschlusses bilden sollte. Gewiss hatten die Mainzer auch registriert, dass die Franzosen in anderen Teilen der Region bereits mit dem Systemwechsel begonnen hatten.[1]

Anfang November schon war der Elsässer Franz Joseph Rudler von der französischen Regierung als Kommissar für die besetzten Gebiete zwischen Rhein, Mosel und Maas eingesetzt worden. In einem *„Aufruf"* hatte er am 11. Dezember 1797 den Bewohnern *„der auf dem linken Rhein-Ufer gelegenen Länder"* zugesagt, sie der *„Wohlthaten jener Gesetze theilhaftig zu machen, nach welchen Frankreich regiert wird."* Das bedeutete nicht nur die Übernahme des französischen Rechts- und Verwaltungssystems, die Trennung von Verwaltung und Justiz, Glaubensfreiheit, die Abschaffung des Zehnten und anderer Feudalrechte, sondern auch eine neue Landeseinteilung. Um den Neuanfang auch symbolisch zu betonen, wurde die Wirksamkeit dieser Maßnahmen auf den 22. September 1797, den Beginn des Jahres 6 nach dem französischen Revolutionskalender zurück datiert. Der Umbruch war also schon in vollem Gange, als mit Mainz Ende Dezember der wichtigste und als Sitz des Reichserzkanzlers auch symbolträchtigste Ort eingenommen wurde.

Alzey stand seit Monaten unter französischem Einfluss. Hier waren bereits Ende November die städtischen Amtsträger zur Amtsaufgabe gezwungen und stattdessen am 6. Dezember ein Munizipalrat eingesetzt worden. In Oppenheim waren die Franzosen am 9. Dezember einmarschiert und hatten im Landschreiberhaus Quartier genommen. Der letzte kurpfälzische Landschreiber sollte in Kreuznach, dem Sitz der für die Region zuständigen Militärverwaltung, einen Eid auf die Republik schwören. Am 13. Januar 1798 verkündete Rudler, dass die alte Regierung, der Stadtrat und die Gerichte in Mainz aufgelöst seien und stattdessen eine Munizipalverwaltung eingesetzt werde, der ein Regierungskommissar zur Seite gestellt werden sollte. Bereits in seinem Aufruf vom 11. Dezember hatte Rudler erläutert, dass die Stadt- und Gemeindevorstände zunächst noch nicht von der Einwohnerschaft gewählt werden dürften und er den von ihm ausgewählten

„Verwaltern und Richtern" „französische Bürger" beiordnen würde, die sie wie „ältere Brüder in der Familie der freien Menschen" führen sollten. In Worms waren die Franzosen erst am 3. Januar 1798 einmarschiert. Hier erhoben die alten Machthaber noch Einspruch gegen eine Übernahme. Sie wollten „Teutsch-Republikanisch" und nicht revolutionär französisch sein, antworteten die Zünfte auf die entsprechende Anfrage des Rates, wie bereits in der Zeit der Mainzer Republik mit dem Selbstverständnis der Freien Reichsstadt als Stadtrepublik argumentierend. Auf solche Eingaben mussten die Franzosen allerdings nicht eingehen. Am 17. Januar lösten sie die „alten Gewalten" in Worms auf, am 26. Januar wurde in einem Erlass des Alzeyer Kantonsrichters Wolf, der als Kommissar nach Worms geschickt worden war, die Besetzung der neuen Munizipalität verkündet. Die alte Reichsstadt hatte damit zu existieren aufgehört.[2]

Die „neue Ordnung der Dinge" im Departement Donnersberg

Bereits drei Tage vorher hatte Rudler seine neue „Landeseinteilung" vorgestellt. Analog zur Verwaltungsgliederung Frankreichs, wurden auch die eroberten Gebiete links des Rheins in vier Departements eingeteilt und so faktisch dem französischen Staat zugeschlagen. Völkerrechtlich anerkannt wurde die endgültige Vereinigung dieser Gebiete mit Frankreich allerdings erst 1801 im Frieden von Lunéville. Das zwischen Mainz und Bingen im Norden, Zweibrücken im Südwesten und Germersheim im Südosten gelegene Departement Donnersberg/*Département du Mont-Tonnerre* hatte seinen Verwaltungssitz in Mainz und wurde in vier Arrondissements unterteilt, die wiederum aus mehreren Kantonen

bestanden. Das Gebiet des heutigen Rheinhessen entspricht den neun (von zehn) Kantonen Mainz, Alzey, Bechtheim, Bingen, Nieder-Olm, Ober-Ingelheim, Oppenheim, Wöllstein und Wörrstadt des Arrondissement Mainz und den zum Arrondissement Speyer zählenden Kantonen Worms und Pfeddersheim.

Das neue Verwaltungsgebiet vereinigte erstmals nach dem Territorialprinzip benachbarte Gemeinden und Städte und vereinheitlichte die Lebensbedingungen. Gleichzeitig wurden aber alte Verbindungen ins Rechtsrheinische erschwert oder gekappt. Das betraf vor allem Mainz, dessen zugehöriges Territorium zum größten Teil auf der anderen Seite des Rheins gelegen hatte und das jetzt seiner Funktion als Haupt- und Residenzstadt beraubt war. Zwar war Mainz als Sitz der Departementverwaltung und auch als Sitz des Kommissars Rudler innerhalb des neuen Systems von hervorgehobenem Rang, allerdings wie alle anderen Departementhauptorte auch eng an die Zentrale Paris angebunden.[3]

Innerhalb weniger Monate wurde nun das revolutionäre Recht in den neuen Departements eingeführt. Die Aufhebung der Zünfte, die Einführung der Gewerbefreiheit, die Abschaffung der Leibeigenschaft, des Zehnten, der Frondienste, der grundherrlichen Jagd- und Fischereimonopole erfolgten umgehend. Galten die auf feudalen Rechten basierenden Ansprüche als abgelöst, so sollten allerdings Grundrenten, die durch die Übergabe von Land und nicht aus Herrschaftsverhältnissen legitimiert waren, weiterhin an den Staat als den Rechtsnachfolger der Grundherren gezahlt werden. Erst nach 1800 wurde die Ablösung dieser Belastungen durch die Zahlung des 15-fachen Betrags der jährlichen Abgaben möglich. Etwaige Hoffnungen auf eine völlig entschädigungslose Abschaffung der alten Agrarverfassung wurden so nicht erfüllt. Allerdings entsprach das auch nicht den französischen Zielen, im Mutterland der Revolution musste sogar der 25-fache Betrag der jährlichen Summe bezahlt werden. Waren Leibeigenschaft und Frondienste im Linksrheinischen ohnehin von keiner großen Bedeutung, so stellte die Abschaffung des Zehnten eine von den Agrarreformern der Zeit seit langem geforderte Weichenstellung für eine positive landwirtschaftliche Entwicklung dar, da die auf die Ernte gerechnete Abgabe ertragssteigernde Investitionen verhinderte. Die rechtliche Gleichstellung aller Bürger sorgte zudem für eine gerechte Verteilung der – allerdings stetig wachsenden – Steuerlast.

Die Neuordnung von Verwaltung und Justiz konnte Freunde der Demokratie zunächst verstören. Wie erwähnt, war Rudler – und somit die Regierung – nicht bereit, den Einwohnern hierbei schon Mitspracherechte zuzugestehen, um den Umbau des Systems nicht zu gefährden. Das Prinzip der kollegialen Organisation der Gremien wurde von der Regierungs- bis auf die Gemeindeebene durchgehalten. An der Spitze des französischen Staates stand das fünfköpfige Direktorium; das Departement wurde von einer ebenso fünfköpfigen Zentralverwaltung geleitet. Die aus den – jetzt Agents genannten – Ortsvorstehern der zugehörigen Gemeinden gebildeten Munizipalverwaltungen unter Leitung des Kantonspräsidenten standen den Kantonen vor. Ihnen oblag ein großer Teil der Aufgaben, der vordem den Gemeinden zugekommen war. Die Agents wurden unterstützt durch ihren Vertreter, den Adjunkten.

In den Städten wurden vorwiegend alte Parteigänger der französischen Sache eingesetzt. Die von Rudler in Mainz ernannten sieben Munizipalitätsmitglieder hatten dem gleichen Gremium bereits 1793 angehört, oder waren bei der Wahl zum Maire als Kandidaten aufgetreten. Macké, der Maire von 1793, wurde zum Regierungskommissar ernannt. Auch in Worms bestand die neue Munizipalität aus fünf ehemaligen Angehörigen des Jakobinerklubs, die von Regierungskommissar Konrad von Winkelmann (der 1793 ebenfalls als Maire der Stadt aktiv war) unterstützt und kontrolliert wurden. Im ehedem kurpfälzischen Alzey hatte es 1793 keine Munizipalitätswahlen gegeben, aber auch hier wurden nun Gemeindevorstände eingesetzt, die im Ruf standen, *„ausgezeichnete Patrioten"* zu sein. Auch in den Gerichten und in den neu eingerichteten Notariaten wirkten häufig ehemalige Jakobiner.

In den Landgemeinden war die Besetzung der Funktionen mit Revolutionsfreunden schwieriger. Nicht überall gab es – wie in Bretzenheim – Männer, die bereits in der Zeit der Mainzer Republik als *„Landjakobiner"* Ämter innegehabt hatten und nun erneut mit öffentlichen Aufgaben betraut werden konnten. Bei der Auswahl *„rechtschaffener Männer"* durch die Regierungskommissare der betreffenden Kantone wurde sicher auf Loyalität zum neuen System Wert gelegt. Es kam zwar nicht selten vor, dass alte Schultheißen weiter als Agents eingesetzt wurden, aber die Regel scheint das nicht gewesen zu sein.[4]

Diesen Männern kam nun die Aufgabe zu, in den Städten und Gemeinden für die Umsetzung der französischen Direktiven zu sorgen. Dürfte die Verkündung der Aufhebung des Feudalsystems, also der Lasten, die aus Leib-, Zehnt- und Grundherrschaft herrührten, in den Gemeindeversammlungen im Frühjahr 1798 noch auf positive Resonanz gestoßen sein, so geriet die Einführung neuer Steuern schon zu einer ersten Kraftprobe zwischen Verwaltern und Verwalteten. Im März 1798 teilte Rudler mit, wie hoch die Summe der in den vier Departements zu zahlenden Steuern sein würde. Zwei Monate später wurden die Agents aufgefordert, den Anteil ihrer Gemeinden auf die Steuerpflichtigen umzulegen. Die dazu nötige Auskunft über den Kapitalwert ihrer Grundstücke wurde von etlichen Bürgern verweigert, sodass der Ton der Behörden, die zunächst noch damit argumentiert hatten, die neuen Steuern seien niedriger als die alten Abgaben, zunehmend schärfer wurde. Zwangsmaßnahmen, militärische Exekution und Geiselnahme aus der Gruppe der vermögenden Einwohner wurden angedroht, schließlich Gendarmen bei den Zahlungspflichtigen einquartiert, die zudem noch täglich drei Franken zu zahlen hatten. Damit wurde schon schnell der gute Vorsatz Rudlers vom Frühjahr 1798 aufgegeben, dass künftig

Militärexekutionen kein Mittel mehr sein sollten, um staatliche Forderungen durchzusetzen. Auch die Verteilung militärischer Belastungen, vor allem Einquartierungen sowie Schanz- und Fuhrdienste, stieß auf Widerwillen. So hatte etwa der Kanton Bechtheim 80 Schanzarbeiter zu Befestigungsarbeiten nach Mainz zu entsenden, von denen kaum einer erschien. Als Strafe wurde das Kontingent auf 130 erhöht und wurden später Bevollmächtigte in die Gemeinden geschickt, die, auf Gemeindekosten verpflegt, die Absendung der Schanzarbeiter kontrollieren sollten. Einquartierte Soldaten klagten über das schlechte *„logement"*.[5]

Auf erheblichen Widerstand stießen die kirchenpolitischen Bestimmungen. Mit der Verdrängung der Kirchen aus dem öffentlichen Leben und der Übernahme kirchlicher Funktionen durch den Staat sollte das Ziel der Revolutionäre, die Gesellschaft zu *„dechristianisieren"*, nun auch in den neuen Departements verfolgt werden. Die Agents hatten ihre Gemeinden darüber zu informieren, dass religiöse Zeremonien außerhalb der Kirchengebäude verboten seien, was sich nicht nur auf Prozessionen, sondern auch auf Beerdigungen bezog. Auch sollten *„zukünftig alle Leichnamen, ohne Unterschied oder Rücksicht auf Erb- oder Familienbegräbnisse nebeneinander der Reihe nach verschafft werden."* Priester und Ordensangehörige sollten öffentlich nicht an ihrer Kleidung erkennbar sein. Die Kirchenbücher sollten abgegeben werden, da die Einträge von Geburten, Heiraten und Todesfällen von nun an in Zivilstandsregistern vorgenommen werden sollten. Auch die Einführung des Revolutionskalenders anstelle des christlichen Kalenders kann zu den religionspolitischen Maßnahmen gezählt werden. Die Ausrufung der französischen Republik am 22. September 1792 wurde zum Ausgangspunkt der Zeitrechnung, die siebentägige Woche durch die zehntägige Dekade ersetzt.

Etliche Korrespondenzen zeigen, dass diese Vorgaben kaum beachtet wurden. Wie komme es, ließ der Bechtheimer Kantonspräsident die Pfarrer fragen, dass das Volk weiterhin *„an ehemaligen und unbedeutenden Gebräuchen"* festhalte und die *„Todten nicht anders als in Prozeßionen und mit Gesang und Klang begraben wollte?"* Der Pfarrer von Gau-Algesheim gab die Kirchenbücher nur unter Arrestandrohung heraus. Sein Mainzer Amtsbruder Turin hatte schon verstanden, dass mit der Abgabe dieser Kompetenz die Pfarrer „entbehrlich" gemacht werden sollten. Die katholischen Pfarrer von Herrnsheim, Abenheim und Leiselheim ließen ihre Kirchenbücher auf die andere Rheinseite bringen. In Pfeddersheim führte der Pfarrer weiterhin heimlich Protokoll über die Kasualien.

Die Dekadenordnung wurde nur widerwillig oder kaum eingehalten. Märkte wurden an den herkömmlichen Wochentagen abgehalten, sonntags Läden und Werkstätten geschlossen, dafür am Dekadi, dem Ruhetag, gearbeitet. Als Protest konnte so schon das samstägliche Kehren der Straßen verstanden werden. Auch das Schießen an Silvester ließen sich die Einwohner der neuen Departements nicht nehmen: In Worms empörte sich die Munizipalverwaltung über das

Feiern des Neujahrfestes 1799 und auch in Nieder-Olm mussten die Bürger an Weihnachten 1799 ausdrücklich daran erinnert werden, dass *„alle lärmenden Zeichen, um den neuen Jahrestag, der durch die neue Ordnung der Dinge abgeschafft ist, anzudeuten, (...) verboten"* seien.

In den Städten wurden Kirchen zu Dekadentempeln umgewidmet, in Mainz St. Peter, in Worms die Dreifaltigkeitskirche, in Pfeddersheim die Simultankirche, in Bingen die Pfarrkirche St. Martin und in Oppenheim die Katharinenkirche. Dort trafen sich die Anhänger und Amtsträger der neuen Ordnung zu Dekadenfeiern , bei denen Reden gehalten, Lieder gesungen und allegorische Darstellungen der neuen Prinzipien geboten wurden. Diese Inanspruchnahme kirchlicher Gebäude, die noch keine Entfremdung darstellte, da die Dekadentage nicht mit Gottesdienstzeiten kollidierten, wurde nicht immer widerspruchslos hingenommen. Als Kantonspräsident Matty, selbst lutherischer Pfarrer, die Kapuzinerkirche in Alzey zum Dekadentempel umfunktionieren wollte, konnten katholische Gläubige, die das mit Gewalt verhindern wollten, nur durch den Einsatz des Regierungskommissars Theyer beruhigt werden.[6]

Freiheitsbäume, Pauken und Trompeten – die Vermittlung der neuen Ordnung

Gerade angesichts der Skepsis der Bevölkerung gegenüber den vielen Neuerungen versuchten die neuen Machthaber, wie schon in der Zeit der Mainzer Republik, die Vorzüge des neuen Systems symbolisch zu vermitteln und andererseits positive Stellungnahmen zugunsten der neuen Ordnung zu erzwingen. Eine der ersten

Verordnungen Rudlers war, dass *„alle Einwohner der eroberten Länder, Männer und Frauen"* als Zeichen der Freiheit – unter Androhung von Arrest – die blau-weiß-rote Kokarde tragen sollten. Wappen und andere Zeichen der *„Lehnsherrschaft"* an Gebäuden, Kirchen und öffentlichen Denkmälern sollten abgeschlagen werden. Wie schon 1792/93 sollten in allen Gemeinden Freiheitsbäume aufgestellt werden. In Worms geschah das am 5. Februar 1798. Mit *„Glockengeläut und Kanonenschüssen, Pauken und Trompeten"* wurde der Baum auf den Markt gebracht und dort aufgestellt. Schüler aller Konfessionen und Juden nahmen an dieser Zeremonie ebenso teil wie die gesamte Verwaltungsspitze. Reden wurden gehalten, es wurde Musik gespielt und *„Belustigung und Tanz für alle Bürger-Classen"* angeboten. In den Dörfern waren die Feierlichkeiten nicht ganz so aufwendig. In Dromersheim etwa stellten die Junggesellen den Baum auf, den die *„jungen Mädchen"* mit einem Efeukranz und Bändern geschmückt hatten, die anwesende *„Schuljugend"* bekam *„Wecken"* ausgegeben. Auch Militär war anwesend. So wurden in der Gimbsheimer Haushaltsrechnung die Kosten für *„Fleisch zur Ergötzlichkeit der Trouppen beim Freiheitsbaum"* verbucht. Nicht nur geschmückte kahle Bäume wurden aufgestellt, sondern auch Freiheitsbäume gepflanzt. Für Gegner des neuen Systems stellten diese Bäume ideale Ziele dar, mit deren Zerstörung die Ablehnung der Neuerungen signalisiert werden konnte. Schon frühzeitig wurden daher Gemeinden von Rudler verpflichtet, die abgehauenen Bäume auf ihre Kosten zu ersetzen.[7]

Mit der Übernahme des republikanischen Festzyklus sollte außer einer weiteren Identifikation mit den Zielen der Revolution auch die Zurückdrängung der christlichen Feiertage kompensiert werden. Alle in Frankreich gefeierten Nationalfeste sollten auch in den neuen Departements gefeiert werden: die Feste der Gründung der Republik, der Jugend, der Ehe, der Dankbarkeit, des Ackerbaus, der Freiheit, der Alten. Die Gestaltung der Feiern wurde den Agents genau vorgegeben. Im Kanton Bechtheim etwa hatte Regierungskommissar Susemihl, einst leiningischer Amtmann, 1792/93

glühender Jakobiner, genaue Vorstellungen, wie das Fest des Ackerbaus begangen werden sollte. Zur Ehrung und *„Aufmunterung"* der *„bäuerlichen volcksklasse"* sollte ein Umzug veranstaltet werden, an dessen Spitze junge Männer aus dem Kanton in Nationaluniform – blauer Rock, roter Kragen, weiße Hosen – marschieren sollten. Ihnen sollten sichelschwingende, ledige junge Männer und Mädchen in Festtagskleidung folgen. Junge Mädchen in weißen Kleidern mit Blumenkränzen im offenen Haar begleiteten die Kantonsverwaltung und die Agents, hinter denen Männer mit landwirtschaftlichem Gerät gingen. Zentraler Bestandteil des Zuges war ein von Ochsen gezogener, mit Korngarben geschmückter Wagen, auf dem eine Frau mit einem säugenden Kind sitzen sollte. Die bewaffnete *„junge Mannschaft"* des Kantons, darunter ausdrücklich auch jüdische Bürger, sollte den Schluss des Zuges bilden.

Auch wenn bei diesen symbolischen Aktionen teilweise auf bekannte Elemente der Feierkultur zurück gegriffen wurde – der Freiheitsbaum erinnert an Kerbe- und Maibäume, die Umzüge waren an Prozessionen angelehnt – so dürften doch für viele Zeitgenossen die Susemihlschen Vorstellungen, die zweifelsohne den französischen Szenarien für solche Feiern entliehen waren, zumindest befremdlich gewesen sein. Allerdings ist die Ehrerbietung der bäuerlichen Bevölkerung durch den Staat sicher positiv aufgenommen worden und verfehlte auch die Einbindung aller Bevölkerungsgruppen und Generationen ihre Wirkung nicht. Einem eine Generation später aufgezeichnetem Bericht nach soll das Fest auch die *„bisher Teilnahmslosen"* beeindruckt haben und in weiten Kreisen *„Freude und Hoffnung auf bessere Zustände"* ausgelöst haben. Dennoch endete die Veranstaltung angeblich mit einer Massenschlägerei zwischen Anhängern und Gegnern des neuen Systems. Andererseits scheint der einen Tag nach dem Fest veröffentlichte Aufruf der Munizipalverwaltung, künftig die Nationalfeste zu feiern und an diesen Tagen nicht zu arbeiten, auf eine eher geringe Beteiligung hinzuweisen.

Der Jahrestag der Erstürmung der Tuilerien am 10. August 1792 wurde in Mainz 1798 mit einem großen Fest gefeiert, an dem, anders als in Bechtheim, viele Menschen teilnahmen. Nach einer ausgeklügelten Festchoreografie wurden auf dem Schlossplatz auf einem Vaterlandsaltar *„Weihrauch gestreut"*, der Marseiller Marsch gespielt und Reden gehalten, die das Publikum aber kaum verstand, weil zu viele Menschen auf dem Platz waren und die meisten Reden auf Französisch vorgetragen wurden. Regierungskommissar Rudler, im blauen Rock und mit einem Hut, der mit drei Reiherfedern, einer blauen, einer weißen und einer roten, geschmückt war, redete ebenfalls zu den Anwesenden, bevor der Sturm auf die Tuilerien nachgespielt wurde. Ein *„Gemisch von Freude und Beklemmung"* beobachtete der anonyme Zeitzeuge, *„verbissenen Kummer"* und *„ausgelassene(n) Jubel über die Freiheit"* und bei aller Kritik, die in seiner Beschreibung durchklingt, scheint diese Unentschiedenheit auch seine Stimmung wiederzugeben. Im Kanton Wöllstein erinnerte am gleichen Tag der Badenheimer Bauer und Dichter Isaak Maus die offensichtlich eher unwillig Erschienenen daran, dass der Zweck solcher Feste, die *„Kultur des Volkes und folglich das Glück der Menschheit"* sei und dass schließlich auch der *„Frohsinn eine gesellschaftliche Tugend (sei), die durch Volksfeste erweckt und befördert werden soll"*.[8]

Der Zwang zur Freiheit

Eindeutig Stellung beziehen zur neuen Staatsordnung mussten die Einwohner der neuen Departements bereits in den ersten Monaten. Zur Rechtfertigung des Anschlusses der linksrheinischen Gebiete an Frankreich, der bereits seit dem 17. Jh. geplanten „Reunion", sollten Erklärungen zugunsten der Vereinigung gesammelt werden. Von 30 der 37 Kantone des Departements Donnersberg wurden diese *„Reunionsadressen"* abgegeben. Ganz freiwillig erscheint auch diese Unterschriftenaktion nicht gewesen zu sein. *„Zauderer"*, die die *„Wohlthat nicht erkennen wollen"*, sollten auf lange Zeit *„der Vortheile der neuen Verfaßung beraubt bleiben"* und *„von allen öffentlichen Ämtern"* entfernt werden, so die Drohung Susemihls. Die Gemeinden reagierten unterschiedlich auf solche Werbungen und Drohungen. In Susemihls Kanton Bechtheim schwankte die Beteiligung zwischen 30 und 86 %, nur in Heßloch blieb die Beteiligung unter 2 % und im kleinen Hangenwahlheim trugen sich alle Stimmberechtigten ein. Die Gemeinden des Kantons Oppenheim gaben keine Erklärungen ab; der Grund hierfür ist nicht bekannt. In Dolgesheim unterschrieben nur der lutherische Pfarrer, der Agent und sein Adjunkt. Der Rest der Gemeinde verließ die Versammlung, nachdem der frühere Schultheiß erklärt hatte, man fasse die Aufforderung zur Unterschrift als unwürdig auf, da man die Vorteile, die daraus erwachsen könnten, bereits durch viele Stockschläge durch die Franzosen im Krieg kennen gelernt habe. Im Mainzer Umland unterschrieben in den meisten Gemeinden alle Familienväter und darüber hinaus offenbar auch etliche ledige junge Männer. Im Kanton Ober-Ingelheim schwankte das Ergebnis zwischen 21 % in Nieder-Ingelheim und der vollzähligen Abgabe in Elsheim und in Großwinternheim. In Mainz unterschrieben drei Viertel der Stimmberechtigten. Insgesamt beteiligten sich in den später zu Rheinhessen zählenden Kantonen fast die Hälfte an der Abstimmung, im Durchschnitt der linksrheinischen Departements aber nur jeder Fünfte. Ob der höher ausgeübte Druck, die stärkere Einsicht in die Vorteile der neuen Ordnung oder aber auch die Vorstellung, die Unterschrift sei eine Art Huldigung an die neue Obrigkeit und somit unumgänglich, Grund für diese Differenz war, kann kaum beurteilt werden. Die Aussagekraft der Unterschriften ist aber in Zweifel zu ziehen, wenn wie in Dromersheim die Gemeindeangehörigen erklärten, sie hätten, wenn sie in ihrer Entscheidung frei gewesen wären, nicht unterschrieben. Da *„aber solches bei angedrohter Strafe oder sonstigen unangenehmen Zufällen geschehen müsse, so wolle ein jeder derselbigen nach dem Befehl gehorsam sein, damit man nicht dadurch in Schaden versetzt werde."* [9]

Napoleon

Letztlich führten nicht die Reunionsadressen, sondern die Kriegsereignisse zur offiziellen Angliederung an Frankreich. Die Rastätter Verhandlungen endeten wegen erneuter Kriegsaktivitäten ohne Friedensschluss mit dem Reich. Erst die Erfolge Napoleons über Österreich brachten den Frieden von Lunéville im Jahr 1801, der den Anschluss der vier Departements anerkannte. Die völlige Gleichstellung der linksrheinischen mit den innerfranzösischen Departements erfolgte dann aber erst im September 1802.

Mittlerweile hatte sich das französische Staatssystem verändert. Napoleon Bonaparte hatte am 18. Brumaire des Jahres 8, dem 9. November 1799, die Macht übernommen und sich zum Ersten Konsul gemacht. Von Republik konnte keine Rede mehr sein. Die nun beginnende napoleonische Ära brachte zum einen die Sicherung der Ergebnisse der *„gouvernementalen Revolution"* der beiden vorausgegangenen Jahre, gleichzeitig auch eine weitgehende Integration in den französischen Staat, in dem die Revolution nun – je nach Sichtweise – beendet worden war oder vollendet wurde. Die Phase beschleunigter Entwicklungen, in der sich die neuen Departements seit 1798 befanden, war daher keineswegs beendet. Vielmehr konnten einige Maßnahmen, die die soziale und wirtschaftliche Ordnung grundlegend veränderten, erst jetzt in Angriff genommen werden.

Auch wenn die Politik Napoleons auf eine Stabilisierung der Verhältnisse hin ausgerichtet war und er – nicht zuletzt auch im Interesse seiner Expansionspolitik, aber auch seiner Ambitionen, sich selbst zum Ursprung einer neuen monarchischen Dynastie zu machen – den Ausgleich mit der Kirche, die Versöhnung mit den Gegnern der Revolution im Innern und die Anerkennung seiner Herrschaft durch die europäische Aristokratie anstrebte, so geschah das nicht im Rückgriff auf die alten, von der Revolution abgelösten Strukturen. An den Zielen der Liberalisierung der Wirtschaft und der Überwindung der ständischen Ordnung durch die rechtliche Gleichstellung der Bürger und somit auch der Abschaffung der Privilegien von Adel und Kirche wurde auch weiterhin – und gerade auch in den neu unter den Einfluss Frankreichs geratenen Staaten – festgehalten. [10]

Jakobiner und Revolutionsfeinde – Napoleons Beamte

Mit der neuen Regierungsform wurde im ersten Jahr der napoleonischen Herrschaft auch das Verwaltungssystem geändert. An die Stelle der kollegialen Gremien trat nun auf jeder Verwaltungsebene ein Beamter mit weitreichenden, allerdings immer von der nächsthöheren Ebene abhängigen Entscheidungskompetenzen. In den Gemeinden wurde der Agent Municipal durch den Maire ersetzt, die Munizipalitätsverwaltungen der Kantone wurden aufgelöst und stattdessen die Position des Unterpräfekten geschaffen, der die Maires in seinem Amtsbezirk, dem Arrondissement, zu kontrollieren hatte. An der Spitze des Departements stand der Präfekt, der die Befehle aus Paris zu befolgen hatte. Verwaltungserfahrung wurde nun bei der Besetzung der Ämter höher eingeschätzt als politische Einstellungen. So wurde etwa in Nieder-Olm ein ehemaliger kurmainzischer Zollbeamter, der 1793 noch als *„Hauptfeind"* der Revolutionsanhänger galt, zum Maire ernannt, in Oppenheim der ehemalige Stadtschreiber und Advokat Ferdinand Emonds, der 1792 noch den *„Freiheitsschwindel"* gebrandmarkt hatte und auch in den Jahren 1798/99 nicht als Freund der Revolution aufgefallen war. Der in Worms zum Maire berufene Posthalter Georg Heinrich Strauß hatte zwar 1798 die Reunionsadresse unterschrieben, war aber 1792 im Klub offen gegen die Jakobiner aufgetreten. In Mainz wurde mit Franz Konrad Macké ein Mann als Maire eingesetzt, der während der Mainzer Republik schon als Gemeindeprokurator und kurzzeitig als Maire aktiv war, aber als gemäßigt galt. Seine Adjunkten allerdings und der größte Teil des Gemeinderats waren bislang politisch nicht in Erscheinung getreten. Der Alzeyer Maire Sauermann war bereits vorher in der Kantonalverwaltung tätig gewesen. In Bingen setzte man den bis dahin nicht politisch aktiven Kaufmann Nikolaus Ernst als Maire ein. In den meisten ländlichen Gemeinden scheinen die 1798 als Agents eingesetzten Amtsträger auch als Maires bestätigt worden zu sein. Hier ist sicher auch in Rechnung zu stellen, dass das Potenzial an zu dieser Aufgabe fähigen Personen, die zudem noch für politisch geeignet gehalten werden mussten, begrenzt war. Anhand von Listen der 1807 erstmalig durchgeführten Bestätigung oder Ersetzung der Maires und Adjunkten wird deutlich, dass vorwiegend Angehörige der dörflichen Oberschicht auf diese Positionen gesetzt wurden.[11]

In der Person des Präfekten Jeanbon St. André, der ab 1802 die Geschicke des Departement Donnersberg leitete, spiegelt sich die Widersprüchlichkeit der napoleonischen Zeit wider. Der von Napoleon als Musterpräfekt geschätzte Jeanbon hatte bereits eine bewegte Biografie aufzuweisen, als er 53-jährig sein Amt in Mainz antrat. Als Sohn protestantischer Eltern, katholisch getauft und jesuitisch erzogen, war er zunächst zur See gegangen und hatte es bis zum Kapitän der Handelsmarine gebracht, bevor er sich in der Schweiz zum calvinistischen Prediger ausbilden ließ – ein Beruf, den er in Frankreich erst ab 1787 legal ausüben konnte. In der Revolution war er als Jakobiner, Parteigänger Robespierres, Mitglied des Wohlfahrtsausschusses und Marinekommissar hervorgetreten und wurde nach dem Sturz Robespierres kurzzeitig arrestiert. Als Diplomat in Algier und Smyrna wurde er nach der Kriegserklärung des Sultans gegen Frankreich nach Konstantinopel verschleppt, dort für drei Jahre eingekerkert und erst 1801 frei gelassen. Gewiss prägten diese Erfahrungen als Seemann, Prediger einer nicht zugelassenen, nur im „Untergrund" praktizierten Konfession, Häftling in Frankreich und in Konstantinopel seine Amtspraxis in den elf Jahren seines Mainzer Wirkens. Von Askese und Härte gegen sich selbst ist in den zeitgenössischen Beschreibungen seiner Person die

Rede und diese Charaktereigenschaften scheinen auch sein politisches Wirken als Präfekt bestimmt zu haben. In diesem Amt hatte er die Direktiven aus Paris zu erfüllen, verfügte aber auch über genügend Handlungsspielraum, um seiner Amtszeit seinen eigenen Stempel aufzudrücken. Dass er das sehr häufig im Interesse der Einwohner seines Departements machte, wurde nicht nur vor Ort bemerkt. Auch Napoleon nannte ihn einen *„ardent avocat de son départment"*, einen *„eifrigen Advokaten seines Departements".*[12]

Die bestimmenden Themen der napoleonischen Politik in den neuen Departements waren das Verhältnis von Staat und Kirche, damit einhergehend die Säkularisation und die Versteigerung der Nationalgüter, die Rechtskodifikationen, die letztlich auch gesellschafts- und wirtschaftspolitisch von großer Tragweite waren, andererseits aber auch die mit starken Belastungen der Bevölkerung verbundene Expansionspolitik.

Kirche und Kirchengüter

Die antikirchliche Politik der Revolutionszeit beendete Napoleon gleich nach Amtsantritt durch versöhnliche Maßnahmen gegenüber eidverweigernden Priestern und eine Lockerung der Dekadenordnung, schließlich durch das Konkordat mit Papst Pius VII. von 1801, durch das das Verhältnis zwischen Staat und Kirche neu geregelt wurde. Allerdings schuf Napoleon damit eine Staatskirche, die vollkommen der Stabilisierung seiner Herrschaft diente. Die Neuordnung der Bistumsstruktur, die Besetzung der Bischofsstühle nach seinem Willen, die strenge Kontrolle über deren Amtstätigkeit durch den Staat und vor allem die Anerkennung der Säkularisation der Kirchengüter, die im Mutterland schon betrieben

Abb. 16:
Jeanbon St. André. Portrait von Jacques-Louis David.

worden war, aber in den neuen Departements noch auf der Agenda stand – das war der Preis, den die Kirche für die *„Wiederherstellung der Religion"* zu zahlen hatte. So wurde 1802 die Erzdiözese Mainz aufgelöst und durch ein mit dem Departement Donnersberg deckungsgleiches Bistum Mainz ersetzt, das sich somit nur auf den linksrheinischen Teil der alten Kirchenprovinz erstreckte. Diese Neuordnung bedeutete auch das Ende für das Bistum Worms. 1802 wurde der bürgerliche Straßburger Domprediger Joseph Ludwig Colmar zum Bischof von Mainz ernannt. Mit ausschlaggebend für seine Wahl war seine Zweisprachigkeit. Bis auf die Pfarreiebene hinunter hatte er – in enger Absprache, aber auch in Auseinandersetzung mit dem ehemaligen reformierten Prediger Jeanbon – die Struktur seiner Kirche neu zu organisieren. Gegen den Willen Jeanbons, der für einen Abriss plädierte, setzte Colmar die Rückgabe und Instandsetzung des 1793 schwer beschädigten Mainzer (und im übrigen auch des Speyerer) Doms durch und erreichte 1804 anlässlich eines Aufenthalts

Napoleons in Mainz die Einrichtung eines neuen Domfonds.

Zeitgleich mit dem Konkordat wurde der Status der protestantischen Konfessionen geregelt. Auch sie wurden, fast noch enger als die katholische Kirche, an den Staat gebunden. Beziehungen zu ausländischen Mächten, das bezog sich etwa im Fall der reformierten Kirche auf Heidelberg, waren untersagt. Ausbildung und kirchliche Lehre war staatlicher Kontrolle unterworfen. In Mainz bildete sich 1802 aufgrund der Initiative des Tuchfabrikanten Bracker erstmals eine protestantische Gemeinde, die von Jeanbon St. André als Unionsgemeinde genehmigt und der die Altmünsterkirche zugewiesen wurde. Jahrzehnte vor anderen Vereinigungen der protestantischen Konfessionen wurde hier unter theologischen Kompromissen von Lutheranern und Reformierten ein gemeinsames Gemeindeleben praktiziert.[13]

Die im Konkordat akzeptierte Säkularisation, das heißt die Aufhebung geistlicher Institutionen und die Aneignung ihrer Besitztümer durch den Staat, wurde im Juli 1802 umgesetzt. In Mainz wurden zehn Klöster und Stiftskirchen aufgelöst, die Ordensleute und Stiftsgeistlichen wurden, sofern sie nicht aus dem Linksrheinischen stammten, in das rechtsrheinische Deutschland verbannt. In Worms war mit Notar Winkelmann ausgerechnet ein ehemaliger Stiftsherr damit beauftragt worden, die Existenz der sechs Klöster und vier Stifte zu beenden. Auch die im Zuge der Rekatholisierung eingerichteten Klöster der Franziskaner in Oppenheim und der Kapuziner in Alzey und Bingen wurden aufgehoben.[14]

Die Kloster- und Stiftsgebäude und der dazu gehörige Landbesitz wurden ebenso wie die Güter des geflohenen Adels und der Landesherren „Nationaleigentum". Während die Kir-

chen- und Klostergebäude meist profanisiert und als Lager- und Wirtschaftsräume genutzt und die Adelspalais für Verwaltung und Militär verwendet wurden, versteigerte man die Ländereien, aber auch viele Gebäude ab 1803 als „Nationalgüter". Ausgenommen von den Versteigerungen war das Vermögen der Bischöfe, Domkapitel, Priesterseminare und Pfarreien sowie das der protestantischen Gemeinden. Der aus Säkularisationen der Reformationszeit herrührende Besitz der *„Heidelberger Administration"* geriet mit Verspätung ebenfalls in die Versteigerung. Angekündigt auf Aushängen, den *affiches* fanden die Versteigerungen in der Präfektur in Mainz statt. Als Mindestpreis musste der zehnfache Betrag der jährlichen Abgaben für Äcker und der sechsfache Betrag für Gebäude, der jedoch 1804 verdoppelt wurde, geboten werden. Allerdings findet sich in den *affiches* häufig eine deutlich höhere Schätzsumme. In Mainz wurde der geschätzte Preis bei vielen Gebäuden deutlich überboten; ein Zeichen für die hohe Nachfrage, die das gerade in der ehemaligen Residenz- und Domstadt erhebliche Angebot an Immobilien – Franz Dumont spricht von *„ganzen Stadtvierteln"*, die *„unter den Hammer kamen"* – deutlich überstieg. Das Gleiche gilt für Worms, wo die katholische Kirche mit mehr als 30 % der Stadtfläche der mit Abstand größte Grundbesitzer gewesen war. Wirtschaftshistorisch bedeutsam ist die Versteigerung des ländlichen Grundbesitzes der geistlichen Institutionen, aber auch der des geflüchteten Adels und der ehemaligen Territorialherren. Wenn auch der Anteil des grundherrlich gebundenen Landes sehr unterschiedlich war und das bäuerliche Eigen in der Region eine große Rolle spielte, so kamen doch auch in Gemeinden mit vergleichsweise geringem Anteil an als Nationalgüter zu veräußernden Grundstücken oft gerade die attraktivsten Hofgüter und die besten Böden in die Versteigerung. Auch hier ist die gleiche Beob-

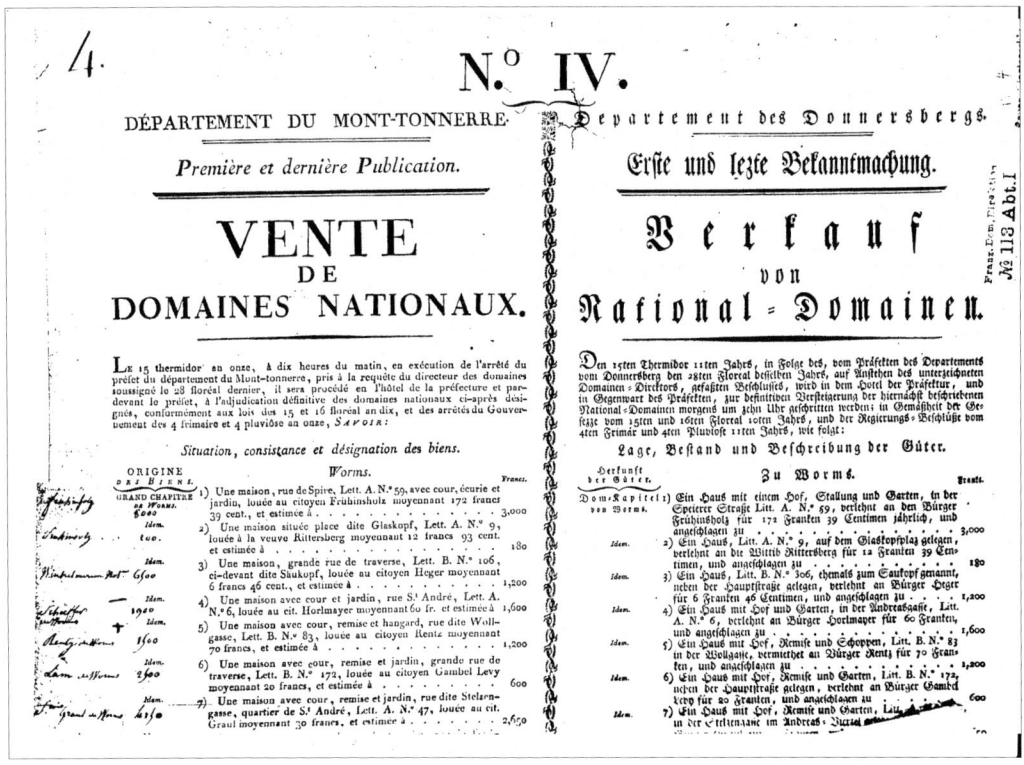

Abb. 17:
Bekanntmachung von Nationalgüterversteigerungen.

achtung wie am städtischen Immobilienmarkt zu machen: die Nachfrage überstieg häufig das Angebot. Auch wenn – wie in den Städten – eine gewisse Anzahl von Gütern nicht verkauft wurde, weil der Mindestpreis nicht geboten wurde, so sind in den meisten Fällen deutlich höhere Beträge erreicht worden als ursprünglich angesetzt.[15]

Die gedruckten *affiches* enthalten Angaben zu dem zu versteigernden Gut, dem bisherigen Eigentümer, dem Pächter, der jährlichen Pacht, dem Schätzpreis, handschriftlichen Eintragungen zu dem tatsächlichen Kaufpreis und dem Käufer. Mit dieser Quelle lassen sich daher die Kaufvorgänge gut nachvollziehen. Zwischen 1803 und 1813 wurden in den später rhein-

hessischen Gemeinden und Städten (ohne Mainz und Worms) 828 Verkäufe getätigt.[16] Die zu verkaufenden Güter reichen von kleinen Ackerflächen bis zu Hofgütern mit Gebäuden und umfangreichem Landbesitz. Die Zahl der Transaktionen sagt daher nichts über das flächenmäßige Ausmaß der Besitzwechsel aus. Deswegen sind die teilweise signifikanten Unterschiede in der Anzahl der Kaufbewegungen nur bedingt aussagekräftig und geben nur Tendenzen an. Dennoch scheint die Tatsache, dass im Kanton Nieder-Olm, der auch die Mainzer Umlandgemeinden umfasst, 229, im Kanton Oppenheim 165, im Kanton Wöllstein aber nur 30 Verkäufe getätigt wurden, auf ein unterschiedlich großes Angebot hinzuweisen. Hinsichtlich der Verteilung der Käufergruppen lassen sich ebenfalls Differenzen ausmachen. Insgesamt wurden 31 % der Nationalgüter von am Ort des Guts ansässigen Käufern erworben, 61 % von auswärtigen Personen, bei 8 % ließen sich die Käufer nicht ermitteln. Der Anteil der auswärtigen Käufer lag mit etwa drei Vierteln in den Kantonen Bechtheim, Wöllstein, Nieder-Olm, Ober-Ingelheim und Bingen besonders hoch. Bei den einheimischen Käufern handelte es sich häufig um die ehemaligen Pächter der Grundstücke, fast immer um Bauern aus den betreffenden Dörfern. Bei den auswärtigen Käufern dominierte das städtische Bürgertum. Wie aus der Nationalgüter-Forschung bereits bekannt, waren es auch hier vor allem Kaufleute, Beamte und Angehörige freier Berufe aus den umliegenden und teilweise auch weiter entfernten Städten, die den größten Anteil der Nationalgüter erwarben. Gerade Vertreter der neuen französischen Verwaltung finden sich häufig unter den Käufern. Mit 18 % der Transaktionen waren jüdische Käufer auffällig oft beteiligt. Das erklärt sich zum einen daraus, dass Juden bis in die 1780er-Jahre – und teilweise bis zum Ende des Alten Reiches – der Erwerb von Grundbesitz nicht erlaubt war und somit Nachholbedarf bestand, viel mehr aber aus den Geschäftsaktivitäten einzelner jüdischer Großkäufer, die wie etliche der christlichen Steigerer als Immobilienhändler auftraten. So finden sich wie im ganzen Departement die Namen von Leser Baer und Simon Mayer Reinach aus Mainz und Isaak Hayum aus Kreuznach besonders häufig auf den *affiches* als Käufer vermerkt. Immer wiederkehrende Namen auch christlicher Käufer zeigen, dass der Kauf von Nationalgütern als Gelegenheit genutzt wurde, aus dem Handel mit Boden Gewinn zu erwirtschaften. Männer wie der ehemalige Jakobiner, Jurist und Adjunkt Karl Parcus aus Mainz, der Güter für 350.000 Francs kaufte und den Verkauf anderer Immobilien im Wert von 235.000 Francs vermittelte, oder wie, mit deutlichem

Abstand, der Alzeyer Philipp Rauschert, der ehemalige Kreuznacher Salinenverwalter Sahler oder der Wormser Händler und spätere Maire Pistorius kauften die Güter meist nicht zur eigenen Nutzung, sondern zum parzellenweisen Weiterverkauf.

Einige lokale Beispiele können die deutlichen Unterschiede unter den Gemeinden hinsichtlich Angebot, Käufergruppen und Weiterverkauf der Güter aufzeigen. In Bodenheim war mit 71 % ein überdurchschnittlicher Anteil des Landes grundherrlich gebunden. Bei der Versteigerung von zehn Gütern zwischen 1803 und 1812 sind 208.100 Francs erzielt worden; eine Summe, die das 2,7-fache des Mindestgebotes ausmachte. Diese sehr hohen Preise sind mit der Attraktivität der Hofgüter, Weinberge und Äcker zu erklären, andererseits aber auch mit der stadtnahen Lage, die die Ersteigerung eines Landgutes interessant machte, zumal es sich bei den Gebäuden um stattliche Hofanlagen handelte. Die Käufer dieser Anlagen waren zumeist Mainzer Bürger, teilweise auch Funktionsträger des neuen Staatssystems, die wohl vorhatten, die Anwesen selbst zu beziehen, da eine Weiterverpachtung angesichts des Kaufpreises, der das 30- bis 40-fache der bisherigen jährlichen Abgaben betrug, ökonomisch nicht sinnvoll erschien. Auch die Ackerflächen wurden von Mainzer Bürgern gekauft. Bodenheimer Bauern, zumal die seitherigen Pächter, waren nicht als Käufer aktiv. Sie kamen erst zum Zuge, als die Güter parzelliert und zum Weiterverkauf angeboten wurden. Auch in Alsheim war unter den vier Steigerern von Nationalgütern nur ein ortsansässiger Bauer; die anderen wurden von Kaufleuten aus Mainz, Kreuznach, Mannheim und Maudach und einem Mainzer Notar gekauft. In Hechtsheim stammte immerhin ein Drittel der Käufer aus der Gemeinde, aber 80 % des Landes wurde von städtischen Großkäufern erworben und zum größten Teil parzelliert an die Bauern vor Ort weiterverkauft, ein Vorgang, der sich bis weit in das 19. Jh. hinein erstreckte.

Zweifelsohne bedeutete die Nationalgüterversteigerung eine bis dahin nicht gekannte Intensivierung des Bodenmarktes. Dass mit Grundstücken frei gehandelt wurde, war allerdings keine Neuerung der französischen Zeit, wie immer wieder behauptet wurde. Angesichts eines hohen Anteils bäuerlichen Eigentums war dies seit Jahrhunderten gängige Praxis. Die Versteigerungen bewirkten daher auch keinen grundsätzlichen Wandel der ländlichen Gesellschaft, sondern verstärkten eher die Stellung der mit Landbesitz bereits gut ausgestatteten Bauern der Mittel- und Oberschicht, die mancherorts allerdings nun – wie in Bodenheim – durch die Ansiedlung wohlhabender neuer Gutsbesitzer erweitert wurde. In den Städten konnte sich durch die Teilnahme an den Grundstückstransaktionen ein Wirtschaftsbürgertum stabilisieren und entwickeln. Mit dem Kauf eines säkularisierten Gutes wuchs schließlich auch in Stadt und Land die Loyalität dem neuen Staatssystem gegenüber, ein Zurück in vorrevolutionäre Verhältnisse war für die Beteiligten an dieser Besitzumschichtung nicht mehr denkbar.[17]

Code Napoleon

Die Umwandlung der säkularisierten Güter in privates Eigentum hatte für die Verteilung des Landbesitzes noch eine weitere Konsequenz: Waren diese Flächen bislang im Prinzip unteilbar gewesen und konnten sie nur als Ganzes an neue Pächter oder die Erben der alten Bestänter weiter gegeben werden, so waren sie nun der Erbteilung unterlegen. Häufig wird die Teilbarkeit – und als deren Konsequenz die später oft beklagte „Zerstückelung" der Agrarflächen

– einer weiteren Neuerung der französischen Zeit zugeschrieben: Nämlich den Bestimmungen des seit 1800 von Napoleon initiierten und 1804 in Kraft getretenen *Code Civil*, des ersten Teils der fünf Gesetzesbücher, mit denen Napoleon das Rechtssystem grundlegend neu ordnete. Hier wird allerdings übersehen, dass der umfangreiche Eigenbesitz in der Region von alters her nach den Prinzipien der Realerbteilung, nach der jedem Kind der gleiche Anteil des elterlichen Erbes zustand, weitergegeben wurde. Auch ohne die Regelungen des *Code Civil* wäre das zweifelsohne ebenfalls bei den neuen Erwerbungen praktiziert worden. Mit dem *Code Civil* oder *Code Napoleon* wurde die Rechtsgleichheit aller Bürger, Gewerbefreiheit, der Schutz des Privateigentums garantiert, die Trennung von Staat und Kirche und die Aufhebung des Zunftzwanges bestätigt. In vier weiteren bis 1810 erlassenen Gesetzesbüchern wurden zudem die Zivilprozessordnung, das Handelsrecht, die Strafprozessordnung und das Strafrecht neu geregelt. Damit blieben Verwaltung und Justiz getrennt, wurden mündliche und öffentliche Gerichtsverfahren eingeführt, Handelsgesellschaften rechtlich definiert und die Person des Staatsanwaltes als Ankläger in den Gerichtsverfahren geschaffen. Für die soziale und wirtschaftliche Entwicklung der linksrheinischen Gesellschaft hatten diese Rechtskodifikationen eine enorme Bedeutung und behielten ihre Geltung auch nach dem Ende der napoleonischen Zeit bei.[18]

Eine bessere Gesellschaft – die Notabeln

Bei den Nationalgüterversteigerungen in Worms tauchen einige Namen immer wieder als Käufer auf: Domäneneinnehmer Georg Frühinsholz, Maire Strauß, seine Nachfolger Pistorius und Valckenberg, Friedensrichter Ludwig Heisel,

Posthalter Kilian Euler, die Kaufleute Cornelius Heyl, Philipp Abresch und Christian Schoeneck. Sie alle sind auch in den Mitgliederlisten der 1798 nach kriegsbedingtem Pausieren wieder gegründeten Lesegesellschaft zu finden, in der sich erstmals 1783 Kaufleute, Beamte, Geistliche und Offiziere stände- und konfessionsübergreifend zusammengeschlossen hatten. Gehörten in den ersten Jahren dieser Lesegesellschaft auch noch etliche Magistratsmitglieder, Kleriker und fürstbischöfliche Beamte als Vertreter des „alten Systems" an, so waren es nun die Funktionsträger des neuen Staats, die neben den aufstrebenden Wirtschaftsbürgern den exklusiven Verein dominierten. Der Zusammenschluss von Angehörigen verschiedener Gruppen in freien Assoziationen mit elitärem Anspruch ist in vielen Städten bereits in den Jahrzehnten vor der französischen Revolution zu beobachten und wird als Zeichen für die Entstehung eines die Grenzen der alten ständischen Ordnung überwindenden „neuen Bürgertums" gedeutet. Die napoleonische Gesellschaftspolitik beschleunigte diese Entwicklung erheblich. Die Flucht vieler Adliger (von denen etliche sich allerdings mit dem neuen System arrangierten und wieder zurückkehrten oder zumindest ihre Besitztümer sicherten), die Ausweisung eines großen Teils der Geistlichkeit sowie die Anwesenheit französischer Offiziere und Beamter hatten bereits zu grundlegenden Veränderungen in den linksrheinischen Departements geführt. Die Rechtsgleichheit, die neuen wirtschaftlichen Chancen infolge der Gewerbefreiheit und nicht zuletzt auch durch die Besitzumschichtungen infolge der Nationalgüterversteigerungen, forcierten die soziale Dynamik derart, dass von einem fast übergangslosen Wechsel von einer ständischen zu einer bürgerlichen Gesellschaft gesprochen werden kann. Mit der Schaffung einer Honoratiorenschicht wurden aber neue soziale Schranken errichtet. Nach einem in Frankreich bereits

vor der Revolution praktizierten Modell, die Partizipation des Dritten Standes zu organisieren, Notabeln genannt, wurden die wirtschaftlich führenden Personen in politische Positionen gebracht, die zwar angesichts der letztlich diktatorischen Verfasstheit des napoleonischen Regimes in ihrer Wirksamkeit beschränkt waren, aber Möglichkeiten boten, lokale und eigene Interessen zu verfolgen. Zu den Notabeln wurde gezählt, wer von der Regierung zu einem wichtigen Amt berufen worden war oder aber, wer einem Wahlgremium auf der Ebene des Departements angehörte. Nur wer zu den 600 Höchstbesteuerten eines Departements zählte, konnte in dieses Gremium aufgenommen werden. Selbst die Mitgliedschaft im Konsistorium der reformierten Kirche war von diesem Wählbarkeitskriterium abhängig. Mit den Notabeln entstand so eine neue soziale Elite, die in Staat und Wirtschaft die führenden Funktionen innehatte. Anstelle der Geburt wurde nun dem Besitz, und da es um die Grundsteuer ging dem Landbesitz, erste Priorität eingeräumt.

All die genannten Steigerer von Nationalgütern und Angehörigen der Lesegesellschaft in Worms zählten zu diesen 600 Höchstbesteuerten. Für die anderen Städte lassen sich leicht ähnliche personelle Konstellationen benennen. In Mainz zählten zu den Notabeln neben dem Präfekt Jeanbon St. André und Maire Macké der Adjunkt (und eifrige Nationalgütersteigerer) Parcus, der Bibliothekar Lehne, Forstinspektor Denis, die Kaufleute Kertell, Lauteren, Mappes und Dumont. In Bingen sind Maire Geromont, die Friedensrichter Gullius und Kaiselreuther und die Kaufleute Klein, Soherr, Manera, Broggino und Wagner zu nennen. Sowohl die Mainzer als auch die Binger Notabeln finden sich in den Freimaurergesellschaften ihrer Zeit wieder.

Sicher waren die meisten dieser Notabeln in den Städten zu finden. Aber auch in der ländlichen

Gesellschaft gab es Männer mit Vermögen, die zu den *éligibles*, den wählbaren Personen, zählten und häufig als Maires und Adjunkten, aber auch als Notare und Friedensrichter in den Gemeinden agierten. David Möllinger aus Pfeddersheim, Enkel des für seine landwirtschaftlichen Erfolge berühmten Monsheimer David Möllinger, ist wie viele andere der innovativ wirtschaftenden Gutsbesitzer hierzu zu zählen. Wie die städtischen Notabeln verband auch die ländlichen Honoratioren neben ihrem Wohlstand und ihren administrativen Funktionen eine durch verstärkte wirtschaftliche und politische Kontakte intensivierte Kommunikation untereinander.

Mit dem Notabelnsystem stabilisierte Napoleon seine Herrschaft, indem er alte und neue Eliten in den Verwaltungs- und Justizapparat integrierte, die wirtschaftlich Erfolgreichen auch politisch aufwertete, die bereits vorher Einflussreichen einband und ihnen Gelegenheit gab, trotz aller Direktiven eigene Interessen zu verfolgen. Gerade die strenge Gesetzlichkeit und der erhöhte Anspruch des Staates, seine Ziele auch gegen lokale Widerstände durchzusetzen, konnten von den Funktionsträgern auch als Argumente genutzt werden. Das ist etwa in sicherheitspolitischen Maßnahmen zu sehen, die von ländlichen Amtsträgern unter Bezug auf die Vorgaben, aber häufig auch zum Schutz ihrer Stellung und ihres Besitzes gegen Unterschichtangehörige durchgeführt wurden.[19]

Konskribierte und Widerspenstige – Soldaten in Napoleons Diensten

Französischer Staatsbürger zu sein, bedeutete auch, für den Staat in den Krieg zu ziehen. Seit 1798 war mit dem *Loi Jourdan* die allgemeine Wehrpflicht eingeführt. Junge Männer zwischen 20 und 25 Jahren mussten sich registrieren – in der Sprache der Zeit: sich konskribieren – lassen. Die Listen der in Frage kommenden Männer wurden von den Maires auf Gemeindeebene angefertigt und dann in einer Kantonsliste zusammengefasst. Das bedeutete aber nicht, dass jeder Konskribierte auch Soldat wurde. Die Regierung legte die Quote der einzuberufenden Rekruten, die dann ausgelost wurden, für jedes Departement fest. In den neuen linksrheinischen Departements wurden diese Regelungen erst 1802 eingeführt. Die Möglichkeit, bereits vor der endgültigen Eingliederung in den französischen Staat als Freiwillige zu dienen, wurde von den Bewohnern der Region nur selten genutzt. So meldeten sich im ersten Halbjahr 1799 nur 57 junge Männer aus dem gesamten Donnersberg-Departement zum Militär. Auch in den ersten Jahren nach Einführung der Wehrpflicht war die Belastung noch nicht sehr groß, da nach den Friedensschlüssen von Lunéville und Amiens der Bedarf an neuen Soldaten gering war. In ganz Frankreich wurden nur 30.000 Rekruten ausgehoben. Die von der Regierung festgelegte Quote der einzuberufenden Konskribierten war für die rheinischen Departements bewusst niedrig gehalten worden, um Probleme, wie man sie etwa aus der westfranzösischen Vendée kannte, zu vermeiden. Wurden im restlichen Frankreich 0,1 % der Bevölkerung eingezogen, so waren es in den neuen Departements nur 0,03 %. Bezogen auf die Zahl der Konskribierten betrug der Anteil derjenigen, die zum Dienst verpflichtet wurden, in den neuen Departements 16 %, in Frankreich insgesamt 24 %. Bis 1804/05 blieb die Quote unter dem allgemeinen Durchschnitt. Erst danach, mit dem Beginn des Dritten Koalitionskrieges, überstieg hier der Anteil der Eingezogenen den französischen Durchschnitt. So hatten 1810 die vier Departements, bezogen auf die Bevölkerungszahlen, eine um 42 % höhere Quote zu erfüllen. 7.309 Soldaten wurden bis Ende

1809 aus dem Departement Donnersberg eingezogen, außerdem kämpften 939 Freiwillige unter Napoleons Fahnen. Mit dem Beginn des Russlandfeldzuges stieg der Bedarf an Soldaten enorm an. Etwa zwei Drittel der Konskribierten wurden in den Jahren 1813/14 einberufen.

Eine Möglichkeit, dem Dienst zu entgehen, war zu heiraten, da verheiratete Männer nicht eingezogen wurden. Der Statistiker Bodmann meldete für die Jahre um 1809, dass im Donnersberg-Departement sich junge Männer frühzeitig verheirateten, um sich der Konskription zu entziehen. Die Stellung eines Ersatzmannes, der sich gegen die Zahlung einer Geldsumme anstelle des in der Verlosung gezogenen jungen Mannes zum Kriegsdienst verpflichtete, war eine letzte Chance, dem Soldatenleben zu entkommen. Die Präfekten unterstützten diese Praxis, da es für sie ein einfaches Mittel darstellte, die Quote zu erfüllen. Obwohl mehrere tausend Francs zu zahlen waren, nutzten nicht nur Angehörige der Oberschicht, sondern über eine Art Versicherung auch andere, weniger Zahlungsfähige diesen Ausweg. In den rheinischen Departements sollen nach offiziellen Statistiken etwa 8 % der Konskribierten durch einen Ersatzmann vertreten worden sein, tatsächlich war ihre Zahl wohl höher. Gerade in grenznahen Gebieten war das Angebot an Ersatzmännern groß, da auch Einwohner der rechtsrheinischen Region diese Funktion übernehmen konnten.

Etliche Konskribierte versuchten, sich dem Kriegsdienst durch Desertion oder indem sie erst gar nicht zur Musterung oder zum Abmarsch erschienen, zu entziehen. Bis 1809 sollen im Departement Donnersberg etwa 2.000 sog. Widerspenstige den Dienst nicht angetreten haben und 359 Soldaten sich von der Truppe entfernt haben. Allerdings bewegen sich auch diese Zahlen unterhalb des französischen Durchschnittes, aber über dem der anderen neuen Departements. Die Nähe zum Rhein, also die Möglichkeit der Flucht in das „Ausland" dürfte ein Grund hierfür gewesen sein, aber auch die Tatsache, dass bereits kurzfristiges unerlaubtes Entfernen für einen Familienbesuch von militärischer Seite als Desertion gewertet wurde. Dass 1812 die Zahl der Widerspenstigen rapide zurückging, ist mit der verschärften Verfolgung nach Beginn des Russlandfeldzuges zu erklären.

Um die jungen Männer vor Desertion und Widerspenstigkeit abzuschrecken, wurden ihre Eltern mit Pfändung oder mit der Einquartierung von Soldaten bedroht. Hier hatten allerdings die Maires der Gemeinden einige Spielräume, um den Eltern Belastungen zu ersparen. 1809 meldete etwa der Alsheimer Maire Hirsch an den Kanton die Namen der *„widerspenstigen Conscripirten"* weiter und vermerkte bei allen Eltern, dass sie zu arm seien, um *„Garnison zahlen"* zu können.

Wie viele der Soldaten aus Spanien, Russland und den anderen Kriegsschauplätzen wieder unversehrt zurückkamen, ist nicht überliefert. Nur an einzelnen Beispielen kann das Ausmaß dargestellt werden. Aus Dietersheim zogen 16 Soldaten in den Krieg, von denen nur fünf zurückkehrten. Von 31 Undenheimern kamen 22 in die Heimat zurück. Elf Friesenheimer Soldaten sind namentlich bekannt. Sieben Hechtsheimer kamen in den Kämpfen um, 19 kehrten zurück. Mindestens sechs Eppelsheimer ließen für Napoleon ihr Leben. Von den 41 Alsheimer Soldaten dienten 13 ein Jahr lang, sieben zwischen zwei und fünf Jahren, einer zehn Jahre. Bei fünf Soldaten aus dem Geburtsjahrgang 1794 verkürzte der Zusammenbruch der napoleonischen Herrschaft den Dienst auf wenige Monate. Elf Männer wurden *„im französischen Dienst vermißt"*, unter ihnen auch Löb Jacob. Als rechtlich gleichgestellte Bürger unterlagen auch Juden der Konskription. Die beiden Söhne von Maire Hirsch, die das Los ebenfalls getroffen hatte, konnten sich durch die Stellung eines Ersatzmannes freikaufen.

Die Lage der einfachen Soldaten schildert anschaulich ein Brief des Bodenheimers Jacob Schmitt an seine Eltern vom Juni 1813:

„Elsleben den 11den Juni 1813
Gott zum Grus weil ich euch schreiben mus Lieb gelieb den Eltern und geschwiesern ich griese eich fil dausent mahl. Ich hof das diese pahr Zeilen schreiben noch bei guder Gesundheit andrefen mächten, was mich anbelangt bin ich Gott sei Dank noch frisch und gesund von neigkeiten weis ich kein viel zu schreiben als das mir nicht weit von der arme sind und das wir alle nabent mit geladene gewehr baterol machen miesen, Und das mir einen festen Marsch gefast haben alledag sind wir naß (...) in das quater gekomen und wir haben über berg marschiren misen das man nicht bläubt das hierauf zu komen sei und die bauern misen uns geben was wir esen wolen wann mir ins haus komen so fragen sie was wolt sih haben (...)". Nur wenige Tage nach Abschicken des Briefes desertierte Schmitt.[20]

Mit dem fehlgeschlagenen Russlandfeldzug 1812, dem Verlust Spaniens im Juni 1813, der neuen antinapoleonischen Koalition, der sich neben Russland, Preußen und Österreich auch viele deutsche Klein- und Mittelstaaten anschlossen, die bis dahin unter Napoleons Einfluss gestanden hatten, und schließlich der Niederlage in der Völkerschlacht bei Leipzig im Oktober 1813 endete Napoleons Kriegsglück. Das war im Departement Donnersberg schon 1812 durch den Anstieg der Konskriptionen und der durchmarschierenden Truppen spürbar gewesen. Ab November 1813 wurde die

Region von zurückkehrenden französischen Soldaten überschwemmt. Vor allem in der Festungsstadt Mainz spitzte sich die Situation innerhalb kürzester Zeit zu. Die völlig erschöpften Soldaten schleppten eine über Kleiderläuse übertragene Fleckfieberepidemie ein, der innerhalb weniger Monate 17.000 Soldaten und 2.400 Mainzer Einwohner, über ein Zehntel der Bevölkerung, zum Opfer fiel. Die Brisanz der Situation zeigt sich auch daran, dass diese Form der Fleckfiebererkrankung als *„Typhus de Mayence"* in die Medizingeschichte einging. Auch der Präfekt Jeanbon St. André steckte sich beim Versuch, den Erkrankten zu helfen, an und starb im Dezember 1813. Angesichts dieser hohen Zahl von Toten innerhalb weniger Wochen scheint der Bericht von Karl Anton Schaab, der diese Zeit als Beamter erlebte, nicht übertrieben zu sein: *„Ich selbst sah dem Raimundithor gegenüber, neben dem Schloßgebäude Haufen von Leichen liegen, die man vielleicht zum Theil halbthodt aus den Fenstern der oberen Säle herunter geworfen hatte, ich sah vor der Peterskirche, vor der Franziskanerkirche todte Soldaten in ihren Uniformen liegen, ich sah Leiterwagen, ganz von solchen vollgeladen, zum Münsterthor hinausfahren, wo Arme und Füße aus den Leitern der Wagen hinaushingen."*

Auch in Worms starben zwischen Oktober und März mehr als doppel so viele Menschen als in „normalen" Jahren. In Bingen war nach der Chronik von Johann Adam Sensig *„die Krankheit und das Sterben so stark (...), dass es jedermann bang wurde vor dieser Krankheit. Der hintere Kirchhof war so herumgewühlt, dass zwei in ein Loch kamen und auch noch Kinder dabei."* Aber nicht nur in den Städten, wo wegen der großen Lazarette sich die Krankheit schnell verbreitete, sondern auch in den Dörfern grassierte die Epidemie. In Budenheim und Ober-Olm schnellten die Sterbezahlen hoch und auch in Nieder-Olm und Nierstein starben weit mehr

Menschen als in dieser Jahreszeit üblich. Die Altrheingemeinde Eich glich im Oktober und November 1813 *„einem Lager"*, weil *„ein großer Theil der französischen Truppen zur Besatzung des Rheins in unser Eck zog und die ungeheure Maße von Menschen sich in unser Orth Eich bequartierte"* und eine *„ansteckende Krankheit"* mitbrachte, die eine *„große Menschenzahl"* das Leben kostete. 170 Osthofener, dazu viele Soldaten, starben zwischen November und März: *„einige Male lagen an einem Tage 16 verstorbene Einwohner unbeerdigt"*, berichtete der Chronist und Tagebuchschreiber Johann Weißheimer, dessen Bruder, Schwester und Onkel ebenfalls Opfer des *„ansteckenden Nervenfiebers"* wurden. Isaak Maus in Badenheim war sich der Gefahr bewusst, in einer Zeit zu leben, *„wo Tausende am Armenfieber leiden und viele an der Kriegspest sterben."* Ob die *„Präventivmittel"* gegen die Krankheit, nämlich *„guten Wein zu trinken, kräftige Speisen zu genießen, Bewegung zu machen und seinen Körper zu pflegen"*, die er bei seinen Zeitgenossen beobachtete, wirklich geholfen hätten, sei dahingestellt. Für viele Bewohner der Region, zumal für die Menschen in den Städten, hätte dieses Rezept angesichts ihrer Mangelsituation wohl eher zynisch geklungen.[21]

„Kriegspest und Nervenfieber" – der *„Typhus de Mayence"* und das Ende der napoleonischen Zeit

Die „Kriegspest" ließ so die französische Zeit vielerorts im Chaos enden. In den ersten Stunden des Jahres 1814 gingen die in der „Schlesischen Armee" unter dem Oberbefehl Blü-chers verbündeten preußischen und russischen Truppen über den Rhein – Blücher selbst bei Kaub, der russische General von Sacken bei Mannheim, ein weiteres Korps unter General St. Priest bei Koblenz. Während Sacken Frankenthal besetzte und von dort aus am 3. Januar Worms kampflos einnahm und ein Teil seiner Truppe am 4. Januar nach Gefechten in der Umgebung Alzey erreichte, besetzten die Preußen die Gegend von Kreuznach. Bingen war bereits am 3. Januar eingenommen worden, wobei 300 der 1.000 hier stationierten französischen Soldaten umgekommen sein sollen. Auch Oppenheim wurde von russischen Truppen unter Führung des Generals Langeron besetzt. Bis zum 3./4. Januar hatten die verbündeten Heere die gesamte Region unter Kontrolle. Erneut kam es zur Belagerung der Festung Mainz, wo die französischen Truppen noch ausharrten. Abgesehen von zwei kleineren Gefechten wurde diese Belagerung ohne größere Kampfsituationen durchgeführt, was sicher dem kalten Winter, der Schwächung der Soldaten durch Fleckfieber, vor allem aber der Gewissheit, dass der Ausgang des Krieges nicht hier entschieden werden würde, zuzuschreiben war. Als am 31. März 1814 die Alliierten Paris einnahmen, war auch das Ende der französischen Besetzung von Mainz in Sicht. Bis zur Kapitulation dauerte es noch einige Wochen. Im Waffenstillstandsvertrag in Paris vom 23. April wurde die Räumung aller noch besetzten Festungen innerhalb von zehn Tagen festgeschrieben, und so zogen die letzten 12.000 Soldaten, nachdem sie zuvor noch den Eid auf den neuen französischen König Ludwig XVIII. geschworen hatten, aus Mainz ab.[22]

Was bleibt vom „neuen Zeitalter"?

Was kann als Fazit der 16 Jahre, in denen die Region zu Frankreich gehörte, gezogen werden? Vorrangig ist die Vereinheitlichung der Lebensbedingungen zu nennen. Das Zusammenfassen vieler verschiedener territorialer Gebilde zu einer Einheit als Teil eines stark zentralisierten Staates und die rechtliche Gleichstellung aller Bürger kann als ein enormer Entwicklungsschub verstanden werden. Damit wurden auf einen Schlag etliche strukturelle Probleme des alten Systems – man denke nur an die nicht reformierbaren Zustände in der Reichsstadt Worms, an die konfessionell bedingten Benachteiligungen oder an die disparaten Lebensverhältnisse in den Kleinstherrschaften – gelöst. Vom *„Reich zum Staat"*: Mit dieser Formel zeigt der englische Historiker Michael Rowe die revolutionäre Wucht dieses Vorgangs auf. Allerdings ist diese Geschichte, wie so viele andere auch, nicht frei von Widersprüchen. Zum einen bedeutete der Wechsel von einer vormodernen Formen verhafteten Staatlichkeit zu einer Zugehörigkeit zum in der damaligen Welt modernsten Staat einen erheblichen Machtverlust aller Ebenen zugunsten der Zentrale Paris. Städte und Gemeinden wurden zum letzten Rädchen in einem riesigen Apparat und bekamen die Rolle des Befehlsempfängers zugewiesen. Wenn die Entwicklung, lokale und regionale Partizipationsansprüche zugunsten der Zentralgewalt zurück zu drängen, zumindest in den mittelgroßen Territorien Kurpfalz und Kurmainz seit dem späten Mittelalter, zunehmend aber im 18. Jh. schon deutlich zu erkennen war, so brachte doch dieser plötzliche Wandel eine immense Einbuße an Autonomie. Der neue Staat war ein starker Staat – und das galt bis zur untersten Ebene. Anders als im Alten Reich hatten die Staatsbürger auf der lokalen Ebene wenig Mitsprache- und Einspruchmöglichkeiten. Die administrativen Unzulänglichkeiten des alten Systems ließen den Akteuren Handlungsspielräume, deren Zuschnitt und Verteilung nicht berechenbar und nicht transparent erschienen, die nun aber durch den neuen Staat weitgehend verschlossen waren. Sicher fehlte es auch jetzt nicht an Widersprüchen oder Widerständen. Zu sehen ist das etwa an den sich der Einberufung entziehenden „Widerspenstigen" oder an der Zunahme des Schmuggels. Von einem *„unregierbaren Volk"* aber, das Timothy Blanning, ein anderer englischer Historiker, angesichts des Verhaltens der Eicher und Hammer Bevölkerung während der Festnahme zweier Komplizen des berühmten Schinderhannes in der linksrheinischen Bevölkerung sah, kann keine Rede sein. Auch in diesen, durch gewisse Traditionen von Widerspenstigkeit sich auszeichnenden Dörfern funktionierte die Verwaltung.[23] Gerade der Fall des Johannes Bückler, des Schinderhannes, der vom Mainzer Richter Rebmann 1803 zum Tod auf der Guillotine verurteilt wurde, zeigt die Effizienz des neuen Staates. Nicht zuletzt verdankt sich der staatliche Machtzuwachs allerdings auch der Übereinstimmung seiner Interessen mit denen der Angehörigen der neuen Führungsschicht, der Notabeln.

An dieser Stelle bricht sich auch der Anspruch der rechtlichen Gleichstellung aller Bürger. Mit der Bevorzugung des Besitzbürgertums, schließlich auch der spätestens nach der Selbstkrönung Napoleons zum Kaiser wieder adelsfreundlicheren Haltung, ja selbst der Schaffung eines neuen Adels, wurden trotz des prinzipiell weiterhin gültigen Gleichheitsanspruches neue soziale Abgrenzungen verfestigt. Die rechtliche

Gleichstellung der Juden wurde eingeschränkt durch das *Décret infame* Napoleons von 1808, nach dem sich alle Juden, die Handel treiben wollten, jährlich von ihrer Gemeinde die einwandfreie Führung ihrer Geschäfte bescheinigen lassen mussten, was zweifellos diffamierend wirkte.[24] Dennoch bleibt festzuhalten, dass durch die Einführung der Rechtsgleichheit ein Zustand im Linksrheinischen eingeführt wurde, von dem man auf der anderen Rheinseite nur träumen konnte und der auch nach 1814 erfolgreich verteidigt wurde.

Für die Entwicklung der Landwirtschaft hatte die Einführung der revolutionären Maßnahmen, wie Abschaffung des Zehnten und anderer auf „feudalen" Verhältnissen beruhender Abgaben, zweifelsohne eine hohe Bedeutung. Auch die Möglichkeit der Ablösung von nicht als feudalen Ursprungs definierten Abgaben war wichtig für eine von den Aufklärern seit langem geforderte ungehinderte Entwicklung. Vor allem aber die Nationalgüterversteigerungen führten zu gewaltigen Besitzumschichtungen und einer erheblichen Dynamisierung des Bodenmarktes. Angesichts eines hohen Anteils an bäuerlichem Eigengut geschah das allerdings in verschiedenen Teilen der Region in unterschiedlichem Ausmaß. Die sozioökonomische Ordnung in den Dörfern ist dadurch kaum ins Wanken geraten, vielmehr profitierte die vollbäuerliche Schicht in besonderem Maße und es verstärkten sich so bereits bestehende Tendenzen der sozialen Differenzierung auf dem Land. Die Einführung der Gewerbefreiheit führte sicher zu einer höheren Aktivität in Handel und außerlandwirtschaftlicher Produktion. Ein erheblicher Anstieg an gewerblicher, vor allem für den Export bestimmter Produktion in neuen Organisationsformen ist allerdings nicht festzustellen, sieht man von der Neueinrichtung einiger Manufakturen, etwa einer Barchentfabrik in Bingen, einer Baumwollspinnerei

und einer Fayencefabrik in Mainz sowie einer „Fabrik-Kaffee"-Produktion in Bodenheim ab, denen selbst in zeitgenössischen Schriften keine allzu große Zukunft gegeben wurde. Als Gründe hierfür werden schon 1816 zum einen die geografische Lage der Region genannt, die immer wieder Schauplatz militärischer Aktivitäten war, was langfristigen Investitionen entgegen steht, zum anderen aber die Bindung von Kapital und Arbeitskräften in der sehr produktiven Landwirtschaft. Weiterhin war der Handel mit landwirtschaftlichen Produkten, vor allem Wein und Getreide, von höchster Bedeutung für das Wirtschaftsleben der Region. Die Zugehörigkeit zu Frankreich schuf jetzt zwar Zugang zu einem großen Binnenmarkt, der aber aufgrund fehlender geschäftlicher Beziehungen und geringer Nachfrage gerade für diese Produkte kaum genutzt werden konnte. Andererseits waren alte Handelsbeziehungen erschwert oder abgebrochen. Der Rhein stellte nun eine Zollgrenze dar, die zunächst den Austausch mit der rechtsrheinischen Seite stark behinderte, was nicht zuletzt auch zu erheblichem Schmuggelverkehr und Verlusten für die linksrheinischen Händler führte. Die handelsfreundliche Politik Napoleons und seines Präfekten Jeanbon St. André stärkte zwar durch die Einrichtung eines Freihafens, eines neuen Krans und vor allem auch durch die Etablierung einer Handelskammer 1803, mit der die Kaufleute eine gewisse Mitsprache bei handelspolitischen Entscheidungen erhielten, den um 1800 noch darnieder liegenden Handel in Mainz. Grundlegende Impulse für einen wesentlichen Wirtschaftsaufschwung oder gar eine mit der Gewerbefreiheit nun mögliche Neuorientierung blieben aus. Die Straßenbauprojekte Jeanbons, die sicher vorrangig militärischen Interessen zu verdanken sind, vor allem die Pariser Straße von Mainz durch die Pfalz zu den zur Hauptstadt führenden Straßen in Innerfrankreich und die als Teil der alten Route

Basel–Nimwegen ausgebaute *Route de Charlemagne* von Mainz nach Bingen boten auch die Chance der engeren wirtschaftlichen Anbindung an den französischen Markt.

Für eine durchdringende „Französisierung" der Bevölkerung war die Dauer der Zugehörigkeit zum französischen Staat nicht ausreichend. Das Anliegen des Staates, die französische Sprache als Amts- und auf Dauer auch als Umgangssprache durchzusetzen, ließ sich nicht verwirklichen, wenn auch die bis heute im rheinhessischen Dialekt zu findenden französischen Ausdrücke auf einen gewissen Einfluss verweisen. Das Schulwesen wurde zwar neu geregelt, an den alten Unzulänglichkeiten der mangelhaften Lehrerausbildung für die Schulen im Primarbereich und der unzureichenden Mittel für Unterhalt von Schule und Lehrerschaft änderte sich aber nur wenig.[25]

Johannes Neeb verglich 1843 die französische Revolution mit einem Vulkanausbruch, der alle „*Gefilde*" in seiner Nähe mit „*geschmolzener Lava und glühenden Steinen*" überschüttete, auf die „*entfernteren Fluren*" aber eine „*fruchtbare Asche*" streute. Rheinhessen, so der Niedersaulheimer Bürgermeister, Landwirt und ehemalige Philosophieprofessor, „*bekam einen vorzüglichen Antheil von dem, was dieser überraschende Ausbruch Segensreiches mit sich gebracht hat.*" Ausdrücklich nannte Neeb die Einführung des „*gemeinverständlichen Gesetzbuches*", die „*Öffentlichkeit der Gerichte*" und den „*Aufschwung der industriellen Thätigkeit*". Die Abschaffung des Zehnten und anderer Belastungen, insbesondere aber der freie Grundstücksmarkt hätten die Rheinhessen zur „*Betriebsamkeit genöthigt*", sie seien „*geistesfreier, hospitaler, toleranter, unternehmender – freilich auch genusssüchtiger und luxuriöser*" geworden, die „*Vorliebe für das Neue*" habe die „*faule Anhänglichkeit für das Altherkömmliche gänzlich vertrieben.*" Selbst das Klima habe sich durch

Abb. 18:
Johannes Neeb.

die Revolution verändert: vorher habe es mehr Bäume, Hecken, „*Brüche, Seen und Sümpfe*" gegeben, die die Wolken auf sich gezogen hätten. Seit ihrem Verschwinden aufgrund der neuen Geschäftigkeit regne es seltener. Nussbäume, Ulmen und Pappeln auf den Feldern hätten andererseits als Blitzableiter gewirkt und schädliche Gewitter abgehalten. Diese 30 Jahre nach dem Ende der französischen Zeit unternommene Beurteilung kann wenig Auskunft darüber geben, wie die Zeitgenossen diese 16 – oder zählt man ab Beginn der ersten französischen Besetzung 21 – Jahre erlebt und wahrgenommen haben, auch wenn Neeb als vielfach aktiver Zeitzeuge dieses Umbruchs sprechen kann. Ein anderer Autor, der Niersteiner Gutsbesitzer Johann Adam Boost, beschrieb die französischen Jahre in zwei Schriften aus den Jahren 1816 und 1819. Er hebt die gleichen Errungenschaften hervor wie Neeb: die Rechtssicherheit, die Freiheit des Eigentums,

123

die gerechte Besteuerung, die Trennung von Justiz und Verwaltung. In der Folge dieser Neuerungen habe sich die *„schönste und diesem Land angemessenste Periode"* eröffnet und auch nach dem Ende der napoleonischen Herrschaft erinnere sich das *„Volk"* des Rheinlandes dankbar an seine *„von der französischen Regierung erhaltenen Vortheile und reelen Landesverbesserung"* zurück, allerdings ohne eine *„Anhänglichkeit"* gegenüber den Franzosen zu zeigen.[26]

Beide Autoren, Boost und Neeb, stammten nicht aus der Region und hatten ihre Güter im Rahmen der großen Besitzumschichtungen erworben. Beide hatten Biografien aufzuweisen, die von kritischer (und bei Boost zunehmend kritischer werdender) Sympathie zur Revolution geprägt waren. Insofern können ihre Beschreibungen nicht als repräsentativ angesehen werden. Es gibt allerdings einige Indizien dafür, dass ihre Sichtweise nicht außerhalb des üblichen Diskurses lag. Die Verteidigung der nun als *„rheinische Institutionen"* bezeichneten Neuerungen in den kommenden Jahrzehnten zeigt, dass die Vorteile der Rechtsgleichheit, der Freiheit des Besitzes, der Gewerbefreiheit, der Abschaffung der Feudallasten, der Trennung von Verwaltung und Justiz sowie der Rechtskodifikationen erkannt worden waren und auch der Entwicklungsvorsprung der links- vor den rechtsrheinischen Regionen wahrgenommen wurde. Viele Existenzen auf allen sozialen Ebenen waren mit den revolutionären und napoleonischen Maßnahmen untrennbar verbunden, allem voran sind hier die Besitzumschichtung infolge der Nationalgüterversteigerung und die Gewerbefreiheit zu nennen. Anders als in der Zeit der Mainzer Republik waren in der napoleonischen Zeit alte Eliten in das System eingebunden und neue Eliten durch das Notabelnsystem geschaffen worden, die alle in unterschiedlichem Ausmaß vom Staat profitierten und ihn gleichzeitig nicht zuletzt auch durch

ihren Einfluss auf andere Bevölkerungsgruppen stützten. Die größten Hindernisse einer Akzeptanz der französischen Politik, insbesondere die kirchenfeindliche Haltung, damit zusammenhängend auch die Kalenderreform, waren von Napoleon beiseite geräumt worden. Selbst die Belastungen durch die Franzosen, insbesondere die Steuern und die Konskriptionen, erzeugten keinen manifesten Widerstand. Hier scheint einerseits die Verteilung auf alle Bevölkerungsgruppen ohne Privilegierungen akzeptanzfördernd gewesen zu sein, andererseits aber auch die Einbeziehung der lokalen Eliten bei der Durchführung. Wenn auch insgesamt eher das Besitzbürgertum und die vollbäuerliche Schicht von den Neuerungen profitierte, so dürften gerade diese Gruppen doch aber die Diskussionen stark geprägt, gleichzeitig auch ihr Klientel beeinflusst haben. Der Napoleonkult späterer Jahrzehnte, etwa der sprichwörtliche *Code Napoleon* in der Tasche jedes Pfälzers oder das Schaffen von Erinnerungsorten durch die Veteranen der Feldzüge, war in einer Situation, in der man vor allem mit den Folgen der Niederlage, mit der grauenvollen Epidemie, aber auch mit der Ungewissheit über die Zukunft zu kämpfen hatte, sicher noch nicht vorhersehbar. Dies bestätigt aber, wenn auch in verklärter Form, eine gewisse positive Grundhaltung jenen für die Entwicklung der Region so wichtigen Jahren gegenüber, in denen tatsächlich ein „neues Zeitalter" eingeläutet worden war.

Anmerkungen

1 Dumont, Mayence, S. 647f.; Haller, Friedensverhandlungen, S. 147–182; ReichsFriedensCongreß.
2 Vollständige Sammlung 1. Band 1. Heft, S. 3–6; Licht, Oppenheim, S. 207; Berlet, Wie Alzey, S. 63–65; Vollständige Sammlung 1. Band 1. Heft, S. 16–18; Kühn, Wandel, S. 19, 105; Dumont, Worms, S. 373–375.
3 Lehne, Jahrbuch Jahr 9; Dumont, Mayence, S. 350.
4 Mahlerwein, Herren, S. 42, 371–373; Mahlerwein, Alsheim-HALASEMIA II, S. 5f.; Dumont, Mayence,

S. 350f.; Dumont, Worms, S. 374; Berlet, Alzey, S. 63f.; Dumont, Mainzer Republik, S. 385; Böhme/Wittkopf/Zehnder (Hrsg.), Bretzenheim, S. 101.

5 Mahlerwein, Herren, S. 373–377.

6 Mahlerwein, Herren, S. 378; Dumont, Mayence, S. 355–358; Dumont, Worms, S. 378f., 382; Dumont, Nieder-Olm, S. 166; May, Recht, S. 226; Dumont, Bingen, S. 357; Dumont, Oppenheim, S. 28; Berlet, Alzey, S. 70.

7 Mahlerwein, Herren, S. 378–380; Dumont, Worms, S. 380f.; Müller/Müller, Dromersheim, S. 57.

8 Mahlerwein, Herren, S. 380–383; Grünewald, Westhofen, S. 171–173; Brief über Mainz; Maus, Rede.

9 Hansen (Hrsg.), Quellen, S. 772–800; Mahlerwein, Herren, S. 383f.; Heller-Karneth/Karneth, Framersheim, S. 76; Dumont/Stauder, Hechtsheim, S. 106; Müller/Müller, Dromersheim, S. 59.

10 Dumont, Mayence, S. 361; Dumont, Worms, S. 382; Braun/Clemens/Klinkhammer/Koller, Expansionspolitik.

11 Dumont, Nieder-Olm, S. 168; Licht, Oppenheim, S. 215f.; Dumont, Worms, S. 383; Dumont, Mayence, S. 362; Bockenheimer, Macké; Berlet, Alzey, S. 70; Dumont, Bingen, S. 362; Mahlerwein, Herren, S. 389f.

12 Mathy, Jeanbon; Ligou, Jeanbon; Schaab, Bundesfestung, S. 492.

13 May, Recht, S. 288–303, S. 403–407; Brühl, Mainz, S. 229–231; Braun, Mainz, S. 963f.

14 Dumont, Mainz, S. 363f.; Dumont, Worms, S. 384–386; Dumont, Oppenheim, S. 36f.; Dumont, Bingen, S. 366.

15 Dumont, Mayence, S. 363–366; Dumont, Worms, S. 385–389; Mahlerwein, Nationalgüter; dass meistens der Kaufpreis den Schätzpreis überstieg, gilt – anders als in der älteren Literatur vermutet – auch für Worms, vgl. die Versteigerungsprotokolle in: Schieder (Hrsg.), Säkularisation, S. 414–437.

16 Auswertung nach den Angaben in: Schieder, Säkularisation. Da es bei der Auswertung vorrangig um den ländlichen Bodenmarkt geht, wurden Mainz und Worms hierbei nicht erfasst. 231 *affiches* mit Steigerungsterminen, bei denen es nicht zum Kauf kam,

wurden ebenfalls nicht erfasst, auch weil es sich häufig um wiederholte Angebote handelte, was die Aussagekraft der Zahlen schwächt.

17 Clemens, Armeelieferanten, S. 159–180; Mahlerwein, Bodenheim, S. 129–143, S. 135–137; Mahlerwein, Alsheim-HALASEMIA II, S. 6f.; Dumont/Stauder, Hechtsheim, S. 110–113; Mahlerwein, Herren. S. 43.

18 Mahlerwein, Herren, S. 46–59; Dorn, Erbrecht; Fehrenbach, Gesellschaft, S. 9; Reinhard, Staatsgewalt, S. 303.

19 Dumont, Worms, S. 389; Mahlerwein, Entwicklung, S. 16–51; Dufraisse, Notables; Kriedte, Notabelngesellschaft; Dumont, Mayence, S. 366f.; Dumont, Bingen, S. 370; Schieder, Säkularisation, S. 414–437; Rowe, Empire; Mahlerwein, Herren, S. 390–395.

20 Dufraisse, Les populations, S. 126–140; Kermann, Pfälzer, S. 13–32; Rowe, Reich, S. 167–178; Rowe, France, S. 623–626; Dufraisse, Service militaire, S. 139; Hudemann-Simon, Réfractaires; Mahlerwein, Alsheim-HALASEMIA II, S. 18–21; Dumont, Bingen, S. 372; Curschmann, Undenheim, S. 84; Neumer, Friesenheim, S. 71f.; Dumont/Stauder, Hechtsheim, S. 117; Knodt, Eppelsheim; Mahlerwein, Bodenheim, S. 140.

21 Dumont, Mayence, S. 372f.; Dumont, Helfen, S. 789f.; Schaab, Bundesfestung, S. 487; Dumont, Worms, S. 396f.; Dumont, Bingen, S. 372; Rettinger, Umgebung, S. 204; Rettinger, Nierstein, S. 193f.; Reuter-Matejka, Eich, S. 166; Auernheimer/Siegert, Isaak Maus, S. 117; Tagebuch von Johann Weißheimer II.

22 Dumont, Mayence, S. 373; Dumont, Worms, S. 397; Schaab, Bundesfestung, S. 494; Becker, Krieg, S. 197f.; Rau/Cronenthal, Krieg, S. 20–27.

23 Mahlerwein, Herren, S. 396f.

24 Hoffmann, Landjuden, S. 50f.

25 Dumont, Mayence, S. 367f.; Bodmann, Annuaire, S. 80, 85, 187–191; Nemnich, Tagebuch, S. 172–174; Klebe, Reise, S. 146–149; Stein, Französisch; Considerations; Bodmann, Annuaire, S. 146–149.

26 Neeb, Zustände; Boost, Rheinlande, S. 14f.; 44–47; Boost, Rheinländer, S. 63f. Rheinhessen 1816–1914.

Rheinhessen 1816–1914

Hochzeiten, Geburten, Todesfälle –
Die Bevölkerungsentwicklung im 19. Jahrhundert

Am 20. Dezember 1818 heiratete in Wörrstadt der 21-jährige Johann Georg Rocker die 18-jährige Katharina Elisabetha Grosch. Offensichtlich „musste" das junge Paar vor den Traualtar schreiten, denn bereits nach weniger als sieben Monaten kam ihr erster Sohn Peter zur Welt. Ein halbes Jahr nach der Geburt des zweiten Kindes Philipp starb die junge Mutter im Juni 1822. 1828 ging der Witwer eine zweite Ehe ein und auch diesmal musste geheiratet werden, denn nur fünf Wochen später gebar Anna Margarethe eine Tochter, die allerdings schon 1829 starb. Weitere fünf Kinder folgten bis 1840, die alle das Erwachsenenalter erreichten. Nur vier Wochen nach der Geburt des letzten Sohnes starb der Vater Johann Georg im Alter von nur 41 Jahren. Vier der fünf Kinder aus der zweiten Ehe wanderten nach Amerika aus und ließen sich in Georgia und in Washington nieder, nur der 1840 geborene Sohn blieb in Wörrstadt.

Ein naher Verwandter von Johann Georg, Philipp Andreas Rocker, heiratete ebenfalls 1818 in Wörrstadt. Auch seine erste Ehe endete bereits nach fünf Jahren mit dem Tod der Ehefrau nach der Geburt eines dritten Kindes, das ebenfalls wenige Wochen später starb. Einer zweiten Ehe entsprangen vier Kinder, von denen die ersten beiden das Säuglingsalter nicht überlebten.

An diesen beiden Familiengeschichten aus der in Wörrstadt und Eichloch weit verzweigten Familie Rocker können die für die Bevölkerungsentwicklung wesentlichen Faktoren abgelesen werden: die Geburtenhäufigkeit, die Sterblichkeit und die Migrationsaktivitäten.

Einzelne Familiengeschichten können natürlich keine Repräsentativität beanspruchen, sondern müssen in größere Zusammenhänge eingebunden werden. Das kann schon innerhalb einer Familie geschehen. Die Eheschließungen von 45 männlichen Mitgliedern der Familie Rocker können für die erste Hälfte des 19. Jhs. rekonstruiert werden. Aus diesen Ehen gingen durchschnittlich 4,8 Kinder hervor. Bei zehn Familienzweigen lassen sich die Lebensverläufe aller Kinder nachvollziehen: von deren 5,6 Kindern starben 2,3 bevor sie das Erwachsenenalter erreichten. Damit liegt die Wörrstädter/Eichlocher Familie im Durchschnitt: die historische Demografie geht für das 19. Jh. von fünf bis sechs Kindern pro Ehe aus. Gleichzeitig zeigt sich auch, dass sich seit der zweiten Hälfte des 18. Jhs. wenig geändert hatte. Für diese Zeit hat man für zwölf Landgemeinden im Mainzer Umland 4,8 Geburten pro Ehe errechnet.

Auch dass im Durchschnitt nur etwa drei Kinder pro Familie am Leben blieben, entspricht den aus anderen Gemeinden und Regionen bekannten Zahlen für das 19. Jh. sowie der für 1846 ermittelten Durchschnittsgröße der rheinhessischen Familien von 4,95 Personen.[1]

Weiterhin war also die Bevölkerungsentwicklung durch eine hohe Geburtenrate und eine hohe Sterblichkeit geprägt. Da die Geburtenrate aber deutlich über der Sterberate lag, wuchs die Bevölkerung im 19. Jh. stetig an. Zwischen 1821 und 1861 wurden in Rheinhessen 294.889 Kinder geboren und 203.503 Menschen starben. Der Geburtenüberschuss betrug somit 91.386 Personen. Die Geburtenziffer, d.h. die Zahl der Geburten pro 1.000 Einwohner, betrug in diesen vier Jahrzehnten zwischen 34 und 38, lediglich in den Jahren 1852–1858 sank sie auf einen Wert unter 32 ab. Die Sterbeziffer bewegte sich zwischen 23 und 27, was bedeutet, dass auf 1.000 Einwohner gerechnet jedes Jahr 9 bis 14 mehr Menschen geboren wurden, als starben. Die Bevölkerungszahl stieg allerdings im gleichen Zeitraum nicht um die Zahl des Geburtenüberschusses, sondern nur von 178.591 auf 230.512. Die Differenz von knapp 40.000 Menschen erklärt sich aus der Abwanderung. Zwischen einem und sechs Promille der Einwohnerschaft verließ Rheinhessen jährlich in den 1820ern bis in die Mitte der 1840er-Jahre, danach schnellte die Zahl für ein Jahrzehnt auf über zehn Promille, um sich dann wieder auf niedrigeren Werten einzupendeln. Dieser hohen Auswanderungsquote in den 1840ern und frühen 1850ern ist wohl auch der Rückgang der Geburtenrate in den 1850ern zuzuschreiben; ein Zeichen dafür, dass vor allem junge Menschen und Familien emigrierten.[2]

Geburtenziffer und Sterberate lassen sich auch für die Jahre 1876, 1886, 1896 und 1906 berechnen. Innerhalb dieses Zeitraums sank die Sterbeziffer kontinuierlich auf knapp 18 ab, die Geburtenziffer bewegte sich allerdings nach einem bis dahin unerreichten Hoch in den 1870er-Jahren (1876 betrug die Geburtenziffer 39, 1886 immer noch 34) erst im Jahrzehnt vor 1906 auf einen signifikant niedrigeren Wert von 30. Das lässt sich als Anzeichen für den „demografischen Übergang" von hohen zu niedrigen Geburten- und Sterbezahlen deuten. Das zuerst nachweisbare Absinken der Mortalität ist vor allem mit dem Rückgang der Säuglings- und Kindersterblichkeit zu erklären. Ursache des Rückgangs war die Verbesserung der Ernährung, der Hygiene, der medizinischen Versorgung und allgemein ein verbesserter Lebensstandard. Der kurze Zeit später einsetzende Rückgang der Geburtenrate kann als Reaktion auf diese Entwicklung verstanden werden. Darauf, dass dieser Vorgang lokal und regional sehr unterschiedlich verlief, hat die historische Demografie-Forschung hingewiesen. Selbst innerhalb Rheinhessens sind die Unterschiede im Rückgang der Säuglingssterblichkeit augenfällig. Zum einen ist das Ausgangsniveau sehr verschieden: Starben im Kreis Mainz (ohne Stadt Mainz) und auch in der Stadt Worms zwischen 1863 und 1870 noch knapp 30 % aller Kinder im ersten Lebensjahr, so waren es im Kreis Bingen nur 18,7 %, im Kreis Oppenheim 19,1 %. Bis 1901/05 sank diese Quote in allen rheinhessischen Kreisen auf 14 % (Kreis Bingen) bis 21 % (Kreis Mainz ohne Stadt). Lagen im Großherzogtum insgesamt die Raten der Säuglingssterblichkeit in den Städten durchweg höher als auf dem Land, was für bessere Lebens- und Überlebensbedingungen in den Dörfern spricht, so ist in Rheinhessen eine abweichende Entwicklung zu beobachten: Während in Mainz, Alzey und Bingen bis zu 5 % mehr Kinder starben als in den dazugehörigen Landkreisen, lag die Säuglingssterblichkeit in Bingen und Oppenheim leicht unter dem Wert der Dörfer. Das mag an der eventuell besseren medizinischen Versorgung in den Kleinstädten liegen, deren ländliche Struktur aber dennoch gegenüber den größeren Städten gesundheitliche Vorteile bot.[3]

In den 1860er-Jahren stiegen die Wanderungsverluste vor allem in der ersten Hälfte noch einmal an, auch wenn sie nicht mehr das Ausmaß des vorhergehenden Jahrzehnts erreichten. Für die Jahre zwischen 1871 und 1905 wird dann sogar ein Wanderungsgewinn von 334 Menschen gezählt. Allerdings sind auch hier bei näherer Betrachtung starke Schwankungen festzustellen. So verzeichneten die Städte Mainz und Worms in allen im Fünfjahresrhythmus durchgeführten Volkszählungen Zuwanderungen, während im gleichen Zeitraum kontinuierlich mehr Menschen aus den Landkreisen abwanderten als zuwanderten. Im Kreis Alzey und im Kreis Oppenheim betrug der Bevölkerungsverlust durch Abwanderung jeweils fast ein Viertel der Einwohnerzahl von 1871, im Landkreis Worms ein Fünftel.

Die Stadt-Land-Differenzen spiegeln sich dementsprechend auch in der Gesamtschau der Bevölkerungsentwicklung zwischen 1817 und 1910.

Tabelle: Bevölkerungsentwicklung in Rheinhessen[4]

a) Absolute Zahlen

	1817	1828	1834	1846	1861	1871	1880	1890	1900	1910
Kreis Alzey	28.416	33.492	36.018	38.313	36.807	35.854	37.437	38.760	39.745	40.957
Kreis Bingen	21.301	25.495	27.453	29.465	31.739	31.800	35.285	37.131	40.457	42.648
Kreis Mainz	41.888	51.666	53.795	62.508	76.406	87.357	10.0755	11.7298	13.8360	15.8668
Kreis Oppenheim	31.137	37.852	41.188	44.027	43.177	41.626	43.406	44.990	46.379	46.890
Kreis Worms	37.246	43.893	46.866	51.132	51.790	53.314	60.269	69.150	83.393	93.275
Rheinhessen	159.988	192.398	205.320	225.445	239.919	249.951	277.152	307.329	348.334	382.438
Einwohner/km²	116	140	149	164	175	182	202	224	254	278

b) Prozentualer Zuwachs seit 1817

	1828	1834	1846	1861	1871	1880	1890	1900	1910
Kreis Alzey	17,9	26,8	34,8	29,5	26,2	31,7	36,4	39,9	44,1
Kreis Bingen	19,7	28,9	38,3	49,0	49,3	65,6	74,3	89,9	100,2
Kreis Mainz	23,3	28,4	49,2	82,4	108,5	140,5	180,0	230,3	278,8
Kreis Oppenheim	21,6	32,3	41,4	38,7	33,7	39,4	44,5	49,0	50,6
Kreis Worms	17,9	25,8	37,3	39,0	43,1	61,8	85,7	123,9	150,4
Rheinhessen	20,3	28,3	40,9	50,0	56,2	73,2	92,1	117,7	139,0

Zwar stieg in allen Kreisen im Laufe des Jahrhunderts die Bevölkerung an, die Zuwachsraten waren aber sehr unterschiedlich. Während sich die Bevölkerung im Kreis Mainz fast vervierfachte, blieb der Zuwachs in den Kreisen Oppenheim und Alzey deutlich niedriger. Vor allem in der zweiten Jahrhunderthälfte entwickelte sich das Zuwachstempo sehr auseinander, in den ländlich geprägten Kreisen stagnierte es oder war sogar rückläufig, im Kreis Mainz hingegen wuchs die Bevölkerung bedingt durch den Zuzug in die Kreisstadt rapide an. Im Kreis Worms lässt sich dieser überdurchschnittliche Zuwachs erst im letzten Jahrzehnt des Jahrhunderts erkennen. Neben dem Geburtenüberschuss und der Wande-

rungsbilanz lässt sich diesen Zahlen daher auch das Ausmaß der durch die Industrialisierung ausgelösten Land-Stadt-Wanderung ablesen.

Auch auf Gemeindeebene können erhebliche Unterschiede wahrgenommen werden. Dass der Sog in die Stadt auch Dörfer in der direkten Umgebung wachsen ließ, zeigt sich zwischen 1864 und 1875 vor allem um Mainz. Während die Bevölkerung der Stadt in diesen Jahren um ein Drittel zunahm, erreichten Mombach, Weisenau und das rechtsrheinische Kastel Zuwachsraten von mehr als 50 %, Bretzenheim und Kostheim wuchsen um fast ein Viertel an und auch Hechtsheim und Gonsenheim nahmen überdurchschnittlich zu. Um Worms fand keine vergleichbare Entwicklung statt, lediglich das kleine Neuhausen legte um 43 % zu. Pfiffligheim mit 18 % und Horchheim mit 7 % blieben weit unter den Werten des Mainzer Umlandes. Andererseits verloren in diesen elf Jahren 31 der 49 zum Kreis Alzey zählenden Gemeinden an Bevölkerung, vor allem die Dörfer im Westen des Kreises hatten Verluste von über einem Zehntel hinzunehmen. Zwischen 1875 und 1910 beschleunigte sich das Wachstum der stadtnahen Gemeinden. Um mehr als das Doppelte stiegen die Einwohnerzahlen der Mainzer Umlandgemeinden Kostheim, Bretzenheim, Budenheim, Gonsenheim und Weisenau an, während die Nachbargemeinden von Worms Herrnsheim, Horchheim und Osthofen lediglich um die Hälfte anwuchsen.[5]

Im Vergleich mit der Bevölkerungsentwicklung anderer Regionen nahm Rheinhessen eine mittlere Stellung ein. Mit einem Zuwachs um das 2,4-fache zwischen 1817 und 1910 lag die Provinz unter dem 2,7-fachen Wachstum, das für das Gebiet des späteren Deutschen Reiches berechnet wurde. Insbesondere die Entwicklung in Preußen und im Königreich Sachsen, wo sich die Bevölkerung aufgrund der Industrialisierung vervierfachte, trug zu dieser hohen Rate bei, während die süddeutschen Staaten Bayern, Württemberg und Baden insgesamt nur um den Faktor 1,9 zunahmen. Dass die Spitzenwerte in Rheinhessen nicht erreicht wurden, dürfte einerseits mit dem langsameren Tempo der Industrialisierung, vor allem aber mit der bereits hohen Bevölkerungsdichte zu erklären sein. Bereits um 1800 lag Rheinhessen im regionalen Vergleich an der Spitze und 1847 in einer Aufstellung von „Staatenteilen" reichs-

weit mit Abstand vorne, nur die Stadtstaaten Hamburg, Bremen und Frankfurt hatten eine höhere Dichte aufzuweisen, 1871 waren mit 182 Einwohnern pro Quadratkilometer Werte erreicht, die deutlich über denen der stark industrialisierten Gebiete lagen. 1910 schließlich wurde es mit 278 Einwohnern pro Quadratkilometer nur noch von Sachsen übertroffen.

Der Anteil der in den sieben rheinhessischen Städten lebenden Menschen stieg von 39 % im Jahr 1816 über 44 % 1861 auf 48,5 % im Jahr 1910. Damit sind allerdings nur die Gemeinden mit Stadtrecht (Mainz, Worms, Bingen, Alzey, Oppenheim, Pfeddersheim, Gau-Algesheim) erfasst. Die Reichsstatistik arbeitete aber mit einem Städtebegriff, der alle Siedlungen mit mehr als 2.000 Einwohnern einschloss. Übernimmt man der Vergleichbarkeit wegen dieses Kriterium, dann ist zu der knappen Hälfte Stadtbewohner noch ein Fünftel der rheinhessischen Bevölkerung hinzuzurechnen, das in Gemeinden mit mehr als 2.000 Einwohnern lebte. Mit 68,5 % Bevölkerungsanteil war dann um 1910 ein (statistisch definierter) Verstädterungsgrad erreicht, der deutlich über dem Reichsdurchschnitt von 60 % lag. Mainz war durch die Eingemeindung von Mombach im Jahr 1907 und Kastel 1908 zu einer Großstadt mit mehr als 110.000 Einwohnern geworden. Wie im Kaiserreich insgesamt hatte der enorme Bevölkerungszuwachs – in Rheinhessen 53 %, im Reich 58 % – seit der Reichsgründung auch hier zu einer Umkehrung des quantitativen Stadt-Land-Verhältnisses geführt, das allerdings durch einen hohen Anteil (27 %) von Bewohnern von Kleinstädten und außergewöhnlich großen Landgemeinden gekennzeichnet war.[6]

Arm und Reich in Stadt und Land

„Die sehr reiche Klasse der Tagelöhner" und andere Arme in den Dörfern

Kaum eine größere Hofreite sei in den letzten 15 Jahren in den rheinhessischen Dörfern gebaut worden, stattdessen seien in fast allen mittelgroßen Gemeinden 10–20 *„niedere Taglöhnerhütten von Lehmsteinen aus dem Boden gewachsen"*, so die Klage des großherzoglichen Statistikers Wilhelm Heße im Jahr 1835. Auch über die Art der Konstruktion unterrichtet Heße: *„Die sehr zahlreiche Klasse der Taglöhner baut gewöhnlich kleine einstöckige Häuser von Lehmsteinen, welche der Bauende selbst bereitet. In einem solchen Häuschen befindet sich eine kleine Wohnstube für die Familie, eine kleine Küche, ein Stall für eine Kuh und ein kleinerer Raum zur Aufbewahrung der Fütterung."* Der Blick in einige rheinhessische Dörfer scheint diese Beschreibung zu bestätigen. In Friesenheim wurden 1817 62 Wohnhäuser gezählt, darunter 17 zweistöckige, die allesamt aus dem 18. Jh. stammten. Bis 1846 war der Häuserbestand auf 87 angewachsen, doch wurden weiterhin nur einstöckige Gebäude errichtet, die meisten davon in Lehmbauweise. Auch in Armsheim wurden bis zur Jahrhundertmitte nur einstöckige Häuser gebaut. Bis heute sind im Ortsbild vieler rheinhessischer Gemeinden die Dorferweiterungen der ersten Hälfte des 19. Jhs., selbst wenn die Tagelöhnerhäuser nicht mehr stehen oder stark umgebaut sind, an der Größe – oder vielmehr Kleinheit – der Parzellen zu erkennen. Wie in Zornheim war es vielerorts: Zunächst wurden wegen der schnellen Bevölkerungszunahme der Dorfgraben beseitigt und 1820 sowie 1832 als Baugebiet in kleineren Abschnitten versteigert, 1836 dann der gesamte ehemalige Befestigungs-

ring bebaut. Hier wie in Friesenheim, Hahnheim, Undenheim und vielen anderen Dörfern entstanden „Neugassen", die von den Anwesen der Tagelöhner geprägt waren. Eine andere Entwicklung ist in Hechtsheim zu beobachten. Dort war zwar die Einwohnerschaft zwischen 1815 und 1831 um mehr als 200 Menschen angewachsen, in der gleichen Zeit wurden aber nur elf Häuser neu gebaut. Daraus resultierte eine stärkere Nutzung des bereits vorhandenen Wohnraums. Während 1815 noch kaum Mietverhältnisse bestanden, lebten um die Jahrhundertmitte schon 51, im Jahr 1861 91 Familien in gemieteten Wohnungen.

Den Grund für diese Entwicklung sah Heße in der *„in der beunruhigendsten Weise zunehmenden Vermehrung der Bevölkerung"*, die durch die Gewerbefreiheit, die fortgeführte Realerbteilung und die *„Leichtigkeit für völlig vermögenslose Leute, sich zu verheirathen und häuslich niederzulassen"* ausgelöst worden sei und für ihn eine *„Gefahr"* darstellte, *„welche von Jahr zu Jahr zunimmt"*.[7]

Heßes Befürchtungen waren nicht unberechtigt. Der weitere Bevölkerungszuwachs verschärfte die bereits im 18. Jh. vorhandenen Probleme der fortschreitenden Parzellierung des Landbesitzes. Ein Absinken immer weiterer Bevölkerungsgruppen in unterbäuerliche Existenzen, das auch nicht durch Handwerks- und Gewerbetätigkeiten aufgefangen werden konnte, schien die „Malthusianische Falle", also das im Vergleich zur Nahrungsmittelproduktion schnellere Wachstum der Bevölkerung, auch in der rheinhessischen Provinz Realität werden zu lassen.

Für 20 über ganz Rheinhessen verteilte Gemeinden hat Helmut Schmahl über die Spezialmusterlisten die Verteilung des Landbesitzes im Jahr 1817 recherchieren können. Von einer Ausnahme, St. Johann, abgesehen, verfügten in diesen Dörfern zwischen einem Sechstel und einem Drittel der Haushalte über keine Agrarflächen. Einschließlich dieser Gruppe können zwei Drittel bis vier Fünftel der Familien mit weniger als zehn Morgen zur unterbäuerlichen Schicht und zu den Kleinbauern, die nur mit Mühe ihren eigenen Bedarf erwirtschafteten, gezählt werden. Dass angesichts solcher Besitzverhältnisse bei weiterhin anhaltender Zerstückelung der Flächen mit einer zunehmenden Verelendung großer Bevölkerungsteile gerechnet wurde, erscheint nachvollziehbar. Tatsächlich konnte auch in den Jahren nach 1817 aufgrund schwieriger wirtschaftlicher Verhältnisse die Situation vieler dieser Familien nicht grundlegend verbessert werden. Auch die Familien, deren Besitz für eine vollbäuerliche Existenz ausreichte, waren in der nächsten Generation angesichts der Realerbteilung immer wieder vom Abstieg in die dörfliche Unterschicht bedroht. Tatsächlich ist in den Jahren zwischen 1834 und 1858, für die im Dreijahresrhythmus zu ganz Rheinhessen Informationen vorliegen, der prozentuale Anteil der „Ackerleute" um knapp 3 % nach unten gegangen. In absoluten Zahlen aber wurden 1858 fast 900 Landwirte mehr gezählt als 34 Jahre zuvor. Auch die Zahl der männlichen Tagelöhner hatte sich um 13 % erhöht, die der eigens aufgeführten weiblichen Tagelöhner sogar um ein Drittel, war aber seit dem Erreichen eines Höchststandes in den 1840ern deutlich gesunken. Allen Befürchtungen zum Trotz scheint die soziale Schichtung in den Dörfern im zweiten Drittel des 19. Jhs. doch einigermaßen stabil gewesen zu sein. Heße selbst beschreibt die Situation der Tagelöhner um 1835 in Alsheim und in Ober-Hilbersheim als zufriedenstellend,

sie hätten „hinlängliche Arbeit" und „ernährten sich größtentheils gut".

Die Berechnungen des Mainzer Richters Friedrich Dael für die Jahre 1836 bis 1846 bieten ein anderes Bild. Danach kam ein Tagelöhner-Ehepaar auf einen Jahresverdienst von knapp 163 Gulden, dem aber Ausgaben zwischen 250 und 300 Gulden, in Jahren hoher Getreidepreise wie 1846 sogar über 330 Gulden entgegenstanden. Auch wenn die Berechnungen Daels das Ausmaß der Selbstversorgung und somit der Vermeidung von Ausgaben unterschätzen und daher ein Auskommen, wie es Heße für 1835 beschreibt, in normalen Jahren doch möglich scheint, so wird in Krisenjahren sichtbar, wie prekär die Situation war. Waren die Getreidepreise niedrig, wie in den frühen 1820er-Jahren, konnten die Bauern nicht in gewohnter Weise Tagelöhner finanzieren, das Arbeitsangebot sank und zudem wegen der mangelnden Nachfrage auch die Höhe des Tagelohns. Stiegen die Preise wegen schlechter Ernten, so gerieten die Tagelöhner als Konsumenten in Not. Das kann am schnellen Anstieg der dann von den Gemeinden zu versorgenden Armen abgelesen werden. 1831/32 bekamen die Ortsbürgermeister von der Regierung aufgetragen, die „Vermögenderen zu reichlichen Gaben" für die „wahrhaft Nothleidenden" aufzufordern. 1840/41 wuchs die Zahl der zu unterstützenden Armen in Alsheim von normalerweise acht bis zwölf Familien auf 73 Familien, ein Fünftel der Einwohnerschaft, an. Der früh einsetzende strenge Winter hatte das „Elend der armen Leute immer vermehrt" und der Bürgermeister befürchtete, dass sie „durch die Noth getrieben ihre Zuflucht zu unerlaubten Mitteln nehmen" könnten. Die letzte große Versorgungskrise erlebte Europa in der Mitte der 1840er-Jahre, als die Getreideernte schlecht ausfiel und dann die Kartoffelfäule einen Großteil der Ernte vernichtete. Da die Kartoffel mittlerweile die Lebensgrundlage für breite Bevölkerungsschichten darstellte, führte dieser Ausfall in manchen Ländern und Regionen, vor allem in Irland, zu Hungersnöten und massenhaften Auswanderungen. Auch wenn in Rheinhessen nicht dieses katastrophale Ausmaß erreicht wurde, bedrohte die Fäule schon die Existenz gerade der auf die Erträge des eigenen Kartoffelanbaus angewiesenen unterbäuerlichen Schicht. Trotz der gemeindlichen und staatlichen Vergabe von Arbeiten im Straßenbau oder in der Gemarkung, seit langem als wirksame Notfallmaßnahme in solchen Situationen bewährt, sahen sich die Gemeinden zu umfangreicher Armenunterstützung verpflichtet. 54 Familien wurden in Alsheim im Januar und Februar 1847 direkt mit Brot und Geld versorgt, weiteren 103 Familien wurde Brot zu einem unterhalb des Marktpreises liegendem Betrag verkauft. Mehr als ein Drittel aller Haushalte war somit auf Hilfe angewiesen.

Solche Situationen führten bereits zeitgenössisch zu einer Diskussion über die Gefahren des „Pauperismus", zur Furcht vor Verelendung, aber auch vor dem Ansteigen der Kriminalitätsrate und der Bedrohung der wohlhabenderen Bürger und der staatlichen Ordnung durch die steigende Anzahl von Armen. Franz Philipp Aull, Mainzer Abgeordneter der zweiten Kammer des Darmstädter Landtages, sah, anders als in Ländern, in denen die Industrialisierung zu schnell fortgeschritten sei, 1842 noch keinen Pauperismus in Rheinhessen, betonte aber die Notwendigkeit, den Arbeitskräften, die in der Landwirtschaft nicht benötigt wurden, gewerblich-industrielle Alternativen zu schaffen.[8]

„Schlosshirsche" und andere reiche Bauern

Während Heße 1835 die Kosten eines Tagelöhnerhauses mit 200 bis 300 Gulden berechnete, schätzte er die Kosten für die Gebäude eines landwirtschaftlichen Betriebes von 100 Morgen, bestehend aus einem Wohnhaus mit Küche, vier Zimmern und einem gewölbten Keller, Ställen für 20 Rinder, sechs Schweine und zwei Pferde, Räumen zur Aufbewahrung des Grünfutters und der Gerätschaften und einer Scheune, auf 7.000 Gulden ein. Besitzer eines solchen Anwesens können sicher zur bäuerlichen Oberschicht gerechnet werden. Ihren Vertretern, meist aus bereits im 18. Jh. vermögenden Familien stammend, war es gelungen, ihren Landbesitz trotz Realerbteilung weiter auszubauen und mithilfe einer einträglichen Landwirtschaft, häufig auch noch anderer Einnahmen aus lukrativen Gewerbetätigkeiten, auch den nachfolgenden Generationen gute Startchancen zu bieten. Heßes Beschreibung dieser Hofreiten klingt fast zu bescheiden. Viele dieser Familien lebten nicht in einfachen Wohnhäusern mit lediglich vier Zimmern, sondern in großen repräsentativen Gebäuden. Dabei handelte es sich oft um die Hofgüter der ehemaligen grundherrschaftlichen Institutionen, die im Rahmen der Nationalgüterversteigerungen direkt oder über den Umweg der Makler in den Besitz der ortsansässigen Oberschichtbauern kamen. So ersteigerte etwa 1810 der seitherige Pächter Adam Schott das Domherrnhaus in Essenheim für 5.350 Francs, ein angesichts des großen Anwesens, bestehend aus einem zweistöckigen, unterkellerten Wohnhaus, einer großen Scheune, Kelterhaus, Garten und mehreren Nebengebäuden, eher niedriger Preis. Deutlich mehr, nämlich 95.000 Francs musste der Alzeyer Kaufmann Johann Schoenemann für das ehemals dem Grafen von Schönborn gehörende Gau-Heppenheimer Schlossgut zahlen, wobei hier allerdings auch umfangreiche Ländereien mit inbegriffen waren. Schoenemann verkaufte das Anwesen dann an den bisherigen Pächter Heinrich Weiß weiter. Johann Georg Frey erwarb 1814 den äußerst repräsentativen Deutschherrenhof in

Guntersblum. Aber auch Neubauten der wohlhabenden Bauernfamilien konnten den Stil der barocken Hofgüter übernehmen. So ließ der Alsheimer Philipp Rudolf Hirsch um 1800 ein zweistöckiges Haus mit mächtigem Mansardwalmdach, einer riesigen Scheune und großen Nebengebäuden bauen, das schon auf seine Zeitgenossen einen solchen Eindruck machte, dass sie den Besitzer den „Schloss-Hirschen" nannten. Der geschätzte Wert von 7.500 Gulden inklusive Brennerei- und Essigsiederei-Utensilien kommt dem von Heße berechneten Durchschnittspreis sehr nahe, was zeigt, dass er doch wohl eher Anwesen von der Qualität desjenigen des „Schloss-Hirschen" vor Augen hatte.[9]

Die Unterschiede in den Lebenswelten der Tagelöhner und der reichen bäuerlichen Oberschicht entwickelten sich im 19. Jh. rasch weiter auseinander. Das lässt sich an der materiellen Ausstattung – und dazu gehören eben auch die Immobilien – erkennen. In der Möbelausstattung setzten sich ab 1800 Innovationen in den Häusern der Oberschicht durch, die deren ohnehin zahlreicheren und qualitativ besseren Bestand weit vom dörflichen Durchschnitt abhoben: Kommoden, Schreibpulte, Standuhren, Spiegel, Kanapees, Sessel und Beistelltischchen. Allein der Wert des Möbelbestandes des Dittelsheimer Bürgermeisters Chrisostomus Kirschbaum und seiner Frau Maria Theresia, der 1833 auf 861 Gulden geschätzt wurde, übertraf den des Gesamtbesitzes vieler Tagelöhnerfamilien um ein Mehrfaches. Feines Porzellangeschirr in Sechser- und Zwölferserie gehörte in den Häusern der reichen Bauern ebenso zum Standard wie Silberbesteck. In ihren Schränken fanden sich nicht nur mehr und qualitativ bessere Kleidung, sondern auch modische Neuerungen wie der aus England stammende Frack. Mit all diesen Dingen, mehr noch mit ihren Bildern, Büchern und Musikinstrumenten, konnten sich

die Familien deutlich vom dörflichen Umfeld abgrenzen und sich einem bürgerlichen Lebensstil annähern, dessen Werte wie Bildung, Muße, Hygiene, Geselligkeit und familiäre Privatheit eben auch im Besitz von Schreibpulten, Spieltischen, Waschböcken, Spucknäpfen, Sofas und Serien von Sitzmöbeln ihren Ausdruck fanden.

Die Definition der Oberschicht ist schwieriger als die Abgrenzung zwischen dörflicher Unter- und Mittelschicht, die am Kriterium der wirtschaftlichen Selbstständigkeit auch in Krisenjahren festgemacht werden kann. Heße erstellte für einige rheinhessische Gemeinden nach Besitzklassen unterschiedene Ertragsberechnungen. Wenn die Oberschicht als die Haushalte mit mehr als 50 Morgen Land, mindestens zwei Gesindepersonen und auch zwei Pferden angesehen würden, dann hätten dieser Gruppe um 1835 in Alsheim 7,4 %, in Ober-Hilbersheim 13,8 % und in Mombach kein einziger der Haushalte angehört. Zwischen einem und knapp 5 % der Familien verfügten in den von Helmut Schmahl für 1817 recherchierten 20 Gemeinden ebenfalls über 50 Morgen, die allerdings nach altem Maß gerechnet werden müssen und somit bis zur Hälfte mehr Fläche ausmachten. Eine andere Möglichkeit, diese Gruppe einzugrenzen, ihre wirtschaftlich potentesten Vertreter zu ermitteln und sie auch im gesamtstaatlichen Vergleich einordnen zu können, sind die im Vorfeld von Wahlen erstellten Höchstbesteuertenlisten. So kamen 1820 zur Wahl des Landtages 985 Personen aus dem gesamten Großherzogtum aufgrund ihrer Steuersumme als Kandidaten in Frage. 519 dieser Männer, 52,7 %, kamen aus 128 (von insgesamt 179) rheinhessischen Landgemeinden, ein Anteil, der nicht nur die ökonomische Bedeutung der Landwirtschaft, sondern überdies auch das Übergewicht der neuen hessischen Provinz anzeigt. Fast alle dieser Personen waren

Landwirte. Bezogen auf alle ländlichen Haushalte sind somit etwa 1,9 % der Haushaltsvorstände erfasst. Die geografische Verteilung der reichsten Familien in der neuen Provinz ist aufschlussreich. 98 dieser Familien lebten im Kanton Bechtheim, 18 allein in Osthofen, elf in Westhofen, zehn in der kleinen Mennonitensiedlung Ibersheim. 87 finden sich im Kanton Wörrstadt, hier ist vor allem Undenheim mit zwölf Familien zu nennen. 71 Vertreter dieser Vermögensgruppe wurden im Kanton Oppenheim gezählt, davon 15 in Guntersblum und neun in Dienheim, in der Weinbaugemeinde Niersteinauffälligerweise nur vier. 14 der Höchstbesteuerten lebten in Flonheim, mit weiteren 56 Personen kam der Kanton Alzey auf 70. Mit 60 und 44 Namen auf der Liste nahmen die Kantone Wöllstein und Pfedders-

heim eine mittlere Stellung ein. Auffällig ist die geringe Präsenz von Höchstbesteuerten in den Kantonen Niederolm (21), Ober-Ingelheim (18) und Bingen (9). Die deutliche Konzentration der reichen Familien im Süden und Westen der Provinz und der augenscheinlich unterproportionale Anteil solcher Haushalte im Norden könnten auf eine gleichmäßigere Verteilung der Ressourcen in der Region zwischen Mainz und Bingen hindeuten. Sie könnten aber auch als Indiz dafür gewertet werden, dass in dem im Alten Reich stärker kurmainzisch dominierten Gebiet vor allem wegen des ehedem geringeren Anteils an Eigenland, möglicherweise aber auch wegen Verzögerungen in der Modernisierung der Agrarwirtschaft, ein Aufbau von Vermögen nicht im gleichen Ausmaß wie in den anderen Kantonen möglich war.[10]

Tabelle: Verhältnis Anteil der Bevölkerung (1824): Anteil der Höchstbesteuerten (1820)

Kanton	Anteil der Bevölkerung in %	Anteil der Höchstbesteuerten in %
Alzey	13,1	14,6
Bingen	6,8	1,9
Niederolm	10,4	4,4
Oberingelheim	11,1	3,8
Oppenheim	12,1	14,9
Osthofen/Bechtheim	13,1	20,5
Pfeddersheim	11,4	9,2
Wöllstein	8,9	12,6
Wörrstadt	12,9	18,2

Zwischen diesen Extremen der reichsten und der armen Bewohner der rheinhessischen Dörfer war die Mittelschicht angesiedelt, die Familien, die mit ihrer landwirtschaftlichen oder gewerblichen Arbeit, oft genug auch einer Kombination von beiden, ein einigermaßen sicheres Auskommen hatten. Als untere Grenze für einen vollbäuerlichen Betrieb können 1817 für Rheinhessen etwa sechs (alte) Morgen, das entsprach 2,13 ha, angenommen werden. Heße

ging 1835 von zehn (neuen) Morgen, also 2,5 ha, aus. Wenn die Grenze zur bäuerlichen Oberschicht mit 50 Morgen angesetzt wird, dann zählten in Alsheim 1835 knapp 27 %, in Oberhilbersheim 29 % der Haushalte dazu. Auch in den 20 Gemeinden, für die für 1817 nähere Angaben vorliegen, betrug der Anteil dieser Gruppe zwischen einem Viertel und einem Drittel der Einwohnerschaft. Die wirtschaftlichen Möglichkeiten dieser Schicht lassen sich an einem – für Vertreter dieser Gruppe seltenen – Hausbuch aus dem frühen 19. Jh. aufzeigen. Christian Lott, 1802 von Leiselheim nach Alsheim gezogen, war zunächst als Lederhandwerker, als „Säckler", dann als Landwirt tätig, und besaß 1817 8,5 (alte) Morgen Ackerland und anderthalb Morgen Weinberge. 1803 erwarb er ein Wohnhaus für den Preis von 440 Gulden, baute dann 1805 eine Scheune, was ihn 400 Gulden kostete, 1818 noch einen Stall und einen Keller, abermals für 400 Gulden. Finanzieren konnte er das über sein Erbteil von 1.739 Gulden.[11]

Aufsteigen und Absteigen

Die Grenzen zwischen diesen sozialen Gruppen waren durchlässig. Da bei jedem Erbgang die Karten neu gemischt wurden, war die Zahl der überlebenden Kinder von hoher Bedeutung für die Positionierung der nächsten Generation. Musste das Vermögen unter zu vielen Anwärtern geteilt werden, konnten auch Angehörige der Oberschicht in kurzer Zeit wieder absteigen. Fälle, in denen deshalb innerhalb von zwei Generationen der Abstieg von der Position im oberen Segment in die Tagelöhner-Existenz führte, kamen vor. Umgekehrt stiegen Mittelschichtangehörige auch dauerhaft in die obere Vermögensklasse auf, weil sie aus familienbiografischem Zufall als Alleinerbe und durch günstige Eheschließungen von einer guten Ausgangsposition starten konnten. Die Chance für Tagelöhner, aufzusteigen, dürfte schwieriger gewesen sein. Aber auch hier kann der Wille, über ein Gewerbe oder Landerwerb Selbstständigkeit zu erlangen, beobachtet werden. Der Erfolg der Strategien vieler wohlhabender Familien, den Status beizubehalten und weiter auszubauen, lässt sich schon an der Namensgleichheit vieler höchstbesteuerter Familien in

verschiedenen Listen erkennen. Eine geschickte Heiratspolitik, die zunehmend über die dörflichen Grenzen hinaus regional orientiert war, um gleichrangige Partner zu finden, und die Ausübung eines lohnenden Gewerbes neben der umfangreichen Landwirtschaft waren außer der wirtschaftlich erfolgreichen Betriebsführung wichtige Voraussetzungen für das „Obenbleiben". Die zunehmenden Kontakte der Angehörigen dieser Gruppe, über größere Verwandtschaftsnetze, über wirtschaftliche Beziehungen, über politische Ämter, über das entstehende Vereinswesen führten zur Ausprägung einer sich selbst auch so verstehenden regionalen Elite von „Oeconomen" und „Gutsbesitzern", wie sie sich auch selbst in Abgrenzung zu den anderen Bauern ihrer Gemeinden bezeichneten. Wie am Beispiel des Osthofener Müllers, Landwirts und Bürgermeisters Johann Weißheimer zu sehen ist, bauten diese Familien auch vielfältige freundschaftliche und familiäre Kontakte mit dem städtischen Bürgertum auf. Ihre Orientierung am stadtbürgerlichen Lebensstil wurde nicht nur an ihrer materiellen Ausstattung, sondern auch in der Gründung von exklusiven ländlichen Casinogesellschaften nach städtischem Vorbild sichtbar. Ihr Wille zum weiteren sozialen Aufstieg zeigt sich auch an der Bereitschaft, ihren Söhnen ein Studium zu finanzieren. 68 Studenten aus rheinhessischen Dörfern waren zwischen 1816 und 1850 an der Gießener Universität eingeschrieben, deren Väter als „Oeconomen", Gutsbesitzer oder Landwirte angegeben werden. Wendelin Weißheimer, der Sohn des Osthofener Bürgermeisters, durfte sogar auf Fürsprache seines Wormser Onkels Bandel bei Franz Liszt Musik studieren und wurde ein geachteter Komponist und Kapellmeister, der zeitweise mit Richard Wagner befreundet war. Dieser schätzte ihn allerdings wohl auch wegen seines reichen Vaters, den man erfolgreich um Kredite angehen konnte.[12]

Sozialer Wandel in den Städten

„Vermögens-Zustände und neue Errungenschaft" – neue und alte Bürger

Deutlicher wahrnehmbar als in den Dörfern war der soziale Wandel in den Städten. Hier hatte die französische Zeit einen stärkeren Umbruch bewirkt. Die Abwanderung großer Teile des Adels und des Klerus, der Bedeutungsgewinn des Besitzbürgertums nun auch in politischer und administrativer Hinsicht, die Besitzumschichtungen infolge der Nationalgüterversteigerungen, die Abschaffung der Zünfte und die Einführung der Gewerbefreiheit führten bereits in den Jahren nach 1798 zu einer beschleunigten Umschichtung des hergebrachten sozialen Gefüges. Das gilt vor allem für die ehemalige Residenzstadt Mainz. Noch 1840 wurde beklagt, dass sich hier kein anderen Städten vergleichbares gehobenes Bürgertum herausbilden konnte, weil es keinen *„begüterten Adel"*, keinen *„reichen Klerus"* mehr gebe, in der *„bürgerlichen Schicht"* kaum ererbte große Vermögen existierten und die *„hiesigen Vermögens-Zustände"* stattdessen fast ausschließlich *„auf neuer Errungenschaft"* basierten. An die Stelle einer auch in kulturellen Fragen richtungsweisenden Elite, so die kaum verdeckte Kritik des Autors, hatte sich ein Besitzbürgertum gesetzt, das seine materiellen Güter den Umbrüchen der letzten Jahrhunderthälfte verdankte, aber kaum Sinn für über ökonomische Belange Hinausgehendes hatte. Auch von Militär und Staatsbeamten, in anderen Städten meist Teil der bürgerlichen Gesellschaft, wie sie etwa in Vereinen repräsentiert war, sei kaum eine Verbesserung der Situation zu erwarten, da die zahlreichen Offiziere der Bundesfestung häufig wechselten und die Staatsangestellten keine sehr hohe Besoldung hätten, dafür durch ihren Dienst stark beansprucht würden.

Der Autor dieser Beschreibung spricht das „neue" Bürgertum an, das sich in den Städten seit dem späten 18. Jh. konstituierte, eine soziale Gruppe, die anders als das alte Zunftbürgertum nicht mehr ständisch definiert war, sondern in der sich das Bildungsbürgertum, die Beamten, Gymnasiallehrer und Angehörigen der freien Berufe, mit dem sich von alten Zunftzwängen emanzipierenden Wirtschaftsbürgertum, Kaufleuten, aber auch Handwerkern und Gewerbetreibenden, die nach der Einführung der Gewerbefreiheit unternehmerisch aktiv werden konnten, verband. Eine gemeinsame „bürgerliche Kultur", die sie von den anderen sozialen Schichten in der Stadt abhob, vereinigte diese Gruppe. Dazu gehörte auch die Mitgliedschaft in den frühen geselligen Vereinen, in die aufgenommen zu werden als Nachweis für die soziale Reputation gelten konnte.

Tatsächlich können von den 108 Mainzern, die das Höchstbesteuertenverzeichnis von 1820 auflistet, nur elf Namen auf in Mainz ansässige Handelsfamilien der zweiten Hälfte des 18. Jhs. zurückgeführt werden: neben der noch im 19. Jh. sehr einflussreichen Familie Mappes auch einige Nachfahren der aus Italien zugewanderten Familien Manera, Meletta und Tosetti. Einige der reichsten Männer von 1820 waren in der Zeit der Mainzer Republik politisch aktiv gewesen, viele von ihnen zählten zu den napoleonischen Notabeln. Biografien wie die des Kaufmanns Nicolaus Amtmann, der 1793 noch von der französischen Besatzung depor-

Abb. 19:
Georg Kneipp, Der zugefrorene Rhein zwischen Mainz und Kastel 1830.
Im Bildvordergrund: Vertreter des Mainzer Bürgertums.

tiert worden war, in der napoleonischen Zeit aber Mitglied des Munizipalrats und Direktor der Zuckerfabrik in Sauer-Schwabenheim war, dürften keine Seltenheit gewesen sein. Etliche, allerdings nicht die Mehrzahl der Höchstbesteuerten von 1820, finden sich auch in den Protokollen der Nationalgüterversteigerungen. Dass ein großer Teil von ihnen sein Vermögen im überregionalen Handel erwirtschaftete, zeigt sich nicht zuletzt auch an ihrer Beteiligung an einer Aktiengesellschaft, die ab 1817 Warentransporte auf dem Rhein versicherte.[13]

Die Familiengeschichten einiger ihrer herausragenden Vertreter können Einblicke in die Aufstiegschancen der ersten Hälfte des 19. Jhs.

bieten. Der 1755 als Sohn des Dompropst-Sekretärs geborene Christian Lauteren etwa gründete 1790 eine Weinhandlung, die er offensichtlich so erfolgreich führte, dass er in kurzer Zeit zu den reichsten Bürgern der Stadt zählte. Mehrfach trat er als Käufer bei den Nationalgüterversteigerungen auf. 1803 kaufte er zwei Häuser *„auf dem Freiheitsplatz"* aus dem vormaligen Besitz des Stiftes St. Peter. 1804 schließlich erwarb er den äußerst repräsentativen „Wambolder Hof" als Sitz für seine Firma. Über den Kauf des sehr guten Weinbergs am Zitadellenberg soll Napoleon selbst seinen Unwillen geäußert haben, der das Gelände militärisch nutzen wollte. Bereits vor der Zeit der Mainzer Republik zählte er zu einem privaten

Kreis um den Büdesheimer Amtsmann Kolley, dem Sympathien für die Französische Revolution nachgesagt wurden. 1792/93 scheint er aber nicht sehr aktiv gewesen zu sein. Ab 1804 war Christian Lauteren Mitglied des Munizipalrats, 1814 gehörte er dem Stadtrat an, als dessen Abgeordneter er auch die Interessen der Stadt auf dem Wiener Kongress vertrat, 1820 bis 1824 war er Mitglied der zweiten Landtagskammer in Darmstadt. Berufsständisch engagierte sich Lauteren in der Handelskammer. Gesellschaftlich trat er unter anderem als eine der zentralen Persönlichkeiten des Casinovereins „Hof zum Gutenberg" hervor. Sein Sohn Clemens und sein Enkel Christian Ludwig führten die wirtschaftlichen und politischen Aktivitäten als Präsidenten der Industrie- und Handelskammer, als Aktionäre der Ludwigbahn, als innovative Unternehmer sehr erfolgreich weiter fort.

Auch Johann Maria Kertell, Sohn des gleichnamigen Seifensieders, reüssierte als Kaufmann in der französischen Zeit, war Mitglied des Munizipalrates, ab 1820 im hessischen Landtag, und engagierte sich wie die Lauteren im Ausbau des Verkehrssystems: ab 1826 als einer der Gründungsdirektoren der „Dampfschifffahrtsgesellschaft vom Rhein und Main", ab 1835 im Eisenbahnbau. Wie etliche andere der wohlhabenden Mainzer Bürger investierte auch Kertell in Landbesitz im Rheingau, im Ried und in Rheinhessen. Als kulturgeschichtlich nachhaltig erwies sich sein vom Kölner Vorbild geprägtes Wirken in der Neuorganisation der Mainzer Fastnacht, das in der Gründung der Ranzengarde seinen Ausdruck fand.

Auch jüdische Kaufleute sind auf der Höchstbesteuertenliste verzeichnet: Luzian Bernays und Angehörige der Familie Reinach, die bei den Nationalgüterversteigerungen vielfach als Makler aufgetreten waren.

Mit den 108 Höchstbesteuerten des Jahres 1820 ist sicher nur ein Teil der bürgerlichen Oberschicht benannt. Hinzuzurechnen sind die höheren Beamten und die Angehörigen der freien Berufe.

Neue bürgerliche Führungsschichten entstanden auch in den anderen rheinhessischen Städten. Unter den 41 Wormser Bürgern, die 1820 auf der Höchstbesteuertenliste aufgeführt wurden, finden sich zwar auch etliche Namen, die bereits vor 1798 zu den Wohlhabenden und teilweise auch zu den Familien, die die Ratsgremien besetzten, gezählt wurden. Besondere Dynamik scheinen doch aber einige Männer entwickelt zu haben, die mehrfach beim Kauf der im Stadtgebiet liegenden Nationalgüter aktiv wurden und auch in der französischen Zeit erstmals im Rat vertreten waren, was ihnen in der reichsstädtischen Zeit, da sie nicht der lutherischen Konfession angehörten, verwehrt geblieben war: der reformierte Schiffer Cornelius Heyl, der katholische Weinhändler Valckenberg oder der reformierte Holzhändler Pistorius. Andere, bislang nicht im Handel, sondern im Handwerk tätige Wormser konnten die Gewerbefreiheit nutzen, um unternehmerisch tätig zu werden oder eben auch in den Handel einzusteigen. Die Bierbrauer Abresch und Schoeneck, der Gerber Scherer, später auch der illustre Bäcker und Weinhändler Bandel wären hier zu nennen. Durch manche familiäre Verbindungen mit den alten Eliten scheint eine höhere Kontinuität als in Mainz vorzuliegen. Auffällig ist aber, dass die an die politische, wirtschaftliche und soziale Spitze rückenden Personen eher von konfessionellen und somit zumindest im 18. Jh. auch sozialen Außenseiterpositionen starteten.

Auch in Alzey gehörten sieben der 30 reichsten Männer des Jahres 1820 alten Ratsfamilien an. Einige von ihnen befanden sich sowohl in der kurpfälzischen als auch in der französischen Zeit in hervorgehobenen Positionen und übten auch nach 1814 wichtige Funktionen aus. So wirkte der Oberamtsadvokat Karl Emele als Adjunkt unter Maire Esselborn und von 1815 bis 1819 als Bürgermeister. Franz Matty, lutherischer Pfarrer und Schwiegersohn des Unterschultheißen Keßler, wurde 1798 zum Präsident der Kantonsverwaltung ernannt. Die Handelsmänner Philipp Rauschert und Peter Andreas Guilino hatten sich intensiv an den Nationalgüterversteigerungen im gesamten Departement beteiligt. Den wahrscheinlich steilsten Aufstieg unter den Höchstbesteuerten von 1820 hatte Franz Josef Perrot bewältigt, der als französischer Soldat völlig mittellos nach Alzey gekommen war und als Einnehmer im Dienst der französischen Verwaltung in kurzer Zeit ein Vermögen erworben hatte, das 1817 aus 40 Morgen Ackerflächen und 30.000 Gulden bestand. Mehrfach als Abgeordneter in die zweite Kammer des hessischen Landtags gewählt, fungierte er schließlich zwischen 1837 und 1848 als Bürgermeister. Die Subskribentenliste eines Buches, das der Alzeyer Amateurarchäologe Joseph Emele, Sohn von Karl Emele, Friedensrichter, später Kreisrichter in Mainz und Gründer des Mainzer Altertumsvereins, 1827 veröffentlichte, bildet die bürgerliche Oberschicht Alzeys wohl recht zuverlässig ab. Neben den bereits aus dem Verzeichnis von 1820 bekannten Namen sind hier noch Ärzte, *„Steuercommissaire"* und Notare zu finden, vor allem aber zwei Männer, die die weitere bürgerliche Geschichte der Stadt noch prägen sollten: der jüdische Gutsbesitzer Belmont und der Lederfabrikant Prätorius.

Nur 17 Namen aus Bingen sind auf der Liste von 1820 verzeichnet, neben dem Maire und Bürgermeister Geromont und dem Notar und späteren Landtagsabgeordneten Wieger vor allem im Speditions- und Weinhandel aktive

Bürger, darunter der jüdische Händler Jacob Feist und der Nachfahre italienischer Einwanderer Peter Stephan Manera.[14]

Wie viele Familien (sich) tatsächlich zu dieser bürgerlichen Oberschicht zählten und wo genau die Abgrenzung zur Mittelschicht lag, ist schwer zu bestimmen. Gehörte man nicht zum höheren Beamtenstand, war Selbstständigkeit sicher eine Grundvoraussetzung, zu der als weiteres wichtiges Kriterium die Abwesenheit von körperlicher Arbeit zu zählen ist. Als Handwerker konnte man dieser Gruppe nur angehören, wenn man den Sprung zum Unternehmerdasein geschafft hatte. Für Worms um 1830 wird der Anteil der bürgerlichen Familien an allen Haushalten auf etwa 5 % geschätzt. Für Mainz liegen für 1840 detaillierte Angaben zur Verteilung der Erwerbstätigkeiten vor. Von den 517 Händlern sind gewiss die 52 *„Banquiers, Speditoren und Großhändler"* zur Oberschicht zu rechnen, ebenfalls die 38 *„Weinhändler im Großen"*, ein Teil der 65 Spezereihändler, der 56 Makler und der sieben Apotheker. Im Verzeichnis der zur Landtagskandidatur zugelassenen Höchstbesteuerten und höheren Beamten von 1856 finden sich auch 19 Bierbrauer, vier Buchdrucker sowie neun Nahrungshandwerker (Bäcker, Metzger, Müller) und elf Gastwirte. Zählt man dann noch die höheren Beamten, Offiziere und Geistlichen dazu – 1856 waren das 86 –, dann dürfte mit etwa 300–350 Personen ein Anteil von 7 % zu dieser Schicht, bei zunehmender Bevölkerung eher weniger, gehört haben. Mit geschätzten 50 bis 60 Familien dürfte die bürgerliche Oberschicht auch in Alzey zwischen 5 und 7 % ausgemacht haben.

Im überregionalen Vergleich liegen die Anteile der Oberschichten der rheinhessischen Städte eher im oberen Bereich. Für eine Reihe deutscher Städte in der ersten Hälfte des 19. Jhs. wurden Größenordnungen von 1–10 % berechnet, wobei immer zu beachten ist, dass aufgrund fehlender nach gleicher Methode erhobener statistischer Daten hier nur eine Aussage zur Tendenz möglich ist. Dennoch dürfte dem „gehobenen Bürgertum" in Rheinhessen schon eine überdurchschnittlich hohe Bedeutung zugemessen werden. Im hessischen Zusammenhang ist das auch daran erkennbar, dass drei Viertel aller Höchstbesteuerten des Jahres 1820 in der Provinz links des Rheines lebten.[15]

Arme und reiche Handwerker

Mit etwa zwei Drittel aller in Mainz ansässigen „Ortsbürger" hatten die Gewerbetreibenden zwischen 1834 und 1852 den größten Anteil in der Statistik der selbstständig Erwerbstätigen. Abgesehen von den wohlhabenden Unternehmern und Kaufleuten, die zur bürgerlichen Oberschicht zu zählen sind, waren das die Handwerker, die Händler und Krämer sowie die Gastwirte. 1840 arbeiteten 1.719 Handwerksmeister in Mainz. Ihnen zur Seite standen 3.215 Gesellen und 785 Lehrjungen. War die Zahl der Gewerbetreibenden und ihrer Gesellen und Lehrlinge bis 1846 kontinuierlich angestiegen, so bewegte sie sich in den folgenden drei Jahren infolge der schlechten wirtschaftlichen Situation und der Auswanderungen jener Jahre um 7 % nach unten. Über die Arbeits- und Lebensbedingungen in einem Schreinerhaushalt am Ende der 1830er-Jahre berichtet Karl Jakob Rau, Sohn eines Schiffers, in seinen Lebenserinnerungen. 1837 hatte ihn sein Vater zu Schreinermeister Böhmer in der Bauerngasse für 100 Taler Lehrgeld in die Lehre gegeben. Dort hatte er lange Arbeitszeiten von morgens kurz nach fünf bis abends gegen acht Uhr, wurde aber gut versorgt, hatte eine eigene Schlafstelle in einer Dachkammer und *„das gewöhnlich Gericht war Supp, Gemüs und Fleisch"*, abends gab es eine *„dicke Suppe*

von Kartoffeln oder dgl und Fleisch oder Kartoffelsalat." Möbelschreiner Böhmer scheint zu den erfolgreicheren Handwerkern gezählt zu haben, der auch größere Aufträge wie etwa die Büroeinrichtung für die Mainzer Agentur der Düsseldorfer Dampfschifffahrtgesellschaft übernehmen konnte, und mit dem Lederwarenhändler und Handelsgerichtspräsident Lennig verwandt war. Den Unterschied zwischen dem Lebensstil eines Handwerkerhaushaltes und dem einer großbürgerlichen Familie nahm der Lehrling dann deutlich wahr, als Lennigs Sohn ebenfalls zur Lehre zu Böhmer geschickt wurde und der junge Rau dann sonntags hin und wieder bei Lennigs zum Essen eingeladen war: *„Mir war aber das ganze Wesen dieser Leute etwas zu vornehm, weshalb ich mich bei denselben nicht recht zu Hause fühlte."*

Auch weiterhin arbeitete ein beträchtlicher Teil der städtischen Handwerker an der Armutsgrenze. Wenn zutrifft, dass zwei Gesellen und ein Lehrling ein Zeichen für eine auskömmliche Betriebsführung waren, geringere Werkstattbesetzungen aber auf prekäre Situationen hindeuteten, dann war die Lage für die Schuhmacher, denen im Durchschnitt ein Geselle zur Seite stand, noch mehr aber für die Schneider, von denen durchschnittlich jeder Dritte überhaupt keinen Gesellen hatte, schwierig. Die wenigen Weber hatten, anders als noch 1816, gar keine Gesellen mehr. Die Schreiner allerdings konnten ihre Gesellendichte von 1816 bis 1840 von zwei auf drei pro Betrieb erhöhen, bei den Zimmerleuten waren 1840 sogar zehn Gesellen pro Betrieb beschäftigt. Zwei Drittel der Mainzer Handwerker gehörten um 1845 den drei unteren Steuerklassen an, auch das ein Hinweis auf deren gefährdete Existenz. Dass die rheinhessischen Städte eine wesentlich höhere Gewerbedichte hatten als die Städte in den rechtsrheinischen Provinzen des Großherzogtums, ist eine Folge der Gewerbefreiheit.

Die berufliche Selbstständigkeit war hier also durch den Erwerb eines „Patentes" vergleichsweise einfach anzustreben, das bedeutete aber auf der anderen Seite eben auch, dass viele der angemeldeten Gewerbe ökonomisch nicht sehr tragfähig waren.[16]

Hungern und Darben – Tagelöhner, Arbeiter und Dienstboten

Lässt sich der Anteil der Gewerbetreibenden, der von seinen wirtschaftlichen Ressourcen her eher der städtischen Unterschicht zuzuschreiben ist, nicht exakt bestimmen, so liegen für die Einwohner, die als Lohnarbeiter eindeutig die ökonomisch schwächste Bevölkerungsgruppe darstellten, für einige Jahre genaue Zahlen vor. 563 Tagelöhner und 480 Tagelöhnerinnen wurden 1834 in Mainz gezählt, fast ein Viertel der Erwerbstätigen (zählt man die Gesellen und die Dienstboten, die zum überwiegenden Teil in den Haushalten ihrer Arbeitgeber lebten, nicht mit). Bis 1852 sank ihre absolute Zahl um 42 %, ihr Anteil an den Erwerbstätigen auf ein Sechstel. Friedrich Dael beschrieb 1847 modellartig die Einkommensverhältnisse für Tagelöhnerfamilien in den rheinhessischen Städten. Der Mann arbeitete in einem Gewerbe, etwa bei einem Maurer, als Handlanger, die Frau half am Rhein beim Be- und Entladen der Schiffe, transportierte *„Gegenstände der verschiedensten Art"* in die Stadt und übernahm Botengänge. Gerade auch der Festungsbau in Mainz bot zahlreichen, teilweise auch vom Land kommenden Tagelöhnern Arbeitsmöglichkeiten. So wurden hier im Jahr 1827 außer 1.100 Bauhandwerkern auch 1.500 Tagelöhner eingesetzt.

Die zweite Gruppe der Lohnarbeiter, die „Arbeiter in Fabriken", war in der ersten Hälfte des 19. Jhs. noch nicht sehr zahlreich. Zwischen 250 und 300 Personen, anfangs fast nur Männer, später zu etwa 10 % auch Frauen, wurden in Mainz zwischen 1834 und 1852 zu dieser Gruppe gerechnet, das entsprach einem Anteil an allen Erwerbstätigen von zwischen 5 und 9 %. Nur 76 Fabrikarbeiter wurden 1846 in Worms gezählt, drei Jahre später hatte sich ihre Zahl um lediglich 13 Arbeiter erhöht. Nach einer Gewerbetabelle des Jahres 1847 ergeben sich völlig andere Zahlen: danach arbeiteten in den Mainzer Fabriken 1.189 Menschen, in Worms 621, in Bingen 279, in Alzey aber nur zehn. Die Diskrepanz erklärt sich wohl aus der Differenz von Wohn- und Arbeitsort, verweist also bereits auf eine große Zahl auswärts lebender Arbeiter.

Auch für Arbeiterhaushalte errechnete Dael die Einnahmen und Ausgaben. In seinem Beispiel arbeitete der Mann in einer Fabrik, die Frau als Putzfrau, die auch größere Arbeiten annahm. Wenn auch die Verdienstmöglichkeiten des Fabrikarbeiters leicht über denen des Tagelöhners lagen, so reichte in beiden Fällen der Lohn nicht für den Lebensunterhalt aus. Die Konsequenzen schildert Dael anschaulich: *„An Zurücklegen eines Nothpfennigs für etwaige Krankheiten, Unglücksfälle und sonstige unvorhergesehene, aber nicht zu vermeidende Aufgaben ist nicht zu denken, noch weniger gar an Geld zum Genusse irgend eines Vergnügens, z. B. eines Familienfestes oder der Kirchweihe."* Nur indem man sich bei dem Lebensnotwendigen an Nahrungsmittel und Kleidung noch mehr einschränkte, *„hungerte und darbte"*, sich Geld zu Wucherzinsen lieh, Hausrat versetzte und verkaufte und immer wieder die private und öffentliche *„Mildthätigkeit"* in Anspruch nahm, die durch Unterstützung der Kinder, durch Übernahme der Hausmiete, Brennmaterial, Suppen, *„wohlfeileres Brod"* und Geldunterstützungen mit Almosen das ausglich, *„was als Arbeitslohn zu wenig gegeben wird"*, sei überhaupt das Überleben der Familien zu gewährleisten. Zählt man zu diesen Gruppen der in eigenen Haushalten lebenden Erwerbstätigen noch die in den Häusern ihrer Dienstherren lebenden Dienstboten hinzu – zum weit überwiegenden Teil junge Frauen, die als Mägde und Dienstmädchen arbeiteten –, dann betrug der Anteil der eindeutig der sozialen Unterschicht zuzurechnenden Erwerbstätigen in Mainz in den Jahren von 1834 bis 1852 zwischen 54 und 58 %. Rechnet man die Handwerksgesellen und noch einen Teil der Handwerker mit geringen Verdienstmöglichkeiten hinzu, dann entspricht die Quote der nahe an der Existenzgrenze lebenden Mainzer Einwohner dem für viele andere deutsche Städte in der ersten Hälfte des 19. Jhs. errechneten Durchschnitt von zwei Drittel bis vier Fünftel armen Haushalten. Auch für Worms wurde ein Anteil von mindestens 60 % ökonomisch gefährdeten Familien für das Jahr 1818 errechnet.[17]

Rheinhessische Studenten in Gießen

Die Durchlässigkeit dieser sozialen Grenzen kann zumindest im Teilbereich der universitären Bildung nachgezeichnet werden. Zwischen 1816 und 1850 waren 156 Söhne von Mainzer Beamten, 45 Nachkommen von Kaufleuten und Unternehmern und 61 Handwerkersöhne an der Universität Gießen eingeschrieben. Dass der Anteil des Wirtschaftsbürgertums eher niedrig war, könnte als Hinweis auf deren weniger auf bildungsbürgerliche Interessen konzentrierte Haltung gedeutet werden, verweist aber auch auf andere Ausbildungs- und Karrierewege. Auffällig ist aber, dass immerhin 16 Söhne von eindeutig der Unterschicht zuzuzählenden Eltern, also von Tagelöhnern, Kutschern, Knechten oder einer Näherin, in Gießen studierten. Dieser Befund lässt sich

allerdings für die Städte Worms, Bingen und Alzey nicht bestätigen. Auch von dort kamen überwiegend Söhne von Beamten und Medizinern, aber nur wenige von Handelsberufen angehörigen Bürgern und kaum Unterschichtangehörige an die Universität.[18]

„Unfug auf dem Markte" – soziale Unruhen in Krisensituationen

In wirtschaftlichen Krisensituationen konnten sich die mit der sozialen Konstellation verbundenen Spannungen in offenen Konflikten entladen. So kam es im August 1817 in Mainz zu Marktunruhen, als infolge von Missernten die Preise in die Höhe stiegen. *„Die Weiber",* so der Augenzeuge Pfarrer Philipp Scherer, hätten *„Unfug auf dem Markte"* getrieben, Kartoffelsäcke ausgeschüttet, Körbe mit Bohnen umgeschmissen, Eier und Butter auf dem Boden zertreten. Nach einem Zeitungsbericht sei die Höhersetzung des Getreide- und Brotpreises der Anlass für Misshandlungen der Getreidehändler gewesen, die sich in die preußische Hauptwache retten mussten. Einem Bäcker wurden zudem die Fenster eingeschmissen. Acht Jahre später richtete sich der Zorn der *„ärmeren Volksklasse"* in Mainz gegen die Zollbeamten, nachdem ein *„Douanier"* einen Schiffsknecht des Schmuggels verdächtigt und im *„Handgemenge"* tödlich verwundet hatte. Im folgenden Aufruhr trieben die Kollegen des zu Tode gekommenen Mannes die Zollbeamten in die Flucht und nutzten unter dem Beifall *„große(r) Haufen des armen Pöbels"* die Gelegenheit, *„zollbare Waaren mit vollen Händen in die Stadt zu schaffen".* 1830 war wieder ein Teuerungsjahr, das zudem durch die Julirevolution in Frankreich auch politisch aufgeladen war. Der Mainzer Korrespondent der in München erscheinenden *Allgemeinen Zeitung* berichtete im September von einem *„großen*

Mißvergnügen" der Bevölkerung, *„namentlich der ärmeren Klasse"*, von einer *„Erbitterung"*, die unter *„der niederen Volksklasse"* herrsche, gegenüber den wenigen Kaufleuten, die von den sehr schnell gestiegenen Getreidepreisen profitierten. Anders als in vielen anderen Städten, so sein Bericht drei Wochen später, sei in Mainz aber die Lage ruhig geblieben. In Worms und Umgebung allerdings sei Anfang Oktober die *„öffentliche Ruhe"* gestört worden und der Bürgermeister habe die *„Wohlhabenden"* bewaffnen lassen. 1832 dann kam es in Worms zu schweren Auseinandersetzungen, deren Verlauf Polizeikommissar Rink schilderte: Am Morgen des 28. Mai, einem Montag, *„versammelten sich viele Leute auf der Straße; sie äußerten, es sey jetzt alles frei, sie wollten sich die Brodpreise jetzt schon selbst herabsetzen. Man suchte die Früchteausfuhr zu hindern, nahm selbst ein Schiff in Beschlag, und trug die Frucht in das Kaufhaus. (…) Gegen Abend wurden die Massen stärker; sie zogen vor verschiedene Kaufläden, schlugen die Fenster ein, und verlangten, besonders von den Juden, Geld."* Erst das Militär habe den *„Auflauf zerstreut."* Ausdrücklich betonten alle Zeugen, die im Rahmen eines Prozesses gegen die Initiatoren des am Tag zuvor stattgefundenen Hambacher Festes befragt wurden, dass die Unruhen keine Folge des Treffens gewesen seien, sondern durch Teuerung und Hunger ausgelöst wurden und dass die Akteure *„Leute der untersten Klasse"* waren. Auch in Mainz scheint es *„Maueranschläge und Drohungen"* gegeben zu haben, wobei die Situation aber wohl ruhig geblieben war. Ein letztes Mal brachen „Brotunruhen" im Jahr 1846 aus. Missernten und Kartoffelfäule hatten zu einer europaweiten Krise geführt. Am 17. Juli kam es in Mainz zu Aktionen gegen Bäcker, die höhere Preise verlangt hatten.[19]

Die Protagonisten dieser Unruhen griffen immer wieder auf nicht nur in Deutschland über lange Zeit bekannte Aktionsformen zurück.

Die Festlegung eines „gerechten" Preises und die Organisation eines nach eigenen Vorstellungen verlaufenden Verkaufs gehören ebenso dazu wie gewaltsame Maßnahmen gegen Bäcker, Müller und Getreidehändler. Dabei kam es gerade im 19. Jh. immer wieder auch zu Ausschreitungen gegen jüdische Händler und auch die Berichterstattung in manchen Zeitungen war nicht immer frei von antijüdischen Tendenzen. Gerade auch das Einwerfen von Fenstern war ein häufig praktizierter Akt gegenüber sozialen Außenseitern, mit dem nicht zuletzt auch die Verletzung des Hauses als Friedens- und Rechtsbereich markiert wurde. Zumindest aus der Sicht der bürgerlichen Berichterstatter waren es immer Angehörige der untersten sozioökonomischen Gruppe, die aktiv wurden, und so lassen sich diese Ereignisse, die zudem fast alle in politischen Ausnahmesituationen stattfanden, auch als Ausdruck sozialer Polarisierung verstehen.

„Die Arbeiter fehlen und machen immer größere Ansprüche" – Sozialer Wandel nach 1850

Die soziale Entwicklung in der zweiten Hälfte des 19. Jhs. ist vor allem geprägt von dem Anwachsen der Arbeiterschaft. Leider existieren keine genauen und über mehrere Jahrzehnte vergleichbaren statistischen Angaben, sodass teilweise nur Aussagen über den tendenziellen Verlauf des sozialen Wandels gemacht werden können. Um mehr als die Hälfte wuchs die Zahl der Arbeiter in ganz Rheinhessen zwischen 1852 und 1858; mit 1.943 Arbeitern und 670 Arbeiterinnen und 3,8 % Anteil an allen Erwerbstätigen blieben sie aber auch am Ende der 1850er-Jahre noch weit unter dem Fünftel, das die Tagelöhner einnahmen. In den folgenden Volkszählungen wurden die Arbeiter nicht mehr eigens erfasst, sondern in einer Rubrik mit den „Gehülfen", zum größten Teil Handwerksgesellen, zusammengefasst. Den 6.261 in der „Industrie" tätigen „Arbeiter(n) und Gehülfen", die 1861 gezählt wurden, standen 10.418 „Unternehmer" gegenüber. Aus diesen Zahlen wird deutlich, dass der weitaus größte Teil dieser Erwerbstätigen nicht in Fabriken, sondern in Handwerksbetrieben arbeitete. Da in dieser Rechnung nur die Haushaltsvorstände erfasst werden, sind die prozentualen Anteile nicht ohne weiteres mit denen der vorhergehenden Zählungen zu vergleichen. Demnach waren 27 % der Erwerbstätigen Bauern, 12,3 % Tagelöhner in der Landwirtschaft, 7,3 % arbeiteten im Handel und 4,9 % im Sektor Verkehr, darunter 65 Eisenbahnarbeiter.

1871 wurden die Erwerbstätigen nach dem „Arbeits- und Dienstverhältnis" unterschieden. 43,4 % der Erwerbstätigen waren selbstständig tätig, fast je gleich viele in der Landwirtschaft und im Handwerk bzw. der Industrie. 46,5 % wurden als „selbstthätige Gehilfen und Arbeiter" geführt, 10 % als „Dienende aller Art", also überwiegend als Gesindepersonen. Auch ohne die vermutlich erhebliche Gruppe unter den Selbstständigen, die am Rande der Existenzfähigkeit wirtschaftete, kann schon alleine mit der Zahl der Arbeiter/Gehilfen und der „Dienenden" von einem Übergewicht der Unterschicht angehörenden Personen gesprochen werden. 33.355 Arbeiter, davon fast ein Zehntel Frauen, wurden 1909 gezählt, das waren 9 % der Gesamtbevölkerung. Abermals wurden allerdings die Arbeitsstätten nicht nach ihrer Größe klassifiziert, sodass der Anteil der in Handwerksbetrieben Arbeitenden unklar bleibt.[20]

Auch für die Städte fällt die exakte Darstellung der quantitativen Entwicklung der Arbeiterschaft nicht leicht. Zwar liegen für Mainz Auszählungen aus den Adressbüchern vor, in denen allerdings nach den Rubriken Tagelöhner, Fabrikarbeiter, Arbeiter und Handarbeiter unterschieden wird. Von der sich zwischen 1850 bis 1913 verdreifachenden Summe dieser Berufszugehörigkeiten nahmen die Tagelöhner durchweg zwei Drittel ein. Die Zahl der Fabrikarbeiter sank von ihrem Höhepunkt von 300 im Jahr 1881 auf 87 im Jahr 1913, während die der Arbeiter von 124 auf 705 anstieg. Angesichts dieser Begriffsverwirrungen ist letztlich nicht zu entschlüsseln, ob die rund 1.700 Männer und 300 Frauen, die um die Jahrhundertwende unter diesen Rubriken zu finden sind, in Werkstätten oder Fabriken arbeiteten. Andererseits wurden 1895 in den 6.198 Mainzer Gewerbebetrieben, von denen allerdings nur 121 mehr als 20 Personen beschäftigten, 14.487 „Gehilfen und Arbeiter" gezählt, die aber sicher zum Großteil aus dem Umland stammten.

In Worms arbeiteten 1857 ca. 2.100 Menschen in Fabriken, weitere 600–700 als Arbeiter in kleineren Betrieben. Wie in Mainz kamen etliche der Arbeiter aus dem Umland. In der Stadt lebten 1858 667 unselbstständige Handwerker, 539 Tagelöhner und 758 Fabrikarbeiter. Für 1867 lässt sich anhand eines Adressbuches ein genaueres Bild der Sozialstruktur zeichnen. Erfasst wurden nur die dem Haushalt vorstehenden Personen, es kann also eine auf die Familien bezogene soziale Gliederung vorgenommen werden. Die zahlreichen Haushalte ohne Erwerbstätigkeit, Rentner, Witwen, „Privatpersonen" nicht mitgerechnet, lassen sich 2.248 Haushalte ermitteln. Nach wie vor stellten die 648 Handwerkerhaushalte mit 28,8 % den größten Anteil. 319 Angehörige von Handelsberufen machten 14,2 % aus. Erst an dritter Stelle erscheinen die 285 Fabrikarbeiter und Fabrikarbeiterinnen mit 12,7 %. Zusammen mit 110 Tagelöhnern und 44 Handarbeitern stellten die unselbstständigen Arbeiter ein Fünftel aller Haushalte. 178 Menschen arbeiteten in niedrig qualifizierten oder helfenden Tätigkeiten, darunter viele Frauen als Wäscherinnen oder Büglerinnen. Im Transportgewerbe waren 93 Männer (4 %) tätig, neben Berufen wie Fuhrmann oder Schiffer finden sich hier auch viele schlecht bezahlte Tätigkeiten wie Sackträger. 93 Offiziere lebten in der Stadt, dazu 32 Musiker, von denen die meisten als sog. Hautboisten in der Militärkapelle spielten. 54 Fabrikanten und Unternehmer und 23 Landwirte, die, häufig als Gutsbesitzer oder Ökonomen bezeichnet, eher größeren Betrieben vorstanden, machten zusammen 3,4 % aus. 14,2 % der Haushalte standen Beamte, Lehrer, „Privatbeamte", Angestellte und sonstige Berufsangehörige vor. Sicher der Unterschicht zuzurechnen sind Arbeiter, „Hilfsberufe" und ein großer Teil des Transportgewerbes, also etwa 30 %. Allerdings dürften auch viele der Handwerker und Händler im unteren Bereich angesiedelt gewesen sein, der allerdings nicht eindeutig zu benennen ist, von einem Anteil von über 50 % kann aber insgesamt ausgegangen werden. Zur Oberschicht sind sicher die Fabrikanten und größeren Landwirte zu rechnen, ein Großteil der Offiziere, auch ein gewisser Teil der Handelsberufe und der Beamten und freien Berufe, sodass doch von einem Anteil von etwa 5 % der Stadtbevölkerung ausgegangen werden kann. Bis 1900 wuchs vor allem die Anzahl der Fabrikarbeiter an. Mit 802 Personen stellten sie jetzt die größte Gruppe.[21]

Auch in den Dörfern, vor allem in den Umlandgemeinden der Städte, wohnten immer mehr Fabrikarbeiter. In Finthen lebten bereits 1861 mehr als die Hälfte, in Hechtsheim 59 % der Einwohner „von der Industrie", womit allerdings jegliche Gewerbetätigkeit gemeint war. In Mombach stieg die Zahl der Arbeiterhaushalte von 131 im Jahr 1887 auf 444 1906, in Weisenau von 206 auf 314 im Jahr 1913, in Gonsenheim wurden 341 im

Jahr 1913 gezählt. In Pfiffligheim bei Worms waren im Jahr 1900 43 % der 432 erwerbstätigen Haushaltsvorstände Fabrikarbeiter. Zieht man noch die Tagelöhner, die Bahnarbeiter, die Wäscherinnen und Näherinnen sowie die Fuhrknechte dazu, so betrug der Anteil der unselbstständigen Handarbeiter schon mehr als die Hälfte. Die Handwerker machten ein Viertel aus und mit 8 % war der Anteil der Landwirte nur noch gering. Bewegte man sich weiter von den Städten weg, stieg die Zahl der im Agrarbereich Tätigen. In Alsheim blieb die Zahl der Bauern zwischen 1858 und 1880 annähernd gleich, ihr Anteil an der Dorfgesellschaft ging aber leicht auf 31 % zurück, stärker allerdings der der Tagelöhnerfamilien, die von 43 % auf 30 % absanken. Dafür erschienen in der zweiten Jahrhunderthälfte als neue Gruppe die Bahnarbeiter und -angestellten (1880 bereits 5,7 %) sowie die Fabrikarbeiter. Diese neuen Gruppen und die Ab- und Auswanderung vieler Tagelöhner ließen die Bauern bereits in den 1860er-Jahren über den Rückgang der Arbeitskräfte klagen: „der Taglohn ist gestiegen, die Arbeiter fehlen (…) und machen immer größere Ansprüche". Auch in Alsheim gehörten 1867 noch mehr als die Hälfte aller Haushalte der wirtschaftlichen Unterschicht an, ihr Anteil war aber seit der ersten Jahrhunderthälfte deutlich zurückgegangen. In einem nicht direkt an den Hauptverkehrslinien gelegenen Dorf wie Friesenheim allerdings lebten noch 1913 fast zwei Drittel der Familien nur von der Landwirtschaft, ein weiteres Fünftel verband ein Gewerbe mit dem landwirtschaftlichem Betrieb, 5 % arbeiteten als Tagelöhner und zwei Personen bei der Bahn.[22]

Zwischen „guter Sittlichkeit" und Schwindsucht – die Lebensbedingungen ländlicher und städtischer Arbeiter

Über die Lebensbedingungen der ländlichen Arbeiter um 1890 informiert eine reichsweit durchgeführte Untersuchung. Für die rheinhessischen Tagelöhner und Gesindepersonen habe sich in den 1870er- und 1880er-Jahren vieles gebessert, die Wohnungen der Arbeiter seien *„gesund und gut"* ihre Kleidung *„modern"*, die Ernährung gut, fast jeden Tag komme Fleisch auf den Tisch. Auch die Bildung sei *„vorgeschritten"*, sogar die *„Sittlichkeit"* habe sich verbessert. Fast jeder Landarbeiter lese die Lokalzeitung. Gerade weil die Beschreibungen der Situation in anderen Regionen teilweise sehr negativ ausfielen, kann den Berichten über die rheinhessischen Verhältnisse einige Glaubwürdigkeit zugesprochen werden. Der hohe Parzellierungsgrad der rheinhessischen Landwirtschaft und die Chance für Tagelöhner, auch auf eigenem Land zu wirtschaften, scheinen sich für ihre Situation segensreich ausgewirkt zu haben. Das zeigt sich auch daran, dass viele der erwachsenen Kinder von Landarbeitern keineswegs den Agrarsektor verlassen wollten, sondern versuchten, weiterhin in der Landwirtschaft ihr Auskommen zu sichern. Lediglich in der Nähe der Städte seien viele junge Leute in die Industrie oder zur Bahn abgewandert. Das Einkommen der Tagelöhnerfamilien setzte sich aus dem Lohn des Mannes, dem Verdienst der Ehefrau und der Kinder, die nicht nur in der eigenen Wirtschaft, sondern in den Ferien und nachmittags auch bei den Bauern arbeiteten, und dem Ertrag der eigenen kleinen Landwirtschaft zusammen und schwankte infolgedessen zwischen knapp 600 Mark – diese Summe wurde für ein Beispiel aus Gaualgesheim errechnet – und mehr als 1.000 Mark – diese hohe Summe erwirtschafteten Tagelöhnerfamilien in Wahlheim, die auch über Weinberge verfügten. Das vorrangige Interesse vieler Landarbeiterfamilien sei auf den Erwerb von Eigentum, zu Wohnzwecken und als Ackerfeld zur Bewirtschaftung, ausgerichtet gewesen; darin wurden sie durch private Darlehen häufig auch von ihren bäuerlichen Arbeitgebern unterstützt.

Zu den Arbeitern auf dem Land sind auch die Familien zu zählen, die in Heimarbeit oder als Saison- oder Dauerarbeitskräfte bei Unternehmern für überlokale Märkte arbeiteten. In der zweiten Jahrhunderthälfte hatten sich einige lokale Schwerpunkte herausgebildet, seien es die Korbmacher von Hamm, die Schneider von Schornsheim, die Backsteinmacher am Altrhein oder die Steinbrucharbeiter in Neubamberg. Das konnte in den Dörfern zu sozialen Umschichtungen mit einigem Konfliktpotential führen. So wurde im Jahr 1908 über die etwa 80 vor allem für Mainzer Unternehmer heimarbeitenden Schornsheimer Schneider berichtet: *„sie sind fleißig und arbeiten vom frühen Morgen bis zum späten Abend, Sommers und Winters; viele sind leichtsinnig und machen keine Eroberungen. Junge Leute aus früher bettelarmen Familien machen solche Ersparnisse, daß sie mit 25 Jahren ihr eigenes Häuschen und Garten kaufen und beträchtliche Anzahlungen machen können. Leider sind sie zum größten Teil den Sozialdemokraten in die Hände geraten und lassen sich von ihnen verhetzen gegen den ackerbautreibenden Teil der Gemeinde. (…) Industriearbeiter und Bauern stehen sich schroff gegenüber und teilen sich in zwei selbständige gleichstarke unabhängige Lager".*[23]

Völlig anders stellte sich die Situation vieler in den Städten lebender Fabrikarbeiter dar. Das durchschnittliche Jahreseinkommen eines Mainzer Arbeiters um 1890 von 660 Mark reichte zur Existenz einer Familie nicht aus, sondern musste durch weitere Einnahmen der Frauen und der Kinder aufgestockt werden. Am Ende des Jahrhunderts wurde der Anteil der Schulkinder, die Lohnarbeit leisteten, auf etwa 10 % geschätzt. Zwar war die Arbeit von Kindern in Fabriken nicht erlaubt, trotzdem kam sie noch vor. Selbst siebenjährige Kinder wurden 1899 bei Kontrollen in Fruchtkonservenfabriken von der Gewerbeinspektion angetroffen. Völlig unkontrollierbar war die Kinderarbeit bei allen Formen von Heimarbeit. Vor allem die hohen Mieten in Mainz und Worms, die weit über dem hessischen Durchschnitt lagen, machten den Arbeiterfamilien zu schaffen. Trotz der hohen Mietpreise waren viele Wohnungen von schlechter Qualität. Gerade in der dicht besiedelten Mainzer Altstadt waren viele Wohnungen überbelegt, dunkel, feucht und schimmlig, die sanitären Verhältnisse teilweise katastrophal. Um die Mietpreise zahlen zu können, vermieteten viele Familien zudem noch ihre Betten an Schlafgänger weiter. Schwere gesundheitliche Probleme, vor allem die stark verbreitete Lungentuberkulose, Schwindsucht genannt, waren die Folge. Auch die Erweiterung der Stadt, die Bebauung des Gartenfeldes durch die Anlage der Neustadt, brachte wenig Verbesserung, da die Wohnungen oft zu teuer und zudem auch häufig von Anfang an überbelegt waren. In Worms kamen in den 1.604 Arbeiterwohnungen um 1890 durchschnittlich 3,3 Bewohner auf einen Raum. Hier wurde durch Wohnungsbauprogramme der Lederfabrikanten und auch durch erste kommunale Anstrengungen versucht, die Wohnungsnot zu lindern. Angesichts der schwierigen Wohnungssituation in den Städten und der Möglichkeit, auf dem Land durch Garten- oder Kleinlandwirtschaft die Existenz zusätzlich abzusichern, war für viele Arbeiter die Möglichkeit, in den Dörfern wohnen zu bleiben oder in ein stadtnahes Dorf zu ziehen, die bessere

Alternative, die zudem auch von den Arbeitgebern gerne gesehen wurde, da man bei den Arbeitern vom Land von einer geringeren Neigung zum Engagement in der Arbeiterbewegung ausging. So konnte 1913 für die Wormser Lederarbeiter festgehalten werden: *„Es bestand in Worms nicht der Interessensgegensatz zwischen Stadt und Land, der größte Teil der Arbeiterschaft hatte (…) Besitz. ein Häuschen, ein Stück Acker weckte Lust zur Arbeit und Sinn zum Sparen und machte gerade die auf dem Lande wohnenden Arbeiter der Industrie so beliebt, weil unter ihnen mehr fleißige und solide Arbeiter waren als unter denjenigen, die in der Stadt wohnten.“*[24]

Die Lage der Mittelschicht auf dem Land verbesserte sich in der zweiten Hälfte des 19. Jhs. Bereits 1858 vermerkte der Mommenheimer Pfarrer in seiner Pfarrchronik: *„Der Bauer lebt gut, kleidet sich nach Vermögen, nur das Frauengeschlecht kleidet sich über Stand und Vermögen mit Modesucht in edle Stoffe, und ziert sich gern mit Gold, Haarflechten und hutähnlichen Hauben. Hohe Fruchtpreise begünstigen dies.“* Sicher trugen auch wachsende Einnahmen aus dem Weinbau zu dieser Entwicklung bei. Zu erkennen ist der Aufschwung auch an der Baugeschichte der rheinhessischen Dörfer. Ein großer Teil des noch heute stehenden Baubestandes wurde im letzten Drittel des 19. Jhs. errichtet. Wie viele andere Dörfer erlebte Zornheim einen Bauboom, der seine Spitze in den 1870er- und 1880er-Jahren erreichte. Die meisten neuen Häuer in Armsheim wurden nun, anders als vor 1850, zweistöckig gebaut, zudem viele Häuser aufgestockt. Anders als bei den kleinen Tagelöhnerhäusern des frühen 19. Jhs. wurde jetzt zur Konstruktion großer Bauernhäuser kein ungebrannter Lehmstein, aber auch kaum noch Kalkstein mehr verwendet, sondern der etwa ab 1860 in vielen Dörfern direkt produzierte Backstein. Landwirtschaftlichen Statistikern, die um die Rentabilität der

Betriebe besorgt waren, fielen die im Vergleich mit anderen Regionen hohen Gebäudewerte in Rheinhessen auf, die auf die *„günstige Vermögenslage vieler Landwirte zurückzuführen"* sei, aber auch *„auf die damit verbundene Sucht eine schöne Hofreite zu besitzen."*[25]

„Ansehnliche Gewerbe" – ein stabiler „Mittelstand"

Die Mittelschicht in den Städten sah sich unter Druck. Die Lage des Mainzer „Mittelstands" um 1860 wurde zwar von dem Theologen und späteren Bischof von Mainz Paul Leonhard Haffner – freilich aus einem kirchlich-sittlichen Blickwinkel – als positiv beschrieben: *„Obgleich die Fortschritte der Industrie und die wachsende Handelsfreiheit den kleinen Handwerker auch hier mehr und mehr gedrückt haben, so haben doch die kleinen Gewerbe noch Vieles aus bessern Tagen sich erhalten und sind ansehnlicher als in den meisten rheinischen Städten".* Auch wenn nicht explizit formuliert, spiegelt sich in Haffners Beschreibung aber auch die Debatte seiner Zeit über das Verschwinden des „Mittelstandes", die Bedrohung des Handwerkerstandes durch die Gewerbefreiheit einerseits, vor allem aber durch die mächtige Konkurrenz der Industrie andererseits, die Angst vor dem Zerriebenwerden zwischen den Arbeitern und den Unternehmern. Eine Analyse der Einkommenssteuerverteilung in den 1870er- und 1880er-Jahren bestätigt diese Befürchtung allerdings nicht. Danach wurden die steuerzahlenden Familien in drei Gruppen eingeteilt: eine untere, die die niedrigsten drei Steuerklassen mit einem Jahreseinkommen von weniger als 950 Gulden beschreibt, eine mittlere mit einem Einkommen zwischen 950 und 3.500 Gulden und einer über dieser Grenze liegenden oberen Einkommensklasse. Der „Mittelstand" hatte nach dieser Berechnung in den

Jahren 1873–1875 in Mainz einen Anteil von 14,7 %, in Worms von 15 % und stieg bis Anfang der achtziger Jahre in beiden Städten um etwa 1 % an, um dann wieder leicht abzufallen. Zu dieser Gruppe dürften ein Teil der selbstständigen Handwerker und die mittleren Handelsberufe zu zählen sein, darüber hinaus auch die neue Gruppe der „Angestellten", der „Privatbeamten" in den Unternehmen sowie der kleinen und mittleren Beamten im Staatsdienst. Ein Teil der Handwerkerschaft zählte sicher aber auch zu jener 12–14 % großen Einkommensklasse zwischen 600 und 950 Gulden (= 855–1.624 Mark), deren Situation als *„gerade so erträglich"*, aber *„immer noch dürftig"* beschrieben wurde. Ein Verschwinden der Mittelschicht kann, zumal sie in absoluten Zahlen fast durchweg anwuchs, kaum behauptet werden. Die für die Jahre 1908 und 1914 vorliegenden Zahlen bestätigen das Bild der 1870er- und 1880er-Jahre, auch wenn aufgrund einer Änderung der Steuerklassen nach 1884 die Ergebnisse nicht ganz vergleichbar sind: Mit rund 85 % dominierten die unteren drei Steuerklassen, 10–13 % waren die mittleren Gruppen stark und rund 3 % die oberen drei Klassen in Mainz und Worms. In Alzey war die Mittelschicht zwischen 14 und 15 % etwas größer. In allen drei Städten ist von 1908 bis 1914 ein leichtes Anwachsen der mittleren Gruppe zulasten der unteren drei Steuerklassen zu beobachten.[26]

Die „haute volée" – die bürgerliche Oberschicht

Definierte man die Oberschicht ausschließlich nach den Einkommensteuereinschätzungen, so käme man auf einen Anteil der drei höchsten Steuerzahlerklassen von 3–4 % für Mainz und von 2,5–3 % für Worms, für die ländliche Gesellschaft Rheinhessens in den 1870er-Jahren aber nur auf 0,4 %. Die Höchstbesteuertenliste für die Landtagswahl 1856, die alle aufgrund ihrer Steuerpflichten oder ihrer Beamtengehälter wählbaren Männer benennt, zeigt allerdings, dass der Anteil der Landbevölkerung an den oberen Vermögens- und Einkommensklassen auch weiterhin nicht zu unterschätzen war. 225 der 685 rheinhessischen Höchstbesteuerten kamen aus Dörfern. 95 Landwirte, drei Gutsbesitzer und 30 „Oeconomen" gründeten ihren Wohlstand auf ihren landwirtschaftlichen Betrieb. 33 Müller und zwölf Wirte dürften neben ihren Gewerben ebenso wie die meisten der 27 Bürgermeister auch umfangreiche Landwirtschaften betrieben haben. Auch die als Unternehmer tätigen Essigsieder, Bierbrauer und Zuckerfabrikanten waren sicher noch eng mit der Agrarwirtschaft verbunden. Selbst ein Teil der elf Händler und Kaufmänner war noch im produzierenden Agrarbereich tätig. Im Kreis Worms holte das städtische Wirtschaftsbürgertum erst in den 1860er-Jahren gegenüber der bäuerlichen Oberschicht der Umlandgemeinden auf. An erster Stelle der Steuerzahler stand noch bis 1865 der Osthofener Müller und Gutsbesitzer Johann Weißheimer. Der landwirtschaftliche Fortschritt, gute Konjunkturen, erfolgreiche Verbindungen mit Gewerbetätigkeiten und steigende Einnahmen aus dem Weinbau hatten die ländliche Oberschicht weiter prosperieren lassen. Die Namen etlicher der bereits im späten 18. Jh. wohlhabenden Familien sind auch weiterhin in den Listen der Höchstbesteuerten zu finden. So konnte Fritz Orb 1879 den hessischen Prinz Ludwig anlässlich eines in der Region stattgefundenen Militärmanövers in seinem ansehnlichen Westhofener Anwesen beherbergen, in dem sein Großvater bereits 100 Jahre zuvor Kurfürst Karl Theodor als Gast bewirtet hatte. Andere Familien waren aus der Verbindung der napoleonischen Notabeln und der städtischen Wirtschaftsbürger mit den eingesessenen rei-

chen Bauern entstanden. Der Mainzer Weinhändler Caspar Dolles, war über die Heirat mit der Witwe des ebenfalls aus Mainz stammenden Kaufmanns Dr. Kirchgässner in den Besitz des von Kirchgässner bei den Nationalgüterversteigerungen in Bodenheim erworbenen ehemaligen Breidenbach-Bürresheimer Guts gekommen. So zeigen die verwandtschaftlichen Beziehungen der im südlichen Rheinhessen zur wirtschaftlich führenden Schicht zählenden Familien Heinrichs, Kirschbaum, Hahn und Schneider mit Caspar Dolles, wie sich alte und neue Führungsgruppen verschwägerten. Gleich zwei Söhne des Mannheimer Kaufmanns Bodani heirateten in die Herrnsheimer Bürgermeisterfamilie Mahler ein. Der noch stärker als im frühen 19. Jh. am städtischen Bürgertum orientierte Lebensstil dieser Familien machte sich bemerkbar an der Gestaltung und Einrichtung der Häuser, an von eigens eingestellten Gärtnern betreuten Gärten und Parkanlagen, an der Ausbildung ihrer Kinder, die zusehends in städtischen Pensionaten und weiterführenden Schulen untergebracht wurden, Universitäten besuchten, Klavier- und Reitunterricht erhielten und als Offiziere ihre Militärzeit ableisteten. Städtischer Einfluss wurde in manche Dörfer auch dadurch getragen, dass wohlhabende Stadtbürger sich ihre Landsitze nach adligem Vorbild bauen ließen. Vor allem in den reichen Weinbaugemeinden sind diese Villenbauten zu finden. So beauftragte der Mainzer Kaufmann Christian Ludwig Lauteren 1861 den Kreisbaumeister Wetter mit dem Bau einer repräsentativen Villa auf dem von seiner Frau Friederike Fritzdorff in die Ehe eingebrachten Niersteiner Besitz. Den Garten entwarf Heinrich Siesmayer, der später auch den Frankfurter Palmengarten schuf. Eine Villa im italienischen Stil ließ der aus Guntersblum stammende Mainzer Brauereibesitzers Rösch in seiner Heimatgemeinde im Jahr 1892 errichten. Eine prachtvolle Jugendstilvilla mit Landschaftsgar-

Abb. 20:
Villa Lauteren Nierstein.

ten entstand ab 1905 in Bodenheim im Auftrag des Oberstleutnants Liebrecht als Haupthaus einer großen Weinkellerei.[27]

Etwas despektierlich beschrieb der spätere Bischof Paul Haffner 1863 die *„vornehme Gesell-schaft"* von Mainz. Neben den kaum Kontakt mit der einheimischen Bevölkerung pflegenden Offizieren der Garnison, den *„hessischen Beamten"* und den wenig ins Gewicht fallenden *„gelehrten Ständen"* sah Haffner vor allem in den *„Industriellen"* die Repräsentanten der bürgerlichen Oberschicht. Kaum verhohlen charakterisierte er die Mitglieder der *„haute volée"* als Emporkömmlinge in einer Stadt, in der der Adel und die alten Kaufmannsfamilien die Revolutionszeit nicht überstanden hatten. Dass mit *„Industriellen"* ausdrücklich nicht Fabrikanten gemeint waren, von denen es nur

wenige gab, sondern ganz allgemein Gewerbetreibende, zeigt auch ein Blick in die Höchstbesteuertenliste von 1856, die den Kern der Oberschicht namentlich und mit Berufsangabe benennt. So fanden sich unter den 272 der 358 Mainzer Höchstbesteuerten, die als Wirtschaftsbürger auf der Liste standen, 23 Weinhändler, 17 Spediteure, zehn Großhändler, 13 Spezereihändler, sieben Ellenwarenhändler und drei *„Materialwarenhändler"*, aber nur 13 Fabrikanten, 19 Bierbrauer und zwei Bauunternehmer als Vertreter der produzierenden Gewerbe. In Worms hatten es nur drei Fabrikanten, in Bingen einer, in Alzey und Oppenheim gar kein Unternehmer auf die Liste der reichsten Einwohner geschafft. In diesen Städten waren bezogen auf die Einwohnerschaft auch deutlich weniger Höchstbesteuerte als in Mainz gezählt worden, was

151

als Hinweis auf eine entsprechend kleinere bürgerliche Schicht gewertet werden kann.[28]

Die neuen, durch technischen Fortschritt bedingten Verkehrsentwicklungen, Dampfschifffahrt und Eisenbahn, an deren Durchsetzung einige von ihnen sehr aktiv beteiligt waren, hatten sich für etliche Kaufleute als Segen erwiesen. An die Spitze der Vermögensskala setzten sich dann aber die Familien, die aktiv am Industrialisierungsprozess beteiligt waren. In Worms waren es vor allem die in der Lederfabrikation engagierten Familien Heyl, Doerr, Reinhart und Martenstein, die sich deutlich von den anderen der Oberschicht zuzuzählenden Familien abhoben. Zunehmender wirtschaftlicher Erfolg, Heiratsverbindungen mit der vermögenden und einflussreichen Kölner Bankiersfamilie Stein, ein von der restlichen Oberschicht sich zunehmend abhebender Lebensstil mit Stadtpalais und Landsitzen am Bodensee und in der nahe gelegenen Vorderpfalz hatten die unangefochtene Positionierung der Familie Heyl an der Spitze der städtischen Gesellschaft zur Folge. Das wirtschaftliche, kulturelle und als Reichstagsabgeordneter und Mitglied der Ersten Kammer des Hessischen Landtags auch politische Engagement von Cornelius Wilhelm Heyl führte schließlich 1886 zur Nobilitierung. Bereits drei Jahre zuvor hatte Heyl mit dem symbolträchtigen Kauf des Herrnsheimer Schlosses der über Jahrhunderte in der Region führenden Adelsfamilie der Dalberger sozusagen deren „Nachfolge" angetreten. Damit und noch mehr mit der nachfolgenden Heiratspolitik, die die Familie mit altadligen Geschlechtern verband, hatten sich die Heyls weit von der bürgerlichen Oberschicht ihrer Heimatstadt und der ganzen Region abgesetzt, an deren gesellschaftlichem Leben, etwa in der Casinogesellschaft oder im Altertumsverein, sie gleichwohl teilnahmen.

In Mainz gehörten die Sektfabrikanten zu den reichsten Bürgern. Schon in den 1830er-Jahren waren die Weinhändlerfamilien Lauteren, Mappes und Dael als Pioniere der Sektproduktion hervorgetreten. In der zweiten Jahrhunderthälfte setzten sich Adam Henkell und der aus alter Mainzer Familie stammende, über Umwege wieder in die Stadt der Vorfahren zurückgekehrte Christian Adalbert Kupferberg mit ihren außerordentlich erfolgreichen Sektunternehmen an die Spitze der Mainzer Gesellschaft. Beide waren sehr gut ausgebildete Kaufmänner mit mehrjähriger Auslandserfahrung. Kupferbergs Erwerb des Kästrichs und die Errichtung eines Wohn- und Wirtschaftskomplexes mit umfangreichen Kelleranlagen sicherte ihm in der Stadt eine nicht nur symbolisch übergeordnete Position. In seinem Haus empfing er Großherzogin Alice ebenso wie – zunächst wohl eher mit Vorbehalten – den Kanzler des Norddeutschen Bundes und späteren Reichskanzler Bismarck.

Auch in Bingen und Alzey sind die wichtigsten Namen der bürgerlichen Gesellschaft, etwa die Familien Racke, Seubert und Belmont, vor allem mit Weingütern und Weinhandel in Zusammenhang zu bringen.[29]

Der Nachruf auf den 1871 gestorbenen Mainzer Georg Nillius kann die Lebensumstände von Angehörigen der bürgerlichen Oberschicht, die nicht zu den hier vorgestellten allererersten Familien zählten, verdeutlichen, gleichzeitig aber auch die zeitgenössische Perspektive auf ein im bürgerlichen Sinne „gelungenes Leben" aufzeigen. 1803 in Mainz geboren, hatte er nach mehrjährigem Aufenthalt in Bayern und Österreich, in denen er sich zu einem *gewandten Geschäftsmann ausgebildet"* hatte, 1826 geheiratet und sich in seiner Heimatstadt als *„Tapezirermeister"* niedergelassen. Offensichtlich trat er in diesem Geschäft, das mit heutigen Begriffen vielleicht als gehobene Raumausstattung zu kennzeichnen wäre, aber nicht als Handwerker, sondern eher als Unternehmer auf. Eigens erwähnt werden seine Kontakte zu den „*hohen Häusern*" der adligen Festungskommandanten. Er gehörte 1840 zu den Gründern des Gewerbevereins und 1842 zu den Initiatoren der ersten Industrieausstellung in Mainz, an der er selbst als „Hoftapezierer" die Dekoration der Ausstellungsräume und des Salons anordnete und leitete. Bereits in dieser Zeit engagierte er sich für notleidende Handwerksgesellen und deren medizinische Versorgung. Als Mitglied des Stadtrates ab 1846 aktiv verließ er dieses Gremium in der Revolutionszeit aus Protest gegen die Einführung einer überkonfessionellen Schule. 1851 und 1855 wurde er von der Darmstädter Regierung beauftragt, Hessen bei den Weltausstellungen in London und Paris zu vertreten. 1856 erscheint er in den Höchstbesteuertenlisten als „*Privatmann*" – er hatte sich offensichtlich schon aus dem Geschäft zurückgezogen. Weiterhin setzte er sich für den Bau des St. Vincenz-Spitals und als Ökonom des „*Correctionshauses*" ehrenamtlich

ein. Zur Diskussion um das „*Gefängniswesen*" steuerte er 1863 noch eine eigene Druckschrift bei. Die Kennzeichen einer guten bürgerlichen Existenz, wie sie in dem Nachruf aufscheinen – geschäftlicher Erfolg, Bildung, berufsständisches, wohltätiges und gemeinnütziges Engagement, Anerkennung bis in „*höchste Kreise*", eine gewisse „*Weltläufigkeit*" – können wohl als allgemeingültig für das Selbstverständnis der bürgerlichen Oberschicht angesehen werden. Viele Angehörige dieser Familien prägten das öffentliche Leben in den Städten und in der gesamten Region in einem hohen Maß, durch politisches Engagement in den städtischen und provinzialen Gremien und in den Kammern des Darmstädter Landtages, durch berufsständische Aktivitäten, durch ein einerseits exklusives Kulturleben, etwa in Form von Assoziationen wie den Casinogesellschaften, in denen man „unter sich" blieb, andererseits aber auch durch führende Positionen in sich zur Mittelschicht hin öffnenden Vereinen und durch die Förderung von Kulturinstitutionen wie Museen, Theater und Bibliotheken.[30]

Weggehen und Ankommen – Auswanderung im 19. Jahrhundert

Im Jahr 1838 entschloss sich Jakob Schwamb aus Köngernheim zur Auswanderung nach Nordamerika. Der älteste Sohn des aus Undenheim stammenden Johann Peter Schwamb und seiner Frau Katharina hatte das Schreinerhandwerk erlernt und seinem Vater in der Landwirtschaft geholfen. In Boston angekommen, fand er Arbeit in einem Betrieb, der Klaviergehäuse herstellte. Nach mehrjähriger Tätigkeit in diesem und anderen Unternehmen gründete er 1853 mit seinem Bruder Karl eine eigene Manufaktur

als Zulieferer für Klavier- und Orgelfabriken, in der später noch zwei weitere Brüder mitarbeiteten. Nach der Auflösung dieses Unternehmens 1862 setzte er sein Geschäft noch an verschiedenen Orten fort und gründete schließlich in Arlington in der Nähe von Boston eine weitere Fabrik, wo er 1881 starb. Schwamb galt als in seiner Gemeinde sehr geschätzter Mann, der den Bau einer lutherischen Kirche mit initiierte, wo er selbst auch oft predigte. Politisch engagierte er sich bei den Republikanern. Jakob Schwamb

153

hatte zehn Geschwister, von denen mindestens fünf Brüder ebenfalls auswanderten. Vier von ihnen folgten Jakob nach Boston und Arlington, der Jüngste, Frederick, der drei Jahre alt war als Jakob Köngernheim verließ, kam im Jahr 1857. Alle arbeiteten sie als Schreiner, zeitweise in gemeinsamen Firmen. Noch in den Jahren 1876 und 1882 wanderten zwei Söhne der in Köngernheim gebliebenen Schwester Katharina aus und fanden ihr Auskommen in den Unternehmen der Verwandten in Arlington. Auch die Kinder von zwei weiteren Geschwistern Jakob Schwambs lassen sich in Massachusetts nachweisen, ob sie selbst ausgewandert waren oder bereits ihre Eltern, ist unklar.[31]

Unter den Auswandererbiografien lassen sich Erfolgsgeschichten wie die der Köngernheimer Familie Schwamb häufig finden, zumal es spä-

testens der zweiten Generation offensichtlich ein Bedürfnis war, die Leistungen der Eltern, das heißt der Väter, in biografischen und genealogischen Publikationen ausführlich zu schildern. Erfolgreiche Existenzgründungen, häufig auf der Grundlage eines in der alten Heimat erlernten Handwerks, die oft in den Aufbau größerer Unternehmen mündeten, religiöses, politisches, oft auch karitatives Engagement, enge familiäre Beziehungen, die in gemeinsamen Geschäftstätigkeiten ihren Ausdruck finden und an denen sich auch der über lange Zeit weiterhin enge Kontakt mit der Familie in der Heimat zeigt, das sind die Bestandteile dieser Auswanderergeschichten.

Wenn auch nicht alle Lebensläufe rheinhessischer Emigranten im 19. Jh. so verliefen, dass ihren Nachkommen oder ihnen selbst die Doku-

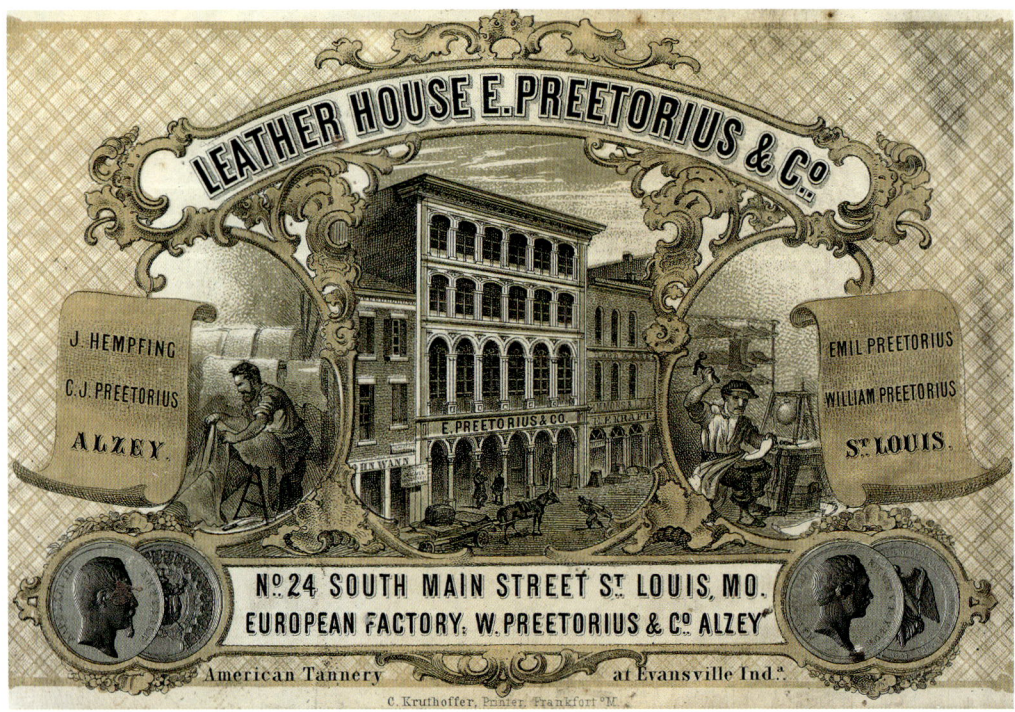

Abb. 21:
Werbekarte der Niederlassung der Alzeyer Gerberei Preetorius in St. Louis, um 1860.

mentation des Erreichten als wichtig erschienen wäre, bietet doch auch die Geschichte der Köngernheimer Familie Schwamb Ansatzpunkte für einige Fragen zur Auswanderung, die über deren Familiengeschichte hinausgehen.

Als sich Jakob Schwamb 1838 zur Auswanderung entschloss, tat er das als einer der ersten in seinem Dorf. Bis zum Jahr 1890 sollten ihm – nach einer sicher noch unvollständigen Auflistung – weitere 54 Einzelpersonen und 32 Familien nach Nordamerika folgen. Setzt man für die Familien einen Durchschnitt von fünf Personen an (was eher niedrig gerechnet ist, die tatsächlich zu rekonstruierenden Familien hatten durchschnittlich 6,2 Mitglieder), dann hätten innerhalb eines halben Jahrhunderts 214 Menschen Köngernheim in Richtung „Neue Welt" verlassen, ein angesichts einer Bevölkerungszahl von 430 im Jahr 1824 und 537 im Jahr 1900 doch sehr erheblicher Teil der Einwohnerschaft. Wie die Geschwister und Neffen von Jakob Schwamb folgten auch viele andere Auswanderer ihren Verwandten nach. Von regelrechten „Kettenwanderungen" spricht die Forschung, wenn Pioniere Menschen aus ihrem familiären und lokalen Umfeld zur Nachahmung bewegten. Der Kontakt wurde durch Briefe gehalten, nicht selten reisten auch erfolgreiche Auswanderer vorübergehend in die alte Heimat zurück und konnten ihre positiven Erfahrungen so auch direkt weitergeben. Wie im Fall der Familie Schwamb konnte eine Auswanderung eines Familienmitgliedes noch fast ein halbes Jahrhundert später zum Vorbild genommen werden. Häufig wurde also nicht in eine ungewisse Zukunft aufgebrochen, sondern gab es Anlaufstellen, die die Existenzgründung erheblich erleichterten.

Zeitlicher Schwerpunkt der Auswanderung waren die 1840er- und 1850er-Jahre, in diesen beiden Jahrzehnten verließen zwei Drittel der einzeln ausreisenden Auswanderer und über vier Fünftel der Familien das Dorf. In ganz Rheinhessen, für das die Zahl der Abwanderer im 19. Jh. auf 50.000–60.000 geschätzt wird, verliefen die Auswanderungskonjunkturen etwas anders. Während ein Viertel der auswandernden Familien Köngernheim in den 1830er-Jahren verließ, waren die regionalen Migrationszahlen in diesem Jahrzehnt eher noch niedrig. In den 1850er-Jahren wurden in Rheinhessen und in Köngernheim die meisten Auswanderer gezählt. Der Höhepunkt der Entwicklung war 1854 erreicht, als mehr Rheinhessen als Pfälzer ihre Heimat verließen. Während die Zahl der rheinhessischen Migranten in der ersten Hälfte der 1860er-Jahre wohl wegen des Amerikanischen Bürgerkriegs zurückging, um danach wieder anzusteigen, verteilten sich die – jetzt aber deutlich weniger – Köngernheimer Amerikafahrer über das gesamte Jahrzehnt. In den 1870er- und 1880er-Jahren ebbte die Auswanderung insgesamt ab. Vier Fünftel der rheinhessischen Auswanderer hatten Nordamerika zum Ziel. Etwa ein Zehntel ging nach Brasilien, weitere 8 % nach Ost- und Südost-Europa.[32]

An den Berufen der Auswanderer und an dem Zeitpunkt ihres Aufbruchs lassen sich Hinweise auf ihre Motivation, die Heimat zu verlassen, ablesen. Wirtschaftliche Gründe dürften in den meisten Fällen vorgelegen haben. Dabei wird am Beispiel der Familie Schwamb klar, dass es keineswegs die Ärmsten waren, die den Aufbruch wagten. Jakob Schwamb kam aus einer Familie von Müllern und Bauern, angesichts des Landbesitzes – von *„40 acres"* ist in der amerikanischen Quelle die Rede – ist die Familie sicher zur bäuerlichen Oberschicht zu zählen. Da aber abzusehen war, dass der Familienbesitz dereinst durch mindestens zehn Erben zu teilen sein würde, musste allen Beteiligten klar gewesen sein, dass dieser Status nicht zu halten war. Viele der als „Ackersmänner" charakterisierten Auswanderer dürften eher zur unteren oder mitt-

Abb. 22:
„Abschied der Auswanderer 1848". Lithografie nach einer Zeichnung des Alzeyer Malers Carl Ludwig Seeger.

leren Besitzkategorie gezählt haben. Der Anteil der Gewerbetreibenden und Handwerker unter den Auswanderern war – in Rheinhessen insgesamt wie im Fallbeispiel Köngernheim – deutlich höher als ihr Anteil unter den Erwerbstätigen insgesamt. Sie reagierten wohl zuerst auf wirtschaftliche Krisenzeiten. Unter ihnen waren auffallend viele Bauhandwerker und Holz sowie Metall verarbeitende Handwerker zu finden, die ihr Glück in Amerika suchten – und angesichts des offensichtlichen Bedarfs für diese Berufe oft auch fanden. Angehörige der Unterschicht waren gemessen an ihrem Anteil an der ländlichen Gesellschaft bis in die Mitte der 1840er-Jahre mit 10–12 % eher gering vertreten. Erst in den späten 1850er-Jahren stellten sie mit 37 % aller erfassten Auswanderer die größte Gruppe, blie-

ben damit aber immer noch unterrepräsentiert, selbst wenn man die nicht erfassten Auswanderer, die ohne Erlaubnis übersiedelten, einbezieht. Nicht zuletzt dürfte das mit den Kosten, die für die Überfahrt und die Existenzgründung eingerechnet werden mussten, zu erklären sein. Einige am Rhein gelegene Gemeinden versuchten, mit Hilfe ihres noch starken Anteils an Allmendland eine überdurchschnittlich große Unterschicht dadurch zu vermindern, dass sie ihren Angehörigen gegen die Abtretung des Allmendrechtes die Überfahrt bezahlten. So wurden 1848 und 1851 fast 400 Menschen aus Gimbsheim und Eich auf den Weg nach Amerika geschickt und auch der Dienheimer Gemeinderat beschloss 1852, *„in Anlehnung an den Plan in Gimbsheim"*, auswanderungswilligen Unterschichtangehörigen die Reise über die Verpachtung von deren Allmendstücken zu finanzieren. Bei den Brasilienauswanderern überwogen Angehörige der Unterschicht, die teilweise unter dubiosen Umständen und der Zusage, dass ein Teil der Kosten der Überfahrt übernommen würde, angeworben wurden. In Brasilien angekommen, hatten die so angelockten Siedler über Jahre den vorgeschossenen Betrag abzuarbeiten.

Dass die meisten Auswanderer von der Hoffnung auf eine bessere oder stabilere wirtschaftliche Existenz getrieben wurden, zeigt sich auch daran, dass die Migration in dieser Phase ein weitgehend ländliches Phänomen war und die Abwanderung nach Übersee als Alternative zur Abwanderung in die Städte, in denen die beginnende Industrialisierung Arbeitsmöglichkeiten bot, verstanden wurde.

Die Auswanderung aus politischen Motiven scheint oft überschätzt worden zu sein, was teilweise erklärbar ist mit der politischen oder – im Bürgerkrieg auch militärischen – Karriere, die einige der bekannten deutschen Revolutionäre von 1848/49 nach ihrer Flucht in die USA gemacht hatten. Zu dieser als *„forty-eighters"* bezeichneten Gruppe sind aus Rheinhessen die Mainzer Germain Metternich und Franz Zitz und die Wormser Ludwig Blenker und Ferdinand von Löhr, aber auch weniger prominente wie der Bodenheimer Heinrich Pohl zu zählen. Explizit aus dem Wunsch heraus, in Amerika in politischer Freiheit zusammen zu leben, bildete sich schon in den frühen 1830er-Jahren eine „Mainzer (in manchen Quellen auch Wormser oder Rheinhessische) Auswanderungsgesellschaft", die sich aber schon während der Überfahrt 1833 spaltete. Die 60 – nicht nur aus Rheinhessen stammenden – Familien, die im Zielland Arkansas ankamen, mussten aber bald erkennen, dass ihre Idee einer gemeinsamen Siedlung nicht umsetzbar war. Wie viele

der Auswanderer, die nach 1849 das Land verließen, das aus politischen Gründen taten, ist schwer zu rekonstruieren. Nur selten finden sich Hinweise wie der Brief Ferdinand von Loehrs, der im Oktober 1849 seiner Frau schrieb, er habe, als er in Le Havre auf die Überfahrt nach Amerika wartete, am Hafenkai stehend ein Schiff vorbeifahren gesehen, *„voll Deutscher, Westhofer etc. (…), die das Heckerlied sangen. Sie erkannten uns und winkten alle mit den Hüten."* Inwiefern aber nicht doch in der großen Auswanderungswelle der frühen 1850er-Jahre sich ökonomische Motive auch mit politischer Enttäuschung verbunden hatten, lässt sich kaum noch nachvollziehen.[33]

Religiöse Gründe spielten im 19. Jh. keine Rolle mehr bei der Migration. Allerdings war der Anteil der auswandernden Juden überproportional groß. Von den 432 Personen, die zwischen 1842 und 1905 aus Worms und den 1898 eingemeindeten Dörfern Hochheim, Neuhausen und Pfiffligheim nach Nordamerika auswanderten, waren 13,4 % jüdischen Glaubens, während ihr Anteil an der Stadtbevölkerung nur etwa 3 % ausmachte. Auch in den anderen Teilen der Provinz wurde eine hohe jüdische Auswanderungsrate registriert, die nicht selten das Ende der jüdischen Gemeinden zur Folge hatte. So vermerkte die jüdische Gemeinde in Bechtheim schon 1855 bei der Grundsteinlegung zu ihrer Synagoge, dass in den vorangegangenen 16 Jahren sieben Familien nach Amerika ausgewandert seien. Selbst in Bingen ging die jüdische Einwohnerzahl wegen der Abwanderung in die Vereinigten Staaten nach 1861 zurück. Angesichts der rechtlichen Emanzipation und der Fortschritte in der sozialen Integration der jüdischen Minderheit im 19. Jh. dürfte die Entscheidung zur Auswanderung in den meisten Fällen vorrangig mit dem Wunsch nach wirtschaftlicher Verbesserung verbunden gewesen sein.[34]

Jüdische Geschichte

Zwischen Synagoge und Gesangverein – jüdische Biografien im 19. Jahrhundert

Am 13. August 1847 trat der 23-jährige Karl Marx aus Geinsheim eine Stelle als Hebräisch- und Religionslehrer in Alsheim an. Seine Ankunft fiel fast auf den Tag genau mit der Gründung des Männergesangvereins „Sängerbund" zusammen. Hier hatten sich junge Männer zusammengefunden, um einen bewusst überkonfessionell besetzten Verein ins Leben zu rufen. Von Anfang an dabei waren mehrere jüdische Männer, die zum Teil auch in den Vorstand gewählt wurden. Karl Marx, gerade erst angekommen, wird als Gründungsmitglied nicht erwähnt, dürfte aber schon bald im „Sängerbund" aktiv geworden sein. In der schon kurze Zeit nach seinem Amtsantritt ausbrechenden Revolution engagierte sich Marx im Alsheimer Demokratischen Verein. Dabei war er vor allem bei der Diskussion um die Abschaffung der Konfessionsschulen und die Einführung der Kommunalschule aktiv. Sein Engagement für die Revolution schadete seiner Akzeptanz in der Dorföffentlichkeit nicht. 1850 wurde Karl Marx einstimmig zum Dirigenten des „Sängerbundes" gewählt. Dieses Amt hatte er 57 Jahre inne. Mit der neuen Aufgabe war Marx intensiv in das Alsheimer Dorfleben einbezogen. Zwei wöchentliche Singstunden, Konzerte im „Deutschen Haus", Treffen mit anderen Chören, Vereinsfeste, Bälle boten vielfältige Gelegenheit zur Begegnung. Mit der Gründung eines vierstimmigen Synagogenchors, der durch klassisch-liturgische Gesänge weit über Alsheim hinaus bekannt wurde, bekannte sich Marx auch zu seiner jüdischen musikalischen

Tradition. 1854 gründete er einen Leseverein, dem viele Alsheimer beitraten. 1873 wurde mit der Gründung einer jüdischen Volksschule, die auch Kinder aus Gimbsheim und Mettenheim besuchten, sein Aufgabenfeld deutlich erweitert. War er bislang nur als Religions- und Hebräischlehrer tätig gewesen, so unterrichtete er jetzt die bis dahin in der evangelischen Schule betreuten Kinder in allen Fächern. Sein Traum einer überkonfessionellen Schule war immer noch nicht wahr geworden. Dass allerdings 1881 unter den 18 Schülern auch zwei christliche Kinder waren, lässt auf den guten Ruf von Marx als Lehrer rückschließen. Beim 50-jährigen Jubiläum des Gesangvereins 1897 stand Marx ganz im Mittelpunkt der Feierlichkeiten. Seine nach New York ausgewanderten Söhne hatten Glückwunschtelegramme geschickt und bei der Kommersfeier wurde, so das Vereinsprotokoll, immer wieder ein „Hoch" auf ihn ausgerufen. Im gleichen Jahr wurde auch sein 50-jähriges Dienstjubiläum in der Synagoge gefeiert, an der auch die Vertreter der bürgerlichen Gemeinde teilnahmen. Zu diesem Anlass bekam er das „Silberne Kreuz des Verdienstordens von Philipp dem Großmütigen von Hessen" verliehen. Im November 1905 trat der nunmehr 81-jährige Karl Marx nach 55 Jahren aus gesundheitlichen Gründen als Dirigent des Sängerbundes zurück, blieb aber weiterhin bis zu seinem Tod 1910 dem Verein verbunden.

Über seine intensive Vereinstätigkeit war Marx vollkommen in das dörfliche Leben integriert, blieb gleichzeitig über sein Amt und auch als Protagonist jüdischer Musik fest in seiner Religion verwurzelt.

Ähnliche Geschichten von gelungener Integration lassen sich, wenn auch nicht immer in dieser Dichte, aus vielen Gemeinden erzählen. In Ober-Ingelheim war Moses Baum einer der Gründer der Turngemeinde, Siegmund Mayer viele Jahre als Vorstandsmitglied im Gesangverein Germania aktiv, Ferdinand Mayer wirkte als Feuerwehrkommandant, Ludwig Leopold Mayer sogar im Vorstand des Krieger- und Soldatenvereins. In Bodenheim zählte der 1848 gegründete Turnverein zwei Jahre später 13 jüdische Mitglieder. Auch in den Städten beteiligten sich Juden intensiv am Vereinsleben. Simon Belmont präsidierte bei den ersten Alzeyer Fastnachtssitzungen der 1844 gegründeten *Narrhalla*. In Worms zählten mit 12,8 % überproportional viele jüdische Bürger zum 1879 gegründeten Altertumsverein, in der „Musikgesellschaft und Liedertafel" saß Samson Rothschild im Vorstand. 11,7 % der Mitglieder des Mainzer Turnvereins waren um 1890 jüdischen Glaubens, etwa 6 % um 1853 in der Mainzer Liedertafel. Noch höhere Anteile jüdischer Mitglieder wurden in den Mainzer Bildungsvereinen gezählt, im Altertumsverein, im „Verein für Kunst und Literatur" oder in der „Naturforschenden Gesellschaft". Verwehrt blieb den Juden allerdings in Worms, Mainz und Alzey der Beitritt zu einigen Casinogesellschaften.[35]

Zwischen Gemeinderat und Reichstag

Parallel zur Einbindung in das entstehende Vereinswesen verlief die zunehmende Übernahme politischer Ämter. Bereits vor 1820, dann aber erst wieder ab 1850 waren in Mainz Juden im Stadtrat vertreten, in Worms wurde 1856 Jakob Fulda in den Rat gewählt, vor 1845 gab es in Alzey, Bingen und Guntersblum gewählte jüdische Bürger in den Gremien. In Alsheim war Ferdinand David ab 1850 das erste jüdische

Abb. 23:
Ludwig Bamberger – Revolutionär, Bankier, Politiker.

Ratsmitglied. 1874 erhielt er nach dem Bürgermeister die zweithöchste Stimmenzahl. Die Höchstzahl an Stimmen erzielte hier 1901 und 1910 Isidor David. Auch in Ober-Ingelheim kam der jüdische Kandidat 1889 auf das zweitbeste Ergebnis. Der erste jüdische Bürgermeister in Deutschland war Ferdinand Eberstadt, der 1849 in Worms gewählt wurde. Als einer der Protagonisten der demokratischen Bewegung lag er bei der Wahl im Januar zwar mit 791 Stimmen nur an dritter Stelle, die Regierung entschied sich aber für ihn und gegen die nicht für vertrauenswürdig erachteten erstplatzierten Demokraten Blenker und Bandel. An Anspielungen auf seine jüdische Abstammung hatte es von Seiten seiner politischen Gegner nicht gefehlt, dennoch deutet sein gutes Wahlergebnis auf eine hohe Akzeptanz hin. Mehrere rheinhessische Juden wurden in die zweite Kammer des Darmstädter Landtages gewählt. Marcus Edinger, Kleiderfabrikant aus Worms, vertrat über fünf Wahlperioden die Stadt Worms, der Mainzer Bankier Rudolph Bamberger saß von 1866 bis 1871 für den Wahlkreis Wörrstadt im Darmstädter Landtag. Auch die Führer der oppositionellen Fortschrittspartei, August Metz und Friedrich Dernburg, die beide jüdischer Abstammung waren, wurden zumindest zeitweise von rheinhessischen Wahlbezirken in das Darmstädter Parlament geschickt. Vom Wahlkreis Mainz bereits 1868 in den „Reichstag des Norddeutschen Bundes" gewählt wurde der ehemalige 48er Ludwig Bamberger nach seiner Rückkehr aus dem französischen Asyl, der sich nun als Nationalliberaler auf die Seite Bismarcks stellte. Auch die Wahlen zum ersten Reichstag 1871 gewann er im Wahlkreis Mainz, ließ sich ab 1874 wohl wegen der Konkurrenz der Zentrumspartei in Alzey-Bingen aufstellen, wo er bei dieser und den nächsten Wahlen mit mehr als 70 % der Stimmen gewählt wurde. Nach Bambergers Bruch mit der Mehrheit der Nationalliberalen in der Frage des Freihandels 1880 bekam die Kampagne zur Reichstagswahl 1881 antisemitische Züge, indem seine Gegner, auch der Gegenkandidat Maximilian Heyl aus Worms, nicht vor Wahlaussagen wie: *„Getreidezölle und keine Juden"* zurückschreckten. Diese wie auch die nächsten Wahlen konnte Bamberger für sich entscheiden, gleichwohl die antisemitischen Angriffe gegen ihn zunahmen.[36]

Sozialer Aufstieg und Integration

Die intensive jüdische Beteiligung am Vereinswesen und die an den Wahlergebnissen erkennbare Akzeptanz jüdischer Kandidaten vor allem in der zweiten Hälfte des 19. Jhs. lassen auf ein Integrationsniveau schließen, das in vielen anderen deutschen Regionen noch nicht erreicht war. Offensichtlich war in Rheinhessen der soziale Aufstieg der jüdischen Minderheit vom Rande der Gesellschaft hin zu einer in sozialer, ökonomischer und politischer Hinsicht der Mehrheit gleichgestellten Existenz weitgehend geglückt. Diese Entwicklung kann teilweise aus strukturellen Bedingungen heraus erklärt werden, die die linksrheinische Provinz von anderen Gegenden unterschieden. Die seit dem frühen Mittelalter begründete Tradition der jüdischen Niederlassungen am Rhein, die vergleichsweise judenfreundliche Politik der Territorien und der Städte in der frühen Neuzeit, die wirtschaftlichen Vorteile einer verkehrsgünstig gelegenen Region mit agrarischer Überschussproduktion, die hohe Bevölkerungsdichte, die häufige Kontakte unausweichlich machte, die nicht ghettoisierte Wohnsituation zumindest in den Dörfern, die Einführung der Gewerbefreiheit, dann schließlich die trotz aller Einschränkungen rechtliche Gleichstellung seit der Zeit der französischen Herrschaft können als gute Voraussetzungen für den langwierigen Prozess der Emanzipation und Integration im 19. Jh. angesehen werden. Die über Jahrhunderte erzwungene Konzentration auf Handelsberufe erwies sich nun angesichts der gestiegenen Bedeutung der Ressourcen Kapital und Bildung für den Aufstiegsprozess als Vorteil. Die Folge war ein im Durchschnitt höheres Vermögens- und Bildungsniveau der zunehmend urbanisierten jüdischen Bevölkerung.

Religiöses Leben zwischen Reform und Orthodoxie

Bei aller Integration wurde doch aber die religiöse Identität gewahrt. Nur selten kam es zu Übertritten zum Christentum. Die jüdischen

Gemeinden in den Dörfern und Städten erfuhren – auch angesichts der rechtlichen Sicherheiten und der verbesserten Vermögensverhältnisse – einen Aufschwung, der sich nicht nur in der zahlenmäßigen Erweiterung, sondern auch in der Intensivierung des Gemeindelebens, einem ausgeprägten jüdischen Vereinswesen und vor allem in den vielen Neubauten von Synagogen und Gemeindeeinrichtungen abbildete. Außer den großen Neubauten von Synagogen in Alzey, Bingen, Worms, Oppenheim und Mainz sind in 46 rheinhessischen Landgemeinden Neu- oder (zu einem geringen Teil) Umbauten von Synagogen und Beträumen belegt. Die weitaus meisten dieser Bauten wurden in den Jahrzehnten um die Jahrhundertmitte errichtet. Darin spiegelt sich die Entwicklung der jüdischen Bevölkerung wider. Viele Berichte über die Planung und die Eröffnung der Synagogen können ebenfalls als Belege für die Bemühungen der gegenseitigen Annäherung der Religionen verstanden werden. So wurde zum Bau der Bodenheimer Synagoge 1835 ein Darlehen aus dem katholischen Kirchenfonds Nackenheim gewährt. Bei der Einweihung der Oppenheimer Synagoge, zu deren Bau der Stadtrat, wie mehrfach betont wurde, 1.500 Gulden beigetragen hatte, spielte 1864 ein christlicher Lehrer Orgel und leitete den Chorgesang.[37]

Christliche Musiker, die in den Synagogen die Orgel spielten, waren nicht selten, denn Juden war das am Sabbat verboten. Dass überhaupt in Oppenheim eine Orgel in der neuen Synagoge installiert worden war, verweist auf die Positionierung der Oppenheimer Gemeinde auf der Seite des „Reformjudentums". Seit dem Beginn der Emanzipation war es in den jüdischen Gemeinden zu Auseinandersetzungen über Reformen der Religionsausübung gekommen. Forderungen, deutsche Gebete und Predigten in den Gottesdienst einzufüh-

Abb. 24:
Mainzer Synagoge von 1853.

ren, anstatt der Bar Mizwa nur für Jungen die Konfirmation für beide Geschlechter zu feiern, mit Orgelmusik und Chorgesang Gottesdienst zu feiern, also insgesamt die Form der Gottesdienste den christlichen Konfessionen anzupassen, führten zur Spaltung vieler jüdischer Gemeinden in liberale oder reformorientierte Gruppen auf der einen Seite, konservative oder orthodoxe auf der anderen. Das war vor allem in den Städten spürbar, wo die Forderungen nach modernisierten Praktiken des Gottesdienstes auf große Resonanz stießen. In Mainz führte die Einführung einer Orgel 1849 zur Abspaltung von fünfzehn Familien aus der Gemeinde, die als „gesetzestreue Gemeinde" zunächst einen provisorischen Gottesdienstraum in einem Gasthaus einrichteten und 1856 eine eigene Synagoge bauten, die 1879 durch einen Neubau unter Bauleitung des Stadtbaumeisters Kreißig ersetzt wurde. Die reformorientierte Mehrheit konnte 1853 ihre von Dombaumeister Opfermann geplante Hauptsynagoge mit – wie in der Presseberichterstattung sehr betont – deutschen Predigten und Gebeten, Orgelmusik und dem Auftritt der „Mainzer Bürgermusik" einweihen. In Bingen war man schon länger auf Reformkurs, wie ein 1841 in der der Reformbewegung zuzurechnenden „Allgemeinen Zeitung des Judentums" erschienener Artikel mit einem gewissen Stolz meldete: *„Während die ziemlich große Gemeinde unseres benachbarten Mainz noch sehr an den alten Missbräuchen festhält, und erst jetzt durch Anstellung des Herrn Dr. Frensheimer die Bahn zu brechen beginnt, erfreuen wir uns schon seit mehreren Jahren eines schönen Gottesdienstes mit deutschen Vorträgen und Chorälen. Seit einem Jahre werden an Sabbaten des Nachmittags abwechselnd von unserem kenntnisreichen Rabbinen Herrn Dr. Sobernheim und Herrn Lehrer Lebrecht Andachtsstunden in deutscher Sprache abgehalten, die sich stets eines sehr zahlreichen Auditoriums erfreuen."* Aber erst 30 Jahre spä-

ter führte der Einbau einer Orgel zur Abspaltung der Orthodoxen. In Worms wurde 1842 die Trennung zwischen Männer- und Frauensynagoge durch Mauerdurchbrüche abgemildert. Eine Begleitung des Gottesdienstes mit einem Harmonium ab 1868, ab 1877 mit einer Orgel konnte erst nach der Dienstzeit des eher konservativen Rabbiners Jakob Bamberger durchgesetzt werden. Der Forderung nach deutschen Predigten kamen allerdings von der Gemeinde zusätzlich angestellte Prediger nach. Trotz der Bildung einer kleinen „Sondergemeinde" und dem Bau einer von einem Privatmann gestifteten weiteren Synagoge, in der keine Orgel eingebaut wurde, kam es aber nicht zur Abspaltung einer eigenen Gemeinde, sondern blieben die unterschiedlichen Strömungen in der Hauptgemeinde vereint. In Alzey wurde die 1854 eingeweihte Synagoge mit einer Orgel ausgestattet, Frauen mussten allerdings noch auf einer Empore getrennt vom Hauptraum Platz nehmen. Unter dem Einfluss ihres aus Worms stammenden fortschrittlichen Rabbiners Dr. Samuel Adler war die Alzeyer Gemeinde schon 1846 den Forderungen der großen Rabbinerversammlungen, an denen auch Adler teilgenommen hatte, nach der Abschaffung von Feiertagen nachgekommen. 1849 hatten sich auch hier einige konservative Familien von der Hauptgemeinde getrennt.

Die Landgemeinden galten im Vergleich zu den Städten als eher konservativ. Das kann etwa daran erkannt werden, dass 29 jüdische Gemeinden Stellenanzeigen für *„Religionslehrer, Vorbeter und Schächter"* in der orthodoxen Zeitung *Der Israelit* aufgaben, aber nur fünf Gemeinden in der liberalen *Allgemeinen Zeitung des Judenthums* annoncierten. Trotzdem fehlt es nicht an Hinweisen für reformorientierte ländliche Gemeinden. In Bechtheim, wo es zu erheblichen Auseinandersetzungen zwischen liberalen und orthodoxen Gemeindeangehörigen gekommen war, wurden 1857 zehn Kinder konfirmiert (in Frankfurt im gleichen Jahr nur acht). 1859 wurden zum ersten Mal bei Konfirmationsgottesdiensten in Alsheim und Gau-Odernheim Orgeln eingesetzt. In Schornsheim wurde *„deutscher Gesang"* praktiziert. Aber gerade der zeitgenössische Hinweis, dass sich diese Gemeinde vor allen anderen Landgemeinden *„in liturgischer Hinsicht"* auszeichne, kann als Beleg für die überwiegend konservative Haltung der Landjuden gewertet werden.[38] Die unterschiedliche Ausrichtung der jüdischen Gemeinden in Stadt und Land ist auch auf deren quantitative und soziale Entwicklung zurückzuführen.

Bevölkerungsentwicklung in Stadt und Land

Schon bald nach der Reichsgründung im Jahr 1871 wurde eine Volkszählung durchgeführt, die zeigt, dass abgesehen von Berlin und Hamburg nur im badischen Kreis Mannheim und in den zwei preußischen Regierungsbezirken Posen und Bromberg bezogen auf die Gesamtbevölkerung mehr Juden als in Rheinhessen lebten. Während der Reichsdurchschnitt des jüdischen Bevölkerungsanteils 1,25 % betrug, waren es in Rheinhessen 3,7 %. Ihr hoher Anteil zeigt sich auch daran, dass, obwohl Rheinhessen nur 0,2 % der Fläche des Reiches einnahm, die 9.138 rheinhessischen Juden 1,8 % der Gesamtzahl der im Reich lebenden Juden ausmachten. Allerdings hatte die jüdische Bevölkerung Rheinhessens zu diesem Zeitpunkt schon ihren Höchststand überschritten. Um die Jahrhundertmitte hatte ihr Anteil noch bei 4,4 % gelegen und fast die Zehntausendergrenze erreicht.[39]

Tabelle: jüdische Bevölkerung in Rheinhessen 1824–1905

Jahr	jüdische Bevölkerung in absoluten Zahlen	Anteil in %
1824	7.020	3,9
1828	7.639	4,0
1834	8.403	4,1
1846	9.820	4,4
1858	9.401	4,1
1861	9.747	4,2
1871	9.138	3,7
1880	9.452	3,4
1890	8.963	2,9
1900	8.601	2,5
1905	8.293	2,5

Der Vergleich der allgemeinen Entwicklung in Rheinhessen mit der des jüdischen Bevölkerungsteils zeigt die unterschiedlichen Tendenzen. Während im zweiten Jahrhundertviertel die jüdische Bevölkerung mit 40 % weit überdurchschnittlich anwuchs, ist ab 1846 ein Rückgang festzustellen, der nach 1871 umso deutlicher auffällt, als die allgemeinen Bevölkerungszahlen sehr stark anstiegen.

Tabelle: Bevölkerungsentwicklung 1824–1900

	Allgemeine Bevölkerungsentwicklung	Entwicklung der jüdischen Bevölkerung
1824–1846	+ 26,2 %	+ 39,9 %
1846–1871	+ 10,8 %	- 6,9 %
1871–1900	+ 39,4 %	- 5,9 %

Die Bevölkerungsentwicklung ist das Ergebnis des Verhältnisses von Geburten- und Sterberate und der Wanderungsbilanz. Welche Faktoren führten also zu einer solch disparaten Entwicklung? Der starke Zuwachs vor der Jahrhundertmitte scheint durch den verstärkten Zuzug aus anderen Landesteilen und Staaten aufgrund der besseren rechtlichen Situation im Linksrheinischen sowie durch einen durch die geringere Kindersterblichkeit bedingten höheren Geburtenüberschuss zu erklären zu sein. Ebenso wie das gedrosselte allgemeine Bevölkerungswachstum zwischen 1846 und 1871 auf die Aus- und Abwanderung zurückzuführen ist, kann das auch in entsprechend höherem Maße für die jüdische Entwicklung angenommen werden. Das gilt auch für die Jahre nach 1871. Da die Rechtslage für Juden im Reich vereinheitlicht wurde, wurden zudem auch andere deutsche Staaten und Städte attraktiv. Insbesondere Frankfurt am Main, Berlin und die Städte im rheinisch-westfälischen Industriegebiet kamen hier als Ziel in Frage. Allein die Abwanderung würde allerdings die starke Diskrepanz zur allgemeinen rheinhessischen Entwicklung nicht erklären. Sie ist vielmehr dadurch gekennzeichnet, dass in der jüdischen Bevölkerung der demografische Übergang von einer hohen zu einer niedrigen Geburten- und Sterberate etwa eine Generation früher erfolgte. Während – bezogen auf das gesamte Großherzogtum – die Geburtenrate, d. h. die Zahl der Geburten pro 1.000 Einwohner, in der christlichen Bevölkerung zwischen 1866/70 und 1901/04 von durchschnittlich 37,3 nur auf 34,0 und die Sterberate von 27,0 auf 19,1 sanken, bewegten sich die entsprechenden Werte bei den Juden von bereits niedrigeren 31,7 auf 19,0 Geburten pro 1.000 Einwohner und in der Sterberate von 18,8 auf 14,3. Der 1866/1870 noch höhere Geburtenüberschuss von 12,9 in der jüdischen Bevölkerung sank auf 4,7 ab, während der der christlichen Bevölkerung von 10,3 auf 14,9 anstieg. Bereits 1907 erklärte der Statistiker Arthur Ruppin die „Kinderarmut" der Juden damit, dass aufgrund einer „erhöhten Lebensfürsorge" die Ausbildungszeit für viele Berufe ansteige und die „vermehrte Selbständigkeit der Frau" zu einer späteren Heirat führe. Ruppin prognostizierte weitsichtig, dass das eine allgemeine Tendenz bei „allen Kulturvölkern" sei und die Juden somit eine Entwicklung vorwegnähmen, die auch der restlichen Gesellschaft bevorstehe.

Eine bewusste Familienplanung kann zudem auch als Indiz für Urbanisierung angesehen werden. Die Beobachtung Ruppins, dass sich die Juden im 19. Jh. vom „Kleinhandel und Kleingewerbe" abwandten, sich verstärkt dem Fabrikwesen und Großhandel widmeten und infolgedessen aus den Dörfern und Kleinstädten in die größeren Städte zogen, lässt sich am rheinhessischen Beispiel etwa daran bestätigen, dass der Anteil der Juden, die in den Städten Mainz, Worms und Bingen wohnten, zwischen 1828 und 1900 von einem Drittel auf 60 % anwuchs. Die aus Osteuropa, vor allem aus Russland nach den Pogromen der 1880er-Jahre und aus Österreich einwandernden Juden ließen sich ebenfalls fast ausschließlich in den größeren Städten, in Rheinhessen in Mainz (1905: 225) und Worms (1905: 100), nieder. Trotz des Zuzugs sank der Anteil der jüdischen Bevölkerung aufgrund des rapiden allgemeinen Bevölkerungswachstums auch in den Städten, in Mainz von 6,4 % im Jahr 1861 auf 2,6 % 1910. Die Zahl der Dörfer, in denen überhaupt Juden lebten, ging zurück. Im Kreis Alzey lebten noch 1861 in 23 von 49 Gemeinden Juden, 1900 nur noch in 18. In einigen Dörfern allerdings, die schon am Anfang des Jahrhunderts einen hohen Anteil an jüdischer Bevölkerung aufwiesen, lebten auch im späten 19. Jh. noch viele Juden: Nieder-Wiesen, 1824 mit einem Anteil von 17,3 %, behielt seine Spitzenstellung auch noch 1871 mit 16 %, in Fürfeld steigerte sich sogar der Anteil von 10 % auf 12 %, in Hillesheim sank er von 13 % auf 11 %. Nur sehr geringen Einfluss auf die sinkenden Zahlen der jüdischen Bevölkerung hatten Mischehen. Zwar ist in der zweiten Jahrhunderthälfte ein Anstieg zu verzeichnen, im Durchschnitt heirateten 1863–1865 jährlich 0,3 jüdische Männer und eine jüdische Frau christliche Ehepartner, 1901–1905 fanden durchschnittlich je zwölf gemischtreligiöse Eheschließungen statt, statistisch fiel das aber kaum ins Gewicht.[40]

Der Kampf um die rechtliche Gleichstellung

Die seit der französischen Zeit bestehende rechtliche Gleichstellung der Juden blieb auch mit der Übernahme der linksrheinischen Provinz in das Großherzogtum bestehen, allerdings auch die Einschränkungen, mit denen die Juden seit 1808 leben mussten. Weiterhin war das „Moralpatent" gültig, nach dem jüdische Händler sich – anders als ihre christlichen Kollegen – jährlich ihre einwandfreie Geschäftsführung bestätigen lassen mussten. Zur Gleichstellung zählte auch die Militärpflicht. Hier war Juden die Möglichkeit, sich über einen Stellvertreter vom Dienst zu befreien, versagt. Der Zuzug aus den rechtsrheinischen Landesteilen nach Rheinhessen war Juden nur nach vorausgehendem Landerwerb mit dem Ziel, Landwirtschaft zu betreiben, gestattet. Anders als 1808, als die jüdische Gemeinde – vergeblich – eine Deputation nach Paris geschickt hatte, um die Aufhebung des Patentes zu erwirken, wurde der Erneuerung der Bestimmungen durch die hessische Regierung 1818 nicht widersprochen. Erst als 1832 eine neue Durchführungsverordnung erlassen wurde, regte sich Widerstand sowohl von jüdischer Seite als auch in der zweiten Landtagskammer. Dort forderten einige rheinhessische Landtagsabgeordnete – wohl in Verbindung mit den jüdischen Gemeinden von Mainz, Worms, Alzey und Bingen – ab 1833 die Aufhebung des diffamierenden Dekrets, konnten sich aber nach langen Debatten 1836 nicht mit der Forderung nach der Abschaffung des Dekrets – zum Teil auch gegen andere rheinhessische Politiker – durchsetzen. Erst ein weiterer Vorstoß des Mainzer Abgeordneten Glaubrech im Februar 1845, der nunmehr auch mit der „religiösen Freiheit" argumentierte, überzeugte beide Kammern des Landtags und führte schließlich 1847 zur Aufhebung des „Moralpatents". Weiterhin gültig

allerdings blieben die Sonderregelungen zum Militärdienst, zum Niederlassungsrecht und zum in der Zivilgerichtsbarkeit noch geforderten „Judeneid". Sie wurden erst im Verlauf der Revolution von 1848/49 im Zuge der rechtlichen Gleichstellung der Juden in allen Provinzen des Großherzogtums abgeschafft.[41]

Annäherungen und Abgrenzungen

Heinemann Stern, aus Oberhessen stammender jüdischer Lehrer, erinnerte sich in seinen Memoiren an seine erste Lehrerstelle in Guntersblum, die er 1899 angetreten hatte: *„Zum erstenmal war ich in eine Gegend gekommen, in der nicht zwei, sondern drei Konfessionen nebeneinander wohnten, nämlich neben den Juden nicht Christen schlechthin, sondern Protestanten und Katholiken. Das Verhältnis zwischen den Juden und diesen war absolut normal, das heißt freundnachbarlich, ohne eine Spur von antijüdischen Neigungen (…) womit aber nicht gesagt werden soll, daß es keine Antisemiten gegeben hätte."* Sigbert Fridberg beschrieb im Jahr 1927 die Situation in Mainz um 1860 in ähnlicher Weise: *„Es war eine Zeit, zu der man noch keinen Judenhaß kannte: Antisemitismus war damals ein Fremdwort, welches nur wenigen bekannt war."* Und auch Ludwig Bamberger charakterisierte seine Mainzer Jugendjahre in den 1820er- und 1830er-Jahren: *„Friedfertig ganz und gar waren die religiösen Zustände."*

Offensichtlich erschien es allen drei Autoren wichtig, in ihren Erinnerungen auf das einst friedliche Zusammenleben von Juden und Christen hinzuweisen, weil das zum Zeitpunkt der Niederschrift eben nicht mehr selbstverständlich war. Als Hinweise auf die Beziehungen zwischen Juden und Christen können sie sicher ernst genommen werden. Trotzdem kam es in Krisensituationen zu Ausschreitungen, die sich vor allem gegen jüdische Händler richteten, so 1817 auf dem Mainzer Markt, 1819 in Bingen, 1832 in Worms. 1837 erstach in einer Mainzer Gesellenherberge ein durchreisender jüdischer Metzgergeselle im Streit einen christlichen Gesellen, der ihm *„als Judenbuben"* die Chance auf Arbeit oder Wegzehrgeld abgesprochen hatte. Bei der Beerdigung des Opfers soll es – laut Zeitungsbericht – durch *„herbeidrängende Gaffer"* zu *„sehr widrig klingenden Exklamationen"* gekommen sein. Aus dem Revolutionsjahr 1848 sind antijüdische Aktionen in Alzey, Bingen, Gau-Odernheim, Horrweiler, Sauer-Schwabenheim und Jugenheim überliefert. In Bingen waren sie wohl doch so massiv, dass, auch wenn Schlimmeres durch das Militär verhindert wurde, etliche Gemeindemitglieder die Stadt verließen. In Gau-Odernheim verlangten die Juden Schutz, da sie Tag und Nacht *„viele Plackereien und Unbilden"* zu erdulden hatten. In Horrweiler erschienen Einwohner aus Aspisheim und verlangten von den Juden *„Quittungen"*, also auf sie ausgestellte Schuldscheine, aber vergeblich, da – nach Zeitzeugenaussagen – die Horrweiler Bauern *„ihren Juden"* beistanden. Insgesamt aber hatten diese Aktionen des Jahres 1848 bei weitem nicht das Ausmaß ähnlicher Ausschreitungen in anderen Regionen, etwa in Baden, Württemberg und Franken.[42]

1881 wurden einige Dörfer im nördlichen Rheinhessen von einer Welle antisemitischer Aktivitäten erfasst. Im Februar wurden Juden in Partenheim, Jugenheim, Hechtsheim, Heidesheim und Nieder-Olm die Fenster eingeschmissen, teilweise sogar mit schweren Steinen die Dächer beschädigt, im Frühjahr und Sommer wurden jüdischen Weinbergsbesitzern in Partenheim, Nieder-Saulheim, Stadecken und Alzey die Weinstöcke zerstört, bereits im Februar waren einem Nieder-Olmer Juden die Obstbäume gefällt geworden. Bewegten

sich diese Aktionen noch im bekannten Spektrum – im Zuge der Emanzipation allerdings überwunden geglaubter – antijüdischer Traditionen, so wurde mit anderen Aktivitäten eine neue „Qualität" judenfeindlichen Handelns erreicht. In Nieder-Olm wurde einer jüdischen Familie ein Zettel an das Haus geklebt mit der Drohung, dass *„wenn binnen 8 Tagen die Juden nicht ausgewandert seien, man denselben den Hals abschneiden würde."* Beim Nieder-Olmer Fastnachtsumzug des gleichen Jahres wurde ein Wagen durch den Ort gezogen, auf dem eine Guillotine stand und ein Scharfrichter vor den Häusern der jüdischen Einwohner Hinrichtungen der jeweiligen Hausbesitzer simulierte. Andere Teilnehmer des Umzugs trugen Aufschriften oder führten Gegenstände mit sich, mit denen sie *„auf bestimmte jüdische Personen"* anspielten. Auch die Theatervorstellung am selben Abend war von judenfeindlichen *„Hepp! Hepp! Jud! Jud!"*-Rufen geprägt, wie sie seit den Würzburger Ausschreitungen 1819 immer wieder in pogromartigen Situationen genutzt wurden.

Ganz offensichtlich standen diese Vorkommnisse im Zusammenhang mit der seit 1879 erstarkten antisemitischen Bewegung. In Partenheim soll die „Antisemitenpetition", mit der reichsweit Unterschriften für eine antijüdische Politik gesammelt wurden, von fast allen protestantischen Einwohnern unterzeichnet worden sein. Von einer *„gegenwärtigen Judenhetze"* sprach im November 1881 der Rechtsanwalt eines jungen Weisenauer Juden, der sich gegen Übergriffe mehrerer *„christlicher Knaben"* mit einem Messer verteidigt hatte, was vor Gericht als Notwehr anerkannt wurde. Im Bericht über die Ausschreitungen in Hechtsheim vom 20. Februar 1881 wurde allerdings noch eine weitere Ursache der judenfeindlichen Stimmung benannt: *„Das sind die Folgen des zelotischen Wahnwitzes gewisser Leute und ihres Anhanges, so-*

wie der unter dem Deckmantel des Christenthums verübten Hetzereien in gewissen Blättern." Zwar sah Ludwig Bamberger auch „bigotte Elemente der evangelischen Geistlichkeit" in der antisemitisch infiltrierten Wahlkampfkampagne von 1881 gegen sich am Werk. Hier sind aber zweifelsohne antisemitische Positionen innerhalb der katholischen Kirche angesprochen, wie sie seit der Jahrhundertmitte auch in Mainz vertreten wurden. Insbesondere die seit 1848 in Mainz erscheinende katholische Tageszeitung *Mainzer Journal* trat mit antijüdischen Artikeln hervor, die sich nicht mehr nur aus religiös begründeter Ablehnung speisten, sondern den Angehörigen dieser Religionsgemeinschaft stereotype negative Charaktereigenschaften zuschrieben. Wie an einem Beispiel aus der von den Mainzer Domkapitularen Johann Baptist Heinrich und Christoph Moufang herausgegebenen Zeitschrift *Der Katholik* aus dem Jahr 1873 zu sehen ist, wurde auch in der katholischen Diskussion die Grenze zum modernen rassistischen Antisemitismus deutlich überschritten. In einem von keinem Autor namentlich gezeichneten Aufsatz über *Das moderne ungläubige Judenthum* wurde – mit Verweis auf etliche nicht-katholische Autoritäten des deutschen Geisteslebens, einen reformierten Pfarrer, einen Freimaurer und einen „wissenschaftlichen" Aufsatz in der Zeitschrift *Das Ausland* – kaum eine rassistische Stereotype ausgelassen: Es wurde der „corrosive Einfluß" der Juden „auf das ganze sittliche und geistige Leben" der „modernen europäischen Gesellschaft" beschworen, „die gesamte Tendenz des jüdischen Lebens" im Begriff der „Ausbeutung" zusammengefasst, die „fortschreitende Entchristlichung und in Folge davon die Entsittlichung unserer bürgerlichen Gesellschaft und des staatlichen und nationalen Lebens" unter dem „Einfluß des Judenthums" beklagt und schließlich die Frage gestellt, „wie und durch welche Mittel die moderne Gesellschaft von den Juden emancipirt zu werden vermöge". Auch Bischof Ketteler, zu dessen engstem Umfeld

Heinrich und Moufang zählten, bediente sich antisemitischer Ressentiments. Mit Äußerungen wie „Man weiß und sieht es, wie viele Juden nie arbeiten, sondern nur spazieren gehen, während der arme Landmann immer arbeitet. Dennoch werden die Juden reich und die Bauern arm" bewegte er sich noch im Dunst des traditionellen Wuchereivorwurfes. Wenn er aber von dem „frechen jüdisch-freimaurerischen, vom Haß gegen das Christentum erfüllten Liberalismus" sprach, wird deutlich, dass er die Juden als vermeintlich aktivste Protagonisten der Moderne und des Liberalismus ansah. Unter anderem gegen seine vordergründig zustimmenden Äußerungen zur Toleranz gegenüber Juden, „wir haben nichts dagegen, und sind, bis auf einen gewissen Grad, ganz damit einverstanden, da es auch unter den Juden höchst achtenswerthe Menschen giebt", die aber implizit eben doch die Andersartigkeit der Juden beschworen, setzte sich der Mainzer Rabbiner Aub mit einer Denkschrift 1859 zur Wehr.[43]

Nach der ersten Antisemitismus-Welle schien sich die Situation beruhigt zu haben. In den Jahren nach 1881 kam es lediglich zu vereinzelten Vorfällen. 1883 musste Polizei von Bingen nach Dromersheim verlegt werden, weil dort wiederholt Dächer und Fenster von Juden beschädigt worden waren, 1885 wurden auf dem jüdischen Friedhof in Jugenheim viele Grabsteine zerstört. Zwischen Ende 1883 und 1886 erschien in Mainz die antisemitische Wochenzeitung *Die Wucherpille*, einmal im Monat durch eine illustrierte Beilage *Der Jux* ergänzt. Über die Verbreitung und Leserschaft dieser Zeitung gibt es keine Informationen. Die Alzeyer liberale Zeitung *Der Beobachter* sieht besonders katholische Wähler als Zielpublikum der *Wucherpille*. Lokale Berichte lassen auf ein gewisses Netzwerk von Unterstützern schließen, ebenso eine Reihe von „Filialen", Privatpersonen, bei denen das Blatt abonniert werden konnte. 1886 stellte die Zeitung, wohl auch aus Mangel an Anzeigenkunden und Abonnenten, ihr Erscheinen ein.

Dass sich in den frühen 1890er-Jahren erneut die Aktionen gegen Juden häuften, hing offensichtlich eher mit der Agitation des 1887 in den Reichstag gewählten Marburger Antisemiten Otto Böckel zusammen. Eine Versammlung in Wörrstadt 1891 war zwar gut besucht, wohl aber von Gegnern Böckels dominiert worden. Kurze Zeit später aber stürmte *antisemitischer Pöbel* eine jüdische Tanzveranstaltung und zwischen Alzeyer Angehörigen der „Antisemitenpartei" und jungen Juden bei Gau-Odernheim kam es zu Schlägereien. In Nieder-Olm hielt Böckel 1892 vor 1.000 Bauern eine lange Rede, wenige Tage später wurden bei Schulkindern Flugschriften gefunden, in denen Gott gebeten wurde, die Juden im Roten Meer zu ertränken. Im November 1892 wurden in der Nieder-Olmer Synagoge die Thorarolle und andere Gegenstände von unbekannten Tätern verbrannt.

Die Resonanz in der Bevölkerung auf antisemitische Agitation scheint im regionalen Vergleich eher gering gewesen zu sein. Bei den Reichstagswahlen erhielt der Antisemit Böckel im Wahlbezirk Mainz nur 1,6 % der Stimmen, eine geplante Antisemitenversammlung in Mainz stieß 1896 kaum auf Interesse. Die Deutsche Reformpartei Böckels kam allerdings bei der Ersatzwahl im gleichen Jahr im Wahlkreis Bingen-Alzey auf 17 %, der für die Nationalliberalen kandidierende Antisemit Heinrich Claß im Jahr 1903 auf 29 %. *„Von einer Antisemitenbewegung oder deren Wiederaufleben"* sei in der Provinz Rheinhessen nichts bekannt, meldete die Mainzer Staatsanwaltschaft 1907 nach Darmstadt. Wenn der Guntersblumer Lehrer Stern das Verhältnis von Christen und Juden um 1900 als *„normal"* bezeichnete und sich trotzdem der Existenz von Antisemiten bewusst war, dann beschreibt das vielleicht die Situation im 19. Jh. weit über das lokale Beispiel hinaus, indem trotz einer „Normalisierung" der Beziehungen, trotz einer fortschreitenden Integration und erhöhten Akzeptanz, das Bewusstsein für die Differenz durch immer wieder vorkommende und zeitweise sich verdichtende Momente der Ablehnung wach gehalten wurde. [44]

Wirtschaftsgeschichte

Überschüsse statt Hungerjahre – Ackerbau und Viehzucht im 19. Jahrhundert

1:15 betrage das Saat-Ernteverhältnis von Roggen. Wenn die Umstände günstig seien, liege es sogar noch höher; außer an Hafer herrsche an allen anderen Getreidesorten großer Überfluss, Rüben und Klee gediehen gut auf den Feldern, Kartoffeln würden für *„Mensch und Vieh"* angebaut, *„vorzüglichste Weine"* wüchsen entlang des Rheins, Gemüse gebe es überall in guter Qualität, vor allem aber in Gonsenheim, im Mainzer Gartenfeld und um Worms, Raps werde in großer Menge geerntet. Als fast paradiesisch schilderte Konrad Dahl im Jahr 1816 die ackerbaulichen Verhältnisse in der neuen linksrheinischen Provinz. Selbst für dieses Jahr 1816, das „Jahr ohne Sommer", in dem durch den Ausbruch des indonesischen Vulkans Tambora 1815 bewirkte Klimaveränderungen europaweit zu Missernten geführt hatten, wurden in Rheinhessen Überschüsse geerntet. Wenn auch der Tagebuchschreiber Johann Weißheimer in Osthofen die Auswirkungen des kalten Frühlings und des nasskalten Sommers auf die Ernte als verheerend beschrieb, war doch die Situation in Rheinhessen insgesamt offensichtlich eine andere. Außer auf den überschwemmten Feldern in der Rheinniederung sei die Ernte in Rheinhessen gut ausgefallen, so Wilhelm Heße, und angesichts der hohen Preise seien gute Gewinne erzielt worden. Die Geldvorräte der Bauern seien zwischen 1816 und der ersten Hälfte des Jahres 1817 so angewachsen, dass der Ansturm auf den Grundstücksmarkt teilweise bis zu einer Verdreifachung der Preise für Ackerland geführt hätte. 1816 wurde angesichts der hohen Preise für alle diejenigen zum „Hungerjahr", die auf den Kauf von Lebensmitteln angewiesen waren, nicht aber für die rheinhessischen Bauern.

Auch August Crome bestätigte sechs Jahre später das positive Bild der rheinhessischen Landwirtschaft: Der Weizen in Rheinhessen sei *vorzüglich*", man ernte sehr viel Spelz und Gerste. 130.000 Malter Getreide könnten jährlich ausgeführt werden. Der Ackerbau werde mit *Fleiß und Umsicht*" praktiziert, es gebe kaum Brachflächen, dafür aber viel Kleebau, wodurch die Viehbestände und somit die Düngermenge erweitert und die ganzjährige Stallhaltung eingeführt werden könnte. Wegen der Bevölkerungsdichte sei der Bauer gezwungen, *jeden Fleck Landes mit Sorgfalt anzubauen*", seine *Industrie*" – zu jener Zeit ein anderes Wort für „Fleiß" – trage mindestens so viel zum Erfolg bei wie die natürliche Bodenfruchtbarkeit. Crome benennt auch die strukturellen Vorteile der rheinhessischen Landwirtschaft: freies Eigentum, kein die Produktivität belastender Zehnt und keine Frondienste, gute Straßen und der Rhein als Transportweg hätten dazu geführt, dass es dem *Landmann in Rhein-*

hessen" besser gehe als in den meisten anderen deutschen Ländern und Provinzen. Zumindest Cromes Beschreibung hat einen politischen Hintergrund. Sie kann als Entgegnung auf die Rede des Saulheimer Abgeordneten Neeb im Darmstädter Landtag gelesen werden, der – in einer steuerpolitischen Debatte – versucht hatte, auch die „Schattenseiten" der rheinhessischen Landwirtschaft darzustellen. Tatsächlich kann in den beiden Jahrzehnten um die Wende vom 18. zum 19. Jh. auch über Erntestatistiken eine enorme, in der Form auch im europäischen Vergleich einzigartige Steigerung der Erträge festgestellt werden, eine Verdoppelung bis Verdreifachung des Saat-Ernte-Verhältnisses auf 1:10 bis 1:15. Als Ursache dieser in Rheinhessen, Teilen der Pfalz, aber auch in Nordbaden zu beobachtenden Entwicklung kann die breite Durchsetzung der zuerst von den mennonitischen Pionieren eingeführten Neuerungen, nämlich Kleebau, ganzjährige Stallhaltung, Jauchedüngung, Rückdrängung der Brache und gut aufeinander abgestimmte mehrjährige Fruchtfolgen, gesehen werden. Es ist allerdings auch zu vermuten, dass der Rückzug wenig produktiver Kleinstproduzenten aus dem Getreidebau, die die für diese Umstellung notwendigen Investitionen in Ställe und Scheunen nicht bewältigen konnten und stattdessen auf den einfacher zu praktizierenden Kartoffelbau umstiegen, zu dieser enormen Steigerung innerhalb kurzer Zeit beigetragen hatte. Gerade Johannes Neeb hatte ja – wie bereits erwähnt – auch auf die sozialen Konsequenzen dieses Umbruches verwiesen, mit dem auch die Individualisierung der noch vorhandenen kollektiven Ressourcen, also etwa die Verteilung der Gemeindeweide und von Allmendland zur individuellen Nutzung, einherging. Aber selbst Bauern am unteren Rand der vollbäuerlichen Existenz profitierten von der Entwicklung, wie das Beispiel von Christian Lott aus Alsheim zeigt. Mit drei Hektar Landbesitz schaffte er es

1817/1818, auch über den Verkauf des sehr gewinnträchtigen Weizens und des noch profitableren Rapses, in den Stallbau zu investieren, was als weiterer Hinweis auf die günstige Situation der rheinhessischen Landwirtschaft in den sog. Hungerjahren verstanden werden kann.

Auch die Viehzucht konnte gegenüber dem 18. Jh. deutlich gesteigert werden. Zwischen 1791 und 1825 war die Anzahl der Pferde in 54 südrheinhessischen Gemeinden um 70 %, die der Kühe um 60 %, der Schweine um 85 % gestiegen. Da in der gleichen Zeit allerdings auch die Bevölkerung um zwei Drittel angewachsen war, hatte sich die Versorgung mit tierischen Produkten und tierischer Arbeitskraft kaum geändert. Weiterhin war Rheinhessen keine Viehzuchtregion. Pferde mussten aus anderen Gegenden angekauft werden, Schweine wurden nur zum Eigenbedarf gehalten, Ochsen meist nur von den größeren Betrieben gemästet. Milchvieh wurde in stadtferneren Gegenden wohl auch eher für den Eigenverbrauch gehalten, während die stadtnahen Gemeinden Milch, Käse und Butter bereits vermarkten konnten. Schafe waren angesichts der Reduzierung von Brachflächen und Weiden und dem Wegfall der feudalen „Schafweidgerechtigkeiten" fast völlig verschwunden. Dafür ist ab den 1820er-Jahren ein Anstieg der Ziegenhaltung zu beobachten, was angesichts der Charakterisierung der Ziege als der „Kuh des kleinen Mannes" Rückschlüsse auf die soziale Entwicklung zulässt. Tatsächlich kann der Viehbesitz sozial differenziert betrachtet werden. Der wachsende Bestand in den immer besser gebauten Ställen der großen und mittleren Bauern stellte aufgrund der damit verbundenen Investitionen vorrangig einen für den Ackerbau notwendigen Kostenfaktor dar. Für breite Teile der Bevölkerung unterhalb dieser Besitzkategorien aber waren die Ziege und das Schwein im Stall wesentlicher Teil der Selbstversorgung.[45]

Die Eigentümer großer Betriebe, die sich mit Selbstbezeichnungen als „(rationelle) Landwirte", als „Ökonomen" oder „Gutsbesitzer" deutlich von anderen Bauern abhoben, konnten die neuen landwirtschaftlichen Methoden am nachhaltigsten in ihre Praxis einbringen. Im 1831 gegründeten „Landwirtschaftlichen Verein des Großherzogthums Hessen" mit Provinzialvereinen in den drei hessischen Provinzen fanden diese und andere bäuerliche Produzenten ein Kommunikationsforum, das dem Austausch agrarwirtschaftlicher Erfahrungen diente. Staatlich initiiert und unterstützt, verfolgte der Verein seine Ziele auf mehreren Wegen, durch Vorträge und Erfahrungsaustausch während der regelmäßigen Vereinsversammlungen, durch die Herausgabe einer landwirtschaftlichen Zeitschrift und durch die Veranstaltung landwirtschaftlicher Feste. Der Verein nahm Einfluss auf die Gesetzgebung und regte die Einrichtung von genossenschaftlichen Leih- und Sparkassen sowie Viehversicherungen an. Ausländische Werkzeuge wurden angekauft und den Mitgliedern zur Verfügung gestellt, die Viehzucht mit Prämierungen vorangetrieben. Durch Lehrgänge für Maurer und Schmiede sollten Stallbau und Werkzeugproduktion den neuesten Anforderungen angepasst werden. Hier galt ein besonderes Augenmerk der Vermittlung der Wölbungstechniken für die noch heute vielfach erhaltenen Kreuzgewölbeställe.

In den 1850er-Jahren intensivierte der Verein mit Vorträgen und Schulungen durch einen eigens eingestellten Wanderlehrer sein Beratungsangebot. Die Ausrichtung der Agrarproduktion veränderte sich nur wenig. Auch in den späten 1860ern wurden viel Weizen und Gerste als Marktfrucht angebaut, diente der Roggenanbau hauptsächlich dem Eigenverbrauch in der Provinz und wurde, da die Böden als zu gut angesehen wurden, nur wenig Hafer kultiviert. Weiterhin hatte Raps als

Landwirtschaftliches Fest in Alzey den 2ten Juli 1838.

Abb. 25:
Landwirtschaftliches Fest 1838 in Alzey.

Ölfrucht einen hohen Stellenwert, der sich auch in einer Vielzahl von Ölmühlen widerspiegelt. Der Kartoffelanbau war nach den Ausfällen durch die Kartoffelfäule in den 1840er-Jahren wieder angestiegen, ebenso der Kleebau nach einigen Jahren der „Kleemüdigkeit". Auch in der Viehhaltung gab es trotz qualitativer Verbesserungen nur wenig Veränderung: Schweine wurden nach wie vor für den „Hausgebrauch" gehalten, kaum Mastung von Rindvieh betrieben, der Pferdebestand allerdings hatte sich weiter vergrößert. Die erhöhte Nachfrage nach veredelten Lebensmit-

teln in den Städten zeichnete sich nicht zuletzt in einer gesteigerten Milchvermarktung vor allem in den Dörfern in der Nähe des Rheins und in einer erweiterten Hühnerhaltung ab. Die Pflege des Viehs sah der Wanderlehrer und Gründer der Wormser Ackerbauschule Konrad Schneider als vorbildlich an: Die Ställe seien trocken und gut gebaut und statt mit Kreuzgewölben nun mit Kappengewölben mit eisernen Trägern versehen, deren Bau sich auch weniger wohlhabende Landwirte leisten konnten. Nicht nur auf die Reinigung der Ställe, sondern auch auf die des Viehs

171

verwendeten die Bauern viel Sorgfalt. Noch mehr lobte Schneider die *„Düngerpflege"*, die er als die beste in Deutschland ansah. Alle Betriebe hätten gemauerte Düngerstätten mit *„Pfuhlkellern"*, darüber hinaus verschaffe sich die Landwirtschaft zusätzlichen Dünger aus den verschiedensten Quellen: die *„Latrinen"* von Worms und Mainz seien zu einer Einnahmequelle für die Städte geworden, Abfälle aus Gerbereien, Seifensiedereien, Spinnereien würden von den Landwirten aufgekauft, in Heimersheim, Wörrstadt und Gau-Algesheim würden Fleischabfälle in eigens errichteten *„Güllecysternen"* für die Düngung nutzbar gemacht. Als einer der ersten in Deutschland hatte der Alzeyer Fabrikant Pretorius in der Weinheimer Mühle schon in den 1830ern eine *„Knochenstampferei"* installiert. Zudem war der Verbrauch von Guano aus Übersee seit Ende der 1840er-Jahre in Rheinhessen verbreitet. Seit 1854 wurde der Kunstdünger Superphosphat eingesetzt. Gleichwohl der weitaus größte Teil der Versorgung mit Nährstoffen noch auf der Viehwirtschaft beruhte, zeigen 70 Düngerhandlungen und fünf Düngerfabriken in Rheinhessen im Jahr 1867, dass das bislang weitgehend in innerbetrieblichen Kreisläufen funktionierende Agrarsystem aufzubrechen begann. Das gilt auch für die Energiekreisläufe. Wenn auch die meisten Arbeiten noch per Hand verrichtet wurden, die Roggen- und Weizenernte noch weitgehend mit der Sense durchgeführt wurde, das Getreide meist mit dem Flegel ausgedroschen wurde und nur große Betriebe, wie etwa als erster der Windhäuser Hof in Elsheim, Drill- und Mähmaschinen anschafften, so begannen sich doch dampfbetriebene Dreschmaschinen langsam durchzusetzen, die zunächst noch vom landwirtschaftlichen Verein gestellt, dann aber auch zunehmend von Genossenschaften oder Lohndreschunternehmern angeschafft wurden. Ausgelöst wurde der schrittweise Ersatz menschlicher Arbeitskraft durch einen Arbeitermangel, der aus höheren Löhnen in der Industrie, vor allem aber im Bahnbau resultierte. Insbesondere die größeren Güter waren hiervon betroffen. Eine erste „Vereinigung Deutscher Fabriken von Pflanzenschutzmitteln" gründete sich 1912, deren mittelständische Mitglieder allesamt in Rheinhessen saßen. Der Initiator und Vorsitzende Otto Hinsberg hatte 1898 in Nackenheim eine Fabrik zur Herstellung von Leimringen für den Obstbau gegründet.

Bis in die 1870er-Jahre blieb der Flächenertrag im Wesentlichen auf dem im frühen 19. Jh. erreichten Niveau. Erst ab den frühen 1880ern scheinen sich die stärkere Verbreitung künstlicher Düngemittel, die Fortschritte der Maschinenindustrie und die Saatzuchterfolge, vor allem bei Getreide und Kartoffeln, auch auf die Erntemengen ausgewirkt zu haben. So konnte zwischen 1881 und 1910 der durchschnittliche Hektarertrag von Weizen in Rheinhessen um 47 %, der von Roggen um ein Drittel und der von Kartoffeln um die Hälfte gesteigert werden. Der Zuckerrübenanbau erlebte in diesen Jahren nach ersten wieder abgebrochenen Anläufen in der napoleonischen Zeit seinen eigentlichen Durchbruch: um das 20-fache wurde die Anbaufläche zwischen 1880 und 1910 in den Kreisen Worms, Oppenheim und Alzey vergrößert. Die reichsweit von den Landwirten als „Notzeit der Landwirtschaft" stilisierten 1890er-Jahre, in denen der auch weltweit zu registrierende Preisverfall des Getreides der Zollpolitik des Reichskanzlers Caprivi zugeschrieben wurde, müssen auch vor dem Hintergrund der Ertragssteigerungen in dieser Zeit beurteilt werden.[46]

Glückliche und unglückliche Weinbauern

„Der Weinbauer ist der unglücklichste unter allen Producenten, und man findet in der Regel, daß die Orte, welche nur Wein erzeugen, die ärmsten Gemeinden sind. Nur da ist eigentlicher Wohlstand, wo der Weinbau und der Ackerbau miteinander verbunden sind; denn der Weinbau für sich allein ist eine Lotterie. Der Weinbauer baut seinen Weinberg mit Schulden, mit Schulden düngt er ihn, mit Schulden kauft er die Pfähle, mit Schulden muß er sich die Fässer anschaffen, wenn der Wein einmal geräth.“ Mit dieser düsteren Beschreibung bezog der Mainzer Abgeordnete Joseph Glaubrech 1836 in der zweiten Kammer des hessischen Landtages Stellung gegen die geplante Einführung einer Moststeuer nach preußischem Vorbild. Auch andere rheinhessische Abgeordnete schalteten sich vehement in die Debatte ein. Der Fürfelder Franz Josef Brunck argumentierte, dass angesichts der starken Parzellierung und der hohen Bevölkerungsdichte der *„geringe Mann“* auf seinem Ackerland gerade das Nötigste zum Überleben ernten, aber durch die Arbeit in seinem Weinberg sich wenigstens etwas Verdienst erwerben könne. Ausdrücklich gab er dem Abgeordneten Hirsch aus Darmstadt Recht, der auf die qualitativen Unterschiede des rheinhessischen Weines verwiesen und sich auch nicht gescheut hatte, einem Großteil der Weinproduktion nur geringe Güte zuzuschreiben, die bei einer zusätzlichen Besteuerung nicht mehr vermarktbar sei. Wenn auch diese für den rheinhessischen Weinbau wenig schmeichelhaften Charakterisierungen im Rahmen einer steuerpolitischen Debatte gefallen waren und auch dem 19. Jh. Dramatisierungen im Interesse (agrar-)politischer Ziele nicht fremd waren, verweisen sie doch auf einige Probleme, mit denen der Weinbau offensichtlich zu kämpfen hatte: hoher Kapitalbedarf, starke Qualitätsunterschiede, starke Ertrags- und Verdienstschwankungen.[47]

Dass die Schattenseiten in dieser Diskussion doch vielleicht etwas übersteigert dargestellt wurden, lässt die Ausweitung der Anbauflächen vermuten. Waren in den frühen 1830er-Jahren 6,5 % der Gesamtfläche Rheinhessens mit Reben bepflanzt, so stieg der Anteil bis 1913 auf ein Zehntel. Tatsächlich stagnierte die Entwicklung aber zur Zeit dieser Debatte. Vor allem in der zweiten Jahrhunderthälfte und verstärkt nach der Jahrhundertwende wurde die Weinbergsfläche erheblich erweitert. 1833 wurden noch 22 Gemeinden in Rheinhessen gezählt, in denen kein Wein angebaut wurde, 1862 immer noch 18, bis zur Jahrhundertwende schrumpfte deren Anzahl auf vier.

Tabelle: Weinbergsflächen in Rheinhessen[48]

Jahr	Weinbergsfläche in Hektar
1824	8.784
1833	8.734
1862	9.680
1880/81	10.316
1893	10.995
1900	11.762
1904	12.863
1913	13.896

Innerhalb Rheinhessens gab es beträchtliche Unterschiede. So nahmen Weinberge 1833 im Kanton Alzey nur 1,8 % der Flächen ein, im Kanton Bingen aber fast ein Fünftel. Das Ausmaß der Weinbergsflächen stieß immer wieder auf Kritik: *„Unsere Weinberge verzehren zu viel Dünger, und es scheint, wir haben im Vergleich unserer Felder zu viel Weinberge“*, gab schon 1825 Josef Jérome zu bedenken. Im frühen 20. Jh. wunderte sich Karl Vogeley darüber, dass die Flächen trotz schlechter Weinpreise weiter zunähmen. Der Weinbau sei kostspieliger und unsicherer als der Anbau von Handelsgewächsen wie Tabak oder Krapp, so Wilhelm Crome 1822, und dass der Bauer seinen Dünger an die Reben gebe, räche sich an schlechten Getreideernten. Aber ein gutes Weinjahr entschädige – vor allem den größeren – Weinbergsbesitzer für sechs schlechte. Wilhelm Heße berechnete 1833 den Gewinn für ein Weingut von 15 Morgen. Unter Einbezug aller Kosten für die Weinberge, das Kelterhaus, die Gerätschaften und alle Arbeitsgänge ergab sich ein Überschuss von 420 Gulden, was einer Verzinsung des Kapitals von 3,5 % entsprach. Der Ertrag konnte noch beträchtlich gesteigert werden, wenn die Arbeiten nicht auf Lohnbasis verrichtet wurden, sondern wenn Bauern ihre neben der Beschäftigung in Ackerbau und Viehhaltung noch verfügbare Zeit für die Arbeit im Weinberg und im Kelterhaus verwendeten. Wenn dann der Most nicht gleich im Herbst verkauft werden musste, sondern erst nach einigen Monaten, konnte sich der Gewinn um weitere 20–50 % erhöhen. Die hohe Rentabilität des Weinbaus, zumindest bei Weinbergen guter und mittlerer Qualität, bestätigte 1867 auch der Landwirtschaftslehrer Schneider. Ihm zufolge hatte der Weinbau in den letzten zehn Jahren so viel Bodenrente gebracht, wie sonst keine anderen Kulturen. Der stetige Anstieg der Weinbergsflächen ist daher vor allem auf die Gewinnspannen zurückzuführen. Da die Anlage von Wingerten eine langfristige Investition war – von bis zu 80-jährigen Weinbergen wird in den 1830ern berichtet –, konnten die Bauern und Winzer auch kaum auf kurze Konjunkturen reagieren.

Wie hoch der Anteil der weinanbauenden Haushalte war, die nur für den Eigenbedarf produzierten, ist für die gesamte Provinz nicht zu rekonstruieren. In Alsheim war ihre Anzahl schon bis 1817 deutlich zurückgegangen. Ernteten 1767 fast 45 % der Weinanbauer

in durchschnittlichen Jahren weniger als 100 Liter, so waren es 1817 nur noch 15 %. Die Bauern, die 1767 nur ein Drittel der Weinproduzenten ausmachten, stellten jetzt zwei Drittel innerhalb dieser Gruppe. Der Anteil der Tagelöhner unter den Weinbergsbesitzern war auf nur noch 6 % zurückgegangen. Das wäre ein Indiz für einen zunehmend marktorientierten Anbau und eine steigende Besitzkonzentration.

Ein zusätzlicher Grund für die trotz schlechter Weinpreise steigenden Weinbergsflächen am Ende des Jahrhunderts dürfte die höhere Verfügbarkeit von Dünger gewesen sein. Der durch den Kunstdüngereinsatz im Ackerland eingesparte Stallmist konnte nun für die Rebflächen verwendet werden.[49]

Nur in den besten Lagen, am Scharlachberg in Bingen und in Nierstein, wurde in den 1820er-Jahren noch die auch im Rheingau in den Spitzenlagen zu findende Orleans-Traube angebaut. Wichtiger für die guten Lagen in Rheinhessen war der Riesling, teilweise auch der Traminer. Als „geringere Weine" in schlechteren Lagen wurden der Elbling, manchmal auch Kleinberger genannt, und die Österreicherrebe, der Silvaner, gepflanzt. Im Ingelheimer Grund und in Gundersheim war Schwarzer Burgunder sehr verbreitet, der allerdings immer am unteren Teil der Hangflächen angebaut wurde. Um 1900 wurden als Weißweine fast ausschließlich Riesling und Österreicher kultiviert, als Rotwein Burgunder und Portugieser.

Die Preise schwankten je nach Lage und Jahr sehr. Zwischen 60 und 600 Gulden konnte in den 1820er-Jahren für ein Stück (1.200 l) erzielt werden, 1842 brachten Spitzenweine vom Niersteiner Kranzberg oder der Glöck 2.000, in anderen guten Jahren 800 bis 1.000 Gulden ein. Allerdings ist an einem Vergleich der Großhandelspreise aus den 1830er- und 1840er-Jahren zu sehen, dass selbst die gut bezahlten Laubenheimer, Niersteiner und Bodenheimer Weine, der Binger Scharlachberg und die Wormser Liebfrauenmilch weit hinter den Preisen für die Rheingauer Edelgewächse zurück blieben. Wurden etwa 1834 für Niersteiner Wein und Binger Scharlachberg bis zu 600 Taler erzielt, so wurden die teuersten Erzeugnisse aus dem Rheingau mit 2.500 Taler bezahlt.

In den 1830er-Jahren unterschieden sich die Anbau- und Verarbeitungsmethoden innerhalb von Rheinhessen noch erheblich. Eher selten wurde der Kammerbau praktiziert, bei dem die Reben an einem Gerüst aus Pfählen und darauf liegenden Latten hochgezogen wurden. In der Wormser Gegend war der Bockschnitt verbreitet, bei dem Stabilität der Reben durch Hochbinden erreicht wurde. Im nördlichen Rheinhessen wurde die teuere Pfahlerziehung praktiziert. Auch die Herstellung der Maische variierte. In der Umgebung von Worms wurden die Trauben mit Traubenstampfern, sog. Mosterkolben, zerquetscht. Am Petersberg traten bei den vermögenderen Bauern „Knaben" die Trauben im Tretzuber, im Ingelheimer Grund wurden sie teils mit Mosterkolben, teils im Tretzuber, teils aber auch mit Traubenmühlen verkleinert. Um 1900 scheint sich die Traubenmühle, die noch im Feld in Einsatz kam, weitgehend durchgesetzt zu haben.

Auch die Weiterverarbeitung und die Vermarktung variierten. Im südlichen Rheinhessen war anders als im Norden der Provinz um 1835 der Mostverkauf im Herbst üblich. Bei den „geringeren" und „mittleren" Weinen überwog die „unmittelbare, nächste Consumtion", also der Eigengebrauch und Verkauf im engen regionalen Rahmen, während die besseren Weine oft über Versteigerungen in den Großhandel ka-

men. Um 1900 wurde der größte Teil der Ernte im eigenen Keller oder in einer der neu entstandenen Winzergenossenschaften ausgebaut und dann „freihändig" oder, wenn es sich um Spitzenprodukte handelte, auch weiterhin über Versteigerungen vermarktet.

Existenzbedrohende Krisen durchlebten die rheinhessischen Weinbauern in der zweiten Hälfte des 19. Jhs. aufgrund der Einschleppung von Krankheiten und Schädlingen. Um 1855 bedrohte erstmals der Echte Mehltau, Oidium, die Rebenkulturen. Bald war jedoch bekannt, dass er durch das Ausbringen von Stäubeschwefel bekämpft werden konnte. Ab 1868 machte die Amerikanische Reblaus dem europäischen Weinbau zu schaffen, der nur durch das Aufpfropfen der alten Sorten auf resistente Unterlagen zu begegnen war. Die dritte Katastrophe innerhalb weniger Jahrzehnte verursachte das Auftreten des Falschen Mehltaus, der Peronospora, ab 1878. Ihr fiel 1906 fast die gesamte rheinhessische Weinernte zum Opfer. Das häufige Spritzen von Kupfersulfat konnte den Befall schließlich stoppen. Von einem „Untergang des alten Weinbaues" zu sprechen, erscheint aber legitim angesichts der grundlegenden Veränderungen in der Anbaupraxis, die diese Abwehrmaßnahmen bedeuteten.[50]

„Industrialisiertes Handwerk" und allmähliche Industrialisierung

Mehrere Gründe nannten die Statistiker und Autoren von Landesbeschreibungen in den ersten Jahren des Bestehens der neuen Provinz, warum das „Fabrikwesen" in Rheinhessen noch nicht zum Durchbruch gekommen war: den „bedeutenden Getreide- und Weinanbau", der viele Arbeitskräfte binde, die geringe Städtedichte (Crome spricht 1822 von einer großen und bedeutenden Stadt neben einigen kleinen!), den Mangel an Bodenschätzen, vor allem aber den *„Mangel eines ober- und unter-irdischen Holzmagazins"*, wie Jérome 1824 die Holzknappheit und das Fehlen von Stein- oder Braunkohlenvorkommen anschaulich beschrieb. Auch die Mentalität der Landbewohner wird vorgebracht: *„Der an die freie schöne Natur gewöhnte Mensch findet schon am Wechsel der Feldarbeit seine Erholung, und die Einförmigkeit des in Fabriken geschäftigen Fleißes ist ihm zu lästig"*. Auf der anderen Seite lassen sich einige Faktoren benennen, die einer schnelleren Entwicklung zu einer Gewerbelandschaft hätten Vorschub leisten können: die hohe Bevölkerungsdichte, die günstige Verkehrslage, die Gewerbefreiheit und zumindest in Mainz, teilweise auch in den anderen Städten, schon eine gewisse Tradition eines die Grenzen der Eigenversorgung überschreitenden Handwerk- und Handelswesens. Unter diesen Voraussetzungen schien eine Entwicklung folgerichtig, die sich auch schon in der Gewerbestruktur der späten 1810er- und 1820er-Jahre andeutete: eine arbeitsintensive Produktion mit weniger intensivem Energie- und Rohstoffbedarf, die ihren deutlichen Schwerpunkt in den verkehrstechnisch günstig gelegenen Städten am Rhein hatte, während der ländliche Raum weiterhin seine agrarische Prägung beibehielt.

Fast 11.000 Gewerbetreibende wurden 1823 in Rheinhessen gezählt. Neben den zahlreichen Angehörigen von Handelsberufen war der weit überwiegende Teil im Handwerk tätig. Auch im frühen 19. Jh. arbeiteten die meisten Handwerker auf dem Land für die dörfliche Versorgung im Nahrungsmittel-, Textil- und Bausektor. Lediglich in Dörfern, in deren Gemarkung Steinbrüche lagen, in Flonheim, Hechtsheim, Budenheim, Fürfeld und Steinbockenheim, in Gemeinden wie Bechtheim oder Heppenheim bei Alzey, in denen Eisenerz gewonnen wurde, oder in denen Ton- und Kalkvorkommen Zie-

geleien und Kalkbrennereien entstehen ließen, wurde für den überörtlichen regionalen Bedarf produziert. Der berühmte Flonheimer Sandstein wurde unter anderem nach Köln zum Dombau geliefert. Als völlige Ausnahme kann die Existenz eines Uhrmachers in Dalsheim, der sich auf die Produktion von Musikbecken, *„die den türkischen gleichkommen sollen"*, spezialisiert hatte, verstanden werden. Auch in den Kleinstädten ist von einer den eigenen Verbrauch übersteigenden Produktion kaum etwas zu spüren. In Oppenheim waren es lediglich die Kalk- und Pflastersteinbrüche und die Vorkommen von *„Ton- und Häfnererde"*, die für zusätzliche Arbeit sorgten. Seit 1824 produzierte hier allerdings der Apotheker Koch Chinin, das in weite Teile Europas geliefert wurde. Für Alzey findet sich in einer Auflistung von 1823 noch kein Gewerbetreibender, der die Grenzen des traditionellen Handwerks überschritten hätte.

Textilhandwerker, die für einen überregionalen Bedarf arbeiteten, gab es in Rheinhessen kaum. Zwar wurden 840 Leineweber gezählt, die aber vorwiegend für den *„Hausbedarf"* und den lokalen Markt arbeiteten. Das Lederhandwerk war dagegen schon im frühen 19. Jh. vielfältiger und in überregionale Marktbeziehungen eingebunden. Acht Lohgerber betrieben in Bingen ihr Gewerbe *„fabrikmäßig"*, indem sie Sohlleder aus amerikanischen Wildhäuten herstellten und vor allem über die Frankfurter Messen vermarkteten. In Mombach wurden in einer Fabrik Stiefelschäfte gefertigt. War der Begriff „Fabrik" in dieser Zeit noch nicht unbedingt mit einem größeren arbeitsteiligen Betrieb gleichzusetzen, sondern konnte er auch auf kleinere Produktionsstätten angewandt worden sein, so waren die Saffianfabriken Michel & Denninger und Hochgesand & Mayer in Mainz schon eher im modernen Sinn zu verstehen. In ihnen stellten 80 bzw. 40 Arbeiter weiches, feines Leder her, das in die „*entferntesten Länder*" geliefert wurde. In Tabakfabriken in Worms, Mainz und Bingen wurde Pfälzer Tabak verarbeitet. In Mainz waren noch etliche Fabrikanten in wohl eher kleinen Betrieben mit der Produktion von Spielkarten, Violin- und Gitarrensaiten, Schwarzseife, Nudeln, Schirmen, Wachsperlen und Likör beschäftigt. Auch die zwei Chaisenfabriken waren wohl zu dieser Zeit noch eher größere Sattlerwerkstätten. Herausragende Bedeutung hatten in Mainz weiterhin die schon in den früheren Jahrhunderten renommierten Möbelschreiner, die – ebenfalls über die Frankfurter Messe, aber auch über private Aufträge – für eine weit gestreute Kundschaft produzierten. Das gleiche gilt für die zahlreichen Schuhmacher, die ihre Produkte ebenfalls häufig über Frankfurt vermarkteten. Die 1770 gegründete „*Musikstecherei*" Schott Söhne hatte schon europäisches Renommé, nicht zuletzt durch ihre Verlagstätigkeit für so bedeutende Komponisten wie Ludwig van Beethoven.

Verteilt über ganz Rheinhessen waren Fabrikationsstätten, in denen landwirtschaftliche Produkte weiter verarbeitet wurden: 80 Ölmühlen, 41 Branntweinfabriken, nicht gerechnet die vielen einzelnen Brennereien, 78 Bierbrauereien und 17 Essigfabriken wurden um 1825 gezählt.[51]

Bis in die 1830er-Jahre wuchsen einige der Produktionszweige beträchtlich an. Vor allem die Gerbereien befanden sich im Aufschwung. Durch die Vereinigung der Mainzer Saffian- und Glanzlederfabriken von Mayer und Denninger konnten Produktion und Absatz verbessert werden. 1834 gründeten in Worms Cornelius Heyl und sein Schwager Johann Karl Martenstein eine Saffian- und Lacklederfabrik, die anders als die benachbarten handwerklich betriebenen Gerbereien am Eisbach von Beginn an auf Großproduktion und überregionalen Absatz angelegt war. Für das technische Know-how sorgte ein angeheirateter Verwandter Heyls, der Gerber Friedrich Köhler, der in Paris die neuen Produktionsmethoden kennen gelernt hatte. In Alzey hatte der aus Stromberg eingeheiratete Gerber Wilhelm Prätorius eine Lederfabrik begründet, deren „Wildsohlleder" auf der ersten Darmstädter Industrieausstellung 1838 als qualitativ gleichstehend mit ähnlichen Produkten aus Belgien bewertet wurde. Auch die Tabakfabriken waren noch von Bedeutung, vor allem die des Unternehmers Carl Gräf in Bingen mit über 100 Arbeitern ist hier zu nennen. Seit 1832 beschäftigten sich die Mainzer Weinhändler Dael, Mappes und Lauteren mit der zukunftsträchtigen Herstellung „*moussierender Weine*". Auch die fabrikmäßige Herstellung anderer Nahrungs- und Genussmittel wurde weiter ausgebaut: die Herstellung von „*Schinken und Cervelatwürsten im Großen*", von „*Chocolade*" und Senf findet sich erstmals in den Mainzer Gewerbelisten. Die Entwicklung des Mainzer Schreinerhandwerks lässt sich beispielhaft am Aufstieg der Firma Bembé ablesen. Der Tapezierer Anton Bembé, oft auf Reisen und vor allem auch häufig in Paris zugegen, hatte in den dreißiger Jahren seine Werkstatt zu einer Fabrik ausgebaut, die sich mit allen Aspekten gehobener Raumausstattung beschäftigte. 1836 konnte er das ehemalige adelige Gesellschafts- und Schauspielhaus in der Großen Bleiche erwerben und dort neben einem Ladengeschäft Werkstätten für Schreinerei, Schlosserei, Bildhauerei, Vergoldungen, Polsterei und eine Nähstube zusammenfassen. Neben seinem Betrieb arbeiteten noch sechs weitere Großbetriebe in Mainz, für die auch ein Teil der selbstständigen Schreinermeister produzierte. Ähnliches gilt für die Entwicklung des Schuhmacherhandwerks. Auch hier hatten sich fabrikartige Werkstätten gebildet, in denen bis zu 30 Arbeiter beschäftigt waren und die neben dem Verkauf auf Messen und Märkten *„ganze Schiffsladungen Schuhe nach der neuen Welt auf Bestellung"* versandten.

Eine Gewerbetabelle aus dem Jahr 1847 verzeichnet für Rheinhessen 58 *„Fabrikations-Anstalten und Fabrik-Unternehmungen aller Art"* mit 2.095 Beschäftigen. Die geografische Verteilung ist sehr eindeutig: 42 Fabriken mit 1.165 Arbeitern befanden sich im Steuerbezirk Mainz, sechs mit 621 Arbeitern im Steuerbezirk Worms, fünf mit 279 Arbeitern im Bezirk Bingen, zwei mit 21 Arbeitern, darunter eine Eisenbahnwagenfabrik, im Bezirk Ober-Ingelheim, zwei Regenschirmfabriken mit allerdings nur zwei Arbeitern in Alzey, ein Eisenwerk mit sieben Arbeitern im Steuerbezirk Wörrstadt. In zwölf dieser „Fabriken" arbeiteten weniger als zehn Personen, in einigen Fällen handelte es sich sogar um Einmannbetriebe, in nur fünf Unternehmen waren mehr als 100 Menschen beschäftigt.[52]

Am stärksten wuchs die Wormser Lederindustrie. 1839 hatte Cornelius Heyl III. eine Lederlackierfabrik begründet, deren Produktion bald die der Saffianfabrik überstieg, 1846 folgte eine *„Leim- und Kunstsohllederfabrik"*. Bereits 1840 hatten zwei ehemalige Heyl-Mitarbeiter die Firma Doerr & Reinhart gegründet, 1850 errichtete die Firma Melas & Gernsheim eine weiteres Lederwerk, das zunächst Sohlleder, dann auch Lackleder produzierte und aus dem sieben Jahre später nach der Trennung der Geschäftspartner zwei eigenständige Firmen hervorgingen. Nach dem Bericht der Handelskammer von 1858 arbeiteten um diese Zeit schon 2.000 bis 2.500 Menschen in der Lederbranche, für die Jahre 1864/65 ist allerdings nur von 1.400 die Rede. Die *„Fabrikation von fertigen Kleidern"* stellte einen weiteren wichtigen Erwerbszweig in Worms dar, in dem nach den Handelskammerberichten etwa 500 Meister und Gesellen, überwiegend in Heimarbeit, tätig waren. Allein die Firma der Gebrüder Edinger beschäftigte 60–80 Meister samt deren Frauen, Gesellen und Lehrlingen. Dadurch

Abb. 26:
Wormser Lederfabrik Doerr und Reinhart.

sei die Anfertigung eines vollständigen „Ball-Herrenanzuges", so ein erstaunter Bericht des Jahres 1857, bestehend aus einer „Weste von Seide, Rock und Hosen von schwarzem Tuch" möglich, der für 30 Gulden verkauft werden konnte. Mit der Produktion von „Kunstwolle" hatte die Firma Gustav Schoen und Companie, „die wohl bedeutendste und besteingerichteste Anstalt dieser Art in Deutschland", eine Marktlücke entdeckt. Die aus „Lumpen" gefertigten Wollstoffe hatten zunächst nur in England und Belgien Absatz gefunden, während in Deutschland offensichtlich Vorbehalte gegen diese Art des „Recycling" bestanden. Erst in der Mitte der 1850er-Jahre, vielleicht auch wegen des Erfolgs des Produktes auf der Pariser Weltausstellung von 1855, erschlossen sich auch Absatzmärkte in den deutschen Staaten.

Auch die Mainzer Lederfabrik Mayer, Michel & Denninger begann neben ihrer Saffianproduktion sehr erfolgreich mit der Herstellung von Lackleder. Dass die Wormser Firmen 1854 zusammen 625.000, die Mainzer 225.000 rohe Kalbfelle verarbeiten, zeigt das Ausmaß, in dem sich diese Branche innerhalb weniger Jahrzehnte entwickelt hatte.

Abgesehen von Ziegelbrennereien und Mühlen war der ländliche Raum noch wenig von fabrikmäßigen Produktionsmethoden erfasst. Eine erste Kartoffelstärke-Zuckerfabrik entstand 1850 auf Initiative des Landwirtes Tobias Deiß in Offstein, zwei weitere in Westhofen und Osthofen. Die 1860 in Osthofen gegründete Kartoffelzuckerfabrik bot sechs bis acht Arbeitern für fünf Monate im Jahr Arbeit. Bereits in den 1850ern sind für Osthofen zwei Maschinenfabriken belegt.[53]

Mit der Einrichtung einer Wasserglasfabrik, zwei weiteren Seifenfabriken, einer Fabrik zur Herstellung von Degras, einer Mischung aus Fischöl

und Talg, und der Produktion von Lederleim kam es in den 1860ern in Worms zum Aufbau einer teilweise mit der Lederindustrie verbundenen chemischen Industrie. Aus der Schlosserwerkstatt der Gebrüder Kaibel war die gleichnamige Maschinenfabrik hervorgegangen, die verschiedene Industriezweige, wie die Tabakindustrie, aber auch die Landwirtschaft, mit Maschinen belieferte. Eine zweite „Maschinenfabrik mit Eißengiesserei" war von Friedrich Schütz gegründet worden. Auch die Lederfabrikation expandierte weiter: 1,25 Millionen lackierte Kalbfelle jährlich wurden in der Mitte der 1860er-Jahre hier angefertigt. Auch die weiterhin erfolgreichen Herrenkleiderfabriken bedienten außer dem europäischen den überseeischen Markt. Die Auswirkung einer solcherart bereits in globalisierten Zusammenhängen stehenden Produktion bekam die Zigarrenfabrikation zu spüren, die nicht nur wegen zollpolitischer Entscheidungen, sondern auch wegen des Amerikanischen Bürgerkrieges in Absatzschwierigkeiten geriet.

In Mainz blieben die Branchen Lederindustrie, Möbelfabrikation, Schuhproduktion, Bierbrauerei und die Herstellung „moussierender Weine", jetzt vor allem durch die Firmen Kupferberg und die vor ihrem Umzug nach Biebrich in der Stadt angesiedelte Firma Henkell, von Bedeutung. Hinzu kam in den 1860er- und 1870er-Jahren – wie in Worms – die chemische Produktion mit der Herstellung von Lacken und Harzprodukten, von Weinsteinsäure oder von Seifen. Das größte Chemiewerk im Mainzer Umland war die schnell expandierende Fabrik des „Vereins für chemische Industrie" in Mombach. Die Maschinenfabriken beschäftigten 1872 schon 200 Arbeiter, die Eisengießerei Römheld etwa 75 Arbeiter. Wegen der Entwicklungsbeschränkungen durch die Festung wurden etliche Unternehmungen außerhalb der Stadtgrenzen angesiedelt. Die natürlichen und verkehrstechnischen

Gegebenheiten Weisenaus beschleunigten in der zweiten Jahrhunderthälfte die industrielle Entwicklung der Gemeinde: Dort etablierte der Mainzer Bauunternehmer Lothary neben dem Steinbruch eine Backstein- und eine Zementfabrik. Ähnliches gilt für Budenheim.

1873 kam es zu einem Konjunktureinbruch, der den Absatz und die Beschäftigtenzahlen der Wormser Industriebetriebe sinken ließ. Erst 1879 nahm die Zahl der Arbeiter wieder zu. Aufgrund der offensichtlich stabilen Situation der Unternehmen führte die Krise nicht zu einem auffälligen Rückgang der Betriebe. Auch für Bingen wurde die Lage zwischen 1873 und 1879 als „nicht dramatisch" bezeichnet, es sei eher eine Phase der Stagnation als der des Abschwungs gewesen. Die Absatzschwierigkeiten der Mainzer Produktion in den verschiedenen Bereichen verweisen aber auch auf einen erheblichen Rückgang der Arbeitsplätze. Die ab 1879 wieder anziehenden Arbeiterzahlen erreichten allerdings noch nicht den Vorkrisenstand.

Bis 1907 war die Zahl der Industrieanlagen in Rheinhessen auf 2.005 angewachsen, in denen 33.355 Arbeitskräfte beschäftigt waren. Die weitaus größte Zahl arbeitete in der Wormser Lederindustrie: 4.618 Arbeiterinnen und Arbeiter waren hier beschäftigt, wohingegen diese Branche in Mainz mit nur noch 191 Beschäftigten stark zurückgegangen war. Knapp 3.800 Menschen arbeiteten im Bezirk der Gewerbeinspektion Mainz (Kreise Mainz und Bingen) im Maschinenbau, 3.580 in der Nahrungs- und Genussmittelindustrie. In beiden Branchen wurden auch im Bezirk Worms (Kreise Worms, Alzey, Oppenheim) viele Arbeiter gezählt, jedoch bei weitem nicht in der Mainzer Größenordnung. Mit 2.905 Arbeitern im Bezirk Mainz und 1.898 im Bezirk Worms war der Bereich „Steine und Erden" in ganz Rheinhessen stark vertreten, was sich nicht nur mit dem natürlichen Vorkommen von Steinen, Ton, Kies und Sand, sondern auch mit dem Bauboom der Zeit erklären lässt. Die Chemische Industrie war durch Fabrikgründungen in Mombach,

Abb. 27:
Werkseingang Boehringer Ingelheim, um 1890.

Abb. 28:
Waggonfabrik der Gebrüder Gastell in Mainz, um 1870.

der Ingelheimer Aue und im rechtsrheinischen Amöneburg und Biebrich im Bezirk Mainz stark vertreten, deutlich weniger im Wormser Raum. Weiterhin band die holzverarbeitende Industrie in beiden industriellen Zentren viele Arbeitskräfte, ebenso das *„Bekleidungs- und Reinigungsgewerbe"*, während die Textilindustrie selbst nur in Worms stark vertreten war. Mit 928 Arbeitern war das *„polygraphische Gewerbe"* in Mainz gut besetzt.

1885 begann Albert Boehringer in Nieder-Ingelheim nach der Übernahme einer kleinen Weinsteinfabrik mit dem Aufbau einer chemischen Fabrik, in der zunächst die *„Salze der Weinsäure"* für Apotheken und Färbereien hergestellt wurden und dann nach 1893 mit der Entwicklung einer industriegemäßen Produktionsmethode von Milchsäure biotechnologische Prozesse nutzbar gemacht wurden. Im

noch dörflichen Nieder-Ingelheim und in Frei-Weinheim hatte sich seit der Jahrhundertmitte mit der Ansiedlung einiger Unternehmen, die Erzwäsche betrieben sowie Zement, Düngemittel, Papier, Schwärze und Maschinen für den Weinbau produzierten, ein weiterer industrieller Schwerpunkt in Rheinhessen entwickelt, der durch die Firmengründung von Boehringer nachhaltig etabliert wurde.[54]

Die Geschichte der Industrialisierung in Rheinhessen ist durch mehrere Entwicklungslinien geprägt. Zunächst kann wohl für die erste Hälfte des 19. Jhs. und in einigen Branchen bis in das 20. Jh. von einem *„industrialisierten Handwerk"* gesprochen werden, was sich auf die Produkte, die Produktionsprozesse und den beruflichen Hintergrund der Unternehmer beziehen lässt. Möbelschreinerei, Schulproduktion, Kleidungsproduktion oder der Bau von

„*Chaisen*" und anderen Wägen wurden im Arbeitsablauf rationalisiert und zentralisiert und – abgesehen von der Möbelproduktion, in der zumindest teilweise Einzelanfertigungen nach Auftrag hergestellt wurden – auf Massenproduktion, auf „*Konfektionsware*" umgestellt. Das gilt allerdings gerade nicht für die Lederindustrie, für die lokale Handwerkstraditionen eher geringe Bedeutung hatten, sondern die auf neuen Produktionsmethoden basierte und in der die Firmengründer keine ihre Produktion ausweitende Handwerksmeister, sondern nach Investitionsmöglichkeiten suchende Unternehmer waren. Zumindest in Worms fällt die auch andernorts festzustellende Zugehörigkeit etlicher Unternehmerpersönlichkeiten zu konfessionellen Minderheiten, hier zu den Reformierten und Katholiken, im Fall der Firma Gernsheim & Melas auch zur jüdischen Bürgerschaft, auf. Ebenfalls auffällig ist der für einige dieser frühen Unternehmen grundlegende Transfer von Produktionsmethoden. Gerade Frankreich spielte hier als Ursprungsland etlicher Innovationen eine wesentliche Rolle, das lässt sich im Fall der Lederindustrie mehrfach zeigen, ebenso in der Genussmittelindustrie, hier besonders prägnant in der Herstellung „*moussierender Weine*", in der Gestaltung von Möbeln, Schuhen und Kleidungsstücken. Damit war nicht nur eine Übernahme von Konsumgewohnheiten und -moden, sondern von Anfang an auch eine Orientierung auf den internationalen Markt intendiert. Dass gerade Frankreich hier als Vorbild erscheint, lag wohl nicht nur an seiner bereits führenden Rolle im Design- und Genussmittelbereich, sondern auch an seit der – gerade für einige der Unternehmerfamiliengeschichten prägenden – napoleonischen Zeit aufgebauten Verbindungen. Nicht nur in der Produktentwicklung und der Vermarktung, sondern auch in der Beschaffung der Materialien waren einige der Branchen zunehmend in globale Beziehungen eingebun-

Abb. 29:
Lederwerke Mainz, um 1898.

den. Der weiterhin stark auf Handarbeit basierenden Produktionsweise vieler Industriezweige in der ersten Hälfte des 19. Jhs. entsprach die nur langsame Durchsetzung der Dampfmaschine. 1830 wurde in Rheinhessen noch keine Dampfkraft genutzt, 1840 standen erst zwei Dampfmaschinen in rheinhessischen Fabriken, 1850 nur zwölf. In den 1850ern steigerte sich ihre Zahl langsam, bis 1857 auf 43, bis 1862 immerhin auf 130. Erst jetzt nahm die Entwicklung an Fahrt auf, in den zwanzig Jahren zwischen 1879 und 1899 stieg ihre Zahl von 278 auf 748, darunter 423 feststehende Maschinen, 237 „*Lokomobilen*", die auch in der Landwirtschaft zum Antrieb der Dreschmaschinen verwendet wurden, und 88 Schiffsdampfmaschinen. 932 Maschinen wurden 1907 gezählt.

Im regionalen Vergleich kann Rheinhessen gewiss nicht zu den Pionierregionen der Industrialisierung gerechnet werden, allerdings zu den Gebieten, in denen Ansätze zur Industrialisierung schon im frühen 19. Jh. zu finden sind, und in denen in der zweiten Jahrhunderthälfte der Ausgleich der fehlenden Rohstoffe durch die zunehmende Bedeutung anderer Faktoren gelang und der Industrialisierungsprozess an Fahrt aufnahm. Erst jetzt spielten chemische Industrie und Maschinenbau eine größere Rolle. Die Beschleunigung des Industrialisierungsprozesses kann nicht zuletzt auch an dem Anteil der Bevölkerung an der Berufsgruppe *Bergbau, Hüttenwesen, Bauwesen und Industrie*" abgelesen werden, der 1871 mit knapp 30 % aller Erwerbstätigen zwar unter dem Durchschnitt des Großherzogtums und des Reiches insgesamt lag, aber doch eher als mittlere Position zu werten ist. Bis 1882 hatte der rheinhessische Durchschnittswert von 36 % den des Reiches von 34,8 % überholt, blieb dann aber wieder hinter dem Reichsdurchschnitt zurück (1895: Rheinhessen 36,5 %, Reich 38,5 %; 1907: Rheinhessen 40,7 %, Reich 42,2 %).[55]

„Innerer" und „äußerer" Handel

„Der innere Handel kann in einer Provinz nicht sehr groß seyn, welche nicht mehrere große Städte besitzt; diese aber fehlen in Rheinhessen, da, außer Mainz, nur noch Worms und Bingen bedeutende Handelsgeschäfte machen." Mit dieser skeptischen Beschreibung setzte der Landesstatistiker Crome 1822 die Tradition der Autoren fort, die auch schon im 18. Jh. der Region zwischen Worms und Bingen eher geringere Bedeutung im Marktgeschehen zumaßen. Vor allem die Nähe der übermächtigen Handelsstadt Frankfurt, aber auch schon im 18. Jh. die des aufstrebenden Mannheim wurde immer wieder für die auch nachrangige Stellung im „äußeren

Handel" angeführt. Sieht man zunächst vom regionalen Vergleich ab, so ist diese Positionierung doch einigermaßen erstaunlich. Zum einen würde die hohe Bevölkerungsdichte doch eine für den Handel günstige Ausgangslage vermuten lassen. Zudem war ein nicht unbeträchtlicher Teil der Landwirtschaft schon marktorientiert und insbesondere der Weinbau bot auch Familien mit nur wenig Landbesitz Möglichkeiten zum Gelderwerb. Und drittens würde die gute Verkehrssituation einen regen Handelsverkehr nahe legen. Indizien für ein nicht zu gering einzuschätzendes Konsumverhalten der Bevölkerung, das eben einen florierenden Handel voraussetzt, liefern die bereits erwähnten Sterbefall- und Erbteilungsinventare, die die schon weitgehend differenzierte materielle Ausstattung auch der ländlichen Gesellschaft belegen. Selbst Crome fiel auf, dass es in Rheinhessen an *„Handels-Objecten"*, und zwar sowohl landwirtschaftlich als auch gewerblich erzeugten, nicht fehlte und dass, etwa im Vergleich mit Oberhessen, der Handel im Inneren angesichts guter Straßen und der Lage am Rhein begünstigt war. Abgesehen von den Wochenmärkten in den Städten hatten die Bewohner des ländlichen Raumes auf 18 Jahrmärkten die Gelegenheit zum Erwerb von *„Krämerware"*. Dass diese Märkte gut besucht waren und auch Kundschaft aus der gesamten Region anlockten, zeigt sich an ihrer Angebotsvielfalt. 54 Stände boten 1832 auf dem Osthofener Markt ihre Waren an. Auf dem bekannten Beller Markt an der gleichnamigen Kirchenruine bei Eckelsheim wurden 1850 neben diversen Krämerartikeln Porzellan, *„Steinengeschirr"*, *„irdenes Geschirr"*, *„Pirmasenser Schuh"*, *„gewöhnliche Körb"* und Spinnräder angeboten, außerdem waren *„herumwandernde Hausierer"* mit ihren Waren gekommen und das Marktgeschehen bereits durch ein sehr differenziertes Unterhaltungs- und Gastronomieangebot mit Kunstreiterei, Karussells, Panorama, Wachskabinetten, Drehorgel, Harfenspieler, herumziehenden Musikanten, Weinhütte, Metzgerhütte, Kaffee- und Waffelhütte ergänzt. Nicht nur in den Städten, sondern auch in größeren Dörfern gab es bereits im frühen 19. Jh. schon Ladengeschäfte, so konnte die Alsheimer Bevölkerung sich im Krämerladen des „Schloss-Hirschen" mit Produkten aller Art, von Zucker und Kaffee bis hin zu Nägeln und Draht versorgen. Die Gewerbefreiheit hatte zur Anmeldung vieler Handelsgeschäfte geführt. Gerade auch die zahlreiche jüdische Bevölkerung betätigte sich vornehmlich im Handelsgeschäft, hier reichte das Spektrum vom Kleinhandel bis zum teilweise lukrativen Handel mit landwirtschaftlichen Produkten und mit Vieh. 2.568 Angehörige von Handelsberufen wurden in Rheinhessen im Jahr 1820 gezählt, das würde – bezogen auf die Bevölkerungszahlen von 1817 – bedeuten, dass in etwa 8 % der Haushalte der Haupterwerb im Handel bestand. Der weitaus größte Teil dieser Handelsleute war im „Detailhandel", also in der Versorgung der Bevölkerung vor Ort, beschäftigt. Diese sehr hohe Zahl lässt die These, dass der „innere Handel" in Rheinhessen nicht sehr ausgeprägt gewesen sei, als nicht stichhaltig erscheinen. Der Anteil der Angehörigen von Handelsberufen nahm noch weiter zu. 1871 wurden knapp 16.000 Personen gezählt, die im Bereich Handel und Verkehr tätig waren, das waren 13 % der Erwerbstätigen. Damit lag Rheinhessen in einem Vergleich von 71 deutschen Staaten und Verwaltungsregionen nach den Hansestädten, Mannheim und Berlin an sechster Stelle und weit vor anderen ländlich geprägten Regionen.

Die Entwicklung des „inneren Handels" war nicht zuletzt auch Resultat der gesellschaftlichen Entwicklung in Rheinhessen, indem die Bevölkerungsdichte zwar ein großes Konsumentenpotenzial darstellte, aber auch der Handelssektor wegen der unzureichenden Ausstattung mit Landbesitz, der Übersetzung der Gewerbe und der nur punktuell stattfindenden Industrialisierung eine ökonomische Alternative war, die häufig in Kombination mit Tätigkeiten in den anderen Sektoren ausgeübt wurde. Der „äußere Handel" hingegen war zwangsläufig stärker von externen Faktoren geprägt: von politischen Weichenstellungen, wirtschaftlichen Konjunkturen, technischen, vor allem auch verkehrstechnischen Entwicklungen. Grundlegend war die Frage von politischen Grenzen und von Zollgrenzen. Das Ende der französischen Zeit, in der der Rhein auch eine Zollgrenze darstellte, brachte Umorientierungen mit sich. Einerseits stagnierte der Handel nach Frankreich, während der in die deutschen Staaten noch nicht so recht in Gang kam. Aus zeitgenössischer Sicht bedeutete das preußische Zollgesetz von 1818 einen erheblichen Einschnitt, indem es die Ausfuhr der wichtigsten Handelsprodukte aus Rheinhessen, also Getreide, Wein, aber auch Mehl und Öl, belastete. Kann zwar der Verfall der Getreidepreise in den 1820er-Jahren angesichts von vergleichsweise geringen Zollbelastungen zwischen 4 und 8 % eher im Zusammenhang mit einer auch aus Überproduktion resultierenden, europäischen Agrarkrise verstanden werden, so sind die weitaus höheren Zölle auf Wein und Öl tatsächlich Ursache für erhebliche Absatzschwierigkeiten. Die Klage des Landesstatistikers Jérome aus dem Jahr 1824, dass *„unsere gefüllten Keller die Hälfte ihres Wertes verloren"* haben, scheint berechtigt angesichts eines Zolles, der teilweise bei über 100 % des Wertes des Weines lag und vor allem die Vermarktung der *„mittleren und geringeren Weine"* erschwerte. Der 1828 gerade auch von rheinhessischen Landtagsabgeordneten und der Mainzer Handelskammer forcierte Abschluss eines Zollvereinsvertrags zwischen Hessen-Darmstadt und Preußen, dem 1829 die Vereinigung mit dem württembergisch-bayerischen Süddeutschen Zollverein und schließlich 1834 der Zusammenschluss zum Deutschen Zollverein folgte, verbesserte die Situation. Wenn auch die allzu optimistisch eingeschätzten Auswirkungen des Zollvereins auf die wirtschaftliche Entwicklung, insbesondere auf den Verlauf der Industrialisierung, mittlerweile revidiert werden, so sind doch die positiven Folgen für den Export rheinhessischer Agrarprodukte unübersehbar, vor allem für den Weinhandel, obwohl der Weinexport nach Preußen bis 1865 mit „*Übergangssteuern*" belegt war.[56]

Ebenso von hoher handelspolitischer Bedeutung war die Regelung des Verkehrs auf dem Rhein. Auf dem Wiener Kongress war die „Freiheit der Rheinschifffahrt" beschlossen worden. Dennoch gelang es Preußen und Hessen-Darmstadt, die Stapelrechte für Köln und Mainz bis 1831 zu bewahren, was mit den weiterhin geltenden Seezöllen in den Niederlanden begründet wurde. Befürworter des „*erzwungenen Umschlags*" argumentierten zudem, dass die Umladung in Mainz und Köln auf der jeweiligen Strecke angepasste Schiffstypen den Transport sicherer machten. Der Zwang zur Umladung bedeutete für die Mainzer Speditionskaufleute weiterhin erhebliche Gewinnpotenziale. Dementsprechend stark waren ihre Verluste nach 1831, für deren Größenordnung die Halbierung der Einnahmen aus Hafengebühren sicher ein Hinweis ist. Die Chance, diese Verschlechterung durch eine stärkere Aktivität im Großhandel wettzumachen, wurde zwar ergriffen, aber den durch die Abschaffung des Stapels erlittenen Bedeutungsverlust konnte Mainz nicht mehr ausgleichen. In dem sich in den 1830er-Jahren rapide ansteigenden Rheinverkehr konnten sich Köln und Mannheim als wichtigste Häfen nicht zuletzt auch aufgrund der besseren Unterstützung durch ihre Regierungen etablieren. Zudem war der Ausbau des Mainzer Hafens durch die Be-

schränkungen aufgrund der Festungsfunktion der Stadt blockiert. Ein Ärgernis war für die Mainzer Kaufleute auch die Anlage des Biebricher Hafens. In den Ausfuhrlisten spiegelt sich die Produktion in der Region wider. Unter den wichtigsten Handelsartikeln, die 1820 über Mainz aus Rheinhessen ausgeführt wurden, waren 26 landwirtschaftliche Produkte, vor allem Getreide, Rapssamen und Kleesamen. Zehn waren weiter verarbeitete Agrarprodukte wie Wein, Branntwein, Essig oder Mehl und nur 15 waren gewerbliche oder handwerkliche Produkte. Insbesondere der Getreidehandel war von großer Bedeutung. Die auf dem Mainzer Fruchtmarkt erzielten Preise sollen auf die Preisbildung in Holland und England Auswirkungen gehabt haben. Um das Vielfache wurde die Menge der Ausfuhrartikel allerdings von der Menge der aufgrund des Stapelrechtes umgeladenen Waren übertroffen, was auf das starke Übergewicht des Transithandels gegenüber dem „Eigenhandel" hinweist. Für die Vermarktung der Produkte der Nahegegend und des Hunsrücks war Bingen wichtig, im Wormser Hafen wurden „Haardtweine" und andere Produkte aus der Pfalz nach Frankfurt und Mainz verladen. Ein – wenn auch sehr grober – Vergleich der in Mainz ankommenden und abgehenden Güter zwischen den Jahren 1823 und 1856 zeigt die nur unterdurchschnittliche Steigerungsrate an. Während sich alleine im Jahrzehnt zwischen 1830 und 1840 der Rheinverkehr verdoppelt hatte, stieg die Menge der in Mainz ankommenden Güter in 33 Jahren nur von 1,3 Millionen auf zwei Millionen Zentner. Die aus Mainz über den Rhein abgeschickten Güter stagnierten sogar bei 1,15 Millionen Zentnern. Sicher war die Größenordnung des Güterverkehrs von mehreren Faktoren abhängig, nicht zuletzt auch von der jahreszeitlich bedingten Schiffbarkeit des Flusses, eine Tendenz lässt sich aber doch andeuten. 1872 machte sich die Konkurrenz der Bahn bemerkbar, im

Rheinhafen waren knapp zwei Millionen Zentner angekommen, allerdings nur etwas mehr als eine halbe Million Zentner abgegangen. Zwanzig Jahre später war der Güterverkehr über den Hafen deutlich angestiegen. Zu- und Abfuhr hatten sich gegenüber 1872 im Durchschnitt der Jahre 1886–1890 verdreifacht, bis 1906/10 mehr als verzehnfacht. Die gleiche Entwicklung ist zwischen 1886 und 1906 auch in den Häfen in Worms, Bingen, dem rechtsrheinischen Gustavsburg und Budenheim zu sehen. An dem außerordentlichen Zuwachs des Güterumschlags lässt sich das forcierte Industrialisierungstempo der letzten Jahrzehnte des Jahrhunderts ablesen, aber auch der veränderte Bedarf einer massiv angewachsenen Bevölkerung. Steinkohle nahm 1913 mehr als ein Drittel der nach Worms und ein Viertel der nach Mainz gebrachten Güter ein, Baustoffe (Erde, Kies, Sand, Mergel) ein Viertel, mit knapp 100.000 Tonnen stellte Getreide ein weiteres Viertel der Wormser Zufuhr.

Die nachgeordnete Position der rheinhessischen Häfen zeigt sich allerdings an einem Vergleich des Güterumschlags im Jahr 1913. Während Worms 539.000 Tonnen und Mainz 1,8 Millionen Tonnen Gesamtverkehr aufzuweisen hatten, wurden am Frankfurter Hafen 3 Millionen, in Mannheimer mehr als 7 Millionen umgeschlagen.[57]

Dampfschifffahrt und Eisenbahn, Telegraph und Telephon – die Beschleunigung von Verkehr und Kommunikation

Die Entwicklung von Industrie und Handel war sehr eng an den Ausbau der Verkehrswege gekoppelt. Die wichtigste Bedeutung hatte der Rhein. Nur an seinem Ufer konnten sich industrielle Schwerpunkte entwickeln: in Mainz und

Worms, aber auch in Weisenau, in Budenheim, in Frei-Weinheim/Ingelheim und im rechtsrheinischen Gustavsburg. Dass im Zusammenhang mit Alzey von einer *„verpassten Industrialisierung"* die Rede ist, ist daher vornehmlich mit seiner Lage im Landesinneren zu erklären. Der Ausbau des Rheines, die Begradigungen, etwa der Rheindurchstich bei Guntersblum 1828/29, die Vertiefungen der Fahrrinne, der Bau von Hafenanlagen, mehr noch aber die Entwicklungen im Schiffsbau, waren notwendige Voraussetzung für die wirtschaftliche Entwicklung im 19. Jh. Die Rheinschifffahrt habe sich seit der Nutzung der Dampfkraft *„in einem großartigen Maßstab entwickelt"*, so der Jahresbericht der Mainzer Handelskammer von 1857. 1825 hatte das erste Dampfschiff in Mainz angelegt, ein regelmäßiger Verkehr zwischen Mainz und Köln etablierte sich ab 1827. Wie schon bei der Konstitution einer Rheinschifffahrtsassekuranz-Gesellschaft zu Mainz und Köln 1818 waren Mainzer Kaufleute auch an der Gründung einer „Dampfschifffahrtsgesellschaft vom Rhein und Main" im Jahr 1826 beteiligt, die später mit der „Preußisch-Rheinischen Dampfschifffahrtsgesellschaft" fusionierte und aus der schließlich 1853 die „Köln-Düsseldorfer" hervorging. Besonders in der Personenbeförderung waren die Schifffahrtsgesellschaften schnell erfolgreich. 1840 verkehrten jeweils zwei Schiffe zwischen Mainz und Köln und in umgekehrter Richtung und zwischen Mainz und Mannheim. Ein *„Lokalboot"* fuhr täglich einmal zwischen Mainz und Bingen. Über die Zwischenstation Düsseldorf erreichten Mainzer Passagiere ebenfalls täglich Rotterdam. Nach Basel konnte über die Stationen Mannheim und Straßburg gefahren werden. 636.000 Passagiere wurden in diesem Jahr auf dem Rhein gezählt. Allerdings ist nicht zu übersehen, dass die bei weitem überwiegende Menge an Gütern auch noch im letzten Jahrhundertdrittel nicht von Dampf-, sondern von

Segelschiffen befördert wurde: nur 8 % der 1867 und 10 % der 1868 in Worms ankommenden und abgehenden Güter wurden auf Dampfschiffen transportiert.[58]

Die zweifellos wichtigste Neuerung im Verkehrswesen des 19. Jhs. war freilich die Durchsetzung der Eisenbahn. Durch sie wurden nicht nur die rheinhessischen Städte an nationale und internationale Verkehrsnetze angebunden, sondern der Raum Rheinhessen auch im Inneren erschlossen. Die Entscheidungen für Streckenverläufe prägten und prägen teilweise bis heute die Entwicklung der Städte und Dörfer in der Region. Im Güterverkehr erwuchs der Schifffahrt auch an der Rheinstrecke eine ernsthafte Konkurrenz, für die vom Rhein entfernter gelegenen Teile der Provinz schuf erst die Bahn die Möglichkeit zu einer stärkeren Einbindung in die zunehmend stärker gewerblich-industriell orientierte Entwicklung. Den Einwohnern der Region eröffneten sich mit der Eisenbahn völlig neue Möglichkeiten der Mobilität, die sich langfristig auf alle Lebensbereiche auswirken sollten.

Der Einstieg in das Eisenbahnzeitalter geriet in Rheinhessen allerdings etwas holprig. Bereits 1836 hatte sich in Mainz eine Eisenbahngesellschaft gegründet, deren Pläne einer Verbindung mit Frankfurt aber mit denen einer zeitgleich in Darmstadt gegründeten Gesellschaft kollidierten. Jahrelange Auseinandersetzungen um die Frage des Verlaufs folgten, die nicht nur von den unterschiedlichen Interessen der beteiligten Staaten, der Freien Stadt Frankfurt, dem Herzogtum Nassau und dem Großherzogtum Hessen-Darmstadt, sondern selbst von Meinungsverschiedenheiten innerhalb der Mainzer Bürgerschaft geprägt waren und deren Vehemenz an Korruptionsvorwürfen gegen einen leitenden Beamten sichtbar wurde. Nachdem man sich auf eine Trassenführung rechts des

Mains geeinigt hatte, wurde 1839 mit dem Bau der „Taunusbahn" in Frankfurt begonnen, im April 1840 der Bahnhof Kastel, einige Wochen später die Verbindung nach Wiesbaden fertig gestellt. Mainz war somit nur indirekt über den rechtsrheinischen Anschluss verbunden. Reisewillige Mainzer mussten also erst den Rhein überqueren und konnten dann innerhalb von 1 ¼ Stunden Frankfurt erreichen. Eine Abzweigung der Taunusbahnlinie nach Biebrich verstärkte zudem die Konkurrenz des rechtsrheinischen Hafens. Mit dem „Nebeljungenstreich", einem Sabotageakt, bei dem 1841 in einer „Nacht- und Nebelaktion" 50.000 Zentner Steine in den Rhein gekippt wurden, um den Biebricher Hafen auszuschalten, schafften es die Mainzer Kaufleute wieder kurzfristig, die Warenströme über ihren Hafen zu lenken, von wo aus sie mit Fuhrwerken über die Brücke nach Kastel und vom dortigen Bahnhof aus weiter transportiert wurden.

Auch für eine linksrheinische Eisenbahn wurden bereits ab 1836 Pläne geschmiedet. Sie wurden aber erst nach langen Querelen um Sinn und Trassenführung einer solchen Bahn ab 1844 konkret, als die pfälzische Ludwigsbahn mit der Planung für von Ludwigshafen ausgehende Schienenwege begann. Von dem Anschluss einer rheinhessischen Bahn nach Ludwigshafen erhoffte man sich Verbindungen über das Saarland bis nach Paris und über Straßburg nach Basel. 1844 wurde eine Aktiengesellschaft zum Bau einer Linie Mainz-Worms, die an die pfälzische Strecke Ludwigshafen-Worms anschließen könnte, gegründet. Durchsetzungsprobleme bei der Darmstädter Regierung, die Wirtschaftskrise von 1846/47 und die Revolutionszeit verzögerten den Beginn des Projektes. 1853 konnte endlich etappenweise die eingleisige Bahnlinie Mainz-Worms als „Hessische Ludwigsbahn" eröffnet werden. Allein die heftigen Diskussionen über den Bau des Stationsgebäudes in Osthofen, über die Johann Weißheimer in seinem Tagebuch berichtet, lassen ahnen, wie sehr die Planungen der Eisenbahn von der obersten Staats- bis zur Gemeindeebene immer wieder ins Stocken geraten konnten. Dass schon 1856 auf der Strecke zwischen Worms und Mainz 437.291 Fahrgäste, also durchschnittlich 1.200 pro Tag, gezählt wurden, zeigt die von Beginn an hohe Akzeptanz des neuen Verkehrsmittels.

1859 wurde die Strecke Mainz-Bingen eröffnet. Auch hier war die Trassenführung, überhaupt die Frage, ob eine linksrheinische durchgehende Verbindung sinnvoll sei, Anlass für jahrelange Diskussionen. Die Befürworter einer linksrheinischen Lösung bemühten gar das globale Argument: mit der Verbindung Köln – Bingen – Mainz werde die letzte Lücke zwischen Ostende und Triest geschlossen und über diese Verbindung könne der Verkehr von England bis nach Alexandrien und nach Indien geleitet werden.[59]

Nachdem mit der Rheinschiene der Anschluss an das kontinental sich entwickelnde Verkehrsnetz gelungen war, stand die Anbindung der gesamten Provinz auf der Tagesordnung. Als erste wurde 1864 die Strecke von Worms nach Monsheim gebaut, drei Jahre später die Verbindung zwischen Monsheim und Alzey fertig gestellt. Schon für die wirtschaftlich, vor allem für den Getreidehandel, wichtige Verbindung Alzeys mit dem Rhein gab es unterschiedliche Vorstellungen. Eine geplante Verbindung Bingens mit Alzey und darüber hinaus über Monsheim zur bayerischen Grenze bis nach Neustadt ließ aber angesichts der dadurch möglichen Umgehung von Mainz im Fernverkehr Untergangsängste entstehen: *Mainz (…) wird dadurch unfehlbar isoliert, vom großen Weltverkehr geradezu abgeschnitten*", so die Bedenken der Aktionäre der Ludwigseisenbahn 1868. Nach langen Verhandlungen wurden dann zwischen 1870 und 1873 Verbindungen zwischen Bingen und Alzey über die Station Armsheim gebaut, von wo aus eine Linie auch nach Mainz geführt wurde, sowie jeweils von Alzey und Monsheim aus der Anschluss zur pfälzischen Bahn jenseits der hessisch-bayerischen Grenze hergestellt. Als letzte der an das überregionale Netz angeschlossenen Strecken wurde 1896 die Verbindung von Bodenheim über Gau-Odernheim nach Alzey eröffnet. Wichtig für den überregionalen Verkehr war der Bau der Eisenbahnbrücken in Mainz 1862 und in Worms im Jahr 1900. Beide Brücken lösten Eisenbahnfähren, sog. Trajekte, ab.

Ab der Mitte der 1880er-Jahre schließlich entstanden etliche Nebenbahnen, deren Linienführungen ebenfalls häufig für Diskussionen sorgten. Waren die Bahnen zwischen Mainz und den Umlandgemeinden aufgrund des starken Personen- und Warenverkehrs kaum umstritten und auch die Bahn zwischen Worms und Offstein schon alleine wegen des Zuckerrübentransports in die an der Landesgrenze gelegene Zuckerfabrik ökonomisch sinnvoll, so fanden sich für andere Linien weniger Befürworter. Die Altrheinbahn zwischen Osthofen und Guntersblum über Rheindürkheim, Hamm, Eich und Gimbsheim konnte nur nach langen Verzögerungen gebaut werden. Nicht zuletzt setzte sich der Wormser Lederfabrikant Heyl für einen Anschluss Rheindürkheims nach Worms ein. Bei der Linie von Sprendlingen nach Fürfeld, die zum einen dem Transport von Steinen und landwirtschaftlichen Produkten dienen, aber auch die „Rheinhessische Schweiz" für Ausflügler erreichbar machen sollte, blieben die Einnahmen hinter den Erwartungen zurück. Über das letzte der rheinhessischen Eisenbahnprojekte, die Selztalbahn von Frei-Weinheim über Ingelheim nach Jugenheim, konnten sich die beteiligten Gemeinden lange nicht einigen. Zudem war Bingen ablehnend gegenüber einer Maßnahme, die die Standortkonkurrenz Frei-Weinheim verstärken würde. Diese Strecke konnte daher erst 1904 eröffnet werden.

Alleine an den Bahnhöfen in Mainz, Worms, Alzey und Bingen wurden im Jahr 1906 drei Millionen Fahrkarten verkauft und 900.000 Tonnen Güter angeliefert; die Summe aller Transporte lässt sich nicht mehr recherchieren. Dennoch ist deutlich, dass die Innovation Eisenbahn angenommen worden war. Das geschah allerdings nicht schlagartig. Auch weiterhin wurden Waren mit Fuhrwerken oder Schiffen transportiert und gingen die Menschen auch größere Strecken zu Fuß. Durch die Eisenbahn aber wurden neue Strukturen geschaffen, konnten manche Gemeinden an Bevölkerung und Wirtschaftskraft gewinnen und gerieten andere ins Abseits. Städtebaulich wurde die Bedeutung der Eisenbahn nicht nur durch die Anlage der repräsentativen Bahnhöfe in den größeren Städten offensichtlich. Wie in den Städten wurde auch in den Dörfern mit Bahnanschluss die weitere Entwicklung der Siedlungsstruktur von der Lage des Bahnhofs geprägt. Teilweise entstanden sogar eigene Ortsteile wie Hillesheim-Bahnhof oder Bechtheim-West, wenn die Trassenführung die alten Ortskerne nicht direkt tangierte.[60]

Zwei neue Verkehrsmittel wurden in der Statistik von 1907 erfasst: Fahrräder und Kraftfahrzeuge. Mit 41,7 Fahrrädern auf 1.000 Einwohner lag die Quote in Rheinhessen deutlich unter dem hessischen Durchschnitt. Dass die Fahrraddichte mit dem Industrialisierungsgrad einherging, wird an der Industriestadt Offenbach deutlich, wo jeder zehnte Einwohner ein Rad besaß. Es kann daher als ein Zeichen für eine fortgeschrittene Industrialisierung gewertet werden, dass Worms mit 53 Rädern/1.000

Einwohner die rheinhessische Statistik anführte. Die geringe Zahl von 171 Kraftfahrzeugen, davon fast die Hälfte „Krafträder", die 1908 in Rheinhessen gezählt wurden, lässt noch keine weiteren Rückschlüsse zu.

Die Innovationen Dampfschifffahrt und Eisenbahnen beschleunigten das Leben im 19. Jh. in bis dahin nicht bekannter Weise. „Bespülte" der Rhein die Provinz Rheinhessen von Worms bis Bingen „in einer Ausdehnung von 27 Stunden", wie Crome 1824 formulierte, so benötigte man mit Einführung der Dampfschiffe für die gleiche Strecke nur noch wenige Stunden. Noch schneller ging es dann mit der Bahn, die auch den Postverkehr beschleunigte. Wurden 1842 in Worms knapp 70.000 eingehende Briefe gezählt, 1852 dann 109.000, so waren es 1856, drei Jahre nach Fertigstellung der Bahnstrecke von Mainz nach Worms, bereits 150.000. Im letzten Jahrhundertdrittel schoss die Steigerungsrate in die Höhe. 1866 wurden 240.000 Briefe nach Worms geschickt, zwei Jahre später 295.000, 1875 bereits 633.000, 1885 wurde die Million überschritten, 1890 lag die Zahl bei 1,8 Millionen, 1900 bei 3,3 Millionen, 1907 bei 6,3 Millionen. In Mainz wurden 1907 15 Millionen Briefsendungen angeliefert. In den Landkreisen Worms und Mainz kamen im gleichen Jahr jeweils rund zwei Millionen Briefe an. Bezogen auf die Briefsendungen pro Einwohner wird deutlich, dass die ländliche Bevölkerung mit 48 (Landkreis Worms) bzw. 44 (Landkreis Mainz) Briefen wesentlich seltener Post erhielt als die Stadtbewohner, wobei deren hohe Durchschnittszahl von 142 pro Einwohner sicher auch teilweise auf die Geschäftspost der zahlreicheren Unternehmen zurückzuführen ist. Die beschleunigte Entwicklung des Briefverkehrs ist auch durch den Ausbau des Postwesens nach 1871 durch die „Deutsche Reichspost" ermöglicht worden. Bis 1910 war es gelungen, in jeder rheinhessischen Gemeinde ein Postamt, eine Postagentur oder eine Posthilfsstelle aufzubauen. Bis zu fünfmal täglich wurde in den Städten die Post zugestellt, zwei- bis dreimal in den größeren Landgemeinden, selbst sonntags wurde fast überall mindestens einmal die Post ausgetragen.

Auch die Nutzung des Telegrafenverkehrs stieg im letzten Jahrhundertdrittel deutlich an. Wurden in Worms 1866 8.488 Depeschen befördert, so waren es 1875 schon 32.000 und im Jahr 1905 83.000. In Mainz wurden 1905 333.000 Telegramme verschickt oder empfangen. Hier ist ein noch deutlicher Stadt-Land-Unterschied zu erkennen: 1905 standen

167.029 in der Stadt Mainz aufgegebenen Telegrammen lediglich 8.250 aus dem Landkreis gegenüber.

Noch stärker war diese Differenz bei der Durchsetzung des Telefons. 1905 waren in Mainz 3.384 „Fernsprechstellen" gezählt worden, im dazugehörigen Landkreis aber nur 43. Bereits 1883 – noch vor Darmstadt und Offenbach – war in Mainz eine „Ortsfernsprechanstalt" eingerichtet worden, 1888 in Worms, 1892 dann auch in Bingen und 1899 in Alzey. Viele Landgemeinden folgten um die Jahrhundertwende, beispielsweise Hahnheim im Jahr 1900, Leiselheim 1901, Fürfeld und Erbes-Büdesheim 1902.[61]

Abb. 30:
Bahnhof Gau-Odernheim 1904.

Die Möglichkeiten, direkt über die Nutzung der neuen Verkehrsmittel oder indirekt durch die neuen Kommunikationsmedien und den verbesserten Postverkehr miteinander in Kontakt zu treten, hatten sich in der zweiten Hälfte des 19. Jhs. und in beschleunigter Form in den letzten Jahrzehnten erheblich verbessert, innerhalb und außerhalb Rheinhessens. Das betraf vor allem die Städte, zunehmend aber auch die ländlichen Gemeinden in der Region. Die Auswirkungen auf private, geschäftliche, politische und kulturelle Beziehungen aller Art sind kaum zu überschätzen. Angesichts der Bevölkerungsdichte und der guten strukturellen Bedingungen für den Ausbau des Verkehrs- und Kommunikationswesens dürfte Rheinhessen auch in diesem Bereich im Vergleich mit anderen ländlich geprägten Regionen eher vorne gelegen haben. Allerdings gab es noch immer Gemeinden, die weit entfernt von der nächsten Bahnstation waren, in denen Telegramme oder Telefonanrufe noch für längere Zeit nicht angenommen werden konnten, und viele Einwohner, für die diese kommunikativen Möglichkeiten auch noch kaum eine Rolle spielten.

Politik im 19. Jahrhundert

Die Übergangszeit 1814–1816

„1814 von diesem Jahr ist viel zu erzählen. Am ersten Januar sind die Russen bei Mannheim über den Rhein, mittags um 3 Uhr kamen die ersten Russen in das Ort, von da sind sie 1814 nach Frankreich gezogen, das war eine traurige Zeit für die Einwohner dahier". So erinnerte sich der Dienheimer Jakob Steinfurth später an die „Befreiung" von der französischen Herrschaft. Ganz ähnlich notierte der Undenheimer Dieter Jung die Erinnerungen seines Vaters Friedrich: *„am 3. Januar waren schon russische Dragoner, hiernach Infanterie und Kosaken hier. Sie wurden mit allem verpflegt, (…) obig besagte Einquartierung währte fort bis zum 3. Nov. 1815".* Das Tagebuch des Osthofeners Johann Weißheimer enthält außer Berichten über familiäre Freuden und Leiden keine Hinweise auf die politische Situation. Auch für das spätere Rheinhessen scheint zu gelten, was General Blücher allgemein über die Situation am Rhein notiert hatte: *„Von einer Begeisterung, wie sie in Norddeutschland die Jugend ergriffen hatte, konnte am Rhein keine Rede sein."* Die militärischen Belastungen durch erneute Truppendurchzüge, Einquartierungen und vor allem die grauenhaften Auswirkungen der durch die Soldaten eingeschleppten Fleckfieberepidemie ließen zunächst wohl auch die Sorgen um die weitere politische Situation zweitrangig erscheinen.

Nur kurzfristig war das Departement Donnersberg im Januar 1814 dem preußischen Kriegskommissar Henop unterstellt. Anfang Februar wurden die Kompetenzen des bereits im Oktober 1813 von den Alliierten gegründeten Zentralverwaltungsdepartements, das unter der Leitung des Freiherrn vom Stein nach dem Sieg über Frankreich für die bislang unter napoleonischer Kontrolle stehenden Gebiete zuständig sein sollte, auf die vier linksrheinischen Departements übertragen. Mit der Bildung eines *„Generalgouvernements Mittelrhein"* und der Ernennung des ehemaligen preußischen Staatsrates und danach in russischen Diensten stehenden Justus Gruner zum Generalgouverneur wurden eine neue provisorische Regierungs-

und Verwaltungsstruktur geschaffen. Für jedes der ehemaligen Departements wurden Generalgouvernementskommissare ernannt, für das Departement Donnersberg – wohl auf Initiative Steins – Friedrich Freiherr von Otterstedt, dessen Lebenslauf als ehemals preußischer Offizier, dann als Sympathisant der französischen Revolution Unternehmer in Paris, in Folge darauf in Diensten des Herzogs von Württemberg und des Königs Jérome von Westphalen, des jüngeren Bruders Napoleons, schließlich als napoleonkritischer Pensionär in Frankfurt einige Brüche aufzuweisen hatte. Nachdem auf einer Pariser Ministerkonferenz Ende Mai festgelegt worden war, dass die rückeroberten Departements von deutschen Staaten militärisch besetzt und provisorisch verwaltet werden sollten, wurde die Region nördlich der Mosel unter preußische Verwaltung gestellt. Das Land südlich der Mosel unterstand dagegen einer von Bayern und Österreich gemeinsam gebildeten Landesadministrationskommission mit Sitz in Kreuznach. Die Stadt und Festung Mainz wurde von Preußen und Österreich gemeinsam verwaltet. Nach der auf dem Wiener Kongress im Juni 1815 erreichten Abtretung des Gebietes nördlich der Nahe an Preußen, wurde der Sitz der Landesadministrationskommission nach Worms verlegt. Im Mai 1816 wurde der südliche Teil des Administrationsbezirks an Bayern abgetreten. Bis zur endgültigen Auflösung und Übergabe der noch verbliebenen Kantone des ehemaligen Donnersbergdepartements und des Saardepartements stand der österreichische Präsident der bisherigen gemeinsamen Kommission der Administration vor.

Bereits die erste Instruktion an den preußischen Intendanten Henop vom 1. Januar 1814 legte fest, dass die *„auf ihren Posten"* gebliebenen Beamten im Amt bleiben und vor militärischen Übergriffen der gegen Frankreich verbündeten Kräfte geschützt werden sollten. Voraussetzung war die schriftliche Erklärung der Beamten, nichts gegen die Alliierten zu unternehmen. Bei Verweigerung dieser Erklärung sollten die Amtsträger abgesetzt und auf der rechten Rheinseite inhaftiert werden. Dieser Linie blieb auch die österreichisch-bayerische Administration treu, sodass bis auf die Dorfebene hinunter die meisten Verwaltungs- und Justizamtsträger aus der französischen Zeit weiter fungierten. Im preußisch-österreichisch verwalteten Mainz, aus dem die Franzosen erst im Mai 1814 abzogen, wurde allerdings der bisherige Maire Macké auf Betreiben Otterstedts durch den vormaligen Weisenauer und Laubenheimer Bürgermeister Freiherr von Jungenfeld abgelöst. Otterstedts – sicher auch als Distanzierung von seiner eigenen biografischen Erfahrung zu verstehende – betont anti-französische Haltung, aus der heraus er gegen Macké als einen der wichtigsten Funktionsträger der französischen Zeit agierte, zeigt sich auch an seinem energischen Einspruch gegen im besetzten Gebiet noch weiterhin vorzufindende französische Hoheitszeichen im Februar 1814, *„damit die Deutschen so wenig wie möglich an ihre tiefe Schmach erinnert"* würden. Dass teilweise noch bis in den August 1814 die Zivilstandsregister in französischer Sprache geführt wurden, deutet überdies darauf hin, dass die Ablösung der französischen Herrschaft nicht überall als abrupter Bruch verstanden wurde. Dem kam entgegen, dass von dieser Übergangsadministration auch nicht allzu viele Veränderungen ausgingen. Die französische Verwaltungsstruktur wurde ebenso weitgehend beibehalten wie das Justiz- und Polizeiwesen. Die Kompetenzen des Präfekten übernahm die Administrationskommission. Auch Befürchtungen, das alte System sollte wieder installiert werden, waren zu diesem Zeitpunkt unbegründet. Die Kommission wies alle Eingaben ehemaliger Rechteinhaber und Herrschaftsträger mit dem Argument zurück, dass die daraus resultierenden

Ansprüche von der französischen Regierung als Staatseigentum angesehen worden und durch das Eroberungsrecht an die Alliierten gefallen seien. Dass Österreich als eine Besatzungspartei die Chance nutzte, sich selbst wieder – angeblich unter dem *Jubel der über dieses Ereignis freudetrunkenen Bewohner"* – in den Besitz der alten Grafschaft Falkenstein zu bringen, der unter anderem Framersheim und Hillesheim angehörten, wurde schnell auf diplomatischen Wege zwischen Österreich und Bayern revidiert. Kurzfristig erfolgreich war auch der Graf von Sickingen, der die Beschlagnahmung noch nicht veräußerter Güter seines Bruders in Köngernheim rückgängig machen konnte. In der Steuerpolitik wurde außer der Rücknahme einiger besonders unbeliebter indirekter Steuern und einer noch im November 1813 auferlegten neuen Kriegssteuer auch weiterhin im französischen System verfahren.

Erhebliche Belastungen brachten einmal mehr die Truppenstationierungen und -durchzüge, die den ohnehin schon hohen Schuldenstand der Gemeinden zusätzlich steigerten. Die Rückkehr Napoleons an die Macht zwischen März und Juni 1815 erhöhte die militärischen Aktivitäten und wirkte sich dementsprechend auch auf die Forderungen der Besatzungstruppen aus. Insbesondere die Festungsanlagen in Mainz wurden für den Fall einer erneuten Belagerung verstärkt. Wenn auch selbst ein ausgesprochen franzosenfeindlicher Artikel in Cottas *Allgemeiner Zeitung* nicht nur vom Schrecken, sondern auch von der *"ersten Freude"* mancher Mainzer über die Aussicht, der *"französische Adler"* werde wieder in die Stadt einziehen, berichtete, blieb die Einwohnerschaft des ehemaligen Departements Donnersberg wohl insgesamt eher passiv. Die Belastungen der napoleonischen Kriege dürften den meisten Menschen der Region die Aussicht auf eine Rückkehr zum *Premier Empire* wohl als nicht

sehr attraktiv erscheinen gelassen haben. Eine Rückkehr zum Herrschaftssystem der vorfranzösischen Zeit hielten sie aber sicher für ebenso wenig attraktiv.[62]

Die „Besitzergreifung": Rheinhessen entsteht

„Die Rechte des Feudalsystems, die Zehnten und Frohnden sind und bleiben in diesem Lande unterdrückt. Das wahrhaft Gute, was Aufklärung und Zeitverhältnisse herbeigeführt, wird ferner bestehen." Mit dieser Passage des „Besitzergreifungspatentes" versprach Großherzog Ludewig im Juli 1816 den Bewohnern seiner neuen Provinz das Fortbestehen der „Errungenschaften" der französischen Zeit, wenn auch unter Vorbehalt: *„Nur besondere Rücksichten des allgemeinen Besten werden Uns zu Aenderungen bestehender und durch Erfahrung erprobter Einrichtungen bewegen."* Deutlicher als in Bayern für die linksrheinische Pfalz und mit weniger Widerstreben als in Preußen gegenüber dem Rheinland wurde den Rheinhessen die rechtliche Sonderstellung gegenüber den beiden rechtsrheinischen hessischen Provinzen gewährleistet. Nicht nur die Furcht vor Widerständen gerade der für die staatliche Integration wichtigen Funktionsträger der napoleonischen Zeit, der Notabeln, sondern auch politische Einsicht dürften den Großherzog zu diesem Entgegenkommen veranlasst haben. Der bereits in der Rheinbundzeit für die – letztlich nicht erfolgte – Einführung des *Code Napoleon* in Hessen-Darmstadt zuständige Gießener Rechtsprofessor Heinrich Carl Jaup wurde 1815 zum „Geheimen Referendar" mit besonderer Zuständigkeit für die Eingliederung des neuen linksrheinischen Landesteils ernannt. Auf ihn, den später in der liberalen Opposition und in der Revolutionsregierung von 1848 aktiven Juristen und Politiker, ist wohl die Formulierung

des Besitzergreifungspatentes zurückzuführen. Auffällig ist, dass die Reformkräfte der hessischen Rheinbundzeit, die für die Übernahme des *Code Napoleon* eingetreten waren, wie eben Jaup, aber auch seine Gießener Kollegen Crome oder Grolmann in der Übergangs- und Frühphase des neu formierten Großherzogtums in einflussreiche Positionen gelangten. Das deutet darauf hin, dass dem Großherzog und seiner Regierung unter Friedrich August von Lichtenberg nicht an einer Rückkehr zum alten, auf unterschiedlichsten Rechten basierenden Herrschaftssystem im neuen linksrheinischen Landesteil gelegen war.

Angesichts einer sozialen, wirtschaftlichen und politischen Elite in der neuen Provinz, die ihre hervorgehobene Stellung in hohem Maße der revolutionären und napoleonischen Zeit verdankte, wäre das auch kaum denkbar gewesen. Auch nach der Erklärung des Großherzogs wurde mit den Kampfbegriffen der „rheinischen Institutionen", des „rheinischen Rechts", manchmal auch des „rheinhessischen Rechts" für die Beibehaltung des französischen Rechtssystems, für die Trennung von Justiz und Verwaltung, die Öffentlichkeit der Gerichtsverfahren, die Geschworenengerichte und die napoleonischen Rechtskodifikationen, letztlich für die im rechtsrheinischen Deutschland noch lange nicht erreichten Grundsätze der Gleichheit und Freiheit aller Bürger gestritten und jeder Änderungsversuch energisch abgelehnt.

Auch bei der Neuorganisation der Verwaltung wurde weiterhin auf die Strukturen der französischen Zeit zurückgegriffen. Hier wurde nach einem Entwurf von Carl Sturtz vorgegangen, der in der französischen Zeit Richter in Mainz, Mitglied des Departementrats und zeitweise sogar des gesetzgebenden Tribunals in Paris gewesen war. Zwei Kommissionen wurden eingesetzt, die die künftige Verwaltungsorganisation vorbereiten und bis zur Installierung der endgültigen Form den lokalen Behörden vorstehen sollten. Ende 1816 wurden diese Kommissionen durch eine provisorische Regierungskommission unter Vorsitz des Regierungsrates Ludwig Christian Christoph von Lichtenberg abgelöst. Lichtenberg, Sohn des Darmstädter Staatsministers Friedrich August von Lichtenberg und Großneffe des Schriftstellers Georg Christoph Lichtenberg, war als Angehöriger der hessischen Botschaft in Paris während der Rheinbundzeit mit den französischen Rechts- und Verwaltungsstrukturen bestens vertraut. Er blieb auch nach der Einrichtung einer *„eigenen Provinzial-Regierung in Mainz"* im März 1818 deren Präsident. Nicht nur strukturell stand die „Provinzial-Regierung" als dem Präfekturrat ähnliche Institution in der französischen Tradition. Durch die Berufung August Moßdorfs, des ehemaligen leiningischen Beamten, radikalen Jakobiners und stellvertretenden Präfekten, und Johann Alois Beckers, in den Zeiten der Mainzer Republik als Jakobiner, unter Napoleon als Bürochef der Präfektur aktiv, wurde auch personelle Kontinuität mit der napoleonischen (und der vornapoleonischen) Zeit hergestellt. Mit dem Provinzialrat wurde der Departementrat aus französischer Zeit wieder reaktiviert. Aus den 300 Höchstbesteuerten der Provinz wurden in einem dreistufigen Wahlverfahren 32 Kandidaten gewählt, von denen die Darmstädter Regierung 16 Mitglieder ernannte. Mindestens 13 der Mitglieder des Provinzialrates standen auch schon in der französischen Zeit in hervorgehobenen öffentlichen Funktionen, sieben als Maire oder Adjunkt, mindestens zwei waren bereits Mitglieder des Departementrates gewesen. Die drei Mitglieder, für die kein öffentliches Amt rekonstruiert werden kann, waren als Käufer großer Nationalgüter eng mit dem napoleonischen System verbunden. Die Aufgaben des Provinzrates entsprachen auch denen des Departementrates: er hatte Steuern und Provinzialabgaben zu verteilen und den Etat der Provinzialregierung anzuhören. Die jährlichen Sitzungen waren auf 14 Tage limitiert. Dass sich die Ratsmitglieder nicht auf die ihr vorgegebenen Themen beschränkten, zeigt ein Brief des Badenheimer Isaak Maus an seinen Sohn Wilhelm, in dem er von den Sitzungen im Oktober 1818 berichtet: *„die Sachen, worüber zu berathschlagen, wir von der Regierung, oder besser, vom Ministerium aufgefodert (sic!) worden, sind folgende: Regierungskosten überhaupt. Findelkinder, Rheinbau, Straßenbau, Kataster, oder Vermessung aller Felder, um eine gleichere Steuervertheilung als bisher machen zu können. Maas und Gewicht. Kirchen und Schulen. – Dann endlich unsere Wünsche über Sachen, welche wir zum Besten der Provinz glauben zu bemerken müssen. Worunter dann die Conscribtions-Verfassung uns schien oben an zu stehen. Den katholischen Mitgliedern ist auch eine Hauptangelegenheit, die vormals abgesetzten Feyertage nicht wieder einzuführen, wie es sich einige Landgeistliche erkühnen. Du glaubst nicht mit welcher Freymütigkeit diese wackre Männer über Aberglauben, Wallfahrten und Frömmelei sprachen. Auch nicht einer, der nicht wünschte, sich im Äußerlichen der Religions-Gebräuche den Protestanten zu nähern.“* Auch über die Zukunft des Schulunterrichts wurde nachgedacht: *„Die mehrsten stimmen auf eine Trennung des ReligionsUnterrichts von dem Wissenschaftlichen.“* Offensichtlich nutzten die – nach Aussage von Isaak Maus – diskussionsfreudigen Herren die Zusammenkünfte auch, um Forderungen an die darmstädtische Regierung zu stellen. Mit der Einrichtung des Landtages 1820 wurde das Gremium offensichtlich als überflüssig angesehen und nicht mehr einberufen.[63]

In der politischen rheinhessischen Öffentlichkeit herrschte nach 1816 die Meinung vor, dass die Bestätigung der „Institutionen“ durch das Besitzergreifungspatent verfassungsartigen Charakter hatte. In einem Artikel der *Mainzer Zeitung* von 1817 wurde das Besitzergreifungspatent folgerichtig auch – nach der bekannten mittelalterlichen Urkunde aus England – als *„Magna Charta“* von Rheinhessen bezeichnet. Bestrebungen in den rechtsrheinischen Provinzen, das Verfassungsversprechen der den Deutschen Bund begründenden Wiener Bundesakte von 1815 auch in Hessen-Darmstadt umzusetzen, also über eine Landesverfassung die politische Mitwirkung der verschiedenen Stände zu definieren, stand man in Rheinhessen wenig solidarisch gegenüber. Die sich schnell radikalisierende oppositionelle Bewegung, deren Aktionsspektrum von Petitionen, Unterschriftensammlungen, Versammlungen, sog. wilden Landtagen, Steuerverweigerungen bis hin zu offenem Widerstand gegen militärische Versuche die „öffentliche Ordnung“ wiederherzustellen, reichte, blieb vollkommen auf Oberhessen und Starkenburg beschränkt. Diese im Rückblick von Karl Heinrich Hofmann, einem der Anführer der Bewegung, als *„Theilnahmlosigkeit des Ueberrheins“* kritisierte Haltung, die nicht nur *„seine eigenen freien Institutionen (gefährdete)“*, sondern der Entwicklung des Landes insgesamt geschadet habe, erklärt sich vorrangig aus einem provinzialen Egoismus, wie er sich in dem bereits erwähnten Artikel der von Friedrich Lehne redigierten *Mainzer Zeitung* äußerte: Darin erklärt der Autor, dass die – zunächst an den Bundestag gerichtete, auf eine Konstitution für das *„gesammte Deutschland“* zielende – Unterschriftenkampagne in Rheinhessen nicht wegen der darin erhobenen Forderungen kaum Resonanz fand, sondern weil man hier bereits im „Genuss“ von Rechten sei, der durch eine gesamtdeutsche Konstitution eher gefährdet werden könnte. *„Unser Rheinhessen“*, so der Autor, sei von *„keinem politischen Uebel gedrückt, gegen die man jenseits an vielen Orten laute Klagen führt.“* Nicht ohne Arroganz bekräftigt er, *„wir Rheinhessen wünschen den üb-*

rigen deutschen Völkern Glück, wenn eine Konstitution sie nach 50 Jahren auf die Höhe stellt, wo wir uns gegenwärtig schon befinden". Man betrachte sich *„ als die politisch älteren und erstgebohrnen* Söhne des *Großherzogthums Hessen"*, die gönnerhaft die *„Maßregeln, die Se. königl. Hoh. nimmt, unsere jüngeren Brüder uns nach und nach gleichzustellen"*, begrüßten. Diese Argumentation offenbart allerdings auch eine Distanz zum mit der liberalen Bewegung einhergehenden Nationalismus, wie er sich gerade in den Schriften Hofmanns in seiner massiv antinapoleonischen, antifranzösischen und auch mit antijüdischer Propaganda durchsetzten Ausprägung zeigte, und die Hofmann selbst 1830 kommentierte: *„während der letzten fünfzehn Jahre (ist) auf dem gesamten linken Rheinufer kein Funken Liebe zu Teutschland angefacht worden"*. Abgesehen von eher singulär auftretenden Selbstverleugnungen französisch geprägter Lebensläufe scheint die tonangebende bürgerliche Elite in der linksrheinischen Provinz sich ihrer französischen Vergangenheit, in der – wie beschrieben – häufig die Grundlage für ihren sozialen und ökonomischen Aufstieg zu suchen ist, nicht geschämt zu haben. Wenn Lehne 1815 das französische Recht poetisch verteidigte, zeigt das einerseits die – politisch opportune – Distanzierung von Napoleon bei gleichzeitiger Abwehr neuer Vereinnahmungen, andererseits aber auch einen gewissen Zweckrationalismus:

„Franzosenthum ist uns verhaßt,
Doch Euer Thum nicht minder,
Sie wachsen an demselben Ast,
Sind eines Geistes Kinder.
Das Gute nur ist nie uns fremd,
Und wenn es selbst vom Bösen kömmt. "

Zudem dürfte die soziale Breitenwirkung der rechtsrheinischen oppositionellen Bewegung den von Napoleons Ordnungspolitik nach den Wirren der Revolutionszeit meist überzeugten Protagonisten einer neuen rheinhessischen Öffentlichkeit eher suspekt gewesen sein. Konnte man sich auf der linken Rheinseite bedenkenlos mit den Grundsätzen des Liberalismus einverstanden erklären, die zudem in Form der „Institutionen" hier schon verwirklicht schienen, so war die nationalistische Bewegung in dieser Phase aufgrund ihrer antinapoleonischen Wurzeln noch kaum attraktiv. Einheit und Freiheit wurde hier noch nicht zwingend zusammen gedacht.[64]

„Die Rheinhessen sprächen immer von ihren Institutionen" – Streit um die Verfassung und Auseinandersetzungen im Landtag

Als Reaktion auf die Verfassungsbewegung sagte Großherzog Ludewig im Februar 1819 zu, den *„getreuen Untertanen"* eine Verfassung zu *„verleihen"* und im Mai 1820 den ersten Landtag einzuberufen. Eine solche *„oktroyierte"*, nicht von gewählten Ständevertretern beschlossene Verfassung wurde jedoch von den rechtsrheinischen Aktivisten um Hofmann abgelehnt. Ein weiteres Angebot, zu dem der Großherzog, abermals unter dem Einfluss Jaups, bereit war, nämlich dem rheinhessischen Provinzialrat vergleichbare Gremien in Oberhessen und Starkenburg einzurichten, wurde nach dem Attentat des Burschenschaftlers Sand am konservativen Schriftsteller August von Kotzebue im März 1819 zurückgezogen. Dieses Attentat wurde vom österreichischen Staatskanzler Metternich in Absprache mit Preußen dazu genutzt, um die nationalen und liberalen Bewegungen im Deutschen Bund, namentlich in den Mittelstaaten, zu bekämpfen. Mit den im September 1819 vom Bundestag bestätigten Karlsbader Beschlüssen wurden die Burschenschaften verboten, die Universitäten strenger kontrolliert, die Presse zensiert und in Mainz eine „Zentraluntersuchungskommission" eingerichtet, die *revolutionäre Umtriebe und demagogische Verbindungen* aufdecken sollte. Verfassungsversammlungen im Großherzogtum waren schon ab 1. April 1819 verboten.

Die folgenden im Odenwald ausbrechenden Unruhen endeten nach der Einquartierung von Truppen und Verhaftungen der Anführer. Ludewig hielt an seinem Versprechen fest, eine Verfassung zu erlassen, allerdings ohne, wie gefordert, die Landstände einzubinden. Sein neuer leitender Minister Grolmann, der einst mit Jaup für die Einführung des *Code Napoleon* im Rheinbund-Hessen eingetreten war, legte ein „*Edikt über die landständische Verfassung des Großherzogthums Hessen*" vor, das Ludewig am 18. März 1820 unterschrieb. Darin wurde ein in zwei Kammern geteilter Landtag vorgesehen. In der ersten Kammer, nach dem Modell des Oberhauses, sollten die „*Prinzen unseres Großherzoglichen Hauses*", die Vertreter der standesherrlichen Familien, der katholische Landesbischof, ein protestantischer Geistlicher, der Kanzler der Landesuniversität und maximal zehn auf Lebenszeit von der Regierung berufene Staatsbürger sitzen, die zweite Kammer sollte aus gewählten Abgeordneten bestehen, sechs von Seiten des Adels, zehn Vertreter der Städte und 34 in den Wahldistrikten gewählte Männer. Das Wahlverfahren für die zweite Kammer war in ähnlicher Weise wie das zum Provinzialrat in drei Stufen gegliedert: Die Urwähler, alle Gemeindebürger, die mindestens 25 Jahre alt waren, wählten Wahlmänner, deren direkte Steuern jährlich mindestens 20 Gulden betrugen. Diese wiederum bestimmten die Abgeordneten ihres Wahlbezirkes, die mindestens 30 Jahre alt sein mussten und 100 Gulden direkte Steuer zahlten oder als Staatsdiener mindestens Bezüge von 1.000 Gulden im Jahr

oder ein Vermögen von 20.000 Gulden hatten. Damit war die Besetzung der zweiten Kammer auf das wohlhabende Besitzbürgertum und die höhere Beamtenschaft beschränkt. Die dem Landtag zugesprochenen Kompetenzen aber erfüllten bei weitem nicht die Hoffnungen der Verfassungsbewegung. Nur der Großherzog hatte das Recht den Landtag einzuberufen und auch aufzulösen. Er und seine Regierung gaben vor, welche Themen zu behandeln waren. In den meisten Fragen war nicht die Entscheidung des Landtags am Schluss entscheidend, sondern konnte sich die Regierung über dessen Votum hinwegsetzen. Erneut kam es zu Protesten. In Flugschriften wurde das Edikt als „*völlig unzureichend*" abgelehnt. Während sich hier die Rheinhessen abermals mit Widerspruch zurückhielten, beteiligten sie sich dann aber doch an der nächsten Stufe des Einspruchs, indem 32 bereits gewählte Abgeordnete der zweiten Kammer noch vor der ersten Sitzung erklärten, den im Edikt formulierten Eid zu verweigern, da sie damit die Verfassung anerkennen würden. Zwölf dieser widerspenstigen Abgeordneten kamen aus den rheinhessischen Wahlbezirken. Auch nach einem durch die Vermittlung des für den Wahlkreis Pfeddersheim gewählten Abgeordneten Hans Christoph von Gagern und dem rechtsrheinischen Reformbeamten Eigenbrodt zustande gekommenen Kompromiss weigerten sich immer noch acht Abgeordnete den Eid zu leisten und traten ihr Mandat daher nicht an, unter ihnen der Gimbsheimer Bürgermeister Nikolaus Mahlerwein und der Gabsheimer Bürgermeister Conrad Grode, die beide schon Mitglied des rheinhessischen Provinzialrates gewesen waren. Nach der ersten Sitzung im Juni handelten die zweite Kammer und die Regierung Veränderungen am Verfassungsedikt aus, die schließlich zu einer im Dezember verabschiedeten Fassung führten, in der den Kammern in der Gesetzgebung und im Steuerwesen erheblich mehr Mitwirkungsrechte eingeräumt wurden und in der der Großherzog als an die Verfassung gebundenes Staatsoberhaupt definiert wurde. Eine wesentliche Rolle in diesen Verhandlungen spielte die Bestätigung der rheinhessischen Institutionen. Bereits im Sommer hatten die Abgeordneten erklärt, nur eine Verfassung für das Großherzogtum zu akzeptieren, die ihren *„institutionellen Status"*, ihre, wie es an anderer Stelle heißt, ihnen *„heilige(n) Institutionen"*, nicht einschränke. Diese Frage wurde schon vor den Verfassungsverhandlungen geklärt: In seiner Thronrede in der ersten Landtagssitzung am 27. Juni hatte Großherzog Ludewig ausdrücklich betont, dass er an der *„Rechtsverfassung eines jeden Landestheils (…) nichts ändern werde, als wenn uns gemeinschaftliche Überzeugung eine Änderung als das Bessere erkennen läßt. Die Bewohner meiner Provinz Rheinhessen werden hierin eine Wiederholung desjenigen erkennen, was ich ihnen bei der Besitznahme verkünden ließ."*

Innerhalb der Vorgaben der „Wiener Schlussakte", mit der 1820 die Bundesakte des Deutschen Bundes im Geist der Karlsbader Beschlüsse ergänzt worden war und in der für die einzelnen Mitgliedsstaaten das „monarchische Prinzip" bestätigt wurde, nach dem dem Staatsoberhaupt die gesamte Staatsgewalt zukam und die Landtage nur bedingten Einfluss hatten, bestätigte die im Dezember erlassene, faktisch aber durch Vereinbarungen zwischen den Landesvertretern und der Regierung zustande gekommene Verfassung nicht nur der rheinhessischen Bevölkerung die Beibehaltung ihrer Institutionen, sondern stellte auch für die rechtsrheinischen Provinzen in einigen Aspekten einen Fortschritt dar, etwa in der Gewährung von Freiheits- und Gleichheitsrechten. Diese aber standen unter Vorbehalt, sodass weiterhin der Unsicherheitsfaktor bestehen blieb, wie künftige Regierungen die Verfassungsvor-

gaben auslegen würden. Das galt auch für die Bestätigung der rheinhessischen Rechtsverhältnisse.[65]

In die zweite Kammer des ersten Landtags wurden 1820 zwölf rheinhessische Abgeordnete gewählt: drei Händler, zwei Juristen, ein Pfarrer, der in Monsheim ansässige ehemalige nassauische Minister Hans Christoph Freiherr von Gagern und fünf Gutsbesitzer, die alle einen bürgerlichen Hintergrund hatten, wie etwa der Heidesheimer Wilhelm Metternich als Sohn eines Medizinprofessors oder der ehemalige Philosophieprofessor Neeb aus Saulheim. Die beiden „bäuerlichen" Gutsbesitzer und Bürgermeister Mahlerwein und Grode waren wegen Eidverweigerung ersetzt worden. Nach den Wahlen 1826 war die zweite Kammer ähnlich besetzt, mit einem etwas stärkeren Gewicht der meist auch als Bürgermeister agierenden Landwirte. In die erste Kammer war der Mainzer Weinhändler und Vizepräsident der Handelskammer, der in der napoleonischen Zeit zum Baron geadelte Heinrich von Mappes berufen worden.

In den Landtagssitzungen traten die rheinhessischen Abgeordneten eindeutig als Repräsentanten ihrer Provinz auf, die sich nicht nur gegen Zumutungen von Regierungsseite, sondern auch gegen Interessen der beiden anderen Provinzen durchzusetzen beabsichtigten. Deutlich wird das in einer Debatte um die Verteilung der Steuern, in der der (spätere) Mainzer Kreisgerichtspräsident Franz Philipp Aull, Abgeordneter des Wahlbezirks Wörrstadt, zwar einen ihm *„fremden Provinzialgeist"* ablehnte, aber gleichzeitig erklärte: *„Rheinhessen verlangt nur Recht. Wenn ihm dieses zu Theil wird, kehren seine Deputirten ruhig in ihre Heimath zurück."* Die Argumente, die den rheinhessischen Abgeordneten entgegen gehalten wurden, zeigten auch hin und wieder die Gereiztheit der rechtsrheinischen Vertreter. Als Mappes 1821 in der ersten Kammer die Einführung einer Tranksteuer ablehnte, da man dadurch die Provinz Rheinhessen *„ruiniren"* würde, antwortete Graf von Erbach-Fürstenau, die *„diesseitigen Provinzen"* würde man durch eine *„zu große Besteuerung des Grund und Bodens ruiniren"*. *„Die Rheinhessen sprächen immer von ihren Institutionen. Diese wollten sie sämmtlich in den diesseitigen Provinzen verpflanzen, allein von den, in den diesseitigen Provinzen bestehenden Einrichtungen wollten sie nichts annehmen"*, bekam Mappes von Freiherr Riedesel in der gleichen Sitzung zu hören. Themen wie die Einführung der „Tranksteuer" auf Wein, der Anteil der direkten Steuern am Staatshaushalt, die Erhebung von Chausseegeld auf Staatsstraßen, auch die Frage, ob in Rheinhessen lebende „Legionäre" sich militärische Orden und damit Pensionsansprüche eventuell auch in napoleonischen Diensten im Kampf gegen Hessen verdient hätten, wurden aus links- oder rechtsrheinischer Perspektive zeitweise unterschiedlich diskutiert. Weniger Auseinandersetzungen gab es über zwei grundlegende Gesetzesvorhaben, da man sich hier in der gesamtstaatlichen Lösung dem rheinhessischen Vorbild doch weitgehend anschloss. Der erste Landtag beschloss ein neues Rekrutierungsgesetz, mit dem nach französischem Muster die allgemeine Wehrpflicht, die Öffentlichkeit der Verhandlungen, die Möglichkeit der Stellvertretung und die Bestimmung durch das Los eingeführt und so Gleichheit und Transparenz hergestellt werden sollten. Die 1821 abermals von Jaup entworfene Gemeindeordnung war weitgehend am Modell der französischen Munizipalverfassung orientiert, ließ aber den Gemeinden zusätzliche Selbstverwaltungskompetenzen. Die Gemeindebürger hatten drei Kandidaten zu wählen, von denen die Regierung einen als – in Gemeinden unter 5.000 Einwohnern ehrenamtlichen – Bürgermeister ernannte. Von den Gemeinderatsmitgliedern

sollte mindestens ein Drittel der höchstbesteuerten Hälfte der Ortsbevölkerung angehören. Dadurch und durch die Ehrenamtlichkeit des Bürgermeisters sollte der Einfluss der wirtschaftlich führenden Schicht gesichert werden. Dass dieser Vorbehalt einem Vertreter des rheinhessischen Besitzbürgertums wie Mappes nicht ausreichte, zeigen seine – abgelehnten – Änderungsvorschläge für die Wahl des Bürgermeisters: die drei Kandidaten sollten von den höchstbesteuerten Mitgliedern des *„von der Gesamtheit"* gewählten Gemeinderates bestimmt werden.

Für heftige Diskussionen sorgte auf dem dritten Landtag 1826/27 der Versuch, eine – allerdings unvollständige – neue Zivilprozessordnung einzuführen, was die rheinhessischen Abgeordneten als Angriff auf ihre „Institutionen" ansahen. Als besonders bedrohlich konnte die Äußerung des Ministers Grolman verstanden werden, dass man, wenn die neue Ordnung nur im rechtsrheinischen Hessen eingeführt werden würde, damit anerkenne, auch zukünftig keine Regelungen für das gesamte Großherzogtum treffen zu können. Die zweite Kammer nahm schließlich den Gesetzentwurf an, aber unter der Prämisse, dass er bis zur Einführung einer vollständigen Prozessordnung in Rheinhessen nicht gelten solle. Deutlicher als zuvor hatte sich bei diesem Landtag eine oppositionelle Gruppe in der zweiten Kammer konstituiert, die Heinrich von Gagern in einem Brief an seinen Vater im Oktober 1826 als Liberale den Konservativen gegenüberstellte. Von den zwölf rheinhessischen Abgeordneten waren demnach sieben liberal eingestellt, einer „konstitutionell-konservativ", bei vier fehlt die Zuordnung, als konservativ galt keiner. Bei der Verteidigung der „Institutionen" stimmten alle zwölf einheitlich ab.[66]

Strenge Bürgermeister

Dass die Bedenken des Mitgliedes der Provinzialregierung, Wilhelm Heße, die Bürgermeister seien zu stark *„von der Volksgunst"* abhängig und müssten bei zu strenger Amtspraxis damit rechnen, bei den nächsten Wahlen abgewählt zu werden, und die Furcht des konservativen Ministers du Thil vor einer Besetzung des Bürgermeisterpostens durch einen Angehörigen des *„ländlichen Proletariats"* eher unbegründet waren, zeigt sich daran, dass viele der ländlichen Bürgermeister auf den Listen der 300 Höchstbesteuerten zu finden sind, andererseits auch an einer im Durchschnitt 14-jährigen Amtszeit der rheinhessischen Bürgermeister. Selbst in einer Gemeinde wie Eich, in der ein großer Teil der Bevölkerung der Unterschicht angehörte, zählten alle Ratsmitglieder der Jahre 1822–1848 zur höchstbesteuerten Hälfte. Dass solche sozial einseitigen Besetzungen ganz im Gegenteil zu den Befürchtungen du Thils eine Amtspraxis der Ortsvorstände zur Folge hatte, die eher an den Interessen der wohlhabenden Schichten orientiert war, lässt sich an einigen Fällen gut erkennen. So standen die Aufrechterhaltung von Ordnung, die Sicherheit, die Abwehr des Zuzugs unvermögender Familien, der Schutz von Eigentum und die Einhaltung von Polizeistunden im Mittelpunkt des Amtshandelns des Alsheimer Bürgermeisters Georg Jakob Hirsch. Wenn er vor *„Leuthen"* warnte, die sich nicht *„reethlich"* zu ernähren in der Lage seien, dann sah er das *„Eigenthum anderer Bürger"* gefährdet. Die *„Stimmung der besseren Bürgerklassen (sei) zu aller Beruhigung berechtigt"*, fand der Bodenheimer Bürgermeister Kirchgessner angesichts der Einsatzfähigkeit seiner aus *„lauter rechtlichen Bürgern der Mittelklasse zusammengesetzte(n) Sicherheitswache"*.

Der Anstieg der vermögenslosen Unterschicht, der dem besitzstandorientierten Handeln der dörflichen Bürgermeister zugrunde lag, veranlasste auch die Provinzialregierung zu Gegenmaßnahmen. Um der *„hülfebedürfenden Einwohner (…), welche die Wohnungen der Vermögenderen in ihren dreisten Anforderungen bestürmten"*, Herr zu werden, installierte sie in Mainz Armenkommissionen, die die Unterstützung für die Not leidenden Familien zu organisieren hatten, gleichzeitig aber auch eine Strafanstalt für Bettler und eine Armenschule. Den Maßnahmen der großherzoglichen Regierung, der Provinzialregierung Kompetenzen durch Zentralisierung wichtiger Aufgaben zu entziehen, stand zumindest Wilhelm Heße skeptisch gegenüber. So verlor die Mainzer Behörde in den frühen 1820er-Jahren die Aufsicht über die Finanzverwaltung, das Staatsbauwesen, die obere Forstverwaltung und die Gymnasien.

Gerade auf der Gemeindeebene konnte auch die Union der protestantischen Kirchen zum politischen Streitfall werden, wie es Johann Weißheimer für Osthofen in seinem Tagebuch eindringlich beschreibt. Nach der 300-Jahr-Feier der Reformation 1817 war es vonseiten der Pfarrer zu Initiativen gekommen, die Vereinigung der reformierten und lutherischen Kirche anzustreben. Anders als in den rechtsrheinischen Provinzen war es in Rheinhessen den Pfarrern gelungen, bei Abstimmungen die Mehrheiten in ihren Gemeinden für den von einem Synodalkonvent in Wörrstadt erarbeiteten Vertragstext, in dem vor allem noch unterschiedliche Vorstellungen zum Abendmahl ausgeräumt wurden, zu erhalten. Die Zusammenführung von Kirchenvermögen, Kirchengebäuden und Schulwesen verliefen aber nicht immer reibungslos. [67]

Von der Griechenfreundschaft zur Polenbegeisterung

Anders als in den beiden rechtsrheinischen Provinzen, wo prominente Vertreter der frühen Nationalbewegung und der Verfassungsbewegung, wie Heinrich Karl Hofmann oder Wilhelm Schulz, auch weiterhin mit der Regierung aneinander gerieten, war die politische Lage in Rheinhessen in den 1820er-Jahren vergleichsweise ruhig. Dass das auch mit der zurückhaltenden Amtsführung des Regierungspräsidenten Lichtenberg zu erklären ist, zeigt seine Haltung in den Konflikten um die *Mainzer Zeitung*. Mit dem Beginn des griechischen Freiheitskampfes gegen die osmanische Herrschaft 1821 setzte in Deutschland eine Solidaritätsbewegung ein, die in den südwestdeutschen Staaten ihren Schwerpunkt hatte und in deren Verlauf zu Geldsammlungen, Waffenlieferungen und Kampfeinsätzen an der Seite der unterdrückten Griechen aufgerufen wurde. Ganz offensichtlich war der Enthusiasmus, mit dem der sog. Philhellenismus vonseiten des oppositionellen Bürgertums praktiziert wurde, Ausdruck der Sehnsucht nach einem eigenen, nach den Grundsätzen von Freiheit und Gleichheit organisierten Nationalstaat. Die sehr griechenfreundliche Berichterstattung Friedrich Lehnes in der *Mainzer Zeitung*, die bald zu offener Kritik an den nicht intervenierenden europäischen Mächten überging, führte zu Ermahnungen Lichtenbergs aus der Darmstädter Zentrale, eine schärfere Zensur auszuüben. Da der von Lichtenberg eingesetzte Zensor Moßdorf, ein Weggefährte Lehnes aus der Zeit der Mainzer Republik, offensichtlich auch nicht im Sinne Darmstadts agierte, wurde die Zeitung nach einem Spottgedicht Lehnes auf die Großmächte im November 1822 von der Darmstädter Regierung verboten und erst mit einem neuen Redakteur und einem anderen Zensor im De-

zember wieder zugelassen. Dass die „Griechenfreundschaft" trotzdem im rheinhessischen Bürgertum auf ein großes Echo stieß, wie etwa am hohen Spendenaufkommen erkennbar ist, zeigt, dass es in dieser Frage anders als in der Verfassungsbewegung wieder den Anschluss an die allgemeinen oppositionellen Themen fand, möglicherweise auch, weil der jetzt aufscheinende Nationalismus nicht antifranzösisch definiert war, sondern im Sinne des Völkerfrühlings als Realisierung von Einheit, Freiheit und Unabhängigkeit.[68]

In den 1830er-Jahren spitzte sich die politische Lage im Großherzogtum zu. Im Frühjahr 1829 stieg nach dem Tod Grolmans Finanz- und Außenminister du Thil zum leitenden Minister auf. Verglichen mit seinem zwar von fortschrittlichen Kräften häufig kritisierten, aber als ehemals reformorientierter Jurist und Anhänger des *Code Napoleon* politisch nie ganz eindeutig einzuschätzenden Vorgänger Grolmann hatte sich du Thil in den zwanziger Jahren weitaus unnachgiebiger im Umgang mit dem Landtag gezeigt. Wenn seine Politikvorstellungen in dieser Zeit zwar auf der unbedingten Geltung des monarchischen Prinzips basierten, so unterschied er sich doch aber von konservativen Politikern anderer Staaten des Deutschen Bundes durch seine Anerkennung der Fortschritte, die die Rheinbundzeit für den Aufbau eines modernen Staates bedeutet hatten und seine grundsätzliche Bereitschaft zu weiteren Reformen, sofern sie der Stabilisierung der gesellschaftlichen und staatlichen Verhältnisse dienten. Die Mitwirkung der Stände wollte er dabei aber immer auf ein Minimum begrenzt wissen. In der Auseinandersetzung mit der liberalen Bewegung setzte er ab den 1830er-Jahren zunehmend auf einen stärker repressiven Kurs.

Die Regierungszeit Ludwigs II., der seinem Vater im April 1830 auf den Thron folgte, begann turbulent. Seine Forderung, das Land solle ihm Privatschulden in Höhe von zwei Millionen Gulden erstatten, da er seit seiner Heirat nicht ausreichend für eine fürstliche Repräsentation „dotiert" gewesen sei, und weitere 80.000 Gulden jährlich für den Ausbau des Schlosses bereitstellen, wurden im August 1830 im Landtag heftig diskutiert. Die Übernahme der Schulden wurde schließlich mit deutlicher Mehrheit in der zweiten Kammer abgelehnt. Das Schlossbauprojekt wurde daraufhin vom Großherzog selbst zurückgezogen. Zum Fiasko geriet ihm seine Huldigungsreise in die Provinz Oberhessen im September, wo er, nicht zuletzt wegen der hohen finanziellen Forderungen, mit Verbitterung empfangen wurde. Die im Anschluss von Kurhessen auf Oberhessen ausgreifenden Unruhen hatten ihren Ursprung in der wirtschaftlichen und sozialen Not der Provinz, insbesondere in den durch standesherrliche Forderungen doppelt belasteten Landesteilen. Die von Bundestruppen und einem hessischen Regiment unter Führung des Bruders Ludwigs, Prinz Emil, niedergeschlagenen Aufstände fanden in den beiden anderen hessischen Provinzen kaum einen Nachhall, auch nicht in der zweiten Kammer, die das Vorgehen der Regierung einstimmig sanktionierte.

Allerdings war die Lage nach der Julirevolution in Frankreich allgemein nervöser geworden. Meldete der Wormser Bürgermeister noch im August 1830 nach Darmstadt: „Die Wormser besprechen die neuesten Ereignisse in Frankreich mit Ruhe und Leidenschaftslosigkeit", so war die Situation in Mainz im September und Oktober angespannt und in Worms kam es zu einzelnen Zwischenfällen. Die Stimmung richtete sich allerdings gegen die Kaufleute, denen man vorwarf, von den schnell steigenden Getreidepreisen zu profitieren. Wenn in Worms dann die „Wohlhabenden" vom Bürgermeister bewaffnet wurden, um die allgemeine Sicherheit

zu gewährleisten, dann wird klar, dass auch die Liberalen im Landtag kaum auf der Seite der Aufständischen und „Unruhestifter" standen, ging es doch bei dem Protest der Unterschichtangehörigen gegen ihre eigenen Interessen. Selbst du Thil soll die Rheinhessen wegen ihrer politischen Zurückhaltung in diesem Jahr gelobt haben!

Die Impulse der Julirevolution in Frankreich waren auch in Polen angekommen. Im November 1830 brach dort ein Aufstand gegen die russische Fremdherrschaft aus, der sofort Sympathiekundgebungen und Unterstützungsaktionen der liberalen Opposition in den deutschen Staaten, insbesondere im Südwesten, auslöste. Einerseits erhoffte man von der Schwächung Russlands ein Ende der restaurativen Politik in Europa und verstand andererseits, wie in der philhellenischen Bewegung einige Jahre zuvor den Kampf der Polen für nationale Selbstbestimmung und Freiheitsrechte als Teil einer universellen liberalen Bewegung. Die sich in Unterstützungskomitees und Polenvereinen konstituierende Bewegung sammelte Geld und Material. Ein in einer Schweizer Zeitung erschienener Bericht informierte 1831 über die Erfolge der Sammelaktionen in Rheinhessen: „Man sah Leute aus der dürftigsten Klasse bei dem hiesigen Vereine erscheinen und ihre besten Hemden als Spende darbringen; in vielen Ortschaften unserer Provinz wurde an den Sonntagen von Haus zu Haus gesammelt und selbst die armen Dienstboten steuerten freiwillig von ihren Sparpfennigen bei; eine einzelne Dorfgemeinde, Framersheim im Kanton Alzei, lieferte außer einer Menge Binden und Charpie, 127 Hemden und 42 Bettücher." Eine Liste des Mainzer Vereins zur Unterstützung der Kranken und Verwundeten in Polen verzeichnet Sammlungen von Geld und Verbandsmaterial in 46 rheinhessischen Gemeinden. Von ähnlichen Aktionen in Osthofen berichtete auch Johann

Abb. 31:
Georg Wehsarg: Aufbruch zum Hambacher Fest in Wendelsheim.

Weißheimer. Nach der Niederschlagung des Aufstandes kamen tausende polnische Freiheitskämpfer auf ihrem Weg in das französische Exil durch Rheinhessen. Erneut kam es zu einer Welle der Solidarität. Weißheimer schildert, wie die Osthofener Honoratioren täglich an die Landstraße gegangen seien, um durchreisende Polen in ihre Häuser einzuladen, ihnen zu Ehren Feste zu feiern und sie am nächsten Tag *„von einer Anzahl Herren und Damen zu Wagen und zu Roß in einem langen Zug"* begleitet nach Worms zu geleiten. In Mainz bildete sich ein „Mädchenverein", der „weibliche Arbeiten" beisteuerte, die zusammen mit gespendeten goldenen Uhren und Ringen zur Unterstützung der flüchtenden Polen versteigert werden sollten. An diesen Berichten wird erstmals die

umfassende, auch schichten- und geschlechterübergreifende Mobilisierung einer politischen Öffentlichkeit deutlich, die sicher nicht nur die polnischen Freiheitskämpfer, sondern auch sich selbst feierte, wie schon Weißheimer kritisch bemerkte. Freiheit und nationale Einheit waren jetzt Themen, die auf das Interesse großer Bevölkerungskreise stießen. Folgerichtig entwickelten sich viele der Polenvereine in allgemeine politische Zusammenschlüsse weiter, wie etwa ein Bericht der Zeitung *Konstitutionelles Deutschland* bereits im November 1831 meldete.

Auch überregional wurde wahrgenommen, dass die Stimmung in Rheinhessen sich änderte. Ein Bericht der liberalen – und schon bald verbotenen – *Stuttgarter Allgemeinen Zeitung* von 1831 benannte zunächst die Unterschiede zwischen Rheinhessen und dem rechtsrheinischen Hessen: *„eine ganz verschiedene Geschichte der letzten vierzig Jahre, verschiedene Gesetzgebung, verschiedenes Interesse, Mißtrauen, Eifersucht, Leidenschaft, Unkunde, Philisterhaftigkeit und was All noch"*, die auch durch den gemeinsamen Landtag und gemeinsame neue Gesetze kaum überwunden worden seien. Aber an einer von hessischen Oppositionellen ausgehenden Sympathiekundgebung für den badischen, aus Hessen stammenden Politiker Carl Theodor Welcker, der sich im Landtag für die Pressefreiheit eingesetzt hatte, hätten sich zahlreiche Rheinhessen mit ihren Unterschriften beteiligt, was der Autor als politische Annäherung interpretierte: *„Wer hätte noch vor zwei Jahren geglaubt, daß ein Unternehmen, vom ‚Großgerauer Ländchen' ausgegangen, ‚drüben' solche Anerkennung fände!"* Ein Artikel in der *Allgemeinen Zeitung* Cottas vom April 1832 bewertete diese Annäherung schon wieder skeptischer, wenn er auch anerkennt, dass sich in der neuesten Zeit *„viel gethan"* und auf dem *„Polenfest bei Oppenheim"* sich eine *„Annäherung und Assimilation der Ideen"* gezeigt habe.[69]

Hambach und andere Feste

Als ein wichtiges Medium zur Herstellung politischer Öffentlichkeit wurde die Organisation von Volksfesten genutzt. Ein überregionales „Volksvereinigungsfest" in Wilhelmsbad bei Hanau wurde auf dem Treffen der Polenvereine im März 1832 in Oppenheim beschlossen. Der Termin wurde auf Mai festgelegt, dann aber auf Juni verschoben. Obwohl das Wilhelmsbader Fest von 8.000 Teilnehmern besucht wurde, stand es doch aber in der öffentlichen Wahrnehmung von Anfang an im Schatten des im Monat zuvor gefeierten Hambacher Festes.

Bereits Ende Januar 1832 wurden auf einem Fest zu Ehren des demokratischen Oppositionellen Friedrich Schüler in Zweibrücken die Gründung eines „Deutschen Vaterlandsvereins zur Unterstützung der freien Presse" beschlossen und die Organisation eines „Nationalfestes" diskutiert. Ziel des Vereins war die *„Wiedererweckung der deutschen Nation"*, die Schaffung eines deutschen Reiches mit einer demokratischen Verfassung. Den Weg dahin skizzierte Georg August Wirth in seiner Zeitung *Deutsche Tribüne*: die *„Wiedervereinigung Deutschlands im Geiste"* führe auch zu einer *„materiellen Vereinigung"*. Dafür unabdingbar sei aber *„die freie Presse"*. Durch den Beitritt zum Verein könne jeder Bürger über Mitgliedsbeiträge zur Finanzierung und Verbreitung der *„Journale des Volkes"* beitragen. Der Erfolg dieses Aufrufs war überwältigend. Bis September 1832 wuchs der Verein auf 5.000 Mitglieder in 116 Zweigvereinen an. Schon am 8. Februar berichtete ein unbekannter Autor, dass in Mainz die Subskriptionslisten für den Verein zirkulierten. Erste Mainzer Bürger traten dem Verein bei. Im Laufe des März und April wuchs die Mainzer Mitgliederzahl auf 63 an, außerdem verzeichnete die *Deutsche Tribüne* sieben Mitglieder aus Wörrstadt, sechs aus Wallertheim, acht aus Undenheim, eine *„Gesellschaft von sieben Rheinhessen aus dem Kanton Wöllstein"*, vierzehn Mitglieder aus Gabsheim, aber nur ein Mitglied aus Worms. Eine spätere Zusammenstellung nennt 155 Mitglieder aus Mainz, 55 aus Alzey. Nicht alle Mitglieder werden namentlich benannt, ein Teil nur mit Initialen oder bleibt völlig anonym. Pseudonyme wie *„H....der Cherusker"* aus Gabsheim oder die *„großherzoglich-hessischen Beamten Roxheim und Bobenheim"* aus *„Grähwinkel"* in Rheinhessen zeigen einen eher ironischen Umgang mit der Angst vor politischen Konsequenzen. Bei den Mainzer Namen fällt auf, dass die aus öffentlichen Funktionen bekannten Vertreter des Bürgertums fehlen, dass, wenn Berufsangaben vorliegen, diese eher der Mittel- als der Oberschicht zuzuordnen sind, vor allem aber, dass auch sechs Frauen sich als Mitglieder einschrieben. Während die soziale Stellung der Mainzer Mitglieder dem Vereinsdurchschnitt zu entsprechen scheint, handelt es sich bei den Mitgliedern aus den Landgemeinden ganz überwiegend um Angehörige der dörflichen Oberschicht, vornehmlich um *„Gutsbesitzer"*. Die Beobachtung, dass sich das höhere Bürgertum in Mainz eher zurückhielt, bestätigt auch ein Pressekommentar vom März 1832. Du Thil hatte auf die Erfolge des Preß- und Vaterlandsvereins bereits am 12. März mit einer Verordnung reagiert, die die Werbung für den Verein unter Strafe stellte. Vereine und Gesellschaften, die sich für dessen Ziele einsetzten oder an dessen Versammlungsplätzen dessen Schriften auslägen, sollten aufgelöst werden. Dasselbe sollte für Vereine, die politische Ziele hätten und vom Großherzog nicht zugelassen seien, gelten. Diese Bestimmungen sollen einem Artikel der Cottaschen *Allgemeinen Zeitung* zufolge besonders in Rheinhessen unter *„einer großen Anzahl der Gebildeten und des Mittelstandes"* zu *„viel Erbitterung"* geführt haben. Umso verwunderlicher fand der Autor, dass die politische Öffentlichkeit als *„Schutzwehr unserer konstitutionellen Bürgschaften"* noch nicht *„offen aufgerufen"* worden sei. Insbesondere von den Mainzer *„reicheren und einsichtsvolleren Bürger"*, den *„Advokaten"*, der *„ganzen höheren Noblesse ihrer geistigen Aristokratie"* hätten das die Einwohner Rheinhessens und der anderen beiden Provinzen erwartet. Diese aber seien nur mit ihren Streitereien im Vorfeld der Landtagswahlen beschäftigt. Die Vereinsmitglieder in Mainz ließen sich allerdings von dem Verbot offensichtlich nicht abschrecken, sondern provozierten im Mai staatliche Instanzen mit der Aufforderung zum Beitritt in der Hoffnung, dann das Verbot gerichtlich klären zu lassen.[70]

Auch das Hambacher Fest sollte verboten werden, nachdem der Plan einer Gruppe Neustädter Preßvereinsmitglieder bekannt geworden war, eine ursprünglich für den 26. Mai, den Tag der bayerischen Verfassung, vorgesehene Feier auf dem Hambacher Schloss bei Neustadt in eine Versammlung umzuwandeln, die „dem Kampf für Abschüttelung innerer und äußerer Gewalt, für Erstrebung gesetzlicher Freiheit und deutscher Nationalwürde" gewidmet sein sollte. Das von der bayerischen Regierung ausgesprochene Verbot ließ sich aber nicht durchsetzen. In liberalen Zeitungen und über Flugschriften beworben, lockte die Feier 20.000 bis 30.000 Teilnehmer nach Hambach und kann als eindrücklichste Demonstration der liberalen, demokratischen und nationalen Bewegung im Vormärz in Deutschland gelten. Zeitungsberichte schildern die rege rheinhessische Beteiligung. Aus Mainz sollen 400 Bürger nach Hambach gezogen sein, verabschiedet von einigen tausend Menschen, die sich entlang der Straße versammelt hatten. *„Auf dem Land"*, so der Bericht in der *Allgemeinen Zeitung*, *„sollen ganze Gemeinden nach Hambach wandern."* Durch Worms fuhren am Vortag des Festes viele Menschen mit *„Wagen und Chaisen"*, auch aus der alten Reichsstadt nahmen viele teil, vor allem, wie der Adjunkt in den Verhandlungen nach dem Fest bestätigte, aus der *„wohlhabenden Klasse"*. In Mainz und in Worms kam es zu Zwischenfällen, die der allgemeinen Stimmung zuzuschreiben sind. Die Marktunruhen in Worms wurden von Polizei und Gemeindevorstand zwar nicht mit der Hambacher Veranstaltung in Zusammenhang gebracht, ausgelöst wurden sie aber durch Angehörige der *„untersten Klasse"*, die der Meinung waren, jetzt sei *„alles frei"*. Ein Mainzer *„Individuum aus der niedern Volksklasse"* wurde wegen des Tragens einer schwarz-rot-goldenen Kokarde von einer preußischen Patrouille verhaftet. Von einigen Bürgern unternommene Befreiungsversuche endeten schließlich mit 13 weiteren Verhaftungen. Die revolutionäre Symbolik der ursprünglich von Burschenschaftlern eingeführten schwarz-rot-goldenen Kokarden wurde ebenso eingesetzt wie die seit der Mainzer Republik bekannte Umdeutung der Maibäume in Freiheitsbäume, die nicht nur in Worms, sondern auch in Gau-Odernheim, Westhofen und Pfeddersheim aufgestellt wurden, von allen Zeitgenossen unmittelbar verstanden wurde.

Die in Hambach gehaltenen Reden zielten auf die allgemein – politisch, rechtlich und ökonomisch als schlecht empfundenen Zustände in den deutschen Staaten, wiesen auf die fehlende Einheit hin, kritisierten die Regierungen, ließen die anwesenden Polen als Vorbilder im Freiheitskampf hochleben. Unterschiedlich beurteilt wurde die Bedeutung Frankreichs für die nationale Selbstfindung. So erinnerte Philipp Jakob Siebenpfeiffer, einer der Initiatoren, in der Eröffnungsrede unter anderem an die große Vergangenheit, aber schwierige gegenwärtige Lage von Mainz und Worms. Wenn er auch Frankreich als den *„Erzfeind"* ansprach, ließ er doch die *„Franken"* als *„Brüder, die unsere Nationalität und Selbständigkeit achten"*, am Schluss seiner Rede hochleben. Georg August Wirth hingegen warnte Frankreich ausdrücklich vor einer erneuten Besetzung des linken Rheinufers, die eine über alle politische Grenzen hinweg einmütige militärische Reaktion Deutschlands inklusive der Wiedervereinigung mit Elsaß und Lothringen zur Folge hätte. Der einzige rheinhessische Redner, Eduard Müller aus Mainz, Sohn des ehemaligen Jakobiners und Malers Nikolaus Müller, hielt eine ausgesprochen nationalistische Rede, in der er ebenfalls deutlich vor einer erneuten Dominanz Frankreichs warnte: *„mit ihnen, nicht unter ihnen wollen wir kämpfen."* Offensichtlich hatte die Bereitschaft der Hambacher zu kosmopolitischer Völkerfreundschaft ihre Grenzen. Waren

schon diese Reden auch auf Widerspruch während der Feier gestoßen, so zeigt sich aber nicht nur an der Verwendung von Freiheitsbäumen, sondern auch an dem nächtlichen Aufstellen *„dreifarbige(r) französische(r) Fahnen"* in Bingen und Büdesheim in der Nacht zum 2. Juni, dass die Erinnerung an die französische Zeit auch aus demokratischer Perspektive positiv besetzt sein konnte. Ein klares politisches Programm über den zukünftigen Weg der Bewegung, das über die Fortführung des Preßvereins hinausging, konnte am zweiten Tag des Hambacher Festes nicht festgelegt werden. Die Vorstellung, durch die Wahl von landsmannschaftlich definierten Vertrauensmännern einen Ausschuss zu bilden, der als eine Art Nationalrepräsentation gegenüber dem Bundestag fungieren könne, war ebenso wie der Wunsch von Studenten, den Beginn einer Revolution in Deutschland vorzubereiten, nicht mehrheitsfähig.

Bestärkt von den Hambacher Eindrücken setzten die Teilnehmer ihren Einsatz für die Ziele Freiheit und nationale Einigung weiter fort. So waren am zweiten Pfingsttag von Bingen aus viele Rheinhessen mit schwarz-rot-goldenen Kokarden auf dem Niederwaldfest bei Rüdesheim erschienen. Germain Metternich, Sohn des Mainzer Jakobiners Matthias Metternich, wurde bei dem Versuch, mit einer schwarz-rot-goldenen Fahne das Fest aufzusuchen, festgenommen, aber von *„seinen Freunden"* wieder befreit. Ihm gelang es, auf der Veranstaltung die Hambacher Rede Siebenpfeiffers zu verlesen und zu kommentieren, bevor er sich einer erneuten Verhaftung durch Flucht entzog. Eine Woche später wurde Metternich dann auf dem Weg zum Wilhelmsbader Fest verhaftet.[71]

Nicht nur Minister du Thil befürchtete nach diesen Ereignissen den Ausbruch einer Revolution. Ausgehend von einer Initiative Badens erarbeiteten die südwestdeutschen *„konstitutio-*

nellen" Staaten Baden, Hessen-Darmstadt und Württemberg eine Gesetzesinitiative *„zur Erhaltung der öffentlichen Ruhe und Ordnung"*, die am 5. Juli von der Bundesversammlung weitgehend übernommen wurde. Damit wurde die Zensur verschärft, wurden politische Vereine, auch solche, die *„unter andern Namen zu politischen Zwecken benutzt werden"*, schwarz-rotgoldene Fahnen und politische Volksfeste und -versammlungen verboten. Zudem wurde den Landtagen untersagt, ihre Zustimmung zum Staatshaushalt von der Erfüllung politischer Forderungen abhängig zu machen.

Liberale und Konservative – von der Justizkrise bis zum Streit um die Institutionen

Verstärkt wurden die politischen Auseinandersetzungen im *„Hambach-Jahr"* durch die *„rheinhessische Justizkrise"*, die ausgelöst wurde durch Umstrukturierungen der Justiz: die Übertragung des Präsidiums des Schwurgerichts, der sog. Assisen, vom Vorsitzenden des Kreisgerichts an das Obergericht und die Auflösung des Kassationshofes für Rheinhessen und Übertragung seiner Kompetenzen an das Darmstädter Oberappellationsgericht. Damit hatte du Thil den Einfluss rheinhessischer liberal gesinnter Juristen zurückgedrängt, verhindert, dass zukünftig Gerichte großherzogliche Verordnungen auf ihre Verfassungsmäßigkeit überprüfen konnten und letztlich erheblich in die „rheinhessischen Institutionen" eingegriffen.[72]

Diese Entwicklungen wirkten sich auf die Wahlen zum Landtag, der am 1. Dezember 1832 eröffnet wurde, aus. Erstmals wurden wahlkampfartige Auseinandersetzungen über die Kandidaten geführt. Bereits im Dezember 1831 erschienen Wahlaufrufe in den liberalen Zeitungen, in der Folge wurde – so der spätere Abgeordnete Theodor Schacht in einer liberalismuskritischen Schrift von 1834 – mit *„Pamphleten"* gegen einzelne Kandidaten agiert, in Briefen, in direkten Gesprächen und in Wirtshäusern Kontakt mit den Wählern aufgenommen. *„Die Mainzer Advokaten, sich liberal nennend, kamen zu Fuß und zu Roß um die Bauern zu bestimmen, Advokaten als Landstände zu wählen"*, berichtet Johann Weißheimer aus Osthofen. Die Regierung ihrerseits verzichtete angeblich auf Wahlwerbung, machte aber ihren Einfluss auf Wahlkommissionen und die Provinzialregierung geltend.

Sieben der zwölf Kandidaten, die schließlich aus den rheinhessischen Wahlbezirken in den Landtag kamen, lassen sich zur liberalen Opposition zählen, die in der zweiten Kammer die Mehrheit hatte. Die Sitzungen waren dementsprechend von Anfang an spannungsgeladen. Unmissverständlich reagierten die Abgeordneten auf die Bundestagsbeschlüsse. Bereits im Entwurf der traditionellen Dankesrede der Landstände auf die den Landtag eröffnende Rede des Großherzogs erläuterte Heinrich von Gagern als Referent des betreffenden Ausschusses, man könne nicht *„mit Stillschweigen (…) über ernste, unsern ganzen politischen Zustand betreffende Fragen (…) hinweggehen."* Mit Anträgen, der Landtag solle sich gegen Einmischungen von Seiten des Bundes, gegen Eingriffe in die Souveränität und die Rechte der Stände verwahren und die Regierung veranlassen, die Presse- und Versammlungsfreiheit wieder herzustellen, verdeutlichten die Abgeordneten ihren Anspruch auf politische Mitsprache, der deutlich über das ihnen zugestandene Maß hinausging. Letztlich stellten sich die Verhandlungen im Landtag als Machtkampf zwischen der liberalen Mehrheit und der konservativen Regierung du Thils dar. Ein Ausschussbericht über einen Antrag der Liberalen verschaffte der

Abb. 32:
Heinrich von Gagern. Stahlstich aus dem Jahr 1849.

Regierung einen Anlass, Ende 1833 die Auflösung des Landtages zu verkünden. Darin war neben den Forderungen nach Rücknahme der Verordnungen zur Presse- und Versammlungsfreiheit und der Frage, wieweit die Regierung auf dem Weg der Verordnung ohne Hinzuziehung des Landtages agieren könne, auch Wirths Aufruf *„Deutschlands Pflichten"* zitiert worden. Die Weigerung des Ausschusses führte dann zum Ende der Sitzungen, was wohl von beiden Seiten einkalkuliert war.[73]

Mit Heinrich von Gagern hatte 1832 ein Mann die parlamentarische Bühne betreten, der sofort als Führungsfigur der Opposition wahrgenommen wurde. 1799 als Sohn des Freiherrn Hans Christoph von Gagern geboren, der selbst in unterschiedlichen Territorien als Regierungsbeamter und schließlich

1820–1824 als Abgeordneter für den Wahlbezirk Pfeddersheim, ab 1829 als Mitglied der ersten Kammer des hessischen Landtags aktiv war, hatte Heinrich von Gagern mit seinen 33 Jahren schon einige Lebenserfahrung vorzuweisen. Als 13-Jähriger in einer Münchener Kadettenschule ausgebildet, nahm er als erst 15-Jähriger in nassauischen Diensten an der Schlacht von Waterloo teil, hatte danach in Heidelberg, Göttingen und Jena Jura studiert, war der Jenaer Burschenschaft beigetreten und hatte in Genf sein Studium weiterverfolgt. Danach fand er Anstellung in Hessen-Darmstadt, zunächst als Assessor am Hofgericht, dann am Landgericht in Lorsch. Bereits 1826 spielte er mit dem Gedanken, im Landtag tätig zu werden, was allerdings wegen seines Alters noch nicht möglich war. Erstmals trat er als politischer Autor hervor, indem er sich gegen Pläne aussprach, die Bewilligung des Budgets nur alle sechs Jahre anzusetzen und dementsprechend selten den Landtag zusammenzurufen. 1829 wurde Gagern zum Regierungsrat ernannt. Mit vielen Liberalen seiner Zeit in Kontakt und auch als Polenfreund hervorgetreten, hatte sich seine Position nach dem Amtsantritt du Thils verschlechtert. Seine Wahl als Präsident des Finanzausschusses und als Referent des Dankadressenausschusses belegt die Bedeutung, die ihm in der liberalen Bewegung von Anfang an zugemessen wurde.[74]

Nach der Auflösung des Landtages versuchte du Thil mit einem umfangreichen Maßnahmenprogramm zu verhindern, dass die nächste Ständeversammlung mit ähnlichen Mehrheiten besetzt werden würde. Gagern wurde in den Ruhestand versetzt und verließ den Staatsdienst. Die liberalen Zeitungen im Land wurden verboten, Beamte verwarnt, dass sie bei unerwünschter politischer Betätigung Nachteile erleiden könnten. Die Opposition musste ihren Wahlkampf daher anders organisieren, über geheime Flugschriften, Festveranstaltungen, auf denen die ausgeschiedenen Landtagsabgeordneten geehrt wurden, über direkte Kontakte. Bei der Wahl der Bevollmächtigten in Osthofen wurden *„lithographirte Zettel"* mit den Namen der Wunschkandidaten verteilt. Andererseits ist hier zu sehen, wie die Regierung Einfluss ausübte: Regierungsrat Hesse sprach *„im Vertrauen"* mit Bürgermeister Weißheimer, *„über die Liberalen, über Heinrich von Gagern"*. Den gegen die *„Ultraliberalen"* wahlkämpfenden Weißheimer zu überzeugen, scheint nicht sehr schwer gefallen zu sein, wenn dieser auch über den bei der letzten Wahl von ihm protegierten Abgeordneten Theodor Schacht sehr unzufrieden war. Schacht hatte sich anders als erwartet nicht zwischen den Liberalen und der Regierung positioniert, sondern eindeutig auf die Seite du Thils geschlagen und sich außerdem nicht für den Verlauf einer neu zu bauenden Provinzialstraße über Osthofen eingesetzt. An diesem gut überlieferten Beispiel wird deutlich, wie sehr sich „parteipolitische" Erwägungen mit lokalen Interessen kreuzten, zudem spielten bei Weißheimer in der Frage der politischen Positionierung innerfamiliäre Konfliktlinien eine erhebliche Rolle. Trotz aller Bemühungen der Regierungsseite wurden die liberalen Abgeordneten wieder gewählt, in den Wahlbezirken Alzey, Osthofen und Mainz Land ersetzten mit Wilhelm Preetorius, Johann Grode und Nikolaus Mahlerwein noch drei explizit oppositionelle Vertreter ihre eher gemäßigten bis konservativen Vorgänger. In Worms wurde der liberale Philipp Rauschert vom Münchbischheimer Hof erst im dritten Anlauf gewählt, nachdem zwei Kandidaten als liberalen Beamten der notwendige Urlaub verwehrt worden war.

Die eher noch stärkere Opposition im Landtag und die unveränderte Haltung du Thils, der zwischenzeitlich bei den Wiener Minis-

terkonferenzen eifrig an der Verschärfung der Maßnahmen gegen die liberalen und demokratischen Bewegungen mitgewirkt hatte, ließen keinen konstruktiven Verlauf des Landtages erwarten. Nachdem die zweite Kammer einen Ordnungsruf für Gagern verweigert hatte, der die Regierung als *„Parthei, die das konstitutionelle Prinzip nicht versteht und (…) vergessen zu haben scheint, was Recht ist"*, bezeichnet hatte, wurde auch diese Landständeversammlung im Oktober 1834 aufgelöst.[75]

Beim erneut einsetzenden Wahlkampf ab November hatte die Opposition mit erheblichen Schwierigkeiten zu kämpfen. Aufgrund der strikten Zensur und Presseverbote waren ihre Möglichkeiten, die Öffentlichkeit zu erreichen, begrenzt. Währenddessen konnte die Regierung über Artikel in der ihr gewogenen Presse gegen den Liberalismus Stellung beziehen, unverhohlen mit Nachteilen für Wahlbezirke drohen, die liberale Kandidaten wählen würden, und auf Wahlkommissionen und Gemeindevorstände einwirken. So wurde etwa in Alzey die Wiederwahl des liberalen Lederfabrikanten Preetorius dadurch verhindert, dass er der *„Majestätsbeleidigung"* angeklagt wurde, nachdem er der Regierungspropaganda durch einen Wahlkommissar bei einer Wählerversammlung Widerrede geboten hatte. An seiner Stelle zog der konservative Gutsbesitzer Perrot in die zweite Kammer ein, der sich bereits bei früheren Landtagen als *„Ministerialfreund"* erwiesen hatte. In den rechtsrheinischen Provinzen war das restriktive Vorgehen der Regierung erfolgreich, hier wurde eine Mehrheit von regierungstreuen Abgeordneten in die zweite Kammer gewählt, die auch durch die Wahl vorwiegend liberaler Kandidaten in Rheinhessen nicht gebrochen werden konnte. In Worms war mit einer Mehrheit von 17:3 Stimmen Heinrich von Gagern gewählt worden. Auf Gerüchte hin, die Stadt werde *„ihre Garnison und ihr Gymnasium* *verlieren"*, hatte Bürgermeister Valckenberg mit einigen anderen Gagern-Gegnern eine Petition an den Großherzog verfasst, in der das Wahlergebnis als Resultat der Manipulation der *„untergeordneten Volksklassen"* durch eine *„Faktion"* dargestellt wurde, die *„in unserer Zeit die trübe Quelle öffentlicher Unruhen in allen Ländern"* sei. Der Regent wurde gebeten, sein Missfallen am Ausgang dieser Wahl nicht *„auf die Mehrheit der treugesinnten Bürger ausdehnen zu wollen."* Die Wahlmänner reagierten mit einer Beleidigungsklage und einer Ehrenerklärung für Gagern, der sich allerdings entschied, das Mandat der oberhessischen Stadt Hungen, wo er ebenfalls gewählt worden war, anzunehmen.[76]

Die Marginalisierung der liberalen Opposition im Landtag war ein Element der du Thilschen Politik zur Stabilisierung des monarchischen Prinzips, weitere Ziele waren die Verdrängung liberaler Amtsinhaber aus Beamtenpositionen, die Verminderung kommunaler Selbstverwaltungskompetenzen, die verstärkte Kontrolle über Justiz und Polizei. Dieses im Nachhinein als *„du Thilsches System"* bezeichnete Herrschaftskonzept kam jetzt ab der Mitte der 1830er-Jahre voll zum Tragen. Die bereits 1832 für die Provinzen Starkenburg und Oberhessen als *„Notverordnung"* unter Umgehung des Landtags eingeführte Aufteilung der Verwaltungsbezirke in Kreise wurde am 4. Februar 1835 auch für Rheinhessen verfügt. Durch die Bildung der Kreise Alzey, Bingen, Mainz und Worms und die Auflösung der Provinzialdirektion in Mainz wurden die rheinhessischen Gemeinden einer wesentlich engmaschigeren Kontrolle unterstellt und den Kreisräten als Vorstehern der Kreisbehörden, die wiederum eng an die Darmstädter Ministerien angebunden waren, eine Fülle von Kompetenzen übertragen. Deutlich wird das etwa an einem Bericht des Alzeyer Kreisrates Müller, der über die bisherige Praxis in einem seiner Aufgaben-

bereiche im September 1835 urteilte: *„Die Polizei in der hiesigen (Gemeinde) habe ich in einem sehr verwahrlosten Zustand angetroffen. Die mit deren Handhabung beauftragten Personen wissen sich nicht in einer freien Unabhängigkeit zu bewegen u. zu halten, so daß ich es als mein erstes Anliegen betrachten musste, den wichtigsten Teil der Polizey, nämlich den der öffentlichen Sicherheit, unter meine persönliche Aufsicht zu stellen."* Bezeichnend für den Zustand der Opposition zu dieser Zeit scheint zu sein, dass diese Reform zwar diskutiert wurde, aber letztlich keine Möglichkeit bestand, dem Regierungskurs entgegenzusteuern.[77]

Das Ziel einer in der Verfassungsurkunde von 1820 bereits angekündigten Vereinheitlichung der Gesetzgebung für das gesamte Großherzogtum, erreichte auch dieser Landtag nicht. Während aber im vorherigen Landtag der Antrag der Liberalen, die fünf auf dem *Code Napoleon* basierenden Gesetzbücher Rheinhessens auch in den rechtsrheinischen Provinzen zu übernehmen, nur durch die vorzeitige Auflösung nicht zum Beschluss kam, waren die Rheinhessen angesichts der neuen Mehrheitsverhältnisse dieses Mal mehr damit beschäftigt, Änderungen ihrer Rechtssituation abzuwehren. Der Antrag des liberalen Abgeordneten Glaubrech, der Justizreform die rheinhessischen Gesetzbücher zugrunde zu legen, wurde nun mit deutlicher Mehrheit abgelehnt. Stattdessen wurde die Schaffung eines hessischen bürgerlichen Gesetzbuches vereinbart, für das das *„rheinhessische Gesetzbuch"* nicht als *„Grundlage"* dienen solle, aber neben anderen Rechtsquellen und den oberhessischen und starkenburgischen Rechtstraditionen *„möglichst und vorzugsweise zu berücksichtigen sei"*. Die Frage, inwiefern mit der von den Rheinhessen so aufgefassten *„Garantie"* der Besitzergreifungsurkunde von 1816 auch die dauerhafte Gültigkeit der französischen

Rechtskodifikationen gewährleistet war, wurde in der zweiten Landtagskammer und über verschiedene Publikationen auch öffentlich heftig diskutiert. Das angesichts des nationalen Diskurses empfundene Problem, dass das intensiv verteidigte Gesetzeswerk französischen Ursprungs war, wurde, unter anderem auch von Gagern, mit dem Verweis auf auch *„altgermanische"* Wurzeln der mit dem *Code Civil* verbundenen Prinzipien der Mündlichkeit und Öffentlichkeit von Gerichtsverfahren und der Einrichtung der Geschworenengerichte, zu lösen versucht. Letztlich gelang es der Regierung nicht, ein einheitliches hessisches Gesetzbuch durchzusetzen. Die Langsamkeit des Verfahrens, der anhaltende Widerstand der rheinhessischen Abgeordneten, schließlich die Revolution von 1848/49 verhinderten das. Allerdings wurden 1836 gegen die Stimmen der meisten rheinhessischen Abgeordneten einige Änderungen vorgenommen, die die Prinzipien der Mündlichkeit und Öffentlichkeit der Verfahren bei *„Gefahr für die öffentliche Ordnung und Sicherheit"* einschränkten. Ein Strafgesetzbuch für ganz Hessen wurde nach langen Beratungen 1841 erlassen, das zwar den in Rheinhessen eingeführten *Code penal* ersetzte, aber die Prinzipien Öffentlichkeit, Mündlichkeit und Beteiligung von Geschworenen nun auch in den rechtsrheinischen Provinzen verankerte.[78]

Intensiver noch als in Rheinpreußen und der Rheinpfalz wurde der Kampf für die rheinischen Institutionen in Rheinhessen geführt. Dieses Thema mobilisierte innerhalb und außerhalb des Landtages. Dabei kann trotz veränderter Mehrheitsverhältnisse in der zweiten Landtagskammer und einiger daraus resultierenden Modifikationen festgestellt werden, dass insgesamt die Verteidigung der französischen Grundsätze und teilweise deren Übertragung auf ganz Hessen-Darmstadt gelang. Von der Wirksamkeit eines du Thilschen Sys-

tems kann in diesem Bereich kaum gesprochen werden. Auch du Thil hatte das eingesehen, wenn er etwa zu vergleichbaren Diskussionen in Preußen bemerkte, die *„Anhänglichkeit an die sogenannten Institutionen"* sei *„Partheisache, mit Belehrung ist dabei wenig zu gewinnen"*. Anders als in Hessen, wo er eben auf die Mitwirkung der Stände angewiesen war, könnte aber Preußen *„durchgreifen und alles Geschrei unbeachtet lassen."*[79]

Heinrich von Gagerns Rückzug nach Monsheim

Noch vor dem Ende der ersten Sitzungsperiode des 1835 gewählten Landtages verzichtete Heinrich von Gagern auf sein Mandat, angeblich, weil er die für einen Abgeordneten notwendige Steuerquote nicht mehr erfüllte. Seine wahren Gründe dürften aber in den eingeschränkten Einflussmöglichkeiten angesichts einer regierungstreuen Mehrheit zu sehen sein. Wegen der mangelnden Möglichkeit zur *„freien Erörterung"* im Vorfeld der Wahlen bezweifelte er auch die Kompetenz der neuen Mehrheit, die Wähler zu repräsentieren. 1835 hatte er sich auf das Familiengut in Monsheim zurückgezogen. Bei Wilhelm Wernher, einem ehemaligen Burschenschaftler aus Gießen und Gutsbesitzer in Nierstein erwarb er sich – nach seinen eigenen Aussagen – die notwendigen Kenntnisse zum Betreiben eines landwirtschaftlichen Gutes. Weiterhin war er an der hessischen und deutschen Politik interessiert und ließ sich über die Abgeordneten Brunck und Glaubrech sowie über seinen in der Ersten Kammer sitzenden Vater Hans Christoph über die Darmstädter Debatten informieren. Versuchen, ihn 1842 erneut zu einem Mandat zu bewegen, stand er ablehnend gegenüber. Auch bei der Landtagswahl 1845 sah er seine *„Zeit noch nicht gekommen"*, obwohl – oder weil – angesichts der *„noch immer niedergedrückten politischen Atmosphäre"* seine *„Stimmung aufgeregter, bitterer, revolutionärer (…) als je"* sei. Für die liberale oppositionelle Bewegung in Rheinhessen bedeutete seine Anwesenheit in der Region gleichwohl eine enorme Stärkung, umgekehrt soll auch er *„durch seinen Aufenthalt auf dem Land (…) dem Volke viel näher gerückt (sein), als er früher war."* 1838 redete er auf einem feierlichen Mittagessen, das die Wahlmänner des Kantons Pfeddersheim für den Abgeordneten Glaubrech veranstalteten, über *„die allgemeinen Verhältnisse Deutschlands und seiner Staaten"*. 1842 löste er bei einem Empfang in Osthofen zu Ehren des Abgeordneten Heinrichs einen Eklat aus, als er in Anwesenheit des Wormser Kreisrates von Dalwigk die Ergebnisse des letzten Landtages kritisierte und ein Hoch auf die Abgeordneten Glaubrech und Heinrichs aussprach, die *„niedergeschlagen, unbefriedigt von seinen Resultaten"* zurückgekommen seien. Diese Rede veranlasste den Kreisrat zum sofortigen Verlassen der Veranstaltung, weil sie durch Gagerns Toast den *„Charakter eines Parteifestes"* bekommen habe.

1845 wurde Gagern in Wörrstadt zum Präsident des Landwirtschaftlichen Vereins der Provinz Rheinhessens gewählt. Bereits 1837 war er als Kandidat aufgestellt, hatte sich aber nicht gegen den Regierungspräsidenten Lichtenberg durchsetzen können. Als Vizepräsident fungierte sein Freund, der liberale Abgeordnete und Fürfelder Bürgermeister Brunck, erster Sekretär war Dr. Theodor Langen, Gutsbesitzer und ebenfalls liberaler Abgeordneter in den Landtagen zwischen 1832 und 1836. Diese Wahl war eine politische Aussage der *„größeren Landwirthe"*, aus denen der Verein überwiegend bestand. Angesichts seiner Wiederwahl Mitte Oktober 1846 mit 129 Stimmen bei nur einer Gegenstimme kann man darin den Wandel einer berufsständischen, eng mit dem Staat

verknüpften Vereinigung zu einer *„Partei des politischen Liberalismus"* sehen. Gagern fasste diese Wahl als *„Frucht einer verbesserten öffentlichen Stimmung"* auf. Seine Stellung sei der Regierung *„sehr unbequem"*, die Regierung selbst aber *„in Rheinhessen diskreditiert wie niemals"*. Offiziell allerdings gab er sich alle Mühe, die Funktion des Vereinspräsidenten nicht mit der des politischen Agitatoren zu verwechseln, indem er etwa bei einer Versammlung des Landwirtschaftlichen Vereins in Alzey Ende Oktober 1846 dem Wunsch der Anwesenden nach einer Aussprache über die Regierungspläne zu einer neuen Zivilgesetzgebung nicht nachkam, aber sogleich eine eigene Veranstaltung dazu ankündigte. Im Januar 1847 wurde Gagern in einer Ersatzwahl als Nachfolger des verstorbenen Wormser Abgeordneten Valckenberg wieder in den Darmstädter Landtag gewählt.[80]

Rheinhessen im „Schwarzen Buch"

Nachdem im April 1833 Studenten in Frankfurt vergebens versucht hatten, mit dem Wachensturm eine Revolution auszulösen, wurde eine „Bundeszentralbehörde" eingerichtet, die *„revolutionären Umtriebe"* entgegenarbeiten sollte. In einem sog. Schwarzen Buch wurden von dieser Behörde 2.140 Personen verzeichnet, gegen die zwischen 1830 und 1842 wegen politischer Aktivitäten ermittelt wurde. Aus Rheinhessen gerieten 47 Männer auf diese Liste, im Vergleich zu den rechtsrheinischen Provinzen eine eher geringe Zahl. Bei zwölf von ihnen hatte der Vorwurf der Angehörigkeit zu einer Burschenschaft mit Einstellung des Verfahrens oder mit Freispruch geendet. Ebenfalls führte der Vorwurf der Mitgliedschaft im „Preßverein", in einem politischen Verein oder die Teilnahme an einer politischen Versammlung meist nicht zur Verurteilung. Nur wenige der 47 Rheinhessen wurden tatsächlich bestraft. Germain Metternich wurde wegen „aufrührerischer Reden" und seiner Zugehörigkeit zum „Bund der Geächteten" zu drei Jahren Gefängnis verurteilt. Der Mainzer Eduard Müller wurde wegen eines „Komplottes gegen die innere Sicherheit" angeklagt, flüchtete aber nach Nordamerika. Der Wörrstädter Handelsmann Philipp Josef Weiler wurde wegen „Preßvergehen und der Verbreitung revolutionärer Schriften" zu sechs Monaten „Korrektionshaus" verurteilt. Das gleiche Vergehen wurde dem Wörrstädter Gutsbesitzer Karl Behlen vorgeworfen, der zunächst flüchtig war. Die Untersuchung gegen ihn wurde dann allerdings eingestellt. Die in den rechtsrheinischen Provinzen massive Verfolgung wegen der Verbreitung des von Georg Büchner und Ludwig Weidig 1834 herausgebrachten *Hessischen Landboten* spielte in Rheinhessen keine Rolle. Außer Behlen und Weiler verzeichnet das „Schwarze Buch" noch weitere zehn Wörrstadter, gegen die wegen Zugehörigkeit zu politischen Vereinen oder der Verbreitung revolutionärer Schriften ermittelt worden war. Diese auffällig hohe Zahl geht wohl zum einen auf einen Vorfall des Jahres 1832 zurück. Am Abend des 29. Juni hatte Karl Behlen mit einigen Freunden im Gasthaus „Zum Goldenen Löwen" gesessen, als der Friedensrichter und der Bürgermeister erschienen und die Gäste zum Verlassen des Lokals aufforderten. Der ebenfalls anwesende Mainzer Maler Eduard Müller wurde verhaftet, da er sich nicht ausweisen konnte. Auf den Protest der Gäste und die Bürgschaft eines Kaufmanns hin, setzte der Friedensrichter die Verhaftung bis zum nächsten Morgen aus, meldete aber den Vorgang nach Mainz weiter, worauf drei Tage später drei Gendarmen nach Wörrstadt kamen, um „das rebellische Gesindel im Zaume zu halten". Einer gerichtlichen Untersuchung der Angelegenheit sah Behlen, der einen Bericht an die Mannheimer oppositionelle Zeitung *Der Wächter am Rhein* schrieb, mit der

Hoffnung entgegen, dass dann entschieden werden würde, „auf welcher Seite Achtung und Nichtachtung der Gesetze vorliegt." Unpolitisch war die Versammlung im „Löwen" wenige Wochen nach dem Hambacher Fest, auf dem Eduard Müller als Redner aufgetreten war, sicher nicht. Vier der Anwesenden waren bereits im Februar dem „Preß- und Vaterlandsverein" beigetreten, von drei weiteren Wörrstädter nicht namentlich genannten Mitgliedern ist wohl auch anzunehmen, dass sie bei der Runde im „Löwen" anwesend waren. Um Behlen hatte sich offensichtlich eine der liberal-demokratischen Bewegung nahestehende lokale Gruppe gebildet. Auch nach dem Wegzug Behlens nach Armsheim blieben Wörrstadter Oppositionelle offensichtlich aktiv, wie ein Bericht anlässlich einer Bürgermeisterwahl von 1843 vermuten lässt: „Überhaupt soll es in dem Kantonshauptort Wörrstadt in jeder Beziehung bunter zu gehen als in jedem anderen Orte der Rheinprovinz."[81]

Vereine

Nicht nur im Landwirtschaftlichen Verein wurde über allgemeine Themen, die über die engeren Vereinsziele hinausgingen, geredet. Dass sich in den 1830er- und 1840er-Jahren das Vereinswesen intensivierte, kann auch als Folge des Verbotes politischer Vereine und Versammlungen verstanden werden. Zu den seit dem späten 18. Jh. bestehenden Lesegesellschaften waren in den ersten Jahrzehnten des 19. Jhs. nur wenig neue Assoziationen hinzugekommen. Seit 1812 bestand in Worms eine „Musikalische Gesellschaft". Dass sich die schon 1817 in Mainz gegründete Turngemeinde trotz der „Turnsperre" infolge der Karlsbader Beschlüsse halten und 1825 einen Turnplatz in Mombach einrichten konnte, war auch deutschlandweit eher eine Ausnahme. Ein „Verein für Kunst und Literatur" wurde in Mainz bereits 1823 gegründet.

Die meisten anderen Mainzer Vereinsgründungen datieren aber in die 1830er- und 1840er-Jahre: 1831 wurde die „Liedertafel" aus der Taufe gehoben, 1834 die „Rheinische naturforschende Gesellschaft", 1836 der „Damen-Gesangverein", 1837 ein „Liederkranz". 1838 wurden zwei bestehende Freimaurerlogen, deren Tradition in Mainz bis in die Zeit des Siebenjährigen Krieges zurückreicht, zur Gesellschaft „Die Freunde zur Eintracht" vereinigt. Eine Lokalsektion des 1837 gegründeten „Gewerbevereins im Großherzogtum Hessen" entstand 1840, im gleichen Jahr fanden sich interessierte Mainzer Bürger zu einem Gartenbau-Verein zusammen. In all diesen Vereinen traf sich das städtische Bürgertum. Der integrativen Funktion der Vereine im Sinne einer Stände und Konfessionen übergreifenden Organisierung von Interessen, wie sie in der Entstehungszeit der ersten Vereine und Zusammenschlüsse im späten 18. Jh. intendiert war, stand auch eine abgrenzende gegenüber: man traf sich unter seinesgleichen, schuf oder verstärkte Beziehungen, die vielfältig – sozial, familiär, wirtschaftlich – nutzbar waren. Einer nicht gewünschten sozialen Heterogenität der Mitgliederschaft standen Vereinsgebühren und restriktive Aufnahmeverfahren gegenüber. Bei keinem Verein wird das so deutlich wie an den aus den Lesegesellschaften hervorgegangenen Casinogesellschaften. Die Mitgliedschaft in einer solchen Assoziation kann als Zeichen für die Zugehörigkeit zur sich selbst auch als städtische Elite verstehenden Oberschicht gesehen werden. Geselligkeit wurde als Wert an sich angesehen, die Möglichkeit, in der Casinogesellschaft überregionale und internationale Zeitungen zu lesen, sich auch über politische und wirtschaftliche Angelegenheiten auszutauschen und nicht zuletzt sich und seine Nachkommen bei den sehr festlichen Casinobällen zu präsentieren sowie sich seiner sozialen Reputation zu versichern, war Grund genug, die hohen Kosten der

Mitgliedschaft auf sich zu nehmen. In den 1840er-Jahren zählten in Mainz 370 Mitglieder zum „Casino im Hofe zum Gutenberg". Nicht ganz ungehässig charakterisierte Eduard Reis 1841 die *alte* Casinogesellschaft als Verbindung der *„Geld-Aristokratie"*, die auf den prächtigen Bällen *„ihren Reichthum (entwickelt)"*, der *„haute volée"*, die ihre *„noblesse"* präsentiert, und Teilen der *„Bourgeoisie"*, die sich an den *„feinen Manieren"* und dem *„schimmernden Gold"* delektiere. Kaufleute, Offiziere, hohe Beamte, Mediziner und Juristen, darin sah auch das *Casino-Lied* von 1831 das Klientel dieser exklusiven Vereinigung. Ein etwas weniger vornehmes „Casino zum geselligen Verein" wurde 1838 gegründet, das aber auch vor allem das *„begüterte"* Bürgertum ansprach. Die jüdische Casinogesellschaft „Neue Ressource" etablierte sich, weil den jüdischen Oberschichtangehörigen die Aufnahme in das „Casino im Hofe zum Gutenberg" verwehrt war. Ergänzt wurde das Angebot zur bürgerlichen Geselligkeit noch durch zwei Casinos der preußischen und österreichischen Offiziere. Die 1836 zur Casinogesellschaft umbenannte Wormser Lesegesellschaft plante ab 1844 den Zusammenschluss mit der Musikgesellschaft, vor allem, um so gemeinsam den Kauf eines eigenen Hauses für die Vereinszwecke finanzieren zu können. Auch sie nahm keine Juden auf.

All diese Vereine waren nicht vordergründig politisch. Allerdings wird gerade an den Casinogesellschaften deutlich, dass sie die Gelegenheit zur Geselligkeit und zur Lektüre auch zum politischen Raisonnement nutzten. So waren die führenden Wormser Vertreter der Griechenbewegung ebenso Mitglieder der Casinogesellschaft wie die der „Polenfreundschaft". Im Lesezimmer wurden Griechenlandkarten aufgehängt, während der französischen Juli-Revolution 1830 wurde die *Straßburger Zeitung* abonniert, da man *„so sehr gespannt auf die*

Begebenheiten in Frankreich" war. Das gesamte Spektrum der liberalen bis demokratischen Zeitungen der Vormärzzeit wurde im Wormser Lesesaal ausgelegt. Ausdrücklich verteidigte der Vorstand 1831 das von der Mitgliederversammlung beschlossene Abonnement des *Constitutionellen Deutschland* gegen Kritik. Dass aber nicht nur das liberale Bürgertum in der Gesellschaft vertreten war, sondern auch eher konservative Militärangehörige, zeigte sich bei der Generalversammlung des gleichen Jahres, als Siebenpfeiffers *Bote aus dem Westen* und die *Straßburger Zeitung* wieder abbestellt und stattdessen die *Preußische Staatszeitung* angeschafft wurden. [82]

Politisch suspekt mussten die Vereine den Regierungsbehörden aber nicht nur wegen der Mitgliedschaft vieler auch andernorts politisch aktiver Bürger sein, sondern wegen der sich durch ihre Existenz stabilisierenden bürgerlichen Öffentlichkeit, die sich nicht nur auf die jeweilige Stadt begrenzte, sondern durch ihre grenzüberschreitenden Kontakte zu gleichgesinnten Vereinigungen auch eine nationale – teilweise sogar eine internationale – Ebene erreichte. So schloss sich der Mainzer „Verein für Kunst und Literatur" 1836 mit den Kunstvereinen von Darmstadt, Karlsruhe, Mannheim und Straßburg zum „Rheinischen Kunstverein" zusammen, der gemeinsame Ausstellungen organisierte. Zudem stand der Verein in Kontakt mit ähnlichen Vereinen in Deutschland, Frankreich, Belgien, den Niederlanden, Italien und der Schweiz. Die Turn- und die Sängerbewegung waren von Beginn an national orientiert. Anders als die Turnervereinigungen waren die Gesangvereine nicht von den Restriktionen nach 1819 betroffen. Die Gründung der Mainzer Liedertafel 1831 stand sicher im Zusammenhang mit der von Schwaben ausgehenden Gründungswelle von Liederkränzen und -tafeln seit den 1820er-Jahren. Neben der Einstudie-

rung vierstimmiger Männerchöre, die in Text und kompositorischer Diktion häufig nationale Orientierung verrieten, standen immer auch Aufführungen anspruchsvoller Werke mit Orchesterbegleitung im Mittelpunkt der Mainzer Choraktivitäten. Über die Organisation großer überregionaler Sängerfeste wurden die Idee einer deutschen Kulturnation und das Ziel der auch politischen nationalen Einheit wachgehalten. Dass es sich bei den Liedertafeln nicht durchweg um oppositionelle Vereinigungen handelte, wird nicht zuletzt an der Ehrenmitgliedschaft des Regierungspräsidenten Lichtenberg deutlich, dem man zum 25-jährigen Dienstjubiläum 1841 dementsprechend auch mit einem Ständchen aufwartete. Dass aber die Obrigkeiten dem Gesangswesen skeptisch gegenüberstanden, zeigt sich etwa an der Weigerung von Bürgermeister und Kreisrat 1838 einen neuen Verein in Worms zuzulassen, angeblich um *„eine Vermehrung von Hals- und Lungenübel"* zu vermeiden, die angesichts der sehr strengen Statuten des Vereins zu befürchten sei. [83]

Bis zur Jahrhundertmitte blieben Vereine eine weitgehend städtische Angelegenheit. Nur sehr vereinzelt ist die Gründung dörflicher Vereine überliefert. In Hamm soll es 1838 einen Vorläufer des wesentlich später neu gegründeten Gesangvereines gegeben haben, in Bretzenheim 1838 einen Leseverein, 1839 einen Singverein, wobei hier sicher die Stadtnähe ausschlaggebend war. Von einer Casinogesellschaft in Osthofen berichtete Johann Weißheimer 1828.[84]

„Die Censur-Stricke herab!" – Feiern als politisierende Veranstaltungen

Eine weitere Möglichkeit, das national und liberal eingestellte Bürgertum zu mobilisieren, war die Planung und Durchführung großer Feste, die nach den Einschränkungen infolge des Hambacher Festes keinen vordergründig politischen Inhalt haben durften, aber im nationalen Sinn identitätsbildend wirkten, indem sie zum einen – wie die großen Vereinsfeste – Besuchern aus den verschiedenen deutschen Staaten die Gelegenheit gaben, sich im Gemeinschaftserlebnis des Feierns als Teil einer Nation zu erfahren, andererseits aber durch die Thematik der Feiern, meist Jubiläen großer Personen oder Ereignisse, den Anspruch, eine Kulturnation zu sein, untermauerten. Eines der ersten und größten Feste dieser Art war die Einweihung des Gutenbergdenkmals 1837 in Mainz. Schon 1804 plante eine Gruppe Mainzer Gelehrter unter dem Vorsitz des Präfekten Jeanbon St. André ein Denkmal zu Ehren des Erfinders des Buchdrucks. Während dieser Plan nicht mehr zur Durchführung kam, wurde 1824 auf dem Anwesen des Geburtshauses Gutenbergs, das mittlerweile von Christian Lauteren erworben worden war und teilweise von der Casinogesellschaft genutzt wurde, ein Gedenkstein, 1827 dann noch ein von den Mitgliedern des Kunstvereins finanziertes Standbild Gutenbergs aufgestellt. 1831 kam aus den Reihen des Kunstvereins die Initiative für ein großes Gutenberg-Denkmal. Unterstützt durch Mitglieder des Stadtrates bildete der Kunstverein ein Komitee, das die Planung und Finanzierung organisieren sollte. Nicht nur deutschlandweit, sondern auch im europäischen Ausland sollten Spenden für das Denkmal eingeworben werden. Von den 39 Städten und Gemeinden, die bereits im ersten Jahr der Sammlung Gelder beitrugen, lagen 15 in Rheinhessen, die meisten davon im südlichen Teil der Provinz, was zeigt, dass das Projekt nicht nur vom städtischen Bürgertum unterstützt wurde. Während aus Berlin erst fünfeinhalb Gulden eingegangen waren, wurden in Eich 11, in Odernheim 15, in Monsheim 12, in Osthofen sogar 41 Gulden gesammelt. Mit fast 3.500 Gulden hatten die Mainzer allerdings mehr als die Hälfte der

bis dahin eingezahlten Summe selbst gespendet. Die überraschende ländliche Spendenbereitschaft könnte sich auch damit erklären, dass mit der Ehrung Gutenbergs von Anfang an auch das Thema der Pressefreiheit verbunden war, das, wie die Mitgliedschaft im „Preß- und Vaterlandsverein" zeigte, auch die Dörfer erreicht hatte. Nach sechs Jahren konnte das nach einer europaweiten Ausschreibung bei dem renommierten Bildhauer Thorvaldsen in Auftrag gegebene Denkmal eingeweiht werden. Zu den Feierlichkeiten vom 13. bis zum 16. August 1837 kamen circa 30.000 Besucher nach Mainz. Von Umzügen, feierlichem Empfang der verschiedenen auswärtigen Deputationen, Theaterstücken, einer Messe im Dom, einem eigens von Carl Löwe komponierten Oratorium, Bällen, Fackelzügen und Volksbelustigungen aller Art umrahmt, fand die zentrale Feier der Denkmalenthüllung auf dem Theaterplatz am 14. August statt. Einem von 1.200 Sängern gesungenen *Te Deum* und der Rede des Komitee-Präsidenten Pittschaft folgte der feierlichste Moment: „*Und wie nun auf einen Wink die Hülle der Statüe niedersank, und Gutenberg wirklich vor uns, unter uns dastand, jauchzeten Tausende, donnerten die Kanonen, und des Jubelns, des Schwenkens der Hüte und Sonnenschirme wollte kein Ende werden.*" Dass sich aber zwei der Seile in der Figur verhakten, wurde nicht nur von Heinrich König, einem seinerzeit bekannten Autoren und oppositionellen kurhessischen Politiker, als Symbol gesehen: „*Die Censur-Stricke herab! rief ich ohne Ueberlegung*". Auch August Lewald, ein ebenfalls anwesender Schriftsteller und Herausgeber einer bildungsbürgerlichen Zeitschrift, berichtet, eine „*Dame*" in seiner Umgebung habe gerufen: „*auch die Censur ist repräsentirt.*" Bei einem anschließenden Festmahl im „Hof zum Gutenberg" wurden „*Toaste (…) in Menge ausgebracht, deutsche und französische, servile und liberale*". Heinrich König sprach an, worüber während der gesamten Feier von offizieller Seite aus Stillschweigen bewahrt worden war: *„So manche Deputationen sind von auswärts zum Feste gekommen, unter anderem auch eine von Frankfurt (…). Die Glänzendste, die von daher (…) hätte kommen können, ist ausgeblieben (…) diejenige, die das lang erwartete Gesetz für die freie Presse für die deutsche Nation überbracht hätte.“* Von Präsident Pittschaft mit der Glocke am Weiterreden gehindert, konnte König aber noch seinen Toast ausbringen: *„Hoch die Freiheit der deutschen Presse!“* Die seiner Schilderung nach vielen positiven Reaktionen zeigen die Doppelbödigkeit der Feier an. Einerseits als ein von bürgerlicher Initiative getragenes Großereignis, dessen Festchoreografie Regierungs- und Militärangehörigen ihre Plätze zuwies, das gleichzeitig vom Einvernehmen zwischen den verschiedenen Akteuren getragen war, konnte es aber auch andererseits aufgrund der Massenmobilisierung als einzelstaatliche Horizonte überschreitende Demonstration bürgerlicher Stärke verstanden werden. Die unterschwellige politische Botschaft wurde noch durch die Nähe des zu feiernden Ereignisses zum hochaktuellen Thema der Pressefreiheit verstärkt. Der dritte Festtag fiel nicht nur auf den Feiertag Maria Himmelfahrt, sondern auch auf den Napoleonstag, den auf den gleichen Tag seinerzeit dekretierten „Geburtstag“ Napoleons, ein Tag, an dem noch – nach Aussage Königs – in Erinnerung der einst begangenen Napoleonsfeiern *„viel Unruhe im Volk (sei) und der Geist des alten Kaisers sich zwischen zusammen gestoßenen Weingläsern in Gestalt eines electrischen Funkens“* zeige. Anders als die Behörden – wiederum nach Aussage Königs – fürchteten, ging das Fest ohne Unruhen oder gar revolutionäre Stimmungen zu Ende. Eine am letzten Tag einberufene Versammlung der Literaten, Buchhändler und Buchdrucker, die zur Planung der auf das Jahr 1840 festgelegten 400-Jahrfeier der Entdeckung des Buchdrucks einberufen war,

konnte sich zum Bedauern einiger Teilnehmer nicht zu einem zentralen Fest in Mainz, das ein „deutsches Einigungsfest“ hätte werden können, durchringen, sondern entschied sich für dezentrale Feiern. Wenn auch die Befürchtung, dass ein *„solches deutsches Fest die Genehmigung der deutschen Regierungen nicht gefunden“* hätte, zu dieser Entscheidung beitrug, zeigt sich doch aber in ihrer Halbherzigkeit die von der Mehrheit der Akteure wahrgenommene Begrenzung ihrer Handlungsspielräume.[85]

Gerade aber die Dezentralität des 1840 in 80 deutschen Städten begangenen Festes zeigte die Stärke der Bewegung an. Der Ablauf der Feierlichkeiten in Mainz ähnelte dem von 1837, erweitert um begleitende Aktivitäten der Vereine: ein Sängertreffen der Liedertafel, eine Blumenausstellung des Gartenbauvereins, die Präsentation der Sammlungen der naturforschenden Gesellschaft und eine „Industrieausstellung“ der Gewerbetreibenden, die noch mehr Besucher in die Stadt lockten. Deutlich präsenter war das Thema Pressefreiheit auch in den offiziellen Reden. Allerdings lassen sich gerade daran die Unterschiede im bürgerlichen Lager erkennen. Bürgermeister Metz zitierte in der Hauptrede am Gutenbergdenkmal sogar den Liberalen Rotteck und schloss durchaus doppeldeutig: *„Möge die Presse, Deinem Sinne getreu, von heute an jeden Mißbrauch verdammend, nur Wahrheit verbreiten.“* Beim Festmahl im „Hof zum Gutenberg“ hob Pittschaft, der 1847 Heinrich König mit der Schelle am Weiterreden gehindert hatte, nun selbst zum Lob der Pressefreiheit an, die allerdings nicht mit „Preßfrechheit“ zu verwechseln sei. Die unklare Richtung seiner Argumentation trug zum Gerücht bei, er habe die Rede nur gehalten, um so unkontrollierbaren Trinksprüchen und Beiträgen zuvorzukommen. Bei einem *„vertraulichen“*, aber öffentlichen Gespräch der *„Literaten, Gelehrten und Künstler“* setzte Heinrich

König seine Hoffnungen auf den neuen preußischen König Friedrich Wilhelm IV., da nur ein mächtiger Regent über *„die gesetzlichen Mittel"* verfüge, um die Pressefreiheit im Deutschen Bund durchzusetzen. Gabriel Riesser, Jurist und Publizist, trat dem allerdings mit dem Verweis auf *„Männer, die das Recht nicht abwarten sollten"*, entgegen und führte die *„Göttinger Sieben"*, die wegen ihres Protestes gegen die Aufhebung der Verfassung in Hannover entlassenen Professoren, als Beispiel an. Insgesamt scheint aber die Furcht mancher eher konservativ gesinnter Bürger, das Fest könne eine *„Aufklärer-Apotheose"* oder schlimmer noch eine *„übelbegriffene, widersinnige Demagogen-Manifestation"* werden, unbegründet gewesen sein.[86]

Veteranenvereine und Napoleonsteine

Ein Verein fehlte beim Fest von 1840: der 1833 von ehemaligen Soldaten Napoleons gegründete Mainzer Veteranenverein. Obgleich dessen offizielles Auftreten beim Fest nicht geplant war, wurde dennoch in der Rede von Bürgermeister Metz, gleichzeitig Vorsitzender dieses Vereins, Napoleon, der 1804 die Schaffung eines Gutenbergplatzes dekretiert hatte, als Genie und *„unsterblicher Monarch"* gefeiert und des *„unvergesslichen"* Präfekten Jeanbon St. André gedacht, im Beisein der österreichischen und preußischen Generäle und des – ebenfalls hochgelobten – Regierungspräsidenten Lichtenberg. Angesichts der Haltung des Veteranenvereins zum Großherzog und zum Deutschen Bund stellte das keinen Widerspruch dar. Wenn auch die Veteranenvereine zu den wichtigsten Akteuren des in den 1820er- und 1830er-Jahren anwachsenden Napoleonkultes gezählt werden können, so waren sie doch in keiner Weise gegen die aktuelle Obrigkeit gerichtet. In der

gemeinsamen Rückbesinnung auf heroische Zeiten im Dienst des Franzosenkaisers, deren Schattenseiten mit zunehmendem zeitlichen Abstand in Vergessenheit gerieten, drückte sich der Stolz der zurückgekehrten Soldaten aus, *„an den fabelhaften Zügen einer alexandrinischen Periode thätigen Antheil genommen zu haben"*, wie Ludwig Bamberger 1861 mit einiger Ironie formulierte. Niklas Müller sprach im Vorwort seines 1837 erschienenen Liederbuches für die Veteranen von einem *„schönen Jugendtraum"*, der in der Erinnerung bewahrt werde. Gerade an Müllers Einleitung und seinen für alle möglichen Anlässe gedichteten Liedern ist das große Bedürfnis der Veteranen anzumerken, trotz aller Bewunderung für den *„größten Held der neueren Geschichte"* die Loyalität zum bestehenden politischen System auszudrücken. Neben Liedern für Napoleon dichtete Müller von den Veteranen zu singende Loblieder auf den Großherzog, die *„Potentaten des Deutschen Bundes"*, den *„Gouverneur der Bundesveste Mainz"*, den Kreisrat und etliche andere Autoritätspersonen, denen kaum irgendeine Doppeldeutigkeit unterstellt werden kann. Zumindest hier geht mit der Verehrung Napoleons keine Kritik an den bestehenden Verhältnissen einher. Allerdings liegt in der Erinnerung an eine andere, als gut empfundene Zeit offensichtlich auch ein Konkurrenzmoment zur direkt erfahrenen Situation. Dass Napoleons Streben nach nationaler Einigung nach den Zerwürfnissen der Revolution auch als beispielgebend für die deutsche Politik verstanden wurde, zeigt sich nicht zuletzt am Ausspruch des Mainzer Veteranenvorsitzenden Metz in der Revolutionszeit, dass die *„Deutschen längst einig sein"* würden, wenn es mehr Veteranen gäbe.

Der erste und mit 230 Mitgliedern auch der größte Veteranenverein im linksrheinischen Deutschland wurde 1833 in Mainz gegründet. 34 weitere Gründungen bis 1852 sind belegt, davon 19 in Rheinhessen. Eine der ersten Aktivitäten der Vereine war die Errichtung eines Denkmals, des sog. Napoleonsteins, der meist auf den mittlerweile in kommunaler Hand befindlichen Friedhöfen aufgestellt wurde. Auf den Denkmälern wurden nach ihrem Tod die Namen der Vereinsmitglieder eingemeißelt, nur selten allerdings die Namen der gefallenen und vermissten Soldaten. Die Steine hatten so die Funktion eines gemeinsamen Grabmals, das das Gedenken auch an diejenigen Soldaten aufrecht erhielt, deren Angehörige keinen Grabstein finanzieren konnten. Meist in ebenso großen Lettern wie der Name Napoleons wurde der Name des Großherzogs, mit dessen Erlaubnis die Steine aufgestellt wurden, angebracht. Die Steine dienten nicht zuletzt als Versammlungs- und Gedenkorte, an denen die Veteranen an Napoleons Geburts- und Todestag, aber auch an Allerheiligen und Allerseelen in Uniform und mit Fackeln aufmarschierten. Mit der Einweihung der Veteranensteine in Gonsenheim, Hechtsheim, Oppenheim und Oberolm jeweils an einem 25. August wurde auch der Verbundenheit mit dem Großherzog Ausdruck gegeben, wurde doch dieser Tag nach dem Todesdatum des heilig gesprochenen mittelalterlichen französischen Königs Ludwig IX. in Hessen-Darmstadt als „Ludwigstag" begangen. Auch der 26. Dezember, der Geburtstag des Großherzogs Ludwig II., war ein wichtiger Tag im Vereinsjahr, der mit Versammlungen und Ehrungen begangen wurde.

Dass die Vereine sozial nach unten nicht abgeschottet waren, sondern ihre Existenzberechtigung auch aus der „Brüderlichkeit" bezogen, verarmten Veteranen konkrete Hilfe versprachen und zudem für Angehörige der Unterschicht zugleich als Mittel der sozialen Anerkennung fungierten, dürfte auch zu ihrem Erfolg beigetragen haben. Vielleicht war es das von vielen Autoren beklagte Fehlen eines

deutschen Nationalismus im Linksrheinischen, das Platz ließ für die Verehrung des französischen Kaisers. Auch nach der Rheinkrise von 1840/41, als das neue Interesse der französischen Politik für die Rheingrenze eine publizistische Empörungswelle auslöste, von der zumindest die Lieder von der *Wacht am Rhein* und *vom freien deutschen Rhein*, den „sie" (die Franzosen) „nicht haben sollen" in die Traditionsbestände des deutschen Nationalismus eingingen, war dem Napoleonkult keineswegs der „Boden entzogen", wie die vielen Neugründungen der Veteranenvereine in den 1840er-Jahren zeigen. Hinweise auf eine politische Positionierung der Veteranen zugunsten der Erhaltung des napoleonischen Rechtssystems in Rheinhessen gibt es nicht.[87]

Eine neue „Aera" der Fastnacht

Ein zunächst städtisches Phänomen war die Neuorganisierung der Fastnacht. Ausgehend von der Kölner Fastnachtsreform der 1820er-Jahre, mit der das gehobene Bürgertum den Karneval neu ordnete und institutionalisierte und neue Elemente wie einen Umzug am Fastnachtsmontag, Generalversammlungen des Karnevalvereins (die später Sitzungen genannt wurden) und einen „Held Karneval" einführte, hatten sich ähnliche Praktiken in den Städten am Rhein ausgebreitet. Bereits 1833 organisierte ein „Narren-Comité" in Bingen einen Umzug am Fastnachtsdienstag. Ein erster zusammenhängender Umzug wurde 1837 in Mainz auf Initiative des Kaufmanns Nicolaus Kaufmann als „Krähwinkeliade" veranstaltet. Mit Bezug auf literarische Quellen, die „Krähwinkel" seit dem frühen 19. Jh. als fiktiven Ort kleinstädtischen Spießertums beschrieben, wurden bei Umzügen dieser Art letztlich auf in die Antike zurückzuführende szenische und theatralischstatische Formen satirischer Darstellungen und

Parodien eingesetzt. Mit der Darbietung eines *„Damen-Casinos"* wurden die uralten Motive der *„verkehrten Welt"* und der Verwechslung der Geschlechter aufgegriffen: *„die Weiber spielten, schlürften, conversirten, während die Männer die Hosen flickten"*. Gleichzeitig wurde hiermit die vornehme Casinogesellschaft persifliert. Zukunftsweisend für die Mainzer Fastnacht war der Einsatz einer „närrischen Bürgerwehr", aus der dann 1838 die Mainzer Ranzengarde hervorging. Mit der Gründung des Mainzer Carnevalvereins wurde das Ziel verfolgt, eine Fastnacht *„in besserer Ordnung und edlerem Geschmack"* zu feiern. Die erste Sitzung des Vereins, der zwei weitere folgten, fand unter dem Vorsitz des Vereinspräsidenten Carl Michel am 2. Februar 1838 statt und wurde von Kaufleuten, Handwerkern, aber auch den österreichischen und preußischen Offizieren, unter ihnen der preußische Kommandant Baron von Müffling, besucht. Die eigentlichen Fastnachtstage wurden sonntags mit dem Aufmarsch der Ranzengarde vor dem Theater eröffnet. Angeführt wurde sie von dem wohlhabenden Kaufmann Johann Kertell, dessen vielfältige Geschäftskontakte nach Köln ihn zu einem der wichtigsten Vermittler der Kölner Karnevalsreform machten. Nach einem Kutschenkorso wurde zum Dinner und abschließend zu einem Ball in das Theater geladen. Montags fand der erste – allerdings noch nicht unter diesem Namen firmierende – Rosenmontagszug der Mainzer Geschichte mit hunderten Mitwirkenden und tausenden Zuschauern statt. Erstmals trat hier – nach Kölner Vorbild – der Kaufmann Ludwig Chary als „Held Karneval" auf. Dienstags wurde die Kappenfahrt veranstaltet, bei der Maskierte in einem Kutschenkorso durch die Stadt fuhren. Der Aschermittwoch wurde mit einem Heringsessen begangen. Dieses Grundgerüst des Karnevaltreibens wurde im Wesentlichen beibehalten, in den kommenden Jahren aber noch weiter ausgebaut. 1839 wurde

der Umzug als Hochzeitszug anlässlich der Vermählung von Prinz Carneval und „Jungfrau Moguntia" mit 60.000 Teilnehmern und Zuschauern, darunter 20.000 Auswärtigen, organisiert. Ein „Lustlager" der Ranzengarde zog als großes Volksfest am Fastnachtsdienstag 30.000–40.000 Besucher an. 1840 wurden erstmals bei einer der Sitzungen Frauen zugelassen. 1841 und 1842 wurden „närrische" Jahrmärkte in der neuen Fruchthalle mit bis zu 8.000 Besuchern veranstaltet und der Erlös wurde den Armen gespendet.

Mit dieser Neuausrichtung der Mainzer Fastnacht schuf sich das Bürgertum eine Bühne zur Selbstdarstellung. Unverkennbar waren die wichtigsten Akteure, die Präsidenten des Karnevalvereins, die Anführer der Ranzengarde, die Darsteller des Prinzen Carneval und vieler anderer Fastnachtscharaktere, Angehörige der bürgerlichen Oberschicht, die ihre vielfältigen lokalen und überlokalen Kontakte auch in närrischen Kontexten auszubauen verstanden. Nicht zuletzt daran, dass Berichte über das fastnachtliche Treiben auch in überregionalen literarischen und bildungsbürgerlichen Zeitschriften erschienen, dass Zeichner kolorierte Bilder anfertigten und Kunsthändler zu tausenden reproduzierte Fastnachtsszenen verkauften, zeigt sich das neue Verständnis des Karnevals als bürgerliche Veranstaltung. Wenn auch 1838 berichtet wurde, dass die *„Narrenkappe das Ständewesen verwischt"* habe, dass die Fastnacht keine Standesunterschiede mehr kenne, so wird an den Beispielen der Hüte, die durch die Narrenkappe ersetzt worden seien, nämlich dem Doktorhut, dem Richterhut und anderen *„prägnanten Kopfbedeckungen"*, doch deutlich, dass die Autoren vor allem die Häupter der wohlhabenderen Bürger im Blick hatten. Die Beschreibungen der Aktivitäten der ersten Jahre zeigen sehr deutlich die sozialen Unterschiede beim Feiern. Angesichts von zehntausenden Teilnehmern kann kaum von einem Fest des gehobenen Bürgertums gesprochen werden. Offensichtlich partizipierten alle sozialen Gruppen. Aber federführend waren eben die auch sozial, politisch und wirtschaftlich führenden Männer der Stadt. Das „Comité", das den Ablauf des Karnevals plante, verfüge über „reiche Mittel", zu den Versammlungen kamen auch „hochgestellte Personen", die „begüterten Einwohner" stellten der „Narrengesellschaft" ihre „närrisch ausgerüsteten Equipagen" für die Kappenfahrt zur Verfügung. Vor allem die „mittlern und unteren Volksklassen" tanzten auf den Maskenbällen im Theater, während die „andern Stände" in den Logen saßen und dem Treiben zusahen. In der Beschreibung dieser Tanzvergnügen klingt der Vorwurf an die allzu dionysische Art des Feierns durch: „Wir finden da wenig Witz und viel Staub, viel Tanzlust und wenig Raum, viel Taumel und wenig Vergnügen". Angesichts solcher Vorbehalte wird auch klar, dass 1839 über die Mainzer Fastnacht konstatiert wurde, das „Narrenfest (ginge) noch nicht ganz aus dem Volke hervor" und sei noch „nicht ganz Volksfest geworden".[88]

Genau diese Abgrenzung nach unten hatte überhaupt zur Neuerfindung des Karnevals geführt. „Nur Kinder und ältere Leute aus den untersten Volksklassen" hätten vor der Neuerfindung des Karneval auf der Straße gefeiert, erinnerte sich Ludwig Bamberger an seine Mainzer Kindheit und Jugend. Über „Masken in schmutzigen Gewändern", die durch die Straßen zögen und auch die Bälle, bei denen nur einige Kreuzer Eintritt verlangt werden würden, besuchten, klagte ein Zeitungskorrespondent 1831. Selbst bei den Maskenbällen im Theater, an denen „Damen und Herren aus den ersten Familien, wenigstens als unmaskierte Zuschauer" teilnahmen, machte sich so „gemeine Fröhlichkeit" breit. „In Verfall gerathen" sei das „Volksfest", einzelne Harlequins seien mit „bunten, abge-

schabten Fetzen am Leib" auf der Straße herumgestreift, „befuselte (...) geist- und witzarme maskierte Carnevals-Nullitäten" seien auf Leiterwägen durch die Stadt gefahren, berichtete Eduard Reis 1841. Das waren die Reste einer alten Fastnachtsherrlichkeit in der Stadt, in der vom Mittelalter bis zum Untergang der Kurfürstenresidenz rauschende Feste gefeiert worden waren, mit Maskenbällen am Hof und in den Adelspalais, Kutschenkorsos mit Maskierten, sog. Piroutchaden, Umzügen und Volksfesten auf dem zugefrorenen Rhein. Bereits unter Kurfürst Erthal war es zu Einschränkungen gekommen. In der französischen Zeit war die Fastnacht ganz verboten worden, nur 1810 waren Masken auf den Straßen erlaubt. Danach feierte die Oberschicht wieder Maskenbälle, an denen sich auch die militärischen Würdenträger der Festung beteiligten. Die Straßenfastnacht aber wurde von den wohlhabenderen Schichten eher als Bedrohung wahrgenommen. Alte Heischebräuche, das „Schnorren", weiteten sich zu als Übergriffe und als Bettelei empfundenen Praktiken aus. Der Bericht, dass Maskierte drei reiche Herren verfolgt, sich als deren Kinder ausgegeben und um Brot gebettelt hätten, erinnert angesichts des Hintergrundes, dass die Herren Gläubiger der Maskierten waren und Zwangsvollstreckungen gegen jene durchgesetzt hatten, an die Tradition der Narrengerichte, bei denen Überschreitungen gesellschaftlicher Normen zur Sprache gebracht wurden. Wirte beschwerten sich über Maskierte, die in ihren Gaststätten um freies Essen und Getränke bettelten. Schon 1823 reagierte die Regierung auf diese als Exzesse beschriebenen Erscheinungen: Masken sollten nur noch an den letzten drei Fastnachtstagen erlaubt sein, ansonsten nur auf lizensierten Maskenbällen getragen werden, Maskierte sollten nicht schreien, keinen Lärm verursachen, sich Passanten nicht aufdrängen, und der Polizei ihre Identität nachweisen können. Tumultuarische

Versammlungen von Maskierten waren verboten. Mit dem Verbot der – europaweit bekannten – Traditionen der „Charivaris" oder „Katzenmusiken", die als populärkulturelle Formen der Kritik an Mächtigen und Herrschenden, aber auch an sozialen Außenseitern verstanden werden können, wurde nicht nur dem Interesse des Staates an der Eindämmung unkontrollierbarer öffentlicher Aktivitäten, sondern auch dem der bürgerlichen Schichten an Schutz vor unliebsamer Kritik von Seiten der Unterschicht nachgekommen. Aber erst mit der Neuerfindung der Fastnacht als bürgerliches Spektakel konnten die anarchischen Elemente des Feierns weitgehend zurückgedrängt werden. Dass es sich mit der Abkehr von seit dem Mittelalter vertrauten Formen und der Hinwendung zu Praktiken, die stärker unter dem Einfluss des italienischen und französischen Karnevals standen, um eine „Verweltlichung" der Fastnacht handelt, wird auch daran deutlich, dass die neue Form des organisierten Feierns konfessionelle Grenzen übersprang, dass in mehrheitlich protestantischen Städten wie Worms und Alzey in den frühen 1840er-Jahren ebenfalls Karnevalsvereine entstanden und dass zu den ersten prominenten Fastnachtern der neuen „Aera" Juden wie Eduard Reis, Ludwig Kalisch, auch Ludwig Bamberger und in Alzey Simon Belmont zählten.[89]

Es war naheliegend, dass das Mainzer Bürgertum den neuen Karneval für politische Aussagen nutzte, in einer Situation, in der seine Vertreter in Darmstadt einer regierungstreuen Mehrheit gegenüberstanden, Presse- und Vereinswesen stark eingeschränkt waren und gerade für die Provinz Rheinhessen brisante Themen auf der Tagesordnung standen. Mehr als in allen anderen Städten entfalteten sich hier in den Büttenreden der Sitzungen, in den Fastnachtszeitungen, in theatralischen und symbolischen Aktionen der Straßenfastnacht

Formen eines politischen, teilweise auch eines literarisch-politischen Karnevals. Schon 1831 hatte ein maskierter Mainzer, der „in Kostüm, Haltung und Bewegung" Napoleon „ziemlich getreu nachgeahmt" hatte, auf einem Maskenball im Schauspielhaus Aufsehen erregt. Dass dieser Auftritt als politisches Statement gewertet werden kann, zeigt sich an den offensichtlich begeisterten „Vivatrufen", die die Musik übertönten, und an den Unmutsäußerungen einiger anwesender Militärangehöriger, die der Polizei Anlass gaben, den Napoleonimitator und sein Gefolge vom Maskenball „zu entfernen". Die Berichte von den ersten Sitzungen ab 1838 enthalten noch kaum Hinweise auf explizit Politisches. Hatte doch der Karnevalverein bei seiner Gründung – sicher nicht zuletzt, um seine Konzession zu erhalten – zugesichert, „staatsrechtliche als bürgerliche und kirchliche Verfassungen oder Personalitäten" nicht anzutasten. Einen erheblichen Politisierungsschub brachten die Karnevalszeitungen. Abermals nach Kölner Vorbild erschienen in Mainz ab 1841 die von Franz Wiest, ab 1843 von Ludwig Kalisch herausgegebene Narrhalla und ab 1844 die von dem Arzt und Publizisten Eduard Reis herausgegebene Neue Mainzer Narrenzeitung, in denen neben allerlei harmlosen Albernheiten etliche politische Anspielungen und Satiren, die teilweise auch als Büttenreden auf den Sitzungen gehalten wurden, Platz fanden. Die auch in anderen Presseorganen als „seriöse" Journalisten tätigen Aktivisten nutzten in den Fastnachtsblättern den offensichtlich größeren Spielraum, um trotz der verschärften Zensur beißende Kritik an den politischen Zuständen zu üben. Die fehlende Pressefreiheit und die Zensur, aber auch das Verhältnis zu Frankreich und die bedrohten rheinhessischen Institutionen waren häufige Themen. Mit den Leitbegriffen „Narrheit! Einigkeit! Oeffentlichkeit! Mündlichkeit!" wurden einerseits die Parolen der Französischen Revolution persifliert, wurde andererseits aber auch Stellung in dem Streit um die Beibehaltung der öffentlichen und mündlichen Verfahren als Teil der napoleonischen Rechtskodifikationen bezogen. Nationaler Hysterie als Reaktion auf die in der „Rheinkrise" 1840/41 in Frankreich wieder diskutierte Rheingrenze begegnete man mit Ermahnungen an den „deutschen Michel" mit der „Nachtmütz auf dem Kopfe, mit dem wohlgenährten Weinbauch, mit dem respektablen Zopfe", sich nicht von Franzosenhass anstecken zu lassen und nicht mit in die nationalen Gesänge vom „Deutschen Rhein" einzustimmen, aber auch mit der Warnung an Frankreich, „jetzt erklingen Narrenschellen, doch sind auch Kanonen da." Der in den Zeitungen und auf den Sitzungen immer präsente Kampf mit der Zensur kulminierte am Rosenmontagszug 1846 in der Verbrennung der Zensur, die als Statue dem die Pressefreiheit symbolisierenden Gutenbergdenkmal gegenüber aufgestellt worden war.[90]

Wenn auch – wohl aufgrund der schützenden Hand Lichtenbergs und des Bürgermeisters Nack – in den Zeitungen und auf den Sitzungen erstaunlich viel möglich war, so fehlte es doch nicht an staatlichen Eingriffen. Die Schriftstellerin Kathinka Zitz-Halein, die getrennt von ihrem Mann, dem Advokaten, in der Revolution 1848/49 als einer der demokratischen Führer aktiven, 1844 aber als Präsident des Mainzer Carnevalvereins fungierenden Franz Zitz, lebte, fühlte sich durch eine satirische Annonce in der ersten Ausgabe der Narrhalla im Jahr 1844 wohl zu Recht angesprochen: „Eine Gans, die sich mit Dichterfedern schmückt und schon einigemale stark gerupft worden, wünscht an den Mann zu kommen. Näheres sagt der Verlag." Ihre Entgegnung, als „Offenes Sendschreiben" in der Neuen Narrenzeitung veröffentlicht, wurde vom Narrhalla-Redakteur Ludwig Kalisch dankbar

aufgegriffen und mit weiterem Spott über die literarische Qualität ihrer Werke, aber auch ihre Person beantwortet: „Warum sollten wir auch länger streiten? Ich bin nur ein Mensch und Sie sind auch nur ein Mensch (…) Ich kann viel vertragen, und daß auch Sie viel vertragen können, hab' ich vor zwei Jahren gesehen, als ich einigemale das Glück hatte, Ihr Tischnachbar zu sein." Mit einem ernsthaften „Letzten Wort an den Redacteur der Narrhalla" und der Warnung, die Fastnacht dürfte nicht zur „Arena beleidigender Persönlichkeit" werden, antwortete Kathinka Zitz-Halein ein weiteres Mal in der Neuen Narrenzeitung, wandte sich aber auch gleichzeitig an den Großherzog mit der Klage, dass die Zensur „wo eine freisinnige Idee auftauchen will", schnell zur Stelle sei, aber „Leben und Ehre friedlicher Bürger" nicht schütze. Vor allem aber ihr Hinweis auf ein Spottgedicht Kalischs auf den bayerischen König Ludwig I., das der Zensur entgangen war, weil es in zwei Spalten gesetzt war, deren Inhalt sich erst erschließt, wenn die Wörter in den Spalten abwechselnd gelesen werden, führte zum Verbot der Narrhalla, das allerdings 1845 wieder aufgehoben wurde. Dass Eduard Reis, der Redakteur der Neuen Narrenzeitung Kathinka Zitz-Halein trotzdem auch 1845 noch zur Mitarbeit in seinem Blatt aufforderte, zeigt, dass der Streit zwischen ihr und Kalisch auf Seiten der Fastnachter nicht einseitig zugunsten Kalischs beantwortet wurde, zumal dessen Motivation in dieser Angelegenheit undurchsichtig war. Es scheint auch um verletzte Eitelkeiten gegangen zu sein, um Neid, um wohlfeile Verbreitung von Vorurteilen gegen Schriftstellerinnen und möglicherweise auch um die Positionierung an der Seite von Franz Zitz, der mit seiner Frau im Rechtsstreit wegen Unterhaltszahlungen gelegen hatte. In seiner die Saison 1844 beschließenden Rückschau distanzierte sich Eduard Reis offensichtlich von Kalisch: „die Ironie sollte nur *beschämen aber nicht zernichten, der Witz sollte lächeln aber nicht verhöhnen, der Humor sollte heilen und nicht verletzen"* und warnte vor einer *„terroristische(n) Narrheit"*, einem *„Robespierre in der Schellenkappe"*, einer *„Politik der Harlequins"*.

Dass auch in der Mitte des 19. Jhs. Fastnachter bei der Fastnacht keinen Spaß verstanden, zeigt sich an der Geschichte der „Duttinger", einer Gruppe, die sich 1844 vom Karnevalverein abspaltete. Darin können auch soziale Differenzen zwischen der Handwerkerschicht, die sich im MCV nicht genügend repräsentiert sah, und dem höheren Bürgertum erkannt werden. Die Fastnacht sei *„zu bequem, zu vornehm, zu behäbig"* geworden, so Eduard Reis in einem Artikel über die Duttinger, die ihren Namen von der „Dutt", einer papierenen Tüte, ableiteten, die sie sich statt der teureren Narrenkappe aufsetzten. Nicht alle MCV-Mitglieder fanden wie Reis, dass eine *„Verjüngung der Kappe Noth"* tue. Nicht zuletzt auf Drängen des Vereins wurden die „Duttinger" schon nach drei Monaten von der Polizeibehörde aus *„Sicherheitsgründen"* aufgelöst. Dass die Fastnacht ihren Stachel nicht verlor, vielleicht auch, weil die aktiven Duttinger wieder in den Verein zurückkehrten, zeigt sich in der Kampagne 1846, als nicht nur die Kommentare in den Fastnachtszeitungen an Schärfe gewannen und die Verbrennung der Zensur inszeniert wurde, sondern auch die Sitzung offensichtlich so brisante Themen aufarbeitete, dass Regierungspräsident von Dalwigk und die österreichischen und preußischen Generäle vorzeitig den Saal verließen.[91]

Eine „moderne Hambachiade"? Die deutschkatholische Bewegung

Auch die deutschkatholische Bewegung in der Vormärzzeit kann zu den Ausprägungen einer bürgerlichen Öffentlichkeit zählen, die ihre Stärke nicht zuletzt auch aus der herrschenden politischen Restriktion ableitete. Im Oktober 1844 hatte der schlesische Kaplan Johannes Ronge in einem offenen Schreiben an den Trierer Bischof Arnoldi die Ausstellung der Reliquie des „Heiligen Rocks" in Trier scharf kritisiert, was zu seiner Exkommunikation führte. Die aus der folgenden Auseinandersetzung entstehende deutschkatholische Bewegung verband ihre antirömische, rationalistische Ausrichtung mit einem politischen Programm, das bereits in dem Sendschreiben Ronges vorformuliert war: gegen Tyrannei, für Freiheit und Nation, für sozialpolitische Reformen. Durch die Ausweitung der Reformvorschläge aus dem rein kirchlichen Rahmen hinaus, wuchs die Bewegung schnell zu einer der wichtigen oppositionellen Strömungen in den Jahren vor der Revolution von 1848 heran, die nicht nur von katholischen Glaubensangehörigen Zulauf erhielt. Besonders erfolgreich waren die Deutschkatholiken in Rheinhessen. Der Prediger Kerbler, ein früher Mitstreiter Ronges, kam im Frühjahr 1845 nach Kreuznach, wo es seit Februar erste Initiativen für eine deutschkatholische Gemeinde gab. Im April gründete sich eine erste Binger Gemeinde, im Mai wurde der erste Gottesdienst in Kreuznach gehalten, zu dem auch Anhänger der Bewegung aus Bingen, Armsheim und Planig kamen. In Worms wurde die deutschkatholische Gemeindebildung seit März 1845 von dem Arzt Ferdinand von Loehr vorangetrieben. Der erste Gottesdienst wurde am 1. Juni von Kerbler gehalten. Noch im selben Monat hatte die Gemeinde bereits 400 Mitglieder. Am 15. Juni konstituierte sich die Wörrstädter Gemeinde, mit einem ersten Gottesdienst Kerblers in Alzey am 9. Juli beginnt die Geschichte der dortigen Gemeinde. Gerade in Alzey ist zu sehen, mit welcher Unterstützung die Deutschkatholiken in der Gründungsphase rechnen konnten. Der evangelische Kirchenvorstand hatte „bereitwillig" sein Gotteshaus zur Verfügung stellen wollen, was aber aufgrund einer ministeriellen Verfügung nicht erlaubt wurde. Am ersten Gottesdienst versammelten sich etwa 1.000 Menschen, die Alzeyer Liedertafel sang. Nach dem Gottesdienst wurde ein Festessen mit 250 Personen aus allen Konfessionen veranstaltet, bei dem der evangelische Dekan ein „Hoch" auf den deutschkatholischen Prediger ausbrachte. Ihm zu Ehren wurde zwei Tage später von beiden Gesangvereinen ein Fackelzug mit abermals 1.000 Teilnehmern veranstaltet. Ganz ähnlich verlief der Gottesdienst Kerblers in Wörrstadt einige Tage später, zu dem 1.700 Menschen kamen.

Dass es sich bei der Massenbegeisterung nicht um ein rein religiöses Phänomen handelte, sondern mit dem Deutschkatholizismus offensichtlich auch ein politisches Programm verbunden wurde, das durch seine Nähe zur liberalen und demokratischen Bewegung gekennzeichnet war und auch die Hoffnung weckte, dass mit einer nationalen Einheit auch eine Überwindung der konfessionellen Distanz einhergehe, zeigt sich etwa an einer Rede Kerblers in Kreuznach: „Es wird kommen der Tag, wo man nicht mehr sagen wird, hier ist Preußen, dort Württemberg, hier Baiern, dort Hessen, nein! Alle werden laut rufen: ein einig Deutschland ist unser Vaterland." Die Einheit werde aber erst vollkommen sein, wenn „alle Herzen durch einen Glauben in der wahren Religion verbunden sind!" In Wörrstadt versprach er, dass der „Deutschkatholizismus (…) zur innigen Verbindung der deutschen Bruderstämme (…) eine herrliche Vermittelung darbiete." Der Besuch Ronges in Worms Ende September/An-

fang Oktober 1845 geriet wie in vielen anderen Städten zu einem triumphalen Empfang: „Tausende und Abertausende hatten sich eingefunden, diese Männer zu sehen, und mit weitschallendem Jubelrufe in unserer Stadt willkommen zu heißen. Eine lautlose Stille herrschte, als das Dampfboot sich näherte, das die ersehnten Gäste bringen sollte. Um so gewaltiger aber brauste der Freudenruf auf, da man Ronge mit seinen Gefährten erkannte, und mischte sich mit den fernhin hallenden Böllersalven. Überall sah man Zeichen der Freude und des herzlichen Willkomms." Der erste Gruß, das „erste Lebehoch" bei einem Festessen mit Ronge und vielen seiner Anhängern im „Rheinischen Hof" galt dem „verehrten Landesvater, sowie seiner erhabenen Familie", was wohl mit der Vorsicht der neuen Bewegung, nicht als politische Vereinigung verboten zu werden, zu erklären ist. Schon bei seiner ersten Rede nach der Ankunft hatte sich Ronge mit Luther verglichen und auch seine Beschreibung im Tagebuch Johann Weißheimers als Reformator legt nahe, dass diese Rolle ihm auch von seinen Anhängern zugeschrieben wurde. Von den Städten griff die Bewegung auf die Landgemeinden und Kleinstädte über. In Bechtheim wurde im November 1845 eine Filiale der Wormser Gemeinde gegründet, in Rheindürkheim im Februar 1846. In beiden Fällen stellten die Ibersheimer Mennoniten ihre Kirche für Versammlungen zur Verfügung. Im April erfolgte die Gründung in Osthofen. In Kriegsheim, Monsheim, Mölsheim, Horchheim und Wachenheim lebten einzelne Deutschkatholiken. Die im April 1847 in Oppenheim gegründete Gemeinde hatte mit einigen staatlichen Widerständen zu kämpfen. Weitere Gemeinden entstanden in Framersheim, Odernheim, Eich, Dorndürkheim und Westhofen. Auffälligerweise lag der Schwerpunkt im mehrheitlich protestantischen südlichen Rheinhessen. Dem Aufruf Ronges entsprechend, der sich an Katholiken und an Protestanten richtete, sind in der deutschkatholischen Bewegung Aktive aus beiden Konfessionen zu finden, sowohl unter den Predigern als auch unter den Gemeindemitgliedern. Gerade von protestantischer Seite aus wurden die neu gegründeten Gemeinden stark unterstützt. In Mainz war es wesentlich schwieriger, eine Gemeinde zu begründen. Zunächst wurde nur ein Lesezirkel ins Leben gerufen, dem im Februar 1847 die Gründung einer Gemeinde folgte. Vor dem Versammlungsort in der Großen Bleiche wurden die Interessierten allerdings von einer großen Menge aufgebrachter Katholiken empfangen, die mit Schreien und Pfeifen versuchten, den Zugang zum Gottesdienst zu erschweren. Dennoch wuchs die Gemeinde unter Führung des Kaufmanns Christian Scholz bis Ende des Jahres auf etwa 1.000 Mitglieder an. Der Gründung einer Gemeinde in Lörzweiler wurde angeblich von Mainz aus entgegengearbeitet.

Die Wormser, mit 900 Mitgliedern größte rheinhessische deutschkatholische Gemeinde wurde schon bald durch interne Differenzen erschüttert. Der ehemalige protestantische Theologe Eduard Schröter war dort im November 1845 zum Prediger gewählt worden, hatte aber bald die Gemeinde aufgrund seiner religiös und politisch radikalen Haltung gespalten. Hinter Schröter, dem *„socialistische Grundsätze“* vorgeworfen wurden, stand die Mehrheit der Gemeinde, vor allem die Handwerker und Tagelöhner, während die bürgerliche Minorität den Initiator der Wormser Bewegung Ferdinand von Löhr unterstützte. Die Kontroverse wurde öffentlich über die Zeitung und selbst mit Handgreiflichkeiten innerhalb von Gemeindeversammlungen ausgetragen, bis es im November 1846 zur Trennung und zur Bildung von zwei Gemeinden kam.

Der geballte Einsatz teilweise schon aus den politischen Bewegungen und dem Vereinsleben bekannter Elemente öffentlicher Kommunikation – Volksversammlungen gleichkommende Gottesdienste und Gemeindeversammlungen, öffentliche Auftritte der Führungspersonen, Umzüge, Reden, öffentliche Festmahle, Flugschriften sowie Presseartikel, – übte die Akteure ein weiteres Mal in Techniken der Massenmobilisierung ein. Dieser Zusammenhang wurde von dem evangelischen Pfarrer in Sulzheim schon erkannt, der die deutschkatholische Bewegung in Wörrstadt als *„moderne Hambachiade“* bezeichnete. Dass Anhänger und Sympathisanten des Deutschkatholizismus dann zu prominenten Vertretern der demokratischen Bewegung wurden, etwa auf überregionaler Ebene Robert Blum, im lokalen Bereich Ferdinand von Löhr, Philipp Bandel, Karl Behlen oder Martin Mohr, ist sicher nicht nur mit der inhaltlichen Nähe von religiöser und politischer Bewegung, sondern auch mit ihren Erfahrungen aus den deutschkatholischen Anfängen zu erklären.[92]

„Brotunruhen“ und „Armensuppe“ – die Teuerungskrise 1845–1847

Im Dezember 1846 verbreitete sich in Mainz das Gerücht, die Garnison solle um *„4000 Mann vermehrt“* werden. Den Grund dafür sahen viele Zeitgenossen in der *„hier und in der Provinz Rheinhessen nun nicht mehr bezweifelten Aufregung“*. Zweifelsohne bezog sich diese Charakterisierung auf die politische Situation. Gleichwohl könnte sie auch für die wirtschaftliche und soziale Lage gelten. Die sich 1845 europaweit ausbreitende Kartoffelfäule hatte zwar Rheinhessen nicht so stark getroffen wie andere Regionen und Länder. Der nasse Sommer hatte aber auch hier das Getreide schlecht reifen lassen. Auch im Jahr 1846 kam es zu Ernteausfällen. Die dadurch verursachte Teuerung traf die ländlichen und städtischen Unterschichten in einer ohnehin seit langem aufgrund steigender Getreidepreise angespannten Situation, was unter anderem schon im Sommer 1846 in Mainz zu „Brotunruhen" geführt hatte. Ein außergewöhnlich harter Winter 1846/47 verschärfte die Situation zusätzlich. Die staatliche und kommunale Reaktion auf die Krise folgte alten Mustern. Fast hilflos wirken die Erlasse der staatlichen Behörden: Empfehlungen für Ernte- und Aufbewahrungsmethoden, Verbot von Getreideaufkäufen zur Branntweinherstellung und Versuche der Marktregulierung. Die Bewältigung der Misere blieb in erster Linie Aufgabe der Kommunen. In den Städten wurden Suppenküchen für die Armen eingerichtet. Der Carnevalverein in Mainz sagte im Winter 1846/47 die Fastnachtsfeierlichkeiten ab und warb um freiwillige Spenden für die Armen der Stadt. Auch die Wormser „Narrhalla" verzichtete auf ihre Sitzungen und organisierte eine Benefiz-Theatervorstellung. In Mainz organisierte die Frau des Festungskommandanten eine Verlosung zugunsten der Armen. Nicht zuletzt war die Angst vor sozialen Unruhen Triebfeder des staatlichen und bürgerlichen Handelns.[93]

Das Ende des Vormärz

Parallel zur Agrar- und Teuerungskrise nahmen die politischen Auseinandersetzungen um geplante Rechtsreformen, die in Rheinhessen als Angriff auf die „Institutionen" angesehen wurden, zu. Der 1844 gewählte Landtag war im November 1846 wieder einberufen worden, um über Veränderungen des Personenrechts und des Polizeistrafgesetzbuches zu beraten. Diese Pläne führten zu enormen Protesten. Letztlich ging es um die Beibehaltung des rheinhessischen Sonderstatus, den man durch das „Besitzergreifungspatent" von 1816 als garantiert ansah. Diese Argumentation wurde von Gagern, der im Januar 1847 wieder in den Landtag gewählt

wurde, gegen anders lautende Gutachten und Einschätzungen prominent vertreten. Trotz einer unterstützenden öffentlichen Kampagne konnten sich die überwiegend oppositionellen rheinhessischen Abgeordneten gegen die regierungstreue Mehrheit in der Zweiten Kammer erwartungsgemäß nicht durchsetzen. In ihrer Unnachgiebigkeit wurden sie von Oppositionellen benachbarter Staaten bestärkt. „Sobald Rheinhessen aufgebe", so der rheinische Liberale Hansemann, „sei es auch in Rheinpreußen und Rheinbayern damit geschehen."

Statt mit Resignation reagierte die politische Öffentlichkeit Rheinhessens mit fortgesetzter Widerspenstigkeit. Direkt nach der Abstimmung wurden trotz Verboten Versammlungen einberufen. Anfang Januar 1847 trafen sich in Alzey „Deputationen aus ganz Rheinhessen", um über das weitere Vorgehen zu beraten. Eine Versammlung in Bingen wurde untersagt, in Mainz „discutir(t)en" in einem einschlägig bekannten Lokal politisch Interessierte und „Fragen des Tages", immer in Anwesenheit des „Polizeicommissärs". Hausdurchsuchungen wegen eines Flugblattes mit einem „revolutionären Gedicht" bei allen Mainzer Lithografen und anderen Verdächtigen erregten Aufsehen, weil man „hier nie von derartiger polizeilicher Thätigkeit was vernommen" hatte. Die als neuartig wahrgenommene strikte Verfolgung oppositioneller Regungen wurde mit dem neuen Provinzialkommissar Reinhard von Dalwigk, der dem beliebten Lichtenberg nach dessen Tod 1845 ins Amt gefolgt war, in Zusammenhang gebracht.

Gegen die verstärkten politischen Aktivitäten konnte aber auch Dalwigk nicht allzu viel ausrichten. Wie schon bei früheren Gelegenheiten wurden die von dem beendeten Landtag heimkehrenden Abgeordneten im Juli mit Empfängen geehrt, die der stets anwesende Gagern zu politischen Reden nutzte. Auf einem *„Abgeord-netenbanquet"* in Mainz im August rechnete man mit mehreren tausend Besuchern. Radi-kaler ging es offensichtlich bei den Turnern zu. Bei einem der ersten nationalen Turnertreffen in Bingen sollen Flugblätter mit dem Aufruf *„Brot oder Revolution"* aufgetaucht sein und wurden adelsfeindliche Lieder gesungen. Dass in dieser Stimmung im Herbst 1847 fast aus-schließlich oppositionelle Kandidaten in den Landtag gewählt wurden und die regierungs-treuen Kräfte auch im Rechtsrheinischen keine Mehrheit mehr bekamen, ist wenig erstaun-lich. Neu aus Rheinhessen in den Landtag kamen Johann Grode und Theodor Langen. In Wörrstadt wurde der, seit den Hambacher Zeiten bekannte, Oppositionelle Karl Beh-len gewählt, in Mainz der Anwalt Franz Zitz und der seit langer Zeit dem Landtag ange-hörende Franz Philipp Aull. Worms schickte, nachdem Gagern das Mandat dort zugunsten des Wahlbezirkes Lorsch abgelehnt hatte, den Anwalt Eduard Lehne. Als Demokraten galten Zitz, Behlen und Lehne, die anderen rheinhes-sischen Vertreter werden – außer dem liberal-konservativen Aull – dem liberalen Spektrum zugeordnet. Als der Landtag am 28. Februar 1848 nach einer über fünfwöchigen Pause wie-der zusammentrat, brachten Gagern, Wernher und Lehne gemeinsam mit dem Dillenburger Liberalen Frank in Anlehnung an einen ähn-lichen Antrag der badischen Ständeversamm-lung eine grundlegend systemverändernde Ein-gabe ein: Die Regierung solle in und außerhalb der Bundesversammlung darauf hinwirken, dass *„die Sorge für den Schutz der äußeren und inneren Sicherheit Deutschlands, insbesondere die Leitung der auswärtigen Angelegenheiten, des Heerwesens und der Volksbewaffnung in die Hand eines Kabinettes gelegt werde, dessen Mi-nister dem interimistischen Haupt Deutschlands und der Nation verantwortlich seien"* und dass dieses *„interimistische Haupt Deutschlands Ge-*

setzgebung und Besteuerung in Übereinstimmung mit einem Rat der Fürsten und einem Rat des Volkes nach den wesentlichen Formen des reprä-sentativen Systems ausübe und daß die Berufung der Nationalrepräsentation gleichzeitig mit der Ernennung des Bundeshauptes erfolge."

Mit diesem Antrag war der *„Vormärz"* wort-wörtlich beendet. Die Revolution hatte ein-gesetzt und wieder einmal war der Impuls von Frankreich ausgegangen. Am 22. Februar war dort die Revolution ausgebrochen, zwei Tage später hatte der König abgedankt und war nach England geflohen. Die Republik wurde aufge-rufen. Diese Entwicklung führte in vielen Tei-len Europas zu revolutionären Erhebungen.[94]

März 1848

„Am 27ten Februar laß man in den Zeitungen die Vorfälle in Paris, die Revolution und die Flucht des Königs Louis Philipp. Diese Nachrichten brachten eine ungemeine Aufregung hervor, ge-steigert noch durch die Vorfälle in Baden." So wie Johann Weißheimer erlebten wohl die meisten Bewohner Rheinhessens die letzten Februar- und die ersten Märztage 1848. Am schnellsten reagierten die Mainzer. Noch am Abend des 28. Februar lud der Abgeordnete Zitz in eine Wein-wirtschaft ein, um über eine *„Adresse"* beraten zu lassen, in der die Forderungen der Mainzer Bürger zusammengefasst wurden. In Inhalt und Tonfall ähnelt die Adresse der Mainzer sehr dem am 27. Februar von einer Volksversammlung in Mannheim beschlossenen Forderungskatalog. *„Rheinhessens Bürger verlangen Alles, was ihnen die Verfassungsurkunde zugesteht, und was zum Schutz ihrer Freiheit und ihrer Rechte dienen kann"*: Pressefreiheit, Garantie ihrer Gesetz-gebung, Volksbewaffnung statt eines stehenden Heeres, *„Freiheit des Gemeinde- und Volkslebens"* ohne Beeinträchtigung durch Polizei und Be-

amte, Versammlungsrecht, Petitionsrecht, ein besseres Wahlgesetz, Gleichstellung und Freiheit des *„Religiösen Cultus"*, schließlich: *„eine wahrhafte Vertretung des deutschen Volkes durch ein deutsches Parlament"*. Unmissverständlich wird betont, dass nur die Erfüllung dieser Forderungen *„Rheinhessens Bürger"* weiterhin *„Treue"* gegenüber ihrem Regenten *„bewahren"* lasse und verhindern könne, dass der *„Stimme des Volkes"* nicht mit *„bewaffnetem Arm"* – wie in Frankreich – Gehör verschafft werde. Nach dem Mainzer Vorbild versammelten sich in den nächsten Tagen an vielen Orten Bürger, um Forderungen an ihre Abgeordneten zu formulieren. Die radikale Forderung der Mainzer, das stehende Heer abzuschaffen, wurde nicht von allen übernommen. So verlangten die Wormser, das Militär auf die Verfassung zu vereidigen und

Abb. 33:
Franz Zitz.

nur gegen äußere Gefahren einzusetzen. Bei der *„Sicherheit der Bürger"* wolle man auf den Bürger selbst vertrauen und eine Bürgerwehr, die ihre *„Führer"* selbst wählt, aufbauen. Die Binger wollten nur eine Verminderung der stehenden Heere durchsetzen. Eine zweite Mainzer Adresse, in der sich Bürgermeister, Stadtratsmitglieder, Handelsgericht, und eine *„Menge der notabelsten Bürger"* den Forderungen anschlossen, milderte mit der Formulierung einer *„möglichste Verminderung des stehenden Heeres"* eben diesen Punkt auch ab. Die Abschaffung der Kreisräte wurde in Worms und Pfeddersheim ausdrücklich genannt. Dass die *„Polizeigewalt"* nicht gegen Volksversammlungen einschreiten darf, war Wunsch der Wöllsteiner, die zudem auch für die Verbesserung des Volksschulwesens und der *„äußern Umstände der Volkslehrer"* plädierten. Ebenfalls in Wöllstein, aber auch in Bingen wurde das Argument stark gemacht, diese Maßnahmen seien notwendig, um bei einer möglichen kriegerischen Bedrohung durch Frankreich als vereinte und freie Nation reagieren zu können. Im Vergleich zu vielen rechtsrheinischen Adressen fällt auf, dass lokale Problemfelder nicht angesprochen wurden. Die Adressen enthalten ausschließlich politische Forderungen und gehen nirgends auf soziale oder wirtschaftliche Missstände ein. Großer Wert wurde auf die Legitimität der Anliegen gelegt, die durch die Verfassung und durch das Recht auf Freiheit gedeckt seien. In Bingen erinnerte man sogar an die Rechte, die sich *„der Deutsche"* in den *„welthistorischen Kämpfen"* gegen Napoleon errungen habe und die ihm vorenthalten worden seien. Zitz wies darauf hin, dass bis zur *„vollständigen Befriedigung"* der Forderungen und bis zum Rücktritt du Thils *„Steuerverweigerung ein constitutionelles Recht"* sei.

Die von Großherzog Ludwig II. am 4. März gegebene Zusagen zur Vorlage eines neuen Pressegesetzes, Einrichtung von Bürgergarden in den Städten und Veränderung des Strafprozessrechtes nach den Prinzipien der rheinischen Institutionen wurden als nicht ausreichend angesehen. Zitz warnte in der Landtagsdebatte vor dem *„Bürgerkrieg"*: wenn *„die Bundesgarnison nicht da wäre, so würde die Stadt Mainz vielleicht heute in Flammen stehen und der helle Aufruhr in der Rheinprovinz lodern"*. Behlen sprach als Einziger die soziale Ungleichheit an und forderte eine progressive Einkommensteuer. Währenddessen wurden die Volksversammlungen in Mainz weiter geführt und wurde mit einem erweiterten 15-Punkte-Programm zu einem Marsch auf Darmstadt am 8. März aufgerufen. Das *„ganze Volk der Hessen"* sollte den Großherzog überzeugen. Zu dieser *„Sturmpetition"*, die in ähnlicher Form im Herzogtum Nassau zum Erfolg geführt hatte, kam es nicht mehr, denn am 5. März ernannte der kranke Ludwig II. seinen Sohn zum Mitregenten, der alleine die Staatsgeschäfte führen sollte. Ludwig III. setzte nach dem Rücktritt du Thils Heinrich von Gagern als leitenden Minister ein. Am 6. März wurden die meisten der Märzforderungen bewilligt oder ihre baldige Umsetzung zugesagt. Noch am selben Abend verkündete Zitz vom Balkon des Mainzer Theaters die Erfolgsnachricht und lud für den 8. März anstelle des Marsches auf Darmstadt zu einem Fest in Mainz ein. Auch in Bingen wurde am selben Abend ein Dankesfest gefeiert und die Stadt durch Kerzen in den Fenstern illuminiert. In Osthofen wurde Johann Weißheimer, der in Darmstadt gewesen war und von dort die *„Proklamation"* mitgebracht und seinen Mitbürgern den *„Begriff der wahren Freiheit"* erläutert hatte, vom Singverein ein Ständchen gebracht, auch dort waren etliche Häuser beleuchtet. Ähnliche Feiern folgten in den nächsten Tagen auch in anderen Städten und Dörfern, vielfach wurden Freudenfeuer entzündet. [95]

Erste Spannungen

Die Einigkeit über das Erreichte und die weitere politische Entwicklung hatte nicht lange Bestand. Wie überall in Deutschland trennte sich auch in Rheinhessen die Bewegung in Liberale, die in der Stärkung der Parlamente, der Weiterentwicklung der Verfassungen, der Einrichtung einer Nationalversammlung im Deutschen Bund sowie in der Garantierung individueller, wirtschaftlicher und politischer Freiheitsrechte ihre Ziele sahen und die konstitutionelle Monarchie befürworteten, und Demokraten, die darüber hinaus einen stärkeren sozialen Ausgleich und ein kompromissloseres Auftreten gegenüber den monarchischen Regierungen setzten und letztlich die Republik anstrebten.

In der ablehnenden Beurteilung gewaltsamer Proteste waren sich die beiden Strömungen noch einig. Schon Zitz hatte auf seiner Rede außer der Freiheit auch *„Ordnung und Gesetzlichkeit"* beschworen. Gegen Verstöße vorzugehen, ohne die Bewegung zu entzweien und ohne sich mit den alten Kräften zu verbinden, war eine Aufgabe, die letztlich nicht zu bewältigen war. Schon bei seiner Rückkehr aus Darmstadt bekam Johann Weißheimer in Osthofen *„erzählt, daß heute die hiesigen Proletarier die Wohnungen einiger mißliebiger Beamten hatten stürmen wollen"*. In Mainz war es schon am 2. März zu ersten ähnlichen Vorfällen gekommen. In den nächsten Tagen wuchs dort vor allem die Spannung zwischen preußischen Soldaten und Teilen der Einwohnerschaft, was zu ersten Zusammenstößen führte. Handwerker und Gewerbetreibende, die in der industriellen und verkehrstechnischen Modernisierung ihrer Zeit eine Gefahr für ihre Existenz sahen, begannen zu Selbsthilfeaktionen zu greifen. Schiffer in Bingen und Mainz griffen im April vorbeifahrende Dampfschiffe an, die ihnen als Konkurrenz erschienen. In Mainz wurden Druckereien mit dem Ziel, dort die Dampfmaschinen zu zerstören, attackiert. In Kastel demolierten Lohnkutscher, Schiffer und Hafenarbeiter Teile der Bahnhofsanlagen und in Worms blockierten die Kutscher die Thurn und Taxische Post nach Alzey. In Bingen und in einigen anderen Orten kam es zudem zu Ausschreitungen gegen Juden. Insbesondere den Demokraten fiel es schwer, gegen solche Auswüchse vorzugehen. Als im Mai in Mainz erneut ein Dampfschleppschiff gestürmt wurde, konnte Bürgerwehrkommandant Zitz seine Männer nicht dazu bringen, gegen die Angreifer einzuschreiten. Wenn auch die gewaltsamen Proteste von den demokratischen Wortführern und selbst von der sich in Mainz gerade organisierenden Arbeiterbewegung abgelehnt wurden, waren Sympathien für das Vorgehen der *„Modernisierungsverlierer"* weit verbreitet. Diese Auseinandersetzungen, aber auch die Nachrichten vom Heckeraufstand in Baden, ließen die gemäßigten Kräfte vor einer weiteren Radikalisierung der Revolution zurückschrecken.

Enttäuschend für viele Märzaktivisten war die Darmstädter Politik, insbesondere die Entscheidung, die konservativen Beamten und vor allem den unbeliebten Provinzialdirektor Dalwigk im Amt zu belassen und dann die Weigerung, die Abgeordneten für die Nationalversammlung direkt wählen zu lassen. An der Niederschlagung des republikanischen Aufstandes in Baden unter der militärischen Führung von Friedrich von Gagern, eines Bruders Heinrich von Gagerns, waren auch hessen-darmstädtische Truppen beteiligt. General Gagern kam in der Schlacht bei Kandern ums Leben. Auch das dürfte zur Entfremdung zwischen den verschiedenen Gruppen beigetragen haben. So weigerte sich der demokratische Landtagsabgeordnete Mohr bei einer Sitzung in Darmstadt, sich zum Gedenken an Gagern zu erheben, weil das mit einer Kritik an den badischen Republikanern verknüpft gewesen wäre.

In den von den Märzversammlungen gewählten Bürgerkomitees kam es zwischen den erst allmählich sich vereinsmäßig formierenden unterschiedlichen Richtungen zu Spannungen, die letztlich aus dem Selbstverständnis der Protagonisten und ihren verschiedenen Vorstellungen vom weiteren Verlauf der Revolution resultierten. In Worms zerstritt man sich schon Anfang April wegen der Frage, inwieweit der Gemeinderat noch den Volkswillen vertrete. Eine Volksversammlung hatte das verneint. Der Gemeinderat, in dem mit Philipp Bandel nur ein der demokratischen Bewegung zuzuordnendes Mitglied saß, lehnte aber seine Auflösung ab. Die liberalen Komiteemitglieder zogen sich aus dem Revolutionsgremium zurück. In Mainz erklärten die konstitutionell-liberalen Komiteeangehörigen am 26. April ihren Rücktritt, nachdem sie von der demokratischen Mehrheit in Fragen der Kompetenz des Gremiums überstimmt worden waren. Das bezog sich auch auf den Anspruch des Komitees, die Wahlen zur Nationalversammlung in Mainz als direkte Wahlen und nicht wie von der Regierung geplant, als indirekte Wahlen durchzuführen.

Im Vorfeld der Wahlen verfestigten sich die Lager weiter. In Mainz gründeten Vertreter des politischen Katholizismus schon im März den „Pius-Verein". Ein Arbeiterbildungsverein entstand wenige Tage später, als dessen illustre Gäste schon bald Karl Marx und Friedrich Engels persönlich in der Domstadt erschienen. Erst am 11. Mai wurde der Demokratische Verein gegründet, im Juni der konstitutionelle Bürgerverein. In Worms konstituierten sich Demokratischer Verein und Bürgerverein erst im Juni. Häufig noch vor der Vereinsgründung hatte sich ein den verschiedenen Lagern zuzuordnendes Pressewesen etabliert, dessen Herausgeber und Redakteure gerade im demokratischen Spektrum zu den herausragenden Führungspersönlichkeiten der Revolution zählten: Ludwig Bamberger und Ludwig Kalisch in Mainz, Ferdinand von Loehr in Worms.

Politisierung und Vereinswesen blieben keinesfalls auf die Städte beschränkt. An einer Versammlung der Bürgerkomitees in Wörrstadt am 12. April nahmen Vertreter aus mindestens elf Gemeinden und Städten teil, die sich zwar für die Beibehaltung der konstitutionellen Monarchie aussprachen, aber ansonsten ein eher demokratischen Grundsätzen entsprechendes Programm verabschiedeten. Aufgrund der starken Präsenz der Demokraten konnte die zweite Versammlung der Bürgerkomitees in Wörrstadt Anfang Juni leicht in einen demokratischen Kongress umgedeutet werden, der die Komitees aufforderte, sich in demokratische Vereine umzuwandeln, und die Auflösung und Neuwahl der der zweiten Kammer sowie die Abschaffung der ersten Kammer des hessischen Landtages verlangte. Neben regulären Veranstaltungen in Gast- und Privathäusern organisierten die demokratischen Vereine auch im ländlichen Raum Massenveranstaltungen. Überliefert sind Treffen mehrerer tausend Teilnehmer in Oppenheim, Ober-Olm, Nieder-Olm, Groß-Winternheim, Gaulsheim. In 111 von 175 rheinhessischen Gemeinden kann die Gründung von demokratischen Vereinen nachgewiesen werden, was ein Zeichen eines – gerade auch im Vergleich mit der Pfalz oder der preußischen Rheinprovinz – sehr hohen Mobilisierungsgrades ist. Schwerpunkt war das mittlere und nördliche Rheinhessen. Turnvereinsgründungen in mindestens 50 rheinhessischen Dörfern während der Revolutionszeit können ebenfalls als Zeichen für demokratische Gesinnung gedeutet werden. Auch deutschlandweit ist die demokratische Dominanz in Rheinhessen als einzigartig zu bewerten, was sich etwa daran zeigt, dass die Rheinhessen mit 34 der 234 Teilnehmer am ersten Demokratenkongress in Frankfurt im Juni 1848 die größte Gruppe stellten.[96]

Die Nationalversammlung

Von Anfang an gehörte die Einberufung eines nationalen Parlamentes und letztlich die Schaffung eines konstitutionell verfassten und aus Bundesstaaten bestehenden Nationalstaates zu den vorrangigen Zielen. Im Mai wurde die Nationalversammlung, die in der Frankfurter Paulskirche tagen sollte, gewählt. Trotz vieler Proteste wurde an der indirekten Wahl über Wahlmänner festgehalten. Für Rheinhessen waren drei Abgeordnete zu wählen, für die Wahlkreise um Mainz, Worms und Bingen. Im Wahlbezirk Worms war Heinrich von Gagern Kandidat der Liberalen. Nachdem er aber in Zwingenberg gewählt worden war, schlug er als Ersatzkandidaten Eduard Lehne vor. Die Demokraten nominierten Dr. Martin Mohr aus Ingelheim, der die Wahl mit 145 zu 123 Stimmen für sich entscheiden konnte. In Mainz war das Ergebnis eindeutiger, dort stimmten 241 für Franz Zitz und nur 48 für den Liberalen Theodor Langen. In Bingen wurde Franz Brunck gewählt. Die drei rheinhessischen Abgeordneten zählten in der Paulskirche zu der „äußersten Linken", der späteren Donnersbergfraktion. Bei Zitz und Mohr war das kaum anders zu erwarten, Brunck als alter Weggefährte von Gagern, der sich in den Landtagsdebatten noch für die indirekte Wahl ausgesprochen hatte, näherte sich offensichtlich in Frankfurt den republikanischen Positionen an. Wilhelm Wernher aus Nierstein war im Wahlkreis Alsfeld gewählt worden und zählte eher zur Mitte. Die Distanz der rheinhessischen Abgeordneten zu Gagern, der mit großer Mehrheit zum Präsidenten der Nationalversammlung gewählt worden war, erwies sich schon bald unüberwindbar. *„In seiner speciellen Heimath Rheinhessen hat Gagern allen Credit verloren. Er, den die heißblütigen Rheinhessen früher wie einen Gott verehrten, (…) ist jetzt dort eine so mißliebige Person geworden",* beobachtete schon im Juli 1848 Friedrich Hart in einer Veröffentlichung zum Paulskirchenparlament.

Überschattet waren die ersten Sitzungstage in Frankfurt von einem Zusammenstoß in Mainz zwischen Angehörigen der Bürgerwehr und preußischen Soldaten, der aus einer Wirtshausschlägerei entstanden war und sieben Tote, sechs Soldaten und ein Mainzer Bürger, forderte. In der Folge hatte der preußische Festungskommandant unter Androhung der Bombardierung die Ablieferung der Waffen und die Auflösung der Bürgerwehr durchgesetzt und *„öffentliche Zusammenrottungen"* und *„Versammlungen von mehreren Personen auf der Straße"* verboten. Zitz forderte die Nationalversammlung auf, zu beschließen, dass die Maßnahmen zurückgenommen werden, Soldaten außerhalb des Dienstes keine Waffen tragen dürfen und die preußische Besatzung der Bundesfestung durch andere Bundestruppen ersetzt werden. Ein nach Mainz gesandter Untersuchungsausschuss kam zwar zu einer anderen Bewertung der Ereignisse, schlug aber auch einen teilweisen Austausch der Garnison und die Reorganisierung der Bürgerwehr vor. Nach erbitterten Debatten beschloss die Nationalversammlung, in dieser Angelegenheit nicht aktiv zu werden, sondern die weitere Untersuchung den *„Behörden"* zu überlassen. Nicht zuletzt hatte die Nationalversammlung damit auch die Machtfrage, ob sich die preußische Armee ihrem Befehl gefügt hätte, umgangen. Für die Mainzer Demokraten muss diese Entscheidung als Niederlage und als ein Zurückschrecken vor dem alten System verstanden worden sein. [97]

„Hahnenfedern" und rote Fahnen – die Radikalisierung der Auseinandersetzungen

Wie weit die Vorstellungen der politischen Akteure auseinanderlagen, zeigt auch die im Juli verkündete Selbstauflösung des Binger Bürgerkomitees, das sich im Vertrauen auf die Arbeit der Nationalversammlung *„für nicht mehr zeitgemäß"* erklärte, *„weil die Tage der Stürme vorüber sind und die gesetzlichen Organe sich allenthalben wieder Geltung verschafft haben."*

Das allerdings war eine grobe Verkennung der Situation. Einer der vielen Diskussionspunkte dieser Tage war die Forderung nach Auflösung des Darmstädter Landtags, dessen Zusammensetzung noch durch Wahlen der vorrevolutionären Zeit bestimmt war. Bereits am 17. Mai hatte der Binger Abgeordnete von Steinherr das in der zweiten Kammer vorgebracht und verlangt, dass eine neue *„constituierende"* Ständeversammlung nach dem Vorbild der Nationalversammlung gewählt werde. Nachdem sich die Regierung weigerte, dem nachzukommen, traten die rheinhessischen Abgeordneten Behlen, Mohr, Zitz und Grode von ihrem Mandat zurück. Gagern war als leitender Minister zurückgetreten, nachdem er in Frankfurt zum Präsident der Nationalversammlung gewählt worden war. Die politische Agitation in den nächsten Wochen galt der Forderung nach einer konstituierenden Versammlung in Darmstadt, die vielleicht auch deshalb so viel Vehemenz entfaltete, weil man auf demokratischer Seite unzufrieden war mit dem Fortgang der Paulskirchenversammlung. Der Aufruf zu einer Volksversammlung in Kranichstein bei Darmstadt am 23. Juli, wo eine Resolution mit der Forderung nach Neuwahlen formuliert werden sollte, mobilisierte viele Rheinhessen. Je nach Standpunkt wurde der Verlauf dieser Versammlung unterschiedlich geschildert. Nach einem Bericht in einer der konstitutionellen Seite zugeneigten Zeitung sollen über 2.000 vorwiegend junge Rheinhessen, *„viele mit rother Hahnenfeder und andern Heckerschen Abzeichen"* mit Musik, Trommeln und Fahnen vom Bahnhof zum Versammlungsort gezogen sein, wo es zwischen den verschiedenen Parteien wegen der Frage, wer der Versammlung präsidieren dürfe, Zitz oder der liberale Darmstädter Advokat Stahl, zu handgreiflichen Auseinandersetzungen kam.

Bald gab es weitere Eskalationen. Der Abschluss des Waffenstillstandes von Malmö, der eine Kompromisslösung in der Schleswig-Holstein-Frage zwischen dem deutschen Bund und Dänemark vorsah, führte der revolutionären Bewegung ihre Machtlosigkeit vor Augen. Die ungeteilte Zugehörigkeit Schleswig-Holsteins zu Deutschland wurde zu einem grundlegenden nationalen Interesse hochstilisiert. Nachdem die Nationalversammlung diesen Vertrag nach langen Diskussionen anerkannt hatte, kam es nach einer Volksversammlung in Frankfurt am 18. September zum Aufstand, in dessen Verlauf zwei Abgeordnete der rechten Fraktionen ermordet wurden. Die Unruhen griffen auch auf Rheinhessen über, wenn sie auch hier nicht die gleiche Vehemenz erreichten. In Worms wurde mit roten Fahnen und Kokarden auf der Straße demonstriert und die Republik öffentlich gefordert, auch in Alzey soll eine rote Fahne gehisst worden sein. Beide Städte sowie Ober-Ingelheim wurden auf Bitte der hessischen Regierung danach für vier Monate zur Abwehr weiterer Unruhen von preußischen Truppen besetzt.

Die bereits im März geforderte Abschaffung der Kreisämter wurde im August mit der Einrichtung von Regierungsbezirken in die Tat umgesetzt, wobei der Regierungsbezirk Mainz die gesamte Provinz Rheinhessen umfasste. Zum Dirigenten der Regierungskommission wurde allerdings ausgerechnet der für seine revolutionsfeindliche Haltung bekannte ehemalige Kreisrat von Worms, von Dalwigk, bestimmt, dessen Absetzung als Provinzialkommissar das Mainzer Bürgerkomitee bereits im Mai gefordert hatte. Die Wahl zum neu geschaffenen Bezirksrat im November zeigt einmal mehr die demokratische Dominanz in Rheinhessen: 18 von 24 Sitze gingen an Demokraten.

Insgesamt erlebte die demokratische Bewegung aber im November einen empfindlichen Rückschlag. Nach der Niederschlagung der Revolution in Wien wurde der demokratische Paulskirchenabgeordnete Robert Blum standrechtlich erschossen, was zu Trauer- und Solidaritätskundgebungen auch in rheinhessischen Städten und Gemeinden führte. Auf nationaler Ebene, im Frankfurter Parlament und in Darmstadt mussten die Demokraten immer mehr mit Niederlagen kämpfen. Lokal feierten sie weiterhin Erfolge. Nachdem in Worms der konstitutionell gesinnte Bürgermeister Renz im August bereits sein Amt niedergelegt hatte, kandidierten für die demokratische Seite der umstrittene Weinhändler Philipp Bandel, der Bürgerwehrkommandant Ludwig Blenker und der Kaufmann Ferdinand Eberstadt, die alle bei der Wahl fast doppelt so viele Stimmen wie ihre liberalen Konkurrenten erhielten. Zwar lag Eberstadt erst an dritter Stelle, wurde aber trotzdem von der Regierung eingesetzt, weil man ihn für weniger radikal hielt. Damit hatte Worms nicht nur einen demokratischen, sondern darüber hinaus auch den ersten jüdischen Bürgermeister Deutschlands.[98]

Abb. 34:
Georg Wehsarg: Freischärler und Turner in Wendelsheim.

Kampf für die Reichsverfassung

Die Erfolglosigkeit der Frankfurter Nationalversammlung führte zu weiterer Radikalisierung. Nachdem der preußische König Friedrich Wilhelm IV. die ihm von der Nationalversammlung angetragene Kaiserwürde und damit letztlich auch die von der Paulskirchenversammlung ausgearbeitete Reichsverfassung abgelehnt hatte, setzte eine Massenbewegung zugunsten der Verfassung ein, die von Hessen-Darmstadt – anders als von Preußen – anerkannt worden war. In Bürger- und Volksversammlungen wurde die Reichsverfassung diskutiert. Bei einer von mehreren tausend Personen besuchten Volksversammlung auf dem Rochusberg bei Bingen im März wurden vor allem die verpassten Chancen der

Revolution bedauert und weiterhin am Ziel einer Republik festgehalten. Eine Ende April in Bingen organisierte zentrale Volksversammlung, der einmal mehr Zitz vorstand, der mittlerweile die Nationalversammlung aus Protest gegen die geplante Kaiserkrönung verlassen hatte, fasste den Beschluss, die Verfassung bewaffnet zu verteidigen. Auch Konstitutionelle, enttäuscht von der Ablehnung des preußischen Königs, stimmten für die gewaltsame Durchsetzung. In Worms bekannte sich Anfang Mai eine Bürgerversammlung einschließlich des Stadtvorstandes und des Gemeinderates zur Verfassung. Zwei Tage später folgte eine Versammlung in Oppenheim und wurde dort erneut eine Bürgerwehr gebildet und – wie anderorts – mit Waffen ausgestattet. Dieses Vorgehen wurde von der

Regierungskommission abgesegnet, allerdings mit der Vorgabe, dass die Staatsbehörden über den Einsatz der Bürgerwehren zu bestimmen hätten. Am 9. Mai wurde in Mainz einstimmig die Bewaffnung und die Verteidigung der Verfassung beschlossen.

Nachdem Bayern ebenfalls die Reichsverfassung abgelehnt hatte, wurde in der Pfalz ein *„Landesverteidigungsausschuss"* gebildet, der bis zur Anerkennung der Verfassung durch die bayerische Regierung bestehen bleiben sollte. In Baden war bereits ein paar Tage vorher eine Erhebung zugunsten der Verfassung ausgebrochen. Die rheinhessischen Aktivisten entschlossen sich zur Unterstützung der Aufständischen. Als der pfälzische Landesverteidigungsausschuss um Hilfe gegen die bayerischen Truppen bat, zog die Wormser Bürgerwehr unter Leitung von Ludwig Blenker mit Gewehren und Sensen bewaffnet nach Ludwigshafen, wo sie den Brückenkopf im Sturm einnahmen. Eine größere Menge rheinhessischer Kämpfer sammelte sich aber in Wörrstadt, zunächst an die 3.000 Personen, von denen aber viele unzureichend bewaffnet waren. Etwa 1.100 marschierten dann unter Führung von Zitz und Ludwig Bamberger nach Alzey weiter und von dort nach Kirchheimbolanden, um dort die Grenze verteidigen zu helfen. Von Regierungsseite war dieses Vorgehen nicht mehr gedeckt. Trotz eines entsprechenden Beschlusses der zweiten Kammer, wurden die hessischen Truppen nicht auf die Reichsverfassung vereidigt Am 14. Mai hatte Ministerpräsident Jaup davor gewarnt, die Reichsverfassung *„zum allgemeinen Umsturz"* zu nutzen und die Aufstellung neuer bewaffneter Mannschaften verboten. Stattdessen wurden hessische Truppen gegen den badischen Aufstand eingesetzt. Der Einmarsch preußischer Truppen am 13. Juni in Worms und in der Pfalz, später auch in Baden, beendete die letzte Phase der Revolution. 17 aus dem nördlichen Rheinhessen stammende junge Freischärler, die den Abzug ihres Korps vor der Übermacht des preußischen Heeres verpasst hatten, wurden im Kirchheimbolander Schlosspark erschossen.

Flucht und Hochverratsprozess

Viele der rheinhessischen Aktivisten entzogen sich der Strafverfolgung wegen der Beteiligung am badisch-pfälzischen Aufstand durch Flucht ins Ausland. An Flüchtlingsregistern aus Straßburg wird noch einmal die dominante Rolle der rheinhessischen Demokraten deutlich. Während zwölf Flüchtlinge aus Oberhessen und 60 aus der Provinz Starkenburg stammten, wurden 200 aus Rheinhessen gezählt. Die bekanntesten Anführer der Revolution, Zitz, Bamberger, Loehr, Metternich und Blenker sowie dessen Frau Elise, die aktiv im Freischärlerkorps mitgekämpft hatte, flohen in die Schweiz, von wo aus sie später nach Amerika (Bamberger nach England) auswanderten. Viele der Emigranten blieben auch in den USA politisch aktiv und beteiligten sich im amerikanischen Bürgerkrieg auf der Seite der Nordstaaten.

143 an den Vorgängen in der letzten Revolutionsphase beteiligte rheinhessische Demokraten wurden 1850 im Mainzer Hochverratsprozess vor Gericht gestellt, teilweise nach längerer Haft im Eisenturm. Die Zahl der Angeklagten musste bald auf 77 reduziert werden, da in vielen Fällen der *„Thatbestand der strafbaren Handlung"* nicht erfüllt war. Nach einigen Begnadigungen und aufgrund der Emigration einiger Angeklagter, wurde schließlich noch gegen 40 Männer verhandelt. Anklagepunkte waren der Aufruf zum Aufstand in den Volksversammlungen, die Erpressung von Geld und Waffen zur Ausrüstung der Freischärler, die aktive Beteiligung an den Aufständen in der Pfalz und

in Baden. Mit der Verteidigungsstrategie, dass man nur die von der hessischen Regierung anerkannte Reichsverfassung habe schützen wollen, waren die Angeklagten und ihre Anwälte erfolgreich. Das Verfahren endete mit Freisprüchen, freilich auch, weil die Geschworenen von dem demokratisch dominierten Bezirksrat eingesetzt gewesen waren. Das Verfahren gegen die Anführer war von dieser Verhandlung abgetrennt, es endete für 25 abwesende Personen im Februar 1851 mit Zuchthausstrafen zwischen wenigen Monaten und lebenslänglicher Dauer. [99]

Demokratenprovinz Rheinhessen

„Hier in Osthofen war beinahe jeder Tag ein anderer Auftritt, was Deutschland im Großen, sagte ich öfter, das ist Osthofen im Kleinen, hier haben wir unsere Radikalen, Indifferenten, Gemäßigte Bürraukraten, Stabilen, Rechtgläubige, kurz der Fortschritt, Rückschritt, das Althergebrachte, so wie diese im Vaterland sich bewegten, so auch hier in kleinen Maßstabe", schrieb Johann Weißheimer im Jahresrückblick 1848 und benannte damit ein wesentliches Problem der Revolution. Sie scheiterte an der Uneinigkeit der Bewegung, den unterschiedlichen Zielen, die auch die verschiedenen Interessen der sozialen Gruppen widerspiegeln, sicher aber auch an der Reformunwilligkeit der monarchischen Regierungen, vor allem an deren militärischem Übergewicht. Ob eine weniger fraktionierte Bewegung es mit diesem Übergewicht hätte besser aufnehmen können, ist eine kaum zu beantwortende Frage. Sicher ist, dass durch die internen Probleme der Revolution die alten Kräfte nach anfänglicher Verunsicherung wieder an Boden gewannen. Am rheinhessischen Beispiel wird das etwa deutlich an den Mainzer Unruhen vom Mai 1848, die bereits als Wendepunkt der Revolutionsgeschichte angesehen werden können. Dass gerade in Rheinhessen

Demokraten dominierten und ein Mobilisierungsgrad erreicht wurde, der im hessischen Vergleich, aber auch deutschlandweit kaum überboten wurde, hat viele Ursachen. Zweifelsohne gehören die Erfahrungen und Folgen der Jahre zwischen 1792/93 und 1814 dazu. Die personelle – oder eher – familiäre Kontinuität wird an Akteuren wie Germain Metternich oder Eduard Lehne, deren Väter schon in der Mainzer Republik mitwirkten, deutlich. Die starke Politisierung im Vormärz, die ständigen Auseinandersetzungen mit Darmstädter Regierungen, die Abwehr rechtlicher Verschlechterungen und administrativer Zentralisierung, ein über Zeitungen, aber auch über Formen direkten Austausches verdichtetes Kommunikationswesen, ein intensivierter Austausch zwischen Stadt und Land, gerade auch zwischen den politisch-administrativen Führungspersonen, eine Einübung in die Choreografie von Massenveranstaltungen über öffentliche Feste und nicht zuletzt über die Mainzer Fastnacht, deren aktivste Vertreter dann eben auch unter den aktivsten Revolutionären zu finden sind, und vielleicht auch das Bewusstsein für eine Eigendynamik der Provinz Rheinhessen zählen sicher dazu. Es sind aber auch strukturelle Vorbedingungen in Erwägung zu ziehen: Eine Bevölkerungsdichte, die schnelle Information und schnelle Mobilisierung vereinfacht; ein aufgrund von Realerbteilung weniger polarisiertes soziales Gefüge, das bei allen sozialen Unterschieden Verständigung ermöglicht; die Städtedichte; die selbst ohne Eisenbahn günstige Verkehrssituation; eine – wie bei vielen Revolutionen beobachtet – aufgrund der Bevölkerungsentwicklung hohe Anzahl junger Männer; ein insgesamt guter Bildungsstand mit hohem Alphabetisierungsgrad; nicht zuletzt aber auch gut ausgebildete, charismatische Akteure, die offensichtlich große Teile der Bevölkerung ansprechen konnten.

Nach der Revolution

Ein missglückter *„großer Bahnhof"* im Jahr 1853 zeigt vielleicht mehr als viele Landtagsdebatten die politische Stimmung in Rheinhessen in den frühen 1850er-Jahren. Anlässlich der Einweihung der Bahnstrecke nach Worms war der hessische Ministerpräsident von Dalwigk nach Osthofen gekommen und vom örtlichen Bürgermeister begrüßt worden, der aber aufgrund seiner Nervosität seine Rede bald abbrach und mit einem – laut Chronist Weißheimer – für die Umstehenden kaum hörbaren *„das Ministerium lebe hoch!"* beschloss. Da keiner der anwesenden Osthofener auf die Aufforderung reagierte, sei Dalwigk beleidigt in den Waggon gestiegen und habe, nachdem *„das Locomotiv davon (ge) braust"* sei, die Anwesenden *„ganz verblüfft"* zurück gelassen. Ob die Osthofener bewusst den Minister nicht hatten hochleben lassen wollen oder ob es tatsächlich akustische Probleme waren, die zu der Verstimmung führten, in jedem Fall ist die von beiden Seiten angespannte Situation zu erkennen. Anders als in anderen Bundesstaaten hatte die Niederschlagung der Freischärler in Hessen-Darmstadt 1849 nicht sofort zum Abbruch aller demokratischen und liberalen Aktivitäten geführt. Weiterhin war Jaup, der als gemäßigt Liberaler galt, als Ministerpräsident im Amt. Ein neuer Landtag wurde im November 1849 nach dem noch im Mai beschlossenen neuen Wahlgesetz gewählt mit dem Ergebnis einer klaren demokratischen Mehrheit in der zweiten und einer konstitutionellen Mehrheit in der nunmehr auch zu wählenden ersten Kammer. Auch Gagern war wieder in den Darmstädter Landtag als Abgeordneter zurückgekehrt. Die im August 1850 nach dem Rücktritt Jaups und der Einsetzung des konservativen Dalwigk als leitender Minister angesetzte neue Landtagswahl führte sogar zu einer demokratischen Mehrheit in beiden Kammern. Präsident der zweiten Kammer

wurde Martin Mohr. Auf einen Antrag Eduard Lehnes, der die Missbilligung von Maßnahmen Jaups und Dalwigks zum Inhalt hatte, wurde allerdings mit der Auflösung des Landtages reagiert. Erst jetzt wurden alle politischen Vereine verboten, die Presse eingeschränkt und ein Dreiklassenwahlrecht eingeführt, das allerdings auch nicht verhindern konnte, dass im nächsten Landtag erneut wieder 20 demokratische Vertreter, unter anderem Lehne und Mohr, und zehn Liberale saßen. Wenn auch die politische Arbeit stark eingeschränkt war, so wurde doch in den 1850er-Jahren die oppositionelle Bewegung nicht völlig zum Schweigen gebracht.

Stärker als vor der Revolution trat nun die soziale Frage in den Vordergrund. In Mainz wurde 1854 eine Organisation ausgehoben, die nach der Auflösung des sozialistisch-kommunistischen Arbeitervereins 1850 mehrere Jahre lang im Untergrund aktiv gewesen war und einen utopischen Sozialismus vertrat. 27 Mitglieder wurden wegen Hochverrates angeklagt, unter ihnen der Vereinsgründer Philipp Wasserburg, ein aus Gonsenheim stammender Jurist, der später als katholischer Schriftsteller und Landtagsabgeordneter des Zentrums aktiv wurde. Dass gerade in Mainz der Übertritt eines radikalen Sozialisten zum Katholizismus zwar spektakulär, aber möglich war, ist sicher mit der großen Bedeutung zu erklären, die der seit 1850 in Mainz als Bischof wirkende Wilhelm Emmanuel von Ketteler der Arbeiterfrage zuerkannte. Schon in seinen ersten Predigten in Mainz ging Ketteler, der auch Mitglied der Nationalversammlung war, auf die Thematik ein und untermauerte seinen Ruf als *„Arbeiterbischof"* mit Schriften wie *Die Arbeiterfrage und das Christentum*, in der er sich in Ablehnung der liberalen Idee der Selbsthilfe den Ideen Lasalles annäherte und die wesentliche Rolle von Staat und Kirche bei der Abwehr der Verelendung beschrieb. Mit Dalwigk einigte sich Ketteler

1854 in einer „*vorläufigen Übereinkunft*", der sog. Mainz-Darmstädter Konvention, auf das Verhältnis zwischen katholischer Kirche und Staat, was ihm einige Freiräume verschaffte und die Möglichkeit gab, in Umgehung der seit 1830 üblichen universitären Theologenausbildung wieder das Priesterseminar in Mainz unter kirchlicher Leitung zu eröffnen.

Angeregt von den Erfolgen der italienischen Einigungsbewegung begannen sich die liberalen Kräfte im Großherzogtum 1859 in einem neu gegründeten Nationalverein zu organisieren. Mehrtägige Haftstrafen, die gegen einige Aktive, unter anderem gegen den Alzeyer Lederfabrikanten Wilhelm Prätorius, wegen des Verstoßes gegen das Verbot politischer Vereine verhängt wurden, hatten gegenteilige Wirkung, indem sie zu einem Anwachsen des Vereins führten, aus dem 1861 die „Fortschrittspartei" hervorging. Als Gegenbewegung zu dieser ausdrücklich gegen „*Ultramontanismus*" und die „*Konvention*" gerichteten Partei konstituierte sich in Mainz die „Großdeutsch-Konservative Partei". Nach ihrem klaren Wahlsieg bei den Landtagswahlen 1862 unter ihren Führern August Metz und Alexis Dumont konnte die Fortschrittspartei die absolute Mehrheit in der zweiten Kammer einnehmen. Erneut zog auch Martin Mohr wieder in den Landtag ein. Die Positionen des großdeutsch orientierten Konservatismus und des nach Preußen orientierten Liberalismus bestimmten nun die Auseinandersetzungen im hessischen Landtag im Jahrzehnt der Einigungskriege.[100]

„Bruderkrieg" 1866

Für den 8. Juli 1866 ordnete Bischof Ketteler in allen Kirchen anlässlich der 50. Wiederkehr der Besitzergreifung Rheinhessens Hochämter mit feierlichem *Te Deum* an. Ansonsten war in Rheinhessen und insbesondere in Mainz niemandem nach Feiern zumute. In der Provinzhauptstadt beschäftigte man sich am Jubeltag damit, die Festung zu stabilisieren, Kanonen aufzufahren und tausende Bäume zu fällen, die im Verteidigungsfall in der Schusslinie stehen könnten. Erstmals seit den Zeiten Napoleons wurde wieder mit einer Belagerung der Stadt gerechnet und zogen rheinhessische Soldaten wieder in den Krieg. Zwischen Preußen und Österreich hatte sich ein Konflikt an ihrer, von nationaler und liberaler Seite ohnehin scharf kritisierten gemeinsamen Verwaltung Schleswig-Holsteins nach dem deutsch-dänischen Krieg von 1864 entzündet. Bereits vor dem preußischen Einmarsch in das österreichisch verwaltete Holstein am 7. Juni 1866 war es zu Mobilmachungen und Absprachen gekommen. Auf den Protest Österreichs und die drohende Bundesexekution, d. h. die militärische Umsetzung eines Bundesbeschlusses, reagierte Preußen mit der Bildung eines Bündnisses von 17 norddeutschen Staaten unter seinem Oberkommando. Die süddeutschen Staaten, darunter Hessen-Darmstadt, blieben auf der Seite Österreichs. Schon die erste Schlacht bei Königgrätz am 3. Juli 1866 entschied über den Kriegsausgang zugunsten Preußens. Der Deutsche Bund wurde aufgelöst und einer zukünftigen nationalen Lösung ohne Österreich der Weg bereitet.

Die Frage, auf welcher Seite des Konfliktes zwischen den beiden Großmächten man stehen sollte, war nicht nur im hessischen Landtag, sondern auch in der rheinhessischen Öffentlichkeit umstritten. Im Finanzausschuss und in der zweiten Kammer hatte eine Mehrheit unter Oppositionsführer August Metz die Bereitstellung von vier Millionen Gulden für die Mobilmachung wegen der „*nachtheiligen Folgen eines Krieges*" für das Großherzogtum abgelehnt und erst spät dem Kompromissvorschlag Wilhelm Wernhers, 2,5 Millionen zu bewilligen, zugestimmt. Dem für die hessische Beteiligung mit der Aussicht auf ein *„freies Parlament"* für das vereinigte *„deutsche Volk"* werbenden Ministerpräsident Dalwigk wollte Metz keinen Glauben schenken. In Volksversammlungen mit mehreren tausend Teilnehmern in Ober-Ingelheim und in Mainz wurde die Bereitschaft, gegen Preußen zu kämpfen, mit der Bedingung verbunden, dass ein freier Bundesstaat und eine Reichsverfassung geschaffen sowie ein deutsches Parlament nach dem Wahlgesetz von 1849 gewählt werden würde. Metz hatte bei diesen Versammlungen mit erheblichen Missfallensbekundungen für seine Darmstädter Politik zu kämpfen. Das diese Veranstaltungen durchführende *„Rheinhessische Comitee für die Erhaltung der linksrheinischen Länder bei Deutschland"* begründete die antipreußische Haltung mit dem Verdacht, dass Bismarck Frankreich Zusagen gemacht habe, die Abtrennung von linksrheinischen Gebieten zu tolerieren. Tatsächlich war es allerdings Österreich, das in einem Geheimvertrag mit Frankreich die Umwandlung der Rheinprovinz in einen von Frankreich abhängigen eigenen Staat vorsah.

Das achte Korps, zu dem außer österreichischen, nassauischen, badischen und württembergischen auch die hessen-darmstädtischen Truppen und somit auch die aus allen rheinhessischen Städten und Dörfern eingezogenen Soldaten gehörten, war erst Ende Juni losmarschiert und nahm an der Schlacht von Königgrätz nicht teil. Erst auf dem Rückmarsch geriet es in verlustreiche Kämpfe bei Aschaffenburg und bei Tauberbischofsheim mit den nach Westen und Süden vordringenden Preußen.

Rheinhessen war allerdings auch direkt in das Kriegsgeschehen einbezogen. Die Bundesfestung Mainz spielte natürlich auf allen Seiten der militärischen Planung eine große Rolle. Den Vorschlag Bayerns von Anfang Juni, dass die Bundesfestungen im Kriegsfall neutral sein und die österreichischen und preußischen Garnisonen abziehen müssten, hatten beide Parteien akzeptiert. Aber schon wenige Tage nach dem Abmarsch hatte in Mainz das Gerücht, die Preußen hätten Bingen besetzt und beabsichtigten Mainz zu *„überrumpeln"*, für Aufregung gesorgt. Tatsächlich kam es ab Ende Juni zu Besetzungen der an der Grenze zu Preußen gelegenen Stadt Bingen, die nur kurzfristig von hessischen Truppen unterbrochen wurden. Auch in die Wöllsteiner Umgebung wagten sich preußische Soldaten von Kreuznach aus vor. Die größere Gefahr drohte aber aus dem Osten. Nach ihren Siegen rückten preußische Truppen Richtung Rhein vor, besetzten Darmstadt und Frankfurt und lagerten schließlich gegenüber von Mainz, das dann ab 20. Juli in den Belagerungszustand versetzt wurde. In den folgenden Wochen kam es aber nur zu vereinzelten Kriegshandlungen, etwa einer Kanonade ohne größere Folgen, mit der eher die Reaktionsfähigkeit der Verteidiger getestet werden sollte. Etliche *„reiche Familien"* hatten die Stadt aber in Furcht verlassen. Ab Anfang August galt ein Waffenstillstand, der schließlich in Friedensverhandlungen mündete.

Die öffentliche Diskussion hatte sich mittlerweile geändert. Schon vor Eintreten des Waffenstillstands wurde in Darmstadt ein Aufruf gegen eine Zweiteilung Deutschlands verfasst, der in ähnlicher Form in Rheinhessen zur Unterschrift zirkulierte. Vor allem von wirtschaftsbürgerlicher Seite, insbesondere auch von der Handelskammer in Mainz, wurde gegen einen süddeutschen Sonderbund argumentiert. Alle *„Verkehrsverhältnisse"* wiesen nach *„Norden"*, dort lägen die besten Absatzgebiete für *„Frucht und Wein"*, auch die *„geistigen Interessen"* verlangten *„engste Beziehungen"* mit den *„Brüdern"* im Norden. Nur Preußen habe die Kraft, Deutschland zu schützen. Daher sei der Anschluss an Preußen zu suchen, allerdings unter *„Mitwirkung eines von der ganzen Nation zu er-wählenden Parlamentes"*, forderten Bürgermeister und Gutsbesitzer, Advokaten und Kaufleute aus Alzey, Wendelsheim, Fürfeld, Wöllstein, Pfeddersheim, aber auch aus dem katholischen Bingen. Mit diesen an die Reichsverfassungskampagne von 1849 erinnernden Forderungen scheinen aber nicht alle einverstanden gewesen zu sein. In Worms war es Mitte August, als vereinzelt preußische Soldaten die Stadt besuchten, zu *„bedauerlichen Vorgängen"* gekommen, weswegen geraten wurde, in der derzeit *„erregteren Stimmung"* sollten preußische Truppen ihre Besuche unterlassen. In Mainz gab es beim Einzug der Preußen Ende August, die ab dann die Festung als alleinige Macht besetzen sollten, *„Demonstrationen und Excessen"*, weswegen der Bürgermeister mit Plakaten zu *„Ruhe und Ordnung"* aufrufen musste und der Gouverneur mit erneutem Belagerungszustand bei *„Wiederholung solcher beleidigender Kundgebungen"* drohte.[101]

Bündnis mit Bismarck?

In den Jahren nach der Niederlage von 1866 wurde an der Annäherung zwischen dem neuen Norddeutschen Bund und den süddeutschen Staaten gearbeitet. Deren Militärsysteme wurden in Übereinstimmung mit dem Preußischen gebracht, in *„Schutz- und Trutzbündnissen"* verpflichteten sie sich, ihre Heere im Falle eines Krieges unter preußischen Oberbefehl zu stellen. Unmittelbar nach der Gründung des Norddeutschen Bundes wurde auch ein Zollvertrag mit den anderen deutschen Staaten geschlossen, die zudem im neu geschaffenen Zollparlament vertreten waren. Tempo und Form dieses Vorgehens waren keineswegs unumstritten. Die rheinhessischen Abgeordneten in der zweiten Landtagskammer, Rudolph

Bamberger und Stefan George, forderten noch während der Beratungen über den Friedensvertrag 1867 den Beitritt Hessen-Darmstadts zum Norddeutschen Bund *„mit allen Kräften"*. Der Wormser Markus Edinger erklärte, er habe gewünscht, das *„deutsche Volk erlange Einigung und Freiheit"* über ein frei gewähltes Parlament und nicht mit der *„Spitze des Degens"*, sei aber durch die Entwicklung *„vollkommen versöhnt"* und plädierte ebenfalls für einen Anschluss. Andere waren skeptischer: Der Mainzer demokratische Abgeordnete Alexis Dumont sah eine Zukunft Deutschlands auch nur mit Preußen an der Spitze, warnte aber vor der *„Tyrannis"* der Krone Preußens und vor Militärdespotismus und schlug vor, die süddeutschen Staaten sollten allenfalls ein Defensivbündnis mit dem Norddeutschen Bund schließen. Auch August Metz, für Sprendlingen-Wöllstein im Landtag, verband die Forderung eines *„einigen Deutschland"* mit der nach einem *„freien Vaterland"*, sah aber keine Alternative: *„Wir müssen mitgehen und versuchen aus dem Norddeutschen Bund ein einiges und freies Deutschland in bundesstaatlicher Form zu machen."* So wie Metz, formulierte auch George seine Skepsis gegenüber Bismarck: *„ich habe zu dem Mann, der mit Blut und Eisen das Geschick von Deutschland ordnen will, kein Vertrauen."* Bei der Diskussion um das Schutz- und Trutz-Bündnis war Dumont mit seiner Warnung, dass die *„Kriegspolitik blühen"* werde, schon im Abseits. So wie der im Wahlkreis Osthofen gewählte Friedrich Dernburg, der für ein *„kräftiges, wehrhaftes Deutschland"* plädierte, dachten viele der Abgeordneten. Noch 1869 beobachtete Edinger in der Debatte um das Militärbudget, dass in ganz Europa *„Waffengeklirr"* zu hören sei, die Provokationen allerdings nur auf Regierungsebene stattfinden würden: *„Denn die Völker wollen keinen Krieg!"* Als dann im Sommer 1870 Frankreich Preußen den Krieg erklärte, nachdem Auseinandersetzungen um eine mögliche Thronfolge eines Hohenzollern in Spanien eskaliert waren, stellten sich neben den Staaten des Norddeutschen Bundes auch die süddeutschen Staaten an die Seite Preußens. In der national aufgeputschten Stimmung des Jahres 1870 wurden auch im Darmstädter Landtag die Kriegskredite einstimmig, *„ohne Einschränkungen",* wie der Oppenheimer Wilhelm Wernher formulierte, abgesegnet.

Krieg gegen Frankreich

Ende Januar 1871 lag der aus Gimbsheim stammende hessische Soldat Johannes Muth XVII. schwer verwundet in *„Korbeil bei Paris".* Später notierte er in seinen Erinnerungen: *„In diesem Krieg sah ich an mir und vielen anderen Kameraden, was der Krieg gebracht hat. Todt und Elend."* Ganz anders dagegen war die Stimmung in seiner Heimat. In Alzey und Worms wurden die Häuser *„illuminiert"* und *„geflaggt",* in Mainz *„Victoria geschossen",* in Abenheim eine *„patriotische Kundgebung"* veranstaltet mit Fackelzug, *„Kaltenbornschem Musikchor"* und Reden von Bürgermeister und Pfarrer. Grund war die Kapitulation von Paris, die in Gundersheim sogar aufgrund *„verfrühter Nachrichten"* schon einen Tag vorher gefeiert worden war. Dort hatten die Glocken *„die ganze Nacht geläutet"* und wurden Freudenschüsse abgegeben, durch die allerdings tragischerweise ein Schuljunge ums Leben kam.

Anders als 1866 stand Rheinhessen diesmal von Anfang an im Zentrum des Geschehens. Während die hessischen Truppen von Darmstadt aus über das südliche Rheinhessen marschierten, war der nördliche Teil der Provinz Aufmarschgebiet für preußische und norddeutsche Truppen, was den Gemeinden etliche Einquartierungen brachte. Nach Mainz wurden französische Kriegsgefangene gebracht, von denen viele nicht überlebten. Alleine im Ja-

nuar 1872 wurden auf dem Mainzer Friedhof 258 Franzosen beerdigt. Viele rheinhessische Soldaten hatten an dem Krieg teilgenommen. Der mit der Schlacht von Sedan schon am 2. September 1870 herbeigeführte Sieg, der trotzdem dann mit Ziel der Annektion weiter geführte Vormarsch, die Kapitulation von Paris am 28. Januar 1871, die deutsche Einigung, die Ernennung des preußischen Königs zum deutschen Kaiser und die sofort einsetzende Gedenkkultur um den Krieg, haben dessen Brutalität und die für viele der mitmarschierenden jungen Männer traumatischen Erfahrungen in den Hintergrund treten lassen. Der Bericht des Gimbsheimer Johannes Muth beschreibt teilweise drastische Szenen, die ihn noch lange beschäftigten und verschweigt andere, die offensichtlich noch schlimmer waren: *„Alles aufzuschreiben wäre mir nicht möglich gewesen und manches Andere möchte ich gerne für mich behalten."*

Mit den Siegesfeiern, der Gedenkkultur, den Kriegervereinen und Kriegerdenkmälern gerieten auch in Rheinhessen Zweifler an der preußischen Vormachtstellung in einer geeinten Nation noch stärker in eine Minderheitenposition. Bei den Abstimmungen im hessischen Landtag im Dezember 1870 über die Verträge zum Beitritt Hessens zum Deutschen Bund wagten es aber drei Männer, sich trotz allen Siegestaumels gegen den neuen Bundesstaat auszusprechen: Der aus Mainz stammende, für Bensheim im Landtag sitzende *„klerikalkonservative"* Peter Backé und die beiden Mainzer Abgeordneten – und spätere Mainzer Oberbürgermeister – Alexis Dumont und Georg Oechsner, die für einen fortschrittlichen Parlamentarismus angesichts des *„durch glänzende Erfolge gefestigten Militarismus"* wenig Chancen sahen.[102]

Kulturkampf und Sozialistengesetz

Tatsächlich spiegelten sich in der Skepsis der Mainzer Landtagsmitglieder auch die alten und künftigen Konfliktlinien wider, die durch die Begeisterung angesichts der nationalen Einigung kurzfristig verdeckt waren. *„Ein Friedensfest aller Deutschen ohne Unterschied der Partheien oder des Bekenntnisses"*, wünschte sich der Redner Dr. Bender am 2. September 1875, dem fünften Jahrestag des Sieges von Sedan, der wie in vielen Städten und Gemeinden auch in Worms gefeiert worden war. Zwar hatten 5.000 bis 6.000 Personen teilgenommen, hatten in der Synagoge und in der Dreifaltigkeitskirche Festgottesdienste stattgefunden, auf der *„Bürgerweide"* die Schüler des Gymnasiums unter Leitung ihres Turnlehrers *„militärische „Evelutionen"* ausgeführt, wurden in Reden Kaiser, Einheit und Einigkeit hochleben lassen und hatte man sich am Abend zum Festbankett versammelt, aber es fehlten zwei gesellschaftliche Gruppen, die schon vor Wochen angekündigt hatten, sich nicht an dem Fest der *„sämtlichen patriotisch gesinnten Einwohner"* zu beteiligen: die Vertreter des Katholizismus, die in Worms im – in den Worten der Wormser Zeitung – *„ultramontanen Domchorverein"* organisiert waren, und der Arbeiter-Bildungs-Verein. Organisierte Katholiken und Arbeiter waren die Gruppen im neuen Reich, die einer *„inneren Nationsbildung"* in Bismarcks Sinn entgegenstanden. Der vom Reichskanzler aufgenommene *„Kulturkampf"* gegen einen wegen seiner Abhängigkeit vom Papsttum so genannten „ultramontanen" Katholizismus gipfelte in Gesetzen, die das Machtverhältnis zwischen Staat und Kirche neu ausrichteten: Verbot der politischen Einflussnahme von der Kanzel, Einführung der Zivilehe, Kontrolle der Priesterausbildung und -einsetzung, Verbot von Orden und Kontrolle der kirchlichen Finanzen. Im Großherzogtum hatte das gute Einverneh-

men zwischen Bischof Ketteler und dem preußenskeptischen Ministerpräsident Dalwigk zu einer relativ problemfreien Koexistenz beigetragen. Das änderte sich nach dem von Berlin forcierten Rücktritt Dalwigks. 1873/74 wurde im Darmstädter Landtag das neu zu definierende Verhältnis zur katholischen Kirche verhandelt. Bei den Beratungen über die Reform des Volksschulwesens im Juli 1873 ging es auch um die Alternative Gemeinschaftsschule oder Konfessionsschule. Hier konnten gerade die Redebeiträge der rheinhessischen Abgeordneten Dumont, Edinger und Matty, die für eine Gemeinschaftsschule als Regel eintraten, den Gemeinden aber die Wahl lassen wollten, gegen die unter anderem von dem Oppenheimer Bernhard Schröder vorgebrachten Argumente für die konfessionslose Schule überzeugen. Bei der Frage der Zivilehe konnten die Rheinhessen von den guten Erfahrungen in ihrer Provinz seit 1801 berichten. Den fünf *„Kirchenkampfgesetzen"*, die weitgehend dem preußischen Vorbild angepasst waren, stimmte eine deutliche Mehrheit der zweiten Kammer zu. Aufschlussreich ist hier aber – wieder einmal – die Argumentation Dumonts, der die Problematik nicht für gesetzlich regelbar hielt, sondern von einer notwendigen *„geistigen"* Auseinandersetzung sprach. Des *„Pudels Kern"* des Konfliktes sei, dass man den Katholiken zum Vorwurf mache, dass sie *„nicht mit ganzer Seele für alle unsere nationalen Bestrebungen"* seien, sondern *„zu sehr nach Rom"* blickten. Mit seiner Politik aber schaffe der *„geniale Staatsmann"* Bismarck Märtyrer und stärke die Zentrumspartei.

Auch in der politischen Öffentlichkeit innerhalb Rheinhessens wurden diese Fragen lebhaft diskutiert, am radikalsten von beiden Seiten vielleicht in den Kontroversen, die sich der Ingelheimer Verleger Friedrich Wilhelm Adolph in seiner freisinnigen Zeitung *Rheinhessischer Beobachter* mit dem Gau-Algesheimer Pfarrer

Peter Koser über dessen *Rheinischen Volksboten* lieferte. Auf Skandalisierungen priesterlichen Verhaltens im „Beobachter", etwa wenn der Frei-Laubersheimer Pfarrer einer Verstorbenen, die in Mischehe gelebt hatte, aber ihrer Kirche treu geblieben war, das Begräbnis verweigerte oder der Pfarrer von Ebersheim einer Frau nach der Beichte die Absolution nicht erteilte, weil sie eine protestantische Magd habe und ihr Mann ein Liberaler sei, reagierte der Gau-Algesheimer Pfarrer immer umgehend mit Rechtfertigungen in seiner Zeitung.

Letztlich sollte Alexis Dumont Recht behalten. Trotz der – im Sinne der Gesetzgeber – Erfolge, etwa der Schließung des Mainzer Priesterseminars und der Neuregelung der Ausbildung oder der Ausweisung der Orden, führte der Kulturkampf zu einer Verfestigung der katholischen Strukturen, zu einem Ausbau des katholischen Vereinswesens und einer Stärkung des politischen Katholizismus.[103]

Das gilt auch für die Sozialdemokratie, die zweite Bewegung, die Bismarcks Vorstellung einer vereinigten Nation im Weg stand. Die zwei Attentate auf Kaiser Wilhelm im Jahr 1878 nahm der Reichskanzler zum Anlass, die sozialdemokratische Partei und ihr nahestehende Vereine und Gewerkschaften zu verbieten, auch wenn sich nie eine Verbindung der Attentäter zur Sozialdemokratie nachweisen ließ. Das hatte vor allem Konsequenzen in Worms und Mainz, da es in anderen Städten zu dieser Zeit noch zu keiner sozialdemokratischen Organisation gekommen war. In Mainz war 1864 eine „Gemeinde" des Allgemeinen Deutschen Arbeitervereins ins Leben gerufen worden. 1867 wurde eine Sektion der „Internationalen Arbeiter-Association" und des „Sozialdemokratischen Vereins" gegründet. Beide Vereinigungen standen in Konkurrenz zu den seit den frühen 1860er-Jahren gegründeten liberalen Arbeiter-

vereinen und den katholischen, insbesondere von Bischof Ketteler forcierten Bemühungen um die Arbeiter. Erste Gewerkschaften schlossen sich in Mainz ab 1868 zusammen. 1869 wurde in Mainz eine Sektion der neuen Sozialdemokratischen Arbeiterpartei gegründet, der sich die meisten Mitglieder von ADAV und Sozialdemokratischem Verein anschlossen. Die Vereinigung von SDAP und ADAV in Gotha 1875 zur Sozialistischen Arbeiterpartei wurde auch in Mainz nachvollzogen. 1877 wurden in Worms 92 Mitglieder des Sozialistischen Arbeitervereins gezählt, bereits in den späten 1860er-Jahren gab es einen „Verein der socialistischen Arbeiterpartei".

Das Sozialistengesetz von 1878 versuchte die sozialdemokratischen Strukturen zu zerstören. Die Vereine wurden verboten, das Vermögen eingezogen, Produktion und Vertrieb von Zeitungen untersagt. Mit Bespitzelung, Hausdurchsuchungen und sogar Gefängnisstrafen wurde eine harte Linie im Kampf gegen die Sozialdemokratie verfolgt. Allerdings durften an den Wahlen sozialdemokratische Bewerber teilnehmen. An ihren Wahlergebnissen lässt sich ablesen, wie die sozialdemokratischen Ideen trotz aller Beschränkungen um sich griffen. Vor allem im Wahlkreis Mainz-Oppenheim lassen sich angesichts des Verbotes erstaunliche Erfolge zu beobachten. Erreichte der sozialdemokratische Bewerber 1868 bei der Wahl des Zollparlamentes noch 3 %, so stimmte 1877 schon jeder fünfte Wähler für den SAP-Kandidaten. Ein Jahr später, noch nach der Ankündigung des Verbotes, kam Wilhelm Liebknecht auf knapp 18 %. Fast ausschließlich kamen die Wähler aus der Stadt Mainz und den umliegenden Dörfern. 1881 gelang dann die Sensation. Der erneut kandidierende Liebknecht hatte mit mehr als einem Drittel der Stimmen das beste Ergebnis des ersten Wahlganges und konnte sich in der Stichwahl mit 52 % gegen den Kandidaten der

Fortschrittspartei durchsetzen. Da Liebknecht allerdings in mehreren Wahlkreisen angetreten war, nahm er statt des Mainzer Mandats die Wahl in Offenbach-Dieburg an. Die Ersatzwahl verlor dann sein prominenter Nachfolger in der Kandidatur, August Bebel, nur ganz knapp. Ähnlich knapp war auch das Ergebnis 1884. Bei den Landtagswahlen 1885 konnte der Wahlbezirk Mainz aber mit Franz Jöst und Karl Ulrich die ersten sozialdemokratischen Abgeordneten in einen deutschen Landtag schicken. Nach der Aufhebung des Sozialistengesetzes 1890 gelang es Jöst, der 1887 im „Geheimbundprozess" zu einem halben Jahr Gefängnis verurteilt worden war, erstmals den Mainzer Reichstagssitz für die SPD zu holen, ein Erfolg, den er 1893 wiederholte. Bei den Wahlen 1903, 1907 und 1912 errang der aus Cochem stammende Eduard David den Sieg für den Mainz-Oppenheimer Wahlkreis. Von solchen Ergebnissen waren die anderen rheinhessischen Wahlkreise weit entfernt. In dem mit rechtsrheinischen Gemeinden gebildeten Wahlkreis Worms-Heppenheim-Wimpfen erzielten die Sozialdemokraten, wenn sie überhaupt antraten, Ergebnisse weit unter 5 %, erst 1890 kamen sie auf 10 % und steigerten sich bis 1912 auf ein knappes Viertel der Stimmen. Hier wirkte offensichtlich die starke Stellung des Lederfabrikanten Heyl, der Sozialdemokraten und Gewerkschaften mitunter als „nationales Krebsgeschwür" ansah, sie aber auch durch ein betriebliches Fürsorgeprogramm weitgehend zurückdrängen konnte. Noch 1906 waren lediglich 1,6 % der Lederarbeiter in Worms gewerkschaftlich organisiert. Im Wahlkreis Alzey-Bingen konnte selbst August Bebel 1881 und 1887 nur 1,6 % bzw. 0,8 % erreichen. Auch nach 1890 kam die SPD hier selten über 10 %. Allerdings lässt sich hier an den Wahlergebnissen in einigen Landgemeinden und Kleinstädten deren Industrialisierungsgrad ablesen. Während die überdurchschnittlichen Stimmenzahlen in Flonheim, Nack und Schornsheim auf die dort täti-

gen Steinbrucharbeiter und Schneider zurückzuführen sind, wird die industrielle Erschließung Ingelheims und Frei-Weinheims auch an deren zunehmenden SPD-Anteilen nach der Jahrhundertwende deutlich.[104]

Nationalliberale und andere Gruppen

Dominierende politische Kraft in Worms und Umland waren die Nationalliberalen, die in allen Wahlen zwischen 1868 und 1912 den Sieg errangen. Das ist in Worms in hohem Maße mit der vorherrschenden Stellung Cornelius Wilhelm von Heyls zu erklären, der selbst achtmal für die Nationalliberalen in den Reichstag einzog. In den Landgemeinden ist deutlich zu erkennen, dass die Nationalliberalen in den überwiegend protestantisch und stark agrarisch geprägten Gemeinden ihre stärkste Wählerschaft hatten. Bis 1881 hatten die Nationalliberalen ein Wählerpotenzial von 60–70 %, das Stichwahlen überflüssig machte. Dass die Konfession wahlentscheidend war, zeigt sich im Kulturkampfjahr 1874, als im katholischen Abenheim 100 % Zentrum, im protestantischen Dittelsheim 100 % nationalliberal wählten. Bismarcks Wechsel in der Schutzzollpolitik schlug sich im Wahlergebnis 1881 darin nieder, dass die im Wahlkreis erstmals neben den Nationalliberalen antretende Deutsche Fortschrittspartei auf 23 % kam und der nationalliberale Kandidat erst in der Stichwahl seinen Sitz behauptete. Die 1884 aus der Fusion der Fortschrittspartei mit der Liberalen Vereinigung entstandene linksliberale Deutsch-Freisinnige Partei erreichte zwar 1889, als sie als einzige Partei in Worms gegen die Nationalliberalen antrat, 38 %, blieb bei den folgenden Wahlen aber im Bereich von 10 % und weniger. Lediglich in einigen ländlichen „Hochburgen" wie Osthofen, Westhofen und Ober-Flörsheim konnte sie höhere Anteile erringen. Die absolute Mehrheit der Nationalliberalen konnte diese Entwicklung nur 1881 gefährden. Erst nach 1900 rutschte sie unter 50 %, jetzt auch aufgrund des Anwachsens der SPD. In den anderen Wahlkreisen konnten die Nationalliberalen ihre Stellung nicht so unangefochten verteidigen. Zwar konnten sie im Wahlkreis Bingen-Alzey bis 1878 Anteile zwischen 67 % und 75 % einfahren, das war aber im hohen Maße von den Kandidaten abhängig. 1868 und 1871 kandidierte hier August Metz, der liberale Oppositionsführer des hessischen Landtags, nach dessen Erkrankung 1874 Ludwig Bamberger, der ehemalige 1848er-Demokrat, der sich bereits im französischen Exil Bismarck angenähert hatte und zu einem seiner wichtigsten Berater geworden war. 1868 und 1871 hatte Bamberger jeweils mit knapper Mehrheit den Wahlkreis Mainz-Oppenheim gewonnen, sich dann wohl aber für den sichereren Binger Wahlkreis entschieden. Bismarcks Sozialistengesetz und vor allem die Zollpolitik ließen ihn wieder zum Oppositionellen und zu einem der Gründer der Liberalen Vereinigung werden. Zudem wurde er den Nationalliberalen auch durch den 1879 von seinem Fraktionskollegen von Treitschke ausgelösten *„Antisemitismusstreit"* entfremdet. Bei der Wahl von 1881 musste Bamberger nun als Vertreter der „Liberalen Vereinigung" sich in der Stichwahl Maximilian von Heyl, dem Bruder des Wormser Lederfabrikanten, stellen, der für die bismarcktreue konservative „Deutsche Reichspartei" antrat und im ersten Wahlgang ein Drittel, in der Stichwahl fast 49 % der Stimmen erreichte. In der nächsten Wahl kandidierte wieder die Nationalliberale Partei gegen Bamberger, für die sich 1887 Maximilian von Heyl aufstellen ließ. Bis 1903 blieb das Mandat aus Alzey-Bingen bei den Freisinnigen, 1907 allerdings gewann ein Kandidat des agrarprotektionistischen „Bundes der Landwirte" die Stichwahl. Bei

näherem Hinsehen zeigt sich, dass die Mehrzahl der linksliberalen, freisinnigen Wähler aus den katholischen Gemeinden um Bingen und aus Bingen selbst kam, während die Nationalliberalen, der Bund der Landwirte und die Reichspartei mehr Wähler im Kreis Alzey fanden. Wie auf Reichsebene grenzten sich auch in Rheinhessen die Nationalliberalen mitunter nur unzureichend gegen die Antisemiten ab, wie an der Kandidatur des aus Alzey stammenden Heinrich Claß im Jahr 1903 deutlich wird, der wenige Jahre später zum Vorsitzenden des antisemitischen „Alldeutschen Verbandes" aufstieg und dessen Gesinnung auch schon 1903 bekannt war. Dass sich ein Wahlkreis nach konfessionellen Kriterien unterscheiden lässt, wird in Mainz-Oppenheim noch deutlicher. Nicht nur das Zentrum, sondern auch die Demokratische Vereinigung und später die Volkspartei Alexis Dumonts und Georg Oechsners hatten in und um Mainz ihre meisten Wähler, während die protestantischen Gemeinden im Süden des Wahlkreises, aber auch die protestantischen Enklaven Stadecken und Essenheim nationalliberal, 1893/1896 mit überdurchschnittlichem Anteil auch antisemitisch und 1903 den Bund der Landwirte wählten.[105]

Anmerkungen

1   Die Berechnungen wurden nach den Daten des Familienstammbaums der Familie Rocker vorgenommen, den F. Rocker unter www.rocker-familie.de/ im Internet veröffentlichte. Gestrich, Familie, S. 64f.; Rettinger, Umgebung, S. 221; Löbe, S. 339.

2   Berechnungen nach: Beiträge 3 (1864), S. 52f.; zu den Differenzen dieser Statistik zu anderen Zählungen vgl. Schmahl, Verpflanzt, S. 388.

3   Mahlerwein, Grundzüge; Statistisches Jahrbuch 1909, S. 15, 26–28.

4   Beiträge 3 (1864), S. 52f.; Kreuz 3, S. 183–185.

5   Beiträge 15 (1877), S. 38–45; Beiträge 63 (1913).

6   Ehmer, Bevölkerungsgeschichte, S. 8f.; Rehden, Statistik, S. 1066; Hubert, Bevölkerung, S. 113; Beiträge 3 (1864), S. 47; Beiträge 63 (1913).

7   Heße, Rheinhessen, S. 70f., S. 332f; Neumer, Friesenheim, S. 26; Kneib, Zornheim, S. 26; Curschmann, Undenheim, S. 106; Frieß-Reimann,

Landschaft; Krienke, Mainz-Bingen, S. 32; Schütz, Hechtsheim, S. 40–44, 55–57, 73f.

8 Schmahl, Verpflanzt, S. 391; Beiträge 3 (1864), S. 24f; Heße, Rheinhessen, S. 78–83; Dael, Arbeitslöhne; Mahlerwein, Alsheim-HALASEMIA II, S. 29–34; Verhandlungen 1841/42, S. 44.

9 Krienke, Mainz-Bingen, S. 84, 202f.; Schieder, Säkularisation, S. 84; Mahlerwein, Alsheim-HALASEMIA II, S. 52.

10 Mahlerwein, Herren, S. 108–152; zur Familie Kirschbaum s. Stadtarchiv Worms Abt. 170/46 Familienpapiere Kirschbaum/Dittelsheim; Heße, Rheinhessen, S. 79–85; Schmahl, Verpflanzt, S. 391; Großherzoglich Hessisches Regierungsblatt 1820, S. 200–222.

11 Heße, Rheinhessen, S. 79–85; Schmahl, Verpflanzt, S. 391; Mahlerwein, Alsheim-HALASEMIA II, S. 46f.; 52f.

12 Mahlerwein, „Oben bleiben"; Kössler, Register.

13 Gedenkbuch 1840, S. 210f.; Mahlerwein, Bandel, S. 25; Schulz, Lebenswelt, S. 10–14, 61–64; Budde, Blütezeit, S. 7–14; Großherzoglich Hessisches Regierungsblatt 1820, S. 200–222;Dumont, Mainzer Republik, S. 446; Schrohe, Mainz, S. 203–211; Bockenheimer, Mainz, S. 136; Schieder, Säkularisation, S. 43–74; Gesellschaftsvertrag.

14 Lauteren; Schrohe, Mainz, S. 141; Frieß-Reimann, Kertell; Großherzoglich Hessisches Regierungsblatt 1820, S. 200–222; Schieder, Säkularisation, S. 1–4, ‚S. 27–29, 414–437; Berlet, Oberamtsstadt, S. 122; Berlet, Wie Alzey, S. 68f., 86f.; Emele, Amulete; Kühn, Wandel, S. 221–229; Mahlerwein, Gesellschaft, S. 53; Mahlerwein, Bandel.

15 Kühn, Wandel, S. 82; Gedenkbuch 1840, S. 236f.; Großherzoglich Hessisches Regierungsblatt Nr. 38 vom 18. November 1856; Wehler, Gesellschaftsgeschichte II, S. 182.

16 Dael, Bevölkerungs-Verhältnisse, S. 31; Gedenkbuch 1840, S. 236f.; Falck, Familienbuch, S. 43–61; Wettengel, Revolution, S. 16.

17 Dael, Arbeitslöhne, S. 846–849; Kühn, Worms, S. 66; Allgemeiner Bericht, S. 15; Büsch, Gewerbe-Tabelle (die Arbeiter in Ziegeleien, Bierbrauereien, Branntweinbrennereien, Leimsiedereien sind hier nicht mit eingerechnet).

18 Kössler, Register.

19 Zu 1817: Chronik Scherer; Rheinische Blätter vom 17. und 21. August 1817; zu 1825: Venturini, Chronik, S. 530f.; der Bericht in München erscheinenden Allgemeinen Zeitung vom 13. August 1825 erwähnt allerdings nicht den Tod des Schiffsknechtes; zu 1830: Allgemeine Zeitung vom 9. September, 4. und 11. Oktober 1830; 1832: Vollständige Verhandlungen, S. 144f.; Allgemeine Zeitung vom 7. Juni 1832; zu 1846: Allgemeine Zeitung vom 21. Juli 1846.

20 Beiträge 3 (1864), S. 25f. (hierzu auch: Schmahl, Verpflanzt, S. 389), 244–253; Statistisches Jahrbuch 1909, S. 63f.

21 Pott, Entwicklung, S. 108; Brüchert-Schunk, Sozialpolitik, S. 58; Reuter, Hofmann, S. 27; Kühn, Wandel, S. 101; Adreßbuch Worms 1867, S. 1–64; Adreßbuch Worms 1900, S. 1–162.

22 Schütz, Mainz-Finthen, S. 32; Schütz, Hechtsheim, S. 74; Pott, Entwicklung, S. 109–111; Adreßbuch Worms 1900, S. 295–306; Mahlerwein, Alsheim-HALASEMIA II, S. 104f.;Neumer, Friesenheim, S. 104.

23 Die Verhältnisse, S. 211–227; Schornsheim, S. 201.

24 Brüchert-Schunk, Sozialpolitik, S. 146–158; Brüchert, Soziale Frage, S. 900–910; Brüchert, Frauen- und Kinderarbeit; Brüchert, Verhältnisse, S. 798–815; Bönnen, Bemerkungen.

25 Luig, Mommenheim, S. 20; Kneib, Baukonjunkturen; Freckmann, Dorfbilder; Frieß-Reimann, Landschaft; Vogeley, Betriebsverhältnis, S. 88.

26 Haffner, Mainz, S. 12f.; Heil, Resultate; Statistisches Handbuch 1909, S. 205; Wirtschaftlich-Statistisches Jahrbuch 8 (1913), S. 67.

27 Heil, Einkommenssteuer, S. 7–45; Statistisches Handbuch 1909, S. 205; Großherzoglich hessisches Regierungsblatt 1856, S. 404–457; Bönnen, Heyl, S. 39; Grünewald, Von Westhofern Häusern, S. 320; Frieß-Reimann, Landwirtschaft, S. 253–257; Böninger, Bürgermeister; Mahlerwein, Familie Hahn; Wimmer, Mathildenhof; Wimmer, Gartenanlage; Dieter Krienke, Mainz-Bingen, S. 90–93, 212.

28 Haffner, Mainz, S. 13–16; Regierungsblatt, S. 404–457.

29 Kühn, Wandel, S. 99f.; Bönnen, Heyl; Werner, Von Wohnhäusern; vgl. auch die Beiträge in Bönnen/Werner, Heyl zu Leonhard Heyl (Gerold Bönnen), zum Engagement der Heyls in der Casinogesellschaft (Gunter Mahlerwein), im Museum (Mathilde Grünewald), im Altertumsverein (Josef Mattes), in der Bibliothek (BussoDiekamp); Kaufhold, Sektreklame, S. 135–154, 183–214; Kupferberg (Hrsg.), Kupferberg; Berlet, Die Seuberts; Liebeschütz, Belmont; Fuchs, Entwicklung, 480f.

30 Mainzer Abendblatt vom 18. Januar 1871; Erklärende Beschreibung, S. 29.

31 Schwamb, Köngernheim, S. 237–247; Cutter, Middlesex, S. 1045–1049; Cutter, Memoirs, S. 2144–2145.

32 Schwamb, Köngernheim, S. 237–247; Schmahl, Verpflanzt, S. 65–69, 72–83.

33 Schmahl, Verpflanzt, S. 101–105; Köhler, Gleichheit, S. 147; Durning, Klingelhoeffer; Köhler, Loehr, S. 245.

34 Cutter, Middlesex, S. 1.045; Schmahl, Verpflanzt, S. 74–76, 95–98, 101–105; 1200 Jahre Dienheim, S. 111; Stadtarchiv Worms, Abt. 30, Auswandererverzeichnis; Köhler, Gleichheit, S. 147; Durning, Klingelhoeffer; Köhler, Loehr, S. 245; Synagogen Rheinland-Pfalz, S. 99, 108; Richarz, Entwicklung, S. 17f.

35 Mahlerwein, Marx; Meyer/Mentgen, Juden, S. 294–302; Hoffmann, Landjuden, S. 69; Kemp, Bodenheim/Nackenheim, S. 202; Reuter, Warmaisa, S. 170f.; Drobner, Gemeinde, S. 57–69.

36 Drobner, Gemeinde, S. 56; Mahlerwein, Alsheim-HALASEMIA 2, S. 135; Meyer/Mentgen, Juden, S. 276; Reuter, Warmaisa, S. 156–159; Hamburger, Juden, S. 236–239; Hoffmann, Landjuden, S. 122–127.

37 Synagogen Rheinland-Pfalz/Saarland, passim; Programm der Einweihungsfeier der neuen Synagoge zu Oppenheim am 19. und 20. August 1864, in: Licht (Hrsg.), Oppenheim, S. 235.

38 Meyer, Gemeinden, S. 111–131; „Der treue Zionswächter" vom 7. Dezember 1849; Allgemeine Zeitung des Judenthums vom 6. November 1841, 21. November 1846, 4. April 1853, 1. Juni 1857, 4. Juli 1859; „Der israelitische Volksschullehrer, März 1853; „Jeschurun", Oktober 1849; Der Israelit vom 22. April 1868, 23. August 1876 (alle Artikel aus jüdischen Presseorganen zitiert nach: http://www.alemannia-judaica.de); Hoffmann, Landjuden, S. 73–79; Reuter, Warmaisa, S. 161–165; Schütz, Magenza, S. 695; Schaab, Juden, S. 476; Synagogen, S. 108–110, 399–403.

39 Jérome, Jahrbuch 1824, S. 66; Beiträge 14 (1875), S. 23; Ewald, Beiträge, S. 993; Knoepfel, Stand; Statistisches Handbuch 1909, S. 122; Hoffmann, Landjuden, S. 83; Schmelz, Bevölkerung, S. 48, 346.

40 Ruppin, Statistik; Ausländische Juden; Jérome, Jahrbuch 1824, S. 48–67; Beiträge 11 (1870), S. 62–72; Hoffmann, Landjuden, S. 84; Drobner, Gemeinde, S. 13–18.

41 Keim, Judenfrage, S. 97–128; Drobner, Entwicklung, S. 37–53.

42 Michaelis, Guntersblum, S. 98f.; Bamberger, Erinnerungen, S. 3; Fridberg, Judenviertel; Schütz, Magenza, S. 696f.; Hoffmann, Landjuden, S. 109, 116; Abel, Massenarmut, S. 55; Allgemeine Zeitung vom 7. Juni 1832 und 19. Februar 1837; Wettengel, Revolution, S. 77; Aspisheimer Chronik; Allgemeine Zeitung des Judentums vom 22. Mai 1848 (dieser Artikel wie auch alle Folgenden aus jüdischen Zeitungen sind auf der Internetseite http://www.alemannia-judaica.de unter den betreffenden Gemeindeartikeln zu finden); Richard Grünfeld, Juden, S. 38f.; Der treue Zionswächter vom 8. September 1848; Brenner, Revolution, S. 288.

43 „Der Israelit" vom 9. Februar, 23. Februar, 18. Mai, 8. Juni, 13. Juni und 20. Juli 1881; Weisrock, Nieder-Olm„ S. 111f.; Kim, Reich, S. 33, 275–279; Pulzer, Wiederkehr, S. 198; Drobner, Gemeinde, S. 69–77; Blaschke, Katholizismus, S. 55, 144, 172f., 232; Das moderne ungläubige Judenthum; Petersen, Ketteler, S. 131–133; Aub, Toleranz; Hoffmann, Landjuden, S. 123.

44 „Jeschurun. Wochenschrift zur Förderung jüdischen Geistes und jüdischen Lebens" vom 24. Mai 1883; Der Israelit vom 30. Juli 1885, 28. Oktober 1891, 9. November 1891, 28. Januar 1892, 11. Februar 1892, 14. November 1892; Berkessel, „Wucherpille"; Drobner, Gemeinde, S. 79; Hoffmann, Landjuden, S. 124, 128; Klein, Reichstagswähler, S. 370, 374.

45 Dahl, Statistik, S. 26–28, 31f.; Weißheimer, Tagebuch I, S. 16–21; Heße, Rheinhessen, S. 68f., 126; Huff, Klimaanomalie; Crome, Handbuch I, S. 414–420; Mahlerwein, Herren, S. 195–200, 222–226; Mahlerwein, Alsheim-HALASEMIA II, S. 62f.

46 Mahlerwein, Umbruch, S. 100f.; Schneider, Landwirtschaft; Mahlerwein, Weizen, S. 15–23; Jansen, „Schädlinge", S. 72; Krocker, Landwirtschaft; Vogeley, Betriebsverhältnisse.

47 Verhandlungen 1835/36, Protokoll 97, Siebenzwanzigste Sitzung in dem Sitzungssaal der zweiten Kammer der Landstände, 16. Dezember 1836, S. 73, 86–88.

48 Demian, Beschreibung 1824, S. 58; Heße, Rheinhessen,

S. 40; Beiträge 1 (1862), S. 109; Krocker, Landwirthschaft, S. 21; Koch, Weinland, S. 12; Vogeley, S. 40; Wirtschaftlich-statistisches Jahrbuch 8 (1913), S. 14.

49 Jérome, Jahrbuch 1825, S. 31; Vogeley, Betriebsverhältnisse, S. 40; Crome, Handbuch, S. 423; Bronner, Weinbau, passim; Heße, Rheinhessen, S. 59–66; Schneider, Landwirtschaft, S. 54; Mahlerwein, Herren, S. 262–264; Mahlerwein, Alsheim-HALASEMIA II, S. 107f.

50 Heße Jérome, Jahrbuch 1824, S. 37; Bronner, Weinbau, passim; Heße, Rheinhessen, S. 45, 55f.; Krocker, Landwirtschaft, S. 50f.; Demian, Beschreibung 1824, S. 58; Koch, Weinland, S. 8–11; Rutenberg, Weinbau, S. 1011, 1014; Hill, Weinbau, S. 146, 151f.; Vogeley, Betriebsverhältnisse, S. 42; Hill, Notstand.

51 Crome, Handbuch I, S. 439–443; Jérome 1824, S. 27, 43, 89, 264–302; Demian, Beschreibung 1824, S. 85–104; Demian, Beschreibung 1825, S. 145f.; Horst, Koch; Pott, Entwicklung, S. 51–57; Helmken, Dom, S. 59; Zinnkann, Möbelschreiner, S. 13–22.

52 Heße, Rheinhessen, S. 69; Wedekind (Hrsg.), Berichte, S. 14–28, 67–69; Blachetta, Aufstieg; Zinnkann, Möbelschreiner, S. 166–170; Berlet, Alzey im 19. Jahrhundert, S. 300; Fränkischer Merkur vom 20. Januar 1838; Gewerbetabelle 1847, in der Auswertung sind Mühlen, Essigsiedereien, Brauereien, Brennereien und Bleichereien nicht berücksichtigt wurden.

53 Blachetta, Aufstieg, S. 340–345; Reuter, Familie Melas; Jahresbericht 1857; Gemeinnützige Wochenschrift, S. 408; Schirges, Welt-Ausstellung, S. 134–137, 169, 175; Werk Offstein, S. 2; 1200 Jahre Osthofen, S. 183.

54 Jahresbericht 1864/66, S. 34f.; Jahresbericht 67/68, S. 36–39; Rinker-Olbrich, Quellen; Jahres-Bericht Mainz 1872, S. 1–30; Mainz-Weisnau, S. 37; Laub, Heimatbuch, S. 206; Reuter, Hofmann, S. 28f.; Fuchs, Entwicklung, S. 479; Beck, Mainz, S. 22–35; Statistisches Handbuch 1909, S. 63f.; Pott, Entwicklung, S. 54; http://www.boehringer-ingelheim.de/ unternehmensprofil/geschichte/geschichte1.html (28.10.2014); Marschall, Schatten, S. 200–232; Kißener, Boehringer Ingelheim, für die Möglichkeit zur Einsichtnahme in das noch ungedruckte Manuskript (des mittlerweile erschienen Buches) danke ich Herrn Prof. Kißener ganz ausdrücklich.

55 Hahn, Industrielle Revolution, S. 67, 102f.; Statistisches Handbuch 1909, S. 69; Kiesewetter, Industrialisierung, S. 46; Statistisches Handbuch 1909, S. 8*; Tabelle Erwerbstätige und ihre Angehörigen nach Wirtschaftssektoren, online unter: http:// germanhistorydocs.ghi-dc.org/sub_document. cfm?document_id=633 (28.10.2014). Ab 1882 wurden alle Haushaltsangehörigen eines Erwerbstätigen mitgezählt.

56 Crome, Handbuch, S. 444f.; 1200 Jahre Osthofen, S. 170; Gemeinde Eckelsheim (Hrsg.), Eckelsheim, S. 364; Mahlerwein, Alsheim-HALASEMIA II, S. 66; Kiesewetter, Industrialisierung, S. 43–46, 53; Jérome, Jahrbuch 1824, S. 82–87; Hahn, Integration, S. 38–40, 75–88, 156f., 213.

57 Hahn, Integration, S. 44f., 53, 105, 208–213; Hahn,

Wirtschaft, S. 122–124, 181; Demian, Beschreibung 1824, S. 116–118, 122f.; Hoof, Rheinschifffahrt, S. 30f.; Kläger, Stadt- und Festungserweiterung, S. 30; Crome, Handbuch, S. 448–454; Jahresbericht Mainz 1857; Statistisches Handbuch 1909, S. 92f.; Wirtschaftlich-statistisches Jahrbuch 1913, S. 50f., 54–61; Rhein-Neckar-Hafen.

58 Karneth, Romantisieren, S. 113; Demian, Beschreibung 1824, S. 136; Gedenkbuch 1840, S. 242–249; Jahresbericht Handelskammer Worms 1857, S. 466; Jahresbericht Handelskammer Worms 1857, S. 463–466; Jahresbericht Handelskammer Worms 1867/1868, S. 53.

59 Entgegnung; Conversations-Lexicon 1839, S. 866–869; Gedenkbuch 1840, S. 249–253; Faber, Nebeljungenstreich; Döhn, Eisenbahnpolitik, S. 35–113; Mahlerwein, Alsheim-HALASEMIA II, S. 151–155; Johann Weißheimer II., Tagebuch, S. 270, 331–333; Jahresbericht Handelskammer Worms 1857, S. 466.

60 Döhn, Eisenbahnpolitik, S. 114–155, 188–201; Lubojanski, Dampf; Reuter, Hofmann, S. 202–230; Statistisches Handbuch 1909, S. 91.

61 Statistisches Handbuch 1909, S. 97f.; Jahresbericht Handelskammer 1864/66, S. 59; Statistisches Handbuch 1909 S. 83f.; Crome, Handbuch, S. 445; Jahresbericht Handelskammer Worms 1857, S. 633; Jahresbericht Handelskammer 1864/66, S. 60; Jahresbericht Handelskammer Worms 1867/68, S. 51; Statistisches Handbuch 1909 S. 83f.; Manfred Hinkel, 150 Jahre Landpost in Rheinhessen – Ein Beitrag zur Entwicklung der Briefpostversorgung, in: Alzeyer Geschichtsblätter 39 (2011), S. 101–116; Oesterle, Fürfeld, S. 213; Roschy, Leiselheim, S. 287; Zurowski, Hahnheim, S. 218; Müller, Erbes-Büdesheim, S. 899.

62 1200 Jahre Dienheim, S. 94f.; Curschmann, Undenheim, S. 83; Weißheimer, Tagebuch I; Blücher zitiert nach: Dumont, Worms, S. 398; Schmitt, Verwaltung, S. 11–28, 50–71, 96–100, 127–134; Neumann, Übergangszeit, S. 35f.; zu Otterstedt: Kombst, Bundestag, S. 85f. Sammlung, S. 65f.; Bockenheimer, Macké, S. 87–94; Dumont, Worms, S. 397; Frankfurter Ober-Postamts-Zeitung vom 18. Juli 1814; Vorstellungen, o. O. 1814; Allgemeine Zeitung, Beilage vom 22. April 1815.

63 Neumann, Provinz Rheinhessen, S. 47–51 (Zitat S. 50); Knöpp, Jaup; Wippermann, Jaup; Schulz, Herrschaft, S. 218–238; Engelhaupt, Einführung, S. 72–84; Franz/Fleck/Kallenberg, Großherzogtum, S. 712–715; Rummel/Maier/Hennig, Verfassung, S. 194f.; Dölemeyer, Ministère public, S. 94–96; Hoffmann, Rheinhessen, S. 22–26; Artikel „Lichtenberg"; Auernheimer/Siegert, Maus, S. 123–125.

64 Engelhaupt, Einführung, S. 121; Neumann, Rheinhessen, S. 51–54; Franz/Fleck/Kallenberg, Großherzogtum, S. 742–754; Faber, Rheinlande, S. 113–118; Rheinische Blätter vom 14.12.1817; Hofmann, Beiträge, S. 32f.; Lehne, Schriften, S. 417f.

65 Franz/Fleck (Hrsg.), Landtag, S. 9–19; Neumann, Rheinhessen, S. 54–56; Faber, Rheinlande, S. 307–311; Bopp, Landtag, S. 69–87.

66 Rack/Vielsmeier (Hrsg.), Abgeordnete, passim; Verhandlungen erste Kammer 1820/21, Heft I, S. 21–23, 134 f., Heft III, S. 133–135, 140, Heft IV: 85–89; Verhandlungen zweite Kammer 1821, Sechszehntes

Heft, S. 23; Heße, Rheinhessen, S. 144–146; Neumann, Rheinhessen, S. 56f.; Karenberg, Verwaltung, S. 109–113; Büttner, Anfänge, S. 132–151.

67 Mahlerwein, Herren, S. 399–407; Köhler, Bodenheim, S. 146 f.; Heße, Rheinhessen, S. 146; Franz/Fleck/Kallenberg, Großherzogtum, S. 772f.; Urkunde; Weißheimer, Tagebuch I.

68 Sprenger, Lehne, S. 170–190; Köhler, Landstadt, S. 405f.

69 Hahn, du Thil,; Büttner, Anfänge, S. 160–185; Spangenberg, Hessen-Darmstadt, S. 67–79; Neumann, Rheinhessen, S. 63–65; Köhler, Landstadt, S. 405f.; Schütz, Vormärz, S. 82; Der Nachläufer; Der aufrichtige und wohlerfahrene Schweizerbote, 15. Dezember 1832; Weißheimer, Tagebuch I, S. 159f.; Kermann (Hrsg.), Beziehungen, S. 16–19; Die Pokal- und Adressen-Sendung, S. 22f.; Breil, Pressepolitik, S. 30; Allgemeine Zeitung vom 11. April 1832.

70 Franz, Nachhall, S. 73, 75; Deutsche Tribüne vom 3. und 23. Februar, 1., 7. und 21. März 1832; Foerster, Der Preß- und Vaterlandsverein, S. 172f., 195–197; Verhandlungen zweite Kammer 1833, Beilagen, Vierter Band, S. 417–428; Allgemeine Zeitung vom 11. März und 9. Mai 1832.

71 Allgemeine Zeitung vom 30., 31. Mai, 2., 19. und 28. Juni 1832; Vollständige Verhandlungen, S. 144f.; Tagebuch Johann Weißheimer I, S. 168; Allgemeine Zeitung vom 1832; Wirth, Nationalfest, S. 36, 88; Buchner, Probleme; Spangenberg, Hessen-Darmstadt, S. 77–79; Foerster, Preß- und Vaterlandsverein, S. 32f. Möglicherweise hielt auch Johann Philipp Bandel aus Worms eine Rede, die aber nicht überliefert ist, vgl. Mahlerwein, Bandel, S. 31.

72 Siemann, Deutschland, S. 349–351; Büttner, Parlamentarismus, S. 124–127; Schütz, Vormärz, S. 89.

73 Hessisches Volksblatt vom 22. Januar 1832; Deutsche Tribüne vom 18. Februar 1832; Tagebuch Johann Weißheimer I, S. 174; Büttner, Parlamentarismus, S. 178–181; Bopp, Landtag, Band 2, S. 47–72; Schacht, Liberalismus; Schütz, Vormärz, S. 89–91; Zimmermann, Freiheit, S. 115–118.

74 Wentzcke/Klötzer, Gagern, S. 16–27; Schücking, Gagern, S. 1–23.

75 Büttner, Parlamentarismus, S. 181f.; Zimmermann, Freiheit, S. 120–126; Tagebuch Johann Weißheimer I, S. 212, 218; Siemann, Staatenbund, S. 351; Köhler, Landstadt, S. 411.

76 Zimmermann, Freiheit, S. 157–159; Der neue Landtag; Köhler, Landstadt, S. 411f.; Mahlerwein, Bandel, S. 32f.; Kühn, Wandel, S. 208f.

77 Schütz, Vormärz, S. 91; Neumann, Rheinhessen, S. 65–70; Hoffmann, Rheinhessen, S. 30f.

78 Büttner, Parlamentarismus, S. 216–218; Franz/Fleck, Landtag, S. 304–308; Spangenberg, Hessen-Darmstadt, S. 14f.; Dölemeyer, Einflüsse, 192–206; Breidenbach, Commentar, S. 119–131.

79 Faber, Rheinlande, S. 179.

80 Wentzcke/Klötzer, Briefe und Reden, S. 204–213, 249f., 257–260, 283, 335f., 348; Regensburger Zeitung vom 17. Januar 1839; Buchner, Menschen; Seitz, Rechtsinstitutionen, S. 25–30.

81 Friederichs, „Schwarze Buch"; Siemann, Polizei, S. 93–99; Köhler, Behlen; Klug, Wörrstadt, S. 160; Deutsche Tribüne vom 1. März 1832.

82 Schütz, Vormärz, S. 92f.; Mahlerwein, Gesellschaft, S. 17–82; Reitzel, Casino; Reis, Silhouetten, S. 71–94, 226–230.

83 Gedenkbuch 1840, S. 210–218; Klenke, Gesangvereine, S. 47–52; Didaskalia vom 13. April 1841; Kühn, Wandel, S. 117.

84 1200 Jahre Hamm, S. 557; Pfeifer, Anfänge; Tagebuch von Johann Weißheimer I, S. 106f.

85 Dann, Nation, S. 119–121; Nipperdey, Nationalidee, S. 148; Steen, Gutenbergfeste; Wild, Gutenberg, S. 282–290; Reis, Silhouetten, S. 1–11; Gedenkbuch 1837; König, Leben, S. 65–131; Lewald, Gutenbergfest.

86 Gedenk-Buch 1840, S. 275–358; Reis, Silhouetten, S. 12–21; König, Johannisfeier.

87 Schulz, Napoleon; Ruiz, Bemerkungen; Ullrich, Ungeheuer; Planert, Vorbild; Bamberger, Französelei, S. 276–279; Müller, Liederbuch; Hahn, Napoleonsteine; Rinker-Olbrisch/Olbrisch, Veteranen-Verein; Dumont/Stauder, Trikolore, S. 119f.

88 Frieß-Reimann, Fastnacht, S. 20–30 (vgl. dies., Siegeszug); Schwedt, Prinz; Schütz, Fastnacht; Pollard, Carnival, S. 92–107; Zeitung für die elegante Welt vom 9. März 1838 und 12. April 1839; Reis, Silhouetten, S. 259–262; Ost und West vom 2. Februar, 20. und 23. März 1839; Der Adler vom 26. Februar 1839; Morgenblatt vom 6. März 1841 und 25. Februar 1842.

89 Bamberger, Erinnerungen, S. 29; Zeitung für die elegante Welt vom 9. März 1838; Hesperus vom 5. März 1831; Reis, Silhouetten, S. 260; Pollard, Carnival, S. 119–125; Frieß-Reimann, Fastnacht, S. 28–30.

90 Hesperus vom 5. März 1831; Keim, Karneval, S. 28–53; Narrhalla 1841, S. 4f.; Narrhalla 1845, S. 31; Narrhalla 1846, S. 136; Neue Mainzer Narrenzeitung 1846, S. 107.

91 Narrhalla 1844, S. 11, 17, 39–42, 112; Neue Mainzer Narrenzeitung 1844, S. 28 f., 54–56, 80, 111; Neue Mainzer Narrenzeitung 1845, S. 94f., 11f.; Keim, Kalisch, S. 29–32; Mecocci, Kathinka Zitz-Halein; Heinzelmann, Kalisch; Zucker, Kathinka Zitz-Halein, S. 64f.; Pollard, Carnival, S. 109, 199–202, 416–418; Passavia vom 28. Januar 1846.

92 Schmahl, Verpflanzt, S. 320–324; Bahn, Deutschkatholiken, S. 33–38; Holzem, Kirchenreform, S. 38–65; Kampe, Geschichte, Band 1, S. 119, 132, 145–147, 151, 154, Band 2, S. 14–16, 70, 127–130; Johann Weißheimer, Tagebuch III, Einträge zum 1. April, 28. und September 1845; Mahlerwein, Bandel, S. 45f.; Köhler, Landstadt, S. 412f.; Wormser Zeitung vom 15. April, 30. September 1845 und vom 2. Oktober 1845; Didaskalia vom 20. Juli und 4. August 1845.

93 Wormser Zeitung vom 12. und 22. Dezember 1846; Schmahl, Lebensbedingungen; Mahlerwein, Potato blight; Allgemeine Zeitung vom 1. März 1847; Schütz, Provinzialhauptstadt, S. 402.

94 Allgemein zu dem Folgenden: Sperber, Rhineland Radicals, passim; Wettengel, Revolution, passim; Köhler, Volkrechte, S. 51–179; Schütz, Provinzhauptstadt, S. 402–414; Krome, Revolution; Franz/Fleck/Kallenberg, Großherzogtum, S. 807–826; Köhler, Landstadt,

S. 417–435; Mahlerwein, Herren, S. 409–418; Mahlerwein, Rundweg Demokratie; Wormser Zeitung vom 15. Juli 1847; Allgemeine Zeitung vom 9. Januar 1847; Deutsche Allgemeine Zeitung vom 6., 12., 17. Juli und 17. August 1847; Verhandlungen zweite Kammer 1847/48, Protokolle Zweiter Band.

95 Johann Weißheimer, Tagebucheintrag zum 27. Februar 1848; Schütz, Provinzhauptstadt, S. 406; Verhandlungen 1847/49, Beil. 153, 157, 160 zum 18. Protokoll, Beil. 168, 175, 176, 191, 192, 194 zum 21. Protokoll.

96 Weißheimer Tagebucheintrag zum 6. März 1848; Frankfurter Ober-Postamts-Zeitung vom 22. April 1848; Didaskalia vom 29. April 1848.

97 Hart, Paulskirche, S. 13–15; Die Gegenwart I, S. 487–495; Wigard (Hrsg.), Bericht, S. 55–64, 93–114.

98 Verhandlungen der zweiten Kammer 1847/48, Dreiundfünfzigste Sitzung vom 17. Mai 1848; Regensburger Zeitung vom 28. Juli 1848; Frankfurter Ober-Postamts-Zeitung vom 29. Juli 1848; Die Gegenwart V, S. 495.

99 Großherzoglich Hessisches Regierungsblatt 1851, S. 446f.; Familienchronik von Heinrich Graef aus Monsheim, S. 251–256 (für die Auszüge der äußerst aufschlussreichen Chronik danke ich Herrn Walter Hahn, Monsheim).

100 Johann Weißheimer, Tagebucheintrag zum 24. August 1853; Franz/Fleck/Kallenberg, Großherzogtum, S. 824–838; Schütz, Provinzhauptstadt, S. 414–419; Petersen, Ketteler, S. 201–213; Broo, Arbeiter- und Volksbildungsbewegung, S. 96f.; Brehmer, Ketteler, S. 108–126; Artikel „Philipp Wasserburg".

101 Franz/Fleck/Kallenberg, Großherzogtum, S. 839–841; Köhler/Dipper (Hrsg.), Einheit, S. 432–531; Siemann, Staatenbund, S. 415–420; Winkler, Weg, S. 172–176; Wormser Zeitung Juni-August 1866.

102 Franz/Fleck/Kallenberg, Großherzogtum, S. 841–845; Köhler/Dipper (Hrsg.), Einheit, S. 533–597, 654–661, 759, 777–799, 833–849; Wormser Zeitung vom 1., 3. und 23. Februar 1871 ; Neumer, Friesenheim, S. 101; Heimatverein Gundersheim (Hrsg.), Heimatbuch, S. 82; Erinnerungen von Johannes Muth XVII. aus Gimbsheim, Privatbesitz Jakob Scheller, dem ich für die Überlassung danke.

103 Wormser Zeitung vom 11. August 1875; Franz/Fleck/Kallenberg, Großherzogtum, S. 849–856; Kißener, Grundzüge, , S. 85–88; Kläger, Mainz, S. 440–443; Dipper/Köhler (Hrsg.), S. 994–1146; Rheinhessischer Beobachter vom 1., 15. und 29. März und vom 19. April 1873.

104 Broo, Arbeiter- und Volksbildungsbewegung, S. 44f., 99–116; Kühn/Löw, Lassalle; Reuter, Reichsstadt und Industriestadt, S. 108–110; Brandt, SPD, S. 87–97, 106–108; Kölsch, Sozialdemokraten, S. 145–150; Klein, Reichstagswähler, S. 317–420.

105 Klein, Reichstagswähler, S. 317–420; Schiffmann/Nestler/Becker, Öffentlichkeit, S. 393–403; White, Splintered Party, passim; Zucker, Bamberger, passim; Karneth, Claß; Bönnen, Heyl, S. 146–159.

Rheinhessen 1914–2016

Der Erste Weltkrieg

„Kein Hurra-Rufen ertönte" –
August 1914

Dass die Deutschen voller Begeisterung im August 1914 in den Krieg zogen oder ihren Männern, Söhnen und Verlobten freudig hinterher winkten, mag für einen Teil des Bildungsbürgertums in den Städten gelten. Auch die lokalen Zeitungen berichteten von *„erregter Kriegsstimmung"*. Die überwiegende Stimmung scheint doch aber von Angst, Unsicherheit und Skepsis geprägt gewesen zu sein. Gerade auf dem Land dürfte die Einziehung der Männer mitten in der Erntezeit kaum Anlass zu enthusiastischen Gefühlsausbrüchen gegeben haben. So hielt der evangelische Pfarrer von Hahnheim Gottesdienste, in denen für einen glücklichen Ausgang des Krieges gebetet wurde. Zu diesen Gottesdiensten seien *„alle Frauen schwarz gekleidet"* erschienen und hätten während der Predigt laut geweint. Der Appenheimer Pfarrer hielt in seiner Pfarrchronik fest: *„Von Begeisterung war in unserem Dorfe nichts zu merken. Kein Hurra-Rufen ertönte (…) Der Gedanke an das Düstre, Schwere, das bevorstand, der Gedanke, unsre Männer, Söhne müssen fort, ließ keinen Enthu-*

Abb. 35:
Soldaten mit Marschgepäck auf dem Lutherplatz in Worms, kurz nach Juni 1915.

siasmus aufkommen (…) Überall das Gefühl, als sei ein großes Unglück geschehen. (…) In großen Gruppen standen die Männer und besprachen ihren Marschbefehl, in den Häusern sah man weinende Frauen; besonders die klagten, deren Angehörige bereits unter den Fahnen waren." Auch in den Städten war wenig von Hurrapatriotismus zu spüren. Dr. Georg Becker, Arzt am Alzeyer Krankenhaus, beschrieb in seinem Tagebuch, wie die Nachricht von der Mobilmachung in der Stadt aufgenommen wurde: „Wir eilten auf den Roßmarkt, wo eine große Menge in dumpfem Schweigen harrte, denn noch war hier nichts angeschlagen, und nur Einzelne hatten die Nachricht mitgebracht. Nun erschien auch ein Schutzmann und klebte an die Litfaßsäule die Meldung, die alle wussten und die doch jeder sehen wollte. Die meisten waren erschüttert. Jeder, der

nicht selbst mitmusste, hatte einen ihm Nahestehenden, der ins Feld sollte." In Worms reagierte die Menge, die vor der Redaktion der Wormser Zeitung von der Kriegserklärung Österreichs erfuhr „mit Genugtuung (…) Aber ohne Lärm. Man ist sich des Ernstes der Lage wohl bewusst." Anders als in der Studentenstadt Heidelberg, wo nach den Tagebucheinträgen des Wormser Museumsmitarbeiters Dr. Erich Grill eine „riesige Begeisterung herrschte", war die Lage hier ruhig. Es kam zu keinen großen Kundgebungen. Aber „die Musikkapellen stimmten nationale Lieder an, die die Anwesenden häufig mitsangen", berichtete die Wormser Volkszeitung vom selben Tag. Dass in den Gastwirtschaften am Vorabend der Kriegserklärung patriotische Lieder gesungen wurden, hielt auch der evangelische Pfarrer aus Oppenheim in seiner Pfarr-

Abb. 36:
Coupéwagen am Hauptbahnhof Worms mit Soldaten auf dem Weg zur Westfront, um 1916.

chronik fest. Der Mainzer Carl Zuckmayer erlebte die Bekanntgabe der Mobilmachung am Schillerplatz, der *„schwarz von Menschen"* war: *„man erwartete eine offizielle Kundgebung, eine Ansprache des Gouverneurs oder dergleichen, aber es geschah nichts, (…) da und dort hörte man ein paar Stimmen ‚Hurra' rufen oder das Deutschlandlied singen, aber das verebbte gleich wieder, es ging ernst und würdig zu, fast feierlich."* Der 17-jährige Gymnasiast entschied aber in diesem Moment – so zumindest stellte Zuckmayer es Jahrzehnte später dar –, sich wie etliche seiner Klassenkameraden freiwillig zu melden: *„Man kann vielleicht sagen, daß es eine Art Hypnose war, eine Massenentscheidung, aber es gab keinen Druck, keine Gruppenzwang."* [1]

Kriegswirtschaft

„Der Ausbruch des Krieges hat die Landwirte in der Provinz veranlaßt, mit allen verfügbaren Kräften auf Einbringung der Ernte bedacht zu sein," berichtete die *Wormser Zeitung* am 5. August 1914. 1915 überwogen noch die Erfolgsmeldungen. Angesichts des guten Wetters gingen die Saaten gut auf und wuchs ein guter Wein heran. Offensichtlich gab es aufgrund von Arbeitskräftemangel, verringerten Zugviehbeständen und verminderter Düngefähigkeit aber schon Einbußen im Getreide- und Hackfruchtbau. Der Arbeitskräftemangel wurde durch die Einbeziehung der Schulkinder und der Alten auszugleichen versucht, vor allem aber durch russische Kriegsgefangene, die ab Sommer zwangsverpflichtet wurden. Bedeutete die Festsetzung von hohen Agrarpreisen Ende 1914 noch einen Anreiz für die Landwirtschaft, die Produktion zu steigern, so wurde 1915 zu Beschlagnahmungen und zu Rationierungen der Lebensmittel übergegangen, um die Versorgung der städtischen Bevölkerung zu gewährleisten. Dass das Zurückhalten von Ern-

tebeständen doch erheblich gewesen sein muss, zeigt eine Meldung Ende November 1916 aus Ingelheim: *„Das Abliefern der Kartoffeln durch die Landwirte ist sehr zögernd. Der Kommunalverband Mainz, der dies kritisiert, weist darauf hin, daß der Ablieferungstermin nicht im Ermessen des Landwirts steht. (…) Zur Durchsetzung der Anordnungen wird militärischer Zwang ausgeübt."* In den Städten hatte die Einführung der Brotkarten für die Konsumenten stundenlanges Anstehen an den Verteilungsstellen zur Folge, wo es zu *„manchen unbehaglichen Szenen"* kam. 1915 kaufte die Stadtverwaltung in Worms Schweine an, um Pökelfleisch herzustellen und ging einige Monate später sogar zur Einrichtung einer eigenen Schweinemästerei über. Diese reichsweit für Städte vorgesehenen Maßnahmen wurden in Mainz erst ein Jahr später umgesetzt. Trotz allem stiegen die Preise unaufhaltsam weiter an. Zwischen 1914 und 1918 verdrei- bis vervierfachten sich in Mainz die Kosten für Milch und Brot. Die bessere Versorgungssituation der Dorfbevölkerungen führte auch zu Veränderungen im Verhältnis von Stadt und Land, wenn eben die Stadtbewohner, wie in Eich 1917 beschrieben, in die Dörfer kommen mussten, *„um sich ein paar Kartoffeln zu erwerben"* und die Bauern ihnen gegenüber ihre Position ausnutzten.

Die Industriebetriebe der Städte waren vom Kriegsausbruch durch den Wegfall von männlichen Arbeitskräften, der nur teilweise durch die Anstellung von Frauen und Jugendlichen aufgefangen werden konnte, betroffen, vor allem aber auch durch die veränderten Bedingungen beim Import von Rohstoffen, Export der Endprodukte und durch die auch im Inland veränderte Absatzsituation. In den Wormser Lederwerken wurde von der Produktion von Luxuswaren auf die von *„Kriegsleder"*, später teilweise sogar auf die Herstellung von Munition umgestellt. In Mainz aber wurde die wirtschaftliche Situation

Abb. 37:
Helfer-Einsatz: Sanitätskolonne am Gau-Algesheimer Bahnhof.

1917 als „vorzüglich" beschrieben. Das ist mit der durch den Krieg noch gesteigerten Nachfrage durch die Garnison zu erklären. Gegenüber dem Vorkriegsstand war die Zahl der Erwerbstätigen sogar noch angestiegen, wobei der Anteil der Frauen von einem Viertel auf mehr als die Hälfte der Arbeitskräfte anwuchs. Gleichwohl muss die Lage vieler Stadtbewohner aufgrund der stark steigenden Preise als prekär gesehen werden, so dass die städtische Fürsorge erheblich ausgebaut werden musste. [2]

An der Heimatfront

Die Einquartierung durchziehender Soldaten, die Aufnahme verwundeter Soldaten und die Unterbringung von Kriegsgefangenen veränderten das Zusammenleben in Stadt und Land. Auch nach Kriegsbeginn bauten 30.000 Arbeiter weiter an den Festungsanlagen um Mainz. Zusätzlich waren so viele Soldaten in der Stadt stationiert, dass sich auch trotz privater Einquartierungen nur noch schwer Unterkünfte finden ließen. Allein im Umfeld des „Fort Muhl" bei Zornheim sollen 23.000 Soldaten in ihren Quartieren gelegen haben. Ständig wurden Verwundete aus den Kampfgebieten nach Mainz gebracht, deren Weitertransport in die Heimat aber nur schleppend verlief. Mehr als die Hälfte der Schulräume und etliche andere öffentliche Gebäude wurden als Lazarette genutzt. Obwohl wegen der größeren Fluchtgefahr ursprünglich nicht geplant war, die Kriegsgefangenen auf der linksrheinischen Seite unterzubringen, wurden – nicht zuletzt wegen der benötigten Arbeitskraft – auch hier Kriegsgefangenenlager errichtet. Das Wormser Lager, ursprünglich für 10.000 Menschen geplant, war gegen Ende des Krieges mit mehr als 32.000 Gefangenen belegt, von denen die weitaus meisten russischer Herkunft waren. Im zweiten rheinhessischen Lager in Mainz wurden dagegen nur 750 Gefangene, vor allem englische Offiziere, festgehalten. Außer in den lagereigenen Werkstätten arbeiteten die meisten der Gefangenen in der Landwirtschaft. In weiter von den „Mutterlagern" entlegenen Ortschaften wurden die Kriegsgefangenen zentral untergebracht. In Framersheim und in Mommenheim übernachteten die Russen in einem Wirtshaussaal, von wo aus sie morgens zu den Bauern gingen. Während die Ernährungssituation dieser Kriegsgefangenen in einem Bericht von US-Inspektoren, die Zugang zu den Lagern hatten, als insgesamt ganz günstig beschrieben wurde, führten mangelhafte Lebensmittelversorgung und der Ausbruch von Krankheiten im Sommer 1917 im Wormser Lager dazu, dass täglich 12–20 Männer starben.

Seit 1916 organisierte die „Reichszentrale Landaufenthalte für Stadtkinder" Erholungsaufenthalte in den Dörfern. Für den Sommer 1917 sind solche Unterbringungen von Kindern aus Mainz, Worms und Darmstadt, aber auch aus Offenbach, Köln und Barmen in Eich und Appenheim nachzuweisen.[3]

„*Der Krieg ist ja weit ab von unserer Grenze, da läßt sich gut leben! Wie wäre es geworden, wenn die ersten Schlachten an der Grenze verloren und der Feind in unser schönes Heimatland eingefallen wäre?*", fragte der Eicher Lehrer Muth im Februar 1915 in seiner Kriegschronik. Dass Rheinhessen ein umkämpftes Kriegsgebiet werden könnte, damit wurde schon seit langem gerechnet. Da angenommen wurde, dass französisches Militär im Kriegsfall zum Rhein und über Mainz in das rechtsrheinische Deutschland vorzustoßen versuchen würde, wurde seit 1908 an der „Selzstellung" gebaut, mehr als 300 Befestigungsanlagen, die in einem Bogen von Heidenfahrt bis Laubenheim als zusätzliche Hürde vor den rund um die Stadt liegenden, zusätzlich verstärkten Forts

dienen sollten. Wenn auch angeblich der Kanonendonner aus Verdun bis nach Ingelheim zu hören gewesen sein soll, blieb die Region von direkten Kampfhandlungen weitgehend verschont. Im letzten Kriegsjahr allerdings kam es zu Fliegerangriffen. Vier „*Militärpersonen*" und sieben Zivilisten wurden am 9. März in Mainz tödlich getroffen, ein Angriff im September hatte nur Gebäudeschäden zur Folge. In Worms häuften sich im August 1918 die Angriffe. Dorothea Immel aus Leiselheim beschrieb in einem Brief die Angst vor den noch ungewohnten Attacken: „*Vorige Woche waren sie nachts da, wir waren alle aus dem Bett, ich glaubte, das Haus würde einstürzen, es war gräßlich. (…) Heute waren sie wieder da, die Leute mussten ihre Ware auf dem Markt stehen lassen und fort machen, man hat nicht mehr das Herz in die Stadt zu gehen.*"[4]

Die Menschen in den Dörfern und Städten waren in vielfältiger Form mit der „Front" verbunden. Zuallererst durch die eingezogenen Soldaten, mit denen der Kontakt durch Briefe und Paketsendungen gehalten wurde und die in ihren Heimaturlauben auch direkt von ihren Erlebnissen und Erfahrungen berichten konnten. Die Nachrichten vom Verlauf des Krieges wurden also außer von der Zeitung auch über direkte Kommunikationskanäle verbreitet. Auf erste Erfolgsmeldungen über deutsche Siege wurde im August 1914 mit Umzügen und dem Anbringen von Fahnen an den Häusern reagiert. Die Hoffnung, die auch Soldaten in ihren Briefen verbreiteten, dass in ein paar Wochen der Krieg vorbei sei, wich dann aber bald der Einsicht, dass so schnell kein Ende des Krieges abzusehen sei: „*Wohl läuten noch die Glocken, auch werden bei größeren Siegen noch die Fahnen herausgesteckt, aber alles geschieht viel ernster*", meldet die Eicher Kriegschronik im Februar 1915. Stadt- und Gemeindeverwaltung, Kirche, Schule,

Vereine oder Bürgermeister, Pfarrer, Lehrer – diesen Institutionen und Personen, die das Sozialleben in Friedenszeiten entscheidend prägten, kam auch in der Vermittlung der Kriegsideologie höchste Bedeutung zu. Alle wichtigen Kriegsereignisse wurden von Gottesdiensten begleitet. Wöchentliche „Kriegsbetstunden" wurden in den kirchlichen Jahreslauf integriert. Bei Trauergottesdiensten für gefallene Soldaten nahmen Soldatenverein und Kriegerverein ebenfalls mit ihren Fahnen teil, Soldaten versammelten sich um den Altar *„mit aufgepflanztem Bajonett"*. Neben der Gemeinde kam vor allem den Vereinen die wichtige Funktion zu, während der Kriegszeit Sammlungen und Aktionen zur Unterstützung der im Feld stehenden Soldaten zu organisieren. Als „Liebesgaben" oder als Produkte der „Liebestätigkeit" für die Soldaten wurden von Rotem Kreuz und Frauenverein Unterwäsche, Strümpfe und Bettwäsche an die Front geschickt, von Vereinen und der Feuerwehr wurden Päckchen mit Genuss- und haltbaren Nahrungsmitteln an die im Feld stehenden Mitglieder versendet. Geldsammlungen wurden für Kriegsinvaliden, für Hinterbliebene von Kriegsopfern oder auch für „Sanitätshunde" unternommen, Nahrungsmittel für Lazarette in der Umgebung abgegeben. Im Kontext von Sammlungen und Opfern zugunsten des Krieges kann auch die Abgabe der Kirchenglocken ab 1917 gesehen werden, die zum Zweck der Waffenproduktion eingeschmolzen wurden. Auch die Kriegsanleihen sind in diesen Zusammenhang zu setzen. Über Kredite und Anleihen sollten die Kosten des Krieges gedeckt werden. Auch infolge der inflationären Entwicklung wurden dem Staat zunehmend höhere Beträge von Privatpersonen, von den Ortsgemeinden, den Vereinen und selbst den Schulkindern zur Kriegsführung zur Verfügung gestellt.

Die Mobilisierung aller Reserven und Ressourcen sollte im zunehmend stagnierenden Kriegsverlauf den Sieg herbeiführen helfen und kann als Parallele zur militärischen Mobilmachung verstanden werden. Dabei ist immer deutlich zu erkennen, dass es nicht nur um die materielle Unterstützung ging, sondern dass mit diesen meist kollektiv organisierten Aktionen Gemeinschaft konstruiert werden sollte, Gemeinschaft zwischen Front und Heimat, aber auch Gemeinschaft innerhalb der Städte und Dörfer, im gemeinsamen Wirken für den erhofften Sieg.

Kinder und Jugendliche wurden zum Krieg erzogen. Die Schulkinder wurden eingebunden in die Trauergottesdienste zu Ehren der Gefallenen, zu denen sie mit Liedern beitrugen, die Mädchen strickten Strümpfe, die mit von ihnen verfassten Gedichten an die Soldaten geschickt wurden, für die Kriegsanleihen wurde auch in den Schulklassen gesammelt.

Das *„Soldatenspiel"* der Jungen wurde als Begeisterung für den Krieg interpretiert: *„Viele von ihnen sind mit Holzstäben bewaffnet und tragen feldgraue Mützen."* Vormilitärischer Erziehung wurden die Alsheimer Schuljungen in der Ortsgruppe „Jung-Deutschland" unterworfen, einem lokalen Ableger des 1911 in Berlin gegründeten „Jung-Deutschland-Bundes". Die Lehrer hatten dabei die Aufgabe, *„Besprechungen, bezugnehmend auf den Krieg"* abzuhalten.

Auch an den seit 1915 in Deutschland und Österreich weit verbreiteten eigentümlichen „Nagelungsaktionen" beteiligten sich die Schüler. In vorgefertigte Statuen oder Holzobjekte wurden gegen Geldspende erworbene Nägel eingeschlagen. Auf diese Weise kamen immense Geldbeträge zusammen. Das Nageln wurde als patriotische Gemeinschaftsaktion organisiert,

Abb. 38:
Einweihung der Nagelsäule am 1. Juli 1916 in Mainz durch Großherzog Ernst Ludwig.

der sich kaum jemand verweigern konnte. In Mainz wurde die „Nagelsäule", ein Ensemble von künstlerisch gestalteten Säulen mit patriotischen Bildmotiven, 1916 im Beisein der großherzoglichen Familie eingeweiht. Über 160.000 Mark wurden für die Familien verwundeter Soldaten gesammelt. In der Eicher Schule wurden 1917 „Benagelungsbrettchen" angefertigt und die damit gesammelte Spende von 18 Mark an die Kinderfürsorge weiter gegeben. Das Brettchen wurde in Darmstadt von der Großherzogin mit ihrer Unterschrift versehen und zurückgeschickt, auf der Rückseite die Namen der Kinder, die „genagelt" hatten, vermerkt.

Antisemitismus im Krieg

Die in all diesen Aktionen beschworene Gemeinschaft hatte ihre Grenzen. Während des Krieges mehrten sich im Reich Stimmen, die den Juden eine unzureichende, nicht ihrem Bevölkerungsanteil angemessene Beteiligung am Krieg vorwarfen. Eine 1916 von der Regierung veranlasste Zählung der Juden unter den kämpfenden Soldaten erwies genau das Gegenteil. Die Ergebnisse dieser Untersuchung wurden aber nicht veröffentlicht. Als Folge dieser antisemitischen Stimmung kann wohl die Beschädigung des Kastanienbaums am Haus des jüdischen Händlers Julius Oppenheimer in der Alsheimer Mittelgasse im August 1917 gesehen werden. Maier Trepp aus Mainz hatte trotz der formalen Voraussetzungen keine Chance, Offizier zu werden. Den Vorwürfen, sich nicht genügend am Krieg zu beteiligen, begegneten viele Angehörige gefallener jüdischer Soldaten mit der Aufstellung von Grabsteinen und Ehrenmalen auf den jüdischen Friedhöfen. Auch die Predigt des Rabbiners Lewit in der Alzeyer Synagoge anlässlich der Weihe der Ehrentafeln für die Gefallenen im Jahr 1921 erinnerte noch daran, dass *„auch viele Familien unserer jüdischen Gemeinde auf dem Altar des Vaterlandes das Höchste und Liebste, das sie besaßen, ihre Söhne (…) niedergelegt"*[5] hatten.

Die Opfer

Wie viele rheinhessische Soldaten im Krieg umkamen, kann nicht exakt bestimmt werden. Beispielhaft verzeichnet die Tabelle die aus verschiedenen Quellen gesammelten Gefallenenzahlen einiger Gemeinden. Ein Viertel bis ein Fünftel der aus ihren Dörfern eingerückten Soldaten kehrte nicht mehr heim. Die Gesamtzahl der Gefallenen, Vermissten und Verwundeten kann zeitgenössisch veröffentlichten „Opferlisten" entnommen werden, die zum Vergleich in die Tabelle aufgenommen wurden.[6]

	Gefallene	Gesamtzahl der Gefallenen, Vermissten und Verwundeten
Abenheim	69	229
Appenheim	19	90
Bodenheim	94	354
Dautenheim	17	55
Dittelsheim	44	146
Dromersheim	42	
Eich	76	207
Eimsheim	27	74
Framersheim	62	237
Friesenheim	25	
Gau-Heppenheim	19	
Gau-Köngernheim	18	
Gau-Odernheim	63	
Heimersheim	24	
Ingelheim	127	630
Leiselheim	53	
Mommenheim	29	
Nackenheim	37	163
Oppenheim	122	
Rheindürkheim	46	
Rommersheim	22	73
Schimsheim	6	21
Uelversheim	38	83
Undenheim	47	138
Wallertheim	41	150
Worms	1.268	

Die Zeit der Weimarer Republik

„Haben wir eine Revolution erlebt?" – Der November 1918

„Haben wir im Jahr 1918 eine Revolution erlebt? Was ich davon sah, war ein Zusammenbruch, der nur vorübergehend revolutionäre Züge trug. (…) Es gab keine allgemeine, große Volkserhebung, auch keinen organisierten Aufstand. Es gab keinen Sieg einer Revolutionspartei." So charakterisierte Carl Zuckmayer in seinen Erinnerungen das Ende des Kaiserreichs und so dürften es auch viele Zeitgenossen im ländlich geprägten Rheinhessen gesehen haben. Berichtete etwa der Ingelheimer Anzeiger vom 9. November aus Berlin, dass dort die „Revolution einen glänzenden, fast unblutigen Sieg errungen" habe, dass „ungeheurer Jubel und große Begeisterung" geherrscht habe und dass sich in vielen Städten Arbeiter- und Soldatenräte gebildet hätten, und meldete die Zeitung dann am 14.

November, dass Hessen nun eine Republik sei, nachdem der Arbeiter- und Soldatenrat in Darmstadt am 11. November den Großherzog für abgesetzt erklärt hatte, so ist von revolutionären Unruhen in den rheinhessischen Dörfern kaum etwas zu spüren. Eine *„Abordnung"* des Mainzer Soldatenrates kam drei Tage nach den Berliner Ereignissen nach Ober-Ingelheim, um die dort einquartierten Soldaten zur Bildung eines eigenen Rates aufzufordern. In Nieder-Ingelheim wurde wenige Tage später unter dem Vorsitz des Gemeinderatsmitgliedes Schweikhard ein Arbeiterrat gewählt. In Gimbsheim wurde am 12. November eine Bürgerversammlung im Rathaus abgehalten, in der der Beigeordnete und der evangelische Pfarrer redeten. Erst zwei Wochen später kam es in zwei separaten Veranstaltungen nach Aufforderung durch den Beigeordneten und abermals im Beisein des Pfarrers zur Bildung eines Arbeiter- und eines Bauernrates. In Osthofen luden die Sozialdemokraten für den 12. November in das Bahnhofshotel ein. Dem Aufruf folgten 400 Einwohner, die im Beisein des Bürgermeisters einen Arbeiter- und Bauernrat wählten. Wenn auch hier die Einladung auf soziale Differenzen rückschließen lässt, indem den Landwirten dringend geraten wurde, die Versammlung zu besuchen, um sich über die Lebensmittelversorgung zu beraten und so eventuellen *„Plünderungen mit Waffengewalt"* zuvorzukommen, und in einem Aufruf des gewählten Arbeiter- und Bauernrates vor *„selbstsüchtigem, egoistischem Verhalten"* im Zusammenhang mit der Kartoffelversorgung gewarnt wurde, so sind doch alle diese Treffen als Versuche zu verstehen, unter den neuen Bedingungen eine Ordnung aufrechtzuerhalten. Vertreter der bisherigen Ordnung, Bürgermeister, Gemeinderatsmitglieder, auch Pfarrer und Lehrer, spielten hierbei eine besondere Rolle. Auch wenn – wie in Osthofen – Sozialdemokraten in den durch einen starken Arbeiteranteil geprägten Gemeinden besonders

aktiv waren, so betonten doch alle Berichte die Einbeziehung aller *„Berufe und Stände"* in die über die Institution der Räte organisierten vorläufigen Entscheidungsinstanzen. Dass es nicht in allen Dörfern zur Bildung von Räten kam, zeigt das Beispiel Appenheim. Dort hatten Eisenbahnarbeiter vergeblich die Bildung von Arbeiterräten gefordert. Auch in Nieder-Olm bestand nur kurzzeitig ein Soldatenrat, in den Dörfern der Umgebung kam es nicht zur Bildung solcher Gremien.[7]

In Mainz waren Ansätze revolutionärer Unruhen zu spüren. Bereits am 8. November waren Matrosen der kaiserlichen Marine von Frankfurt in die Festungsstadt gekommen, hatten die Bahnhofswache und die Festungsgendarmen entwaffnet und mit Soldaten der Garnison am nächsten Morgen Häftlinge aus dem Militär- und dem Landgerichtsgefängnis befreit. In einigen Magazinen wurde geplündert. Die unübersichtliche Situation währte aber nur wenige Stunden. Ebenfalls am Vorabend hatten in mehreren Gaststätten Versammlungen auf Einladung der SPD stattgefunden. Der Anspruch der Partei, in der Stadt die Kontrolle zu übernehmen, nachdem der Gouverneur seinen Posten bereits verlassen hatte, wurde vor allem von Bernhard Adelung, dem Stadtverordneten, Landtagsabgeordneten und Redakteur der *Mainzer Volkszeitung*, vertreten. Wohl auf seine Initiative ist die schnelle Bildung einer Bürgerwehr mit Angehörigen aller Parteien und noch am selben Tag eines aus bereits gewählten Soldatenräten, Sozialdemokraten und Gewerkschaftern zusammengesetzten Arbeiter- und Soldatenrates zurückzuführen, der unter seinem Vorsitz die Vollziehungsgewalt über die Stadt und die Provinz Rheinhessen behauptete. Eine Kundgebung mit bis zu 20.000 Teilnehmern am 10. November, die mit Adelungs Ausrufung der Republik vor der Stadthalle endete, kann als Unterstützung dieser Vorgehensweise

AUSRUF DER REPUBLIK IN MAINZ
durch Genoſſen ADELUNG am 9. November 1918

Abb. 39:
Die Ausrufung der Republik an der Stadthalle in Mainz durch Bernhard Adelung.

verstanden werden. Erstes Ziel war die Wiederherstellung der Ordnung, die der Arbeiter- und Soldatenrat mit nächtlichen Ausgangsverboten und bei Plünderungsversuchen auf Militärmagazine in Kastel auch mit bewaffneter Gewalt, der einige der Plünderer zum Opfer fielen, durchsetzte.

In Worms verlief der Machtwechsel mit – wie die Zeitung meldete – *„erstaunlicher Exaktheit"*. Die Aufrechterhaltung von *„Ruhe und Ordnung"* stand für alle beteiligten Akteure offensichtlich an erster Stelle. Zwar gab es auch hier Demonstrationszüge, wurde in einer Versammlung des Arbeiter- und Soldatenrates im Anschluss an die Vorgänge in Darmstadt die *„hessische sozialistische Republik"* ausgerufen, wurden die bisherigen Offiziere von den Sol-

daten nicht mehr anerkannt, in den Kasernen neue Truppenführer gewählt und Stadt- und Kreisvorstand durch Angehörige des Arbeiter- und Soldatenrates ersetzt. Aber all das geschah wie geplant. Bereits am 8. November hatten Stadtvorstand und Kreisrat Kontakt mit dem Arbeitersekretär der SPD, Bernhard Rechthien, aufgenommen, um die Stimmung in der Arbeiterschaft und eventuelle Demonstrationen zu besprechen, am 9. November hatten vier Matrosen Rechthien über die bevorstehende *„revolutionäre Umwälzung"* in den Kasernen unterrichtet, die in *„Ruhe und Ordnung vollzogen"* werden solle. Die Übernahme der Macht durch den Arbeiter- und Soldatenrat wurde von dessen Vertretern gegenüber der alten Verwaltung fast entschuldigend gerechtfertigt und es wurde signalisiert, dass die Amtsenthebungen nur vorläufigen Charakter hätten, wenn auch im Falle des kurzzeitig abgesetzten nationalliberalen Bürgermeisters Köhler, der sich bereit erklärt hatte, auch weiterhin *„zur Verfügung zu stehen"*, Vorbehalte aus *„Arbeiterkreisen"* angeführt wurden. Peter Bender, Leutnant und bereits als Schriftsteller aktiver erster Vorsitzender des Arbeiter- und Soldatenrates, wurde bereits am 11. November – wohl aufgrund seiner politisch radikalen, an Sozialutopien und Lebensreform orientierten Ansichten – vom Geschäftsführer des Konsumvereins, Albert Schulte, in seiner Vorstandsfunktion abgelöst.

In Alzey wurde auf dem Obermarkt provisorisch eine *„Fuhrmannsrolle"* als Bühne hergerichtet, von der herab der Stadtverordnete Köhler, umringt von einigen Sozialdemokraten, den Zusammenbruch des *„preußischen Militarismus"* verkündete und zu *„Ruhe und Ordnung"* aufrief, die, wie der Chronist Bumann bemerkte, dann, abgesehen von einem *„kleineren nächtlichen Radau"*, in der Tat auch *„nirgends gestört worden"* ist.[8]

Angesichts der drängenden Probleme konnten sich die politisch Verantwortlichen keine langen ideologischen Debatten leisten. Schon in der Volksversammlung vom 12. November konstatierte Lehrer Storck in Osthofen, dass der *„alles umstürzende Bolschewismus (…) verdrängt"* und die neue Regierung in *„vernünftigen Bahnen"* sei. Tatsächlich sind aus keiner der Städte und Gemeinden Diskussionen überliefert, die aus einem links von der SPD angesiedelten Politikverständnis resultiert hätten. Zwar fand in Mainz im Oktober 1918 eine Versammlung der USPD statt, bei der Gründung des Arbeiter- und Soldatenrates spielte sie aber offensichtlich keine Rolle. Aus Worms sind keine Aktivitäten überliefert, erst recht nicht aus den kleineren Städten und den Landgemeinden. Die dringendsten Themen,

mit denen die Arbeiter- und Soldatenräte sich zu beschäftigen hatten, waren die öffentliche Sicherheit, die Versorgung mit Lebensmitteln, Kohle und Wohnraum sowie die Massen von der Front zurückkehrender Soldaten. Mit der Aufstellung von Bürgerwehren wollte man sich einigermaßen vor chaotischen Zuständen, verursacht durch Versorgungsmängel und zahlreiche durchziehende Soldaten, schützen. Während in Worms die Bürgerwehr zwar einberufen wurde, dann aber doch vor Ort stationierte Soldaten und Schutzmannschaften deren Aufgaben übernahmen, wurden in Ober-Ingelheim *„ältere Männer"* mit Waffen ausgestattet und in Appenheim und Nieder-Olm Bürgerwehren von den jeweiligen Gemeinderäten organisiert. Gerade in den ländlichen Gemeinden galt die Bildung von Bürgerwehren vor allem dem Schutz vor Diebstählen, insbesondere Felddiebstählen, die aus der schlechten Versorgungslage in den Städten resultierten. Die Appelle der Arbeiter- und Soldatenräte an die Landwirtschaft, keine Lebensmittel zurückzuhalten, waren unverhohlen auch mit Drohungen vor den Konsequenzen eines solchen Verhaltens verbunden, indem die Sicherheit für Eigentum und Leben angesichts hungernder Massen dann nicht mehr garantiert werden könne. Albert Schulte erklärte, bei Nichterfüllung der Ablieferungspflichten vor *„Gewaltmitteln nicht zurückschrecken"* zu wollen und notfalls *„ganze Ortschaften"* mit Militär besetzen und *„die Kartoffeln enteignen"* zu lassen. Nicht zuletzt auch ein Sicherheitsproblem, aber auch eine logistische Aufgabe stellte der Durchzug der rückkehrenden Soldaten dar. Der am 11. November in Compiègne unterzeichnete Waffenstillstand legte fest, dass die deutschen Truppen innerhalb von 27 Tagen den linksrheinischen Teil Deutschlands räumen mussten, der danach von alliierten Truppen besetzt werden sollte. Innerhalb dieser kurzen Zeit mussten alle Soldaten, die an der Westfront gestanden hatten, den Rückzug über den Rhein antreten. Insbesondere für die Städte bedeutete das erhebliche Anstrengungen, so mussten etwa in Worms bis Anfang Dezember bis zu 30.000 Soldaten täglich versorgt werden, eine Aufgabe, zu der der Arbeiter- und Soldatenrat nicht nur Offiziere und „Militärbeamte", sondern auch Lehrer und Oberschüler einsetzte. Trotz der damit verbundenen immensen Aufgaben und trotz der Niederlage wurde nicht versäumt anzuordnen, dass die Straßen mit Fahnen und Laub geschmückt werden sollten, um den heimkehrenden Soldaten einen würdigen Empfang zu bereiten. Mit der Besetzung des linken Rheinufers durch französische Truppen nach den Bestimmungen des Waffenstillstandes Anfang Dezember war die Zeit der Arbeiter- und Soldatenräte in Rheinhessen beendet.[9]

Die Tage vor der Ankunft der Franzosen wurden in angstvoller Anspannung verbracht, wie die Verhaltensregeln in den Zeitungen zeigen. Die französischen Truppen seien im Anmarsch, wurden etwa die Bewohner Osthofens am 7. Dezember informiert. Eltern wurden ermahnt, ihren Kindern das „Schießzeug" wegzunehmen, das viel „Unheil" für die Gemeinde bringen könne, die Hausbesitzer sollten die Straße reinigen, ab abends 20 Uhr sollte jeder Straßenverkehr unterbunden werden und im Übrigen solle man „ohne Aengstlichkeit in Ruhe in unser Schicksal finden und alles andere abwarten."

Unter französischer Besatzung

„Mussje, Schokolad" riefen die Rheindürkheimer Kinder den französischen Besatzungssoldaten hinterher und nicht selten wurden sie von den „Monsieurs" für ihren Vorwitz belohnt. In Alsheim versuchten die französischen Soldaten gleich bei ihrem Einzug, sich mit den Kindern anzufreunden, berichtete der evange-

lische Pfarrer. Auch in Mommenheim betrugen sich die französischen Besatzungssoldaten nach Auskunft des Pfarrers „mit wenigen Ausnahmen anständig". Berichte wie diese, die, da nicht für die breite Öffentlichkeit bestimmt, sicher nicht in opportunistischer Absicht entstanden, zeichnen ein differenziertes Bild vom Besatzungsalltag. Sie spiegeln auch eine – zumindest von Seiten der Kinder – gewisse Unbefangenheit im Umgang mit den in der nationalistischen Propaganda als „schwarze Schmach" für das Rheinland dargestellten, umgangssprachlich als „Utschebebbes" verunglimpften Soldaten aus den afrikanischen Kolonialgebieten. Sicher wurde der angstvoll erwartete Einmarsch der Besatzungstruppen als Demütigung empfunden und gewiss bedeuteten die Beschlagnahmung aller öffentlichen Gebäude, der Schul- und Tanzsäle sowie die Einquartierung der Soldaten in Privathäuser einen empfindlichen Einschnitt im täglichen Leben, zumal wenn, wie häufig der Fall, die Anzahl der fremden Soldaten ein Viertel bis zur Hälfte der Einwohnerzahlen betrug. Aber auch hier relativierte der Rheindürkheimer Lehrer Krebs in seinem Bericht: die „Unlust, Soldaten aufzunehmen" sei angesichts der damit verbundenen Verbesserung der Verpflegungssituation „gewichen". Schwerwiegend waren die Bestimmungen der im Dezember 1918 erlassenen Polizeiordnung, die nächtliche Ausgangssperren, erhebliche Verkehrsbeschränkungen, Ausweispflicht und die Genehmigungspflicht aller Art von Kommunikation vorschrieb. Auch die Verwaltungen wurden unter die Kontrolle der Militärbehörden gestellt. Erhebliche wirtschaftliche Folgen hatten die Blockade von Dezember 1918 bis Juli 1919 gegenüber dem rechtsrheinischen Deutschland, in der der Personen-, Post- und Warenverkehr stark eingeschränkt, teilweise ganz untersagt war, und die Bestimmung des Rheins zur Zollgrenze in den Jahren 1921 und 1923. Wenn auch jeweils konkrete Anlässe für diese als Strafmaßnahmen

Abb. 40:
Parade französischer Besatzungssoldaten des Spahi-Regiments in Mainz.

der Besatzungsmacht zu verstehende Zollpolitik vorlagen, so kann diese Grenzkonstruktion auch als Versuch verstanden werden, das besetzte Gebiet langfristig vom Reich zu lösen. Diesem Ziel diente auch die *penetration pacifique*, die „friedliche Durchdringung" durch Sprachunterricht in den Schulen und für Erwachsene, Theateraufführungen, Konzerte und Ausstellungen. Vor allem aber die Erinnerung an die französische Vergangenheit, etwa die Ehrung der napoleonischen Veteranen oder des Präfekten St. André, sollte die Rheinländer stärker an Frankreich binden.

Politische Ansätze, die zur Entfremdung des linken Rheinufers vom restlichen Deutschland führen sollten, wurden gezielt unterstützt. Bereits im November 1918 hatte es Überlegun-

gen gegeben, Rheinhessen in einer „*Rheinischen Republik*" mit dem preußischen Rheinland und der Pfalz zu verbinden, eine Idee, die, trotz der Beteuerungen, als Bundesstaat weiter zum Deutschen Reich gehören zu wollen, von der französischen Besatzungsmacht, insbesondere vom Oberkommandierenden, General Mangin, wohlwollend aufgenommen wurde. Die am 1. Juni 1919 von den Aktivisten um den Wiesbadener ehemaligen preußischen Staatsanwalt Dorten unternommene Proklamation einer Rheinischen Republik, die auch rechtsrheinische Gebiete mit einschloss, auf Plakaten, Flugblättern und in Schreiben an die Reichsregierung, führte nicht zu den erhofften Reaktionen der Bevölkerung, sondern zu Protestaktionen und Streiks in Mainz, Worms und Alzey. In vielen ländlichen Gemeinden scheinen die Auseinandersetzungen kaum wahrgenommen worden zu sein. Unterstützt wurde die Bewegung vor allem von Katholiken, die aus – in erster Linie konfessionsbedingten – antipreußischen Motiven, aber auch aus Abwehr gegen die im rechtsrheinischen Deutschland sich radikalisierenden Auseinandersetzungen handelten. Die katholischen Pfarrer von Westhofen, Flonheim und Ober-Flörsheim sandten Dorten im Juni und Juli Solidaritätsadressen. Der Osthofener Pfarrer war sich sicher, dass bei entsprechender Aufklärung eine Mehrheit für die Rheinische Republik stimmen würde. In Bingen und Gau-Bickelheim fanden Ende Juni und Anfang Juli Versammlungen mit mehreren hundert Teilnehmern statt, die Resolutionen für einen *„im Reichsverband verankerten Rheinstaat"* verabschiedeten. Trotz des Misserfolgs gingen die Aktivitäten weiter. 1922 waren Ortsgruppen der *„Rheinischen Volksvereinigung"* in Bingen, Gau-Algesheim, Mainz, Sprendlingen, Weisenau und Worms aktiv.[10]

Die täglichen Belastungen durch Einquartierungen endeten in den meisten Gemeinden bereits 1919, nachdem der überwiegende Teil der Besatzungstruppen in Mainz, Worms, Bingen und Ingelheim stationiert worden war. 1923 allerdings eskalierten die Spannungen. Wegen des Vorwurfs, Deutschland vernachlässige vorsätzlich seine Kohlelieferungen und andere Reparationspflichten, besetzten die Franzosen im Januar das Ruhrgebiet. Als Reaktion rief die Berliner Regierung zum passiven Widerstand in den besetzten Gebieten auf. Die Arbeitsniederlegung der Bahnarbeiter und -angestellten führte zum Zusammenbruch des gesamten Eisenbahnverkehrs, der in der Folge nur durch die Einsetzung einer *„Eisenbahnregie"* durch die Franzosen mit eigenen Kräften wieder in Gang gesetzt werden konnte, von der deutschen Bevölkerung aber kaum genutzt wurde. Das hatte massenhafte Ausweisungen von Eisenbahnerfa-

milien, aber auch kommunaler Amtsträger in das rechtsrheinische Hessen zur Folge. Mehr als 23.000 Personen mussten Rheinhessen verlassen. Allein aus Bingerbrück, wo der Großteil der Bevölkerung bei der Bahn beschäftigt war, wurden 1.100 Personen, ein Drittel der Einwohner, ausgewiesen. Ausgewiesen wurden auch der Mainzer Oberbürgermeister Külb, Landtagspräsident Adelung, der Wormser Bürgermeister Köhler, der Binger Bürgermeister Neff, der Bodenheimer Bürgermeister Becker, der Nieder-Ingelheimer Bürgermeister Muntermann und viele andere Vertreter des öffentlichen Lebens. Im September 1923 wurde der passive Widerstand, der nicht länger zu finanzieren war, von der Regierung Stresemann aufgegeben, was nach all den persönlichen Opfern in Rheinhessen zumindest teilweise mit einiger Enttäuschung aufgenommen wurde. Die meisten Ausgewiesenen konnten erst 1924 wieder zurückkehren.

1923 erlebte auch die sich politisch aufspaltende, sich jetzt deutlicher als separatistisch definierende Bewegung vor dem Hintergrund der sich zuspitzenden politischen und wirtschaftlichen Krisen ihren Höhepunkt. Nach der Ausrufung der *„Rheinischen Republik"* in Aachen am Morgen des 21. Oktober besetzten in Mainz Separatisten das Kreisamt und erklärten sich zur neuen Provinzialregierung. Gelingen konnte das nur, weil die offiziell als neutral sich positionierende Besatzungsmacht vor polizeilichen Gegenmaßnahmen gewarnt hatte. Bei gewalttätigen Auseinandersetzungen zwischen Separatisten und Gegendemonstranten starben vier Menschen. Unter massivem französischem Schutz besetzten separatistische Gruppen bis Ende Oktober auch die Kreisämter in Bingen, Worms und Alzey und proklamierten jeweils die *„Rheinische Republik"*. Politisch weitgehend wirkungslos, nur mit französischer Bewachung und mit Verpflegung von Lebensmitteln und

Kohle überlebensfähig, verharrten sie bis Februar 1924 in den Amtsgebäuden.

Ab 1924 entspannte sich die Situation, auch die französische Besatzungspraxis nahm weniger strenge Formen an. Ingelheim und Bingen kamen zur englischen Besatzungszone. Fünf Jahre früher als vorgesehen, beendeten die Franzosen nach erfolgreichen Verhandlungen Stresemanns 1930 die Rheinlandbesetzung. Rheinhessen zählte nun wieder – abgesehen vom weiterhin gültigen entmilitarisierten Status – uneingeschränkt zum Deutschen Reich. In allen Städten und Gemeinden wurde der Abzug der französischen Truppen mit Befreiungsfeiern begangen, der Besuch des Reichspräsidenten Hindenburg und seine Fahrt auf dem *„befreiten Rhein"* gerieten zum Triumphzug. Allein in Mainz sollen über 150.000 Menschen versammelt gewesen sein.

Zweifellos waren insbesondere die ersten Jahre der Besatzung für die Einwohner Rheinhessens von vielen negativen Erlebnissen bestimmt und führte die gemeinsame Erfahrung des Besatzungsalltags über politische Grenzen hinweg zu einer Selbstwahrnehmung, die einerseits durch das Erleiden von Unterdrückung und Demütigung, andererseits aber auch durch die Abwehr aller vermeintlichen Angriffe *„auf ihr Volkstum"* – wie selbst der Sozialdemokrat Adelung konstatierte – geprägt war. Dass die deutschen Truppen während des Krieges in Frankreich und Belgien eine wesentlich härtere Besatzungspolitik verfolgt hatten, wurde dabei ebenso wenig reflektiert wie bei der Empörung über die Bedingungen des Versailler Vertrags daran gedacht wurde, dass Deutschland im März 1918 im Friedensvertrag von Brest-Litowsk Russland ungleich härtere Bedingungen diktiert hatte und im Falle eines Sieges die deutschen Reparationsforderungen die der Alliierten eher übertroffen hätten.[11]

„Die Preise steigen unablässig" – Inflation

„Die Preise der Lebensmittel und Bedürfnisse steigen unablässig und infolgedessen auch die Löhne und Gehälter." Bereits bei seiner Silvesterpredigt des Jahres 1921 hatte der Mommenheimer Pfarrer Landmann diese Entwicklung als eine der vordringlichsten Gefahren seiner Zeit beschrieben. Die seit Kriegsbeginn durch die Erhöhung der Geldmengen und die hohe Staatsverschuldung herbeigeführte Inflation war nach Kriegsende zunächst notgedrungen, aber durchaus konjunkturbelebend fortgesetzt worden. Der Vertrauensverlust gegenüber der Reichsmark und die bis 1922 während Ungewissheit über die Höhe der Reparationszahlungen beschleunigten die Geldentwertung, die dann, nachdem die zu zahlende Summe von 132 Milliarden Goldmark bekannt war, durch neue Verschuldung und weitere Geldbeschaffung durch die Notenbank weiter angeheizt wurde, bis schließlich im Spätjahr 1922 die *„schleichende"* in eine *„galoppierende Inflation"* überging. Jetzt war die Phase der Hyperinflation erreicht, die im kollektiven Gedächtnis über mehrere Generationen präsent blieb. So stieg in Ingelheim der Brotpreis vom Juni 1919 bis zum Februar 1922 um das 16-fache, von Februar 1922 bis Februar 1923 um das 128-fache. Der Neubau der Alsheimer Turnhalle 1922 kostete 850.000 Mark, das noch im gleichen Jahr angeschaffte Klavier bereits 15 Millionen. 1923 war ein Pfund Butter im Juni für 10.000 Mark zu bekommen, im Juli für 300.000 Mark, am 10. September für 6 Millionen, drei Tage später für 15 Millionen, am 19. September für 70 Millionen, Mitte November für 15 Milliarden Mark. Mit einer Währungsreform und der Schaffung der Rentenmark wurde am 15. November 1923 die Hyperinflation schließlich beendet.

Die verschiedenen sozialen Gruppen waren unterschiedlich von der Inflation betroffen. Durch die Möglichkeit, ihre Produkte im Tauschhandel umzusetzen, war die landwirtschaftliche Bevölkerung besser gestellt, deren Lebensunterhalt angesichts von Wohneigentum und weitgehender Selbstversorgung auch ohne größere finanzielle Transaktionen gesichert werden konnte. Auch kompliziertere Tauschaktionen wurden getätigt. Bekannt ist etwa der Fall eines Mommenheimer Bauern, der Kartoffeln an eine Motorenfabrik lieferte, die damit ihre Arbeiter bezahlte und dem Bauern dafür Weinfässer lieferte, welche sie selbst bei einem vergleichbaren Handel mit einer Wagnerei erhalten hatte. Auch wurde die Möglichkeit, sich einfach seiner Schulden zu entledigen, häufig genutzt, eventuelle Sparguthaben und Betriebskapital waren aber auch verloren. Die ländlichen Handwerker und Arbeiter mit Haus- und ein wenig Land- oder Gartenbesitz dürften einigermaßen über die Runden gekommen sein. Städtische Arbeiter waren nicht nur von den permanent steigenden Kosten, denen nicht in gleichem Maße steigende Löhne entgegenstanden, betroffen, sondern auch durch die angesichts der unsicheren wirtschaftlichen Situation schlechtere Auftragslage ihrer Unternehmen. Das zeigt sich etwa am Anstieg der Arbeitslosenzahlen in Worms von 600 im März 1923 auf 3.850 im November desselben Jahres. Aber auch in ländlichen Gemeinden wie Alsheim wurden „Erwerbslosenausschüsse" eingesetzt, die vor allem die Verteilung von Notstandsarbeiten im Auftrag der Gemeinden zu organisieren hatten. Stark betroffen waren bürgerliche Kreise, deren Vermögen eher in Geldguthaben und Versicherungen als in Sachwerten angelegt war und die alles verloren, sowie von Rente und Unterstützung abhängige Personen.[12]

Versorgungsprobleme und Wohnungsnot

Die seit Beginn des Ersten Weltkrieges bestehenden Versorgungsprobleme hielten bis zum Ende der Inflationszeit an. Lebensmittel und Brennmaterial mussten über kommunal organisierte Kommissionen weiterhin zugeteilt werden. Dass dabei Schattenwirtschaft noch eine erhebliche Rolle spielte, wird nur durch einzelne Quellenhinweise belegbar, wenn etwa der Mommenheimer Pfarrer 1919 von „Schiebungen" spricht. Selbst in ländlichen Gemeinden wie Osthofen mussten 1923 „Volksküchen" eingerichtet werden.

Das vordringlichste Problem allerdings war die Wohnungsnot. Bereits der Beginn des Krieges hatte zum Zusammenbruch des Wohnungsbaus geführt. Nach Kriegsende wurde die Situation durch heimkehrende Soldaten, die Raumansprüche der französischen Besatzung und die auf den Wohnungsmarkt drängenden geburtenstarken Jahrgänge der zwischen 1880 und 1900 Geborenen verschärft. Restriktionen wie die Sperrung des Zuzugs „wegen außerordentlich großer Wohnungsnot" oder das Verbot von Eheschließungen, wenn der Mann jünger als 26 Jahre alt war, wie sie der Gemeinderat in Alsheim 1921 beschloss, konnten nur kurzfristige Wirksamkeit entfalten. Kommunale Kommissionen, die die Verteilung des Wohnraums überwachten und gegebenenfalls Zwangsbelegungen durchführten, hatten mit erheblichen Widerständen zu kämpfen. Das in der Weimarer Verfassung erstmals formulierte Ziel, die Versorgung der Bevölkerung mit angemessenem Wohnraum zu gewährleisten, wurde in der Praxis weitgehend den Gemeinden überlassen. War Wohnungsbau in den Städten bis zum Krieg vorrangig über die Unterstützung von Baugenossenschaften gefördert worden, so traten die Kommunen jetzt als Teilhaber von Wohnungsbaugesellschaften oder direkt als Bauherren auf oder unterstützten private Bauherren mit Zuschüssen. So waren ein Drittel der zwischen 1919 und 1928 in Mainz errichteten 3.026 Wohnungen in städtischem Eigentum, ein weiteres Drittel war von Wohnungsbaugenossenschaften und -gesellschaften mit städtischer Förderung und nur 6 % ohne staatliche Förderung gebaut worden. Vor allem in den Jahren zwischen Inflation und Weltwirtschaftskrise entstanden so einerseits Siedlungen in den Vorortgemeinden, etwa die rechtsrheinische *„Kostheimer Siedlung"*, deren Konzeption, auch Möglichkeiten zur Selbstversorgung durch Gartenanteil und Kleintierhaltung zur Verfügung zu stellen, von der Idee der Gartenstadt beeinflusst war. Andererseits wurden in den Städten große Wohnanlagen gebaut, die die Anregungen der großstädtischen modernen Reformbauten hinsichtlich Raumökonomie und Ästhetik aufnahmen.

Trotz aller Anstrengungen stieg die Zahl der Wohnungssuchenden kontinuierlich weiter, in Mainz bis 1930 um das Siebenfache des Standes von 1919.

Auch in den Landgemeinden wurde versucht, mit staatlicher und kommunaler Unterstützung dem Problem beizukommen. In Bodenheim wurden 1922 sechs *„Kleinwohnungen"* mit Unterstützung des Kreises gebaut, in vielen Gemeinden des Landkreises Worms trat der Kreisbauverein als Bauherr auf und errichtete Häuser mit Wohnungen für Arbeiterfamilien, die ebenfalls Möglichkeiten zur Selbstversorgung boten. Sehr einfache Wohnbaracken, *„Serbenhäuser"* genannt, ließ die Gemeinde Bodenheim bauen. Notunterkünfte in Holzbaracken – in Alsheim *„Armenhof"* genannt – und in ausgedienten Eisenbahnwaggons für Familien, die ihre Miete nicht mehr aufbringen konnten, zeigen die dramatische Verschlechterung der Situation gegen Ende des Jahrzehnts an.[13]

Von Krise zu Krise

Mit der Währungsreform trat eine mehrjährige Phase der wirtschaftlichen Stabilisierung ein. Die Arbeitslosenzahlen blieben aber hoch, nicht zuletzt eine Folge der demografischen Entwicklung, da die Angebote des Arbeitsmarktes nicht im gleichen Maße zunahmen wie das aufgrund geburtenstarker Jahrgänge stark gestiegene Potenzial von Arbeitskräften. 1925/26 schnellte die bereits hohe Erwerbslosenquote in der *„Zwischenkrise"* nach oben. *„Große Not"*, die noch *„im Steigen begriffen"* war, wurde aus Ober- und Nieder-Ingelheim gemeldet, wo bereits ein *„Erwerbslosenrat"* dringend eine *„Winterhilfe"* einforderte. *„Da sich besonders bei der Industrie die Lage gebessert hat"*, sank die Zahl der Ober-Ingelheimer Erwerbslosen von 211 auf 98, in Finthen von 366 auf 220. Dennoch wurden 45 Ober-Ingelheimer, die bereits keine Arbeitslosenunterstützung mehr bekamen, als Notstandsarbeiter bei der Selzregulierung eingesetzt. Nach Offenbach wurde 1927 in Mainz die höchste Arbeitslosenquote aller westdeutschen Städte vergleichbarer Größe gemessen. Das ist mit den in dem französisch besetzten Gebiet noch geltenden Restriktionen und den noch spürbaren Folgen der Ruhrkrise zu erklären.

Der Weltwirtschaftskrise 1929 ging ab 1928 eine Weltagrarkrise voraus, die zu auch in der Region massiv spürbaren Preiseinbrüchen mit entsprechenden Auswirkungen auf den ländlichen Arbeitsmarkt führte. Der bereits eingeleitete Abschwung wurde zudem durch einen extrem harten Winter, in dem der Rhein zehn Wochen lang zugefroren war, verstärkt. Schon jetzt mussten in Hechtsheim aufgrund der angestiegenen Arbeitslosigkeit viele Mietzahlungen von Seiten der Gemeinde gestundet werden. In Nieder-Ingelheim war die Arbeitslosenzahl wieder auf die Höhe von 1925/26 angestiegen. In der Folge des Zusammenbruchs der amerikanischen Börse, des *„schwarzen Freitags"*, im Oktober 1929 mit seinen weltweiten Auswirkungen stiegen die Arbeitslosenzahlen dann in vorher unbekannte Höhen. Allein bei MAN in Gustavsburg, Opel in Rüsselsheim und der Ruthof-Werft in Kastel sanken die Beschäftigtenzahlen von Juni bis Dezember 1929 um ein Drittel. Da nur ein halbes Jahr Arbeitslosenunterstützung und danach für eine kurze Zeit *„Krisenunterstützung"* gezahlt wurde und man dann von den Fürsorgeämtern der Gemeinden oder gar nicht mehr unterstützt wurde, gab es vier *„Klassen"* von Erwerbslosen. Am Beispiel der Stadt Mainz wird deutlich, dass nach einem ersten Ansteigen der Erwerbslosen mit Anspruch auf Leistungen aus der Arbeitslosenversicherung die Zahl der von der Stadt Unterstützten, also der sog. Ausgesteuerten, diese erste Gruppe bald übertraf. Zwischen 1929 und 1930 verdoppelte sich die Zahl der Wohlfahrtsempfänger. Die Quote der Arbeitslosen aller Kategorien lag in den rheinhessischen Städten weiterhin über dem Reichsdurchschnitt. Während Arbeitslose und ihre Familien im November 1930 in Deutschland 10,5 % der Bevölkerung ausmachten, waren es in Mainz 18,4 %, in Worms sogar 21,2 %. In Alzey betrug der Erwerbslosenanteil 1933 17 %.

Die kommunale Fürsorge war angesichts dieser Entwicklungen überfordert. In Mainz hatte das Wohlfahrtsamt im Oktober 1932 34.000 Menschen zu unterstützen. Mit zusätzlichen Hilfsangeboten, der Essensausgabe in *„Volksküchen"* oder der Bereitstellung von Lebensmitteln, Kohlen und Kleidungsstücken, finanziert über Spenden, Haussammlungen, Veranstaltungen im Rahmen der *„Winterhilfe"*, versuchten Träger der freien und kirchlichen Wohlfahrtspflege die größte Not in den Städten zu lindern. Hilflos mutet dagegen der Versuch des Gemeinderates von Alsheim im März 1932 an, *„versuchsweise (…) Bettlermarken"* einführen zu wollen.[14]

Wahlergebnisse

Die Ergebnisse der Reichstagswahlen zeigen die sozioökonomischen und konfessionellen Differenzen und die verschiedenen politischen Traditionen an. Während die *„Parteien der Weimarer Koalition"*, SPD, Zentrum, Deutsche Demokratische Partei DDP/Deutsche Staatspartei, in den Kreisen Mainz und Bingen mit 85–95 % Zustimmung 1919/1920 starteten und bis zur Juliwahl 1932 die absolute Mehrheit der Wählerstimmen erhalten konnten, gelang ihnen das in den südlichen Kreisen nur bis 1928, im Kreis Oppenheim bis 1930. Ursächlich dafür ist die Stärke der Zentrumspartei, die im Kreis Bingen bis 1932 rund 40 %, im Kreis Mainz bis 1928 30 % der Wählerschaft an sich binden konnte, was auf sehr stabile katholische Milieus hinweist. Wenn auch die Stimmenzahlen für die SPD stärkeren Schwankungen unterlagen, kann trotzdem eine auf einem sozialen Milieu basierende Stammwählerschaft angenommen werden, die auf unterschiedlichem Niveau in den Kreisen bis 1928 einigermaßen stabil blieb. Bei den SPD-Stimmen sind zudem auch Stadt-Land-Unterschiede festzustellen, die sich in den Kreisen mit den größten Anteilen an städtischer Bevölkerung, Mainz und Worms, mit bis zu 10 % höheren Quoten niederschlugen. Noch deutlicher wird der Stadt-Land-Unterschied bei den Stimmenanteilen der USPD und der KPD, die bei den Wahlen mit ihren höchsten Anteilen 1920 und 1932 in den ländlich geprägten Kreisen kaum über 5 % hinauskamen, in den Kreisen Worms und Mainz aber mehr als das Doppelte der Wählerschaft von sich überzeugen konnten. Sehr auffällig sind die Erfolge der liberalen Parteien, insbesondere in den Kreisen Alzey und Worms. Ein Drittel aller Wähler im Kreis Alzey entschied sich 1919 bei der Wahl der Nationalversammlung für die DDP, nur noch ein Viertel 1920, bis 1930 sank der Anteil auf 8,2 % für die Nachfolgepartei Deutsche Staatspartei, lag damit aber immer noch weit über Reichsdurchschnitt. Die rechtsliberale Deutsche Volkspartei, die gegenüber der Weimarer Verfassung skeptisch, aber fast an allen Regierungen beteiligt war, kam im Kreis Worms zunächst auf Werte zwischen 30 und 35 %, die dann kontinuierlich bis 1930 auf 14 % zurückgingen, aber erst ab 1932 auf unter 5 % absackten. Diese Präferenzen sind eher mit politischen Traditionen als mit sozialen Milieus zu erklären. Im Wormser Bereich wirkte die starke Bindung an die Nationalliberale Partei und ihren dominanten Vertreter Freiherr von Heyl nach, in Alzey und auch in Bingen die im Kaiserreich starke Stellung der Freisinnigen. Sind in den ersten Jahren noch Wechselwählerbewegungen zwischen den beiden liberalen Parteien zu erkennen, so gerieten sie ab 1924 unter Druck von rechts. Anders als im Reich, wo die Deutschnationalen 1919 und 1920 10 bzw. 15 % erhielten, spielten Parteien rechts von der DVP zu dieser Zeit in Rheinhessen noch keine Rolle. Das änderte sich 1924 mit dem Auftreten des Hessischen Bauernbundes, einer letztlich auf die antisemitische Böckelbewegung zurückgehenden landwirtschaftlichen Interessenspartei, die auf Anhieb auf 21 % im Kreis Alzey, 19 % im Kreis Oppenheim und 10 % im Kreis Bingen kam. Gemeinsam mit der DNVP, die weiterhin weit unter dem Reichsdurchschnitt blieb, und dem *„Völkisch-Sozialen Block"* konnten die rechten Parteien bei der Maiwahl 1924 im Oppenheimer und Alzeyer Kreis jeweils jeden vierten Wähler überzeugen. Bei der Wahl 1928 gingen diese Stimmenanteile an die *„Christlich-nationale Bauern- und Landvolkpartei"*. Während 1928 die NSDAP, außer im Kreis Worms mit 4,6 %, noch kaum eine Rolle spielte, erzielten die rechten Parteien 1930 vor allem wegen der Erfolge der NS-Bewegung in den Kreisen Alzey und Oppenheim jeweils fast 40 % der Stimmen, in

den Kreisen Bingen und Mainz 20 % und in Worms 16 %. Dieser Anstieg ist der Aktivierung der Nichtwähler durch die NSDAP zuzuschreiben. Die Wahlbeteiligung stieg um bis zu 17 %, mit dem Ergebnis, dass die SPD und die Zentrumspartei, obwohl sie in absoluten Zahlen Stimmen dazugewonnen hatten, prozentuale Einbußen hinnehmen mussten. Wiederum in den Kreisen Oppenheim und Alzey erreichte die NSDAP mit 52 % bereits bei der Juniwahl 1932 die absolute Mehrheit, während sie mit 31 bzw. 33 % im Mainzer und Binger Kreis unter dem Reichsergebnis von 37 % blieb, im Kreis Worms kam sie auf 43 %. Wie im ganzen Reich gingen die Anteile der Nationalsozialisten bei der Novemberwahl 1932 in allen Kreisen um 3–4 % zurück, um dann bei der nicht mehr unter den Bedingungen einer freien Wahl durchgeführten Abstimmung vom März 1933 um 6–8 % anzusteigen. Mit mehr als 55 % in den Kreisen Alzey und Oppenheim, leicht überdurchschnittlichen 46 % im Kreis Worms und deutlich unterdurchschnittlichen 36 und 38 % in den nördlichen Kreisen war auch diese Wahl in dem schon bekannten regionalen Muster verlaufen.

Der starke Anteil des Landes am Wahlerfolg der NSDAP im März 1933 zeigt sich am Vergleich der Ergebnisse der Städte und der ihnen zugeordneten Landkreise (ohne Städte):

Tabelle: Stimmenanteil NSDAP Reichstagswahlen 5. März 1933 in %

	Stadt	Kreis
Alzey	42,4	58,9
Bingen	27,5	42,8
Mainz	35,4	40,2
Oppenheim	40,7	56,9
Worms	40,9	51,5

In 22 rheinhessischen Dörfern wählten mehr als 80 % der Einwohner 1932 und 1933 NSDAP, Spitzenreiter waren 1932 Eckelsheim mit 97,3 %, Wintersheim mit 93,4 % und Stadecken 1933 mit 94,8 %. An diesen Dörfern kann sehr klar die Bedeutung des agrarisch-protestantischen Milieus für das Wahlverhalten beobachtet werden. Alle Dörfer waren mehrheitlich protestantisch. Alle Dörfer, in denen mehr als 90 % NSDAP wählten, waren ebenfalls zu mehr als 90 % protestantisch und in fast allen lebten mehr als vier Fünftel der Einwohner von der Landwirtschaft. Zudem spielte die Ortsgröße eine Rolle: in zwölf der Gemeinden lebten weniger als 500 Menschen, in acht zwischen 500 und 1.000 und nur in zwei Gemeinden zwischen 1.000 und 1.300. Alle diese Gemeinden hatten 1924 und 1928 außergewöhnlich hohe Stimmenanteile (zwischen 40 und 80 %) für den Hessischen Bauernbund und die Christlich-nationale Bauern- und Landvolkpartei zu verzeichnen. Die mit Abstand niedrigste Stimmenzahl erhielt die NSDAP 1933 in den fast ausschließlich katholischen Dörfern Drais (9,2 %), Gabsheim (7,6 %) und Sponsheim (6,2 %).[15]

Der Aufstieg der NS-Bewegung

1936/37 forderte die NSDAP Mitglieder, die bereits in der *„Kampfzeit"* 1925–28 zur Partei gehört hatten, dazu auf, Berichte über die Frühzeit der Parteigeschichte zu verfassen. Aus Rheinhessen kamen 53 sog. Alte Kämpfer diesem Wunsch nach. Auch wenn es sich hier nur um einen Teil der in jenen Jahren aktiven Nationalsozialisten handelt, lassen sich einige Beobachtungen machen, die zumindest statistische Tendenzen anzeigen. Zwei Drittel der NS-Anhänger stammten aus ländlichen Gemeinden. Dabei fallen vor allem 13 Bechtheimer und acht Osthofener auf, außerdem sechs West-

hofener, drei Framersheimer, zwei Niersteiner und je ein Parteimitglied aus Hillesheim, Wintersheim und Uelversheim. Ebenfalls zwei Drittel gehörten den 1890er- und 1900er-Geburtsjahrgängen an, waren bei ihrem Eintritt also maximal 35–38 Jahre alt, der größere Teil war deutlich jünger. Mit einem Drittel war der Anteil der Landwirte am höchsten, ein Viertel übte einen Handwerksberuf aus, wobei nicht klar wird, ob als Selbstständige oder als *„Facharbeiter"*. Lediglich zwei Arbeiter finden sich unter den Berichterstattern; mit zwei Lehrern und einem Arzt war das Bildungsbürgertum nicht überrepräsentiert. Die nationalsozialistische Bewegung in Rheinhessen bestand demnach in ihrer Frühzeit aus überwiegend jungen Aktivisten aus ländlich-agrarischem Milieu, die meist der Mittelschicht angehörten. Früh bildeten sich lokale Schwerpunkte, zunächst vor allem im Osten der Provinz. Daran und auch aus den Berichten lässt sich ablesen, dass die Rekrutierung neuer Mitglieder vor allem auf persönlichen Beziehungen basierte. Einzelne *„Pioniere"* überzeugten Verwandte, Freunde, Bekannte. Der Zusammenhalt in den Gruppen wurde durch Vergemeinschaftungsformen gestärkt, die insbesondere dörfliche Traditionen aufnahmen: Wöchentliche *„Sprechabende"* in Stammlokalen, bei denen man unter sich blieb oder gezielt Interessierte dazu einlud, öffentliche Versammlungen, Umzüge und Feiern. Die regionale Ausbreitung der Ortsgruppen zeigt ein Verlaufsmuster, das die hohe Bedeutung direkter Kontakte unterstreicht. Eine erste NSDAP-Ortsgruppe war bereits 1922 in Worms nach dem Verbot des Deutsch-Völkischen Schutz- und Trutzbundes gegründet worden. In Mainz bestanden Kontakte mit der Frankfurter NS-Gruppe, aber es kam vor dem Verbot der NSDAP nach dem Hitlerputsch 1923 noch zu keiner Gründung einer eigenen Ortsgruppe. In der *„Verbotszeit"* bis 1925 waren völkische Aktivisten in Tarngruppen, in Mainz etwa als

Wandergruppe, oder in losen Verbindungen, unter anderem schon in Osthofen, Bechtheim, Guntersblum, Gau-Odernheim und Framersheim, organisiert. Die ersten Ortsgruppengründungen nach der Aufhebung des Verbotes 1925 fanden dann auch genau in diesen Gemeinden statt. Erst 1928 bildete sich eine Ortsgruppe in Alzey. Die Landkreise Mainz und Bingen wurden erst ab 1929/30 von einer Gründungswelle erfasst. Weiterhin waren direkte Kontakte wichtig. So warb die sehr aktive, aber erst 1929 gegründete Ortsgruppe Stadecken in ihrem weiten Umfeld für weitere Gründungen. Andererseits war schon mit der Ankündigung des Abzugs der Franzosen die Hemmschwelle vielerorts gesunken, gleichzeitig war die jetzt auch vonseiten der Gauleitung verstärkte Durchdringung des ländlichen Raumes mit nationalsozialistischer Propaganda vor dem Hintergrund der Agrar- und Weltwirtschaftskrise erfolgreich. Waren gerade bei den frühen Gründungen in Orten, die später als *„Hochburgen"* der Bewegung galten, *„Meinungsführer"* als Initiatoren oder Vermittler aktiv, Lehrer, (evangelische) Pfarrer, Ärzte, reiche Landwirte, so konnte die Situation in anderen Dörfern auch dadurch geprägt sein, dass die Dorfhonoratioren sich eben nicht zum Nationalsozialismus bekannten und Ortsgruppengründungen vor 1933 aus Mangel an „Führungspersonal" ausblieben. Rekrutierte die NS-Bewegung anfangs vor allem völkisch und antisemitisch eingestellte Männer, so lieferte der Versailler Vertrag und die französische Besatzung Argumente, um in das national gesinnte Lager vorzustoßen. Angesichts der von landwirtschaftlicher Seite als permanente Krise wahrgenommenen schwierigen ökonomischen Situation der 1920er-Jahre, die durch die Bedingungen der französischen Besatzung noch verschärft wurde, richteten die rheinhessischen Nationalsozialisten, unter ihnen viele, insbesondere größere Landwirte, ihre Agitation deutlich früher als die Partei auf Reichsebene

auf den Agrarsektor aus. Mit der Formulierung des agrarpolitischen Programms der Partei im Jahr 1930 wurden die Verbindungen enger. Funktionäre und ganze Ortsverbände der *„Freien Rheinhessischen Bauernschaft"*, einem rechtsgerichteten Bauernverband, traten in den Jahren bis 1933 zur NSDAP über.

Die Werbung für die Ziele der Bewegung erfolgte vielfach im direkten Kontakt. Sehr früh ist aber schon eine moderne Nutzung von Medien zu beobachten. Geradezu zu den Mythen der Gründungszeit gehören die Geschichten der *„Alten Kämpfer"*, die in den frühen zwanziger Jahren Zeitungen und Flugblätter aus dem Rechtsrheinischen einschmuggelten. Mit zunehmendem Ausbau des NS-Systems wurden eigene Zeitungen verbreitet, zunächst auf Gauebene, schließlich mit Blättern wie der *Niersteiner Warte*, den *Rheinhessischen Volksblättern* oder der *Mainzer Warte* auch auf Kreis- und Lokalebene. Bereits existierende Zeitungen wie die deutschnationale *Mainzer Tageszeitung* und ihr Wormser Pendant näherten sich der NS-Politik zusehends an. Mit der Vorführung von Propagandafilmen wurde ein modernes Medium eingesetzt, das in den 1920er-Jahren auch bereits in ländlichen Gemeinden Fuß gefasst hatte. 1928 fuhren Parteimitglieder auf zwei Lastwagen mit Anhängern durch Rheinhessen, um in den Gemeinden und Städten Propaganda zu machen, wobei sie in *„manchen Orten begrüßt, in anderen beschimpft"* wurden, wie der Bechtheimer Teilnehmer Jakob Buscher berichtete. Vor allem in Alzey habe der *„Mob"* gerast und seien ihre Zeitungen zerrissen worden. Eigens geschulte Redner übernahmen die Agitation. Vor 1930 waren prominente Führungspersonen kaum in Rheinhessen aufgetreten, aus Furcht vor Konsequenzen angesichts der Besatzungsmacht, die die Bewegung ohnehin im Blick hatte. Lediglich im Rahmen der auf die Landwirtschaft zugeschnittenen Programm-

Abbildung 41:
Hitler in Alzey 1932.

matik kam der zu dieser Zeit als Agrarexperte der Partei agierende Heinrich Himmler nach Bechtheim und Osthofen. Nach 1930, nach dem Abzug der Franzosen und angesichts mehrerer Wahlen in Folge, kamen dann auch die Führer nach Rheinhessen zu Veranstaltungen in die Städte: Goebbels, Göring, Gregor Strasser und schließlich Hitler selbst, der 1931 in Mainz, 1932 in Mainz, Worms und Alzey, hier vor angeblich *„25000 Bauern"* sprach.

Gerade in diesen Jahren des permanenten Wahlkampfes nahmen die zunehmend auch gewalttätigen Auseinandersetzungen zwischen Nationalsozialisten und sich ihren Propagandaaktionen entgegenstellenden Verbänden,

dem aus Sozialdemokraten, Zentrums- und DDP-Angehörigen zusammengesetzten, aber sozialdemokratisch dominierten *„Reichsbanner Schwarz-Rot-Gold"* oder der 1931 von Arbeiterturnern, Gewerkschaftern und Sozialdemokraten gegründeten *„Eisernen Hand"* zu. In Dolgesheim wurden die gewalttätigen Auseinandersetzungen zwischen Nationalsozialisten und Reichsbannerleuten 1930 so blutig ausgetragen, dass das Innenministerium die NSDAP-Ortsgruppe auflöste. In den Städten, vor allem in Worms, kam es zu heftigen Kämpfen zwischen Kommunisten und Nationalsozialisten, die der Schriftsteller Georg Glaser später als *„Gemetzel"* bezeichnete.

Abb. 42:
Hitler im Alzeyer Wartbergstadion 1932.

Durch die bereits frühe Gründung von SA- und SS-Verbänden, etwa in Bechtheim und Osthofen, standen der NS-Bewegung aggressive Kampftruppen zur Verfügung. NS-Frauenschaften nahmen ihre Parteiarbeit in den frühen 1930er-Jahren auf. *„Hitlerjugend"*-Verbände waren in Worms, Osthofen, Dittelsheim und Framersheim schon in den späten 1920er-Jahren entstanden und im Aufschwung der frühen 1930er-Jahre in ganz Rheinhessen stark angewachsen.

Die 1930 zuerst vom Mainzer Bischof formulierte klare Position der katholischen Kirche, die insbesondere das Menschenbild und den Rassismus des Nationalsozialismus für nicht vereinbar mit ihren Grundsätzen erklärte und die Mitgliedschaft in der Partei für ihre Konfessionsangehörigen ausschloss, verhinderte die Gründung von Ortsgruppen in vielen katholischen Gemeinden und führte zu den bekannten Wahlergebnissen. Diese klare Haltung konnte aber Zentrumspolitiker nicht davon abhalten, 1931 eine Koalition mit der NSDAP auf Landesebene zu sondieren. Die vom aus Bubenheim stammenden und später wegen seiner Beteiligung am Widerstand in Plötzensee ermordeten Zentrumsmann Fritz Bockius mit seinem ehemaligen Notariatsmitarbeiter, dem Nationalsozialisten Dr. Werner Best, geführten Verhandlungen verliefen aber ohne Ergebnis, nachdem von Best verfasste, als *„Boxheimer Dokumente"* bekannt gewordene Umsturzpläne an die Polizei übergeben worden waren.

Auf kommunaler Ebene waren die Nationalsozialisten schon vor 1933 mehrfach erfolgreich. Als erster nationalsozialistischer Bürgermeister Rheinhessens wurde 1930 Heinrich Ritter in Gau-Odernheim gewählt, ihm folgten 1931

Abb. 43:
KPD-Kundgebung in Worms 1932, Foto von Gisèle Freund.

Parteigenossen in Bechtheim, Flonheim und Wöllstein. In Mainz, wo interne Querelen die örtliche NS-Arbeit lange behinderten, gelang es der Partei vor 1933 nicht, einen Vertreter in der Stadtverordnetenversammlung zu platzieren, während in Worms schon 1925 ein und 1929 drei Parteimitglieder in das Gremium gewählt wurden.[16]

Keine goldenen Zwanziger – aber kultureller Aufbruch

Angesichts der Belastungen der Besatzungszeit kann in Rheinhessen kaum von *„Goldenen Zwanzigern"* die Rede sein. Trotzdem darf bei allen politischen, wirtschaftlichen und sozia-

len Krisen der Weimarer Zeit nicht übersehen werden, dass gerade im kulturellen Bereich doch etliche nachhaltige Entwicklungen stattfanden. In den Städten blühten Kulturinstitutionen wie Bibliotheken, Museen, Archive auf, die 1919 in Mainz gegründete Volkshochschule arbeitete erfolgreich, das Theater- und Musikleben „boomte". Neue Medien wurden von einer großen Bevölkerungsmehrheit genutzt. So entstanden in Mainz sieben Lichtspielhäuser, selbst auf dem Land wurden, meist in Form von Wanderkinos oder in Nebenräumen von Gaststätten, aber auch in eigenen Räumen, wie 1923 in Flonheim, Kinos betrieben. Vor der massenhaften Verbreitung von privaten Rundfunkgeräten traf man sich – wie 1930 aus Rhein-Dürkheim überliefert

– zum Radiohören in Gaststätten oder – wie 1926 in Nieder-Ingelheim – in kommerziellen Radio-Hörstuben. Im gleichen Jahr wurde in Ingelheim ein Radioklub gegründet, der seinen Mitgliedern den Eigenbau von Rundfunkempfängern vermitteln wollte. Infrastruktur für aktive Sportausübung und große Sportveranstaltungen wurde geschaffen, so das Wartbergstadion in Alzey. In Nieder-Olm wurde 1922 durch das Aufstauen der Selz ein Freischwimmbad eingerichtet. Nicht nur im Alzeyer Saalbau wurde One-Step und Foxtrott getanzt, sogar auf dörflichen Tanzveranstaltungen spielten städtische „*Jazzkapellen*". Die „*Jazzbandkapelle Rausch*" aus Worms wurde vom Eicher Mandolinenklub mehrere Jahre hintereinander für ihren Weihnachtsball engagiert. Das ländliche Vereinswesen erlebte eine Blütezeit, die sich neben einem stark ausdifferenzierten Angebot, das freilich häufig die sozialen Gruppenzugehörigkeiten der Dorfgesellschaft widerspiegelte, auch in einer regen Bautätigkeit äußerte. 1922, vor der Hyperinflation, aber doch in wirtschaftlich schwieriger Lage baute der Alsheimer Turnverein eine ausgesprochen repräsentative Turnhalle. Zahl-

reiche Vereine übten in den Wintermonaten Theaterstücke ein, die häufig vor vollem Haus aufgeführt wurden. Dabei wagten sich die Laienschauspieler auch an Operetten. So führte der „*Theaterclub Hechtsheim*" schon 1919 das *Weiße Rössl* oder der Gimbsheimer Männergesangverein 1923 das Singspiel *Die Winzerliesl* auf. Die Turngemeinde Ober-Ingelheim traute sich 1928 die „*künstlerische Laienaufführung*" von Zuckmayers *Schinderhannes* zu, für dessen Umsetzung sie 100 Mitwirkende benötigte, im folgenden Winter brachte der Arbeiterturn- und Sportverein den Darmstädter *Datterich* auf die Bühne. Die kulturelle Vielfalt der zwanziger Jahre, die letztlich auch eine Folge der demokratischen Umgestaltung des Staatswesens und des durch Medien, aber auch erweiterte internationale Kontakte beschleunigten Kulturtransfers war, ist so nicht nur in den deutschlandweiten Erfolgen von den aus Rheinhessen stammenden Schriftstellern wie Anna Seghers, Carl Zuckmayer oder Elisabeth Langgässer zu erkennen, sondern eben auch in einer in Stadt und Land gleichermaßen gepflegten kulturellen Praxis mit hohem innovativen Potenzial.[17]

Nationalsozialismus

Die „*Machtergreifung*"

„Dicke Luft" herrschte – nach einem Bericht des *Mainzer Journals* – am 30. Januar 1933 in der Stadt. Nachdem dann abends um halb acht die Meldung über den Rundfunk kam, dass Hindenburg Hitler zum Reichskanzler ernannt hatte, formierten sich Reichsbannerangehörige und Kommunisten zu einem improvisierten Demonstrationszug, an dem

mehr als 3.000 Menschen teilnahmen. Am Fackelzug der Nationalsozialisten beteiligten sich dagegen nur 600–700 Personen. Auf der „Großen Bleiche" kam es zu Zusammenstößen. Die Brutalität der Auseinandersetzungen zeigte sich an der Verletztenbilanz. Zwei Nationalsozialisten wurden wegen Messerstichen in das Krankenhaus eingeliefert, einer Kommunistin, die „*wütend gegen einen Fackelträger*" vorgegangen war, wurde mit der brennenden Fackel in das Gesicht geschlagen. Auch am Folgetag marschierte die „Eiserne Front" mit 2.000 Teilnehmern durch die Neustadt und die Altstadt, ähnlich viele Demonstranten beteiligten sich an einem Zug der Kommunisten. In Worms, wo es noch wenige Tage vorher zu erbitterten Straßenschlachten zwischen Kommunisten und Nationalsozialisten gekommen war, konnten die Hitleranhänger am Abend des 30. Januar ungestört einen Fackelzug durchführen. Der Versuch der Nationalsozialisten, am nächsten Tag in das „rote" Nordend vorzudringen, wurde allerdings von den Einwohnern des sog. Moskauviertels abgewehrt. In Alzey verlief der Fackelzug der NSDAP ohne Störungen. Weder in Bingen noch in Ingelheim scheint es am Tag der Machtübernahme zu größeren Kundgebungen gekommen zu sein, zumindest fehlen entsprechende Hinweise in der Presse. Fackelzüge sind auch aus den Landgemeinden, etwa aus Nierstein, Bodenheim und Guntersblum überliefert. Wie in Mommenheim dürften solche Veranstaltungen in manchen Gemeinden aber auch nicht stattgefunden haben, weil die örtlichen SA-Mitglieder bei Aufmärschen in anderen Gemeinden eingesetzt wurden. Das könnte auch als Hinweis darauf gedeutet werden, dass diese Fackelzüge nicht spontan entstanden, sondern wie in Berlin von der Partei inszeniert wurden.

Lagen die Hoffnungen derjenigen, die nicht mitmarschierten, an diesem Abend noch darin, dass diese Regierungsbildung wie die vorherigen nur von kurzer Dauer sein würde, dass Hitler in der Koalition mit den Deutschnationalen schnell an Faszination verlieren würde oder dass die zerstrittenen Arbeiterparteien wieder zusammenfänden, um den Nationalsozialisten erfolgreichen Widerstand entgegenzusetzen. So sahen sie sich angesichts des Tempos, mit der die Machtgrundlagen des Kanzlers und seiner

Partei erweitert wurden, ebenso getäuscht wie das rechtskonservative Lager, das Hitler an die Macht gebracht hatte.[18]

Schon am 1. Februar wurden der Reichstag aufgelöst und Neuwahlen ausgeschrieben, am 4. Februar eine Notverordnung erlassen, die die Presse- und Versammlungsfreiheit stark einschränkte. Nach dem Reichstagsbrand am 27. Februar wurden mit einer weiteren Notverordnung die Grundrechte weitgehend außer Kraft gesetzt. Mit Hilfe dieser Verordnungen konnten politische Gegner, zunächst vor allem Kommunisten und Sozialdemokraten, massiv bedrängt und terrorisiert werden. Aber auch Juden wurden sofort drangsaliert. In der Nacht vom 13. auf den 14. Februar wurde in Worms auf einen jüdischen Geschäftsmann in seiner Erdgeschosswohnung geschossen, bei einem „Lumpenball" im Wormser SPD-„Volkshaus" am 28. Februar schossen Nationalsozialisten in die Menge und trafen den Wirt tödlich. Noch am selben Tag wurde ebenfalls in Worms ein junger Kommunist erschossen. Nach der „Reichstagsbrandverordnung" wurden in Ober-Ingelheim alle führenden Sozialdemokraten und Kommunisten in das Rathaus getrieben und misshandelt. Die sozialdemokratisch dominierte „Eiserne Hand" gab in Mainz bereits Anfang März auf. Nach der Reichstagswahl am 5. März, bei der die NSDAP zwar Stimmen hinzugewonnen, aber trotz des nicht mehr unter demokratischen Bedingungen stattgefundenen Wahlkampfs reichsweit nur 43,9 % erhalten hatte und weiter mit den Deutschnationalen die Regierung stellte, nahmen die Maßnahmen gegen die Regimegegner extrem zu. Mehr noch als am 30. Januar wurde das Ergebnis als überragender Sieg inszeniert. In vielen Gemeinden wurden am 6. März erneut Fackelzüge durchgeführt. In Ober-Hilbersheim wurde das Ereignis mit der Pflanzung einer „Hitlereiche" nach einem prozessionshaften Umzug gefeiert, dem sich eine

„Nachfeier" in der Turnhalle mit von der Frauenschaft gebackenen Torten und einer Tanzveranstaltung anschloss. Dass die SA die Feier aber vorzeitig verlassen musste, weil sie „alarmiert" worden war, zeigt, dass trotz aller Repressalien immer noch mit Gegenaktionen zu rechnen war. In den folgenden Tagen wurden überall auf öffentlichen Gebäuden Hakenkreuzfahnen und die schwarz-weiß-rote Reichsflagge gehisst und in öffentlichen Zeremonien die schwarz-rot-goldenen Fahnen verbrannt, was zumindest in Mainz zu Diskussionen zwischen Oberbürgermeister Ehrhard und der SA führte. In Gau-Bickelheim hatte es schon am Wahltag Streit mit dem katholischen Pfarrer wegen der Aufhängung von Hakenkreuzfahnen gegeben. Hausdurchsuchungen in Privathäusern und Zeitungsredaktionen setzten die Gegner weiter unter Druck. In Framersheim wurden drei Tage nach der Wahl die Gemeinderatsmitglieder Beckenbach und Scheuer als Nazigegner verhaftet und in einen Schweinestall gesperrt. Alte Rechnungen wurden auch im spektakulärsten Fall dieser Tage beglichen. Am 7. März wurde in Worms der aus Dolgesheim stammende jüdische Reichsbannerangehörige Julius Frank, der in den Jahren vor 1933 aktiv gegen die Nationalsozialisten gekämpft hatte, von SS-Männern in seiner Wohnung festgenommen, im SS-Heim in der Mähgasse misshandelt, anschließend nach Dolgesheim gefahren, wo er nach weiteren Misshandlungen im Spritzenhaus erhängt wurde. Die Tat wurde dann als Selbstmord kaschiert. In Framersheim drang Ende März ein SA-Mann in das Haus der jüdischen Familie Koch ein und schoss, nachdem er vergeblich Geld gefordert hatte, auf Frau Koch und deren Tochter Alice, die schwer verletzt überlebte. Beide Fälle können auch als Beispiel dafür verstanden werden, wie über politische Feindschaften und antisemitische Motivationen hinaus die Ursachen für die Gewalttaten im Persönlichen zu suchen

sind. Der Framersheimer SA-Mann wollte mit seiner Aktion den Betrag einer Geldstrafe zurückfordern, den sein Vater Jahre zuvor wegen Beleidigung Albert Kochs zu zahlen hatte. Einer der Haupttäter in Dolgesheim machte den Vater von Julius Frank seinerzeit dafür verantwortlich, dass er die Stelle des Kantinenwirts in der Turnhalle des Turnvereins, dessen Vorstand Nathan Frank angehört hatte, nicht bekommen hatte. Alle Dolgesheimer SA-Leute, die bei den Misshandlungen im Spritzenhaus aktiv geworden waren, hatten ihr erst 22-jähriges Opfer gut gekannt, ihm allerdings auch schon 1930 in gewalttätigen Auseinandersetzungen zwischen SA und Reichsbanner gegenübergestanden. Die Familie Frank war aufgrund von Bedrohungen durch die Nationalsozialisten schon im gleichen Jahr nach Worms gezogen. Dass Parteigänger des Nationalsozialismus selbst in kleinen überschaubaren Dorfgesellschaften schon wenige Tage nach der Wahl ohne größere Konsequenzen dergestalt agieren konnten, zeigt den bereits weitgehenden Zusammenbruch jeglicher Opposition gegen das Regime und muss allen Gegnern Hitlers Angst und Schrecken eingejagt haben.

In Osthofen hatten die örtlichen Nationalsozialisten schon am 6. März etliche SPD-Ratsmitglieder in eine ehemalige Papierfabrik gesperrt. Dieses Provisorium, das zunächst als „wildes Lager" zur Einschüchterung und Drangsalierung politischer Gegner genutzt wurde, wandelte der mittlerweile zum „Staatskommissar für das Polizeiwesen in Hessen" ernannte Werner Best am 1. Mai offiziell in das neben dem deutlich größeren Lager in Dachau erste Konzentrationslager in Deutschland um. Lagerleiter wurde der bereits seit langem in der NS-Bewegung aktive Osthofener Druckereibesitzer und Landtagsabgeordnete Karl d'Angelo. Bereits in der Zeit zwischen März und Mai waren etliche Personen aus der Umgebung

Abb. 44:
Konzentrationslager Osthofen 1933.

nach Osthofen verschleppt worden. Die abschreckende Wirkung dieser Maßnahme betraf
nicht nur die Häftlinge, die meist zwischen vier
und sechs Wochen zur „Umerziehung" festgehalten wurden, sondern war auch als Warnung
an die Bevölkerung gedacht, sich nicht gegen
die neuen Machthaber zu stellen. In aller Offenheit wurden Verhaftungen in Pressemit-
teilungen bekannt gemacht. So war schon im
April in einem ganzseitigen Artikel des *Frankfurter Volksblattes* das Konzentrationslager als
„Erziehungs- und Besserungs-Anstalt", in dem
„verwilderte Marxisten" zu *„anständigen Menschen erzogen"* werden sollten, vorgestellt worden. Die Möglichkeit, politische Gegner nach
Osthofen bringen zu lassen, wurde von den
lokalen NS-Funktionären so intensiv genutzt,

dass im Februar 1934 die Bürgermeistereien ermahnt werden mussten, nicht wie bisher eine
*„große Zahl von Personen aus geringfügigen An-
lässen"* einzuliefern, sondern zu diesem Mittel
nur dann zu greifen, *„wenn Angeschuldigter sich
ernstlich gegen den Staat vergangen hat"*. Wenn
auch bis zur Auflösung des Lagers im Mai 1934
keine Todesopfer bekannt sind, so wurden die
Gefangenen doch extrem drangsaliert. Besonders Prominente, wie der sozialdemokratische
Politiker Carlo Mierendorff oder der ehemalige Wormser Polizeipräsident Maschmeyer,
wurden schwer misshandelt und gedemütigt.
Jüdische Häftlinge, die zunächst vor allem aus
politischen Gründen, zusehends aber auch aus
rassistischen Gründen nach Osthofen gebracht
wurden, hatten unter besonders erniedrigen-

Abb. 45:
Aufmarsch in Oberingelheim.

der Behandlung zu leiden. So wurden sie gezwungen, in die Latrinengrube zu steigen und die Fäkalien mit Konservendosen heraus zu schöpfen. Mit ihrem Roman *Das siebte Kreuz*, der allerdings keinen dokumentarischen Anspruch erhebt, hat die im Exil lebende Autorin Anna Seghers das Lager Osthofen, im Buch als Westhofen bezeichnet, international bekannt gemacht.[19]

Den schon im März 1933 offensichtlichen Überschreitungen aller Grenzen im Umgang mit politischen Gegnern zum Trotz ließen sich Hindenburg und mit ihm die rechtskonservativen Koalitionspartner Hitlers in eine Zeremonie anlässlich der Eröffnung des neu gewählten Reichstags in der Garnisonskirche von Potsdam einbinden, in der der Schulterschluss zwischen altem und neuem Reich propagandistisch demonstriert werden sollte. Dieser „Tag

von Potsdam" am 21. März 1933 wurde auch lokal begangen. In Worms wurde, wie in vielen anderen Städten auch, ein evangelischer Gottesdienst in der Lutherkirche gehalten. An einem Fackelzug nahmen außer den Parteiformationen auch Vereine und Handwerksinnungen, aber auch Oberbürgermeister Rahn, DVP-Mitglied, und Kreisdirektor Schön teil. Der Polizeipräsident Maschmeyer, zu dieser Zeit schon in Osthofen inhaftiert, war bereits durch einen neuen Polizeichef, der in SA-Uniform auftrat, ersetzt worden. In Guntersblum zog unter dem Geläut der Kirchenglocken am selben Abend ein Fackelzug durchs Dorf.

Wenige Wochen später wurde am 20. April mit Hitlers Geburtstag die nächste große Feier massenwirksam inszeniert. Über sog. HitlerGeburtstagsspenden von Lebensmitteln, die an Arme verteilt wurden, oder über die Pflanzung von „Hitlereichen", etwa auf dem Friedhof von Gau-Algesheim, wurde der Personenkult um den neuen Reichskanzler vorangetrieben.

In die Umdeutung des 1. Mai vom Tag der internationalen Arbeiterbewegung zum „Feiertag der nationalen Arbeit" als propagandistischer Höhepunkt dieses Frühjahrs ließen sich sogar die Gewerkschaften einbinden, die nicht ahnten, dass als zweiter „Bestandteil der Maifeier" am 2. Mai mit der Besetzung der Gewerkschaftshäuser und der Verhaftung ihrer wichtigsten Funktionäre ihre Zerschlagung vorgesehen war.[20]

Die „Gleichschaltung"

Die „Gleichschaltung" war zu diesem Zeitpunkt schon voll im Gang. Mit diesem ursprünglich aus der Elektrotechnik stammenden Begriff bezeichneten die Nationalsozialisten die Anpassung aller Institutionen an ihre Prinzipien und die Zerstörung jedes Pluralismus. In einem ersten Schritt wurden die Länder und die Kommunen „gleichgeschaltet", indem deren Parlamente aufgelöst und nach den Wahlergebnissen der Reichstagswahl vom 5. März unter Ausschluss der Kommunisten neu besetzt wurden. Mit dem „Reichsstatthaltergesetz" bekam Gauleiter Sprenger Kompetenzen zugesprochen, die die des neu eingesetzten hessischen Staatspräsidenten Werner überstiegen. Zudem gaben auch Verordnungen und Gesetze zur „Sicherung der Verwaltung" und zur „Wiederherstellung des Berufsbeamtentums" den neuen Machthabern die Möglichkeit, nichtnationalsozialistische Funktionsträger ihrer Ämter zu entheben. Schon am 23. März wurden in Mainz Oberbürgermeister Ehrhard von dem Wormser Rechtsanwalt Jung als „kommissarischer" Bürgermeister abgelöst und die Amtsleiter und Beigeordneten entlassen. We-

nige Tage später erschien in Nieder-Ingelheim der Stahlhelm-Führer Franz Bambach beim geschäftsführenden stellvertretenden Bürgermeister Zimmer, verlangte die Herausgabe des Schlüssels des Bürgermeisteramtes und verkündete in der Gemeinderatsitzung am gleichen Tag, dass er von der hessischen Regierung als kommissarischer Bürgermeister eingesetzt worden sei. Der sozialdemokratische Ober-Ingelheimer Bürgermeister Dr. Rückert, auf den am 1. April angeblich von Kommunisten, tatsächlich aber von SS-Männern aus Ober- und Nieder-Ingelheim, geschossen worden war, wurde am 7. April abgesetzt. Der Wormser Bürgermeister Rahn, der am 1. Mai noch am Umzug teilgenommen hatte, wurde von jungen Nationalsozialisten in entwürdigender Weise zum „rituellen" Kehren des Marktplatzes gezwungen und gab wenig später auf. In Bodenheim wurde der Zentrumsangehörige Andreas Becker im Bürgermeisteramt vom nationalsozialistischen Ortsgruppenleiter abgelöst, ebenso wurde sein Beigeordneter abgesetzt, dessen Stelle der evangelische Pfarrer Olff übernahm. In Dromersheim legte der Bürgermeister sein Amt „aus gesundheitlichen Gründen" nieder. Der Leiselheimer Bürgermeister Johann Rasp wurde bei seiner Absetzung verhaftet und „wie ein Verbrecher abgeführt".

Für die nach dem Wahlergebnis vom 5. März zu besetzenden Gemeinderäte hatten die Parteien „Wahlvorschläge" einzureichen. Vielerorts kam es aber nicht mehr zu Sitzungen der Gremien in der neuen Zusammensetzung. So tagte der neue Mainzer Stadtrat erstmals nach dem Verbot der SPD im Juni, da die Nationalsozialisten ansonsten keine absolute Mehrheit gehabt hätten. In Worms erschienen die Sozialdemokraten noch zu einer Sitzung, legten dann aber noch vor dem Verbot ihr Mandat nieder, in Nieder-Ingelheim legte die SPD erst gar keinen „Wahlvorschlag" mehr vor. Wie in

Nierstein waren viele der SPD-Ratsmitglieder bereits verhaftet worden, der dort vorgelegte Vorschlag mit Kandidaten aus Schwabsburg wurde schließlich auch zurückgezogen und der Ortsverein aufgelöst. Nach der SPD geriet die Zentrumspartei unter Druck. Zwar hatten einzelne Vertreter wohl gehofft, auch angesichts der Zustimmung des Zentrums zu den „Ermächtigungsgesetzen" in Berlin und Darmstadt, noch einen gewissen Einfluss behalten zu können – so hatten der Bodenheimer ebenso wie der Hechtsheimer Fraktionsvorsitzende in der ersten Sitzung die Zusammenarbeit angeboten –, sie mussten aber schnell erkennen, dass ihre Unterstützung nicht gefragt war. Vor allem im nördlichen Teil von Rheinhessen spielte bei der Agitation gegen einzelne Zentrumskandidaten deren angebliche Verstrickung in die Separatistenbewegung 1923 eine Rolle. Nachdem am 5. Juli auch die Zentrumspartei verboten worden war, gelang es den Ober-Ingelheimer Ratsmitgliedern aber noch, weiterhin als Fraktionslose in dem Gremium zu bleiben. Der Bürgermeister von Frei-Weinheim konnte sogar bis Anfang 1934, wie seine Zentrumskollegen im Gemeinderat, im Amt bleiben. Mit dem Verbot aller anderen Parteien verschwanden auch die letzten Vertreter rechtsgerichteter Gruppen außerhalb der NSDAP aus den Gremien, deren politische Einflusslosigkeit sich allerdings auch an immer selteneren Sitzungen und ihrer nur noch beratenden Funktion zeigte.

Nicht immer wurde das Vorgehen der Nationalsozialisten widerspruchslos akzeptiert. In Ober-Ingelheim hatten etliche Bürger Partei für den abgesetzten Bürgermeister Dr. Rückert ergriffen und sogar mit einer Delegation im Darmstädter Innenministerium seine Wiedereinsetzung verlangt. In der ersten Ratssitzung musste sich der neue Bürgermeister Gaul dem Druck der zahlreich erschienenen Einwohner beugen und Rückert seine Sicht über die gegen ihn erhobenen Vorwürfe erläutern lassen, schließlich stimmte sogar der Rat mit zwei Vertretern aus dem NS-Lager für eine Rücknahme von finanziellen Sanktionen gegen Rückert. Wenn auch die nicht linientreuen Ratsmitglieder im Anschluss von SS-Leuten auf offener Straße schwer misshandelt, Ratsmitglieder des Zentrums verhaftet und die Beschlüsse kassiert wurden, zeigt sich, auch an dem in der Folge vom NS-Bürgermeister beklagten geringen Engagement seiner Parteigenossen, dass zu diesem Zeitpunkt die lokale Machtfrage noch nicht endgültig geklärt war.[21]

Nicht nur der politische Sektor, sondern das gesamte öffentliche Leben wurde „gleichgeschaltet". In der Generalversammlung des Turnvereins in Köngernheim am 13. Mai 1933 verkündete der Vorsitzende die Richtlinien für die *„Gleichschaltung der Vereine"*, woraufhin der langjährige Schriftführer Ernst Josef Schlösser, seine Schwester Liesel und ihr Vetter Markus direkt ihren Austritt erklärten. Damit kamen sie als jüdische Vereinsmitglieder ihrem Ausschluss zuvor. Die Turngemeinde 1847 Nieder-Ingelheim veranstaltete in der mit schwarz-weiß-roten Fahnen und Hakenkreuzfahnen sowie mit Bildern von Hindenburg, Hitler und Turnvater Jahn geschmückten Turnhalle einen „Gleichschaltungsabend", an dem der Verein nach den Vorgaben der Deutschen Turnerschaft auf das Führerprinzip umgestellt wurde und der neu ernannte *„1. Führer"* erklärte, dass man künftig mit SS, SA und Stahlhelm zusammenarbeiten und den *„Arierparagraph"* beachten wolle. Bereits am 10. Mai wurde im Protokollbuch des Vereins der Ausschluss von neun jüdischen Mitgliedern festgehalten, von denen einige die Vereinsarbeit über Jahrzehnte in unterschiedlichen Funktionen mitgeprägt hatten. Auch der Radfahrerverein Finthen konnte im Juni nachweisen, dass gemäß der entsprechenden Verordnung keine „Marxisten und Juden" mehr dem

Verein angehörten. Dass es hier für die Vereine doch aber gewisse Spielräume jenseits eilfertiger Erfüllung der Vorgaben gab, zeigt das Beispiel des Radfahrervereins Gau-Algesheim, wo Moritz Raphael 1934 noch als Mitglied aufgeführt wurde und im gleichen Jahr auch noch als Revisor bei der Kassenprüfung tätig war. Auch dass der „Gleichschaltungsabend" des Vereins nur schwach besucht war, kann als Zeichen dafür verstanden werden, dass sich viele Mitglieder durch Passivität dem Druck entzogen, was in einer Kleinstadt, in der weniger als ein Viertel der Wähler im März für Hitler votiert hatte, auch nachvollziehbar erscheint. Vereine, die der Arbeiterbewegung nahestanden, wurden als „marxistische" Vereinigungen direkt verboten, falls sie nicht die Gelegenheit bekamen, sich neu zu formieren. So beschloss der Arbeiter-Gesangverein von Bingen-Büdesheim am 9. Mai einstimmig, sich *geschlossen hinter die jetzige Reichsregierung unter Führung Adolf Hitlers"* zu stellen, aus dem „marxistischen Arbeiter-Sängerbund" auszutreten und unter dem Namen „Männergesangverein Rheintreue" mit neuer Fahne weiterzusingen. Insbesondere die Regelung, in kleineren Orten mehrere bestehende Vereine zusammenzufassen – aus dem Gedanken der „Volksgemeinschaft" heraus, sicher aber auch wegen der besseren Kontrollierbarkeit –, stieß angesichts jahrzehntelanger Spannungen zwischen einzelnen Vereinen wiederholt auf Widerspruch. In Schwabsburg etwa wehrten sich die Mitglieder des Gesangvereins „Germania" vehement gegen den Zusammenschluss mit dem Verein „Treuer Bund" und verließen geschlossen die „Gleichschaltungsversammlung", was als *regierungsfeindliches Verhalten"* gewertet wurde und zur Auflösung des Vereins führte.

Innerhalb weniger Monate war es den Nationalsozialisten gelungen, durch sukzessives Ausschalten ihrer politischen Konkurrenten und die brutale Bekämpfung ihrer Gegner, durch die Besetzung aller relevanten Positionen mit ihren Parteigängern, durch die inhaltliche und organisatorische Anpassung aller Institutionen an ihre Prinzipien und durch die propagandistische Durchdringung des öffentlichen Raumes das gesamte politische und öffentliche Leben weitestgehend ihren Vorstellungen zu unterwerfen. Diesem so schnell verlaufenen Prozess muss eine Bereitschaft vieler Menschen, auch außerhalb der Wählerschaft der NSDAP im März, zugrunde gelegen haben, sich auf dieses System einzulassen. Die Abstimmungen, die 1933 und 1934 durchgeführt wurden, können allerdings angesichts des ausgeübten Drucks und der fehlenden Alternativen kaum tatsächliche Meinungsbilder bieten. Sie waren vielmehr intendiert, die überwältigende Zustimmung der deutschen Bevölkerung zu Hitlers Politik nach außen zu demonstrieren und nach innen die Geschlossenheit der „Volksgemeinschaft" zu untermauern. Insofern sind die Ergebnisse von über 90 % Zustimmung zum Austritt aus dem Völkerbund oder zur NSDAP als einziger Partei im Reichstag, wie sie im November 1933 selbst in Stadt und Landkreis Bingen erzielt wurden, wenig aussagekräftig.[22]

„nur einen Herrn, nur ein Kreuz" – die Kirchen im Nationalsozialismus

An Ostern 1933 predigte der katholische Pfarrer von Gau-Bickelheim Karl Joseph Mayer, *„daß es nur einen Herrn gäbe und dieser sei Christus. Einen anderen gäbe es nicht".* Auch die wenig später von einem auswärtigen Kapuzinerpater gemachte Äußerung soll auf Mayer zurückzuführen sein: *„daß es nur ein Kreuz gäbe, das mit den Längs- und Querbalken. Ein anderes gäbe es nicht."* Mit Bemerkungen wie diesen, vom eifrigen Dorfschullehrer an die Polizeibehörden weitergemeldet, zeigte der

Geistliche, was er von den neuen Machthabern hielt. Die „Machtergreifung" konnte – anders als bei vielen anderen Zeitgenossen – seine Bereitschaft, sich mit der NS-Bewegung vor Ort anzulegen, die er bereits in den Jahren vor 1933 gezeigt hatte, nicht schmälern. Zwar musste er im Februar 1934 den Ort verlassen, kehrte aber nach einigen Monaten wieder zurück und versah seine Pfarrstelle weiterhin. Mayer war einer von 44 katholischen Geistlichen aus Rheinhessen, die zwischen 1933 und 1945 aus verschiedenen Gründen vorgeladen, verwarnt oder mit Unterrichtsverboten, Geldstrafen, Aufenthaltsverboten, kurzfristiger „Schutzhaft", aber auch in zwei Fällen mit einer mehrjährigen Gefängnisstrafe oder der Einweisung in das Konzentrationslager Dachau bestraft worden waren. Dass die meisten dieser Fälle für 1933 und 1934 dokumentiert sind, zeigt die Brüchigkeit der Annäherung zwischen Nationalsozialisten und katholischer Kirche in der ersten Phase des NS-Regimes. Nach der gerade vom Mainzer Bistum forcierten Ablehnung der nationalsozialistischen Bewegung wurde das Verhältnis zwischen NS-Staat und Kirche neu geregelt durch die Regierungserklärung Hitlers vom 23. März 1933, in der er die „Unantastbarkeit der Rechte der Kirche" betonte, durch die Erklärung der Fuldaer Bischofskonferenz vom 28. März, in der die Vorbehalte nicht aufgehoben wurden, aber – gegen die Mainzer Position – die bis dahin postulierte Unvereinbarkeit von Katholizismus und NS-Bewegung relativiert wurde und schließlich durch das Konkordat mit dem Vatikan vom 20. Juli, das der Kirche den Einfluss auf das Erziehungswesen und den Bestand der Verbände bei gleichzeitiger Aufgabe politischer Betätigung garantierte. Die Preisgabe der politischen Handlungsspielräume, direkt umgesetzt durch die Auflösung der Zentrumspartei, wurde mit unklar definierten Zugeständnissen, die einfach zu hintertreiben waren, kaum angemessen aufgewogen.

Schon bald begannen die Übergriffe, deren sich die Kirche kaum erwehren konnte. Gerade gegen den Mainzer Bischof Hugo, der seine klare Haltung gegenüber der NS-Bewegung auch nach dem Konkordat nicht grundlegend änderte, wurde wiederholt agitiert. Die Kampagne gegen ihn wurde mit dem unberechtigten Vorwurf begründet, er sei Parteigänger der Separatisten gewesen. Am Jahrestag der „Machtergreifung" wurden 1934 das Bischofspalais beschmiert und wenige Tage später von *„aufgebrachten"* Jugendlichen dort Fenster eingeschmissen. Ein Anlass dafür dürfte auch gewesen sein, dass der Bischof untersagt hatte, zum Jahrestag andere als kirchliche Flaggen an den Kirchen zu hissen, von staatlicher Seite aber die Hakenkreuzfahne und die schwarz-weiß-rote Reichsfahne vorgeschrieben wurden. Der Bechtheimer Pfarrer Rachor, der dem Befehl nicht nachkam, wurde in „Schutzhaft" eingeliefert. Zwar einen Tag später wieder entlassen, durfte er sich aber nicht mehr in seiner Gemeinde aufhalten. Der Ingelheimer Kaplan Bergmann bekam die Unterrichtserlaubnis entzogen, weil er in einer Debatte um ein Flugblatt, in dem *„Pfaffen"* als *„Ausgeburt der Hölle"* bezeichnet wurden, erklärt haben soll, dass Separatismus *„kein Landesverrat"* sei. 1935 wurde er Opfer einer Hetzkampagne, die bis in das reichsweit erscheinende NS-Blatt *Der Stürmer* getragen wurde, weil er mit dem jüdischen Ingelheimer Kantor Langstädter bei einer zufällig gemeinsamen Bahnreise fotografiert wurde. Entgegen den Vereinbarungen des Konkordats wurde das katholische Vereinswesen seit 1933 bekämpft, 1939 schließlich ganz verboten. Auch aus der Schule wurden die Kirchenvertreter verdrängt, ab 1937 durften Geistliche nicht mehr unterrichten. Ab Dezember 1934 wurden öffentliche Veranstaltungen „kirchlich-konfessionellen Charakters" außerhalb der Kirchen mit Ausnahme von traditionellen Prozessionen und Wallfahrten verboten, allerdings in der Folgezeit auch die noch genehmigten Prozessionen zunehmend bedrängt. Mit den Gottesdienstterminen konkurrierende Veranstaltungen der NS-Organisationen sorgten zudem für viele Konflikte. Schwesternhäuser wurden in ihrer Arbeit behindert, der Versuch einer Neueinrichtung einer Schwesternstation in Eich 1934 führte zu tätlichen Angriffen örtlicher Nationalsozialisten. Nachdem die Bischöfe weitgehend auf öffentlichen Protest gegen die Aushöhlung der Konkordatsvereinbarungen verzichtet hatten, reagierte das NS-System auf die konspirativ organisierte Verlesung der päpstlichen Enzyklika *Mit brennender Sorge* in allen Kirchen 1937, in der die NS-Kirchenpolitik scharf kritisiert wurde, mit weiteren Repressalien.[23]

Anders als in der katholischen Kirche gab es in den protestantischen Gemeinden von Anfang an viele Anhänger des neuen Regimes, hatten sich sogar einige Geistliche schon in der Entstehungsphase des Nationalsozialismus als eifrige Parteimitglieder hervorgetan, der Gau-Odernheimer Pfarrer Martin Walldorf etwa, der 1932 den Turm seiner Kirche mit Hakenkreuzen schmückte, oder der Bodenheimer Pfarrer Olff, der 1932 bei der Sonnwendfeier in Nierstein die Fahne des Mainzer SA-Sturmes weihte und 1933 als Beigeordneter auch kommunalpolitische Karriere machte. In Guntersblum war seit 1931 Georg von der Au als Nachfolger seines Vaters im Amt. Von der Au war aktives Mitglied der Partei und trat auch öffentlich in SA-Uniform auf. Seine Eintragungen in der Pfarrchronik zeigen die enge Verbindung des Gemeindelebens mit dem NS-System auf. Am 1. Mai 1933 hielt er einen „Feldgottesdienst" auf dem Marktplatz, am 1. Oktober wurde das Erntedankfest mit einem Gottesdienst, an dem die Parteiorganisationen mit ihren Fahnen teilnahmen, und einem nachmittäglichen Umzug gefeiert. Am 3. Dezember nahm anlässlich einer Visitation ein großer Teil der örtlichen SA am Abendmahl teil, am 27. Dezember sprach der Pfarrer bei der Weihnachtsfeier der SA. Am Gottesdienst zum Jahrestag der „Machtergreifung" am 30. Januar 1933 war die Kirche nach Aussage von der Au *„riesig voll besetzt".* Am 22. Februar 1934 beschloss der Kirchenvorstand, die weibliche Jugendgruppe – eine männliche gab es nicht – in den „Bund deutscher Mädel" einzugliedern. Das Verhältnis zwischen Kirche, HJ, BDM und NS-Jugend sei gut, notierte der Pfarrer in dieser Zeit.

Weite Kreise in den protestantischen Kirchen verbanden mit dem Aufstieg des Nationalsozialismus die Hoffnung auf eine *„Verschmelzung christlicher und nationalsozialistischer Ideale"* (Besier). Vor allem junge Theologen engagierten sich in der 1932 erstmals bei den preußischen Kirchenwahlen mit Erfolg auftretenden Kirchenpartei der „Deutschen Christen", deren Programm eng an dem der NSDAP orientiert war. Gegen andere Vorstellungen der Landeskirchen wurde der Militärpfarrer Ludwig Müller als Kandidat für das Reichsbischofamt einer vereinigten Reichskirche ins Spiel gebracht und im September 1933, nachdem die Kirchenwahlen eine große Mehrheit für die „Deutschen Christen" gebracht hatten, in das höchste Kirchenamt gewählt. Gegen die Vormachtstellung der „Deutschen Christen" formierte sich vornehmlich theologisch begründeter Widerstand, vor allem nachdem es zu weiteren Radikalisierungen in der Programmatik kam. Nicht nur wurde die Durchsetzung des „Arierparagraphen", nach dem Kirchenangehörige jüdischer Herkunft ausgeschlossen werden sollten, propagiert, sondern auch die Abkehr vom Alten Testament, die Neuinterpretation des Neuen Testaments und die Verehrung Jesu als „heldische Gestalt", Vorstellungen, die selbst vielen Anhängern zu weit gingen. Als Landesbischof der neu vereinigten Landeskirche Nassau-Hessen wurde von Reichsbischof Müller nicht der von einer Mehrheit innerhalb der Kirche favorisierte Prälat Diehl, sondern das NSDAP-Mitglied Ernst Ludwig Dietrich eingesetzt. Aus dem sich 1933 zusammenschließenden „Pfarrernotbund" ging 1934 die „Bekennende Kirche" hervor, die sich theologisch den „Deutschen Christen" entgegen stellte und auch den Totalitätsanspruch des nationalsozialistischen Staates ablehnte, sich nicht aber zum Antisemitismus von Staat und deutschchristlicher Bewegung äußerte. Das führte zum „Kirchenkampf" zwischen den konkurrierenden Bewegungen und zum teilweisen Aufbau von parallelen Strukturen innerhalb der Gemeinden.

So stand in Mainz die Christuskirchengemeinde auf der Seite der „Bekennenden Kirche", die Johanniskirchengemeinde auf der der „Deutschen Christen". In Worms variierte die Ausrichtung von Gemeinde zu Gemeinde, zwar konnte Landesbischof Dietrich 1934 in einer überfüllten Dreifaltigkeitskirche predigen, andererseits wurde die „Bekennende Kirche" von dem einflussreichen Freiherr Ludwig von Heyl unterstützt. In Guntersblum bekannte sich der Kirchenvorstand im November 1934 zum nationalsozialistischen Staat und zur Reichskirche und lehnte explizit die Bekenntnisbewegung ab. In vielen anderen Gemeinden beschlossen die Kirchenvorstände 1934 und 1935 sich dem Landesbruderrat der „Bekennenden Kirche" zu unterstellen. Solche Bekenntnisgemeinden entstanden unter anderem in Alzey, Bechtheim, Schornsheim, Wörrstadt, Albig, Armsheim, Wendelsheim und Kettenheim. Die damit verbundenen Probleme zeigen sich am Beispiel Bechtheim. In dieser durch frühzeitige Aktivitäten nationalsozialistischer Gruppen bekannten Gemeinde trat im Februar 1935 der Vikar Hermann Hickel seinen Dienst an im Auftrag des Landesbruderrates der „Bekennenden Kirche", an den sich die Bechtheimer Kirchenvorsteher gewandt hatten. Bereits im November

1934 hatte das Bechtheimer Kirchengremium bestimmt, dass nur Angehörige der „Bekennenden Kirche" in der Gemeinde Funktionen übernehmen dürften. Landesbischof Dietrich reagierte darauf mit der Einsetzung eines eigenen Kandidaten als Pfarrverwalter. Der eskalierende Streit um die Kirchennutzung und andere Kompetenzen endete für Vikar Hickel im KZ Dachau. Auch der Wörrstädter Vikar Wolf wurde nach Dachau gebracht. Ihn hatte die Wörrstädter Gemeinde, der ein „bekenntniswidriger" Pfarrer gegen ihren Willen vom Landesbischof aufgezwungen worden war, als Vikar vom Landesbruderrat der „Bekennenden Kirche" geschickt bekommen. Nachdem ihm die Abhaltung von Gottesdiensten in einer „Notkirche" untersagt worden war, wurde ihm eine Andacht in einem Privathaus als Verstoß gegen das Verbot gewertet. Von 35 Konfirmanden waren 29 zu ihm und nicht zu dem deutschchristlichen Pfarrer in den Unterricht gegangen, die nach seiner Inhaftierung zusammen mit Schornsheimer Kindern in Alzey von Pfarrer Schmidt, der ebenfalls zur „Bekennenden Kirche" gehörte, weiter betreut wurden.

Nicht immer war die Front zwischen „Deutschen Christen" und „Bekennender Kirche" so eindeutig. Es gab etliche Gemeindeangehörige, die sich weder zur einen noch zur anderen Gruppe bekennen wollten. Auch der Tagebucheintrag des jungen, vom Nationalsozialismus begeisterten Ferdinand Hahn aus Alsheim, der gemeinsam mit dem sich selbst als zwischen „Bekennender Kirche" und „Deutschen Christen" einordnenden Pfarrer Mohn, einem der NSDAP angehörenden Kirchenvorsteher und dem von den Nationalsozialisten abgesetzten Bürgermeister Wetzel 1934 eine Synode der Bekenntniskirche in Alzey besucht hatte, lässt sich so deuten.

Bereits ab 1934 zeigte sich zudem die offen kirchenfeindliche Haltung der Nationalsozialisten, zunächst am zurückgehenden Gottesdienstbesuch. Hatten am Gottesdienst zum Gedenken an die „Machtergreifung" 1935 in Guntersblum noch alle NS-Organisationen teilgenommen, so waren 1936 kaum noch Parteianhänger in der Kirche erschienen. Auch zu öffentlichen Veranstaltungen wurde der Pfarrer nicht mehr hinzugezogen. Die Zahl der Kirchenaustritte nahm zu. Zu einem Gottesdienst, den Pfarrer von der Au nach dem Anschluss Österreichs am 20. März 1938 hielt, war zu seiner offensichtlichen Verbitterung *„von der Partei und ihren Gliederungen niemand erschienen."*

Erst nach Kriegsende trug der Alsheimer Pfarrer Rau in der Pfarrchronik die Ereignisse der Jahre 1937 bis 1945 nach, die er als eine Zeit zunehmender Drangsalierung der – nach seiner Darstellung überwiegend sich zur „Bekennenden Kirche" zählenden – Kirchengemeinde beschrieb: Behinderungen des kirchlichen Vereinslebens, Druck auf Parteimitglieder, aus der Kirche auszutreten, Verhinderung von Renovierungsarbeiten. Ein Hinweis auf das Schicksal der Alsheimer Juden und zum Novemberpogrom fehlt allerdings. Auch sein katholischer Amtskollege Schlagmüller erwähnte die Ereignisse der Pogromnacht in seiner Chronik mit keinem Wort. Das scheint symptomatisch zu sein für die Haltung der Kirchen, die sich aus innerkirchlichen Motiven zum Widerspruch gegen das totalitäre Regime entschlossen hatten, aber darüber hinaus kaum die Kraft zur Opposition fanden.[24]

Wirtschaftskonjunktur und Aufrüstung

Im Juni 1937 gab das Arbeitsamt des Bezirkes Mainz die neuen Arbeitslosenzahlen bekannt. Mit 5.122 arbeitslos gemeldeten Personen sei ein neuer Tiefstand erreicht worden, seit der „Machtübernahme" seien mehr als 24.000 Menschen in *„Arbeit und Brot"* gebracht worden, in manchen Branchen gebe es bereits einen Mangel an Fachkräften. Einen besonders hohen Bedarf an Arbeitskräften hätte die Landwirtschaft, die Baustoffindustrie, das Metall- und Eisengewerbe sowie die Konserven- und Getränkeindustrie. Bereits 1936 hatte das Regime die Vollbeschäftigung verkündet. Die Erfolge des nationalsozialistischen „Beschäftigungswunders" der ersten Jahre beruhten auf einer auch international spürbaren Konjunkturerholung, vor allem aber auf teilweise schon vor 1933 geplanten Arbeitsbeschaffungsmaßnahmen, Notstandsarbeiten, freiwilligem Arbeitsdienst und der Beschäftigung von Jugendlichen als Landhelfer in einer zunächst bewusst personalintensiv praktizierten Landwirtschaft. Hinzu kamen statistische Neudefinitionen, die die Arbeitslosenstatistiken bereinigten, und die abschreckende Wirkung einiger Angebote, die nicht anzunehmen für Arbeitslose bedeutete, aus der Arbeitslosenunterstützung und -statistik zu verschwinden. Die Wiedereinführung der Wehrpflicht und die Verdrängung der Frauen – und zunehmend spürbar auch der Juden – aus dem Arbeitsmarkt ließen die Arbeitslosenzahlen weiter sinken. Die zweite Phase der Beschäftigungspolitik, die zu einem tatsächlichen Abbau der Arbeitslosigkeit führte, war aber vorrangig durch das Aufrüstungsprogramm Hitlers gekennzeichnet. Die „Rüstungskonjunktur" freilich ging aber mit hoher Staatsverschuldung einher. Ein ökonomischer Faktor war auch die mit der Remilitarisierung des Rheinlandes 1936 verbundene Garnisonsfunktion der Städte. Die von erheblicher Propaganda begleitete wirtschaftliche Entwicklung trug maßgeblich zur Stabilisierung des Regimes bei. Allerdings war der Aufschwung nicht überall spürbar. Die Wormser Lederindustrie hatte weiterhin schwer zu kämpfen, jetzt insbesondere mit durch die Autarkiepolitik verursachter Rohstoffknappheit. Im Herbst 1934 war immer noch ein Drittel der Einwohnerschaft arbeitslos, 1935 nahm Worms die dritte Stelle in der Verschuldungsskala deutscher Städte ein, noch 1940 waren die Lederarbeiter der Heylschen Werke wegen jahrelanger Kurzarbeit hoch verschuldet. Zwar wurden 1935 – so die „Deutschland-Berichte" der Exil-SPD – mit viel Propaganda 100 Arbeiter in den Lederwerken C. Heyl eingestellt und vor Weihnachten Lohnzuschüsse gezahlt, nach der Saarabstimmung wenige Wochen später aber bereits wieder die Arbeitszeiten reduziert und die Mehrauszahlungen durch Einbehaltung von Lohnanteilen rückgängig gemacht. Sogar zu einem vierstündigen Streik war es wegen des Abbaus von Akkordlöhnen im Januar 1935 gekommen, der zum Eingeständnis von Fehlern durch den Vertreter der „Deutschen Arbeitsfront" führte – allerdings unter der Bedingung, dass das nicht an die Öffentlichkeit dringen dürfe. Selbst die Aussiedlung von Erwerbslosen in eine eigens errichtete Siedlung bei Kassel wurde geplant, um die Erwerbslosenzahlen zu senken.[25]

Ideologische Mobilisierung

Die Einlösung des Versprechens, die Arbeitslosigkeit zu beseitigen, dürfte der wichtigste Faktor für die Konsolidierung des Regimes, die schnell wachsende Zustimmung großer Teile der Bevölkerung gewesen sein. Damit einher ging die permanente „ideologische Mobilisierung" der Bevölkerung in der Schule, am Arbeitsplatz, in der Freizeit durch die Einbindung in die NS-Organisationen, die Berufsverbände und das gleichgeschaltete Vereinswesen, durch Medienpropaganda, durch unzählige Veranstaltungen, die einen Rückzug ins Private kaum möglich machten.

Am Beispiel von Lore Walb, einem zum Zeitpunkt der „Machtergreifung" 13-jährigen Mädchen aus Alzey, kann die politische Manipula-tion von Kindern und Jugendlichen im „Dritten Reich" veranschaulicht werden. Zu ihrem 14. Geburtstag am 25. Mai 1933 bekam sie nicht nur ein Tagebuch geschenkt, in das sie ab dann unregelmäßig ihre Erlebnisse und Gedanken eintrug, sondern auch *Stoff für eine braune Hitlerjacke* und eine *„gehämmerte Hakenkreuzbrosche"*. Wenige Tage später berichtete sie vom Aufmarsch der SA und dem Besuch des Reichsstatthalters Sprenger in der Alzeyer Aufbauschule, an dem sie als Mitglied des „Bundes Deutscher Mädel" teilnahm. Bereits am folgenden Tag marschierte die SS *„auf dem Stadion"* auf, abermals war Lore Walb als BDM-Mitglied dabei. Am 24. Juni, dem „Tag der Jugend" wurde morgens ein Gottesdienst im Schulhof gehalten, danach versammelten sich alle Schüler im Stadion, wo der Realschuldirektor eine Rede hielt und Spiele veranstaltet wurden, abends führten der BDM, die HJ und die Spielschar bei der Sonnwendfeier im Stadion einen „Fackeltanz" auf. Die Rede Hitlers vor der Reichstagswahl im November wurde in alle Schulen übertragen, anschließend eine Schulfeier organisiert, abends im Saalbau trug Lore Walb bei einer Veranstaltung im Saalbau ein Gedicht vor. Am nächsten Tag, dem Tag vor der Wahl, zogen alle Alzeyer Schulen in einem *„Propagandazug"* durch die Stadt, abends fanden in allen evangelischen Kirchen Bittgottesdienste statt. Im Januar 1934 stand eine *schlichte Feier* zum Jahrestag der „Machtergreifung" auf dem Programm, am 25. Februar berichtete sie vom Treueschwur aller politischen Führer und vom am selben Tag begangenen Volkstrauertag. Im September fuhr sie nach Frankfurt, um ein großes HJ-Treffen mitzuerleben. Im Dezember gestaltete sie mit ihren Eltern und ihrem Bruder einen „bunten Abend" der NS-Frauenschaft, in der ihre Mutter aktiv war. Keinen Eintrag fanden neben den besonderen Ereignissen ihre alltäglichen Aktivitäten innerhalb des BDM. Auch ihre ersten

Abb. 46:
Backfischfestumzug in Worms 1936.

Kontakte mit jungen Männern waren vom politischen Zeitgeist geprägt. So schilderte sie einen Spaziergang mit einem jungen *„Gefolgschaftsführer"* in Uniform, der auch ihre ebenfalls in Führungsposition innerhalb der Jugendorganisationen aktiven Bekannten beeindruckte. Ihr erster Freund war Jungvolkführer, mit dem sie über die Vereinbarkeit von *„Kameradschaft"* und *„Zärtlichkeiten"* diskutierte. Mit ihrem Cousin, der Arbeitsdienstführer werden wollte, führte sie intensive Gespräche über *„Rassen, Glauben, Karl den Großen, Blut, Vererbung."*

Biografien wie die von Lore Walb zeigen, dass Hitlers Erziehungsideal, Kindern und Jugendlichen im „Dritten Reich" eine mangels alternativer Erfahrungen *„nahezu ausbruchssichere"* Entwicklung in nationalsozialistischen Denk-

und Handlungsstrukturen aufzuzwängen, schon früh umgesetzt wurde und so Persönlichkeiten geformt wurden, die dem NS-System gegenüber bis zum Untergang und teilweise darüber hinaus loyal blieben.[26]

Auch das Herrschaftsprinzip „Brot und Spiele" scheint seine Wirkung nicht verfehlt zu haben, wie schon ein Kommentar der Deutschland-Berichte erkannte. Dabei wird die politische Vereinnahmung der Beteiligten durch massensuggestive Veranstaltungschoreografien nicht nur bei eindeutig politisch konzipierten Feiern, Aufmärschen und Appellen deutlich, sondern bekamen auch innovative Freizeitangebote, wie die Ermöglichung touristischer Aktivitäten für Arbeiter und Angestellte im Rahmen der „Kraft durch Freude"-Reisen oder die Initiierung scheinbar unpolitischer Volksfeste nicht zuletzt durch die damit verbundene Inszenierung von „Volksgemeinschaft", politischen Charakter. Gerade am Rhein stellten die „Kraft durch Freude"-Reisenden auch einen erheblichen ökonomischen Faktor dar. So erklärte ein Monatsbericht der „Deutschen Arbeitsfront" im Juni 1937 den starken Rückgang der Arbeitslosigkeit im Binger Raum mit dem einsetzenden Fremdenverkehr. Allein in Bingen wurden in diesem Monat Tausende KdF-Urlauber aus verschiedenen deutschen Regionen gezählt, die in Gasthäusern, Pensionen und Privatquartieren untergebracht wurden, für die „Rheinische Abende" veranstaltet wurden, die aber auch mitunter von der SA-Musikkapelle vom Schiffanlegeplatz abgeholt wurden und über deren Aufenthalt detailliert in der Lokalpresse berichtet wurde. Ebenfalls wirtschaftliche Gründe, insbesondere die Verbesserung der Absatzchancen für Winzer und Gastronomen, lagen der Neubegründung großer Volksfeste zwischen 1933 und 1939 zugrunde. Zu nennen wären das Wormser Backfischfest, das Ingelheimer Rotweinfest, das Alzeyer Winzerfest, das Niersteiner Winzerfest sowie das Binger Weinfest. Auch wenn die Veranstaltungen sich teilweise einen neutralen Charakter gaben, zeigen doch die Bilder der Umzüge durch von Hakenkreuzfahnen geschmückte Straßen schon Nähe zu den Propagandazügen auf. Das Alzeyer Winzerfest sollte schon 1933 nach dem Willen des Vorbereitungskomitees „judenfrei" sein. Das Ingelheimer Rotweinfest wurde ab 1936 zeitgleich mit dem „Reichserntedankfest" gefeiert. Abschluss der Veranstaltung bildete daher die Übertragung der zentralen Kundgebung mit Reden Hitlers und des Reichsbauernführers vom Bückeberg bei Hameln. Die propagandistische Bedeutung der ab 1937 unter der Schirmherrschaft von Goebbels in Worms veranstalteten „Nibelungenfestspiele" ergab sich aus der ideologischen Nutzbarkeit des Nibelungenstoffes.[27]

Fastnacht im Nationalsozialismus

Das Verhältnis der Nationalsozialisten zur Fastnacht war ambivalent, zum einen wegen der katholischen Wurzeln des Karnevals, zum anderen wegen der liberalen Traditionen. Es kam zur Auflösung katholischer Karnevalsvereine, etwa in Bingen und Sprendlingen, andere Vereine stellten die Sitzungen ein. Die Mehrzahl der Vereine allerdings unterzog sich der „Gleichschaltung". Das Potenzial der Massenveranstaltung Fastnacht konnten sich die neuen Machthaber nicht entgehen lassen. Fastnacht geriet in den Aufgabenbereich der NS-Gemeinschaft „Kraft durch Freude". Büttenreden und Umzugswagen mussten genehmigt werden. Während in Büttenreden des Mainzers Seppel Glückert in Anspielungen auf die Konzentrationslager Osthofen und Dachau das Widerspenstige noch durchschien, passten sich andere Aktivisten schnell an oder mussten sich nicht anpassen, da sie ohnehin überzeugte Nationalsozialisten waren. Die Einbindung der Fastnachtsveranstaltungen in die politischen Strukturen zeigt sich beispielhaft an der Beschreibung der Wochenaktivitäten, die der Binger Glossenschreiber „Der Mann von der Eck" Ende Januar 1938 in gereimter Form in der *Rhein- und Nahe-Zeitung* zum Besten gab: samstags „Schunkeln und Singen beim NSKK" (Nationalsozialistisches Kraftfahrkorps), sonntags Besuch beim Karnevalsverein, *„der mit K.d.F. vereinigt"*, wo er *„Kriegserklärung, Bombenwitze, Schunkellieder, Geistesblitze"* genießen durfte, dienstags beim „Bund der Kinderreichen", mittwochs bei einer K.d.F.-Veranstaltung, donnerstags „Kreppelkaffee" beim Karnevalsverein. Wenn 1935 die Ingelheimer „Narrhallesen" eine „Propagandafahrt in das Ausland", gemeint war das Ingelheimer Umland, machten oder beim Umzug Wagen mit Titeln wie „Erbhofbauer" oder „Fruchtbare Folgen des Ehestand-Darlehens" mitführen oder – noch deutlicher – wenn der Wörrstädter Karne-

Abb. 47:
Antisemitischer Wagen beim Rosenmontagszug in Mainz 1936.

valsverein 1938 seinen Umzug mit Themen wie „die Straßburger Lügentante", „der ratlose Völkerbund" oder „Israels Auszug aus Wörrstadt" gestaltete, dann wird die tiefe Durchdringung der rheinhessischen Fastnacht von der NS-Ideologie deutlich.[28]

Ausgrenzung, Vertreibung, Deportation und Ermordung der rheinhessischen Juden

Die 1925 geborene Ruth Oppenheimer Plainfield aus Berkeley in Kalifornien beschreibt in ihren Erinnerungen ihre Kindheit in Gau-Bickelheim und Mainz bis zur Auswanderung der Familie im Januar 1938 nach San Francisco. Die Tochter eines Weinhändlers wuchs in ihren frühen Kinderjahren in einem – ihrer

Erinnerung nach – harmonischen Umfeld auf: *„Ich wusste, dass wir in einem Dorf lebten, wo fast jede Familie katholisch war. Ich hatte einfach eine andere Religion – so war's".* 1931 zog die Familie nach Mainz, wo Ruth eingeschult wurde. Den Machtwechsel nahm das achtjährige Kind als Beginn der Ausgrenzung wahr. Das Kruzifix im Schulzimmer wurde durch ein Hitlerbild ersetzt: *„Ich war nun etwas anderes, eine andere Person, die nicht mehr dazu gehörte."* 1934 beschlossen die Eltern, wieder nach Gau-Bickelheim zurückzuziehen, in der Hoffnung dort im Alltag weniger Antisemitismus zu erleben. Tatsächlich, so ihre Erinnerung, sei ihnen dort niemals *„Antisemitismus begegnet".* 1935 wurde der Vater allerdings für vier Wochen im Mainzer Gefängnis inhaftiert, weil er in einem Niersteiner Weingut, wo er offensichtlich noch geschäftlich aktiv war, die Nazizeitung *Stürmer* als „Witzblatt" bezeichnet hatte und denunziert worden war. Der Gau-Bickelheimer Bürgermeister Boos hatte sich für seine Freilassung eingesetzt. Trotz der Zusage, sich nicht mehr gegen den Staat zu wenden, wurde der Vater 1937 noch einmal aktiv, als Saulheimer SA-Männer judenfeindliche Schilder aufstellten, die er zusammen mit Adam Haas nachts abmontierte und verbrannte. Ihre Ausgrenzung wurde der jungen Ruth immer deutlicher bewusst. *„Als einziges jüdisches Kind"* Schülerin der Realschule in Sprendlingen bekam sie vom Schulleiter erklärt, *„dass ich mit niemandem in der Pause spielen durfte, dass meine Noten nie besser sein konnten, als die anderer Schüler und dass ich schwimmen lernen dürfte im Schwimmbad, an dem stand ‚Für Juden verboten'. (…) Beim Singen war es manchmal fast zu schwer, da der Lehrer viele Gesänge der Nazizeit mit der Klasse sang."* 1937 zog die Familie kurzzeitig nach Frankfurt, um ihre Auswanderung vorzubereiten. Bevor sie nach Kalifornien aufbrachen, besuchten sie noch etliche Verwandte in rheinhessischen Dörfern und in rechtsrheinisch gelegenen Städten, *„die keine Hoffnung hatten, von Deutschland fortzukommen."* Der Aufbruch fiel der Familie schwer: *„Wir wurden aus dem Gewebe unseres Daseins herausgerissen."* Ihr Großvater und dessen Schwägerin, die in Gau-Bickelheim blieben, wurden im KZ Theresienstadt ermordet. Ihre Sprendlinger *„alte herzkranke Tante Clara Koppel"* wurde am 28. September 1942 aus ihrem Haus *„herausgeschleppt"* und bereits 13 Tage später in Theresienstadt für tot erklärt. In ihr Haus soll noch am selben Tag oder kurze Zeit später der Ortsgruppenleiter Bernhardt gezogen sein.

Keine Familiengeschichte gleicht der anderen und keine kann repräsentativ stehen für die anderer Personen. Dennoch lassen sich an diesen im Jahr 2005 aufgezeichneten Erinnerungen einige Beobachtungen zu den Existenzbedin-

gungen von jüdischen Menschen in Rheinhessen nach 1933 machen. Die Erinnerung an weitgehend problemfreies Zusammenleben vor der „Machtergreifung", die Erfahrung der Ausgrenzung, Denunziation, Verhaftung, die Entscheidung zur Auswanderung, die Trennung von der Familie oder weiterer Verwandtschaft, die Hoffnungslosigkeit der in Deutschland Bleibenden, die gewaltsame Deportation, die Ermordung, die Übernahme des Besitzes der Opfer durch die Täter, aber auch die kleinen Hinweise auf Verhaltensweisen, die gegen den Strom gerichtet waren: Die Gegenwehr gegen Hetzpropaganda, selbst das Eintreten eines Bürgermeisters für einen jüdischen Ortseinwohner – all das sind Phänomene, die in anderen Berichten in ähnlicher Weise geschildert werden.

Bereits vor 1933 kam es zu vereinzelten Übergriffen gegen Juden: 1928 misshandelten in Oppenheim Nationalsozialisten auf der Rückfahrt von einer Parteiveranstaltung in Westhofen eine Gruppe junger Juden, die sich zufällig auf der Straße aufhielt. In Dolgesheim terrorisierten in der Gemeinde ansässige Nazis 1930 die Familie des Reichsbannerangehörigen und stellvertretenden Turnvereinsvorsitzenden Nathan Frank so lange, bis diese das Dorf verließ und nach Worms zog. Ende 1929 schoss ein Darmstädter Nationalsozialist in einer Alzeyer Weinwirtschaft auf den 24-jährigen Kaufmann Richard Kahn, der einige Tage später an seinen Verletzungen starb. Diese vereinzelten, aber Aufsehen erregenden Fälle dürften vielen jüdischen Menschen in der Region verdeutlicht haben, was ihnen im Falle einer Machtübernahme durch die Nationalsozialisten bevorstand. Die schlimmsten Befürchtungen wurden im Frühjahr 1933 schnell Realität. Schon im März wurden, wie geschildert, Julius, der Sohn der Familie Frank, in Dolgesheim ermordet, in Framersheim die Schüsse auf Mutter und Tochter Koch abgegeben. In Pfiffligheim wurde Hugo Mann in seiner Wohnung von SA-Männern misshandelt, der Tod seines Bruders Alfred einige Wochen später wird mit dem dadurch erlittenen Schock erklärt. In Wallertheim wurde Julius Isaak auf offener Straße von dem Polizeidiener und dem Feuerwehrkommandant verprügelt. Ein jüdischer Kaufmann, der mit einer *„evangelischen Begleiterin"* im April in einem Alzeyer Kino angetroffen wurde, wurde massiv bedroht. Wie schon bei antijüdischen Aktionen der Frühen Neuzeit wurden auch jetzt wieder Fenster eingeschmissen, Fensterläden zerstört, aber auch – etwa in Ingelheim, Framersheim und Worms – mit scharfer Munition auf Häuser und Wohnungen geschossen.

Mit den im ganzen Land am 1. April organisierten „Judenboykott", bei dem SA-Männer sich vor jüdischen Geschäften postierten und Kunden vom Betreten abhielten oder bedrohten, begann die Verdrängung aus dem Wirtschaftsleben. Bereits Mitte März wurden in Worms jüdische Warenhäuser wegen Demonstrationen des „Kampfbundes des gewerblichen Mittelstandes" von der Polizei für einen Tag geschlossen, ein Möbelgeschäft bekam die Schaufenster eingeschmissen, in Mainz wurden schon am 9. März die Kunden jüdischer Warenhäuser bedroht. Reaktionen wie die des Wormser Kaufmanns Siegfried Wurmser, der sich am Boykotttag mit seinen Kriegsorden vor sein Geschäft stellte, wurden mit weiteren Repressalien beantwortet.[29]

Dass die Gau-Bickelheimer Familie Oppenheimer aus Mainz wieder zurück in ihr Heimatdorf zog, um alltäglichem Antisemitismus zu entgehen, war eher die Ausnahme. Viel häufiger entschieden sich auf dem Land lebende Juden, in die Anonymität der Städte zu flüchten: *„Dass meine Eltern mit mir 1933 Guntersblum verließen, hatte seinen Grund darin, dass die Na-*

zis Steine in unsere Fenster warfen. Man konnte dort nicht mehr sicher leben. Sie zogen um nach Mainz", erinnerte sich Ellen Koch, geb. Hertz, viele Jahrzehnte später. Tatsächlich scheint nach Aussage einiger autobiografischer Berichte das Alltagsleben in Mainz 1933 trotz aller Einschränkungen noch erträglicher gewesen zu sein als in den Dörfern und Kleinstädten. Das lag zum einen sicher an der größeren Anonymität, aber auch daran, dass die große jüdische Gemeinde Rückhalt bot. So konnten die Kinder, die in der 1934 als Alternative zu den zunehmend ausgrenzenden staatlichen Schulen gegründeten „Jüdischen Bezirksschule" von den 1933 aus dem Staatsdienst entlassenen Lehrern unterrichtet wurden, zunächst in einer einigermaßen geschützten Atmosphäre lernen. In einer *„scheinbaren Normalität"* hätten sie noch in den Jahren nach 1933 in Mainz gelebt, erinnerte sich Renate Schwarz, geborene Rosenthal, an die Zeit, in der sie noch unbehelligt an Ausflügen und Fastnachtsveranstaltungen teilnehmen konnte. Sie war mit ihren Eltern aus Groß-Gerau, wo das Betreiben der väterlichen Metzgerei nicht mehr möglich war, nach Mainz gekommen. Der Vater engagierte sich in Mainz im Weinhandel und konnte so seiner Familie noch eine wirtschaftlich halbwegs stabile Existenz sichern. Von *„Judenverfolgungen"*, wie sie ihre oberhessische Verwandtschaft erlebte, habe man *„in Mainz noch kaum etwas"* gespürt. Allerdings nahm sie auch die „Für Juden verboten"-Schilder an den Parkbänken wahr, erinnerte sich, dass Juden nicht mehr ins Kino gehen durften und dass ihre christliche Klavierlehrerin nach der Auswanderung ihrer Vorgängerin heimlich zu ihnen in das Haus kam, um Unterricht zu erteilen. Im Sommer 1938 schließlich wurde sie auf offener Straße von BDM-Mädchen verprügelt. Darüber, dass sie in ihrer Kindheit von Gleichaltrigen auf der Straße drangsaliert wurden, berichteten auch die aus Guntersblum stammenden Anne Hellmann, geborene Grünewald, und Erika Lichtenstein, geborene Huhn: *„Ich hatte Freundinnen, mit denen ich sehr gerne spielte. (…) Auf einmal – ungefähr 1936 – konnte ich nicht mehr auf die Straße laufen, ohne daß dieselben Freundinnen Steine auf mich geworfen und mich ‚Du Jude‘ genannt haben (…) Besondere Angst hatte ich vor einem älteren Mädel, die wann immer sie mich auf der Straße sah, mich mit antisemitischen Namen beschimpfte.“*

Waren im Frühjahr 1933 vor allem radikale Nationalsozialisten besonders aktiv gegen jüdische Menschen vorgegangen, so hatte die rassistische Umerziehung in wenigen Jahren offensichtlich gerade kindliche Aggressionen auf das neue Feindbild lenken können.

Staatliche Maßnahmen wie der „Arierparagraph" und die Nürnberger Gesetze fanden ihre Entsprechung im kommunalen Bereich. In Mainz-Bischofsheim wurden 1935 den Bürgern, die *„mit Juden verkehren"*, die Gemeindeäcker gekündigt, in Alzey wurden vier Männer öffentlich *„angeprangert"*, weil sie mit Juden Karten gespielt hatten, in Worms wurde städtischen Arbeitern und Angestellten mit Entlassung gedroht, wenn sie bei Juden einkaufen würden. In Frei-Weinheim, wie in vielen anderen Gemeinden auch, beschloss der Gemeinderat den Zuzug von Juden zu verbieten, ebenso die Nutzung kommunaler Einrichtungen. Dass der *„Besuch von Juden unerwünscht"* sei, wurde mit Schildern an den Ortseingängen publiziert. Dörfer, in denen besonders brutal mit den jüdischen Einwohnern umgegangen wurde, konnten als erste die *„Erfolgsmeldung"*, dass sie *„judenfrei"* seien, über die Zeitungen verbreiten. So wurde aus Eich schon im November 1935 berichtet, das letzte Stück Land, das einst in jüdischem Besitz war, sei in nichtjüdische Hände übergegangen, nachdem alle früher hier ansässigen Familien *„zum Großteil ins Ausland (…) ausgewandert"*

seien. Vorausgegangen war die Misshandlung des fast 70-jährigen Jakob Guthmann, den SA-Leute an seinem Auto durch das Dorf geschleift und anschließend an den Füßen zwischen zwei Bäumen aufgehängt hatten. Guthmann, der die Attacke überlebt hatte, war danach nach Wiesbaden zu seinem Sohn Berthold, einem angesehenen Rechtsanwalt, gezogen.

Die zunehmende Ab- und Auswanderung beschleunigte den Übergang des jüdischen Besitzes in nicht-jüdische Hände, die „Arisierung". Unter den schwierigen Bedingungen, unter denen der Verkauf erfolgte, waren die Geschäfte für die Käufer oft mehr als vorteilhaft. Zwar gab es auch Beispiele wie das Mainzer Schuhhaus Manes, dessen neue Besitzerin nach 1936 ihren Verpflichtungen gegenüber der Eigentümerfamilie Salomon *„auf Heller und Pfennig"* nachkam. Sehr häufig wurden aber Grundstücke, Häuser und ganze Unternehmen weit unter Wert an Privatpersonen oder an die Kommunen selbst verkauft. So war die seit 1908 im Besitz der Familie Mayer befindliche „Sonnenbrauerei" in Mainz 1938 unter der Drohung, enteignet zu werden, zu einem zwangsweise festgelegten niedrigen Preis an die Getreide- und Futterbaumittelfirma Gebrüder Kohl verkauft worden, die sich mit der Zeitungsanzeige, dass die Bierbrauerei *„Zur Sonne (…) in arischen Besitz übergegangen"* sei, ihren zukünftigen Kunden empfahl.[30]

Am Morgen des 10. November 1938 wurden die letzten sieben noch in Guntersblum lebenden jüdischen Männer zunächst einige Stunden im Rathauskeller eingesperrt, durch die Kellerfenster von der *„schäumenden Menge"* beschimpft und bedroht und dann für vier bis fünf Stunden durch das Dorf getrieben, wobei sie die vorher in der Synagoge geraubten Thorarollen und Gebetsmäntel zu tragen hatten. Auf diesem Gang durch die Gemeinde wurden

Abb. 48:
10. November 1938 in Guntersblum, jüdische Bürger werden durch das Dorf getrieben.

die Männer *„angepöbelt, vollgespuckt, mit Stei-*
nen und Sand beworfen", sie bekamen *„Beine*
gestellt" und wurden beim Passieren enger Gas-
sen geschlagen und getreten. Zum Schluss der
„Prozession" wurden die Thorarolle und die
Gebetsmäntel auf dem Schlossplatz verbrannt.
Zwischenzeitlich waren auch ihre Häuser und
Wohnungen verwüstet und geplündert worden.
In der Synagoge war in der Nacht zuvor schon
Brennmaterial zusammengetragen worden, das
Anzünden dann aber von einem Nachbarn ver-
hindert worden. Die Inneneinrichtung wurde
allerdings völlig zerstört.

Die Ausschreitungen gegen die jüdische Bevölkerung, ihre Häuser und ihre Synagogen wurden zentral gelenkt. Am Abend des 9. November
hatte die Guntersblumer Parteileitung ein Fern-
schreiben von der Gestapo Darmstadt erhalten,

Abb. 49:
Zerstörung der Synagoge in Worms.

Abb. 50:
Zerstörte Synagoge in Mainz.

dass die Anweisungen des SS-Führers Heydrich zur Durchführung von Aktionen als Reaktion auf das Attentat des polnischen Juden Herschel Grynszpan auf einen deutschen Diplomaten in Paris enthielt. Bei Zerstörungen sollte auf „*deutsches Eigentum*" geachtet werden, Synagogen also nur in Brand gesetzt werden, wenn sie alleine standen. Geschäfte und Wohnungen von Juden durften zerstört, aber nicht geplündert werden. Es sollten so viele Juden, wie die örtlichen Gefängnisse aufnehmen könnten, festgenommen werden, vor allem wohlhabende, nicht zu alte Männer, die dann alsbald in Konzentrationslager verbracht werden sollten.

In 27 Städten und Dörfern wurden die Synagogen und Beträume aller 1938 noch existierenden jüdischen Gemeinden Rheinhessens zerstört. In Sprendlingen und Eppelsheim wurden sogar nicht mehr genutzte Synagogen verwüstet. Dass die Aktionen planmäßig verliefen, ist nicht zuletzt auch daran erkennbar, dass Heydrichs Anweisungen befolgt wurden: angezündet wurden vor allem einzeln stehende Gebäude. Waren Nachbargebäude gefährdet, wurde „nur" die Inneneinrichtung demoliert oder es wurden mit brachialen Methoden die Mauern eingerissen. In Worms wurde die über 900 Jahre alte Synagoge zweimal angezündet. Nachdem einige junge Gemeindemitglieder das erste Feuer schnell gelöscht hatten, wurde das älteste jüdische Gotteshaus Deutschlands erneut in Brand gesetzt. Die Levysche Synagoge von 1875 wurde im Inneren verwüstet. In Mainz ging die erst 1912 eingeweihte Hauptsynagoge in Flammen auf, ebenso wurde die orthodoxe Synagoge angezündet und später eingerissen und der polnisch-orthodoxe Betsaal zerstört. Auch in Bingen brannte die 1903–1905 errichtete Synagoge erst bei der zweiten Brandstiftung bis auf die Grundmauern nieder. Wie auch in anderen Orten schützte die Feuerwehr hier nur die angrenzenden Gebäude. Auch in Alzey wurde die repräsentative Synagoge aus dem Jahr 1854 demoliert, obwohl sie gar nicht mehr genutzt wurde. Die mittlerweile kleine Gemeinde war in einen „Betsaal" in einem Privathaus umgezogen, der ebenfalls der kalkulierten Zerstörung zum Opfer fiel.

Mit großer Brutalität gingen die Nazihorden gegen die jüdischen Familien in ihren Häusern vor. Viele Erzählungen gleichen sich. Schon die bislang praktizierten Übergriffe in den Wohnbereich durch das Einschmeißen von Fenstern oder die Zerstörung von Fensterläden sollten den zu Außenseitern in der lokalen Gemeinschaft erklärten jüdischen Familien signalisieren, dass ihr Recht auf private Rückzugsräume und häuslichen Frieden nicht anerkannt wurde. Mit dem Zerstören der Möbel, die häufig aus den Fenstern geschmissen wurden, dem Aufschlitzen von Matratzen, dem Entleeren von Federbetten auf die Straße, dem Einschlagen von Fenstern und der Vernichtung von Lebensmitteln sollten den Opfern – sichtbar für alle – die Lebensgrundlagen genommen werden. Mehrfach ist überliefert, etwa aus Gimbsheim und Guntersblum, dass Juden über Stunden in Ställe eingesperrt wurden, womit ihnen ihre völlige Rechtlosigkeit vor Augen gehalten wurde. Sadistische Übergriffe, wie der Versuch in Worms, einen Säugling aus dem Fenster zu werfen, oder der Fall einer Frau in Wöllstein, der man die Kleider auszog, sie mit schwarzer Farbe beschmierte und nackt durch das Dorf jagte, zeigen die völlige Enthemmung der Peiniger und gleichzeitig ihr Vertrauen darauf, nicht zur Rechenschaft gezogen zu werden. Das galt allerdings nicht für Plündereien. Hier kam es mancherorts – etwa in Framersheim und Gun-

tersblum – zu Ermittlungen gegen die Täter, wenn sie, entgegen den Anweisungen, zu offensichtlich plünderten und sich am Eigentum der Opfer bereicherten. Traurige Höhepunkte der Pogromnacht in Rheinhessen waren die Morde an zwei alten Männern. In Wallertheim wurde dem 94-jährigen Abraham Mann „ein Gemälde mit Rahmen und Glasscheibe" auf den Kopf geschlagen. Er starb an seinen Verletzungen, ohne dass sich jemand um ihn gekümmert hätte. In Wöllstein wurde dem 74-jährigen Adolf May mit seinem eigenen Schächtermesser die Kehle durchgeschnitten. Beide Mordfälle blieben ungesühnt, weil sich auch nach 1945 niemand erinnern wollte. In Worms starb eine Insassin des jüdischen Altersheims, möglicherweise durch den erlittenen Schock.

„All das bis jetzt geschilderte wurde von der Guntersblumer Bevölkerung – wenn auch meistens ,von hinter den Vorhängen aus' – gesehen", war sich Ludwig Liebmann sicher, einer der sieben Männer, die durch Guntersblum getrieben worden waren. Auf Fotos von dem Ereignis sind tatsächlich wenige Erwachsene an den Fenstern und auf der Straße zu sehen, dafür aber sehr viele Schulkinder, die von ihrem Lehrer aus gegebenem Anlass frei bekamen. Dass Schüler von ihren Lehrern zum Zuschauen, teilweise sogar zur Beteiligung an den Ausschreitungen aufgefordert wurden, ist auch aus Wöllstein überliefert. Eine Zeitzeugin aus Alzey erinnerte sich nach dem Krieg, dass Schüler aus den *„besseren Familien der Stadt"* an den Zerstörungen jüdischer Wohnungen mitwirkten. Der Mainzer Rechtsanwalt Paul Simon empfand es als *„eine besondere Schmach für das Land Goethes und Schillers",* dass die Zerstörung der jüdischen Wohnungen *„durch Banden, die vielfach von Schülern höherer Lehranstalten unter Führung ihrer Lehrer gebildet worden waren",* geschah. Wenn auch auf dem Land häufig SA-Männer aus Nachbardörfern die Initiative er-

griffen, so wurden viele der Täter auch in ihren eigenen Gemeinden aktiv, Mitglieder der NS-Gruppen, aber auch – wie der Framersheimer Johann Beckenbach formulierte – *„ehrenwerte Bürger"*. *„Ganz gewöhnliche Bürger"* oder *„ganz ansehnliche Bauern"* – so auch der Eindruck von Guntersblumer und Wörrstädter Zeitzeugen – drangen in die Häuser ihrer Nachbarn ein oder unterstützten die Eindringlinge, wie der Nachbar der Familie Eisemann in Ingelheim, der mit einer Axt zum Aufbrechen der Wohnungstür aushalf. Dass nicht nur rassistische Motive dem Wirken zugrunde lagen, ist schon an den Plünderungen und an Gelderpressungen zu erkennen, wird aber noch deutlicher, wenn wie in Guntersblum oder Dittelsheim Geschäftsbücher, die noch ausstehende Kredite belegten, entwendet oder verbrannt wurden. Auch in Hamm soll einer der Täter vor 1933 *„stark bei Juden verschuldet"* gewesen sein. Vereinzelte Versuche, den Opfern zu helfen oder sich sogar erfolgreich den Eindringlingen in den Weg zu stellen, sind aus Mainz überliefert, in den Dörfern scheint bei den nicht beteiligten Einwohnern das Wegsehen überwogen zu haben und Hilfe – wenn überhaupt – nur in heimlicher Form geleistet worden zu sein.

Wie in Heydrichs Anordnungen vorgesehen, wurden nach den Ausschreitungen viele jüdische Männer verhaftet und zum überwiegenden Teil in das KZ Buchenwald gebracht, wo sie mehrere Monate festgehalten wurden. Fünf Männer aus Worms und Alzey überlebten die Strapazen dieser Haft und die Übergriffe des Wachpersonals nicht. Die dort gemachten Erfahrungen von Gewalt und Rechtlosigkeit und die Erlebnisse des Novemberpogroms ließen nun auch viele der bis dahin nicht zur Auswanderung bereiten Familien die Hoffnung auf ein Überleben in NS-Deutschland aufgeben.[31]

Die Angst vor einem Neuanfang in der Fremde, die schwache Hoffnung auf ein Ende der Diskriminierungen, aber auch eine insgesamt abwartende Haltung hatten viele jüdische Bürger zögern lassen, Deutschland zu verlassen. Gerade Weltkriegsteilnehmer lebten in der Illusion, dass ihnen nichts passieren könne. Mit dieser Begründung kehrte der Alsheimer Moritz Mayer 1934 von einer familiären Hochzeitsfeier im Elsass, trotz der Aufforderung seiner Verwandten, in Frankreich zu bleiben, nach Deutschland zurück. Noch im Sommer 1938 kamen Dr. Eugen Mannheimer, der Leiter der jüdischen Bezirksschule Mainz, und seine Frau Hedwig vom Besuch ihres in die USA ausgewanderten Sohnes zurück nach Mainz, da sie sich kein Leben außerhalb Deutschlands vorstellen konnten. Nach dem 9./10. November 1938 änderten viele Familien ihre Haltung. Waren bereits vor 1938 häufig erwachsene oder jugendliche Kinder aus Deutschland gebracht worden, so wurden jetzt auch viele jüngere Kinder in das Ausland in Sicherheit gebracht, vor allem nach England auf der Grundlage eines von britischen Juden mit ihrer Regierung verhandelten Rettungsprogramms. Die Chancen für Erwachsene auszuwandern, verschlechterten sich zusehends. Obwohl der Pogrom und die Verhaftungen vieler Männer auch in der Intention geschahen, die Juden aus Deutschland zu vertreiben, wurden die Bedingungen verschärft. Wer jetzt auswanderte, musste das unter Zurücklassung seines gesamten Besitzes tun. Zudem waren viele Staaten sehr zurückhaltend in ihrer Aufnahmepolitik. Die USA nahmen zwar viele Emigranten auf, hatten aber auch eine Quote und bestimmte Kriterien, die nicht von allen Ausreisewilligen erfüllt werden konnten. Selbst die Aufnahme in Palästina kam nicht für alle zur Emigration Entschlossenen in Frage, sondern war entweder an ein bestimmtes Kapital oder an berufliche Voraussetzungen gebunden.

Nach einer Zusammenstellung aus dem Jahr 1941 hatten zwischen 1933 und 1941 „offiziell" 2.335 rheinhessische Juden Deutschland verlassen. Von den 112 Menschen aus den Landgemeinden liegen keine Zielortinformationen vor, von den Auswanderern aus den Städten gingen 712 in die Vereinigten Staaten, 280 nach Palästina und 242 nach Großbritannien, die übrigen in die Nachbarländer, nach Südamerika oder als letzte Möglichkeit nach Shanghai. Auffällig ist, dass während 46 % der Wormser Auswanderer ihre Heimatstadt in den ersten drei Jahren des NS-Regimes verließen, zwischen 1933 und 1935 nur 9 % der Mainzer und 19 % der Binger Auswanderer aufbrachen. Das könnte ein Hinweis auf eine zunächst als weniger bedrohlich wahrgenommene Lebenssituation in den katholischen Städten sein, wie sie auch in den Lebenserinnerungen zumindest einiger Mainzer Juden erwähnt wird.[32]

Die Situation der im Land bleibenden Juden wurde nach dem 10. November noch schlimmer. Zunächst mussten sie selbst auf eigene Kosten die öffentlich sichtbaren Schäden der Verwüstungen beseitigen. Ab dem 12. November wurde ihnen jede wirtschaftliche Betätigung verboten und wurden zusätzlich mit einer finanziellen „Sühneleistung" von insgesamt einer Milliarde Reichsmark belastet. Ab 1939 mussten sie, trugen sie nicht ohnehin schon hebräische Vornamen, als zusätzliche Vornamen „Israel" oder „Sara" annehmen, ihre Ausweise wurden mit einem „J" für „Jude" gekennzeichnet und an öffentlichen Veranstaltungen jeglicher Art durften sie nicht mehr teilnehmen. Nach Kriegsbeginn wurden ihnen abendliche Ausgangssperren auferlegt, erhielten sie keine Kleiderkarten mehr und mussten ihre Rundfunkgeräte abgeben. Ab September 1941 mussten sie in der Öffentlichkeit den „Judenstern" an ihrer Kleidung tragen. Im Oktober 1941 wurde die Auswanderung von Juden verbo-

ten. Durch die Zwangszusammenlegungen in wenige Häuser und Wohnungen wurden sehr beengte Wohnsituationen geschaffen.

Ab Mitte 1941 wurde die so genannte „Endlösung", die Ermordung aller Juden, geplant. Die Deportationen der rheinhessischen Juden begannen im März 1942.

Auf 2.500–3.000 Menschen jüdischer Herkunft können die rheinhessischen Opfer der NS-Zeit in aller Vorsicht geschätzt werden. Im Gedenkbuch für die *Opfer der Verfolgung der Juden unter der nationalsozialistischen Herrschaft in Deutschland 1933–1945* sind 2.428 in Rheinhessen geborene Menschen erfasst, die in der NS-Zeit ermordet wurden (Stand: Mai 2015). Hinzuzählen sind die zugewanderten Personen, die sich längere Zeit in Rheinhessen aufhielten. Im Juni 1933 lebten 5.830 Juden in den rheinhessischen Städten und Dörfern. Während der Anteil der Ermordeten an der jüdischen Bevölkerung in Deutschland auf etwa ein Drittel geschätzt wird, lag er in Rheinhessen mit 40–50 % deutlich höher. Das dürfte letztlich auf zu späte Entscheidungen oder auf fehlende Möglichkeiten zur Auswanderung zurückzuführen sein.[33]

Das Schicksal eines jeden Opfers sollte recherchiert und für die Nachwelt im Gedächtnis gehalten werden. Nicht in allen Fällen ist das möglich. An der Geschichte der Familie Mayer aus Alsheim und Worms können zumindest einzelne Momente ihres Lebens und ihres Leidens aufgezeigt werden.

In den frühen 1920er-Jahren waren der 1884 geborene Weinhändler und -kommissionär Moritz Mayer und seine Frau Irma geb. Neumann aus Alsheim nach Worms gezogen, hatten aber ihr Geschäft sowie Kelterhaus und Weinberge weiterhin in Alsheim betrieben. Vier Geschwister von Moritz Mayer waren bereits um 1900 nach Italien ausgewandert, eine Schwester lebte in Vichy in Frankreich, die Mutter und eine weitere Schwester weiterhin in Alsheim. Moritz Mayer war Freiwilliger des Ersten Weltkriegs, wurde zum Leutnant befördert, hatte das Eiserne Kreuz und die hessische Tapferkeitsmedaille und noch 1934 das von Hindenburg gestiftete Ehrenkreuz erhalten. Er war Mitglied verschiedener Offiziers- und Soldatenvereine, Präsident des Alsheimer Soldatenvereins und gehörte dem „Reichsbanner" an. Vor allem aufgrund seiner Weltkriegsteilnahme fühlte er sich geschützt, wohl auch durch seine Erfahrungen im Weingeschäft, das er bis zum Herbst 1938 noch betreiben konnte und in dem ihm viele Kunden, selbst Parteimitglieder, noch treu blieben. Beim Novemberpogrom wurde die Wormser Wohnung der Familie Mayer verwüstet. Zusammen mit 86 anderen Wormser Juden wurde Moritz Mayer am 11. November verhaftet und in das KZ Buchenwald gebracht. Nach zwei bis drei Monaten wurde er wie die meisten der Inhaftierten wieder entlassen und konnte nach Worms zurückkehren. Nach diesen Erlebnissen hatte er aber die Hoffnung aufgegeben, dass er und seine Familie im NS-Deutschland überleben könnten. Er schickte seine drei Kinder im Januar 1939 zu seinem elsässischen Vetter. Die Tochter Ruth wanderte von dort im April 1939 zu einer Tante nach England aus. Die Söhne zogen 1940 zu ihrer Tante nach Vichy und überlebten den Krieg in Südfrankreich. Moritz und Irma Mayer beantragten 1940 die Ausreise in die USA, bekamen aber keine Genehmigung mehr. Ab Winter 1941 lebte das Ehepaar Mayer in seiner Wohnung in der Andreasstraße 23 mit acht weiteren Personen. Eine Postkarte von Irma Mayer an ihre Verwandten in Mailand vom Februar 1942 ist erhalten. Darin beschreibt sie kurz die Situation mit neun bis zehn Personen in der Wohnung und beklagt die Trennung von ihren Kindern: *„Die Sehnsucht nach unseren l. Kin-*

dern wird immer größer." Moritz Mayer wurde noch zweimal in Worms von Alsheimer Bürgern gesehen. Adam Jost traf ihn im Wormser Gericht. Als er ihn wegen seines verbundenen Auges ansprach, forderte Mayer Jost zum Weitergehen auf, da er ihn nicht gefährden wollte. Offensichtlich war Moritz Mayer misshandelt worden. Bei einer Straßenbahnfahrt blinzelte er einer Alsheimer Frau von der Außenplattform aus zu, mehr Begrüßung war aus Furcht vor der Denunziation Mitfahrender oder des Schaffners nicht möglich. Moritz Mayer trug den gelben Judenstern. Dieses zufällige Zusammentreffen muss sich zwischen September 1941 und März 1942 zugetragen haben. Am 19. März 1942 wurden Moritz und Irma Mayer deportiert. Die Wormser jüdische Gemeinde hatte im Januar 100 Personen für die erste Deportation zu benennen. Am 19. März erhielten dann die zur Deportation bestimmten Menschen eine Verfügung der Gestapo, in denen ihnen mitgeteilt wurde, wie sie sich zu verhalten hatte: Sie mussten innerhalb von drei Stunden ihre Wohnung räumen, unter Aufsicht von Gestapo-Beamten ihre Koffer packen und die Wohnung *„ordnungsgemäß"* herrichten. Mitnehmen durften sie 50 Reichsmark, einen Koffer oder Rucksack mit den nötigsten Kleidungs- und Wäschestücken, Proviant für drei Tage. Wertpapiere, Sparbücher und Wertsachen durften nicht mitgenommen werden. Lediglich der Besitz des Eheringes und einer einfachen Uhr war noch gestattet. Auf einem *„um den Hals"* gehängten Schild sollten Name, Geburtstag und Kennnummer geschrieben sein. Den Juden war mitgeteilt worden, dass sie in den Osten umgesiedelt würden, wo sie in Zukunft leben sollten. Über die Biografie der Wormser Lehrerin Herta Mansbacher, die ebenfalls am 19. März deportiert wurde, wissen wir über die Umstände der Abschiebung: Sie hatten sich vor dem jüdischen Gemeindehaus einzufinden, von wo sie *schweigend"* zum Bahnhof

„marschierten". Dort wurden sie auf dem Güterbahnhof *„grob und derb in einen eigens für sie bestimmten Güterwaggon gepfercht"* und nach Mainz gebracht, wo sie mit anderen Juden die Nacht in einem Warenlager verbrachten. Am nächsten Tag wurden die etwa 1.000 Menschen in einem Sonderzug Richtung Osten gefahren. *„Ihre letzten Stunden in Deutschland verbrachten sie in der Finsternis. Es war die Nacht vom 20. auf den 21. März. (…) An diesem Abend begann der Sabbath, aber niemand konnte eine Kerze anzünden. Sie verblieben in tiefster Dunkelheit, von der Außenwelt abgeschieden, bis der Zug in einer fremden und öden Gegend hielt. Sie waren in Durchgangsghetto Piaski angekommen, nahe Lublin in Polen."*

In Briefen aus Piaski vom März 1942 wird die Situation, die die Wormser deportierten Juden antrafen, geschildert. Es herrschte noch ein strenger Winter mit Eis und Schnee. Vor der Ankunft von 1.200 Juden aus Berlin und aus dem Westen und 1.500 Deportierten aus Worms, Mainz und Darmstadt waren viele vorherige Bewohner des Ghettos in die nahe gelegenen Vernichtungslager transportiert worden, um Platz für die Neuankömmlinge zu machen. In Briefen von Ghettobewohnern, die das Eintreffen der hessischen Juden miterlebten, heißt es: *„Wir stehen noch stark unter dem Eindruck der letzten Tage. (…) die 1500 aus Mainz, Worms und Darmstadt sind in die Wohnungen der ‚Verreisten' gekommen. Sie haben keinen Pfennig Geld! Man erzählt, viele seien unterwegs gestorben. Keiner weiß, wo sie sind."* Bereits Ende März wurden etwa 3.000 Bewohner von Piaski in das Vernichtungslager Belzec gebracht, darunter auch etliche der hessischen Juden. Irma und Moritz Mayer waren bei diesem Transport nicht dabei. Am 10. April 1942 konnte Moritz Mayer noch eine Karte aus Piaski zu seinen Verwandten nach Mailand schicken. Zwei weitere Karten, am 12. und 15. August 1942

geschrieben, kamen aus einem „Judenlager" in der Bahnhofstraße 31 im nahe gelegenen Cholm, wohin man einen Teil der Wormser Juden gebracht hatte. In Cholm wurden Männer und Frauen voneinander getrennt. Moritz und Irma Mayer sahen sich zum letzten Mal. Die Karten von Moritz Mayer waren das letzte Lebenszeichen aus der Gruppe der am 19. März deportierten Wormser Juden. Die Ghettobewohner von Piaski und Cholm wurden in die Vernichtungslager nach Maidanek und Belzec gebracht und dort unmittelbar nach der Ankunft in den Gaskammern ermordet. Mit hoher Wahrscheinlichkeit starben Irma und Moritz Mayer zwischen August und Oktober 1942 im Alter von 43 bzw. 58 Jahren in Belzec.[34]

„Die meisten meiner Verwandten sind in Auschwitz ermordet worden" – das Schicksal der rheinhessischen Sinti

Am frühen Morgen des 16. Mai 1940 wurde die Kostheimer Familie Lehmann von Polizisten aus dem Schlaf gerissen, die dem 43-jährigen Musiker Friedrich Lehmann und seiner Frau Theresia mitteilten, dass sie und ihre sechs Kinder im Alter von elf bis 20 Jahren verhaftet seien. Nur wenig Zeit blieb ihnen, Gepäck – pro Person 50 Kilogramm – zusammenzustellen, bevor sie zunächst in das Polizeigefängnis und von dort zum Mainzer Güterbahnhof gebracht wurden. Ihre Ausweise wurden eingezogen, am Bahnhof mussten sie sich ausziehen, auf Wertgegenstände untersuchen lassen und hatten sich einer zwangsweisen „Entlausungsaktion" zu unterziehen. Außer der Familie Lehmann waren in Mainz in dieser Nacht noch weitere 91 und in Ingelheim 18 Menschen festgenommen und zum Bahnhof gebracht worden. In Worms nahm der Güterzug, in dessen Waggons die Verhafteten gesperrt worden waren, weitere 81 Menschen auf. Der Grund für ihre Festnahme war, dass alle diese Familien als „Zigeuner" angesehen wurden und somit ebenso wie die Juden ins Visier der rassistischen NS-Politik gerieten. Bereits 1933 waren Wormser Sinti im KZ Osthofen inhaftiert worden. Seit 1936 wurde an der Erfassung der Sinti und Roma durch eine „Rassenhygienische Forschungsstelle" gearbeitet, die in Hessen auch auf diskriminierende Vorarbeiten aus der Weimarer Zeit aufbauen konnte. Etwa 20 Mainzer und 18 Ingelheimer Sinti wurden 1938 im Zuge „rassenbiologischer Untersuchungen" erfasst. Das Novemberpogrom nahmen die Sinti auch als Bedrohung ihrer Existenz wahr. Ab Oktober 1939 war ihnen verboten, ihre Wohnorte zu verlassen. Dennoch kam die auf einen Befehl Heydrichs zurückzuführende Verhaftungsaktion im Mai 1940 für die meisten der Familien sehr überraschend. Vom Zuchthaus auf dem Hohenasperg bei Stuttgart, das als erstes Sammellager diente, wurden die rheinhessischen und pfälzischen Sinti in Konzentrationslager im besetzten Polen transportiert. Die meisten von ihnen kamen ums Leben, wurden Opfer der „Vernichtung durch Arbeit" und willkürlicher Gewaltakte. So sollen bei Massenerschießungen in Radom 1943 viele Sinti aus Rheinhessen und der Pfalz ermordet worden sein. Maria Theresia, eine der Töchter der Familie Lehmann, überlebte durch Glück eine solche Tötungsaktion, weil ihre Eltern sie geistesgegenwärtig retteten, als sie in eine Grube voller Leichen geworfen worden war.

1943 kam es zu weiteren Deportationen, nachdem Himmler im sog. Auschwitz-Erlass die Inhaftierung aller Sinti und Roma im Reichsgebiet und in den besetzten Gebieten angeordnet hatte. Einer der nach Auschwitz Verschleppten war der Wormser Bernhard Steinbach, der von dort im Herbst 1944 nach Ravensbrück, daraufhin über weitere Zwischenstationen in das KZ Sachsenhausen kam und dann, da er schon vorher in der Wehrmacht gewesen war, an die Front geschickt wurde. Auch das überlebte er als einer der einzigen seiner Familie: *„die meisten meiner Verwandten sind in Auschwitz ermordet worden. Meine Tante, mein Schwager, seine elf Kinder – alles junge Mädchen und Frauen. (…) Ich habe fünfundvierzig Verwandte in Auschwitz verloren."*

Nur wenige Angehörige der Sinti wurden nicht verschleppt, häufig weil ein Familienmitglied als „arisch" galt. So konnte ein Zweig der Ingelheimer Familie Kuhl überleben, die seit Generationen in der „Ohrenbrücke" lebte, einer traditionell von Sinti bewohnten Straße, während viele andere aus der Familie deportiert worden waren. Aber auch diese Familie war, obwohl der Vater sogar als Soldat im Zweiten Weltkrieg eingezogen wurde, etlichen lebensbedrohlichen Situationen ausgesetzt. Eine Tochter war, nachdem man ihr die Heiratsgenehmigung verweigert hatte, zwangssterilisiert worden, für die anderen Kinder war das auch vorgesehen, aber wegen ihres jungen Alters noch nicht umgesetzt worden. Kinder von inhaftierten Verwandten, die bei dieser Familie wohnten, sollten ebenfalls „abgeholt" werden, was aber die Mutter wohl durch energisches Auftreten verhinderte.[35]

Die Opfer der Euthanasie

„Ich glaube so gescheit werde ich sein um im Leben durchzukommen. (…) Das mein Vater früher gern mal einen getrunken hat (…) da kann ich nichts dafür. (…) Mein Vater (…) war doch nicht Schwachsinnig, sonst wäre er auch hier gewesen, und deshalb kann ich auch nicht erbkrank gemacht werden." Mit diesem eindringlichen Brief wandte sich der Mainzer Bäckergeselle Theodor W. im März 1937 aus der Landes-

Abb. 51:
Landes-Heil- und Pflegeanstalt Alzey in den 1930er-Jahren.

Heil- und Pflegeanstalt Alzey an seine Mutter. Im Herbst 1936 war der 24-jährige in die Fänge des NS-Gesundheitssystems geraten. Nach einem einmonatigen Aufenthalt im Städtischen Krankenhaus Mainz war er im November in die Alzeyer Anstalt eingewiesen worden. Wegen „angeborenen Schwachsinns" meldete ihn ein Medizinalrat im Februar 1937 dem zuständigen Kreisgesundheitsamt, das beim Erbgesundheitsgericht in Worms umgehend einen Antrag auf Zwangssterilisierung stellte. Selbst das Gericht erkannte an, dass Theodor W. nicht „schwachsinnig" sei, er habe die Schule mit mittelmäßigen Leistungen abgeschlossen und dann eine Bäckerlehre absolviert. Allerdings sei er seit 1935 arbeitslos und werde gegenüber seinen Angehörigen auffällig. Sein Vater sei ein starker Trinker gewesen, ein Onkel sei bereits mit 24 Jahren gestorben und „geistig nicht auf der Höhe" gewesen. Das reichte dem Gericht aus, um bei eventuellen Nachkommen „schwere körperliche oder geistige Erbschäden" vorauszusehen, weswegen es „im Sinne seiner etwaigen Nachkommenschaft sowie im Interesse des Volksganzen" die „Unfruchtbarmachung" befürwortete. Da das Wormser Gericht sich allerdings der Dürftigkeit seines Nachweises bewusst war, diagnostizierte es kurzerhand – dabei deutlich seine Kompetenzen überschreitend – noch eine Schizophrenie bei Theodor W. Dieser hatte es im Brief an seine Mutter ganz richtig ausgedrückt: er wurde „erbkrank gemacht". Im Juli 1937 wurde er dann im Mainzer Krankenhaus vom Leiter der chirurgischen Klinik „unfruchtbar gemacht" und nach dem Eingriff wieder in die Alzeyer Anstalt überstellt. 1944 wurde er über einige Zwischenstationen in die „Landesheilanstalt" Hadamar bei Limburg eingeliefert, wo er im November angeblich an „eitriger Rippenfellentzündung" starb.

Die Leidensgeschichte von Theodor W. spiegelt einige Etappen der nationalsozialistischen Medizinpolitik wider, der auch etliche Menschen aus Rheinhessen zum Opfer fielen. Schon 1932 hatte es in der Alzeyer Zeitung eine Debatte über den Vorschlag eines nationalsozialistischen Kreistagsmitgliedes gegeben, der Kreis könne durch die Tötung von 55 *„Geisteskranken"* 80.000 Reichsmark einsparen. Das Programm der Nationalsozialisten zum Umgang mit Menschen, deren Existenz als *„unwertes Leben"* angesehen wurde, war also auch schon im lokalen Kontext bekannt. Im Juli 1933 wurde durch ein „Gesetz zur Verhütung erbkranken Nachwuchses" die Sterilisierung von Menschen mit Verdacht auf „Erbkrankheiten", u. a. „angeborener Schwachsinn", Schizophrenie, erbliche Blindheit oder Taubheit, Epilepsie, aber auch in Fällen von schwerem Alkoholismus angeordnet. Menschen mit solchen Krankheitsbildern wurden von den Gesundheitsämtern an das Erbgesundheitsgericht am Amtsgericht Worms gemeldet, das nach einer Begutachtung die „Unfruchtbarmachung" anordnete. In nur ganz wenig Fällen, der mehr als 800 aus dem Landkreis Alzey am Erbgesundheitsgericht begutachteten Personen, wurde die Sterilisierung abgelehnt, sodass eine sehr hohe Zahl von Menschen in den folgenden Jahren in den Stadtkrankenhäusern von Worms und Mainz und in der Hebammenlehranstalt Mainz sich den Zwangsoperationen unterziehen mussten.

Bereits vor dem Krieg wurden die geistig und psychisch Kranken in staatlichen Anstalten konzentriert, in Rheinhessen in der Landes-Heil- und Pflege-Anstalt in Alzey, was schon wegen der Überbelegung zu einem Anstieg der Sterbefälle durch ansteckende Krankheiten führte. In Rheinhessen waren außer in Alzey noch die „Nervenstation" des städtischen Krankenhauses in Mainz für kurzfristige Behandlungen und das Alters- und Pflegeheim Heidesheim für Pflegefälle zuständig, außerdem wurden viele Patienten auch in Anstalten außerhalb der Provinz untergebracht. Im rheinhessischen Jugenheim existierte eine Außenstelle der Nieder-Ramstädter Heime der Diakonie. Nach Kriegsbeginn gingen die Nationalsozialisten zur direkten Ermordung der Patienten über. Der „Gnadentod"-Erlass Hitlers vom September 1939 wurde durch eine geheime Organisationszentrale in der Berliner Tiergartenstraße 4, nach der die Morde später als „T 4-Aktionen" bezeichnet wurden, umgesetzt. Die Anstalten mussten die Patienten bei der Zentrale benennen, von wo aus die Auswahl getroffen wurde. Von der Anstalt aus wurden die Todeskandidaten zunächst in verschiedene Zwischenanstalten gebracht, um dann in einer der sechs Tötungsanstalten umgebracht zu werden. Eine dieser Anstalten war die „Landes-Heilanstalt" in Hadamar. Ein erster Transport von Alzey mit jüdischen Patienten wurde im Januar 1941 nach Hadamar gebracht, elf weiter folgten bis August 1941, häufig mit Zwischenstationen. In Hadamar angekommen, wurden die Menschen sofort vergast und verbrannt und den Angehörigen mit gefälschten Akten und Daten der natürliche Tod ihres Verwandten mitgeteilt. Bis zum Abbruch der Gasmorde im August 1941 wurden in Hadamar mehr als 10.000 Menschen auf diese Weise ermordet, 70.000 im ganzen Reich. Am 3. August hatte der Münsteraner Bischof von Galen in einer Predigt den *„an Sicherheit grenzenden"* Verdacht geäußert, dass die vielen Todesfälle der aus den Anstalten abtransportierten Menschen auf die Tötung *„lebensunwerten Lebens"* zurückzuführen seien. Im Oktober sprach sich auch der Mainzer Bischof Stohr in einer Predigt im Dom gegen die Euthanasiemorde aus. Nachdem die gängige Praxis nicht mehr geheim zu halten war, wurden die „T 4-Aktionen" eingestellt, nicht aber die Ermordung der Anstaltspatienten, die nunmehr mit dem Mittel der Mangelernährung und mit Medikamenten fortgesetzt wurden.

Zwischen 1940 und 1950 sind mindestens 800 Menschen aus Rheinhessen der Euthanasie zum Opfer gefallen. Davon waren mehr als zwei Drittel ursprünglich Patienten in Alzey, die restlichen Opfer waren in Anstalten außerhalb Rheinhessens untergebracht. Die bis jetzt recherchierten 63 Kinder und Jugendlichen unter den Ermordeten waren vorher in „Kinderfachabteilungen" in den Anstalten der benachbarten Provinzen aufgenommen worden. Nur 179 der Alzeyer Patienten überlebten das „Dritte Reich", das Schicksal von weiteren 300 Patienten ist noch ungeklärt.[36]

Widerstand

„Das gegen Ihre Tochter Elisabeth Groß ergangene Todesurteil des Volksgerichtshofes vom 21. Juli 1944 ist am 25. August 1944 vollstreckt worden. Die Veröffentlichung einer Todesanzeige ist unzulässig". Diese Nachricht des Oberreichsanwaltes erhielt die Mutter von Elisabeth Groß vier Wochen nach der Hinrichtung. Wenige Monate später schrieb der Oberreichsanwalt an Elisabeth Schwamb: *„Der Syndikus und hessische Staatsrat a. D. Ludwig Schwamb ist wegen Hoch- und Landesverrates vom Volksgerichtshof des Großdeutschen Reiches zum Tode verurteilt worden. Das Urteil ist am 23. Januar 1945 vollstreckt worden. Die Veröffentlichung einer Todesanzeige ist nicht gestattet."* Beiden Hinrichtungen lagen *„politische Vergehen"* zugrunde. Elisabeth Groß aus Worms wurde aufgrund einer Denunziation eines Freundes ihres Sohnes verurteilt, demgegenüber sie im Juli 1943 Hitler als *„Hund", „Lump", „Stromer"* bezeichnet und die Hoffnung geäußert haben soll, dass

es *„doch eine Möglichkeit geben (müsse), ihn umzubringen. Ist denn keiner da, der an ihn herankommt".* Der aus Undenheim stammende sozialdemokratische Jurist Ludwig Schwamb war an der gescheiterten Realisierung dieses von Elisabeth Groß angeblich artikulierten Wunsches, dass Hitler beseitigt werde, aktiv beteiligt. Einen Tag vor der Verkündung des Urteils gegen die Wormserin, am 20. Juli 1944, war das lange geplante Attentat gegen Hitler gescheitert, das den ersten Schritt zum Umsturz des NS-Regimes darstellen sollte. Schwamb, in der Weimarer Zeit Mitarbeiter des hessischen Innenministers Wilhelm Leuschner, war eine der wichtigsten Personen in Leuschners seit 1934 reichsweit aufgebautem konspirativem Netzwerk. Der Umsturzversuch war in einem mehrfach gestaffelten System organisiert, an dessen Spitze die direkt am Attentat beteiligten Personen und allgemein in die Attentatspläne eingeweihte Aktivisten standen. Eine dritte Gruppe sollte erst nach dem Attentat aktiviert werden und eine vierte Gruppe von Vertrauensleuten sollte die lokalen oppositionellen Kräfte im Fall des geglückten Umsturzes koordinieren. Schwamb war für die Vertrauensleute im Gebiet zwischen Heidelberg und Kassel zuständig und zählte somit zur dritten Ebene. Er hatte wiederum weitere Mitstreiter gewonnen, die die Kontakte zu Vertrauensleuten in lokalen Stützpunkten pflegen sollten. Das Gebiet zwischen Frankfurt und Heidelberg übernahm auf seine Initiative sein Freund und Verwandter Jakob Steffan, aus Oppenheim stammender früherer sozialdemokratischer Landtags- und Reichstagsabgeordneter, der 1940 nach verschiedenen Inhaftierungen zuletzt aus dem KZ Dachau entlassen worden war. Steffan soll Kontakt zu über 1.000 Vertrauensleuten gehabt haben. Die lokalen Stützpunkte sollten nach dem geglückten Attentat die jeweiligen NS-Führungen festsetzen oder *„ausschalten"* und die Überleitung des militärischen Aufstandes in demokratische

Bahnen gewährleisten. In Rheinhessen bestanden solche Stützpunkte nachweislich in Mainz, hier unter der Leitung des Sozialdemokraten Alfred Freitag, in Worms, Bingen, Ingelheim und Oppenheim, aber auch in Landgemeinden wie Alsheim, Guntersblum, Nieder-Olm, Dolgesheim und Nierstein. Dass zum ursprünglich stark sozialdemokratisch-gewerkschaftlich dominierten Netzwerk auch zunehmend Personen aus kirchlichem oder bürgerlichem Milieu zählten, zeigt sich etwa an der Mitarbeit eines katholischen Kreises um Ernst Doller in Mainz, des ehemaligen Alsheimer Bürgermeisters Ernst Wetzel oder an der Zusammenarbeit des sozialistischen Stützpunktleiters Dr. Huhn mit liberalen und katholischen Vertretern in Guntersblum. Nicht zuletzt wegen der Gefahr, die von Gestapo-Spitzeln in deren illegalen Organisationen ausgingen, sollten kommunistische Widerstandskräfte erst nach dem Attentat hinzugezogen werden. Das mehrstufige System des Widerstands, durch das das Wissen über die Beteiligten stark dezentralisiert war, stellte nach der Aufdeckung der Oppositionsstrukturen für viele Menschen, insbesondere aus der Gruppe der Vertrauensleute, einen wirksamen Schutz dar, sodass die Verfolgungswelle zunächst nur einen Teil der Verschwörer erreichte. Während Schwamb und viele andere Aktivisten der ersten drei Gruppen hingerichtet wurden, konnte Steffan, der zu seiner Tarnung von sympathisierenden Gestapo-Beamten als V-Mann geführt worden war, nach kurzer Inhaftierung diesem Schicksal entkommen. Der Attentatsversuch war allerdings auch Auslöser für eine Verhaftungswelle, die so genannte „Aktion Gewitter", die zum – wohl nicht erreichten – Ziel hatte, alle früheren Reichs- und Landtagsabgeordneten der SPD, KPD und des Zentrums sowie alle höheren Partei- und Gewerkschaftsfunktionäre in Schutzhaft zu nehmen. Alleine in Mainz wurden 60 Personen festgenommen. Auch der aus Bubenheim stammende frühere Zentrum-

spolitiker Fritz Bockius, der wahrscheinlich nicht in den Umsturzversuch eingeweiht gewesen war, zählte zu den Inhaftierten. Er starb im Frühjahr 1945 im KZ Mauthausen.[37]

Definiert man Widerstand als Aktivität, die letztendlich zur Abschaffung des Regimes führen soll, dann zählen regimekritische Äußerungen wie die von Elisabeth Groß noch nicht zu dieser Kategorie. Dass sie auch nur vage von Attentatsplänen gewusst haben könnte und der ihr zur Last gelegte Wunsch nach der Ermordung Hitlers damit im Zusammenhang stand, ist eher unwahrscheinlich, denn einerseits fielen die Bemerkungen schon im Juli 1943, andererseits könnte auch der Termin des Prozesses am Tag nach dem gescheiterten Anschlag für ihre Ankläger Grund gewesen sein, ihre Aussagen zu verfälschen. Äußerungen dieser Art, die aus momentaner Unzufriedenheit, aber auch aus grundlegender Opposition gemacht wurden, wurden von Anfang an verfolgt, nach Kriegsbeginn mit zunehmender Härte. Die Äußerung eines Dromersheimer Landwirts, dass man „von Lausbuben regiert" werde und dass er die „arische Abstammung" von Göring und Heß „einmal sehen möchte", wurde 1936 mit einer einmonatigen Gefängnisstrafe, die zudem noch in eine Geldstrafe umgewandelt wurde, geahndet. Ein Melker auf dem Laurenziberg bei Gau-Algesheim wurde 1938 vier Monate inhaftiert, weil er zu einem Kollegen gesagt hatte, dass „Hitler ihn mal könne". Diese Vergehen fielen unter das „Heimtückegesetz", mit dem „Meckerer, Nörgler und Kritikaster" zum Schweigen gebracht werden sollten. Elisabeth Groß hingegen war wegen „Wehrkraftzersetzung" und „Hochverrat" angeklagt. Strafverschärfend kam hinzu, dass sie vor 1933 in der kommunistischen „Internationalen Arbeiter-Hilfe" aktiv gewesen war und sogar 1932 an einem Kongress in Moskau teilgenommen hatte. Wenn auch sie und ihr Mann noch vor dem

Abb. 52:
Ludwig Schwamb.

Abb. 53:
Fritz Bockius.

Machtwechsel die kommunistische Bewegung verlassen hatten, war der Hinweis der Wormser NSDAP an die Gestapo, es handele sich hier um *eine „kommunistische Zentrale"* mit Sicherheit für den fast unausweichlichen Ausgang des Verfahrens mit bestimmend.

Tatsächlich war gerade in den Anfangsjahren der NS-Zeit der kommunistische Widerstand erheblich. Auf 80 % wird der Anteil der KPD und ihrer Untergruppen an Widerstandsaktionen gegen das „Dritte Reich" im Rhein-Main-Gebiet geschätzt, zwei Drittel der politischen Strafverfahren in Mainz und Umgebung waren gegen Angehörige kommunistischer Gruppen gerichtet. Trotz der sofort massiv einsetzenden Repressionen, den schon in den ersten Mona-

ten des Regimes viele Kommunisten zum Opfer fielen, wurde direkt mit dem Aufbau illegaler Strukturen begonnen. Ausgehend von der Zentrale in Frankfurt wurde ein konspirativer, auch Mainz und Worms umfassender KPD-Bezirk aufgebaut, der auch durch eine Verhaftungsaktion im September 1933, die allein in Mainz – laut NS-Presse – zu 79 Festnahmen und der Beschlagnahmung von Waffen und Sprengstoff geführt hatte, nicht zerschlagen werden konnte. Weiterhin waren viele Männer und Frauen in Organisationen wie der „Roten Hilfe", der „Internationalen Arbeiterhilfe" oder dem „Kommunistischen Jugendverband" aktiv. Zeitungen wie die *Rote Fahne*, die *Arbeiterzeitung*, der *Bolschewik* sowie für die lokale Agitation hergestellte Flugblätter und Zeitungen waren noch zu tausenden im Umlauf, Mitgliederbeiträge wurden kassiert, Wandparolen zeigten gerade in den Arbeitervierteln, dass die Bewegung weiterhin präsent war. Insbesondere der „Kommunistische Jugendverband" war noch so stark, dass in Mainz einzelne Stadtteilgruppen in der Altstadt, der Neustadt, Mombach und in Kastel sowie eine Betriebsgruppe bei Erdal existierten. Darüber hinaus waren Mainzer Kommunisten in einer „Jugendzelle" bei Opel aktiv. Weitere Verhaftungswellen brachten die riskante Untergrundarbeit bis in die Mitte der 1930er-Jahre fast völlig zum Erliegen, viele der Aktivisten, etwa die politischen Leiter Johann Geins und Paul Baumann, wurden in Konzentrationslager gesperrt oder zu mehrjährigen Zuchthausstrafen verurteilt. Wenn auch die straff organisierten Widerstandsstrukturen zusammenbrachen, tauchten bis zum Ende des „Dritten Reichs" immer wieder Hinweise auf kommunistisch motivierte Opposition auf, etwa Wandparolen, Flugblätter oder Zeitungen, die teilweise über Rheinschiffer aus Holland und Straßburg transportiert wurden.

Wie bereits vor 1933 gelang es auch im Untergrund – von einzelnen Kontakten abgesehen – nicht, die sozialdemokratische und die kommunistische Arbeit zu koordinieren.

Ein erster Versuch des Darmstädter ehemaligen Reichstagsabgeordneten Carlo Mierendorff, sozialdemokratischen Widerstand zu organisieren, wurde sogar von KPD-Seite denunziert. Sozialdemokratische Stützpunktgruppen bestanden spätestens ab 1934 in Mainz, Kastel und Kostheim, Kontakte gab es auch nach Worms. Diese Gruppen verbreiteten Zeitungen und verfassten Stimmungsberichte für die von der Prager Exil-SPD herausgegebenen „Deutschlandberichte". Funktionärstreffen dieses überregionalen Netzwerkes fanden 1934 auch in Mainz statt. Nach Verhaftungswellen im Herbst 1935 und Frühjahr 1936 wurde die oppositionelle Verbindung vor allem über private Freundeskreise aufrecht erhalten, die später die Basis für den von Leuschner organisierten Neuaufbau des Widerstandnetzwerkes bildeten.

Auch die Existenz weiterer links gerichteter Gruppen (Naturfreunde, Sozialistische Arbeiterpartei SAP, „KPD-Opposition", Gruppe „Neu Beginnen", Trotzkisten) ist bis in die Mitte der 1930er-Jahre für Mainz, Worms und vereinzelt auch für Ingelheim belegt.

Fabian von Schlabrendorff, der 1943 bereits ein fehlgeschlagenes und unentdecktes Attentat gegen Hitler ausführte, berichtete nach dem Krieg vom Aufbau einer „antinationalsozialistischen Zellenbildung" ab Herbst 1933, für die er unter anderem auch in Rheinhessen Mitstreiter wohl vor allem aus dem liberalen und konservativem Milieu gewinnen konnte. Namen sind aus dieser Zeit allerdings nicht überliefert.

Wenn auch der Widerstand der Parteien der Arbeiterbewegung sich vor allem in den Städten zentrierte, wird spätestens bei den Vertrauensleuten des Jahres 1944 klar, dass auch im ländlichen Raum zumindest in größeren Gemeinden Untergrundstrukturen bestanden, die zum Teil auch gemeindeübergreifend wirksam waren.[38]

Krieg

„Ohne eigentliche Mobilmachung wurden in der Nacht vom 25. auf den 26. August 1939 die wehrfähigen Männer aus dem Schlaf geweckt und auf das Rathaus gerufen. Dort wurden ihnen die Marschbefehle (zu einer längeren Übung, wie es hieß) ausgehändigt. Von Begeisterung war nichts zu spüren. Bald erfolgte der Einmarsch in Polen."

Dieser Eintrag des Alsheimer evangelischen Pfarrers in der Pfarrchronik beschreibt die Situation in der Gemeinde zu Beginn des Krieges. Bereits in den vorherigen Monaten habe eine gedrückte Stimmung im Dorf geherrscht, *„man befürchtete, daß es zum Krieg kommen würde."* Am ehesten in solchen Pfarrchroniken sind Berichte zu finden, die jenseits der Propaganda die Ängste von zumindest Teilen der Bevölkerung wiedergeben. Die Erinnerung an den Ersten Weltkrieg war vielen noch zu präsent, wie auch der Appenheimer Pfarrer vermerkte: *„Aus Appenheim eilten in den Tagen um den 1. September 1939 etwa 50 Mann zu den Waffen. Besonders die älteren unter ihnen, die schon am vorigen Krieg teilgenommen hatten, gingen schweren Herzens."* Dass Hitlers Politik zum Krieg führen würde, war vielen schon früh bewusst. Die Einführung der Wehrpflicht 1935, die Besetzung des entmilitarisierten Rheinlandes 1936, der Anschluss Österreichs 1938, der Einmarsch in das Sudetenland 1938, die Zerschlagung der Tschechoslowakei 1939 und die seit der „Machtergreifung" betriebene Aufrüstung und Militarisierung konnten als Zeichen für die Kriegsbereitschaft der Nationalsozialisten verstanden werden. Als dann 1939 die Spannungen mit Polen wuchsen und Hitler einen Nichtangriffspakt mit der Sowjetunion einging, war vielen Zeitgenossen klar, dass ein Krieg bevorstand, der sich durch den Beistand Englands und Frankreichs zu Polen zu einem europäischen Krieg ausweiten könnte. Nach der schnellen Eroberung und Teilung Polens und der Besetzung Dänemarks und Norwegens begann im Mai 1940 die Westoffensive gegen die Niederlande, Belgien und Frankreich, die im Juni mit der Besetzung von Paris und einem Waffenstillstand endete. Weit mehr als in den Polenfeldzug war Rheinhessen in die Westoffensive durch Truppeneinquartierungen in Schulen, anderen öffentlichen Gebäuden und Privathäusern eingebunden. Durchfahrende Militärkolonnen, Militärzüge mit Ausrüstung und deutsche Kampfflugzeuge prägten den Alltag im Frühjahr 1940. Dass der Krieg nach den ersten Erfolgen in Polen und einer von vielen so wahrgenommenen Ruhephase im Winter 1939/40 weitergehen würde, darauf wurden die Menschen von Anfang an eingestimmt. Schon im Januar 1940 sprach der NSDAP-Kreisleiter Zehfuß bei einer Ingelheimer Kundgebung von einem *„totalen Krieg"*, in dem *„jeder, wo er auch stehen mag, Opfer bringen muß"*. Die Stimmung wurde durch die schnellen Erfolge der Wehrmacht rasch aufgehellt. Gerade der schnelle Erfolg in Frankreich wurde in Erinnerung an die jahrelangen Kämpfe während des Ersten Weltkrieges und die französische Besetzung euphorisch gefeiert. [39]

Eine geplante Invasion Englands wurde mit Luftangriffen vorbereitet. Im April 1941 begann der Balkanfeldzug. *„Unsere Truppen eilen von Sieg zu Sieg"*, schrieb der Mommenheimer Pfarrer in dieser Situation in seine Chronik. Bis dahin hatte die Region noch wenig unter direktem Kriegseinfluss zu leiden gehabt. Einzelne Aufklärungsflüge von englischen Maschinen wurden seit Kriegsbeginn wahrgenommen, schon im September wurden Flugblätter abgeworfen, mehrere – abgewehrte – französische Angriffe auf die Brücke zwischen Eich und Gernsheim fanden im Oktober statt. In Mainz und Sprendlingen wurden englische Flugzeuge abgeschossen.

Die deutsche Bombardierung Rotterdams im Mai 1940 lieferte dem neuen englischen Premierminister Winston Churchill das letzte Argument, den Einsatz von Fliegerbomben gegen die Zivilbevölkerung und auch im Umland der Städte anzuordnen. Bereits am 16. Mai wurden die Gleisanlagen in Alzey bombardiert, im Juni forderten in Ingelheim die Angriffe ein erstes Todesopfer, als eine Bombe beim Entschärfen explodierte. Ebenfalls im Juni wurden erste Bomben über Bingen abgeworfen, die allerdings noch nicht viel Schaden anrichteten. Im September wurden zwei Häuser in Hochheim bei Worms getroffen. Trotz der erheblichen Zerstörungen, die die deutsche Luftwaffe in England anrichtete, und der nach dem Angriff auf Coventry beschlossenen Verschärfung des Luftkrieges gegen Deutschland hielten sich die Schäden durch englische Bomben in Rheinhessen noch bis weit in das Jahr 1941 in Grenzen. Im Mai wurde Gonsenheim getroffen, im Juli gab es einen ersten Toten in Alzey. Bei Einsätzen gegen Mannheim-Ludwigshafen und Frankfurt kam es auch zu Abwürfen über der Anflugregion. Der Angriff auf den Mainzer Hauptbahnhof anstelle von Frankfurt forderte am 13. September 22 Todesopfer.

Im Juni 1941 ließ Hitler die Sowjetunion überfallen. Der Plan, innerhalb weniger Monate große Teile des europäischen Teils Russlands zu besetzen, scheiterte spätestens im Winter 1941. Nach der Ernennung von Arthur Harris zum Befehlshaber der englischen Bomberverbände im Februar 1942 begannen die Flächenbombardements auf deutsche Städte. Waren bis zum Sommer 1942 Städte außerhalb Rheinhessens bombardiert worden und die Region nur von Überflügen, vereinzelten Bombenabwürfen und abstürzenden Fliegern tangiert worden, so wurde in den Nächten zum 12. und 13. August Mainz Ziel eines Großangriffs, der 161 Todesopfer und viele Verletzte forderte. 781 Häuser, fünf Kirchen und 23 öffentliche Gebäude wurden zerstört, viele weitere beschädigt. Auch Gaulsheim und Kempten bei Bingen wurden in der Nacht zum 13. August bombardiert. Nach diesem Angriff lag Rheinhessen bis 1944 nicht mehr im Fokus der alliierten Flugverbände, die zunächst mehr in den industriellen Ballungszentren und kriegswirtschaftlich wichtigen Industriestandorten

operierten. Mehr als durch vereinzelte, eher zufällige Abwürfe von Bomben war die Region als Überfluggebiet durch Abschüsse und Abstürze deutscher und alliierter Flugzeuge in den Luftkrieg involviert. Bei einem Angriff auf Frankfurt am 21. Dezember 1943 wurden durch einzelne Flieger auch Mainz, Kastel, Kostheim und Ingelheim getroffen. In Mainz kamen 24, in Frei-Weinheim drei Menschen ums Leben. Im Frühjahr 1944 nahm die Zahl der Fliegeralarme erheblich zu. Auf dem Weg zu ihren Zielen überflogen amerikanische Abschirmflieger früh morgens das Gebiet, denen später schwere Bomber folgten, am frühen Nachmittag kehrten diese Verbände von ihren Einsätzen zurück, abends und nachts war mit ständigen Flügen der Royal Air Force zu rechnen. Nicht immer blieben diese Flüge folgenlos für die Region. Ende Januar 1944 kam es beim Rückflug von Ludwigshafen zu einer Luftschlacht, ein amerikanisches Flugzeug wurde getroffen und explodierte über Flomborn, wodurch mehrere Menschen getötet und einige Häuser völlig zerstört wurden. Die tagsüber angreifenden amerikanischen Flieger hatten ab Frühjahr 1944 mit immer weniger Gegenwehr durch die deutsche Luftwaffe zu rechnen, weswegen die die Bomber begleitenden Jagdflieger dazu übergingen, im Tiefflug zunächst die Flugplätze und Eisenbahnlinien anzugreifen, dann aber alle Transportfahrzeuge und mit der Zeit mehr oder weniger alle außerhalb der Siedlungen im Freien sich aufhaltenden Personen zu beschießen. Mit dem Rückzug der Wehrmacht aus Frankreich und dem Vormarsch der alliierten Armeen wurde Rheinhessen zum Teil des *„frontnahen Hinterlandes“*. Die für die Versorgung und den Nachschub des Heeres wichtigen Verkehrsanlagen wurden daher zum Hauptziel der Angriffe. Bei Angriffen auf Kastel und das Rüstungsgüter produzierende MAN-Werk in Gustavsburg starben am 8. und 9. September 354 Menschen, einen Tag später wurden die Bahnanlagen in Worms bombardiert, im Laufe des September noch mehrfach der Mainzer Hauptbahnhof und die Waggonfabrik in Mombach. Am 9. Oktober flog die amerikanische Luftwaffe Angriffe auf die Mainzer Bahnanlagen, das Industriegebiet auf der Ingelheimer Au und die Kasernen in Gonsenheim, was 154 Menschen das Leben kostete. Der Alzeyer Bahnhof geriet am 14. Oktober ins Visier. 40 Tote in Weisenau gab es fünf Tage später bei einem Angriff, der eigentlich dem Mainzer Hauptbahnhof und den MAN-Werken gegolten hatte. Ein bei diesem Angriff angeschossener Flieger ließ seine Bombenladung beim Rückzug über Spiesheim fallen, wo sieben Menschen starben. Auch kleinere Bahnhöfe wie die von Monsheim, Armsheim, Guntersblum, Gau-Odernheim gerieten in diesen Wochen unter Beschuss. Immer wieder wurden auch Züge auf freier Strecke angegriffen. Der wichtige Verkehrsknotenpunkt Bingerbrück war bereits am 29. September angegriffen worden, wobei 35 Menschen starben. 80 Menschen sollen in zwei Eisenbahnzügen in zerstörten Unterführungen umgekommen sein. Nachdem die teilweise zerstörten Gleise von einer Baubrigade des KZ Buchenwald wieder hergestellt worden waren, erfolgte am 25. November der zweite Großangriff, der dem Bahnhof Bingerbrück und einem Tanklager am Rhein galt. Beide Ziele wurden weitgehend verfehlt und stattdessen die Binger Innenstadt und selbst das rechtsrheinische Rüdesheim getroffen, was etwa 400 Opfer zur Folge hatte. Die Hälfte der Häuser in Bingerbrück war zerstört, weitere 25 % nicht mehr bewohnbar. Weitere Angriffe folgten, bis schließlich am 29. Dezember das Ziel, die Zerstörung des Verschiebebahnhofs Bingerbrück, erreicht war. Nach einem erfolglosen Versuch, die Hindenburgbrücke bei Bingen zu zerstören und nach dem Scheitern der deutschen Ardennenoffensive war die Phase der Einsätze, die vor allem auf die Zerschlagung der Verkehrsinfra-

struktur ausgerichtet war, Mitte Januar 1945 zu Ende. Danach sind die Angriffe vor allem im Zusammenhang mit dem im Herbst 1944 begonnenen, auf die Kapitulation Deutschlands zielende Flächenbombardement deutscher Mittelstädte – die Großstädte und industriellen Ballungszentren waren zu dieser Zeit schon weitgehend zerstört – zu sehen. Bei einem Angriff auf Mainz am 1. Februar 1945 wurden vor allem die Vororte Großberg, Weisenau und Laubenheim getroffen, aber auch die Christuskirche in Brand gesetzt. Am 21. Februar flogen 332 Bomber auf das bis zu dem Zeitpunkt noch kaum von Zerstörungen betroffene Worms zu. Nach schon 20 Minuten war der Angriff beendet, die Stadt stand in Flammen, Wohnhäuser, Industrie- und Eisenbahnanlagen waren zerstört. 239 Einwohner der Stadt starben bei diesem Angriff, 15.000 wurden obdachlos, die Kirchen und der Dom schwer beschädigt bis ganz zerstört. Wenige Tage später, am 27. Februar, warfen britische Bomber innerhalb einer Viertelstunde eine riesige Zahl unterschiedlicher Bomben auf Mainz ab. Die Innenstadt wurde völlig zerstört. Aufgrund zu später Alarms hatten viele Einwohner es nicht mehr geschafft, Schutzräume aufzusuchen. Deswegen kamen bei diesem Einsatz etwa 1.200 Menschen ums Leben, weit mehr als bei jedem anderen Bombenangriff in Rheinhessen. Ein damals 14-jähriger Überlebender schilderte später die Situation, als er den Keller, in dem er Schutz gesucht hatte, verließ: *„Das Haus war von einer Sprengbombe getroffen, der Keller hielt jedoch stand. Irgendwie kroch ich durch einen Mauerdurchbruch aus dem Keller heraus und erreichte das Nachbarhaus. Endlich im Freien, erfasste ich das Chaos in seinem vollen Ausmaß. Soweit der Blick reichte – nur brennende Häuserzeilen, einstürzende Fassaden. (…) Überall brennende Trümmer, Gewirr von Leitungsdrähten, zerschmetterte Bäume."* Noch zwei Tage vor dem Einmarsch der amerikanischen Truppen

Abb. 54:
Worms 1945.

wurde Worms am 18. März ein weiteres Mal Ziel eines Großangriffes, der 141 Menschen das Leben kostete.

Etwa 4.000 Menschen starben in Rheinhessen durch die Angriffe der Flieger, durch Bomben und Direktbeschuss. 35 % der Wormser, 54 % der Mainzer, 30 % der Binger Wohnungen waren völlig zerstört, fast 100 % der Häuser in Bingerbrück beschädigt. Mehr als 50.000 Menschen waren obdachlos geworden, 350 Flugzeuge, deutsche wie alliierte, waren abgestürzt, ihre Besatzung zum größten Teil ums Leben gekommen. Unter den Überlebenden waren viele Verletzte, viele waren traumatisiert von ständigen Fliegeralarmen (in Ingelheim wurde zwischen Main 1940 und Kriegsende 714-mal Alarm gegeben), Angriffen, ständiger Angst vor Beschuss im freien Feld. Das Kriegsziel, die Ka-

pitulation Deutschlands, war erreicht worden, zu einem für die Besiegten, aber auch die Sieger bis dahin unvorstellbar hohen Preis.[40]

„Unser Dorf ist fast menschenleer geworden, weil sehr viele junge Menschen eingezogen sind“. So beschrieb der Mommenheimer Pfarrer die Situation in der Gemeinde Ende 1942. Die Arbeit in Landwirtschaft, Industrie und Gewerbe musste von Kriegsbeginn an verstärkt von Frauen und älteren Menschen bewältigt werden. Die Anforderungen an die „Daheimgebliebenen“ stiegen an. Schon im November 1939 schrieb der Holz- und Baustoffhändler Ferdinand Hahn an seinen als Soldat dienenden Sohn: *„Hier fehlt nur eine junge Kraft, welche mir einen Teil der Arbeiten abnehmen könnte denn ich glaube kaum, daß ich dies auf die Dauer alles bewältigen kann.“* Einquartierte Soldaten, gerade in den

Abb. 55:
Worms 1945.

ersten Monaten des Krieges, sprangen teilweise als Hilfskräfte in der Landwirtschaft ein, stellten die Gemeinden allerdings auch vor nicht unerhebliche Probleme, wenn diese eine große Anzahl unterzubringen hatten. Die durch die Einberufung fehlenden Arbeitskräfte wurden schon bald durch Kriegsgefangene und Fremdarbeiter zu ersetzen versucht. Schon im Herbst 1939 wurden polnische, ab 1940 dann auch französische und belgische Kriegsgefangene in der Landwirtschaft eingesetzt. Hinzu kamen ausländische Zivilarbeiter, die sich zunächst freiwillig für den Arbeitseinsatz in Deutschland gemeldet hatten. Im Januar 1940 wurde der Einsatz einer Million polnischer Arbeiter in Deutschland geplant, von denen 750.000 in der Landwirtschaft arbeiten sollten. Der Frauenanteil sollte mindestens 50 % ausmachen. Die Rekrutierung einer solchen Anzahl von Ar-

beitskräften war nur auf repressiver Basis durch Zwangsverpflichtungen im besetzten Polen möglich. Bereits im Land arbeitende Ausländer wurden nach Ablauf ihres Arbeitsvertrags nicht mehr in die Heimatländer entlassen, so dass von einem fließenden Übergang zur Zwangsarbeit gesprochen werden kann. Russische, ab 1943 auch italienische Kriegsgefangene und vor allem zwangsrekrutierte Zivilarbeiter und -arbeiterinnen aus den besetzten osteuropäischen Ländern ließen den Anteil ausländischer Arbeitskräfte weiter steigen. Der Umgang mit den verschiedenen Gruppen war unterschiedlich geregelt, wobei die so genannten „Ostarbeiter" am untersten Rand der Hierarchie standen. Organisiert wurde die Verteilung über die Arbeitsverwaltung. Eingesetzt wurden die Fremdarbeiter anfangs vor allem in der Landwirtschaft, die auch dauerhaft der größte Arbeitgeber blieb. Ab Frühjahr 1940 bekamen Industriebetriebe Arbeitskräfte zugeteilt, später auch Handwerksbetriebe und Baufirmen. 1944 arbeiteten im Arbeitsamtsbezirk Mainz fast 20.000 Fremdarbeiter, darunter 9.000 „Ostarbeiter". Im Bezirk Worms stellten die 3.620 Zivilarbeiter und 2.709 Kriegsgefangenen im Jahr 1943 17,4 % aller Arbeitskräfte. Die Unterbringung war je nach Einsatzort, Herkunft und Status der Arbeiter geregelt, einzeln oder in Gruppen bei den Arbeitgebern, in größeren Gemeinschaftsunterkünften, die – wie in Herrnsheim – häufig von der Gemeinde organisiert wurden, in Lagern auf den Fabrikgeländen. Auch die Arbeitsbedingungen und der Umgang mit den Fremdarbeitern variierten. Durch Vorgaben wie die „Polenerlasse" 1940 oder die „Ostarbeitererlasse" 1942 war das Verhältnis zwischen Arbeitgebern und insbesondere den aus Osteuropa stammenden Menschen sehr restriktiv geregelt. Dennoch blieb Arbeitgebern und deutschen Kollegen so viel Handlungsspielraum, dass sie den Zwangsarbeitern das Leben zur Hölle oder eben auch erträglich machen konnten, wie etwa am Beispiel zweier junger russischer Frauen zu sehen ist. Nikititschna Doroschina berichtete von ihrer Zeit bei den Lederwerken Heyl: *„Ich arbeitete täglich von 5 Uhr morgens bis 23 Uhr abends ohne Lohn. Sonntags hatte ich sehr selten für zwei Stunden frei. Sehr selten konnte ich mich am Sonntag mit Landsleuten treffen. Morgens gab es heißes Wasser mit einem Scheibchen Brot, mittags eine wässrige Suppe aus Steckrüben ohne Brot und abends heißes Wasser mit einem dünnen Scheibchen Brot. Wir waren Gefangene. Man hat uns einfach zwangsweise nach Deutschland verschleppt. In einem Raum schliefen 100 Leute in Dreireihenbetten übereinander. Wir waren alle selbst Kinder – 15-, 16-, 17-jährige. Man behandelte uns wie Vieh. Man nannte uns ‚Schweine'. Die Vorgesetzten redeten nicht mit uns, nur mit Gestik. Wenn wir etwas falsch machten, schlugen* sie uns mit Knüppeln auf die Hände. Die Kollegen durften keinen Kontakt mit uns haben." Die fast gleichaltrige Zinaidina Ilinitschna Wowtschenko musste bei Enzinger in Pfeddersheim auch zwölf Stunden täglich an der Werkzeugmaschine stehen und bezeichnete das Essen als schlecht, aber: *„die Lagerleitung behandelte uns gut. Wenn wir was falsch machten, schimpften sie nur wenig. Wir waren junge Mädchen und weinten dann. Sie nannten uns ‚arme Kinder'. In der Fabrik hatte ich einen Meister. Er war 70 Jahre alt und war mir wie der eigene Vater. Er lud mich immer zu Feiertagen und zu Ostern nach Hause. Die deutschen Kollegen waren freundlich mit Russen und anderen Arbeitern."*

Häufig – allerdings auch nicht immer – waren die Lebens- und Arbeitsbedingungen in der Landwirtschaft besser, da die Arbeiter auf den Höfen oder in kleineren Gemeinschaftsunterkünften in den Gemeinden untergebracht waren, oft eine bessere Verpflegung bekamen und es durch den engen Arbeitskontakt zu persönlicheren Beziehungen kam. Die Unterbringung in zentralen Barackenlagern und die Ernährungssituation der in der Industrie arbeitenden Menschen war durch die rassistisch motivierte Einteilung der Gefangenen und Zivilarbeiter geprägt, nach der die „Ostarbeiter" den beengtesten Platz und die schlechteste Ernährung zu erwarten hatten und zudem auch die schwersten und unangenehmsten Arbeiten verrichten sollten. Ihnen war auch die Nutzung der Luftschutzkeller untersagt. Allerdings ist aus verschiedenen Betrieben, etwa dem Werk Heyl-Liebenau in Worms oder der Firma Enzinger in Pfeddersheim, überliefert, dass diese Vorschrift von der Unternehmensleitung umgangen wurde. Am Beispiel Boehringer Ingelheim konnte auch gezeigt werden, dass die Situation sich zusehends verschlechterte. Waren 1940/41 die Bedingungen noch vergleichsweise gut und wurden etwa die belgischen und die französischen Kriegsgefangenen bei acht bis zehn Stunden täglicher Arbeitszeit ausreichend versorgt, so waren ab 1943 russische Kriegsgefangene eingesetzt worden, die deutlich schlechter verpflegt wurden als die so genannten „Westarbeiter" und auch gewalttätigen Übergriffen durch Angehörige des Werkschutzes ausgesetzt waren. Obwohl das Verhältnis insgesamt besser war, waren auch im bäuerlichen Milieu Arbeiter nicht sicher vor Gewalt. Der Ortsbauernführer von Rhein-Dürkheim etwa schlug Polen mit der Peitsche und bedrohte eine Deutsche, die sich für die Gefangenen eingesetzt hatte. Lebensgefährlich wurde es für die Arbeiter, wenn ihnen „verbotener Umgang" mit Deutschen vorgeworfen wurde. So stritt eine Frau aus Heßloch ein Verhältnis mit einem polnischen Zivilarbeiter 1944 zunächst ab, gestand dann aber später unter dem Druck des Gestapo-Verhörs. Sie wurde in das KZ Ravensbrück, der Mann in das KZ Buchenwald gebracht. Eine „Ostarbeiterin" der Heylschen Lederwerke wurde von der Gestapo „sehr stark" geschlagen, weil sie einen Brief eines deutschen Soldaten, den sie in ihrer Heimatgemeinde kennengelernt hatte, erhielt. In Gonsenheim, Ockenheim, Ober-Hilbersheim und Elsheim wurden Zwangsarbeiter hingerichtet, denen ein Verhältnis mit deutschen Frauen nachgesagt wurde. In Schornsheim wurde ein polnischer Arbeiter gehängt, weil ihm der Ortsgruppenleiter das Spielen mit einem kleinen Mädchen als Vorbereitung einer Vergewaltigung auslegte. Bei der Hinrichtung mussten nicht nur die polnischen Zwangsarbeiter aus Schornsheim und Umgebung anwesend sein, sondern auch die Kinder der Volksschule. Etwa 20 russische Kriegsgefangene wurden 1943 wegen angeblicher Arbeitsverweigerung im Lager Uhlerborn bei Heidesheim erschossen. Am Kriegsende wurden viele Fremdarbeiter aus rheinhessischen Gemeinden in größeren Gruppen über den Rhein gebracht, damit sie nicht die einmarschierenden amerikanischen Truppen unterstützen konnten. 31 russische Männer wurden in diesen Tagen –

wohl aus dem gleichen Grund – von SS-Leuten im Mainzer Sand erschossen.[41]

Eine verschärfte Form von Zwangsarbeit leisteten die Gefangenen in Konzentrations- und Straflagern. Auf dem Flugplatz Finthen war 1944 ein Außenlager des KZ Hinzert eingerichtet worden, dessen Häftlinge die Schäden der Luftangriffe zu beseitigen hatten. Ein weiteres Außenlager im Zementwerk Weisenau wurde später auf die Ingelheimer Aue verlegt. Außenlager des Gefangenenlagers Rodgau wurden in Wöllstein und Mainz errichtet. In Wöllstein sollten die Gefangenen ab 1940 für eine „Teilnehmergemeinschaft" aus privaten Weinbergsbesitzern und mehreren Ortsgemeinden der Umgebung Weinberge roden, die mit neu gepfropften Reben bepflanzt werden sollten. In Mainz wurden 200 Häftlinge des Lagers Rodgau neben weiteren 600 Zwangsarbeitern von der Firma Gerster auf der Ingelheimer Aue in der kriegswichtigen Holzverarbeitung und Dachpappenproduktion eingesetzt. Auf dem Gelände des Reichsarbeitsdienstlagers in Eich wurde 1942 ein drittes Stammlager der Gefangenenlager Rodgau vorwiegend für polnische Strafgefangene, die mit Trockenlegungsarbeiten im Altrhein beschäftigt werden sollten, eingerichtet, das wiederum Außenstellen unter anderem in Abenheim hatte. Die Lebens- und Arbeitsbedingungen in diesen Lagern waren denen in Konzentrationslagern ähnlich, was nicht zuletzt auch die hohe Todesrate der oftmals aus geringem Anlass inhaftierten Menschen zeigt, die an Unterernährung, Entkräftung und – noch weitgehend ungeklärt – auch direkter Gewalt starben.[42]

Mit Kriegsbeginn veränderte sich das Alltagsleben in den Dörfern und Städten. Wenn auch die Versorgung – anders als im Ersten Weltkrieg – einigermaßen sicher gestellt war, auch weil durch die Ausbeutung des besetzten Teils Europas das Angebot für die deutsche Bevölkerung bis 1944 auf vergleichsweise solidem Niveau gehalten werden konnte, wurden seit Beginn des Krieges die wichtigsten Lebensmittel und Konsumgüter rationiert: Fleisch, Fett, Butter, Käse, Milch, Zucker, Gries, Brot, Eier, auch Kleider und Schuhe. Für die Angehörigen der ländlichen Bevölkerung in ihrer Rolle als Produzenten bedeutete das noch stärkere Vorgaben in der Erzeugung, als Konsumenten mussten sie mit den reduzierten Einkaufsmöglichkeiten des Bezugskartensystems zurechtkommen. Trotz starker Kontrollen konnten die Produktionsvorgaben und Ablieferungserwartungen durch Verheimlichung und Selbstnutzung eines Teils des Ertrages, etwa durch „Schwarzschlachtung", teilweise unter dem Risiko schwerer Bestrafung umgangen werden. Zumindest in den ersten Jahren des Krieges konnten Päckchen der Soldaten aus den besetzten Gebieten die Versorgung ihrer Familien mit „Luxusartikeln" wie Schokolade oder Kaffee, auch mit Stoffen und Kleidungsstücken bereichern.

Trotz aller Gefahr, allem Leid und Mangel versuchten die Menschen auch in den späteren Kriegsjahren, als die anfängliche Euphorie nach den ersten Siegen längst verflogen war, als schon viele Gefallene und Vermisste zu beklagen waren, als der Druck des NS-Systems auf alle Lebensbereiche immer mehr zunahm, ein halbwegs „normales" Leben zu führen. Das notizartige Tagebuch der 1915 geborenen Liesel Hahn aus den Jahren 1943 und 1944 kann einen Eindruck davon vermitteln. Einer der ersten Einträge des Jahres 1943 ist der vom 11. Februar: *„Goebbels verliest die Proklamation des Führers. Erklärung des totalen Kriegs."* Die vielen Eintragungen über Fliegeralarm lassen diesen Zustand des „Totalen Krieges" nicht vergessen. So beschreibt sie stichwortartig den Fliegeralarm am 17. August 1943: *„½ 12 Fliegeralarm mittgs. Flieger kamen in einigen Wellen zu 54–56 St. Über Alsheim weg von Westen nach Osten. Jäger erzielen in der Umgebung einige Abschüsse. Besatzung z. T. mit Fallsch. abgesprungen (…) Immer wieder neue Schwärme von Flugzeugen. Um 6.00 abends Entwarnung."* Zwischen diesen Tagen finden sich immer wieder Notizen, die fast vergessen lassen, dass Krieg herrschte. Ein reger Kontakt zu Freunden und Verwandten mit vielen gegenseitigen Besuchen und viele Fahrten in die umliegenden Städte bestimmten neben dem Arbeitsalltag das Leben der jungen Frau in den Kriegsjahren. Kaum eine Woche verging, in der Liesel Hahn nicht nach Worms fuhr, um neben der Erledigung von notwendigen Geschäften das Kino zu besuchen und die neuesten Filme aus der UFA-Produktion zu sehen. *Liebesgeschichten, Wen die Götter lieben, Der große Schatten, Stimme des Herzens* und viele andere heute noch bekannte Titel dieser Zeit ließen Liesel Hahn und alle anderen Zuschauer die Leiden des Krieges für einige Stunden vergessen. Genau dieser Effekt war vom NS-Regime durchaus gewollt und es kann als Teil der Propagandaleistung von Josef Goebbels angesehen werden, dass er Bedürfnisse nach einer zeitweisen Realitätsflucht, mit deren Hilfe der Kriegsalltag besser zu ertragen war, weckte und erfüllte. So verdoppelten sich die Kinobesuche von 1939 bis 1943 auf 1,1 Milliarden und es wurde nach Stalingrad der Anteil an heiteren Filmen noch verstärkt. Wenn Liesel Hahn trotz der ständigen Bedrohung durch Fliegerangriffe, gerade auf Bahnanlagen und Städte, dieses Angebot nutzte und sogar am Tag nach dem beschriebenen großen Angriff im August 1943 es sich nicht nehmen ließ, in der „Schauburg" in Worms, *Paracelsus* mit Werner Kraus anzuschauen, dann kann die entlastende Funktion des Kinos in dieser Zeit ermessen werden. Auch andere, einfachere Gelegenheiten wurden genutzt, um den Krieg für Stunden zu verdrängen. So ist immer wieder von Spaziergängen durch die Gärten die

Rede und am 3. Oktober 1943 findet sich der Eintrag: *„Herrliches Wetter. Wir sitzen auf der Bank im Hof und singen. Um 5.00 fahre ich mit Mausi (das Kind einer Verwandten, G.M.) per Rad nach Gimbsheim – Kerb – Karussell, dann an den Rhein, wunderbar ist es dort."*

Die Bewältigung des Kriegsalltages dürfte bei jedem anders ausgesehen haben und nicht jeder hatte die Möglichkeiten der 1943 noch ledigen, wirtschaftlich abgesicherten jungen Frau. Ihr Beispiel aber kann zeigen, wie das Leben in jenen Jahren ständig zwischen Ausnahmezustand und Normalität pendelte.[43]

Am Sonntag, dem 21. März 1945, näherten sich Guntersblum von Süden her amerikanische Panzer, als ihnen drei Personen mit einer weißen Fahne entgegen kamen. Der stellvertretende Bürgermeister, ein Ortsbürger und seine aus England stammende Frau, die übersetzen konnte, teilten den Soldaten mit, dass das Dorf kampflos übergeben werde. Daraufhin mussten sie auf dem ersten Panzer bis zum Rathaus mitfahren. Beim geringsten Widerstand im Dorf, so war ihnen gesagt worden, würden sie sofort erschossen. An allen größeren Gebäuden waren weiße Fahnen gehisst. Andere Panzer, die von Westen kamen, wurden von Dr. Huhn, dem zum Widerstandsnetzwerk von 1944 zählenden Gemeindearzt, und zwei weiteren Personen empfangen, die ebenfalls eine friedliche Ortsübergabe ankündigten. Noch wenige Wochen vorher hatten vor Ort stehende „Pioniere" die Verteidigung Gunterblums angekündigt, hatten Volkssturmmänner Panzersperren gebaut und waren „Ein-Mann-Erdlöcher" und ein Schützengraben am Ortsausgang gegraben worden. Aber bereits am 17. März hatten die Soldaten den Befehl bekommen, auf die rechte Rheinseite zu wechseln, so dass *„maßgebliche Leute",* wie Pfarrer von der Au in seine Chronik schrieb, die Volkssturmmänner davon über-

zeugen konnten, die Panzersperren zu öffnen und das Dorf kampflos zu übergeben. Nicht überall in Rheinhessen wurde diese Entscheidung so konfliktlos getroffen. Zwar verlief der Einmarsch der Amerikaner in Mainz und Worms ohne Zwischenfälle, nachdem sich die NS-Funktionäre, noch bevor deutsche Soldaten die Brücken sprengten, über den Rhein abgesetzt hatten, aber in einigen Gemeinden kam es zu erheblichen Zwischenfällen. Auch in Hahnheim hatte man, nachdem Bürgermeister und NS-Funktionäre geflüchtet waren, am 19. März eine weiße Fahne gehisst. Ein plötzlich in das Dorf kommender deutscher Offizier verlangte jedoch das Entfernen der Fahne und veranlasste eine Flak-Einheit in Stellung zu gehen, die dann die sich nähernden amerikanischen Panzer beschoss. Ein Kampf um das Dorf entbrannte, in dessen Verlauf viele Häuser und Scheunen abbrannten, bis die deutschen Soldaten aufgaben. Sieben Menschen starben im Verlauf dieses Kampfes, als – wahrscheinlich von deutscher Hand – ein Sprengkörper in den Keller unter der katholischen Kirche, wo sich 24 Personen aufhielten, geschmissen wurde. Ebenfalls große Schäden gab es in Volxheim, wo sich eine deutsche Sturmartillerieabteilung verschanzt und die Amerikaner beschossen hatte, was zu entsprechenden Gegenreaktionen führte. Auch Wonsheim wurde einen ganzen Tag lang mit Panzergranaten beschossen, nachdem von dort aus ein amerikanischer Panzer abgeschossen worden war. In Siefersheim hatten einige Einwohner bereits am 17. März weiße Bettlaken gehisst, woraufhin der Ortsgruppenleiter drei Männer festnehmen und in Wonsheim vor ein Kriegsgericht stellen ließ, das sie zum Tode verurteilte. Auf dem Weg nach Alzey, wo die Exekution stattfinden sollte, gelang ihnen aber die Flucht. In Hechtsheim wurden am 20. März drei Männer wegen des Hissens der weißen Fahne von einem SS-Mann erschossen. Die Anordnung des Ingelheimer

Volkssturmkommandanten Berndes, fanatische Jugendliche zu entwaffnen, um den Einmarsch der Amerikaner ohne Zwischenfälle zu ermöglichen, kostete ihn das Leben. Zurückmarschierende SS-Leute und örtliche NS-Funktionäre meldeten Berndes' Verhalten nach Mainz und Frankfurt, woraufhin ein Major Kraffert die Befehlsgewalt in Ingelheim übernahm und Berndes festnehmen ließ. Ein schnell zusammengestelltes Gericht verurteilte ihn zum Tod durch Erhängen. Das Urteil wurde noch in der Nacht zum 18. März auf dem Marktplatz in Nieder-Ingelheim vollzogen.

Der spektakulärste Mordfall in diesen Tagen fand auf dem rechtsrheinischen Kornsand gegenüber von Nierstein statt. Dort waren fünf Niersteiner – vier Männer und eine Frau – und ein Oppenheimer am 21. März durch Genickschuss hingerichtet worden. Die Niersteiner waren vier Tage zuvor als bekannte Regimegegner vom Niersteiner Ortsgruppenleiter Bittel ausge-

wählt worden, um auf dem Kornsand Schanzarbeiten durchzuführen, dann aber als „Kommunisten" inhaftiert, nach zwei Tagen jedoch von der Darmstädter Gestapo wieder freigelassen worden. Beim Versuch, wieder auf das linke Rheinufer zu gelangen, wurden sie von dem ebenfalls aus Nierstein stammenden Leutnant Heinrich Funk verhaftet. Zusammen mit dem Oppenheimer Volkssturmmann Rudolf Gruber, der ebenfalls auf die linke Rheinseite übersetzen wollte, um seinen dort vergessenen Rucksack zu holen und dem das als Fahnenflucht ausgelegt worden war, wurden Georg Eberhardt, Nikolaus Lerch, Jakob Schuch und das Ehepaar Johann und Cerry Eller vom Leiter des NSDAP-Schulungslagers in Oppenheim, Alfred Schniering, der sich zum Brückenkopfkommandanten auf dem Kornsand erklärt hatte, zum Tode verurteilt und – nachdem alle Volkssturmleute und anwesenden Soldaten sich geweigert hatten, an einem Exekutionskommando teilzunehmen – von dem 18-jährigen Leutnant Hans Kaiser erschossen.[44]

Rheinhessen 1945–2015

„Als die Amerikaner kamen" – amerikanische Besatzung nach Kriegsende

„Als die Amerikaner dann kamen, da waren wir oben im Luftschutzbunker am Kupferberg, da saßen noch Hunderte von Menschen drinnen. Man wußte ja nicht, wie das vor sich geht. (…) Ein paar Tage später, da fing das dann an – da waren die Ami auch nicht gerade sehr freundlich. Da haben sich die Frauen nachts in Häuser geflüchtet, die noch standen, und die Türen verbarrikadiert. (…) Es war nicht so, daß die gerade als unsere Freunde

gekommen wären." Während Josephine H. in Mainz die Präsenz der Amerikaner als bedrohlich wahrnahm, empfand Katharina P. in Bretzenheim den Einmarsch als Befreiung: *„Aber man war doch so befreit! Man hat doch auch gedacht: Jetzt ist es ja gut! Ich hab die gar nicht als Feinde betrachtet, das waren Amerikaner, mit denen hatte ich ja nichts! Ich hätte ja unsere viel mehr als Feinde betrachtet!"* Wenn auch diese Zeitzeugenaussagen erst Jahrzehnte später aufgenommen wurden und der Gebrauch des Begriffes Befreiung vielleicht eher den öffentlichen Diskurs der achtziger Jahre widerspiegelt, geben sie doch die Ungewissheit über das Bevorstehende, das Pendeln zwischen Hoffnung und Angst wieder, das sich in vielen Berichten zur Stimmung in den Tagen um den 20. März finden lässt.

Ludwig Schorlemmer hielt in seinem Tagebuch die ersten Tage der Besetzung in Alzey fest. Während der Bevölkerung am Tag des Einmarsches das Betreten der Straße bis zum nächsten Tag verboten wurde, wurden die Häuser und Wohnungen einzeln nach Waffen und Soldaten durchsucht. Danach wurden Wohnungen für die Soldaten beschlagnahmt, die von den Bewohnern innerhalb einer Stunde geräumt werden mussten. In den ersten Tagen herrschten strikte Ausgangssperren, nur von 7 bis 10 Uhr und von 16 bis 18 Uhr durften die Straßen betreten werden. Sämtliche Schulen wurden besetzt, die Heil- und Pflegeanstalt als amerikanisches Lazarett genutzt.

In vielen Berichten wurde das Verhalten der amerikanischen Soldaten als *„diszipliniert"* bezeichnet. Gertrud Bach in Mainz erlebte drei Beschlagnahmungen ihres Hauses, es sei aber nie etwas gestohlen worden und habe keine Schäden gegeben. In Ingelheim verzichteten die Soldaten auf den Bezug eines Hauses, in dem 20 Personen, darunter neun Kinder lebten, und quartierten sich im Gartenhaus ein. Maria E. aus Mainz, die in ein rheinhessisches Dorf evakuiert war, schilderte, dass die Amerikaner das Haus, in dem sie lebte, nie beanspruchten, wenn sie sich mit ihrem neugeborenen Kind zeigte. Vereinzelt sind auch Belästigungen überliefert. Gerüchte, die in Mainz kursierten, dass es *„auf den Ortschaften (…) in Rheinhessen"* zu Vergewaltigungen gekommen sein soll, lassen sich nicht belegen.

Alle Einwohner Rheinhessens wurden über Aushänge über die Bedingungen der Besatzung informiert. Noch herrschte Krieg. Daher war weiterhin Totalverdunkelung vorgeschrieben und wurde vor allem darauf geachtet, dass keine Kommunikation zwischen dem besetzten und dem noch nicht eroberten Teil Deutschlands stattfand. Niemand durfte sich ohne Erlaubnis der Militärregierung mehr als sechs Kilometer von seinem Wohnort entfernen, die Nutzung von Eisenbahnen, Autos und Motorrädern war nur mit Genehmigung gestattet. Jeder, der über zwölf Jahre alt war, musste sich registrieren lassen und seinen Ausweis ständig bei sich führen. Jeder Nachrichtenverkehr über Post, Telefon, Telegramm oder Funk war eingestellt, Sendeapparate mussten abgegeben werden, der Gebrauch von Fotoapparaten und Feldstechern war verboten, selbst das Freilassen von Tauben war untersagt. Versammlungen mit mehr als fünf Personen waren verboten, Gottesdienste allerdings gestattet.

Nach der extremen Ausnahmesituation der ersten Tage wurde aber schon bald auch versucht, Normalität herzustellen. In Alzey wurde ab dem 24. März wieder Fleisch verkauft, für das man allerdings stundenlang anstehen musste. Am Ostersonntag fanden *„Kinder ein paar gefärbte Eier, und auch Kuchen sind hier und da gebacken worden"*. Anfang April wurden alle Männer zwischen 16 und 55 Jahren zum Freiräumen der Straßen und zum Abbau der Panzersperren aufgefordert. Ab Mitte April begann man mit Reparaturarbeiten an der Bahn. Seit 10. April war auch wieder Strom verfügbar. Man konnte – sofern das Gerät nicht abgegeben worden war – wieder Radio hören und sich über den Kriegsverlauf informieren. Wenn auch die meisten Einwohner den Luxemburger Sender gehört haben sollen, verfolgte zumindest Schorlemmer am 19. April auch die Rede von *„Dr. Goebbels"* (wie er ihn im Tagebuch immer noch titulierte), der am Vorabend von Hitlers Geburtstag noch vom Endsieg gesprochen habe. Die Nachricht von Hitlers Tod über den Luxemburger Sender berührte ihn nur wenig: *„Sie hätte in normalen Zeiten eine Welt in Erregung gesetzt, aber wir nehmen sie mit einem gewissen Gleichmut zur Kenntnis. Wenn es sich bestätigt, daß Selbstmord vorliegt, dann fühlen wir uns doppelt verraten."*

Das Fraternisierungsverbot der Alliierten wurde vor allem auf die Frauen bezogen. Frauen und Kinder, so die Anordnung, sollten *„Annäherungsversuche"* an die Soldaten vermeiden, bei Zuwiderhandlungen – so eine in Ingelheim erlassene Anordnung – sollten nicht nur die Soldaten bestraft, sondern auch die Frauen mit ihren Familien aus der Stadt ausgewiesen werden. Das aber ließ sich nicht durchsetzen. Schon früh entstanden Beziehungen zwischen Soldaten und deutschen Frauen, die von Zeitgenossen kritisch, teilweise aber auch mit Verständnis beurteilt wurden. So schilderte Maria Jung aus Mainz das Verhältnis einer Nachbarin mit einem Amerikaner: *„Wenn der kam, mußte der Bub in den Hof und hatte aber immer so einen Riegel Schokolade."* Die Notsituation einer als *„leichtes Mädchen"* verschrienen Bekannten erkannte Irma Kühn aus Bretzenheim als Grund für deren Kontakte mit den Besatzungssoldaten an: *„Die war mit den Amis – also die war ein ‚leichtes Mädchen' (…) Na ja die hatte ein uneheliches Kind. Die mußte auch sehen, wo sie bleibt."*[45]

In unterschiedlichem Tempo wurden von den amerikanischen Offizieren provisorische Bürgermeister oder Gemeindevorsteher in den Städten und Dörfern eingesetzt. Die Entscheidung, wer das Amt übernehmen sollte, konnte, wie am Beispiel Mainz zu sehen ist, auch mehr oder weniger spontan getroffen und alsbald wieder revidiert werden. Dort hatten Mitarbeiter der Stadtverwaltung sich zwei Tage nach dem Einmarsch der Amerikaner – und vier Tage, nachdem der NS-Oberbürgermeister Ritter die

Stadt verlassen hatte – im Stadthaus versammelt und zu ihrer Überraschung erfahren, dass ein amerikanischer Offizier schon am 22. März den Weinhändler Kuhn zum Oberbürgermeister ernannt habe. Nur wenig später wurde bekannt, dass ein anderer Offizier fast parallel den Schlosser Heinrich Schunk in das gleiche Amt eingesetzt hatte. Auf Vorschlag der Verwaltungsmitarbeiter wurde dann aber der seitherige Regierungsrat Dr. Rudolph Walther, der nicht Mitglied in der NSDAP gewesen war, in das höchste städtische Amt berufen. In Worms setzte der Stadtkommandant van Steenberg drei Tage nach der Besetzung der Stadt auf Vorschlag zweier Geistlicher den Lederfabrikanten Ludwig Freiherr von Heyl als Stadtältesten ein. Dagegen wurde Georg Schick in Ingelheim erst am 14. April zum Bürgermeister ernannt, dem schon im Mai nach seiner Verpflichtung als Landrat der wieder nach Ingelheim zurückgekehrte, 1933 abgesetzte Bürgermeister von Ober-Ingelheim Georg Rückert auf dessen eigenen Wunsch in das Amt folgte. Auch auf dem Land konnte die Auswahl der neuen Ortsvorsteher einigermaßen spontan erfolgen. So ernannte in Mommenheim ein amerikanischer Major den Weinhändler Schmitt, nachdem er beobachtet hatte, wie dieser sich um den Abbau der Panzersperren gekümmert hatte.

Den provisorischen Bürgermeistern wurden von den Amerikanern ausgewählte Selbstverwaltungsgremien an die Seite gestellt. In Worms sollte ab April ein zwölfköpfiger „Antifaschistischer Kampfbund", auch Zwölferausschuss genannt, den Oberbürgermeister unterstützen. In Mainz wurde auf Wunsch des Oberbürgermeisters im Juni ein Stadtausschuss einberufen, dem Vertreter der ehemaligen Weimarer Parteien, der Kirchen, Gewerkschaften, Landwirtschaft und der freien Berufe angehörten, in Oppenheim wurde ein Bürgerausschuss gebildet. Heyl wurde bereits am 21. Mai, eventuell weil er als Industrieller 1944 das Kriegsverdienstkreuz II. Klasse verliehen bekommen hatte, durch den sozialdemokratischen Lehrer Dr. Ernst Kilb ersetzt.

Als regionale Verwaltungseinheit wurde am 18. Mai ein Oberpräsidium Saarland-Pfalz-Südhessen mit Sitz in Neustadt an der Weinstraße eingerichtet, das schon zwei Wochen später zum Oberregierungspräsidium Mittelrhein-Saar – jetzt ohne die rechtsrheinischen Teile Rheinhessens – umgewandelt wurde. Als Präsident der neuen Behörde wurde Hermann Heimerich, der ehemalige Oberbürgermeister von Mannheim, eingesetzt. Heimerich richtete einen eigenen Regierungsbezirk Rheinhessen mit Sitz in Mainz ein und ernannte den ehemaligen sozialdemokratischen Landtags- und Reichstagsabgeordneten und Widerstandskämpfer Jakob Steffan zum Regierungspräsidenten. Ein jahrzehntelanger Streit wurde mit der ausdrücklichen Verfügung initiiert, dass nur die linksrheinischen Teile der Kreise Mainz und Worms zum neuen Regierungsbezirk gehören sollten. Somit wurde die Zugehörigkeit der 1930 nach Mainz eingemeindeten Bischofsheim, Ginsheim und Gustavsburg sowie etlicher 1938 zum Kreis Worms zugeschlagenen südhessischen Gemeinden rückgängig gemacht. Auch die seit 1816 zu Rheinhessen zählenden Mainzer Stadtteile, Kastel, Amöneburg und Kostheim und die erst durch die Rheinbegradigung von 1828/29 geschaffene Insel Kühkopf wurden abgetrennt. Mainz verlor über die Hälfte seiner Stadtfläche.[46]

Unter französischer Besatzung

Auf der Konferenz von Jalta war Frankreich im Februar 1945 eine eigene Besatzungszone zugesprochen worden, deren genauer Zuschnitt erst im Juni 1945 festgelegt wurde. Als Teil des linksrheinisch gelegenen Nordteils der französischen Zone wurde Rheinhessen am 10. Juli 1945 von französischen Truppen besetzt. Mit dem Rhein als Zonengrenze wurde auch die Abtrennung der rechtsrheinischen ehemaligen Mainzer Stadtteile bekräftigt. Zwei Wochen später wurde bereits die Auflösung des Oberregierungspräsidiums Mittelrhein-Saar verfügt und Rheinhessen dem neu geschaffenen Oberregierungspräsidium Hessen-Pfalz (zunächst Pfalz-Hessen) zugeschlagen. Der Zusammenfassung der rheinischen Gebiete im Januar 1946 zu einem Oberpräsidium „Rheinland-Hessen-Nassau" wurde im Oktober des Jahres auch noch Rheinhessen angegliedert. An diesen mehrfachen Umstrukturierungen ist das Interesse Frankreichs an einer dezentralen Gliederung der Besatzungszone erkennbar, die sich nicht nur auf die Zweiteilung zwischen rechtsrheinischem Südteil und dem linksrheinischen Rheinland bezog, sondern auch innerhalb dieser Zonenteile noch weiter betrieben wurde.

Die Besatzungspolitik der Franzosen wurde von den Zeitgenossen als ungleich härter als die der Amerikaner wahrgenommen. Schon die Ankunft der neuen Besatzungsmacht in Ingelheim verdeutlichte dort dem neuen Bürgermeister Rückert die veränderte Situation: *„Der amerikanische Stadtkommandant (hatte sich) am Abend vor seinem Abzug freundschaftlichst von mir verabschiedet. Am Morgen des folgenden Tages wurde plötzlich die Tür meines Amtszimmers ohne anzuklopfen geöffnet, und ein französischer Offizier mit einer Reitpeitsche in der Hand ging auf meinen Schreibtisch zu, schlug mit der Reitpeitsche auf meinen Schreibtisch und ging dann in meinem Zimmer auf und ab, wobei er so schnell französisch sprach, daß ich ihn nicht verstehen konnte."* Erst nachdem Rückert in französischer Sprache antwortete, wurde der Offizier zugänglicher und formulierte seine Forderungen.

Die Erfahrung der Niederlage und der deutschen Besatzung spielte bei der französischen Besatzungspraxis zweifelsohne ebenso eine Rolle wie das nach drei Kriegen verständliche Sicherheitsbedürfnis der französischen Politik und das Verlangen, die auch wirtschaftlich immensen Schäden durch Reparationsleistungen zumindest teilweise auszugleichen. Hohe Forderungen an Besatzungskosten und Demontagen von Industrieanlagen erklären sich daraus ebenso wie der Versuch, die Kontakte zwischen einzelnen Bezirken der Besatzungszone und zur britischen oder amerikanischen Zone zu beschränken. Die Belastungen der Besatzung wurden von der Bevölkerung bitter kommentiert: *„In der französischen Zone herrscht keine Ordnung, das Volk wird ausgeplündert, belogen, bestohlen und die Besatzung frißt alles weg und schwelgt im Überfluß"*, beschwerte sich ein anonymer Mainzer um den Jahreswechsel 1946/47. Tatsächlich war die Versorgungslage in der französischen Zone am schlechtesten und sanken die Lebensmittelrationen bis zum August 1947 auf 800–900 Kalorien pro Tag. Das war zwar vor allem die Folge noch kriegsbedingt niedriger Produktivität der Landwirtschaft, witterungsbedingter Missernten, aber auch des bewussten Zurückhaltens von agrarischen Erzeugnissen durch die Landwirte für ihren Eigenverbrauch und zum Schwarzmarkthandel, sicher aber auch durch Beschränkungen des Zonengrenzverkehrs mit verursacht. Etwa die Hälfte der eingehenden Steuern wurde für die Besatzungskosten eingezogen. Auf erheblichen Protest stieß dann die dritte „Entnahmewelle" 1947/48, in der von einer Demontageliste ausgehend systematisch Industrieanlagen abgebaut und nach Frankreich verlagert werden sollten. Dass die deutsche Besetzung Frankreichs ungleich folgenreicher für die Bevölkerung und die Wirtschaft des Landes gewesen war, dass etwa die Besatzungskosten mit 170 % des Steueraufkommens berechnet worden waren, dass das Land wirtschaftlich ausgebeutet worden war, ganz zu schweigen von den Kriegsschäden und Menschenrechtsvergehen, daran scheint in dieser Situation nur eine Minderheit der Bewohner der französischen Zone gedacht zu haben.

Dass die harte Haltung der französischen Besatzung, die allerdings keineswegs einheitlich war, auch der innenpolitischen Lage in Frankreich geschuldet war, dass also der französischen Öffentlichkeit ein zu starkes Entgegenkommen gegenüber der deutschen Bevölkerung nicht vermittelbar gewesen wäre, wird in der Geschichtswissenschaft seit längerem diskutiert. Auf der anderen Seite ist die französische Kulturpolitik zu nennen, deren auf die breite Bevölkerung abzielenden Angebote, wie Konzertveranstaltungen, Theater, Kino und Vorträge, sicher nur von einer Minderheit angenommen wurden, deren institutionellen Neugründungen, allen voran die der Mainzer Universität im Jahr 1946, die Entwicklung der Region aber nachhaltig prägten.[47]

Kriegsgefangenenlager

Neben der Bewältigung der massiven Versorgungsprobleme hinsichtlich Wohnraum, Energie und Lebensmittel hatten Militärregierung und Zivilbehörden etliche weitere Aufgaben zu lösen. Der Umgang mit den deutschen Kriegsgefangenen stellte sich dabei nach dem Einmarsch der amerikanischen Truppen als letztlich kaum lösbares Problem heraus. Die in kurzer Zeit massiv ansteigende Zahl der Kriegsgefangenen – insgesamt sollen es bei Kriegsende 11 Millionen deutsche Soldaten gewesen sein – musste innerhalb kürzester Zeit in Massenlagern untergebracht werden. Die amerikanische Armee richtete daher in ihrer Einflusszone europaweit 200 Lager ein, die zum größten Teil als Übergangslösung geplant waren. Etwa eine

Million Menschen wurden in den 23 vorwiegend links des Rheins gelegenen sog. Rheinwiesenlagern inhaftiert. Aufgrund der massiven Versorgungsprobleme in den letzten Kriegswochen und nach der Kapitulation war eine Behandlung nach den Genfer Konventionen nicht zu gewährleisten. Gemäß ihrem Namen wurden die Lager auf dem freien Feld eingerichtet, lediglich mit Stacheldraht, aber kaum mit Gebäuden, Zelten oder sanitären Einrichtungen versehen, so dass der Großteil der ehemaligen Soldaten ohne Schutz vor Kälte, Regen und Hitze und mit sehr wenig Lebensmitteln auskommen musste. In Rheinhessen waren solche Lager in Heidesheim, Hechtsheim, Dietersheim, Zahlbach, Planig und für wenige Wochen in Eckelsheim errichtet, das mit mehr als 100.000 Gefangenen größte Lager befand sich jenseits der Nahe in Bretzenheim bei Bad Kreuznach. In Dietersheim bei Bingen lagerten nach Aussage des Ingelheimer Bürgermeisters Rückert 40.000 Gefangene unter freiem Himmel, die beim Abzug der Amerikaner ohne Nahrungsmittelversorgung waren, was zu etlichen Todesfällen führte. Auf eine von Rückert veranlasste Sammlung in Ingelheim konnten dann zwei Lastwagen mit Lebensmitteln nach Dietersheim gebracht werden. Zudem wurden in Heidesheim ein Lazarett für erkrankte Gefangene aus Dietersheim und in Ingelheim zwei Nacherholungsheime eingerichtet. Noch vor der Übernahme der Besatzung durch die Franzosen waren viele der Gefangenen schon entlassen worden. In den acht noch bestehenden Lagern innerhalb der französischen Besatzungszone befanden sich etwa 180.000 Menschen, von denen die meisten nach Frankreich gebracht wurden, um dort am Wiederaufbau und in der Landwirtschaft zu arbeiten. Alle in Rheinhessen errichteten Lager wurden aufgegeben.[48]

Zwischen „Selbstreinigung" und „Weißwaschung" – Ziele und Grenzen der Entnazifizierung

„Man wundert sich, wieviele erklärte Gegner der NSDAP es plötzlich gibt", schrieb der Alzeyer Ludwig Schorlemmer schon wenige Tage nach dem Einmarsch der Amerikaner in sein Tagebuch. Mit der Frage, wie man mit der Verantwortung für sein Handeln und Verhalten im NS-Regime umgehen sollte, individuell und politisch, hatten sich die verschiedenen Akteure zweifelsohne auch schon vor dem Ende befasst. Einige der aktivsten Nationalsozialisten begannen Selbstmord. So hatte sich der ehemalige Leiter des KZ Osthofen, Karl d'Angelo, von der Rheinbrücke in Worms gestürzt. Anderen gelang noch die Flucht über den Rhein und zumindest einigen von ihnen die jahrelange Existenz unter anderem Namen. Alle Personen, die *„den alliierten Streitkräften gefährlich oder verdächtig erschienen"*, sollten festgenommen und in Lager gebracht werden, lautete die Anweisung für die einmarschierenden Truppen. Generell waren damit alle Mitglieder von Gestapo und SD, alle NSDAP-Funktionäre ab der Ebene der Ortsgruppenleiter, alle SS-Offiziere, die höheren Amtsträger der anderen NS-Organisationen, hohe Polizeifunktionäre und höhere Beamte gemeint, zusätzlich konnten auch andere verdächtige Personen verhaftet werden. Ende 1945 waren so in der französischen Zone 11.120 Menschen in Internierungslagern und weitere 1.463 in Gefängnissen inhaftiert. Unter den Mitgliedern *„verbrecherischer Organisationen"*, wozu auch die NSDAP gezählt wurde, war die größte Gruppe die der Ortsgruppenleiter. Der größte Teil der rheinhessischen Internierten war in Lagern in Landau und in Diez untergebracht. Schon bald wurde die Internierung kritisiert, da auch wenig Belastete oder eher zufällig Inhaftierte davon betroffen waren. Auch erste Maßnahmen, die alle ehemaligen NSDAP-Mitglieder erfassen sollten,

wurden nicht immer konsequent durchgeführt. Bei Pflichtarbeiten, etwa Wegebau, Holzfällarbeiten oder das Zuschütten von Schützengräben in Ingelheim oder Enttrümmerungsarbeiten in den zerstörten Städten, gelang es offensichtlich immer einigen ehemaligen Parteigenossen, sich der Aufgabe zu entziehen, wie auch bei Requirierungen, die vorzugsweise bei ehemaligen NSDAP-Mitgliedern vorgenommen werden sollten, häufig auch andere Personen betroffen waren.

Auch der Ablauf der eigentlichen Entnazifizierung war von den Alliierten bereits im Herbst 1944 festgelegt worden. Aus öffentlichen Stellen und aus Führungsfunktionen der Wirtschaft sollten alle Personen, die schon vor 1933 in der NSDAP oder einer NS-Organisation Mitglied gewesen waren, alle *„Parteibeamten"*, Behördenleiter und höhere Beamten entlassen werden. Diese Regelung wurde zunächst leicht modifiziert von der französischen Militärregierung übernommen, aber dann durch ein grundsätzlich anderes System ersetzt. Ausgehend von der Überzeugung des Administrateur General Laffon, dass die deutschen *„antifaschistischen Kräfte"* bei der *„Auto-Epuration"*, also der „Selbstreinigung", unter französischer Kontrolle mitwirken sollten, wurden auf Kreisebene Untersuchungsausschüsse, für verschiedene Verwaltungszweige Sonderkommissionen, auf Regierungsbezirksebene Säuberungskommissionen und beim Oberregierungspräsidium in Neustadt eine „Zentrale Säuberungskommission" eingesetzt, in denen dezidiert antinationalsozialistische Vertreter aus politischen Kreisen, der Kirchen, der Gewerkschaften und verschiedenen Behörden mitarbeiten sollten. Die Entscheidungen der Kommissionen zu den Einzelfällen wurden von der Militärregierung kontrolliert. Anders als in den anderen Zonen wurden nicht alle Erwachsene mit Fragebögen der Entnazifizierung unterzogen, sondern nur

die in öffentlichen Institutionen Beschäftigten und das Führungspersonal der Wirtschaft. Um nicht die große Zahl der nur wenig belasteten Personen durch die Verfahren unnötig lange dem Wiederaufbauprozess zu entziehen, wurde diese Gruppe vorgezogen, während die Einsprüche der bereits entlassenen oder internierten stärker Belasteten erst danach behandelt werden sollten. Bis April 1947 wurden in dieser Phase der Entnazifizierung im Oberpräsidium Rheinland-Hessen-Nassau 86.000 Fälle überprüft, von denen 37 % mit Sanktionen belegt wurden, zum überwiegenden Teil mit dienstlichen Zurückstufungen, in etwa 30 % der Fälle wurden Entlassungen ausgesprochen. In Mainz wurden bis Frühjahr 1946 ein Drittel der Beamten, 12 % der Angestellten und 7 % der Arbeiter aus dem öffentlichen Dienst entlassen, in Worms wurden 183 Bedienstete entlassen oder suspendiert, in Ingelheim acht Beamte und elf Angestellte. Im Bereich der öffentlichen Verwaltung war diese Phase der Entnazifizierung Ende 1946 weitgehend abgeschlossen. Das Verfahren geriet aber immer mehr von deutscher Seite in die Kritik, weil es regional unterschiedlich konsequent durchgeführt wurde, weil die rechtliche Grundlage und somit auch die Einspruchsmöglichkeiten unklar waren und weil der Eindruck entstand, dass die *„kleinen Parteigenossen"* von der Maßnahme übermäßig hart betroffen waren. Mittlerweile war das Thema auch in der politischen Diskussion der sich wieder konstituierenden Parteien und des neuen Landes Rheinland-Pfalz angekommen. Wohl nicht nur zuletzt auch mit Blick auf Wählerschaften, sondern auch aus Sorge um die Reintegration der Betroffenen mahnten Politiker jetzt an, die *„Bereinigung nicht zu einem todbringenden Krebsgeschwür"* heranwachsen zu lassen und nicht aus den *„kleinen Pgs"*, die noch als *„Mitarbeiter im demokratischen Staat"* gebraucht würden, ein *„Heer von grollenden, unzufriedenen Mitläufern"* zu schaffen.

Im April 1947 wurde das Verfahren auf das amerikanische Modell umgestellt. In Spruchkammern sollten nun die noch nicht der Entnazifizierung unterzogenen Personen, vor allem die in den Internierungslagern Inhaftierten, nach den im Oktober 1946 vom Alliierten Kontrollrat vorgegebenen Kategorien als Hauptschuldige, Belastete, Minderbelastete, Mitläufer und Entlastete identifiziert werden. Das nun stärker nach juristischen als nach politischen Kriterien ausgerichtete Verfahren bot den Betroffenen die Möglichkeit, ihre Schuld stärker herunter zu spielen oder sich über Leumundszeugnisse, so genannte „Persilscheine", ein nicht systemkonformes Verhalten bestätigen zu lassen. Das und die Schwierigkeit, ihnen strafwürdiges Handeln nachzuweisen, zumal sich kaum Belastungszeugen fanden oder frühere Aussagen zurückgenommen wurden, ließ viele der eindeutig stärker in das NS-Regime verstrickten Aktivisten mit sehr milden Urteilen davonkommen. Während die französische Militärregierung von „Weißwaschung" sprach, zeigt sich auch an der Festlegung des obersten öffentlichen Klägers, man wolle mit den Verfahren „das Vertrauen der Bevölkerung in die gerechte und liebevolle Abwägung des Verhaltens der Betroffenen in der Nazizeit" sicherstellen, dass es nicht mehr in erster Linie um kritische Aufarbeitung, sondern um einen auch von großen Teilen der Öffentlichkeit gewünschten „Schlussstrich" ging. Durch Amnestiegesetze, die sich auf Jugendliche und Mitläufer bezogen, und eine abschließende Anordnung, dass die Fälle der gering Belasteten, die nicht unter die Amnestie fielen, mit Säuberungsbescheiden abzuschließen seien, wurde bis zum Ende der 1940er-Jahre die Entnazifizierung beendet.

Etwas mehr als jeder zehnte rheinland-pfälzische Einwohner war bis 1950 in Entnazifizierungsverfahren überprüft worden. Nur fünf Personen galten als „Hauptschuldige", 440 (0,2 %)

als „Belastete", 2,3 % als Minderbelastete und 8,8 % als Mitläufer, die nicht unter die Amnestiegesetze fielen. Alle anderen galten als entlastet oder amnestiert. In der Folge strebten viele der „Gesäuberten" wieder ihre alten Stellen an, wobei sie vom Beamtenbund und den Kirchen und selbst von Innenminister Jakob Steffan unterstützt wurden, so dass vor allem die französische Seite eine „Renazifizierung" der Verwaltung befürchtete. Tatsächlich berichtete ein französischer Delegierter im April 1949 aus Worms, dass es für politisch nicht Belastete kaum möglich sei, in den öffentlichen Dienst zu gelangen, ehemalige NSDAP-Mitglieder aber schnell wieder auf ihre alten Stellen zurückkehrten. Während Ende 1946 der Anteil ehemaliger Parteigenossen in der Wormser Verwaltung 21,5 % betrug, waren es Anfang 1950 schon 37,7 %. Eine dauerhafte Verdrängung der ehemaligen, angeblich nur „nominellen Nationalsozialisten" aus der öffentlichen Verwaltung, gerade aber auch aus dem Schulwesen, erschien nicht praktikabel und auch politisch nicht durchsetzbar.[49]

Milde Strafen für die Täter

Endete die Entnazifizierung in vielen Fällen mit ausgesprochen milden Urteilen, so gilt das noch mehr für die strafrechtliche Verfolgung vieler Verbrechen der NS-Zeit. Der Mord an Julius Frank in Dolgesheim blieb ungesühnt, weil die Angeklagten im Prozess 1948 schwiegen und sie aus Mangel an Beweisen frei gesprochen wurden. Von den Tätern der Kornsandmorde wurde einer zu einer lebenslänglichen Strafe verurteilt, die dann in 15 Jahre umgewandelt und bereits 1956 ausgesetzt wurde. Ein weiterer Täter war zunächst geflohen und wurde 1950 zu drei Jahren Haft verurteilt, die später auf elf Monate reduziert wurden. Ein anderer Angeklagter wurde frei gesprochen. Der Denunziant, dessen Aussage für Elisabeth Groß aus Worms den Tod bedeutet hatte, wurde zunächst zu einer Zuchthausstrafe von einem Jahr und zwei Monaten verurteilt, in der Revision aber freigesprochen. Die meisten Angeklagten, denen die Beteiligung an der Zerstörung der Synagoge und an den Drangsalierungen der jüdischen Einwohner Ingelheims vorgeworfen wurde, konnten sich ebenfalls wegen Mangels an Beweisen der Strafe entziehen. Nur einige Gefängnisstrafen zwischen zwei Monaten und zwei Jahren wurden ausgesprochen. Diese Liste ließe sich fortsetzen. Ausschlaggebend für die geringen Strafen waren neben dem „Gedächtnisschwund" der Angeklagten, dem fehlenden Aussagewillen der Zeugen, der allgemeinen Stimmung, die sich gegen eine allzu intensive Aufarbeitung richtete, sicher auch die nach dem Ende der Entnazifizierung wieder mögliche Einbeziehung von mindestens durch Parteimitgliedschaft belastetem Gerichtspersonal.[50]

Die Neu- und Wiedergründungen der Parteien

„Nach dem Einmarsch der Alliierten in die eroberten Gebiete werden vielleicht schon in kürzester Zeit politische Parteien wieder hervortreten. (…) Die Stunde der Freiheit von der Nazi-Tyrannis ist auch die Stunde der politischen Parteien." Diese Erwartung, die der aus Mainz stammende ehemalige Zentrumspolitiker Lorenz Diehl am 6. April 1945 in Worms in seinen Gedanken über die zukünftige politische Entwicklung festhielt, sollte sich so schnell nicht erfüllen. Die Einbeziehung der 1933 verbotenen, jetzt wieder neu zu gründenden Parteien in die politischen Entscheidungen stand nicht an erster Stelle auf der Agenda der Besatzungsmächte. Zwar war bei der Besetzung der provisorischen Bürgermeisterstellen und der beratenden Ausschüsse häufig auf das politische Personal der Weimarer

Zeit zurückgegriffen und, wie etwa beim Mainzer Stadtausschuss, darauf geachtet worden, dass die verschiedenen politischen Strömungen angemessen vertreten waren, einer schnellen Parteienzulassung standen in der französischen Zone aber Bedenken entgegen, die letztlich mit der Skepsis gegenüber einer national einheitlichen Entwicklung Nachkriegsdeutschlands zu erklären sind. Das französische Interesse an Dezentralisierung spiegelt sich auch in der Geschichte der Parteien in der französischen Zone wider. Gleichwohl begannen politische Akteure verschiedener Couleur sich – teilweise entgegen den Anordnungen – zu treffen und künftige Organisationsformen zu beraten. Diehl hielt in seinen Überlegungen bereits Anfang April fest, dass zumindest in „Wormser Linkskreisen schon vorbereitende Sondierungen im Gang" seien. Tatsächlich hatten sich die Kommunisten in Rheinhessen ihrem alten Parteibezirk Hessen-Frankfurt schon wieder angeschlossen. Im Juni kamen ehemalige Sozialdemokraten zusammen. Zu einem ersten größeren Treffen im Stadthaus Mainz, an dem zwischen 60 und 70 Personen teilnahmen, kam es aber erst im November. Nachdem die Franzosen Parteigründungen im Dezember erlaubt hatten, reichten die Sozialdemokraten Ende des Jahres ihren Gründungsantrag für eine SP Hessen-Pfalz ein. Ein „D" im Parteinamen, das eine überzonale, auf Deutschland bezogene Partei bedeutet hätte, war nicht erlaubt.

Um einen Zusammenschluss der ehemaligen Zentrumsvertreter gab es verschiedene Bemühungen. Schon am 8. April hatten sich in Oppenheim alte Zentrumsleute getroffen, die die „Rechte des katholischen Volksteiles" auch in Zukunft gewahrt sehen wollten. Lorenz Diehl selbst fuhr im Sommer 1945 durch Rheinhessen, um frühere Zentrumsmitglieder aufzusuchen und nahm – auch in Absprache mit dem Mainzer Bischof Stohr – Kontakt zu evangelischen Christen auf, um eine konfessionell übergreifende Neugründung des Zentrums vorzubereiten. In der Pfalz arbeitete man an der Gründung einer „Christlich-Sozialen Union" für die Pfalz und Rheinhessen. Im September fand in Mainz ein Treffen statt, an dem Delegierte fast aller rheinhessischen Kreise teilnahmen und sich auf den Namen „Zentrum-Christlich-Demokratisch-Soziale Volkspartei" einigten, der bereits die noch unklare Ausrichtung der künftigen Partei andeutet. Während diese Gründer offen waren für *„alle bürgerlichen und antisozialistischen Kräfte"*, war Diehls Ziel eine *„gemäßigte Linkspartei"*. Auch in Worms warben ehemalige Zentrumsmitglieder, die am Mainzer Treffen nicht teilgenommen hatten, für eine Partei der *„bürgerlichen Mitte"* und gründeten im Januar zusammen mit Protestanten, die vor 1933 der DVP und der DDP angehört hatten, eine Ortsgruppe der Christlich-Demokratischen Union, die sich anders als Diehl nicht von der gleichnamigen Gruppierung in Berlin unter Andreas Hermes distanzierte. Die unterschiedlichen Tendenzen wurden von der französischen Besatzungsmacht gestoppt, die verdeutlichte, dass sie nur eine christliche Partei akzeptierten, die nicht den Namen Zentrum tragen dürfe und die sich zudem mit den Pfälzern zusammenschließen müsse. Im März 1946 trat dann die Christlich-Demokratische-Soziale Volkspartei in die CDU ein. Vorsitzender wurde Lorenz Diehl, der weiterhin am Ziel einer „linken" CDU festhielt und dem deswegen im Oktober auf einer Delegiertentagung in Alzey das Misstrauen ausgesprochen wurde. Sein Nachfolger wurde der Mainzer CDU-Vorsitzende Josef Schmitt.

Die Kommunistische Partei war als erste der neuen Parteibildungen genehmigt worden. Ihr organisatorischer Vorsprung war dem schnellen Wiederaufbau direkt nach Kriegsende zuzuschreiben. Versuche einer Zusammenarbeit mit

der SPD scheiterten. Auch wenn, wie bei den Sozialdemokraten, der Bezug auf Deutschland durch die Verwendung des „D" im Parteinamen verboten war, standen die rheinhessischen Kommunisten in engem Zusammenhang mit der KPD der anderen Zonen. Schon früh wurde der KPD in Ostberlin Bericht über die rheinhessischen Entwicklungen erstattet und das Berliner Zentralkomitee teilte im Dezember 1945 Rheinhessen dem Bezirk Pfalz zu.

Auch die Gründung einer liberalen Partei erwies sich als langwierig. Ein sich rechts der CDU verortender Sozialer Volksbund und eine in der Tradition der linksliberalen DDP stehende „Liberale Partei Rheinhessen" schloss sich erst am 8. Februar 1947 zur „Demokratischen Partei" zusammen.

Die Vorgaben der Besatzungsmacht galten für alle Parteien: sie sollten von *„oben nach unten"*, also zunächst auf Regionalebene und dann erst auf Lokalebene organisiert werden, Zusammenschlüsse innerhalb der französischen Zone waren ebenso untersagt wie die Beteiligung an überzonaler Parteibildung. Die Sozialdemokratische Partei konnte ihre Mitgliederzahlen in Rheinhessen von 4.190 Ende 1946 auf fast 6.000 Ende 1947 steigern. Sie war 1946 mit 94 Ortsvereinen in 56 % der rheinhessischen Städte und Gemeinden vertreten, was eine hochindustrialisierten Gebieten gleichkommende Organisationsdichte darstellte. Mit fast 1.000 Mitgliedern weniger im Jahr 1947 war die CDU allerdings in 182 Ortsgruppen organisiert. 1.583 Parteimitglieder verzeichnete die Kommunistische Partei in Rheinhessen im März 1946, 3.426 im November 1947. 1945/46 existierten 61 Ortsgruppen, die meisten (22) ausgerechnet im ländlich geprägten Kreis Alzey.[51]

Erste Wahlen

Aus den ersten freien Wahlen seit 1933, den Gemeinderatswahlen im September 1946, ging die CDU in Rheinhessen als klarer Sieger hervor. Sie konnte 45,4 % der Wählerstimmen auf sich vereinigen, während die Sozialdemokraten sich mit 30,4 % zufrieden geben mussten. Die Kommunistische Partei wurde von 8,9 % gewählt. 15 % stimmten für parteilose Kandidaten. In den Städten Worms und Mainz blieben die Christdemokraten etwas unter dem rheinhessischen Durchschnitt, erreichten aber mit 41,5 % bzw. 42,3 % doch deutlich die meisten Wähler. Die überdurchschnittlichen Erfolge der CDU im Kreis Bingen (50,5 %) und im Landkreis Mainz (47,9 %) lassen sich sicher auf die überwiegend katholische Bevölkerung zurückführen und erinnern an die Ergebnisse der Zentrumspartei. Allerdings lässt sich am überwiegend protestantischen Kreis Alzey, in dem die CDU 48,8 % erreichte, sehen, dass die konfessionelle Öffnung wahrgenommen wurde. Die KP kam in der Stadt Mainz auf 15,3 % der Stimmen, in ihrer einstigen Hochburg Worms nur auf 10,3 %. Grund dafür war die Spaltung der kommunistischen Bewegung in Worms, wo schon im März 1946 die Parteilinke wegen *„Zersetzung und Gruppenbildung"* aus der KP ausgeschlossen worden war und als „Freie Liste Penk" 9,2 % der Stimmen holte. Bei den Wahlen zu den Kreisversammlungen, die vier Wochen später mit ähnlichen Ergebnissen stattfanden, konnten die Kommunisten in allen vier Kreisen Mandate erringen.[52]

Rheinhessen gegen Rheinland-Pfalz

Mittlerweile waren die Vorbereitungen zur Gründung des Landes Rheinland-Pfalz weit fortgeschritten, zu der sich die Franzosen als letzte der westlichen Besatzungsmächte nach etlichen Bedenken entschlossen hatten. Die *Ordonnance No. 57* vom 30. August 1946 legte fest, dass ein neues Land aus der Provinz Pfalz und den Regierungsbezirken Trier, Koblenz, Mainz und Montabaur mit der Hauptstadt Mainz gebildet werden sollte. Eine „beratende Landesversammlung" (*assemblée consultative*) sollte nach den Kreiswahlen im Oktober zusammentreten und spätestens bis Ende November eine provisorische Landesregierung eingesetzt werden, die die von einer aus Mitgliedern der Oberpräsidien Hessen-Pfalz und Rheinland-Hessen-Nassau gebildeten „gemischten Kommission" vorentworfene Verfassung zu beraten hatten. Mit 70 von 127 Vertretern hatte die CDU/CDP nach den Wahlen im Oktober die absolute Mehrheit in der „beratenden Landesversammlung", die SPD kam nur auf 41 Sitze, die KPD auf neun und die beiden liberalen Parteien zusammen auf sieben. Der Zuschnitt des neuen Landes stieß von Anfang an auf Vorbehalte, insbesondere in Rheinhessen, wo man, gerade auf der Seite der SPD eher auf eine „Wiedervereinigung" mit Hessen hoffte, aus strukturpolitischen Gründen, aber auch weil man nicht zu Unrecht von der Verbindung mit dem katholischen Nordteil eine dauerhafte Dominanz der CDU erwartete. Zudem war Rheinhessen in den Gremien nur schwach vertreten: einziges rheinhessisches Mitglied der „gemischten Kommission" war Regierungspräsident Jakob Steffan. In der „Beratenden Versammlung" allerdings wurde der Binger Ernst Albert Lotz (CDU) zum Präsident ernannt, weil man ihm als Rheinhessen die Vermittlung zwischen der Pfalz und dem Rheinland zutraute. In der provisorischen Landesregierung unter Wilhelm Boden wurde Lotz dann zum Kultusminister ernannt, Jakob Steffan zum Innenminister. Der unter Federführung von Adolf Süsterhenn erarbeitete Verfassungsentwurf enthielt neben der Garantierung der Grundrechte und der Festlegung eines föderalen Staatsaufbaus nach parlamentarisch-demokratischen Prinzipien auch die Forderung, dass die *„Ordnung des Wirtschaftslebens den Grundsätzen der sozialen Gerechtigkeit"* folgen müsse, und behielt sich eine Sozialisierung von Unternehmen der Schlüsselindustrien vor. Stießen diese Verfassungselemente sicher auf Zustimmung der sozialdemokratischen und kommunistischen Kommissionsmitglieder, so war die Präambel, in der die *„Verantwortung vor Gott"* als *„dem Urgrund des Rechts und Schöpfer aller menschlichen Gemeinschaft"* ausgedrückt wurde, ebenso wie der Auftrag an die Schulen, die Kinder zu *„Gottesfurcht"* zu erziehen, für säkular orientierte Politiker schwerer zu akzeptieren. Vollends in die Diskussion geriet der Passus zur Wiedereinführung der Bekenntnisschulen. Da man sich hier nicht einigen konnte, wurde diese Frage bei der Volksabstimmung über die Verfassung im Mai 1947 gesondert gestellt. Die Verfassungsväter konnten die Rheinhessen nicht überzeugen: 53,2 % stimmten gegen die Verfassung. Der Grund dürfte in der Ablehnung des Zusammenschlusses mit den nördlichen Landesteilen gelegen haben. Mit fast 60 % war der Anteil der ablehnenden Stimmen in der Pfalz noch höher. Nur das zustimmende Votum der Regierungsbezirke Koblenz, Montabaur und Trier brachte eine landesweite knappe Mehrheit von 53 %. Noch deutlicher verwahrten sich die rheinhessischen Wähler gegen die Wiedereinführung der Konfessionsschule: mit 67 % sprachen sie sich eindeutig gegen diesen – in ihren Augen – Rückschritt aus. Stärker noch als bei der Verfassungsfrage spielte hier die Konfession die bestimmende Rolle: In Worms betrug der Anteil der Konfessionsschulgegner fast 77 %, in Mainz entsprach er mit 67 % dem rheinhessischen Durchschnitt, in Ingelheim lag er bei 78 %. Die Verfassungs- und Schulfrage dürfte auch bei der gleichzeitig stattfindenden ersten Landtagswahl ausschlaggebend gewesen sein, gegenüber den Kommunalwahlen im

Herbst 1946 verlor die CDU deutlich an Anteilen und kam in Rheinhessen nur noch auf 37 %, während die SPD auf 38,7 % aufholen konnte, die Liberale Partei 12,7 % und die KPD 11,5 % errangen. Landesweit hatte die CDU mit 47,2 % die meisten Stimmen erhalten. Die seit Ende November 1946 eingesetzte provisorische Landesregierung musste jetzt durch eine gewählte abgelöst werden. In dieser blieb Wilhelm Boden auch zunächst der Favorit für das Amt des Ministerpräsidenten, war aber für die SPD nicht akzeptabel, nicht zuletzt wegen eines Briefes, in dem Boden sich gegen die Aufnahme von Flüchtlingen vor allem deswegen aussprach, weil sich durch protestantische Einwanderung die politischen Mehrheitsverhältnisse ändern könnten. Diese Querelen führten schließlich zur Wahl Peter Altmeiers (CDU), der eine Allparteienregierung aufstellte. Die in der *Ordonnance 57* festgelegte Hauptstadt Mainz konnte diese Funktion erst nach langen Diskussionen ab 1951 übernehmen. Wegen der starken Zerstörung der Stadt waren Landesregierung, Landtag und Landtag zunächst in Koblenz untergebracht. Das Interesse von Koblenz, auch dauerhaft als Landeshauptstadt zu fungieren, führte zu einem regelrechten „Hauptstadtstreit", der erst 1950 im Landtag endgültig zugunsten von Mainz entschieden wurde.[53]

„Ernährung – Wohnung – Kleidung" – Nachkriegsprobleme

In einem *„kommunalpolitischen Jahresrückblick"* resümierte der Ingelheimer Bürgermeister Rückert Ende 1946 die aktuellen Entwicklungen und Schwierigkeiten. Während er die politische Situation angesichts erfolgter Kommunalwahlen und reorganisierter Verwaltung als positiv einschätzte, sah er noch große Versorgungsprobleme. Der Bevölkerung mangele es an Nahrungsmitteln, Kleidung und Wohnungen, der Landwirtschaft an Düngemitteln, dem Gewerbe und der Industrie an Energie. Die Wohnungsnot werde erschwert durch Ansprüche der Besatzungsmacht und durch den zusätzlichen Bedarf der neuen Mainzer Professoren und Studenten. *„Ernährung – Wohnung – Kleidung"*, dass das die wichtigsten Themen der kommenden Jahre sein würden, hatte auch schon der Mainzer Oberbürgermeister Kraus bei seinem Amtsantritt im August 1945 betont. Tatsächlich war die Universitätsgründung in Mainz wegen des damit verbundenen zusätzlichen Bedarfs an Wohnraum und auch an Baumaterialien umstritten. 1946 waren in der zerstörten Stadt noch 30.000 Wohnungssuchende gemeldet, 1947 wurden immer noch 15.000 Mainzer gezählt, die als im Krieg Evakuierte in den Dörfern der Umgebung lebten, und 5.000, die nach dem Krieg auf das Land „umquartiert" worden waren. Wohnungsbau und Wiederinstandsetzungen beschädigter Häuser konnten mit diesem Bedarf nicht Schritt halten. Die erste Phase der Enttrümmerung war unter hohem Einsatz freiwilliger Arbeitskräfte im Juni 1947 weitgehend abgeschlossen worden, es folgten jahrelange Trümmerbeseitigungsarbeiten durch private Firmen. Der Wiederaufbau der Stadt war heftig umstritten. Die Pläne der französischen Militärregierung, Mainz als neue Landeshauptstadt zur *„modernsten Stadt der Welt"* zu machen, scheiterten am Widerstreben der Mainzer. Der Le Corbusier-Schüler Marcel Lods hatte Planungen erstellt, die nach den neuesten städtebaulichen Trends den Neuaufbau nach funktionellen Gesichtspunkten vorsah. Die Neustadt sollte völlig neu gestaltet werden, mit zehnstöckigen Hochhäusern im Grünen, zwischen Kaiserstraße und Große Bleiche sollte ein Verwaltungs- und Gewerbezentrum entstehen, der Eisenbahnverkehr auf die andere Rheinseite verlegt werden, lediglich die Altstadt sollte in ihrer historischen

Gestalt erhalten bleiben. Das war so nicht durchsetzbar. Im April 1948 sprach sich der Stadtrat einstimmig gegen die Berufung von Lods als Stadtplaner aus. Statt eines Vorgehens nach einem „Generalbebauungsplan" erfolgte der Wiederaufbau dann doch weitgehend ungeplant und wurden aus Zeit- und Kostengründen – wie in vielen anderen Städten auch – bauliche Lösungen umgesetzt, die zu einem sehr uneinheitlichen Bild führten.

Während es dem modernen Städteplaner in Mainz nicht gelungen war, seine Vorstellungen durchzusetzen, konnte in Worms Stadtbaumeister Köhler, der bereits 1941/42 einen Entwicklungsplan für die Stadt erstellt hatte, in dem die Bebauung des Judenfriedhofs mit NS-Parteibauten vorgesehen war, sein Konzept der *„Neugestaltung statt Wiederaufbau"*, unter anderem auch durch neue Straßendurchbrüche, zumindest teilweise auch gegen Proteste der Bauherren verwirklichen. Wie in Mainz fungierte auch hier eine gemeinnützige Wiederaufbaugesellschaft als Vermittlungsinstanz zwischen Stadtplanung und Einwohnerschaft. 1947 lebten noch 600 Menschen in Worms in Kellern oder in anderen Behelfsunterkünften. 4.000 Familien waren als wohnungssuchend gemeldet. In den Dörfern war die Wohnsituation, da nur wenige Gebäude zerstört waren, grundlegend anders, allerdings kam es hier nicht selten zu Konflikten wegen der noch Ende der 1940er-Jahre hohen Anzahl der Evakuierten und Umquartierten, die in leer stehenden oder nur mäßig belegten Wohnraum eingewiesen wurden. So waren in Oppenheim und Umland 1949 noch 12.000 Mainzer untergebracht. Insgesamt waren um diese Zeit noch 23.500 Mainzer evakuiert.

Trotz aller Ermahnungen und Drohungen war der illegale Handel mit Nahrungsmitteln nicht einzudämmen. Selbst spektakuläre Aktionen, etwa die Ankündigung, Bauern, die ihrer Ablieferungspflicht nicht nachkamen, an den *„Pranger"* zu stellen und sie im schlimmsten Fall zu enteignen, oder razzienartiges Durchkämmen ganzer Dörfer zur Kontrolle der nicht gemeldeten Vorräte, konnten den Schwarzhandel mit Lebensmitteln, aber auch mit sonstigen Waren aller Art nicht unterbinden. Das Spektrum konnte dabei von ein wenig *„Schrotteln, Quanteln und Hamstern"* bis zur *„Schieberei"* im großen Stil reichen. Selbst Amtsträger der neuen Verwaltungen, wie ein Bürgermeister aus dem Landkreis Bingen, wurden dabei erwischt, große *„Kartoffel- und Getreidebestände"* nicht angemeldet zu haben. Solche Auswüchse führten zu weiterer Entfremdung zwischen Stadt und Land, wenn etwa Frauen aus Mainz schilderten, wie sie von Bauern mit eindeutigen Angeboten und dem Versprechen *„ich könnte alles bringen: Eier, Butter und Geflügel"* angesprochen worden seien, oder von im Schwarzhandel besonders erfolgreichen Bauern berichteten: *„Die hatten ihre Zimmer vollstehen bis an die Decke und wußten gar nicht, was sie damit anfangen sollten."* Die Landwirtschaft hingegen klagte über mangelnde Hilfsbereitschaft der *„Städter"*: *„Alle wollen essen, aber nur wenige wollen uns helfen."* Angesichts der offiziellen Lebensmittelzuteilungen, die die notwendige Kalorienversorgung nicht gewährleisten konnten, erwies sich die zusätzliche Beschaffung von Nahrungsmitteln durch Selbstanbau und Kleintierhaltung, vor allem aber durch *„Hamsterwesen"* und Schwarzmarkt als überlebensnotwendig. Das Nebeneinander eines legalen und eines illegalen Verteilungssystems legt die kaum zu beantwortende Frage nahe, ob – im Sinne der Argumentation von Politikern und Besatzungsmacht – bei ordnungsgemäßer Ablieferung aller landwirtschaftlichen Produkte das planwirtschaftlich organisierte System ausreichend mit zu verteilenden Waren hätte bestückt werden können oder ob der markt-

wirtschaftlich zu verstehende Anreiz zu einer Produktionsintensivierung aufgrund höherer Gewinnerwartung geführt hatte.[54]

Die Währungsreform

„Ei, Fraache, nemme se doch e paar Kersche mit", wurde eine Mainzer Hausfrau im Juni 1948 auf dem Markt von den Gonsenheimer Bauern angesprochen. Jetzt, wenige Tage nach der Währungsreform, wurden Waren, die vorher zurückgehalten oder nur gegen adäquate Tauschobjekte herausgegeben worden waren, auf dem „freien Markt", obwohl die Rationierung noch nicht aufgehoben war, angeboten. Die Antwort der Frau spiegelt die Verbitterung, die bei aller Erleichterung über den Neuanfang auf Seiten vieler Konsumenten herrschte: *„es ist nur ein paar Wochen her (…) da haben nur die etwas gekriegt, die Ihnen auch etwas gebracht haben und ich hatte leider nichts. Jetzt können Sie Ihre Kirschen auch an diese Leute verkaufen."* Viele Zeitzeugen berichteten über volle Lager, die am Tag nach der Währungsreform für die Kundschaft geöffnet wurden: *„Zwei Tage nach der Währungsreform war der Laden vollgepfropft mit den schönsten Sachen – und wir hatten kein Geld"*. In Erwartung der bevorstehenden Reform hatten viele Produzenten und Händler ihre Waren zurückgehalten oder lediglich gegen Sachwerte abgegeben. Die Umrechnung der Reichsmark zur D-Mark auf 6,5 % bei Bankeinlagen und Bargeld und von 10 % bei Hypotheken bei gleichzeitiger Nicht-Abwertung von Waren, Produktionsmitteln, Immobilien und Grundbesitz benachteiligte den Teil der Bevölkerung, der eben über wenig Eigentum verfügte und lediglich auf Erspartes zurückgreifen konnte. Während in der amerikanischen und der britischen Zone die Freigabe der Preise für alle Waren außer für Nahrungsmittel und Mieten einen Tag nach der Währungsreform

- 10 -

In vielen Familien ist, wie wir feststellen, <u>nur ein Paar Schuhe</u> vorhanden. Die Schuhe werden entweder von der Mutter zur Erledigung der dringend notwendigen Besorgungen getragen, oder von dem Kind, wenn es zur Schule geht, dies ist aber nur dann möglich, wenn der Vater Nachtschicht hat und tagsüber schläft. Arbeitet er am Tage, so sitzt die ganze Familie barfuss zu Hause. Hier oben z. B. ist die Familie Wilhelm Zintel, Worms, Kiesgrube 9. Herr Zintel ist am 7. 7. 1900 geboren und seine Frau Johanna geb. Naas, geb. am 8. 7. 06 sind mit ihren 7 Kindern vollständig ausgebombt. Die 9-köpfige Familie hat 3 Betten, kein Bettzeug, keine Matratzen, keine Schuhe und Strümpfe und nur sehr wenig Haushaltungsgeräte. Grosse Not haben wir hier angetroffen.

Wir gehen weiter zu Frau Christian Götz, Worms, Güterhallenstr. 55

Abb. 56:
Auszug aus dem „*Bericht über Not und Elend in der Stadt Worms*" aus dem Jahr 1946.

beschlossen wurden, geschah das in der französischen Zone erst Monate später, in Rheinland-Pfalz erst in deutlich eingeschränkter Form im März 1949. Dadurch war die Wirkung der Währungsreform verhaltener als in den anderen Westzonen. Dennoch scheint der „Schaufenstereffekt", also der Eindruck, dass angesichts voller Läden prinzipiell Versorgungssicherheit hergestellt war und man der Zahlkraft des Geldes wieder vertrauen konnte, in der Erinnerung vieler Zeitzeugen auch in Rheinhessen den 20. Juni 1948 als die eigentliche Zäsur der Nachkriegszeit verankert zu haben.[55]

„Von drüben" – Vertriebene und Flüchtlinge

„Zuerst wollten wir gar nicht aussteigen, als sie in Gau-Bockenheim am Zuge entlang schrien, ein zu einsamer Bahnhof, Nieselwetter, Niemandswetter (…) aber das Komitee stand schon zum Empfang. Ein Landrat, einer vom Wohnungsamt, ein Bürgermeister (…) Dann begann der Einmarsch, 135 Köpfe, von der männlichen Jugend des Dorfes unaufgefordert geleitet. Die Straßen glitschten vor Dreck und Nässe. (…) Owehoweh die Misthaufen. Es ist zwar wohl nicht mehr mit Sicherheit zu bestimmen, in welcher Gegend der Erde das Paradies gestanden hat, aber hier keck nicht." So verarbeitete der Schriftsteller Arno Schmidt in den frühen fünfziger Jahren die Erfahrung seiner Umsiedlung in das rheinhessische Gau-Bickelheim im Jahr 1950 literarisch. Aus Schlesien vertrieben, war Schmidt zunächst nach Niedersachsen gekommen und hatte dort den Antrag gestellt, weiter in das Linksrheinische umzusiedeln. Nicht nur in seinem fiktionalen Text, sondern auch im realen Leben scheint er bei der Ankunft mit der Situation in Gau-Bickelheim unzufrieden gewesen zu sein. Die ihm und seiner Frau Alice zugeteilte Wohnung lehnte er ab, mit dem Vermieter einer anderen

Wohnung zerstritt er sich auch schon bald. Nach etwa einem Jahr verließen die Schmidts das – zwischenzeitlich auch als *„Drecksnest"* bezeichnete – Gau-Bickelheim in Richtung Saargebiet, um schließlich ab 1956 in Norddeutschland dauerhaft sesshaft zu werden. Abgesehen von der eventuell literarisch verdichteten Konfrontation zwischen den Erwartungen des Schriftstellers an die neue Heimat und der realen Situation, lassen sich dem Text Schmidts doch auch einige Hinweise auf die Geschichte der Vertriebenen und Flüchtlinge in Rheinhessen entnehmen. Dass sie mit vielen anderen im Herbst 1950 in Rheinhessen ankamen, war die Folge eines ersten Umsiedlungsprogramms, mit dem die rheinland-pfälzische Landesregierung die Übersiedlung von 90.000 in Niedersachsen untergebrachten Vertriebenen akzeptierte. Nach dem Krieg hatte die französische Regierung sich zunächst geweigert, in ihrer Zone Flüchtlinge aufzunehmen. Vor allem nationale Sicherheitsgründe waren für diese Haltung vorgebracht worden. Frankreich könne an einer Bevölkerungsverdichtung in Deutschland und insbesondere in der grenznahen Zone nicht interessiert sein, die angesichts einer dann wahrscheinlichen verstärkten Industrialisierung und landwirtschaftlichen Intensivierung die Gefahr einer erneuten Expansion mit sich brächte. Stattdessen sollte die Bevölkerungsdichte durch Geburtenkontrolle, Übersiedlungen nach Frankreich und vor allem Massenauswanderungen nach Übersee reduziert werden. Waren diese Vorstellungen auch nicht durchsetzbar, so gelang es der französischen Militärregierung dennoch – dann auch im Einklang mit der rheinland-pfälzischen Landesregierung – bis 1949 den Zuzug von Flüchtlingen weitgehend zu verhindern. Weniger als 1 % der Einwohner von Rheinland-Pfalz waren im Oktober 1946 der Gruppe der Vertriebenen zuzurechnen, meist Einzelpersonen, die im Krieg oder nach Kriegsende gekommen waren und nicht mehr zurückgingen oder bei Verwandten aufgenommen worden waren. Erst 1949 lenkten Besatzungsmacht und Landesregierung im Vorfeld der Gründung der Bundesrepublik ein, führten aber ihre Verzögerungspolitik weiter und knüpften die Aufnahme an Kriterien wie die Bevorzugung der katholischen Konfession oder die leichte Integrierbarkeit auf dem Arbeitsmarkt. Zwischen 1950 und 1955 wurden 126.000 Menschen über „programmgebundene" Umsiedlungen aufgenommen, etwa die gleiche Anzahl wanderte „illegal" zu. Mit einem Bevölkerungsanteil von 8,9 % im Jahr 1958 lag Rheinland-Pfalz aber weit unter den Quoten anderer Bundesländer, die bis zu 25 % betrugen. Wohnten 1950 nur 1,7 % aller im Bundesgebiet lebenden Vertriebenen in Rheinland-Pfalz, so waren es 1961 schon 3,1 %. Vier Fünftel der Flüchtlinge und Vertriebenen wurden aufgrund der schwierigen Wohnungssituation in den Städten zunächst in den Landkreisen untergebracht. Die rheinhessischen Durchschnittswerte lagen mit 9,5 % im Jahr 1958 leicht über den Landeszahlen. 1958 war auch schon erkennbar, dass der Anteil der in den Städten lebenden Vertriebenen seit 1950 stark zugenommen hatte, in Mainz von 2,9 % auf 11,4 %, was auf die verbesserte Wohnungslage und den wirtschaftlichen Aufschwung zurückzuführen ist. Bis 1961 hatte sich die Zahl der Vertriebenen und Flüchtlinge in Rheinhessen mit 60.841 gegenüber 1950 mehr als verdreifacht, der Anteil der aus der Sowjetischen Besatzungszone Geflüchteten blieb mit einem Drittel aber annähernd gleich.

„Wir können uns glücklicherweise über mangelndes Entgegenkommen und Anteilnahme der ortsansässigen Bevölkerung in Rheinhessen gegenüber den Heimatvertriebenen nicht beschweren", gab im Juni 1950 der zuständige, selbst aus Ostdeutschland stammende Regierungsrat Goebel der Mainzer Zeitung zu Protokoll. Dennoch

führten die beengte Wohnsituation, Zwangseinweisungen durch Wohnungskommissionen, unterschiedliche Mentalitäten und kulturelle Traditionen in den frühen Jahren durchaus zu Spannungen zwischen der einheimischen Bevölkerung und den Zuziehenden, die im Extremfall aufseiten der Ankommenden Formen annehmen konnte wie im Fall Arno Schmidt, auf der Seite der Einheimischen bis hin zur Demolierung von Wohnraum, um keine Flüchtlinge aufnehmen zu müssen. Allerdings lässt sich bereits in den frühen 1950er-Jahren auch eine Entspannung aufgrund verbesserter Wohnverhältnisse, nicht zuletzt durch den – jedoch oft auch kritisch beäugten – Eigenheimbau von Flüchtlingsfamilien erkennen. Das spiegelt sich auch in der Presseberichterstattung, in der ab Mitte der 1950er-Jahre nur noch selten Artikel zu finden sind, die sich speziell mit der Vertriebenenproblematik beschäftigten. Bereits 1950 gründeten die Neubürger zumindest in den größeren Dörfern Ortsgruppen des „Bundes der Heimatvertriebenen", um ihre Interessen gegenüber der Gemeindeverwaltung zu vertreten. Zumindest in Eich distanzierten sich die Mitglieder des Bundes 1951 deutlich von der rechtsgerichteten Partei „Bund der Heimatvertriebenen und Entrechteten". Die Ansiedlung vertriebener Landwirte auf Hofstellen sorgte einerseits für Anerkennung unter Berufskollegen (*„die waren aus dem Banat, das müssen sehr gute Bauern gewesen sein, die waren schon belebend, die kamen so 52/53"*), aber auch für Skepsis (*„gerade mit diesen Flüchtlingen oder Vertriebenen, da hatte jeder ein großes Gut, das konnte sich keiner vorstellen"*). Eine wesentliche Rolle bei der Integration spielten Vereine, wenn auch – zumindest für das Beispiel Eich – zu konstatieren ist, dass es lange dauerte, bis ehemalige Flüchtlinge auch Vorstandsfunktionen übernahmen. Eheschließungen zwischen Alt- und Neubürgern beschleunigten zweifelsohne den Integrationsprozess, wenngleich gerade in bäuerlichen Familien auch hier lange Zeit noch Vorbehalte auch offen geäußert wurden: *„da hat es immer Zores gegeben, weil der gekommen ist und nichts hatte"*, *„die haben meinen Vater nicht so akzeptiert, weil er Vertriebener war, so als quasi der Polack kommt da rüber und hat nichts"*. Noch in den 1960er-Jahren nahmen Kinder aus Flüchtlingsfamilien Distanzierungen innerhalb der Dorfgesellschaften wahr (*„Man hat ganz schlecht Kontakt gekriegt, wenn man auf die Musik gegangen ist, die haben sich so gesetzt, dass man kein Platz gekriegt hat, heute ist es besser, aber damals war es schlimm, die Flüchtlinge, fremd, wie die spricht, die meint sie ist was besseres"*) und auch die noch in den 1970er-Jahren virulente Bezeichnung von ehemals aus der SBZ Geflüchteten als Menschen *„von drüben"* zeigt, dass der insgesamt geglückte Integrationsprozess – vielleicht gerade wegen des im bundesdeutschen Vergleich geringen Anteils von Zuziehenden – langwierig war.[56]

Zwischen Parteien und Einheitslisten – Wahlergebnisse 1949–2014

Auch in der bundesrepublikanischen Zeit geben Wahlergebnisse nicht nur Aufschluss über politische Präferenzen, sondern lassen sich auch als Hinweise für sozialen Wandel lesen. Auch weiterhin sind Unterschiede innerhalb der Region zu erkennen. Fast durchgängig lag bei Bundestagswahlen im nördlichen Rheinhessen die CDU vorne, im Süden meist die SPD. Das kann im Vergleich der Städte Mainz und Worms ebenso gesehen werden wie in dem der Landkreise Mainz-Bingen und Alzey-Worms. Die größten Unterschiede ergibt ein Städtevergleich zwischen Bingen und Alzey. Wenn das mit konfessionellen und sozialen Gründen und mit Wahltraditionen zu erklären ist, so wäre die Nivellierung der Differenzen auch als schwindende Bedeutung von sozialen und konfessio-

nellen Milieus zu deuten. Hatte etwa in Bingen 1949 verglichen mit Alzey ein doppelt so hoher Anteil CDU gewählt und betrug der Abstand 1965 immer noch fast 20 %, so sank er ab 1998 auf unter 6 %. Die prozentuale Differenz der CDU-Wähler zwischen den Landkreisen Mainz-Bingen und Alzey-Worms schmolz von 11 % Mitte der 1960er-Jahre auf 2 % 2013. Ähnliches gilt, etwas weniger stark ausgeprägt, für die SPD. Parallel dazu kann bis in die späten 1980er- und frühen 1990er-Jahren ein einigermaßen festes Wählerreservoir insbesondere für die beiden Volksparteien beobachtet werden, das dann in unterschiedlicher Intensität an Stabilität verlor. So hatte die CDU in der Stadt Mainz ab 1953 einen Anteil von mindestens 40 %, der ab 1998 auf 35 % zu sinken begann, und blieb in Worms bis 1994 mit 35–40 % auch stabil, um danach stärkeren Schwankungen ausgesetzt zu sein. Ebenfalls bis 1994 hatte die CDU in Bingen immer über 45, teilweise über 50 % zu verzeichnen, um sich dann der 40 und sogar der 35 %-Grenze anzunähern. Werte über 45 %, in den Jahren der sozialliberalen Koalition sogar über 50 %, konnte die SPD in Worms erzielen, bis 2002 ein sich bereits ab 1987 abzeichnender Abwärtstrend sich fortsetzte. Hier ist die Konkurrenz der Grünen ab 1983, die in Worms immer unter 10 % blieben, und noch deutlicher die der Linken ab 2009 zu spüren. Auch die FDP blieb mit eher schwankenden Werten in Worms meist unter 10 %. In Mainz hatte sie durchweg höhere Werte als in der Nibelungenstadt erzielt. Auffällig ist allerdings, dass sie im rheinhessischen Vergleich in der Landeshauptstadt die besten Ergebnisse in der Zeit der sozialliberalen Koalition einfuhr, während sie in den ländlichen Kreisen und im stärker ländlich geprägten Alzey bis Mitte der 1960er-Jahre noch bis zu 15 % erreichte, bei der Wahl 1969 aber stark absackte und in den Gemeinden des neuen Kreises Alzey-Worms fast die Hälfte ihres Anteils verlor. Das scheint mit dem Erstarken der NPD in den 1960er-Jahren zu erklären zu sein, die in Alzey-Worms auf 12,4 %, in Mainz-Bingen auf 5,8 % und auch in Worms und Alzey über 5 % kam, in Bingen und Mainz aber deutlich unter dieser Hürde lag, was an das Wählerpotenzial des agrarisch-protestantischen Milieus vor 1933 erinnert. Die 1949 noch starke Gruppe der KPD-Wähler vor allem in den Städten (11 % in Mainz, je 9 % in Worms und Alzey, aber nur 3 % in Bingen) schwächte sich bis 1953 ab, als die Kommunisten nur noch in Worms auf über 5 % kamen.

Insgesamt ist die Nachwirkung von Traditionen lokalen Wahlverhaltens bis in die 1980er-Jahre trotz aller bundespolitischen Trends, die sich auch in den Wahlergebnissen widerspiegeln, klar erkennbar. Diese Traditionen schwächten sich in einer Großstadt wie Mainz, die, nicht zuletzt auch als Universitätsstadt, von starker Zuwanderung geprägt ist, zuerst ab. Hier sind die geringsten Lagerbindungen zu erkennen und entwickelte sich andererseits das größte Wählerpotenzial für die Grünen, die 2009 18 % erreichten.

Die Ergebnisse der Kommunalwahlen auf Städte- und Kreisebene differierten zeitweise von denen der Bundestagswahlen, obwohl tendenziell die Parteienbindungen auch hier zu sehen sind. Stärkere Schwankungen sind mit personellen und lokalen Situationen zu erklären. Zudem konnten hier die Wählergruppen unterschiedlich hohe Anteile erreichen, die in Mainz und Bingen weit unter 10 % blieben, in Ingelheim und Alzey aber bis zu 25 % betrugen. Bei Kreistagswahlen erreichten die Wählergruppen nur in Ausnahmefällen mehr als 10 %.

In vielen Landgemeinden spielten und spielen Parteien bei den Kommunalwahlen allenfalls eine indirekte Rolle. Durch die Möglichkeit des Mehrheitswahlrechts oder auch der Bildung von Einheitslisten werden insbesondere in kleinen Gemeinden Parteien als Vermittler politischen Willens umgangen und die Gemeinderatsmitglieder direkt gewählt. Zudem traten in etlichen Gemeinden nur kommunale Wählergruppen an. 1952 waren daher in 73 der 165 rheinhessischen Gemeinden keine politische Parteien auf den Wahlzetteln vertreten: In 27 Dörfern, die überwiegend deutlich weniger als 500 Wahlberechtigte hatten, wurde nach Mehrheitswahlrecht verfahren, in 46 Gemeinden wurden nur Wählergruppen zur Wahl aufgestellt. 1969 war die Zahl der Gemeinden auf 60 gesunken, das Verhältnis hatte sich aber umgekehrt: 41 Gemeinden mit Mehrheitswahlrecht oder Einheitslisten standen 19 gegenüber, in denen nur Wählergruppen gewählt wurden. Bis heute ist die Zahl der zumindest im Kommunalbereich „parteifreien" Dörfer stark gesunken, aber das Wahlergebnis der rheinhessischen Kommunalwahlen von 2014 verzeichnet immer noch 13 Gemeinden mit Mehrheitswahlrecht und sieben Gemeinden mit ausschließlich lokalen Wählergemeinschaften. Zudem konnten Wählergemeinschaften verschiedenen Zuschnitts in etlichen Gemeinden, in denen sie sich der Konkurrenz zu stellen hatten, teilweise hohe Ergebnisse erzielen.[57]

Wohnungsbau und Siedlungsentwicklung zwischen Wiederaufbau und Suburbanisierung

Auch nach Währungsreform und Gründung der Bundesrepublik blieb die Wohnungsnot das vordringlichste Problem, das die Städte und Landgemeinden zu lösen hatten. In den Städten waren um 1950 fast 40 % (Worms und Bingen) bzw. 60 % (Mainz) des Wohnraums noch beschädigt. Hier war es das vorrangige Ziel, die zerstörten Wohnungen wieder herzustellen oder

– und in der Praxis tatsächlich weitaus häufiger – anstelle der beschädigten Häuser neue zu errichten, um die unter widrigen Umständen lebenden Stadtbewohner wieder angemessen unterzubringen und den noch im Umland lebenden Evakuierten die Möglichkeit zur Rückkehr zu bieten. Obwohl in den Dörfern nur wenig oder kaum Wohnraum zerstört worden war, lag die Wohndichte, die sich in Personen je Wohnung – oder umgerechnet auf den einzelnen Raum – errechnen lässt, 1950 in den Landkreisen mit 1,11 bis 1,18 nur unwesentlich niedriger als in Mainz (1,2 Personen pro Zimmer) und sogar etwas höher als in Worms (1,09). Das ist vor allem mit den Evakuierten, Flüchtlingen und Vertriebenen, aber auch mit heimkehrenden Kriegsteilnehmern und dem kriegsbedingten Investitionsstau zu erklären. Eine große Bedeutung kam gemeinnützigen und genossenschaftlichen Wohnungsbaugesellschaften zu, in Mainz etwa der „Wohnbau", in Worms der „Wohnungsbau GmbH", in Alzey u. a. der „Alzeyer Baugesellschaft" und der „Wohnungsbaugenossenschaft", im Kreis Worms weiterhin dem Kreisbauverein, die vornehmlich im Bereich der Mehrfamilienhäuser und Mietwohnungen aktiv wurden. Insbesondere in Mainz verlief die Bebauung der Innenstadt weitgehend planlos. Geradezu im Kontrast zu den hochambitionierten Wiederaufbauplänen entstanden zunächst viele Notbauten, die die Innenstadt als „Budenstadt" erscheinen ließ. Bis in die späten 1950er-Jahre wurden mehr als 20 Bebauungspläne diskutiert, bevor 1958 der berühmte Stadtplaner Ernst May, der bereits in den 1920er-Jahren das „Neue Frankfurt" geschaffen hatte und weltweit an vielen Projekten des „Neuen Wohnens" beteiligt gewesen war, den Auftrag für einen „Generalbebauungsplan" für das „Neue Mainz" erhielt. Zu diesem Zeitpunkt waren bereits viele einfache Miethäuser in der Neustadt und Eigenheime in der Oberstadt errichtet worden. In Ingelheim trat die Stadt selbst

als Bauherr auf, stellte einerseits Baugelände für Kriegsgeschädigte zur Verfügung (die sog. VdK-Siedlung), vergab kleine Darlehen und gründete zusammen mit der Firma Boehringer eine „Ingelheimer Wohnungsbaugesellschaft". Gerade der Wohnungsbedarf angesichts zunehmender Mitarbeiterzahlen ließ Boehringer zu einem der wichtigsten Akteure in diesem Bereich werden. Entsprechend dem Zerstörungsgrad wurde in den Städten am meisten gebaut. In Mainz nahm die Anzahl der Wohnungen zwischen 1950 und 1956 um 55 % zu, in Worms um 18 %. Dass auch im Kreis Bingen ein Zuwachs von 17 % erreicht wurde, ist mit dem Wohnungsbedarf in der Stadt Bingen zu erklären. In den anderen Landkreisen lag die Neubauquote bei 7 % (Alzey) bis 13 % (Worms). In den Landgemeinden und in den eingemeindeten Stadtteilen traten zu einem größeren Anteil private Haushalte als Bauherren auf. Die Politik, über Bauprogramme, die teilweise vom Bund, sehr häufig aber von den Kommunen selbst getragen wurden, bauwilligen Familien die Anschaffung eines Hauses zu ermöglichen, war langfristig erfolgreich. Die Ausweisung von Baugebieten, die Vergabe oder Verschaffung günstiger Baudarlehen und der Bau gemeindeeigener Wohnungen führte innerhalb eines Jahrzehnts zur Lösung der Wohnungsnot. Mancherorts wurde auch gemeindeübergreifend die Anlage im Plan gleicher Gebäude realisiert und so den Bauherren Kosten bei der Planung und Materialbeschaffung eingespart. Die funktionalen Siedlungshäuser veränderten nicht nur das Aussehen der Gemeinden, sondern waren auch ein Anzeichen für den sozialen Wandel. Zunächst waren es vor allem die Vertriebenen und Flüchtlinge, die unterstützt durch Bauprogramme, mit dem Eigenheimbau auch manifestierten, in den Gemeinden bleiben zu wollen. Ihnen schlossen sich ortsansässige Arbeiterfamilien an, die die Gelegenheit nutzten, über günstige Darlehensprogramme und erheblichen Eigenanteil beim

Abb. 57:
Siedlungshäuser in den 1950er-Jahren im Wormser Umland.

Hausbau ihre Wohnsituation zu verbessern. Dass sie dann „moderner" wohnten als viele der alteingesessenen Bauernfamilien, führte auch zu Neid, langfristig aber auch zu Nivellierungen innerhalb der dörflichen Sozialhierarchie, in der ein eigenes Haus ein wesentliches Element sozialer Einschätzung darstellt. Ablesbar an der durchschnittlichen Belegung von Personen pro Wohnung war außer in der Stadt Mainz in allen rheinhessischen Städten und Landkreisen bis 1958 der Vorkriegsstand wieder erreicht worden, in Mainz erst 1961.[58]

Parallel zum Wohnungsbau verlief der Wiederaufbau der öffentlichen Gebäude in den Städten. In Mainz wurden das Schloss schon 1949, die Brücke 1950 und das Stadttheater 1951 wieder errichtet, in Worms die Rheinbrücke 1953, das Rathaus 1958 eingeweiht. In Bingen wurde

1955/56 das Postamt, in Alzey das Empfangsgebäude des Bahnhofs im modernen „Fünfziger-Jahre-Stil" ab 1956 wieder aufgebaut. Während die Eisenbahnbrücke in Mainz 1954 fertig gestellt wurde, wurde allerdings die zerstörte Hindenburgbrücke in Bingen nicht mehr rekonstruiert. Erste die Innenstadt prägende Bankgebäude entstanden schon in den 1950er-Jahren in Alzey. Allerdings verschwanden in dieser Bauphase bis zum Ende der 1950er-Jahre auch etliche Bauten, die aus denkmalpflegerischer Sicht erhaltenswert gewesen wären. Viel beachtet wurde dagegen der Wiederaufbau der Wormser Synagoge zwischen 1957 und 1961.[59]

Ab den frühen 1960er-Jahren war in allen Städten und Landkreisen die Wohnungsnot weitgehend beseitigt. Ab jetzt ging es um strukturelle Verbesserung der Wohnsituation. Erkennbar

Abb. 58:
Einweihung der wieder aufgebauten Synagoge in Worms.

wird das etwa an der Tendenz zur Erweiterung der Wohnfläche. Betrug die Durchschnittsgröße der Wohnungen um 1950 62 m², so waren es 1963 schon 83 m². Zudem galt die Aufmerksamkeit jetzt der besseren Ausstattung der Wohnungen: 1961 hatten zwar schon fast alle Wohnungen Wasseranschluss in den Gebäuden, aber die Abwasserentsorgung war vor allem in den Landgemeinden noch weit unter städtischem Niveau. Die sanitäre Ausstattung der Stadtwohnungen war deutlich besser: während 1961 78 % der Stadtwohnungen über ein WC und 69 % über ein Bad verfügten, waren in den rheinhessischen Landkreisen nur in einem Drittel der Häuser Toiletten und in weniger als der Hälfte Badezimmer installiert. Das kann als Folge unterschiedlicher Lebensstile verstanden werden, vor allem war es aber die Konsequenz des alten Baubestandes auf dem Land, wo etwa

im Landkreis Alzey mehr als zwei Drittel, in den anderen Landkreisen mehr als die Hälfte aller Häuser vor 1900 gebaut worden waren. Mit zunehmender Wirtschaftskraft setzte daher in diesem Bereich in den 1960er-Jahren eine Modernisierungswelle ein. Von kommunaler Seite wurde diese Entwicklung mit der Verbesserung der Infrastruktur begleitet. Die Einrichtung von Sammelkanalisationen etwa war in den späten 1960er-Jahren noch lange nicht abgeschlossen. Weniger als die Hälfte der Gemeinden im Landkreis Alzey-Worms und knapp die Hälfte im Kreis Mainz-Bingen hatten bis 1969 diese moderne Form der Abwasserbeseitigung umgesetzt, teilweise dauerte dieser Prozess noch bis in die 1980er-Jahre an.[60]

Die weitere Entwicklung des Wohnungsbaus und somit auch die der Städte und Dörfer war

Abb. 59:
Hausbau in der Goethestraße in Mainz, Blick aus der Wallaustraße.

abhängig von der natürlichen Bevölkerungsentwicklung, von Zu- und Abwanderungen und von veränderten Wohnansprüchen. Nach den massiven Zuwächsen in den 1950er- verlangsamte sich der Wohnungsbau in den 1960er-Jahren. War die Zahl der Wohnungen in den 1950er-Jahren in Mainz um fast 90 % angewachsen, so stieg sie 1961–1969 nur noch um 22 % an, in den Landkreisen um 8 % (Alzey-Worms) und 15 % (Mainz-Bingen). Die 1970er-Jahre brachten in Mainz noch einmal einen Anstieg von fast einem Drittel, der aber im folgenden Jahrzehnt auf 8 % zurückging. Bis in die frühen 1970er-Jahre lag der prozentuale Zuwachs an Wohnungen in den Städten über dem der Landkreise. Dann aber zeichnet sich in den unterschiedlichen Wachstumszahlen ein Prozess ab, der sich als Teil der Suburbanisierung, der Verlagerung von Bevölkerung, aber auch von Industrie, Handel, Dienstleistungen und somit von Arbeitsplätzen aus den Städten

auf das Umland, beschreiben lässt. War bis in die 1970er-Jahre dieser global zu beobachtende Vorgang in Rheinhessen eher durch Abwanderung aus den Innenstädten in die eingemeindeten Vororte gekennzeichnet, so ist ab den 1980er-Jahren die Ausweitung dieser Bewegung auch in das weitere Umland zu erkennen. Während zwischen 1987 und 2013 die Anzahl der Wohnungen in Mainz um 26 %, in Worms um 23 % anstieg, nahm sie im Landkreis Mainz-Bingen um 41 %, im Landkreis Alzey-Worms um 42 % zu. Dass dieser prozentuale Anstieg deutlich über dem der Bevölkerung lag, deutet nicht nur auf eine geringere Belegung der Neubauwohnungen hin, sondern auch auf schrumpfende Haushaltsgrößen im Altbestand. Die folgende Tabelle zeigt an den Wachstumsraten von Bevölkerung und Wohnungsbestand in den Städten, den Landkreisen und exemplarisch ausgewählten Landgemeinden, dass nahezu alle Gemeinden in diesen Pro-

Abb. 60:
Wiederaufbau der Rheinbrücke in Worms.

zess eingebunden waren. Ein besonders hoher
Anstieg der Wohnungszahlen ist nicht mehr
nur durch Stadtnähe zu erklären, sondern verweist auf gute Verkehrserschließung, etwa
durch nahe gelegene Autobahnanschlüsse (z. B.
Erbes-Büdesheim, Bornheim, Gensingen) und
Bahnverbindungen, aber auch auf kommunale
Infrastrukturentscheidungen. Der seit einigen
Jahren bundesweit zu beobachtende gegenläu-
fige Trend, dass die Städte wieder schneller
wachsen als das Umland, lässt sich in Rheinhessen lediglich an Mainz erkennen, dessen Bevölkerungswachstum zwischen 2005 und 2013
den Kreisdurchschnitt übertraf. Die Zuwachsraten im Wohnungsbestand der Landkreise
hingegen begannen seit 2001 (Alzey-Worms)
bzw. 2007 (Mainz-Bingen) zu sinken.[61]

Abb. 61:
Wiederaufbau der Kaiserbrücke in Mainz.

341

Tabelle: prozentualer Anstieg des Bevölkerungsstandes und des Wohnungsbestandes 1987–2013

	Bevölkerung	Wohnungen		Bevölkerung	Wohnungen
Kreis Mainz- Bingen	23	41	Kreis Alzey-Worms	24	42
Mainz	9	26	Worms	11	23
Bingen	9	26	Alzey	11	36
Ingelheim	12	38	Albig	23	41
Aspisheim	8	42	Biebelnheim	16	40
Badenheim	34	58	Bornheim	67	60
Bodenheim	20	43	Eich	27	50
Bubenheim	53	65	Erbes-Büdesheim	38	60
Dolgesheim	9	23	Flonheim	30	58
Engelstadt	30	63	Framersheim	22	39
Friesenheim	60	61	Gau-Bickelheim	24	47
Gau-Algesheim	21	35	Gau-Odernheim	49	58
Gensingen	38	59	Gau-Weinheim	30	56
Grolsheim	46	65	Gimbsheim	-4	14
Guntersblum	26	40	Gundersheim	9	30
Harxheim	32	52	Hohen-Sülzen	6	30
Horrweiler	13	45	Mörstadt	40	52
Klein-Winternheim	15	37	Nack	17	45
Mommenheim	58	75	Nieder-Wiesen	7	29
Nieder-Olm	40	48	Osthofen	30	33
Oppenheim	37	43	Saulheim	29	45
Sprendlingen	21	39	Westhofen	15	34
Undenheim	59	72	Wöllstein	46	50
Welgesheim	28	54	Wörrstadt	28	41

Die städtebaulichen Folgen dieser Entwicklungen lassen sich in den heutigen Siedlungsbildern deutlich erkennen. Das Anwachsen der Städte in den 1960er-Jahren ging einher mit der Anlage neuer Siedlungen, die neben Ein- und Zweifamilienhäusern sowie Mietblöcken jetzt auch erstmals durch Hochhausarchitekturen geprägt wurden. In Mainz entstanden so seit den späten 1950er-Jahren die Hartenberg-Siedlung, die „Trabantenstadt" Lerchenberg um die ZDF-Sendezentrale, die Berliner Siedlung, die Hochhaussiedlung an der Elsa-Brandström-Straße in Gonsenheim und nach den Eingemeindungen von 1969 auch Siedlungen wie „Am Sonnigen Hang" in Marien-

born. Die Auslagerung der Wohnfunktion in die Außenbereiche der Städte ging mit einer Neudefinition der Innenstädte einher. Mit dem Begriff der „City-Bildung" verband man eine Konzentration auf die ökonomischen und administrativen Funktionen. Der Platzbedarf für Geschäfts- und Büroräume, Verkehrsinfrastruktur und die mit der funktionalen Neubestimmung verbundene Architekturästhetik war mit den gewachsenen, auch durch den Krieg nicht vollends zerstörten Strukturen der alten Innenstädte nicht immer vereinbar. Damit und mit der Idee der „autogerechten Stadt" einhergehende Konzepte von Altstadtsanierungen als Flächensanierungen stießen – etwa in Alzey und Ingelheim – auf Widerstand von Einwohnern und Denkmalschutzinteressierten, was zu Planänderungen führte, aber das Verschwinden historischer Bausubstanz nicht immer verhinderte. Bei Planungen ab der Mitte der 1970er-Jahre, beispielsweise im Bereich „Südliche Altstadt" in Mainz oder der Judengasse in Worms, wurde hingegen dem Eigenwert historischer Stadtentwicklung mehr Bedeutung zugemessen.[62]

Die Ortserweiterungen der Landgemeinden und Kleinstädte im Zuge der Suburbanisierung, die seit den 1970er-Jahren auch die nicht in die Städte eingemeindeten Siedlungen erfasste, veränderten die Kommunen nicht nur in baulicher Hinsicht. Bereits die Siedlungsbauten der Vorkriegs- und vor allem der Nachkriegsjahrzehnte hatten kaum noch Elemente einer durch Material und Bautraditionen bestimmten regionalen Bauweise aufzuweisen. Sie besaßen aber aufgrund von Möglichkeiten zu Kleintierhaltung und Gemüse- und Obstanbau noch einen gewissen ländlichen Charakter. Zwar überwogen auch in den neuen Siedlungen die Ein- und Zweifamilienhäuser und waren größere Miethauskomplexe eher in den Kleinstadterweiterungen zu finden. Der nun aber wechselnden überregionalen Bautendenzen zuzuschreibende Stil der Eigenheimarchitektur und Elemente wie Garage, Vorgarten, Rasenfläche und Balkon verweisen auch äußerlich auf die im wörtlichen Sinn suburbane Bestimmung der Anwesen: eine auf Pendlerexistenzen zugeschnittene Ermöglichung des Wohnens im Grünen und der Arbeit in der Stadt. Gleichzeitig lässt sich aber auch die Vorbildfunktion dieser Gebäude für die Modernisierung des innerörtlichen Baubestandes feststellen, wenn die Innenerneuerung der Altbauten durch neue Raumgliederungen und den Einbau von Bad und WC auch durch die Fassadenumge-

staltung nach außen kommuniziert wurde: mit Vergrößerungen von zudem ungegliederten Fensterflächen, dem Einbau moderner Türelemente und Rollladenkonstruktionen, alte Backstein- oder Bruchsteinwände überdeckenden Verputzen und Glasbausteinen. Auch die Idee der funktionalen Teilung der Stadtgebiete fand mit der Ausweisung eigener Gewerbegebiete und reiner Wohngebiete, der Aussiedlung von Landwirtschaftsbetrieben und mit der autogerechten Umgestaltung von Ortsdurchfahrten ihre Fortsetzung im ländlichen Raum. Das Umdenken auf eine wieder höhere Wertschätzung alter Bausubstanz fand in den Dörfern eher später statt als in der Stadtplanung und setzte häufig erst im Verlauf von Dorferneuerungsprozessen und angeregt durch Zuwanderer, also auf äußeren Einfluss hin, ein. Gerade die rheinhessischen Pendler-

Abb. 62:
Stadtsanierungsmodell des Büros Imlau für Alzey aus den 1970er-Jahren.

dörfer, deren Einwohner frühzeitig Modernisierungseinflüssen ausgesetzt waren und durch den wachsenden Verdienst ab den 1960er-Jahren sich auch Erneuerungswünsche erfüllen konnten, weisen daher ein im Sinne der Nachkriegsästhetik modernes Siedlungsbild auf, das funktionale Aspekte stärker betont als eventuell identitätsstiftende Traditionen.

Auch wenn Einheimische die Gelegenheit nutzten, in die örtlichen Neubaugebiete zu ziehen, bewohnten doch vor allem Zuwanderer die neuen Siedlungen. Am Beispiel Undenheim kann die Dynamik der durch Wanderungsbewegungen geprägten Bevölkerungsentwicklung dargestellt werden. Zwischen 1975 und 1992 starben hier jährlich mehr Menschen als geboren wurden, wobei die Zahlen in den meisten Jahren unter 20 Personen lagen. 1993 drehte sich der Trend um und mit Ausnahme des Jahres 2011 bewegten sich nun die Geburtenzahlen bis 2013 immer über den Todesfällen. Vergleicht man diese Entwicklung mit dem Wanderungsgeschehen, so werden die Zusammenhänge deutlich. Ab 1990 waren aufgrund eines merklich angewachsenen Wohnungsbestandes viel mehr Zuzüge als Wegzüge zu verzeichnen. Die steigenden Geburtenzahlen sind ein Indiz dafür, dass es sich vorwiegend um junge Familien handelte, die nach Undenheim kamen. Auch die „Delle" 2011 erklärt sich durch Migration: 2010 war eines der wenigen Jahre, in der die Zahl der Wegzüge die der Zuzüge übertraf. Der Wanderungsgewinn der Gemeinde lag jeweils um ein Vielfaches über dem Geburtenüberschuss.

Der Grad der Integration der zuziehenden Familien in die Dorfgesellschaften war abhängig vom Tempo und Ausmaß des Zuzuges, aber auch von Kommunikationsstrukturen und -traditionen in den Dörfern einerseits, andererseits von der Bereitschaft der Ankommenden, sich in das Dorfleben einzubringen. Die erhebliche Fluktuation von Zuzügen und Wegzügen in Dörfern mit hohen Zuwanderungsraten wie Undenheim oder Mommenheim wirkte sich sicher eher nachteilig aus. Die Entscheidung für das Leben auf dem Land oder in der Kleinstadt war in der Regel nicht an eine bestimmte Kommune gekoppelt, sondern von Faktoren wie Verkehrsverbindungen und Bauplatzpreisen abhängig. Dementsprechend ist gerade in den Gemeinden, in denen die Bevölkerung schnell anwuchs und sich nicht selten innerhalb weniger Jahrzehnte verdoppelte, beobachtet worden, dass ein großer Teil der Neubürger die Siedlungen als „Schlafstätten" nutzte, ohne allzu sehr am Dorfleben interessiert zu sein. Allenfalls über die Kinder, die die örtliche Grundschule besuchten und auch stärker am Freizeitangebot der Gemeinden teilnahmen, wurde eine langsame Integration eingeleitet. Andererseits gibt es genügend Beispiele von Dörfern mit starken Vereinstraditionen oder einem regen Gemeindeleben, in denen über das Engagement in den Vereinen, den Kirchengemeinden und den politischen Gruppierungen vor Ort eine engere Anbindung gelang. Mitunter allerdings ist auch eine „Eigenkultur" der Zugezogenen mit eigenen Vereinen und Initiativen zu beobachten. Das Bewusstsein für die Unterschiede wird auf beiden Seiten nicht zuletzt mit Bezeichnungen wie *„Reingerutschte"* über Jahrzehnte noch wachgehalten. Ist in anderen Regionen Deutschlands von einer *„Revolution des Dorfes"* im Zusammenhang mit der Zuwanderung der Vertriebenen nach dem Krieg die Rede, da die Zusammensetzung der Dorfgesellschaft grundlegend verändert wurde, so scheint diese Charakterisierung in Rheinhessen auf viele Gemeinden eher im Zusammenhang mit den Veränderungen in der Folge der Suburbanisierung zuzutreffen.[63]

„Gastarbeiter", Spätaussiedler, Asylbewerber – Zuwanderung 1955–2015

Nach der Zuwanderung von Vertriebenen und Flüchtlingen in den fünfziger Jahren und parallel zu den Binnenwanderungen kam es in den folgenden Jahrzehnten zu weiteren Wanderungswellen, die die Gesellschaft in Stadt und Land nachhaltig veränderten. Bereits 1955 schloss die Bundesrepublik mit Italien ein Anwerbeabkommen, um dem Arbeitskräftemangel in der deutschen Wirtschaft entgegen zu wirken, 1960 folgten ähnliche Verträge mit Spanien und Griechenland, 1961 mit der Türkei. Von beiden Seiten, vom anwerbenden Deutschland und von den Angeworbenen, wurde die daraufhin einsetzende Zuwanderung als zeitlich befristet angesehen. *„Nächstes Jahr kehre ich zurück"*, so wie der Gensinger, aus der Türkei stammende Hüseyin Kaya, der 1966 nach Deutschland gekommen war, dachten die meisten der südeuropäischen und türkischen Arbeiter, die sich in den 1950er- und 1960er-Jahren auf den Weg nach Norden gemacht hatten. War der Ausländeranteil an der rheinhessischen Einwohnerschaft 1958 mit 0,7 % noch sehr gering, so begann er ab Anfang der 1960er-Jahre langsam anzusteigen, von 1,7 % 1961 auf 4,8 % 1970 in Mainz, aber nur von 0,5 auf 2 % im Kreis Alzey-Worms. Der weitaus größte Teil der arbeitsuchenden Migranten wurde in die Städte vermittelt. Die Mainzer Schott-Werke etwa warben ab 1960 „Gastarbeiter" an, die noch im selben Jahr schon ein Zehntel und innerhalb von fünf Jahren ein Viertel der Belegschaft stellten. Die meisten Arbeiter kamen zunächst aus Italien, mit weitem Abstand gefolgt von Spaniern und Griechen. So stammte mehr als die Hälfte der 1965 in Mainz ankommenden 3.300 Ausländer aus Italien, jeweils 8 % aus Jugoslawien und Spanien und nur 69 aus der Türkei. Bereits 1967 kam es aufgrund einer Konjunkturschwäche zu einem verminderten Zuwachs der ausländischen Arbeitskräfte, der dann aber bis 1973, dem Jahr des ebenfalls konjunkturbedingten Anwerbestopps, wieder erheblich an Fahrt aufnahm. Danach stieg die Anzahl der Ausländer fast nur noch über Zuwanderungen aufgrund von Familienzusammenführungen. Die hohen Abwanderungszahlen zeigen, dass viele der Arbeitsmigranten tatsächlich nach einiger Zeit wieder in ihre Heimatländer zurückkehrten. Viele entschlossen sich dann aber doch zum langfristigen Bleiben. Lebten 1980 fast 1.000 mehr Italiener als Türken in Mainz, so kehrte sich das Verhältnis bis 1990 um, als 5.700 türkische Staatsangehörige, aber nur 5.000 Italiener gemeldet waren. Die auch 1980 schon große Gruppe der Zuwanderer aus dem früheren Jugoslawien stieg bis 1995, jetzt auch wegen des Balkankonfliktes, auf einen Höchststand von fast 7.000 an. Mit der Öffnung der Grenzen kamen nach 1990 auch verstärkt Menschen aus der ehemaligen Sowjetunion, aus Ost- und Südosteuropa. Dazu zählen auch, gleichwohl sie in den Statistiken nicht als Ausländer auftauchen, die Spätaussiedler. Die Quote des Ausländeranteils an der Gesamtbevölkerung stieg so in Mainz von 12 % im Jahr 1980 auf 15,5 % 2013. Weiterhin lebt der größte Teil der Bürger mit ausländischer Staatsangehörigkeit in den Städten, in Worms betrug der Anteil 2013 14 %, in den Landkreisen nur 7–8 %. Aussagekräftiger als die Staatsangehörigkeit ist die Kategorie des „Migrationshintergrundes", da damit auch die eingebürgerten Zuwanderer und die in Deutschland geborenen Kinder aus Zuwandererfamilien erfasst werden: 30 % der Mainzer Bevölkerung, aber nur 15,4 % der des Kreises Mainz-Bingen zählten 2013 zu dieser Gruppe.

Die Lebensbedingungen der Migranten in den frühen 60er-Jahren waren davon geprägt, dass zunächst beide Seiten von einer nicht dauerhaften Ansiedlung ausgingen. Häufig lebten die

Abb. 63:
Beispiel für Integrationsarbeit: die vielfach preisgekrönte Mainzer Streetdance-Formation A.C.I.M.

ersten Gastarbeiter in hastig gebauten oder umgebauten Gemeinschaftsunterkünften einfachster Qualität. So errichteten die Schottwerke in Mainz einfache Bauten an der Rheinallee, um die in schneller Folge ankommenden Arbeiter fabriknah unterzubringen. Auch war es das Interesse der Migranten angesichts der Notwendigkeit, einen möglichst großen Teil ihres Einkommens zu ihrer Familie in der Heimat zu überweisen, die Lebenshaltungskosten in Deutschland niedrig zu halten. Hüseyin Kaya gab sich in Gensingen mit einem kleinen Zimmer mit Kochnische zufrieden, für das er monatlich 40 DM, geschätzte 7 % seines Einkommens,

zu zahlen hatte. Auch nachdem die Familien der ausländischen Arbeiter nachgekommen waren, waren sie eher an billigem Wohnraum interessiert, planten doch weiterhin viele, im Rentenalter wieder in die Heimat zu ziehen und waren auch häufig noch dort lebende Familienmitglieder zu unterstützen. Nicht selten waren auch familiäre Konstellationen, wie sie ein griechischer Zeitzeuge schilderte: *„Ich kam mit ein oder zwei Jahren hierher, mit sechs Jahren bin ich dann nach Griechenland gebracht worden, habe bei der Oma gelebt, bis ich etwa 13 Jahre war. Ich habe dort die Schule besucht. Es waren zu viele Kinder, die Eltern konnten das nicht bewältigen, drei Kinder sind bei*

Abb. 64:
Italienische Gastarbeiter in Worms.

Oma gewesen. Die Rückkehr nach Deutschland war nicht meine Entscheidung, die Oma war sehr alt und die Eltern haben gesagt, es ist Zeit, dass die Kinder wieder zu den Eltern kommen." Von politischer Seite wurde seit den 1970er-Jahren die angemessene Förderung der Kinder aus den Migrantenfamilien versäumt, was sich noch in den 1990er-Jahren an einem weit unterdurchschnittlichen Anteil an beruflicher Ausbildung bemerkbar machte.[64]

Anders als bei den südeuropäischen Zuwanderern war die Lebensplanung der nach 1987 verstärkt aus Osteuropa kommenden Spätaussiedler auf dauerhaftes Bleiben angelegt. Als Nachfahren einst ausgewanderter Deutscher oder als Bewohner der ehemaligen deutschen Ostgebiete waren sie nach dem Grundgesetz als deutsche Staatsbürger anerkannt. Integra-

tionsprogramme, die Deutschunterricht für die jüngere, nicht mehr selbstverständlich deutsch sprechende Generation, Eingliederungshilfen in die Wirtschaft und auch Unterstützung bei der Verbesserung der Wohnsituation beinhalteten, waren häufig erfolgreich. Das derzeit bekannteste, vielzitierte rheinhessische Beispiel ist die Schlagersängerin Helene Fischer, die 1988 mit ihren Eltern aus Krasnojarsk/Sibirien nach Wöllstein kam. Allerdings konnte auch bei einzelnen Gruppen von Spätaussiedlern die Tendenz, in der Ankunftsgemeinde vorwiegend unter sich zu bleiben, festgestellt werden, am markantesten in Guntersblum, wo sich ab 1987 200 Einwanderer aus dem sibirischen Tschugujewka in einem zusammenhängenden Neubaugebiet ansiedelten und als Anhänger der Pfingstbewegung auch eine eigene Kirche bauten. Viele von ihnen gaben allerdings nach ein paar Jahren die Idee eines

Lebens in einer eigenen Gemeinde in Deutschland auf und siedelten nach Kanada um, um dort ihren von ihrer religiösen Überzeugung geprägten Lebensstil ohne allzu große äußere Einflüsse weiter führen zu können.

Durch den Zuzug russischer Juden nach Mainz in den 1990er-Jahren wurden Planungen für ein jüdisches Gemeindezentrum und den Bau der neuen Synagoge, die 2010 eingeweiht wurde, erst ermöglicht.

Der Anteil der Asylsuchenden an den Zuwanderern variierte über die Jahrzehnte. 1969 etwa lebten in Mainz und im Landkreis Alzey-Worms auffällig viele Staatsangehörige der Tschechoslowakei, die nach der Zerschlagung des Prager Frühlings ihr Land verlassen hatten. In den 1990er-Jahren kamen viele Flüchtlinge aus dem ehemaligen Jugoslawien und aus anderen Teilen Osteuropas, zudem aus anderen Spannungs- und Krisenregionen wie Afghanistan, Iran und Irak. Allein in Mainz waren 1994 3.000 Asylbewerber untergebracht. Allerdings gingen die Zahlen nach dem sog. Asylkompromiss von 1993 deutlich zurück. Bereits 1982 war in Ingelheim eine „Zentrale Anlaufstelle für Asylbewerber" für das Land mit zunächst 300 Plätzen eingerichtet worden, die 2015 in eine Erstaufnahmeeinrichtung für mittlerweile 750 Menschen ausgebaut wurde. Der neuerliche starke Anstieg von Asylsuchenden, der durch die Zuspitzung von Krisensituationen, etwa in Syrien oder in Somalia, verursacht wurde, stellt die Behörden vor logistische Probleme. Allerdings ist – anders als in den frühen 1990er-Jahren, als das Thema stark polarisierend diskutiert wurde – ein hohes Maß an zivilgesellschaftlichem Engagement und auch eine höhere Sensibilität in der politischen Diskussion zu erkennen.[65]

Amerikaner in Rheinhessen

Eine eigene Gruppe nicht-deutscher Bewohner Rheinhessens stellten von den 1950er- bis in die 1990er-Jahre die Angehörigen der US-Armee und ihre Familien dar. Aus militärisch-strategischen Gründen kamen in den frühen 1950er-Jahren erstmals seit ihrem Abzug 1945 wieder amerikanische Soldaten in den rheinland-pfälzischen Raum. Vor allem in der Pfalz und – in geringerem Ausmaß – in Rheinhessen wurden militärische Einrichtungen geschaffen, Kasernen in Mainz, Worms, Bingen, Wackernheim und Dexheim, Militärdepots in Mombach, Ober-Olm und Uhlerborn (Heidesheim) sowie ein Hubschrauberflugplatz in Finthen. Da schon früh der Nachzug von Familienangehörigen gestattet worden war, wurden an allen größeren Standorten zivile Wohnsiedlungen, sog. *family housing areas*, errichtet. Ende 1989 lebten 17.000 amerikanische Soldaten, Zivilangestellte und Familienmitglieder in Rheinhessen, knapp 10.000 in Mainz, je 3.500 in Worms und im Landkreis Mainz-Bingen. Gleichwohl viele Amerikaner in den *housings* in einer „Welt für sich" mit wenig Außenkontakt lebten, gab es doch auch etliche Berührungspunkte mit der deutschen Bevölkerung. Viele Deutsche fanden Beschäftigung als Zivilarbeitskräfte an den Militärstandorten. Zeitweise bis zu 6.000 deutsche Arbeiter waren bei den Mainzer „Panzerwerken" angestellt, einem deutschen Unternehmen, das ausschließlich für die US-Armee mit der Reparatur und Wartung amerikanischer Panzer beschäftigt war. Die Möglichkeit, Freizeit auch außerhalb der amerikanischen Strukturen zu verbringen, wurde von vielen Soldaten genutzt, ebenso wie das amerikanische Unterhaltungsangebot auch deutsche Besucher und Besucherinnen anzog. Nicht zuletzt daraus entstanden auch immer wieder deutsch-amerikanische Ehen. Politisch wurde der Austausch zudem auch sehr durch

Abb. 65:
Parade des US-amerikanischen 12. Panzergrenadier-Batallions auf dem Festplatz Worms im November 1952.

institutionalisierte Begegnungen gefördert, amerikanische Soldaten standen häufig mit ihrer technischen Infrastruktur zu Hilfeleistungen für die Kommunen bereit, amerikanische Militärkapellen beteiligten sich an deutschen Volksfesten. Politische Auseinandersetzungen um den Vietnamkrieg oder die Nachrüstung hatten zweifelsohne ihre Auswirkungen auf das deutsch-amerikanische Verhältnis. Nachhaltiger wirkten aber die auch durch die amerikanische Präsenz vermittelten kulturellen Einflüsse seit den 1950er-Jahren, die als Teil des die deutsche Gesellschaft grundlegend verändernden Amerikanisierungsprozesses verstanden werden können.[66]

Gesellschaftlicher Wandel durch Mobilität: Bildungsexpansion und Pendlerwesen

Die Konfrontation mit Fremden, mit den unterschiedlichen Zuwanderergruppen hat die Nachkriegsgesellschaft entscheidend geprägt. Wie im späten 17. Jh. veränderte sich innerhalb weniger Jahrzehnte die Zusammensetzung der Einwohnerschaft Rheinhessens, seiner Städte und seiner Dörfer, von Grund auf. Allerdings war Zuwanderung nicht der einzige Faktor für den beschleunigten gesellschaftlichen Wandel in den Nachkriegsjahrzehnten. Politische Programme, die die Angleichung der Lebensbedingungen zwischen Stadt und Land zum Inhalt hatten, wirkten ebenso, wie allgemeine soziale, kulturelle und ökonomische Wandlungsprozesse zur Annäherung der unterschiedlichen

Lebenswelten führten. Zu nennen sind hier der der Strukturwandel in der Landwirtschaft, die Integration des überwiegenden Teils der ländlichen Bevölkerung in die Industrie und den Dienstleistungsbereich, die Bildungsexpansion, die Medienentwicklung, die Veränderungen im Konsumangebot und Konsumverhalten sowie die häufig als „revolutionär" gekennzeichneten Fortschritte in den Bereichen Verkehr und Kommunikation. Im Folgenden können einzelne Aspekte dieser Entwicklungen nur knapp skizziert werden.

„Das Einschulungsbild, da waren wir zu sechst, einer war sitzen geblieben, da waren wir grad zwei Mädchen und vier Buben, das Schulhaus da vorne, da war unten erstes bis viertes Schuljahr mit einem Lehrer, und die Treppe hoch, da war fünftes bis achtes Schuljahr, was hatten wir da? Rechnen, Schreiben, Erdkunde, Turnen, Handarbeit und Religion. (…) Als wir eingeschult wurden, ist einer weggezogen, keiner ging auf die höhere Schule." Diese Erinnerungen einer 1949 in Friesenheim geborenen Zeitzeugin an ihre Schulzeit in den 1950er-Jahren können stellvertretend für die vieler anderer rheinhessischer Schülerinnen und Schüler aus diesen Jahrgängen stehen. In fast allen Dorfgemeinden gab es eine Volksschule, von denen allerdings mehr als die Hälfte so klein war, dass die Kinder in einer oder in zwei Klassen unterrichtet wurden. Weitere 28 % der Dorfschulen verfügten nur über drei oder vier Klassen und in nur 29 von 166 Schulen wurde in sechs bis neun Klassen unterrichtet. Dagegen waren alle Schulen in den Städten, auch in den Kleinstädten Oppenheim und Gau-Algesheim, acht- oder neunklassig. 15 höhere Schulen, außer einem kleinen naturwissenschaftlichen Gymnasium in Wöllstein und einer „Oberschule für Jungen" in Sprendlingen alle in den Städten angesiedelt, wurden von 6.332 Schülern und Schülerinnen, immerhin 12 % aller Schulpflichtigen, besucht. Dementsprechend besuchte ein deutlich größe-

rer Anteil von Stadtkindern die höheren Schulen. Bis 1961 hatte sich nur wenig geändert. An den mittlerweile 17 städtischen höheren Schulen – die beiden genannten Institute in Sprendlingen und Wöllstein waren mittlerweile verschwunden – wurden trotz steigender Schülerzahlen lediglich 8.286 Kinder und Jugendliche unterrichtet. Weiterhin überwogen die „Zwergschulen" mit nur wenigen Klassen. Ein wichtiger Unterschied allerdings fällt ins Auge: In Bretzenheim, Gonsenheim, Weisenau, Zahlbach, Mombach, Herrnsheim, Bingen, Gau-Algesheim, Bodenheim, Finthen, Nackenheim, Nieder-Olm und Ober-Olm gab es nun zwei Volksschulen, eine Simultanschule und eine katholische Schule, in 26 Gemeinden nur eine katholische Volksschule. Hintergrund dieser Entwicklung war die im „rheinhessischen Schulstreit" 1952 kulminierende Auseinandersetzung um die konfessionelle Ausrichtung der Volksschulen. Der Anspruch, das Schulwesen nach 1945 wieder zu rekonfessionalisieren, hatte schon in den Verfassungsberatungen zu Streit und schließlich zur Abtrennung der „Schulfrage" in der Volksabstimmung geführt. Die „Schulartikel" bezogen sich nicht nur auf die Wiedereinrichtung der Bekenntnis- und Simultanschulen auf dem Stand vor 1933, sondern beinhalteten auch die Möglichkeit der Neueinrichtung solcher Schulen auf Antrag der Eltern. Während die Schulartikel in der Abstimmung von 52 % der Wähler angenommen wurden, stimmte in Rheinhessen nur ein Drittel – und damit nur ein Teil der Katholiken – dafür. Da in Rheinhessen seit 1874 bereits Simultanschulen eingeführt waren, entflammten die Auseinandersetzungen 1952, als die Gemeindepfarrer begannen, auf Initiative Bischof Stohrs Unterschriften für die Umwandlung der Schulen in konfessionelle Anstalten zu sammeln. Das führte auch zu landespolitischen Konflikten mit bundespolitischem Potenzial, weil sich in dieser Frage die Koalitionspartei FDP zusammen mit der SPD gegen die Pläne der CDU aussprach.

Trotzdem wurden die Umwandlungspläne per Verordnung durchgesetzt. Nicht nur auf politischer Ebene, sondern auch in den Dörfern und selbst auf dem Schulhof führte diese Regelung zu Konflikten. Übereinstimmend erinnern sich Bodenheimer Zeitzeugen, die, selbst katholisch, in der Simultanschule geblieben waren, dass es zu Entfremdungsprozessen zwischen den Kindern kam: *„Ich war in der Simultanschule, selber Schulhof, wir haben uns nicht gekannt“, „da haben sich Familien bekriegt in der Zeit, 1952/53 ist das so aufgekommen, ich war in der 2. oder 3. Klasse, (…) mein Freund, wir waren vorher jede Stunde zusammen in die Schule, mittags alles zusammen angestellt, dann habe ich den nicht mehr gesehen, weil wir in die verschiedenen Schulen gingen, man hatte keinen Kontakt mehr (…) es gab ja sogar Diskussionen, die Toiletten zu trennen.“* Endgültig aufgehoben wurden die Bekenntnisschulen in staatlicher Trägerschaft erst 1970. Bereits in den 1960er-Jahren hatte bundesweit eine Diskussion über die mangelnde Qualität des deutschen Schulsystems eingesetzt. Die Regelung, dass aus konfessionellem Interesse auch Einklassenschulen anderen Lösungen vorgezogen würden, war dann nicht mehr zu vermitteln.

Die Diskussionen über die „deutsche Bildungskatastrophe“ führten in den 1960er-Jahren letztlich zu einer Umstrukturierung der Schullandschaft und zu wachsenden Anteilen an Schülerinnen und Schülern höherer Schulen. Die Zusammenfassung von Zwergschulen zu Mittelpunktschulen ab 1964 und die Einführung eines verbindlichen 9. Schuljahrs 1968 waren erste Schritte. Der Ausbau der Realschulen in den 1960er-Jahren verbesserte mit Standorten in großen Landgemeinden und Kleinstädten wie Osthofen, Nierstein und Wörrstadt gerade auch das Schulangebot im ländlichen Raum. 1970 waren bereits Fortschritte, aber auch die trotz Annäherungen weiterhin fortbestehende Stadt-Land-Differenz zu erkennen.

Während von den in Mainz lebenden Schülern 21 % das Gymnasium besuchten, waren es im Kreis Alzey-Worms nur 12 % und im Kreis Mainz-Bingen nur 16 %. Auch in Worms waren trotz des Schulangebotes nur 16 % Gymnasiasten gezählt worden, das ist mit der anderen sozialen Zusammensetzung der Wormser Bevölkerung zu erklären. Dafür übertraf die Zahl der Realschüler in Worms die der Stadt Mainz. Im Laufe der 1970er-Jahre wuchs die Zahl der Realschüler und Gymnasiasten in den Landkreisen auf 30 % (Alzey-Worms) bis 37 % (Mainz-Bingen) an, zu der noch eine nicht unerhebliche Anzahl von Schülern aus den Kreisen, die Schulen in Worms und Mainz besuchten, hinzuzuzählen sind. Bis 1995 verminderte sich sogar der Anteil der Gymnasiasten am Schulort Mainz, was aber auch damit erklärt werden kann, dass aufgrund eines besseren Angebots im ländlichen Raum weniger Pendlerschüler nach Mainz fuhren. Bis zum Schuljahr 2014/15 stieg nicht nur der Anteil der Schülerinnen und Schüler, die mit dem Besuch von Gymnasium und Integrierter Gesamtschule potenziell die Hochschulreife anstreben können, auf etwa die Hälfte aller Schüler (und da die Grundschüler mitgezählt wurden, faktisch noch deutlich höher), sondern es ist nun auch ein Trend erkennbar, der das alte Stadt-Land-Gefälle umzukehren scheint. Während 48 % aller in Mainz lebenden Schüler die beiden höheren Schularten besuchten, waren es im Landkreis Mainz-Bingen 49 %. Wesentlich deutlicher wird die Differenz aber in Worms mit 36 % und Alzey 37 %, die von dem zugehörigen Landkreis mit 45 % klar übertroffen werden. Die höchsten Werte weisen stadtnahe Gemeinden wie Klein-Winternheim (61 %) oder Gemeinden, die einen starken Zuzug im Verlauf des Suburbanisierungsprozesses aufzuweisen haben, so etwa Mommenheim mit 54 % Gymnasiasten und Gesamtschülern.

Neben dem offenkundigen Erfolg der in den 1960er-Jahren einsetzenden Bildungsexpansion verweisen diese Zahlen auch auf sozialen Wandel. Zum einen sind Bildungsabschlüsse selbst ein wichtiger Faktor für soziale Mobilität und bewirkte der Ausbau des Bildungssystems, zu dem auch die verbesserte Berufsschulausbildung zu zählen ist, so eine Verbesserung der beruflichen Chancen und führte zu einer differenzierteren Gesellschaft. Andererseits spiegeln sich in der Trendwende auch die durch Stadt-Land-Wanderung verschobenen sozialen Verhältnisse. Insbesondere Familien aus der Mittelschicht, deren sozialer Aufstieg zudem eng mit der Bildungsexpansion der 1970er-Jahre zusammenhängt, zogen in die ländlichen und vorstädtischen Neubaugebiete. Deren Kinder wiederum nehmen in einem starken Maß das höhere Schulangebot wahr, sind allerdings dann auch ausbildungs- und berufsbedingt mobiler, bleiben also häufig nicht in den suburbanen Wohnorten ihrer Eltern. Damit dürfte zumindest teilweise auch die andere Trendwende der letzten Jahre, die des wieder verstärkten Zuzugs in die Großstädte, hier insbesondere in Universitätsstädte wie Mainz, zusammenhängen. Die Veränderungen im Bildungswesen sind daher Ursache etlicher Aspekte des sozialen Wandels. Völlig abgesehen von den Bildungsinhalten, denen natürlich in diesem Zusammenhang die höchste Bedeutung zukommt, trugen bereits die Zusammenfassungen der lokalen Kleinschulen zu Verbandsschulen und das zunehmende Schülerpendeln ab den 1960er-Jahren stark zur Überwindung lokaler Orientierungen bei. Wenn eben nicht mehr der örtliche Geburtsjahrgang eine wesentliche Sozialisationsinstanz darstellte, sondern über Schul- und Ausbildungsmobilität schon früh regionale Verbindungen aufgenommen wurden, dann erweiterten sich auch kulturelle Horizonte, wurden Lebensläufe weniger von den traditionellen Faktoren wie Familie, Verwandtschaft, Nachbarschaft, Kirche und örtlichem Vereinswesen geprägt, sondern waren für vielfältigere Einflüsse von außen offener. Das gilt natürlich auch für die Berufspendler.[67]

Zwischen 1950 und 1961 stieg der Anteil der Auspendler unter den Erwerbstätigen in Rheinhessen von 16 % auf 27 %, bis 1970 auf knapp die Hälfte. Innerhalb von zwei Jahrzehnten waren also die Pendlerexistenzen von einer Minderheit zu einer weiter wachsenden großen Gruppe innerhalb der Dörfer geworden, noch bevor durch suburbanen Zuzug das Pendlerwesen vollends expandierte. Angesichts der starken Zuwanderung lassen sich in diesem Prozess in den folgenden Jahrzehnten nicht mehr die einheimische Bevölkerung, die eine Arbeits- oder Ausbildungsstätte außerhalb der Wohngemeinde aufsucht, von der zugezogenen Einwohnerschaft, bei der die Bereitschaft zum Pendeln die grundlegende Voraussetzung für die Ansiedlungsentscheidung war, unterscheiden. Jedenfalls fällt auf, dass die Pendlerquoten im Jahr 2014, die sich in den einzelnen Wohnorten zwischen 85 und 98 % bewegen, in Gemeinden mit großen Neubaugebieten, etwa in Badenheim, Bubenheim, Friesenheim, Grolsheim, Welgesheim und Bornheim, am höchsten sind. Die Entwicklung, dass sich durch Schule, Ausbildung und Beruf ein zunehmender Anteil des Lebens außerhalb des Wohnortes abspielte, hatte also ihre größte Dynamik in den 1950er- bis 1970er-Jahren. Danach kann das Pendeln als „Normalfall" angesehen werden. Der überwiegende Teil der Pendler 1950 bewegte sich innerhalb Rheinhessens, blieb im eigenen Kreis oder fuhr in die Kreisstadt. Lediglich im Kreis Bingen pendelte ein Fünftel der Arbeitnehmer in den Landkreis Bad Kreuznach. Im südlichen Rheinhessen übte die Industrie in Frankenthal, Ludwigshafen und Mannheim eine gewisse Anziehungskraft aus und im Mainzer Raum und an der Rheinschiene fuhren viele in die rechtsrheinischen Industriegebiete und zu den Opelwerken in Rüsselsheim. Zunehmend bewegten sich die Pendler in eigenen Fahrzeugen fort. Fuhren 1961 noch lediglich 21 % in Autos und 12 % mit motorisierten Zweirädern zur Arbeit, so stieg der Anteil der Pkw-Fahrer bis 1970 auf über 50 %. Das Interesse der Industrie an Arbeitskräften zeigt sich auch an den jetzt eingesetzten Werkbussen, die vor allem im Kreis Alzey-Worms schlecht angebundene Gemeinden anfuhren. Einem dementsprechend steigenden Autobesitz, 1956 120 Kraftfahrzeuge auf 1.000 Einwohner, 2005 im Kreis Alzey-Worms 775, im Kreis Mainz-Bingen 766, standen schon in den 1950er-Jahren schwindende Fahrerzahlen bei der Bahn entgegen. Trotz des verstärkten Verkehrsaufkommens wurden bereits 1954 in Rheinhessen weniger Fahrkarten pro Einwohner verkauft als vor dem Krieg. In der Folge führte das in den 1960er- und 1970er-Jahren zum – auch landespolitisch gewollten, zumindest nicht verhinderten – Ende der Nebenstrecken. Gleichzeitig galt der Straßenbau als wichtige Infrastrukturmaßnahme, deren Höhepunkt in Rheinhessen der Ausbau der Bundesautobahnen war. Nicht zuletzt dadurch wurden das Pendeln vom nördlichen Rheinhessen in das rechtsrheinische Rhein-Main-Gebiet, etwa ein Drittel der Pendler im Kreis Mainz-Bingen arbeitete 2013 in Hessen, im Süden in den Rhein-Neckar-Raum und somit auch der Zuzug aus diesen – jetzt so benannten – Metropolregionen erleichtert.[68]

Umbruchzeit: von alten Verbindungen in Nachbarschaft und Verein zu neuen Netzwerken

Die so entstandene Verkehrsinfrastruktur wurde natürlich auch für die Freizeitmobilität genutzt. Es kann somit von einer fortschreitenden *„Regionalisierung aller Lebensbezüge"* gesprochen werden. Wenn ein Großteil der Einwohnerschaft morgens das Dorf verlässt

und nachmittags oder abends erst wieder zurück kommt, dann vielleicht noch Freizeitangebote außerhalb des Wohnorts nutzt sowie überlokale familiäre oder freundschaftliche Kontakte pflegt, die auch eine Folge der neuen Mobilität sein können, dann hat das weitreichende Konsequenzen für das Zusammenleben in der Region und die gesamte lokale und regionale Entwicklung. Verwandtschaft, Nachbarschaft, Vereine, Kirchengemeinde, in der Zeit vor der allgemeinen Mobilisierung wichtigste Instanzen, die das Leben eines jeden prägten, Sicherheit gaben, aber auch kontrollierend und einengend wirken konnten, bekommen eine neue Bedeutung. In sie eingebunden zu sein, ist keine mehr oder weniger zwangsläufige Begleiterscheinung des Landlebens, sondern basiert auf bewusster Entscheidung. Dieser Prozess der Lösung von sozialen Bindungen, in der Wissenschaft als „Individualisierung" bezeichnet, hat einerseits größere Entscheidungsspielräume in der Lebensgestaltung zur Folge, wirkt also befreiend, vergrößert aber andererseits auch Lebensrisiken. Das ist ein gesamtgesellschaftlicher Vorgang, der in Stadt und Land trotz aller Annäherungen unterschiedliche Ausprägungen hat. An dem Wandel von Nachbarschaft und des Vereinswesens kann der Verlauf dieses Individualisierungsprozesses beispielhaft gezeigt werden, allerdings fällt auch das in Dörfern hohe Maß an Stabilität traditioneller Verbindungen auf.

Nachbarschaft hatte in einer Gesellschaft, in der – wie in Rheinhessen um 1950 – 85 % der Erwerbstätigen am Wohnort arbeiteten, mehrere Funktionen. Nachbarn konnten neben der Familie die wichtigsten Kommunikationspartner sein, bei der Arbeit unterstützen, in Notfällen helfen. Diese Elemente von Nachbarschaft wurden in rheinhessischen Dörfern bis weit in die 1970er-Jahre, teilweise sogar darüber hinaus, gelebt. Gegenseitige Besuche ohne Anmeldung waren ebenso an der Tagesordnung wie das allabendliche Zusammensitzen vor den Häusern noch lange praktiziert wurde. Eine Zeitzeugin aus Eich berichtet vom Fortbestehen solcher Traditionen bis zur Jahrtausendwende. Gegenseitige Hilfe, als Nothilfe im Krankheitsfall, als Mitarbeit im landwirtschaftlichen Betrieb, als Ausleihe von landwirtschaftlichen Maschinen und Geräten, war weit verbreitet. Selbst alte überkommene Formen von Nachbarschaftshilfe – in Friesenheim etwa die Spannhilfe bei der Pferdenutzung oder gegenseitige Unterstützung bei der Kälbergeburt – wurden bis in die 1960er- und teilweise sogar 1970er-Jahre noch gepflegt. Selbst im stadtnahe gelegenen Bodenheim trugen Nachbarn noch bis in die 1970er-Jahre den Sarg eines Verstorbenen von dessen Haus zum Friedhof. Bei den ebenfalls bis dahin üblichen Hausschlachtungen wurden weiterhin die Nachbarschaft zum „Wellfleischessen" eingeladen und „Metzelsuppe" und kleine eigens für diesen Zweck hergestellte Würste in die Nachbarhäuser getragen. Selbst neue Kommunikationsmedien wurden in dieses Nachbarschaftssystem eingebunden, indem etwa das erste Telefon oder der erste Fernsehapparat in der Nachbarschaft mehr oder weniger kollektiv, teilweise gegen Kostenbeteiligung, genutzt wurde. Nur langsam verloren diese Praktiken ihren Sinn. Angesichts des landwirtschaftlichen Strukturwandels wurde Nachbarschaftshilfe überflüssig, Kinder- oder Krankenbetreuung wurde von kirchlichen oder kommunalen Institutionen übernommen, die Mediennutzung wurde bei zunehmender Verbreitung der Geräte in die Familie verlagert, Kommunikationsmöglichkeiten verschwanden nicht nur wegen konkurrierender Medienangebote, sondern weil angesichts zunehmender außerörtlicher Aktivitäten die Gelegenheiten seltener wurden, zudem die Straße als Begegnungsraum aufgrund der Verkehrsentwicklung unattraktiv wurde. Der Brauch des gegenseitigen Einladens zum Schlachtfest war auch in der damit verbundenen Möglichkeit begründet, zeitversetzt zu frischem Fleisch zu kommen. Die Einführung moderner Kühltechniken machte das ebenso überflüssig wie die Gegeneinladung als Ausgleich nicht mehr selbstverständlich war. Mit dem Bau moderner Leichenhallen endete der Brauch des Sargtragens vom Haus der Verstorbenen zum Friedhof durch die Nachbarn. Das Gespür der dadurch verlorenen Möglichkeit, soziale Reputation zu demonstrieren, führte aber beispielsweise in Bodenheim dazu, dass manche Älteren weiterhin darauf bestanden, nach ihrem Tod *„von zuhause getragen zu werden"*, weil *„nur die Bettelleute, die die nichts drauf haben, (…) da rauf gehen"* (d. h. in die Leichenhalle) müssten.[69]

Mit einem umfangreichen Programm feierte der Turn- und Sportverein Gensingen 1953 sein 75-jähriges Jubiläum. Höhepunkt war der Sonntag. Um 6 Uhr marschierte die Freiwillige Feuerwehr zum „Weckruf" durch den Ort, um 7.30 fanden in beiden Kirchen Gottesdienste statt, um 9 Uhr begannen die sportlichen Wettkämpfe, zu denen die Vereine aus dem Kreis antraten, um 13.30 begann der Festzug, um 14.30 fand schon eine „Ortsstaffel" statt, um 15 Uhr Schauturnen und um 18 Uhr die Siegerehrung. Beschlossen wurde der lange Tag mit einem Jubiläumsball ab 20 Uhr. Das Feiern konnte, wie die Chronistin Hilke Wiegers schreibt, in den 1950er-Jahren *„durchaus anstrengend sein"*. Selbst ungerade Jubiläen, wie 1956 das 115-jährige Bestehen des Gensinger Männergesangvereins wurden mit einem Freundschaftssingen mit 20 Vereinen und zwei Bällen begangen. Meist gehörte zu solchen Festen auch noch ein „Festkommers" am Freitagabend, bei dem langjährige Mitglieder für ihre Treue zum Verein geehrt wurden, der Bürgermeister und der Vereinsvorsitzende Reden hielten und die Vorsitzenden der anderen Vereine Grußworte entrichteten. Vorher war noch die Ehrung der toten Vereinsmitglieder auf dem Friedhof vorgenommen worden. Am Samstagabend wurde zum Bunten Abend mit anschließendem Tanz eingeladen. Monatelang wurden solche Feste vorbereitet, übernahmen Ausschüsse die Organisation, wurde von einem Festbuchausschuss die Herausgabe der Festschrift vorbereitet, die mit den Anzeigen der örtlichen Gewerbetreibenden finanziert und dann von Haus zu Haus verkauft wurde. Festdamen und Festjungfrauen wurden in großer Anzahl rekrutiert, die dann in ihren Festkleidern den verschiedenen Veranstaltungen beiwohnten und den Umzug anführten. Festen wie diesen konnte sich kaum jemand im Dorf entziehen. In ihrer Mischung von feierlichem Ernst und Unterhaltung spiegelt sich in ihnen das Selbstverständnis der Vereine, die über die Aufgabe der Organisierung von Freizeitinteressen hinaus mit einer Fülle von Funktionen und Bedeutungen befrachtet sind, wider. In den Vereinen konstituierten sich soziale Gruppen, bei aller grundsätzlichen Offenheit für neue Mitglieder durchaus auch in Abgrenzung zu anderen dörflichen Gruppen. Über lange Mitgliedschaft und verstärktes Engagement wurde Sozialprestige erworben. Die jüngere Generation wuchs durch die gemeinsam mit den Älteren des Vereins verbrachte Freizeit leichter in deren Vorstellungs- und Wertewelt hinein und nahm den ihr zugewiesenen Platz im Verein wie im Dorf ein. Über die Vereine stellte sich das Dorf nach außen dar und trat in Kontakt mit anderen Dörfern.

Nachdem die Vereine in der NS-Zeit gleichgeschaltet oder verboten worden waren und ihre Arbeit während des Krieges oft eingestellt, in der unmittelbaren Nachkriegszeit durch Verbote und die Kontrolle der Besatzungsmächte beeinträchtigt worden war, blühte jetzt, seit den frühen 1950er-Jahren das ländliche Vereinswesen in einer bis dahin nicht gekannten und später so auch nicht mehr erreichten Intensi-

tät auf. Neben dem eigentlichen Vereinszweck, dem Singen, Musizieren, Turnen, Fußballspielen, der Fastnacht, aber auch dem Brandschutz und der Ersten Hilfe, lockten vielfältige andere Aktivitäten Mitglieder an: Ausflüge, Feste oder auch Tanzveranstaltungen. Die rege Ausflugstätigkeit der Vereine bot vielen Mitgliedern die Möglichkeit, vor dem allgemeinen Durchbruch der individuellen Motorisierung erste Reisen in andere Regionen zu unternehmen.

Vereine waren in den 1950er-Jahren männlich dominiert. Gemischte Vereine oder Frauenvereine waren in der Minderzahl. Über die Möglichkeit der passiven Mitgliedschaft waren große Teile der Dorfbevölkerung in das Vereinsleben eingebunden, auch wenn sie sich nicht aktiv daran beteiligten. Der Eintritt in die Vereine erfolgte nicht immer individuell und aus eigenem Antrieb. Vielmehr war es noch in den 1950er-Jahren üblich, sich zu bestimmten biografisch einheitlichen Zeiten, etwa nach der Konfirmation oder dem Schulabschluss, einem Verein anzuschließen. Vereinsmitgliedschaft war somit fast obligatorisch, wollte man nicht als Außenseiter im Dorf gelten. Bereits in den 1960er-Jahren bekamen die Vereine die Konkurrenz von Fernsehen und überlokalen Freizeitangeboten, die jetzt aufgrund der gestiegenen Mobilität erreichbar wurden, zu spüren. Schon in den 1950er-Jahren war zu beobachten, wie die Vereine unter dem Einfluss der Medien bei traditionellen Vereinsveranstaltungen zunehmend Rundfunk- und Fernsehsendungen imitierten. Um bei der jüngeren Generation Akzeptanz zu finden, wurden ab den 1960er-Jahren „moderne Elemente" in das Vereinsleben integriert: Vereinsdiskos, Tanzveranstaltungen, „moderne" Sportarten und auch die Ausweitung der Vereinsausflüge zu mehrtägigen Urlaubs- und teilweise Fernreisen sind in diesem Zusammenhang zu sehen. Die Betonung der Legitimation von Vereinstraditionen, die einer Anpassung entgegenstand, war allerdings noch in den 1970er-Jahren für einen Teil der Dorfjugend überzeugend genug, um auch weiterhin an Aktivitäten wie unbegleitetem Männergesang oder Blasmusik teilzunehmen. Hier stand eher die generationelle Integration im Vordergrund. Auf der anderen Seite konstituierte sich die Jugendzentrumsbewegung in etlichen rheinhessischen Gemeinden – so etwa in Mommenheim, Eich, Guntersblum, Nierstein, Oppenheim, Heidesheim, Grolsheim, Bodenheim – in den 1970er-Jahren häufig in Ablehnung zum dörflichen Vereinswesen, gleichwohl in vereinsgemäßen Formen.

Während sich die Sportvereine zu dieser Zeit angesichts der geburtenstarken Jahrgänge noch keine Nachwuchssorgen machen mussten, stagnierten insbesondere die Mitgliederzahlen in den traditionellen Gesangvereinen. Gleichzeitig nahm aber die Zahl der Vereine und ihrer Abteilungen zu. Neben die traditionellen Vereine traten Vereine, die die Ausübung bestimmter Freizeitbetätigungen, etwa spezieller Sportarten, zum Inhalt hatten, sowie Vereinigungen, die sich die Durchsetzung partikularer Interessen auf die Fahnen schrieben: Vereine von Gewerbetreibenden, Elternvereine, Fördervereine für soziale Einrichtungen. Viel stärker als die alten Vereine sind die Neugründungen zweckorientiert. Sie fordern weniger Identifizierung von ihren Mitgliedern und erheben nicht mehr den Anspruch, das Dorf nach außen hin zu vertreten. Lebenslange Mitgliedschaft und Totenehrungen sind für diese Zusammenschlüsse kaum noch ein Thema. Eher werden sie als Anbieter von Dienstleistungen wahrgenommen. In dieser Entwicklung spiegelt sich der soziale Wandel im Dorf: die Ausdifferenzierung der verschiedenen Sozialkreise, die unterschiedlich lange Wohndauer der Einwohner, die erweiterten Möglichkeiten individueller Lebensführung. Mit dem Grad der soziostrukturellen

Vielfalt wächst – so scheint es – die Zahl der Vereine im Ort.[70]

In den Städten dürfte sich eher die Frage stellen, welche sozialen Netzwerke angesichts des hohen Individualisierungsgrades urbaner Existenz geknüpft werden, um Stabilität und Integration herzustellen. Das können dann im Ergebnis sehr unterschiedliche Konstellationen sein, von eher traditionellen, auf ähnlicher sozialer und ökonomischer Lage basierenden, relativ stabilen Milieus, in denen auch weiterhin langfristige Bindungen wie Vereinswesen oder Nachbarschaft eine Rolle spielen können, über mittelfristige Interessenskoalitionen, Freizeitkonstellationen oder beruflich bedingte Verbindungen bis hin zu kurzfristigen Erlebnisgemeinschaften im Sinne einer Eventkultur. Die angesichts hoher Zu- und Wegzugsraten und vielfältiger Lebensstile starken Unterschiede in der Erfahrung des städtischen Alltags dürften allgemein gültigen Konzepten, wie Städte und Stadtgesellschaften zu verstehen sind, im Weg stehen. Am Beispiel Mainz könnte die milieuübergreifende Popularität des Fußballvereins Mainz 05 und der Fastnacht damit erklärbar sein, dass es in beiden Fällen möglich ist, über lang-, mittel- oder kurzfristige Verbindungen an dem Phänomen teilzunehmen. Andere, eher aus dem Stadtmarketing herrührende Charakterisierungen wie „Wissenschaftsstadt" oder „Medienstadt" treffen dagegen nur Teilbereiche der sozialen Realität.

Ein heißes Eisen: Verwaltungsreformen 1968 und danach

Ende 1968 schafften es einige rheinhessische Gemeinden durch ihr Protestverhalten in die Berichterstattung des *Spiegel*. Aber anders als in den Universitätsstädten ging es in diesem „Jahr der Revolte" nicht um die Notstandsgesetze oder den Vietnamkrieg, sondern um die Zukunft der

Gemeinden als eigenständige Kommunen. Alle zehn Mitglieder der CDU-Fraktion im Heßlocher Gemeinderat seien geschlossen aus ihrer Partei ausgetreten, in Laubenheim warnten Christdemokraten ihre Mitbürger davor, dass die Einwohner in Zukunft mehr Hundesteuer und mehr Autoversicherungsgebühren zahlen müssten und *„selbst das Sterben um das Zehn- bis Fünfzehnfache teurer"* werden würde. Der Zorn der Protestierer richtete sich vor allem gegen ihren eigenen Parteichef: Helmut Kohl, der im Mai 1969 die Nachfolge Altmeiers als Ministerpräsident antreten sollte und der bereits jetzt als eifriger Reformer galt. Seit den frühen 1960er-Jahren wurde auf Landesebene – und zwar in allen Bundesländern – über durchgreifende Verwaltungsreformen diskutiert, die man für nötig hielt, um den sich vielfältig erweiternden Aufgaben nachzukommen. Als erstes wurden in Rheinland-Pfalz die Regierungsbezirke von fünf auf drei reduziert. Ab dem 1. Oktober 1968 wurde der Regierungsbezirk Rheinhessen mit dem der Pfalz zusammengelegt. Damit endete die Existenz Rheinhessens als politische Einheit. Sitz der Bezirksregierung wurde Neustadt an der Weinstraße. *„Rheinhessen ist Kernstück und Nahtstelle des Landes. Es wäre falsch an seinem Bestand zu rütteln"*, protestierte die Mainzer Allgemeine Zeitung. Aber alle Argumente der Presse und Initiativen der Verbände und Kammern, den Regierungsbezirk Rheinhessen zu erhalten oder wenigstens mit dem Nahegebiet zu vereinigen, schlugen fehl. Der nächste Schritt war die Neustrukturierung der Landkreise. Ziel war die Schaffung von Einheiten mit 50.000 bis 150.000 Einwohnern. Gegen die Mehrheit des Landkreistages wurde auch diese Reform durchgesetzt. Dabei wurden in Rheinhessen 1969 nicht nur die Kreise Alzey und Worms einerseits, Mainz und Bingen andererseits zusammengelegt, sondern es kam auch zu nicht unumstrittenen „Tauschgeschäften": Aus dem ehemaligen Landkreis Alzey wurde Frei-Laubersheim,

Fürfeld, Tiefenthal, Neu-Bamberg, aus dem Kreis Bingen Biebelsheim, Bosenheim, Hackenheim, Ippesheim, Pfaffen-Schwabenheim, Planig, Pleitersheim und Volxheim dem Kreis Bad Kreuznach und somit dem Regierungsbezirk Koblenz zugeschlagen. Als Ausgleich kamen elf rechts der Nahe und im Mittelrheintal gelegene Gemeinden zum Kreis Mainz-Bingen und Mauchenheim aus dem ehemaligen Kreis Kirchheimbolanden zu Alzey-Worms. Bis heute sehen sich aber die abgetrennten Gemeinden als Teil der Region Rheinhessen. Proteste gegen diese Kreiseinteilungen aus der Bevölkerung blieben wirkungslos. Während die Demonstranten, die im Oktober 1968 in Osthofen für den Sitz der Kreisverwaltung in Worms auf die Straße gingen, keinen Erfolg hatten, konnten die Teilnehmer der Protestkundgebung auf dem Roßmarkt in Alzey, die befürchteten, dass der Abzug der Kreisverwaltung die weitere Entwicklung der Stadt nachhaltig schädigen würde, aufatmen. Parallel zur Kreisreform wurden Umlandgemeinden in die Städte eingemeindet. Mainz wurde um Drais, Ebersheim, Finthen, Hechtsheim, Laubenheim und Marienborn vergrößert, außer in Ebersheim gegen den ausdrücklichen Willen der Gemeinden. In Hechtsheim hatten sich 92 % der Bürger gegen die Eingemeindung ausgesprochen. Als dann auch die Klage vor dem Verfassungsgericht nichts half, trat Bürgermeister Drebus nicht nur von seinem Amt zurück, sondern auch, wie einige seiner Ratskollegen, aus der CDU aus. In Worms wurden Pfeddersheim, das auf der Grundlage seiner Geschichte als ehemalige freie Reichsstadt besonders pointiert dagegen argumentierte, Abenheim, Heppenheim an der Wiese, Ibersheim, Rheindürkheim und Wies-Oppenheim mit der Stadt vereint.

Noch heftiger diskutiert wurde dann die Gebietsreform auf Gemeindeebene. Die Weiterentwicklung von ländlichen Gemeinden wurde aufgrund der zu geringen Größe vieler Dörfer als

357

gefährdet angesehen. Einheiten von mindestens 5.000–8.000 Einwohnern und einer Verwaltung mit 10–15 Mitarbeitern sollten geschaffen werden. 80 % der 24.000 westdeutschen Gemeinden hatten weniger als 2.000 Einwohner, viele deutlich weniger, so dass zahlreiche Rathäuser maximal mit einem stundenweise agierenden Bürgermeister und allenfalls einer Schreibkraft besetzt waren. Angesichts der vielen Anforderungen, die sich aus der seit den 1950er-Jahren beschleunigten Entwicklung vieler Lebensbereiche ergaben, wurde eine solche Form von Verwaltung nicht mehr als effizient verstanden.

Diese theoretisch leicht nachzuvollziehenden Gedankengänge der Planer in die Praxis umzusetzen, war natürlich alles andere als einfach, berührte es doch elementare Fragen des Selbstverständnisses der Dorfgemeinden. Gerade in Regionen wie Rheinhessen, in denen die Gemeinden seit ihrer Entstehung im Mittelalter einen hohen Grad an Autonomie bewahrt hatten, waren die Dorfbewohner in viele Fragen der Selbstverwaltung mit eingebunden. Auch deswegen dürfte in Rheinland-Pfalz eine Form der Gemeindeorganisation gewählt worden sein, die durch ihre zweistufige Gliederung den Ortsgemeinden noch erhebliche Kompetenzen und vor allem eine politische Vertretung durch Ortsbürgermeister und eigene Gemeinderäte beließ. In Nordrhein-Westfalen etwa wurden die Handlungsspielräume der zusammengelegten Gemeinden mit der Schaffung von Großgemeinden deutlich schärfer beschnitten.

Trotzdem war die Bildung der neuen Verbandsgemeinden eine höchst schwierige Angelegenheit, in der es um das Selbstverständnis der Gemeinden, die Entwicklungschancen für die Sitze der neuen Verwaltungen, aber auch die Zukunft etlicher Kommunalpolitiker und Mandatsträger und nicht zuletzt auch um parteipolitische Erwägungen ging. War bei klaren Größenver-

hältnissen der zukünftige Sitz von VG-Verwaltungen und somit auch die Funktion als Klein- oder Unterzentrum wenig umstritten – etwa in Guntersblum, Westhofen oder Nieder-Olm – so war gerade bei der Nachbarschaft ähnlich strukturierter Gemeinden etliches Konfliktpotenzial voraussehbar. So konkurrierten am Rhein mit Alsheim, Eich und Gimbsheim drei große Gemeinden, die zudem auch unterschiedliche Vorstellungen hatten, wer noch dazu gehören sollte, um den Sitz der zukünftigen Verbandsgemeinde. In Nierstein wollte man unbedingt Sitz der neuen Verbandsgemeinde werden und wurde darin von Mommenheim, Dexheim, Dalheim und Lörzweiler unterstützt. Dennoch ging der Sitz an Oppenheim. In Gensingen blieben 700 Einwohner 1971 aus Protest der Landtagswahl fern, weil ihre Gemeinde nicht zum Mittelpunkt der VG Sprendlingen-Gensingen wurde. Häufig blieben auch die Wünsche der Gemeinden, zu welcher Kommune sie zukünftig gehören wollten, unbeachtet. Einige Gemeinden versprachen sich von der Eingemeindung in die Städte mehr als von einer Zusammenfassung zu Verbandsgemeinden. In Bodenheim sprach sich bei einer Bürgerbefragung die Einwohnerschaft und in der Folge der Gemeinderat mit knapper Mehrheit für die Eingemeindung nach Mainz aus, Erbes-Büdesheim, Bermersheim, Gau-Heppenheim und Framersheim wollten Teil Alzeys werden. Alle diese Wünsche wurden von der Landesregierung nicht erfüllt. Besonders enttäuscht war man in Ingelheim, wo man sich Hoffnungen auf Eingemeindungen und dann wenigstens auf eine VG Ingelheim-Land als Vorstufe gemacht hatte, aber dann mit dem Status einer „großen kreisangehörigen Stadt" und lediglich dem Anschluss von Groß-Winternheim zufrieden sein musste.

An der grundsätzlichen Notwendigkeit, Verwaltungen zusammen zu fassen, gerade kleine, den Anforderungen der Zeit nicht mehr entsprechende Strukturen zu erweitern, wurde meist nicht gezweifelt. Ohnehin war es auch schon vor den Zusammenlegungen zu Formen kommunaler Kooperation gekommen, etwa im Schulbereich oder im Bereich der Abwasserentsorgung, die allerdings nicht immer den neuen Gebietskörperschaften entsprachen.

Mit der Wirksamkeit kommunaler Kooperationen auch ohne territorialen Zusammenschluss wurde auch bei den neuen Auseinandersetzungen um die nächste Verwaltungsreform in den 2010er-Jahren argumentiert. Erneut erwies sich das Thema kommunaler Fusionen als diskussionsfördernd, wobei in den Stellungnahmen auch deutlich wird, dass die in den frühen 1970er-Jahren umstrittenen Verbandsgemeinden weitgehend akzeptiert werden. Zu Auseinandersetzungen kam es bei dem geplanten Zusammenschluss zwischen der Verbandsgemeinde Eich und der Stadt Osthofen, die durch einen Bürgerentscheid in Osthofen zugunsten einer Fusion zwischen der bis dahin verbandsfreien Stadt und der Verbandsgemeinde Westhofen beendet wurden. Die aus den Verbandsgemeinden Guntersblum und Nierstein-Oppenheim neu gebildete Verbandsgemeinde Rhein-Selz hatte vor allem in Guntersblum zu Unmut geführt. Die VG Wöllstein war an einer Fusion mit der VG Bad Kreuznach interessiert, allerdings nur unter dem rheinhessischen Dach des Kreises Alzey-Worms. Mit der VG Rheinhessische Schweiz wäre die Auslagerung der rheinhessischen Dörfer von 1968 wieder rückgängig gemacht worden. Argumentationshintergrund war dabei außer den historischen Gründen die Zugehörigkeit Rheinhessens zur „Wachstums- und Metropolregion Mainz/Frankfurt". Die Einwohner der VG Bad Kreuznach sprachen sich aber dagegen aus. Biebelsheim, Pfaffen-Schwabenheim und Pleitersheim würden gern zur VG Sprendlingen-Gensingen wechseln. Noch umstritten ist die administrative Zukunft von Budenheim, Heidesheim und Wackernheim. Die Verbandsgemeinde Monsheim will weiterhin für sich bleiben. Angesichts bereits dieser Diskussionen ist auch die Entwicklung zu einem Großkreis Rheinhessen noch offen.[71]

Wirtschaft und Gesellschaft im 20. Jahrhundert

Die Bevölkerungsentwicklung im 20. Jahrhundert

607.192 Menschen lebten 2013 in Rheinhessen. Diese Zahl ergibt sich aus der Summe der Einwohner in den Städten Mainz und Worms und den Kreisen Alzey-Worms und Mainz-Bingen ohne die Verbandsgemeinde Rhein-Nahe, dafür aber mit den Ortsgemeinden der Verbandsgemeinde Bad Kreuznach. Das entspricht annähernd dem „alten" Rheinhessen von 1816, allerdings ohne die rechtsrheinischen Stadtteile von Mainz. Gebietsveränderungen im 20. Jh. machen den statistischen Vergleich schwierig. So sind in der Tabelle die Zahlen für die Kreise Alzey-Worms und Mainz-Bingen, wie sie seit der Gebietsreform 1969 existieren, auch für die vorherigen Jahrzehnte berechnet. Der Rückgang um ein Viertel der Bevölkerung in Mainz zwischen 1939 und 1950 erklärt sich neben den Folgen von Krieg und Deportation vor allem aus dem Wegfall des rechtsrheinischen Territoriums. Trotz dieser Einschränkungen kann der Tabelle die Entwicklung der Bevölkerung Rheinhessens abgelesen werden. Mit 69 % Zuwachs innerhalb von 108 Jahren kann

Rheinhessen im 20. Jh. zwar ein kontinuierliches Wachstum aufweisen, das aber nicht mehr an das des 19. Jhs. anschließt. Vier Fünftel dieser Wachstumsrate sind in die zweite Hälfte des 20. Jhs. anzusetzen, mit hohem Zuwachs in den 1950er- und 1960er-Jahren, der in den 1970er-Jahren ins Stocken geraten war, in den Achtzigern und Neunzigern zwar noch einmal anzog, um dann nach 2000 erneut an Fahrt zu verlieren. Die sehr unterschiedlichen Wachstumsverläufe der 32 exemplarisch ausgewählten Städte und Gemeinden zeigen, dass die quantitative Entwicklung vor allem von Wanderungsvorgängen und dann erst von den Geburten- und Sterberaten abhängig ist. Die deutlich überdurchschnittliche Wachstumsrate, die Ingelheim, Alzey, Gensingen, Budenheim und Nieder-Olm zwischen 1905 und 1939 aufzuweisen hatten, sind mit guter Verkehrslage und Industrieansiedlung zu erklären. Der Tod vieler Menschen aus Rheinhessen durch Krieg und rassistische Verfolgung kann über diese statistischen Quellen kaum nachvollzogen werden, zumal es im betreffenden Zeitraum auch zu erheblichen Zuwanderungen kam. Dass bis 1950 vor allem kleine Gemeinden außergewöhnlich hohe Zuwachsraten hatten, deutet auf die Ankunft der Vertriebenen und Flüchtlingen hin. Die in vielen dieser Gemeinden negative Bevölkerungsbilanz in den 1950er-Jahren zeigt allerdings, dass etliche Angehörige dieser Gruppen die Dörfer wieder verließen. Insgesamt hatte dieses Jahrzehnt die höchsten Wachstumsraten zu verzeichnen. Vor allem die Städte, allen voran Mainz, wuchsen in diesem Jahrzehnt rapide an, was sicher nicht nur mit der Rückkehr Evakuierter, sondern auch mit dem Zuzug ehemaliger Flüchtlinge zu erklären ist. Auch die 1960er-Jahre waren noch von starkem Bevölkerungszuwachs geprägt, der sich jetzt allerdings vor allem in den Kleinstädten und großen Gemeinden mit Industrieansiedlungen und im Mainzer Umland wie Nieder-Olm, Wörrstadt,

Budenheim, Gensingen, Bodenheim, Klein-Winternheim und Gau-Bischofsheim zeigte, während der Zuzug in die Kreisstädte Alzey, Bingen und Worms bereits stagnierte und der statistische Bevölkerungszuwachs in Mainz insbesondere durch die Eingemeindungen von 1969 zu erklären ist. Vor allem Wohngemeinden im Mainzer Umland, wie Klein-Winternheim und Gau-Bischofsheim oder in etwas abgeschwächter Form Mommenheim und Ober-Olm, boomten in den 1970er-Jahren, während das Wachstum insgesamt zum Stehen kam. In den 1980er- und 1990er-Jahren hatte sich der jahrzehntelange Trend, dass Städte schneller wuchsen als der ländliche Raum vollends umgekehrt. Sogar weiter von den Stadt- und Industriezentren entfernt gelegene Gemeinden konnten bei guter Verkehrsinfrastruktur dagegen weiterhin erheblich wachsen. Seit Beginn des neuen Jahrtausends hingegen stagnieren viele Landgemeinden oder verlieren sogar Bevölkerung, ebenso die meisten Mittel- und Kleinstädte, während die Großstadt Mainz wieder erhebliche Zugewinne macht. Deutlich werden bei diesem Verlauf die Phasen der Suburbanisierung, der Bevölkerungsverlagerung von den Kernstädten in das Umland, die ab den 1960er-Jahren auch die nicht-eingemeindeten Gemeinden erreichte und sich dann in immer weiteren Kreisen ausdehnte.

Gerade der Vergleich der Daten aus der zweiten Jahrhunderthälfte macht deutlich, dass es sich nicht nur um Bevölkerungsverschiebungen innerhalb Rheinhessens gehandelt haben kann. Während die Bevölkerung im Gebiet der heutigen Bundesrepublik zwischen 1950 und 2013 um 16,5 %, die von Rheinland-Pfalz um ein Drittel zunahm, wuchs die rheinhessische Einwohnerschaft um 56 % an. Der Anteil der Zuwanderung nach Rheinhessen ist also gerade für die zweite Jahrhunderthälfte beträchtlich. Bei der natürlichen Bevölkerungsbewegung, also den Geburten- und Sterbezahlen, lässt sich wie überall in Deutschland eine Wende von Geburtenüberschüssen in der Mitte des Jahrhunderts zu Sterbeüberschüssen in der heutigen Zeit feststellen. Während im Jahr 1961 Rheinhessen pro 1.000 Einwohner einen Geburtenüberschuss von 6,3 hatte, der in den Landkreisen deutlich höher als in den Städten ausfiel, liegt die Zahl der Todesfälle mittlerweile über der der Geburten: 2013 wurde im Kreis Mainz-Bingen ein „Gestorbenenüberschuss" von 1,7 pro 1.000 Einwohner gemessen, im Kreis Alzey-Worms ein Wert von 2,2, in der Stadt Worms 2,0, in Mainz allerdings lag der Saldo der natürlichen Bevölkerungsbewegung mit 0,5 im positiven Bereich. Bereits in der Mitte der 1970er-Jahre waren in allen Kreisen und Städten mehr Menschen gestorben als auf die Welt gekommen. Während allerdings in der Stadt Worms von 1975 bis heute in allen Jahren ein Gestorbenenüberschuss zu verzeichnen war, kehrte sich das Verhältnis in den Kreisen

und in der Stadt Mainz in der zweiten Hälfte der Achtziger um. Bis 2002 lag im Kreis Alzey-Worms und bis 2006 im Kreis Mainz-Bingen die Zahl der Geburten wieder über der der Todesfälle. Das ist zumindest teilweise auch damit zu erklären, dass in diesen 20 Jahren die Kinder der „Babyboomer"-Generation in die Phase der Familiengründung kamen und somit die demografische Linie noch einmal einen Ausschlag nach oben nahm. In der Diskussion häufig überschätzt wird allerdings die Bedeutung des „Pillenknicks", der nach der Mitte der 1960er-Jahre die geburtenstarken Jahrgänge enden ließ. Vielmehr handelte es sich bei dieser Entwicklung um die Fortsetzung des seit dem späten 19. Jh. zu beobachtenden Trends sinkender Geburtenraten, der in den Nachkriegsjahrzehnten aufgrund des Nachholbedarfs an Familiengründung nach der Kriegs- und unmittelbaren Nachkriegszeit unterbrochen worden war.[72]

Tabelle: Bevölkerungsentwicklung in Rheinhessen, den Landkreisen und in ausgewählten Gemeinden 1905–2013, Veränderungen in %

	1905–1939	1939–1950	1950–1961	1961–1972	1972–1982	1982–1992	1992–2002	2002–2013	1905–2013
Rheinhessen	10,9	-2,0	16,4	11,0	1,6	7,3	6,7	3,7	69,3
Mainz-Bingen	11,7	14,2	5,3	11,6	4,1	12,5	9,6	2,8	98,1
Alzey-Worms	4,8	17,8	-1,7	4,2	-0,2	14,6	13,9	-0,7	63,5
Stadt Mainz	10,7	-24,7	46,8	19,2	3	-1,0	0,8	9,8	63,7
Stadt Worms	19,2	-7,0	16,8	1,8	-4,5	7,1	3,4	-1,0	38,0
Alzey	25,2	9,6	9,0	6,2	2,2	10,2	5,9	-3,3	83,1
Bingen	11,2	-0,8	17,0	0,5	-9,6	6,5	0,7	-2,2	22,9
Ingelheim	32,8	20,3	18,5	18,0	3,0	7,7	13,2	-2,8	172,9
Bodenheim	19,6	18,9	-1,5	23,8	15,4	12,2	5,5	8,1	156,2
Budenheim	54,2	28,7	23,2	38,8	-3,9	10,6	5,7	-0,7	278,4
Dintesheim	-5,3	28,4	-27,4	1,3	-9,2	2,2	7,0	0,0	-11,1
Eckelsheim	7,5	4,1	5,9	-4,5	-14,2	11,6	3,5	-15,2	-4,9
Freimersheim	-9,7	13,8	-4,8	-9,4	-11,8	-14,4	21,2	17,8	27,6
Frettenheim	-6,1	22,6	-6,8	-21,4	-11,9	28,6	98,8	-4,7	81,0
Gau-Bischofsheim	11,0	37,3	1,1	39,9	68,6	22,6	3,4	-8,9	319,1
Gensingen	24,7	1,0	6,1	47,3	17,6	18,7	11,3	14,7	250,6
Gundheim	10,3	21,7	-6,9	2,9	-5,9	7,4	11,2	-6,4	35,2

Hangen-Weisheim	-6,2	26,4	-15,0	-5,7	-4,9	14,8	22,0	-9,2	14,9
Hillesheim	-12,1	33,8	-12,9	-12,9	-6,6	18,8	-0,6	4,9	3,0
Klein-Winternheim	12,3	29,7	6,0	58,3	102,0	-0,2	11,1	3,5	466,5
Mölsheim	-6,2	20,8	-12,5	22,4	-3,3	-9,6	6,0	-2,6	9,8
Mommenheim	-3,7	32,3	-5,8	14,2	36,0	30,2	29,1	4,8	228,2
Nieder-Olm	18,9	25,6	10,8	92,3	5,9	11,5	14,0	16,9	400,8
Nierstein	10,0	15,2	-2,3	-3,3	-4,8	10,6	15,2	5,3	52,8
Ober-Flörsheim	-4,5	15,9	-6,3	-6,9	-9,4	12,4	14,9	4,6	18,1
Ober-Olm	5,7	24,5	18,2	10,6	34,1	8,3	18,4	-0,9	193,6
Offstein	13,7	24,2	2,8	19,0	-5,2	3,1	20,5	0,9	105,1
Oppenheim	11,2	22,1	9,4	-5,9	-10,4	38,5	4,0	8,6	96,0
Schwabenheim/Selz	-6,3	16,8	-2,4	17,6	5,7	31,1	11,4	1,8	97,4
Selzen	0,1	22,3	-5,4	10,2	1,0	13,1	10,3	2,6	65,1
Sörgenloch	0,5	20,5	-1,3	6,8	11,3	6,6	26,4	9,3	109,4
Spiesheim	-8,9	15,9	-9,3	0,8	-1,6	26,8	9,3	-7,2	22,3
Stein-Bockenheim	-13,3	5,8	17,3	-2,1	-2,3	6,5	14,3	-1,2	24,0
Wallertheim	-7,5	28,2	-10,6	-4,7	-6,2	-4,0	61,7	-2,7	43,1
Wörrstadt	-5,9	20,2	8,7	54,9	5,4	16,8	11,1	1,9	165,4

Zwischen „Plugskarren" und computergestützter Vollmechanisierung – Landwirtschaft im 20. Jahrhundert

An den landwirtschaftlichen Betrieb seiner Großeltern in Selzen in den späten 1950er-Jahren erinnert sich ein Zeitzeuge aus Friesenheim: „Die hatten zwölf Morgen Äcker und zwei Morgen Wingert, das war ein Kleinbauernbetrieb, den hat keiner weiter gemacht, aber Opa hatte mit 75 noch eine Kuh. Ich bin als Schulbub nach Schulschluss mit dem Fahrrad hin, helfen, das war üblich, die Kinder mussten mitarbeiten. Wenn der Herbst drin war und die Familie zusammen war, hat Opa gesagt, so, jetzt haben wir zwei Stück Wein im Keller, der Konsum ist bezahlt, gegessen und getrunken haben wir, es war doch ein gutes Jahr. Aber da kam nix dazu, kein Pflug, der ‚Plugskarren' war 100 Jahre, die Kuh im Stall war die Versicherung. Im Sommer ging es morgens um halbsechs, sechs Uhr los, wir zwei sind Klee holen, Oma hat in der Zeit Frühstück gemacht und die Wutz gefüttert, um acht, halb-neun gings ins Feld, das haben sie zusammen mit einem Neffen gemacht, der war jünger, agiler, der konnte noch hart schaffen, hatte auch 3 Kühe, ‚ach Petter lass die Kuh im Stall stehen, dass sie noch ein bisschen Milch gibt, wir nehmen meine Kühe', dann abgemacht mit der Mähmaschine, noch 1960 mit Kühen gezogen, ich habe die Kühe, die Leinen in der Hand, der Onkel hat mit dem Holzrechen so die Garben gemacht und die haben sie hinten zusammen gebunden."

Eine andere Geschichte erzählt Otto Albert Seibert vom Hof Gernsheimerfahrt in Hamm. Nach der Währungsreform „ging es aufwärts. Es konnten zwei neue Pferde angeschafft werden, die Zahl der Zugochsen ging zurück. 1949 kauften wir den ersten Schlepper." Noch im gleichen Jahr wurde eine Beregnungsanlage angeschafft. „Ich machte eine Ausbildung zum Landwirt, (…) nach meiner Meisterprüfung im Jahr 1956 stieg ich als Teilhaber in den Betrieb ein. (…) Kontinuierlich folgten Umbau und Umstrukturierung. (…) Die Milchviehhaltung lebte wieder auf, ver-

bunden mit dem Zukauf von Milchkühen und einer Melkmaschine, und die Zuchtsauenhaltung, Ferkel- und Mastschweineproduktion begannen erneut. Mit Macht setzte die Mechanisierung ein. 1952 kam der erste Mähdrescher."

Diese Hofgeschichten können symptomatisch stehen für das Nebeneinander von auskommensorientierter und gewinnorientierter Landwirtschaft. In Rheinhessen ist die Fortschrittsorientierung in der Landwirtschaft keine neue Erscheinung des 20. Jhs., sondern, wie beschrieben, schon im 18. Jh. zu finden. Dennoch war gerade hier aufgrund der guten Böden, des Klimas, der Sonderkulturen und der Realerbteilung bis weit in die zweite Hälfte des 20. Jhs. die Existenz von Kleinbetrieben möglich, deren Inhaber sich noch lange dem agrarpolitisch geforderten Strukturwandel widersetzten.

Mit nur wenig mehr als 4 ha erreichten die rheinhessischen Betriebe in der gesamten ersten Jahrhunderthälfte nicht einmal die Hälfte des deutschen Durchschnittswertes. Erst in den 1950er-Jahren begann diese Größe sich langsam nach oben zu bewegen, über 5 ha im Jahr 1960 auf 10 ha 1990. 2010 verfügten die rheinhessischen Landwirte über 25,9 ha und lagen damit immer noch im deutschen Vergleich ganz niedrig. Bedingt wurde dieser Anstieg durch den Rückgang der Betriebe, der ebenfalls in den 1950ern an Fahrt aufnahm, besonders dynamisch aber in den 1960er-Jahren und in den Jahrzehnten zwischen 1990 und 2010 verlief. Die bis 1949 mehr als 20.000 Betriebe mit einer Betriebsfläche von mehr als einem halben Hektar hatten sich bis 1980 etwa halbiert, um bis 2010 auf 3.328 zu sinken. Über 60 % der Betriebe des Jahres 1907 hatten weniger als 2 ha zur Verfügung und galten damit als Parzellenbetriebe, ein weiteres Fünftel lag zwischen 2 und 5 ha, zählte also zu den Kleinbetrieben.

Nur 18 % zählten zur Kategorie der Mittelbetriebe mit 5–20 ha, 0,9 % zu den Großbauern mit mehr als 20 ha. Großbetriebe mit mehr als 100 ha suchte man in Rheinhessen 1907 vergebens. Mit mehr als vier Fünftel Kleinst- und Kleinbetrieben war Rheinhessen nicht weit vom deutschen Durchschnitt entfernt. Unterschiede lassen sich aber bei der Verteilung der Flächen erkennen: während hier ein Drittel der Nutzfläche von Kleinst- und Kleinbetrieben und mehr als die Hälfte von Mittelbetrieben bewirtschaftet wurde, wurden im Reichsdurchschnitt deutlich über 50 % von Großbauern bearbeitet. Auch daran änderte sich wenig bis zur Jahrhundertmitte. Noch 1960 hatten fast zwei Drittel der Betriebe weniger als 5 ha aufzuweisen. Typisch war also der Kleinbetrieb in Selzen, die Ausnahme der Hof an der Gernsheimerfahrt, der zu den 2,4 % großbäuerlichen Betrieben zählte. Noch 1999 waren fast die Hälfte der Betriebe in Rheinhessen Kleinbetriebe, bis 2010 sank deren Anteil auf ein Drittel, etwas mehr als ein Viertel gehörte nun zu den großbäuerlichen Betrieben, fast 6 % hatten mehr als 100 ha. Zu den kleinen Betriebsgrößen kam noch eine extreme Parzellierung der Grundstücke aufgrund von Erbteilungen, die erst durch verschiedene Flurbereinigungen und in der neuesten Zeit durch Flächenarrondierungen über Zuerwerb oder Flächentausch abgelöst wurde.

Auch die Bodennutzung veränderte sich bis 1950 nur wenig. Über 80 % war Ackerland, etwa 4 % Dauergrünland, lediglich der Anteil der Rebflächen wuchs langsam von 11 auf 13 %. Der weitere Ausbau der Weinbergflächen zulasten der Ackerflächen dominierte die Entwicklung bis in die frühen 1990er-Jahre, als ein bis heute weitgehend gleicher Stand von 35 % Weinbergen, 62 % Ackerland und – mit sehr leicht steigender Tendenz – etwa 2 % Grünland erreicht wurde.

Ab der Jahrhundertmitte wurden die Getreide-flächen von der Hälfte bis zu aktuell etwa drei Viertel der Fläche erweitert, vor allem in den 1960er- und 1970er-Jahren ist ein massiver Rückgang der Kartoffeläcker von etwa 15 % auf mittlerweile 0,4 % und der Futterpflanzen von 20 auf 1 % zu erkennen, während die Zu-ckerrübenflächen von 3 auf 20 % – mit seit der Jahrtausendwende zurückgehender Tendenz – anwuchsen. Daran werden neben agrarpoliti-schen Weichenstellungen, die die Anbaupraxis mitbestimmten (und auf die einzugehen hier der Platz fehlt), vor allem die Abkehr von der Viehwirtschaft und die zunehmende Konzent-ration auf marktfähige Getreide, hier insbeson-dere auf Weizen und Braugerste, und Zucker-rüben deutlich. Raps als Ölpflanze wird seit der Jahrtausendwende auf etwa 5 % der Flächen angebaut, die Energiepflanze Mais spielt kaum eine Rolle, die in anderen Regionen auch kri-tische diskutierte „Vermaisung" der Landschaft ist in Rheinhessen ausgeblieben.

Obstbau hat in Rheinhessen eine lange Tradi-tion. Verstädterung und Eisenbahn begünstig-ten seit dem späten 19. Jh. den Ausbau insbe-sondere in den sandigen Gemarkungen in der Rheinniederung zwischen Mainz und Ingel-heim und in den Altrheindörfern. Im 20. Jh. wuchsen die Flächen aufgrund der zunehmen-den Nachfrage, nicht zuletzt auch der Konser-venindustrie, von 1.306 ha im Jahr 1913 auf einen Höchststand von 5.185 ha (davon über 90 % im Mainzer und Ingelheimer Umland) um 1970. Die Verwertung wurde in einem ho-hen Maß über Genossenschaften organisiert. Danach allerdings gingen die Obstanlagen um etwa die Hälfte (2.582 ha im Jahr 2007) zu-rück. Auch Gemüse wurde vor allem in den rheinnahen Gemarkungen angebaut, 1913 auf 2.137 ha, 2,2 % der landwirtschaftlichen Nutz-fläche. Der bis in die Jahrhundertmitte noch gesteigerte Anbau, vor allem von Spargeln und

Gurken, wurde in den folgenden Jahrzehnten reduziert. Seit den frühen 1990er-Jahren, als mit 672 ha ein Tief erreicht war, wurden die Anbauflächen wieder verdoppelt. Anders als in den 1950er- und 1960er-Jahren, als gerade der sehr lukrative Spargelanbau eine zusätzliche Einkommensquelle für Nebenerwerbsbauern und Arbeiterfamilien darstellte, ist jetzt eine großflächige Spezialisierung unter Einsatz vie-ler ausländischer Saisonarbeiter zu beobachten.

Die größten Veränderungen fanden in der Tier-haltung statt. Der massive Rückgang der Pferde in den 1950er- und 1960er-Jahren ist mit der Verdrängung tierischer Arbeitskraft durch die Maschinisierung zu erklären. Die Rinderhal-tung brach in den 1960er- und 1970er-Jahren ein. Standen 1912 noch 36.000 Milchkühe in rheinhessischen Ställen, so waren es 100 Jahre später nur noch 339. Der Schweinebestand blieb dagegen bis in die frühen Siebziger noch einigermaßen konstant auf 60.000, um dann in den folgenden Jahrzehnten auf etwa 10.000 um die Jahrtausendwende und heute noch 3.000 zurückzugehen.

In all diesen Zahlen ist die zunehmende Be-sitz- und Anbaukonzentration zu sehen, wie sie seit den 1950er-Jahren mit agrarpolitischen Slogans wie „Wachsen oder Weichen" propagiert wurde. Dieser Trend ist noch nicht beendet, da maximal ein Fünftel der Betriebe einen Hof-nachfolger in der Familie hat. Es ist aber auch zu sehen, dass der Wandel nur langsam erfolgte, dass sich – nach agrarpolitischer oder -wissen-schaftlicher Mehrheitsmeinung kaum überle-bensfähige – Kleinbetriebe, wie der des Selze-ner Großvaters, lange halten konnten, freilich als Wirtschaftsformen, die eher auf Auskom-men angelegt waren und in denen wenig in die Zukunft investiert wurde. Dass die Aufgabe der Höfe nur sukzessive erfolgte und häufig über eine Generation von im Nebenerwerb tätiger

Nachfolger abgefedert wurde, zeigt, dass die ökonomische Logik der landwirtschaftlichen Akteure oft nicht rein betriebswirtschaftlich bestimmt war. Man hing an seinem Hof, wollte seine Selbstständigkeit erhalten, der nächsten Generation aber auch eine Existenz außerhalb der Landwirtschaft ermöglichen.

Im Verlauf des 20. Jhs. sank die Zahl der voll oder teilweise in der Landwirtschaft beschäftigten Personen von fast 100.000 auf 15.000. Zählten 1933 drei Viertel der Arbeitskräfte zur Familie, waren es 2010 nur noch 38 %, der Anteil der nur vorübergehend Beschäftigten wuchs aber von 12 % auf fast die Hälfte. Nicht mitgezählt wurden in der ersten Jahrhunderthälfte die Kinder unter 14 Jahren, von denen die meisten aber doch im Betrieb mitarbeiteten. Nicht die Mechanisierung ist die Ursache dieses Rückgangs an Arbeitskräften, sondern die Anschaffung von Maschinen wurde notwendig, weil immer mehr Menschen aus der Landwirtschaft abwanderten oder weil die Arbeit im Nebenerwerb nur mit maschineller Hilfe zu bewältigen. Zudem bedeutete die Aufgabe von Zugvieh, – bis in die zweite Jahrhunderthälfte waren das nicht nur Pferde, sondern auch noch Kühe und Ochsen –, eine gewaltige Arbeitserleichterung, da nicht nur das Vieh im Stall versorgt werden, sondern auch noch Futterpflanzen angebaut und eingelagert werden mussten. Die modernen, mit viel Maschinen ausgestatteten, spezialisierten Aussiedlerhöfe, die, von der Agrarpolitik propagiert und gefördert, seit den fünfziger Jahren in den Gemarkungen entstanden, blieben allerdings die Ausnahme und dienten nicht als Prototyp rheinhessischer Landwirtschaft.

Die Bedeutung landwirtschaftlicher Ausbildung nahm angesichts wachsender Betriebe und erhöhter Anforderungen im Betriebsalltag zu. Seit den 1990er-Jahren kann daher eine trotz sinkender Betriebszahlen einigermaßen stabile Zahl von Absolventen landwirtschaftlicher Ausbildungsgänge beobachtet werden.

Die Fläche der ökologisch wirtschaftenden Betriebe in Rheinhessen verfünffachte sich zwischen 1999 und 2010. Dass ihr Anteil von 3,5 % unter dem rheinland-pfälzischen Durchschnitt liegt, ist mit der geringen Nutzung von Grünland, die in anderen Regionen einen Großteil der Ökolandwirtschaft ausmacht, zu erklären.[73]

Weinland Rheinhessen – die Entwicklung des Weinbaus im 20. Jahrhundert

Die Entwicklung der rheinhessischen Landwirtschaft muss mit der des Weinbaus zusammen gesehen werden, da der Trend, den Weinbau von anderen agrarischen Erwerbszweigen zu trennen, eher neu ist. Auch im Bereich Weinbau war der Selzener Betrieb in den 1950er-Jahren eher die Regel als die Ausnahme. Reine Winzerbetriebe waren sehr selten und vor allem in den „Hochburgen" des rheinhessischen Weinbaus zu finden. In Bingen etwa war die Hälfte der weinbautreibenden Betriebe ausschließlich darauf spezialisiert, sie verfügten aber häufig über eine zweite Einnahmequelle durch Weinhandel oder Gaststättenbetrieb. Das witterungsbedingte, aber auch marktbedingte Risiko des Weinbaus stand einer zu starken Konzentration im Weg. Zwei Drittel der etwa 22.000 rheinhessischen weinbautreibenden Betriebe bewirtschafteten 1925 weniger als 2 Morgen Weinberge, nur 13 % mehr als einen Hektar. Seit dem späten 19. Jh. allerdings waren die Rebflächen kontinuierlich angewachsen, was wohl mit der erhöhten Nachfrage aufgrund verbesserter Qualitäten zu erklären ist. Trotz der strikten Anbauvorschriften der nationalsozialistischen Agrarpolitik stiegen die Rebflächen bis 1939 auf einen Höchststand von 15.000 ha weiter an, um dann aber im

Krieg und in der Nachkriegszeit zurückzufallen, als Material und Arbeitskraft für Neuanlagen fehlte und zudem stärker auf die Produktion von Nahrungsmitteln geachtet wurde. 1950 war mit 10.000 ha der Tiefpunkt erreicht. Danach aber setzte eine andauernde Steigerung der Anbauflächen ein mit Zuwachsraten von über 20 % in den 1960er- und 1970er-Jahren. Auch nach dem Anbaustopp von 1976 wurden die Flächen erweitert, bis sie um 2000 mit 25.000 ha etwa das Doppelte des Ausmaßes vom Jahrhundertanfang erreicht hatten. Der Anteil der Weinberge an der gesamten landwirtschaftlichen Nutzfläche stieg so im Verlauf des 20. Jhs. von 11 auf 35 %. Die Zahl der Weinbaubetriebe war zwischen 1957 und 2010 von 13.115 auf 2.865 mit im Durchschnitt knapp 9 ha Rebflächen zurückgegangen. Der Verdoppelung der Anbauflächen innerhalb des 20. Jhs. steht eine Ertragssteigerung um fast das Zehnfache auf durchschnittlich 2,6 Millionen hl, also eine Verfünffachung des Hektarertrags, gegenüber. Das wurde durch eine verbesserte Düngung und verstärkten Pflanzenschutz, durch ertragsreichere Rebsorten, aber auch durch die erst in der zweiten Jahrhunderthälfte abgeschlossene Umstellung auf reblausresistente Pfropfunterlagen erreicht. Eine wesentliche Rolle für die Verbesserung der Anbaupraxis spielte die Vermittlung neuer Methoden durch Beratung und Lehre, wie sie etwa in der 1895 von Großherzog Ernst Ludwig gegründeten Lehr- und Versuchsanstalt in Oppenheim angeboten und in den der Anstalt angeschlossenen Musterweingütern der Weinbaudomäne praktisch umgesetzt wurden.

Bis in die 1980er-Jahre wurde fast ausschließlich Weißwein angebaut, nur in einigen traditionellen Rotweingemeinden wie Ingelheim oder Gundersheim war ein größerer Teil der Weinberge mit Portugieser- oder Spätburgunderreben bepflanzt. Aufgrund veränderter Nachfrage wurde in den letzten Jahrzehnten der Rotwein-

sektor massiv ausgebaut, 1999 nahm Rotwein schon 17 % der Flächen ein, darunter jetzt zu einem Drittel der vorher fast unbekannte Dornfelder, zehn Jahre später wuchsen auf über 30 % der Flächen Rotweinsorten. Auch im Weißweinanbau gab es gravierende Veränderungen. Waren um 1925 10.000 von 13.000 ha mit Silvaner bestückt und dominierte er auch 1958 noch mit fast zwei Drittel der gesamten Anbaufläche weit vor Müller-Thurgau mit 14 % und Riesling mit 7 %, so war bereits Mitte der 1960er-Jahre mehr als ein Drittel der Weißweinflächen mit Müller-Thurgau bepflanzt. Bis 1979 hatte Müller-Thurgau zwar an Anteilen verloren, lag jetzt aber weit vor Silvaner, der nur noch auf einem Fünftel angebaut wurde. Der Riesling-Anteil war auf 5,5 % zurück gegangen und wurde von der von dem Alzeyer Rebzüchter Georg Scheu 1916 geschaffenen Scheurebe mit 9 % auf den vierten Rang, knapp vor der vorher fast nicht bekannten Kernerrebe, verwiesen. Zehn Jahre später waren die Anteile von Müller-Thurgau und Silvaner gesunken, während Riesling mit 8 % Boden gewann, ein Trend, der sich bis zur Jahrtausendwende fortsetzte. 2013 wurde Riesling auf knapp einem Viertel der Weißweinflächen angebaut, mit leichtem Vorsprung vor Müller-Thurgau, während Silvaner nur noch auf 13 % kam. Mit Weißburgunder und Grauburgunder sind zwei Sorten an die 5. und 6. Position gerückt, die in den vorherigen Jahrzehnten noch keine große Rolle gespielt hatten.

Diese Sortimentsverschiebung zeigt die Veränderungen im rheinhessischen Weinbau. Der Siegeszug des Müller-Thurgau in den 1960er- und 1970er-Jahren war vor dem Hintergrund der massiven Flächenerweiterungen seinen geringeren Standortansprüchen und seinem hohen Ertrag geschuldet. Rebzüchtungen wie Scheurebe oder Kerner verdankten ihren Erfolg der hohen Nachfrage nach lieblichen Weinen. Nicht zuletzt der Glykolskandal des Jahres 1985, als mit Frostschutzmittel gesüßte Weine aus Österreich illegal auch mit rheinhessischen Weinen verschnitten wurden, was zu einer starken Absatzkrise, gerade auch im Exportbereich, geführt hatte, sorgte bei Konsumenten und Produzenten für ein Umdenken. Auch wenn die rheinhessischen Winzer in diesen Skandal ohne ihr Zutun hineingezogen wurden, veränderten sich doch auch für sie grundlegend die Anbau- und Vermarktungsbedingungen. Mit einer stärkeren Konzentration auf Qualität statt Quantität, die nicht zuletzt durch Mengenbegrenzungen ermöglicht wurde, und einem stärkeren Ausbau trockener Weine versuchte man wieder Vertrauen in den rheinhessischen Wein herzustellen. Gerade einer neuen Winzergeneration, die, an den Weinbauschulen oder der Hochschule in Geisenheim ausgebildet, neuen Anforderungen offen gegenüberstand, gelang es innerhalb eines Jahrzehntes eine neue Marke „Rheinhessenwein" zu kreieren.

Stark verändert haben sich auch die Arbeitsabläufe. Galt in den Fünfzigern der Weinbau in kleinbäuerlichen Betrieben noch als am rentabelsten, da dort Familienarbeitskräfte zur Verfügung standen, die mit viel Handarbeit einen investitionsarmen Anbau ermöglichten, so wurde die Abwanderung vieler Menschen aus der Landwirtschaft schon in den 1960er-Jahren als Grund für die verstärkte Anschaffung von Maschinen angesehen. Der zunehmende Einsatz von Weinbergtraktoren, Weinbergfräsen, Motorspritzen und schließlich seit den 1980er-Jahren des Traubenvollernters vereinfachte die Arbeit des Winzers, machte aber auch die maschinengerechte Umstellung der Rebflächen notwendig. Es verschwand das Generationen prägende Erlebnis der Weinlese, in die, zumal in den Jahrzehnten stetig wachsender Weinbergflächen, auch viele familienfremde Arbeitskräfte eingebunden wurden. Wurden 1950 noch 1.000–1.200 Arbeitsstunden für einen Hektar Weinberg pro Jahr angesetzt, so waren es 1994

nur noch 300–400. 2010 wurde die Arbeit in den rheinhessischen Weinbergen von 12.000 Arbeitskräften bewältigt, von denen nur ein Viertel ständig beschäftigt war. Verglichen mit den 1950er-Jahren fällt der hohe Anteil von 56 % familienfremder Arbeitskräfte auf. Anders als in den früheren Jahrzehnten handelt es sich dabei nicht um Nachbarn und Schüler, die im Traubenherbst aushalfen, sondern um überwiegend osteuropäische Saisonarbeiter. Trotz des höheren Arbeitsaufwandes gilt das auch für den ökologischen Weinbau, der mit 5,5 % Anbauflächen im Jahr 2010 in Rheinhessen eine überdurchschnittliche Ausbreitung hat, was außer mit den klimatischen Bedingungen auch mit der Pioniertätigkeit einiger rheinhessischer Winzer zu erklären ist.

Mit der zunehmenden Spezialisierung wuchs auch der Anteil der Produzenten, die ihre Traubenernte selbst ausbauten. Verkauften in den 1920er-Jahren die meisten Anbauer die Trauben oder die Maische, taten dies 1972 noch 39 %, um die Jahrtausendwende nur noch 22 %. Insbesondere kleine Weinproduzenten gründeten im frühen 20. Jh. Winzergenossenschaften, um zunächst in angemieteten, später in gemeinsam errichteten Kelterhäusern und Kellern ihre Trauben selbst weiter zu verarbeiten und den Wein zu lagern. In der Vermarktung spielen die Winzergenossenschaften im Vergleich zu anderen Weinbaugebieten mit einem Anteil von 2,1 % mittlerweile nur eine geringe Rolle. Knapp ein Fünftel des rheinhessischen Weines wurde 2009 von den Weingütern direkt an die Kunden verkauft. Allerdings vermarkten mehr als die Hälfte der Winzer zumindest einen Teil ihrer Produkte selbst als Flaschenwein, 1972 waren das erst 16 %. 79 % werden über Handelskellereien als Fasswein verkauft. Etwa ein Sechstel der rheinhessischen Weine wird in das europäische und außereuropäische Ausland exportiert.

Der quantitative und qualitative Aufstieg des rheinhessischen Weines im 20. Jh. wurde schon früh von Werbemaßnahmen begleitet, die auf die besondere Ausstrahlung des Agrarproduktes abheben. Dass Weinbau ein deutlich höheres Identifikationspotenzial als alle anderen Agrarbranchen besitzt und Wein in einem hohen Maß als Kulturgut verstanden wird, ist nicht erst im 20. Jh. zu beobachten, diese Aspekte treten jetzt aber noch deutlicher hervor. Das ist etwa aufseiten der Anbauer an den zahlreich erhaltenen, ohne jede Werbeabsicht entstandenen Fotografien der Leserinnen und Leser im Weinberg zu sehen. Eine Innovation in der Weinvermarktung waren die Weinfeste, die anders als die traditionellen Kirchweihen auch Besucher von weither anlocken und außer durch den beim Fest konsumierten Wein den Absatz auch durch neue Kundenerschließung steigern sollten. Dass die erste Gründungswelle in die

NS-Zeit fällt – Ingelheim, Alzey oder Nierstein wären hier zu nennen – ist neben propagandistischen Motiven sicher auch mit der Erfahrung der schweren Absatzkrisen der 1920er-Jahre und der Überproduktion des Jahres 1934 zu sehen. Ähnliches gilt für die in dieser Zeit ins Leben gerufenen Weinpatenschaften, in denen Städte und Regionen in Nord- und Ostdeutschland die „Patenschaft" für ein Weindorf übernahmen. Durch gezielte Werbeaktionen, Broschüren und Weinfeste sollte dann in den betreffenden Städten der Weinkonsum gesteigert werden. Die Versuche, so neue Absatzmärkte zu erschließen, dürften auch mit der angestrebten Verdrängung der jüdischen Weinhändler im Zusammenhang stehen. Die große Zeit der Weinfeste begann dann allerdings nach dem Krieg, als in etlichen Weinbaugemeinden Weinfesttraditionen begründet wurden. Auch die Rheinhessische Weinkönigin ist eine Nachkriegserfindung.

Abb. 66:
Landwirtschaft.

1951 repräsentierte sie zum ersten Mal das Anbaugebiet, nachdem die erste Deutsche Weinkönigin schon 1949 gewählt worden war. Spielten Landschaft und Geschichte Rheinhessens in der Weinwerbung schon immer eine große Rolle, so wird seit der neuen Qualitätsoffensive ab den 1990er-Jahren die auf tiefer Verwurzelung in der Region beruhende Individualität des Winzers und seines Produktes hervorgehoben. Das zeigt sich nicht nur in der Produktbeschreibung, in der etwa mit dem Begriff des „Terroir" die besonderen geologischen Formationen Rheinhessens in ihrer Bedeutung für einen unverwechselbaren Wein aufgezeigt werden, sondern auch in der medialen Darstellung der Winzerfamilien und ihrer auf einer Verbindung von Tradition und Innovation basierenden Weinphilosophie. So wird eine Marke „Rheinhessen" geschaffen, die sich zusammensetzt aus der Einzigartigkeit der Landschaft, der auch historisch begründeten Authentizität ihrer Bewohner und der Individualität ihrer Produkte.[74]

Strukturwandel im Handwerk

1907 wurden in Friesenheim die Berufe der Einwohner erfasst: Neben 57 Landwirten wurden nur drei Handwerker gezählt, die ausschließlich von ihrem erlernten Beruf lebten: ein Bäcker, ein Schmied und ein Tüncher. 14 weitere Handwerker aber verbanden ihr Gewerbe mit landwirtschaftlicher Tätigkeit: ein weiterer Bäcker und ein Tüncher, zwei Maurer, ein Schreiner, ein Schuhmacher, ein Müller, eine „Kleidernäherin" und sechs Schneider. 17 % der Erwerbstätigen des Dorfes verdienten also ihr Auskommen ganz oder teilweise mit einer Handwerkstätigkeit. Außer den sechs Schneidern, die eventuell für einen auswärtigen Unternehmer tätig waren, scheinen alle Handwerker für den örtlichen Bedarf gearbeitet zu haben. 50 Jahre später war die Gruppe

der selbstständigen Handwerker fast halbiert: zwei Bäcker, ein Metzger, zwei Schmiede, ein Schreiner, ein Schuhmacher. Heute sind in der kleinen Gemeinde ein Elektroinstallationsbetrieb, eine Schreinerei, ein Friseursalon, eine Polsterei, ein Kunstbauschlosser, ein Fliesenleger, ein Steinmetz, drei Betriebe, die auf Betonbohr- und Schneidearbeiten spezialisiert sind, ein Fenstermontagebetrieb und ein Kosmetik- und Fußpflegestudio angesiedelt.

Die Handwerksgeschichte Friesenheims kann stellvertretend für die vieler Dörfer und insgesamt auch für die Rheinhessens im 20. Jh. stehen. Auch das Handwerk durchlief im 20. Jh. eine Entwicklung, die es erlaubt, wie in der Landwirtschaft von einem Strukturwandel zu sprechen. 1914–1949 sank die Zahl der rheinhessischen Handwerksbetriebe von 13.600 auf 7.349, bis 1977 weiter auf 3.800. An den im Jahr 1913 in Rheinhessen abgelegten Meisterprüfungen werden die Schwerpunkte im frühen 20. Jh. deutlich: mit 32 Schneiderinnen und 10 Schneidern, 7 Schuhmachern, 26 Bäckern, 14 Metzgern, 11 Schlossern, 8 Schmieden, 15 Weißbindern, 8 Schreinern, 7 Maurern dominierten Vertreter der Textil- und Ledergewerbe vor den Nahrungsmittel-, Bau- und Metallgewerben. Die Bedeutung des Weinbaus auch für den Handwerksbereich zeigt sich an 5 Küfermeistern. Wie bereits im 18. und 19. Jh. wurden viele dieser Handwerke in Kombination mit Landwirtschaft ausgeübt. Die Dichte an Handwerksbetrieben im ländlichen Raum übertraf zudem – bezogen auf die Einwohnerzahlen – die der Städte. Das gilt auch noch für die Nachkriegssituation. Allerdings erreichte 1949 die Zahl der Beschäftigten pro Handwerksbetrieb vor allem in den besonders ländlich geprägten Kreisen Alzey und Worms nur die Hälfte des städtischen Durchschnitts. Insbesondere im Kleidungsgewerbe arbeiteten viele Dorfhandwerker alleine oder mit ma-

ximal einem Mitarbeiter, lediglich im Baugewerbe wurden durchschnittlich vier Beschäftigte in den Landkreisen, aber acht bis zehn in
den Städten gezählt. Entsprechend der großen
Nachfrage im Wiederaufbau dominierte das
Bauhandwerk mit mehr als einem Drittel aller Betriebe. Starke Stadt-Land-Unterschiede
gab es bei der Zahl der Lehrlinge: fast alle Betriebe in Mainz, aber weniger als ein Drittel im
Kreis Worms bildeten aus. Bis 1977 war zwar
die Zahl der Betriebe um mehr als die Hälfte
gesunken, die Zahl der Beschäftigten aber um
16 % gestiegen. Nicht nur in der Betriebs-
größe, sondern auch im Verhältnis der Gewerbezweige hatte innerhalb von drei Jahrzehnten
eine erhebliche Umstrukturierung stattgefunden. Schon bis in die 1960er-Jahre war im
Textil- und im Nahrungsmittel-, aber auch im
Holzsektor ein massiver Rückgang zu verzeichnen, während das Elektro- und Metallgewerbe,
insbesondere der KfZ-Bereich, expandierte.
Bereits 1949 wurde ein Nachwuchsmangel bei
Bäckern, Metzgern, Schuhmachern, aber auch
bei Malern und Klempnern beklagt, weil die
Jugendlichen technische Berufe bevorzugten
oder *„in die Industrie strömten"*. Das zeigt, dass
nicht nur ein nachfragebedingter Rückgang
in den verschiedenen Handwerken zur Umschichtung führte, sondern diese auch dadurch
bedingt war, dass in vielen Fällen nach dem Erreichen des Rentenalters kein Nachfolger den
Betrieb übernahm. Dass bis 1994 die Zahl der
Betriebe fast gleich blieb, die der Beschäftigten
aber um weitere 21 % stieg, verweist auf den
Bedarf für Handwerksleistungen vor allem im
Elektro- und KfZ-Bereich, im Bau- und Aus-
baugewerbe und seit den 1990er-Jahren im
zunehmenden Maß im Gesundheits- und Kör-
perpflegegewerbe an, also in den Branchen, die
durch industrielle Angebote nicht oder nur teilweise verdrängt werden können. Die Zahl der
Nahrungsmittelhandwerker hatte sich indes
zwischen 1968 und 1994 halbiert, die der Tex-

til- und Lederhandwerker war auf ein Fünftel
zurückgefallen. Aufgrund der Differenzierung
von zulassungspflichtigem und zulassungs-
freiem Handwerk sowie *„handwerksähnlichem
Gewerbe"* sind die Zahlen ab 1995 nicht mehr
einfach vergleichbar. 2012 allerdings wurden
3.979 Handwerksunternehmen mit 30.000
Mitarbeitern gezählt, weitere 3.500 Betriebe
galten als handwerksähnliches Gewerbe. Bau-,
Ausbau- und KfZ-Gewerbe sind die führenden
Branchen, das Gesundheitsgewerbe wächst,
während der Bereich Nahrung weiter an Bedeutung verliert. Während allerdings die Zahl
der Meisterprüfungen sich in den letzten zehn
Jahren fast verdoppelte, ging die der Auszubil-
denden, von denen die Hälfte im Elektro- und
Metallbereich arbeitet, um ein Viertel zurück,
was auf einen neuen Strukturwandel hindeu-
tet.[75]

Von der Spezereihandlung zum Backshop – die Entwicklung des Einzelhandels

*„Als es die Supermärkte gab, da ist mein Onkel
Fritz manchmal gefahren, mein Vater hat das
geliebt, das war eine Wissenschaft für den, wenn
mein Onkel gesagt hat, wir fahren zum Massa, da
war die Anfangsmassazeit in Alzey, da hat man ja
einen Ausweis gebraucht, den hatte der, weil der
ein Geschäft hatte, das fand mein Vater spannend,
da kam er immer grinsend, wenn er was gefunden
hat, was besonders günstig war, eine Rinderzunge
oder so, massenhaft Fleisch eingekauft, dann hatten wir auch eine Kühltruhe, das war eine der
ersten Anschaffungen, die er gemacht hat, weil
es so spannend für ihn war einzukaufen."* Einkaufen als neues Erlebnis, das mit Autofahren
verknüpft war, mit der Anschaffung großer
Vorräte, mit der Begeisterung über günstige
Preise und dem Staunen über ein schier un-
erschöpfliches Angebot, das auch für Männer

attraktiv war, das war eine Erfahrung, die für viele Rheinhessen mit dem 1965 in der Alzeyer Innenstadt erbauten Massamarkt verbunden war und fast zu einem wesentlichen Element im kollektiven Gedächtnisvorrat der betreffenden Generationen gezählt werden kann. Auch im Bereich Konsum und Handel stellen die 1960er-Jahre eine Umbruchzeit dar.

Im frühen 20. Jh. spielte die Selbstversorgung auf dem Land noch eine große Rolle, dementsprechend schwach ausgeprägt war der Lebensmittel-Einzelhandel. Trotzdem gab es selbst in kleinen Dörfern neben Bäckereien und Metzgereien noch weitere Ladengeschäfte, die häufig von ihren Inhabern neben der Landwirtschaft oder anderen Erwerbstätigkeiten betrieben wurden. So konnte man in Friesenheim um 1907 in drei „Gemischtwarenhandlungen" und in einer „Spezereihandlung" ein-

kaufen, Kleider und Schuhe wurden von den örtlichen Handwerkern hergestellt. Allerdings wird für die ersten Jahrzehnte des 20. Jhs. ein Rückgang des ländlichen zugunsten des städtischen Kleinhandels beschrieben, der mit der verbesserten Verkehrsanbindung durch die Eisenbahn begründet wird. Die Warenhäuser und Konfektionsgeschäfte der Städte zogen demnach auch schon ländliches Publikum an. 1949 wurden in Rheinhessen 4.268 Einzelhandelsbetriebe gezählt, 60 % davon in den Landkreisen. Fast die Hälfte dieser Betriebe handelte mit Nahrungs- und Genussmittel, mit weitem Abstand gefolgt von Bekleidung und Schuhen und „Waren aller Art". Etwa 75 % verfügten über ein Ladengeschäft, mit etwa 10 % war aber auch der Anteil des „ambulanten Handels" noch bedeutend. Mehr als ein Drittel der Geschäfte wurde von ihrem Inhaber alleine betrieben, etwas mehr als die Hälfte

Abb. 67:
Konsum Abenheim.

von zwei bis vier Mitarbeitern, der Frauenanteil lag bei 54 %. Mit der steigenden Kaufkraft nahm die Anzahl der Betriebe bis 1961 noch auf 4.675 zu. Außer im Bereich Nahrungsmittel gab es Zuwächse bei Eisen- und Metallwaren, Wohnbedarf und bei Tankstellen, was auf das veränderte Konsumverhalten hinweist. Ab der Mitte der 1960er-Jahre begann die Verdrängung der kleinen Einzelhandelsgeschäfte, zunächst vor allem im Nahrungsmittelsektor und auf dem Land. Mit seinem Verbrauchermarkt-Neubau stand der Alzeyer Unternehmer Karlheinz Kipp, einer der Branchenpioniere in Deutschland, 1964 am Anfang einer rasanten Entwicklung. Neue Formen des Einkaufens waren schon vorher ausprobiert worden. *„Ein Laden wie in jeder Großstadt"* sei in Rheindürkheim eröffnet worden, berichtete die *Wormser Zeitung* 1961, als die Konsumgenossenschaft dort ein Kolonialwarengeschäft übernommen und zu einem Selbstbedienungsladen mit 3.000

Artikeln ausgebaut hatte. Mit *„Bunten Abenden"* für Hausfrauen warb die Konsumgenossenschaft schon Ende der 1950er-Jahre in den Dörfern des Landkreises für das neue Einkaufskonzept. Wenn auch die „Konsum"-Läden und andere modernisierte Formen des Lebensmitteleinzelhandels in den Dörfern lange Zeit erfolgreich waren, konnten sie auf Dauer nicht gegen die Konkurrenz des auf autobasiertem Großeinkauf gründenden Konzeptes der Verbrauchermärkte und der Discounter ankommen. Auf 1.106 Ladengeschäfte aller Art ging der Einzelhandel bis 1979 in den Landkreisen zurück, ein Stand, der allerdings dann bis in die 1990er-Jahre gehalten werden konnte. Die gleiche Entwicklung erfasste zeitversetzt auch die Innenstädte. In Mainz verschwanden die letzten kleinen Selbstbedienungsläden mit Verkaufsflächen unter 200 m^2 um die Jahrtausendwende. Die Tendenz, großflächige Fachmärkte in Gewerbegebieten und Lebensmitteldiscoun-

Abb. 68:
Massamarkt in Alzey.

ter in den Randlagen zu bauen, stellt allerdings ein Problem für die Innenstadtentwicklung dar. Zudem wird erheblich Fläche verbraucht: So verfügten 2003 die 84 der 1.383 Mainzer Einzelhandelsbetriebe, die in Gewerbe- und Industriegebieten angesiedelt waren, über 37 % der Verkaufsflächen.

Im ländlichen Raum hat sich in den letzten Jahrzehnten die Ansiedlung von Discountern und Vollsortimentssupermärkten in Gewerbegebieten auf der grünen Wiese durchgesetzt. Dabei kommt der Standortentscheidung der wenigen Einzelhandelskonzerne, die mittlerweile den weitaus größten Teil des Marktes unter sich aufteilen, eine hohe Bedeutung für die um Einwohner und Gewerbeansiedlung konkurrierenden Gemeinden zu. Zumindest im Lebensmittelbereich ist in den Dörfern die Fahrt *„zum Massa"* wieder abgelöst worden von der Fahrt zum Supermarkt mit „Backshop" und Frischfleischtheke vor Ort.[76]

Industrie

„Rheinhessen hat keine Bodenschätze (…) Dieser Mangel veranlasste die Gründung der zahlreichen ortsständigen Industrien, und zwar ist die günstige Verkehrslage, die billige und bequeme Rohstoffbeschaffung und Absatzmöglichkeit gewährleistet, in allererster Linie ausschlaggebend für die Entwicklung der rheinhessischen Industrie." Diese Beobachtung des aus Wöllstein stammenden Geographen Hans Bentz im Jahr 1930 zeigt, dass die im 19. Jh. betretenen Entwicklungspfade der rheinhessischen Industrialisierung auch im frühen 20. Jh. noch weiter verfolgt wurden. Entsprechend der alles überragenden Bedeutung der Transportsituation hatten sich die Schwerpunkte der rheinhessischen Industrie weiterhin am Rhein ausgebildet. Nur hier, in Ingelheim, Mainz und Worms und dem jeweiligen Umland, lag der An-

teil der im produzierenden Sektor Beschäftigten über 30 %. Nieder-Ingelheim konnte um 1925 schon als „Industriezentrum" bezeichnet werden, vor allem wegen der Firma Boehringer, die etwa 400 Menschen beschäftigte, und einigen kleineren Fabriken im Bereich Maschinenbau, Elektrotechnik und Chemie. In Mainz hatte sich aufgrund der ehemaligen durch die Festung bedingten Einschränkungen die Großindustrie erst spät durchsetzen können, weswegen nur zwei Drittel der Arbeiter in größeren Betrieben tätig waren, etwa in der seit dem späten 19. Jh. stark expandierenden Waggonfabrik Gastell oder in der noch neuen, aber schon 2.200 Menschen Arbeitsplätze anbietenden chemischen Industrie. Nicht zuletzt aufgrund der begrenzten Entwicklungsmöglichkeiten in der Stadt entstanden im Umland, vor allem in Budenheim und Weisenau, große Betriebe. Den größten Anteil an den Erwerbstätigen hatten Industriearbeiter weiterhin in Worms, wo ein Drittel von ihnen in der Lederindustrie arbeitete. Daneben waren hier Maschinenbaubetriebe und chemische Industrie angesiedelt. Die Rolle der Stadt bei der Vermarktung und Weiterverarbeitung agrarischer Produkte zeigt sich auch an den drei Großmühlen am Rhein oder der Zuckerfabrik. Aus der Umgebung von Worms waren viele Arbeitskräfte an die Lederwerke gebunden. Trotzdem entstanden in einigen der Landgemeinden und Kleinstädte große Unternehmen, etwa die „Strohzellstoff" in Rheindürkheim, die keramischen Werke in Offstein, eine Kaffeeessenzfabrik in Horchheim, mehrere Möbelfabriken, allen voran die Firma Merkel in Dalsheim mit 450 Beschäftigten. Pfeddersheim entwickelte sich mit der Konservenfabrik von Braun mit 500 und der Maschinenbaufabrik Enzinger mit 400 Beschäftigten zu einem eigenen Zentrum. Diesen Standorten hatte das rheinhessische „Hinterland" nichts entgegen zu setzen. Nur wegen der Pendler streiften die Arbeiter in Alzey, wo Maschinenbaubetriebe weniger als 300 Arbei-

Abb. 69:
Industriegebiet Worms Nord, September 1969.

ter beschäftigten, oder in der Gegend um Volxheim und Planig ebenfalls die 30 %-Grenze. Die Steinbranche in Flonheim und in den Dörfern der rheinhessischen Schweiz war aufgrund der Konkurrenz durch die Kunststeinindustrie stark geschrumpft.

In der NS-Zeit erlebten etliche dieser Firmen einen wirtschaftlichen Aufschwung aufgrund erhöhter Nachfrage und teilweise neuer Produktionsausrichtung. So konnte das 1906 in Osthofen gegründete Elektromotorenwerk „Glaser, von Praun" ab 1935 seine Produktion wesentlich steigern und sein Angebot ausbauen. Die „Chemische Fabrik Frei-Weinheim" stellte ihre Produktion 1934 auf Aktivkohle um und galt später als *„kriegswichtige"* Produktionsstätte. Auch die Medikamente und Säuren, die Boehringer herstellte, fanden im Krieg erhöhten Absatz. Anders als die Firmen Boehringer, deren Betriebsgelände im Krieg kaum zerstört wor-

den war, und „Glaser, von Praun", die ab 1946, nachdem die Fabrik 1945 demontiert worden war, ihren Betrieb erfolgreich neu aufbauten, überstand die Frei-Weinheimer Fabrik die Demontage 1945 nicht.

In den 1950er-Jahren expandierten viele dieser Firmen und erweiterten ihre Belegschaften. Mehr als 1.000 Mitarbeiter waren bei Enzinger in Pfeddersheim beschäftigt, „Glaser, von Praun" bot 200 Arbeitsplätze, die „Strohstoff" in Rheindürkheim 400. Boehringer Ingelheim entwickelte sich vom mittelständischen Unternehmen zum internationalen Großkonzern. 1958 arbeiteten in der Ingelheimer Produktionsstätte bereits 2.200 Menschen. Einen Aufschwung erlebten auch die zahlreichen Unternehmen der Nahrungs- und Genussmittelbranche. Konserven wurden in Heppenheim und Gimbsheim hergestellt, „Ovomaltine" weiterhin in der Osthofener Filiale des Schweizer, von einem ehemaligen Osthofener gegründeten Wander-Konzerns produziert, in Bingen von den Weinbrennereien „Scharlachberg" und „Racke" Weinbrände und Liköre auf den wachsenden Markt gebracht. In Nieder-Olm führten die Cousins Ludwig und Peter Eckes mit der Konzentration auf wenige Marken, im Bereich der Spirituosen der Weinbrand „Chantré", bei den Fruchtsäften „hohes C", das von ihrem Vorfahren Peter Eckes 1857 als Weinbrennerei gegründete Unternehmen auch auf dem internationalen Markt sehr erfolgreich weiter.

Für die Mainzer Industriegeschichte sehr bedeutsam wurde die Ansiedlung der Schott Glaswerke im Jahr 1952, die in ihrem neuen Hauptwerk nach der Enteignung des Stammwerkes in Jena die Produktion von Spezialglas, in den 1950er-Jahren u. a. auch von Fernsehröhren, fortsetzten. Auch ausländische Firmen entdeckten Rheinhessen als Produktionsstandort. Seit 1960 wird in Mombach Nescafé produziert. Die 1960er-Jahre brachten Niederlassungen großer amerikanischer Konzerne nach Rheinhessen: die Miederwarenfirma Playtex eröffnete ein Werk in Alzey, der weltgrößte Waschmittelkonzern Procter & Gamble produzierte seit 1963 in Worms. 1965 begann der Computerhersteller IBM in Mainz seine Produktion aufzunehmen. Die Wormser Lederindustrie allerdings, die seit der Weltwirtschaftskrise und durch die NS-Zeit hindurch mit erheblichen Problemen zu kämpfen und unter massiven Kriegszerstörungen zu leiden hatte, fand auch in der „Wirtschaftswunderzeit" nicht mehr den Anschluss und verlor bis in die 1960er-Jahre stark an Bedeutung.

Die 1950er- und 1960er-Jahre waren die Jahrzehnte der stärksten industriellen Expansion. Zwischen 1950 und 1960 stieg die Zahl der Betriebe mit mehr als 20 Mitarbeitern um 30 %

an, die der Beschäftigten allerdings um 110 %. Bis 1970 kann schon ein Konzentrationsprozess beobachtet werden, da die Zahl der Betriebe um 9 % zurückging, die der Beschäftigten allerdings um weitere 19 % stieg. In nur 98 von 364 Betrieben arbeiteten 1970 mehr als 100 Personen, in 23 mehr als 500. Über 5.000 Mitarbeiter beschäftigte nur Boehringer Ingelheim. Bedingt durch die Wirtschaftskrise ab 1973 ging die Zahl der Betriebe bis 1975 weiter zurück auf 300. Erstmals sanken nun auch die Beschäftigtenzahlen um 3.000. Während sich die Mitarbeiterzahlen bis 1980 wieder leicht nach oben bewegten, ging der Abbau der Betriebsstätten weiter. Nur noch 267 wurden 1980 gezählt, bis 1996 sank ihre Zahl auf den Tiefststand von 188 bei knapp 33.000 Arbeitskräften. Danach wuchs die Zahl der Betriebe wieder leicht an. 2002 wurden wieder 216 Betriebe in Rheinhessen gezählt, 2005 204, 2013 197. Die Beschäftigtenzahlen sanken von 31.935 im Jahr 2002 auf 27.410 im Jahr 2010. Gleichzeitig allerdings stieg der Umsatz von 6,9 auf 7,7 Milliarden Euro, bis 2013 auf 8,8 Milliarden. Das scheint im hohen Maße der Exportquote zuzuschreiben sein, die Mitte der 1990er-Jahre 35 %, 2005 40 %, 2013 aber bereits 52 % betrug.

Die Sparten der rheinhessischen Industrie mit den meisten Beschäftigten sind weiterhin die pharmazeutische Industrie, die chemische Industrie, die Glasproduktion und Ernährungsbranche. Daran hat sich in den letzten 65 Jahren nur wenig geändert.[77]

Touristen in Rheinhessen

Rheinhessen ist keine klassische Tourismusregion. Diese Feststellung gilt allerdings nicht für Bingen, das als Ausgangspunkt einer Reise durch das Mittelrheintal seit dem Beginn der Rheinromantik zahllose Besucher anzog. Schon im spä-

Abb. 70:
Weinbrennerei Peter Eckes Nieder-Olm 1955/57.

ten 19. Jh. entstanden hier die großen Hotels, die auf einen lebendigen Fremdenverkehr hindeuten. 35.000 Gäste wurden um 1900 gezählt, 45.000 1910. In den Krisenjahren 1932/33 auf 25.000 herabgesunken, stieg die Gästezahl bis 1934/35 auf 34.000, die Zahl der Übernachtungen auf 102.000, bis in die Jahre vor dem Zweiten Weltkrieg auf 64.000 bzw. 140.000. Nicht zuletzt trugen hierzu auch die Fahrten der nationalsozialistischen „Kraft durch Freude"-Organisation bei. Nach dem Krieg wuchsen die Besucherzahlen schnell wieder an, schon 1953 besuchten wieder über 50.000 (Ausflugs-)Touristen die Stadt. Seit Mitte der 1980er-Jahre bis zur Jahrtausendwende allerdings war die Entwicklung rückläufig, mit 80.000 Übernachtungen 2002 und 91.000 2010 zeigen allerdings die strukturellen Verbesserungen, die im Vorfeld der Landesgartenschau 2008 unternommen wurden, ihre Wirkung. In den 1950er-Jahren noch hatte Bingen zumindest in den Sommermonaten mehr Übernachtungsgäste als Mainz. Dort waren die Unterschiede der Hotelfrequentierung

zwischen Sommer und Winter nicht so stark ausgeprägt, was ein deutliches Zeichen dafür ist, dass ein Großteil der Gäste Geschäftsreisende waren. Mittlerweile hat die Landeshauptstadt alle anderen rheinland-pfälzischen Städte mit einer Dreiviertel Million Übernachtungen pro Jahr weit überholt, ein Niveau, das fast schon in den 1990er-Jahren erreicht worden war. An zweiter Stelle in Rheinhessen liegt Worms, das mit 150.000 Übernachtungen von der touristischen Neuausrichtung durch die Nibelungenfestspiele, aber auch durch seine weltweit bekannten Kulturdenkmäler Dom und jüdischer Friedhof profitiert. Etwa 50.000 Besucher jährlich wurden seit den 1980er-Jahren auf dem jüdischen Friedhof gezählt, über 30.000 in der Synagoge, häufig Besuchergruppen aus den USA. Etwa 50.000 Übernachtungen wurden 2003 in Alzey gebucht. Kann aufgrund des vergleichsweise hohen Anteils von Übernachtungsgästen in den Wintermonaten davon ausgegangen werden, dass es sich bei einem Teil der Besucher um Geschäftsreisende, aber auch um Veranstaltungsbesucher, etwa in der Fastnachtszeit, handelt, so zeigt der Anstieg der Besucherzahlen in den Landkreisen, vor allem in den am Rhein gelegenen Weinorten Nierstein, Oppenheim, Bodenheim und in Ingelheim, dass die parallel zur qualitativen Neuausrichtung des rheinhessischen Weinbaus unternommene Imagekampagne mit der Charakterisierung Rheinhessens als „Weinerlebnislandschaft" und die Schaffung einer entsprechenden Infrastruktur Früchte trägt. Das lässt sich auch der Entwicklung der Übernachtungszahlen seit 1990 ablesen. Während die Zahl der ausländischen Gäste um 1,5 % zwischen 1990 und 2010 zurückging, wuchs die der Inländer um 37 % an. Die von 2,0 auf 1,7 Tage gesunkene durchschnittliche Verweildauer und die wesentlich höhere Anzahl der Tagestouristen zeigt zudem, dass das Angebot Rheinhessens vor allem für Kurzzeitbesucher aus den benachbarten Metropolregionen attraktiv zu sein scheint. Der für 2013 errechnete Umsatz aus dem Tourismus betrug mit 911 Millionen Euro immerhin ein Neuntel des Umsatzes der rheinhessischen Industriebetriebe im gleichen Jahr.[78]

Von der Industrie- zur Dienstleistungsgesellschaft

Die soziale Gliederung der rheinhessischen Bevölkerung kann für das 20. Jh. kaum in der Eindeutigkeit der Entwicklung, wie das für das 19. Jh. möglich war, dargestellt werden. Das liegt nicht nur an statistischen Problemen, sondern auch an der Veränderung der Faktoren, die soziale Differenzierung bestimmen. War etwa für das vorletzte Jahrhundert und bis in die erste Hälfte des letzten Jahrhunderts im ländlichen Bereich das Ausmaß des Landbesitzes noch aussagekräftig für die Stellung in der Dorfhierarchie oder im städtischen Bereich die Zuordnung zu den Großgruppen Arbeiterschaft oder Bürgertum einigermaßen eindeutig, so veränderten

sich die Kriterien insbesondere in der zweiten Hälfte des 20. Jhs. grundlegend. Neben Bestimmungsfaktoren wie Vermögen und Einkommen, die keineswegs ihre Bedeutung verloren haben, traten verstärkt kulturelle Aspekte. Vor allem der Bildungsgrad war ein Faktor, der die Chancen und Ressourcen der individuellen Lebensläufe erheblich mit vorbestimmte. Mittlerweile werden soziale Gruppen zudem häufig nach vorherrschenden Einstellungen, Lebensweisen und Konsumeigenschaften als Lebensstilgruppen unterschieden, was die Beschreibung einer regionalen Gesellschaft noch schwieriger macht. Anstelle eines solchen Versuchs sollen im Folgenden lediglich die den wirtschaftlichen Strukturwandel von der Agrar- über die Industrie- zur Dienstleistungsgesellschaft beschreibenden Veränderungen nachgezeichnet werden.

Tabelle: Zugehörigkeit zu Wirtschaftssektoren 1909-2015 in %

	Land- und Forstwirtschaft	Produzierendes Gewerbe	Dienstleistungen
1909	27,9	43,8	28,4
1933	26,3	41,2	32,5
1946	33,2	34,3	32,5
1961	13,0	47,1	39,2
1970	10,8	43,1	46,1
1980	7,7	34,2	58,1
1985	6,3	32,3	61,4
1990	5,2	29,4	65,4
2000	3,1	24	72,9
2005	2,4	18,8	78,6
2013	2,1	18,3	79,6

Die Tabelle zeigt für die Jahre 1909–1946 den Anteil der rheinhessischen Bevölkerung an den Wirtschaftssektoren nach dem Haupterwerb des „Ernährers", ab 1961 nur den Anteil der Erwerbstätigen. Trotz dieser Einschränkung kann die Tendenz der Entwicklung gut erkannt werden. Bereits im frühen 20. Jh. kann die rheinhessische Gesellschaft nicht mehr als Agrargesellschaft bezeichnet werden. 1946 nahm zwar nachkriegsbedingt der Anteil der von der Landwirtschaft abhängigen Bevölkerung zu, in den 1950er-Jahren aber ist deutlich die massenhafte Abwanderung aus dem primären Sektor zu sehen. Der sich bereits in den 1960er-Jahren andeutende Übergang zur Dienstleistungsgesellschaft wurde in den 1970er-Jahren erreicht, insofern jetzt mehr als die Hälfte der erwerbstätigen Bevölkerung im tertiären Sektor beschäftigt war. Diese Tendenz hält weiterhin an, so dass mittlerweile nur noch ein Fünftel der Erwerbstätigen Rheinhessens in der Landwirtschaft und dem produzierenden Gewerbe arbeiten.[79]

Rheinhessen und die Welt

Alles ist in Bewegung, alles ist mobil. Mit dem Begriff der Globalisierung wird seit einigen Jahrzehnten die weltweite Verflechtung aller Lebensbereiche umschrieben. Das zunehmende Tempo der Mobilitäten wird mit der Beschleunigung der Transportmittel erklärt: bei Menschen und Gegenständen der Verkehrsmittel, bei Ideen und Vorstellungen der Kommunikationstechnik und der Medien.

In einer auch für die Bedingungen der Vormoderne verkehrsgünstig gelegenen Landschaft wie Rheinhessen fand immer schon ein erheblicher Austausch von Menschen und Waren statt. Abwanderung und Zuwanderung, Handel und Transitverkehr prägten die rheinhessische Geschichte auch schon vor dem 19. Jh. Der Ausbau des Straßensystems, vor allem aber die Einführung der Eisenbahn und der Dampfschifffahrt beschleunigten diese Entwicklung. Auch Nachrichten wurden – noch vor der Erfindung von Telegraf und Telefon – schneller transportiert. Dauerte es im Juli 1789 schon einige Tage, bis sich die Informationen von der Erstürmung der Bastille zumindest beim zeitungslesenden Publikum in den Städten verbreitet hatte, so lösten die Revolutionen in Frankreich 1830 und 1848 ziemlich unmittelbar Unruhen und Reaktionen in der hessischen Provinz aus. Mit der einsetzenden Industrialisierung wuchs die Verflechtung, so dass schon beispielsweise der Amerikanische Bürgerkrieg Rückwirkungen auf Produktion und Absatz rheinhessischer Fabriken hatte. Auch Landwirtschaft und Weinbau gerieten angesichts konkurrierender Produzenten und erweiterter Absatzgebiete in den Einfluss globaler Konjunkturen. Kulturelle Austauschprozesse waren ebenfalls angesichts einer in hohem Maße durch Migration – aber auch durch Krieg – geprägten Region schon in der Frühen Neuzeit keineswegs auf das nahe Umfeld beschränkt. Fortschritte im Medienwesen, aber auch Veränderungen der kulturellen Infrastruktur – etwa die Entstehung der Vereine – sorgten auch in diesem Bereich für eine Temposteigerung. Wenn also all diese Verflechtungen gerade in Rheinhessen schon auf einer langen Tradition basieren, so führt doch die Beschleunigung aller Lebensbereiche im 20. Jh. zu einer Neubewertung sämtlicher Beziehungen und somit zur Frage nach dem Stellenwert von Region.

Angesichts einer Medienentwicklung, die vom Kino über Radio, Fernsehen bis zum Internet auch das abgelegenste Dorf erfasst, der Entwicklung der Kommunikationstechnik von der Telegrafie über Telefon zum Internet, der Entwicklung der Transportmittel von der

Abb. 71:
Folkfestival in Ingelheim 1972.

Eisenbahn über die Individualmotorisierung bis hin zum Luftverkehr, erscheinen alle Raumgrenzen zunehmend aufgelöst. Jeder ist prinzipiell jederzeit erreichbar und kann jederzeit jeden Ort erreichen. Die Lebensbezüge in den Bereichen Wohnen, Arbeiten, Freizeit, Familie, Freundeskreis und Konsum sind nicht mehr an nur einen Ort gebunden, räumliche Flexibilität ist geradezu ein Signum der Zeit. Welche Bedeutung hat dann noch eine Region als Herkunfts- oder als Wohnort?

Bewegungen erzeugen immer Gegenbewegungen. Mobilität in einem Bereich geht einher mit Stabilität in einem anderen. So lässt sich der bewusste Bezug auf die Region, wie er sich in Rheinhessen und auch in anderen Gegenden seit Jahren zeigt, auch als Gegenbewegung zur allgegenwärtigen Globalisierung verstehen.

Darüber hinaus ist bei der Nutzung neuer Medien immer wieder zu beobachten, wie dadurch auch lokale und regionale Kommunikation verändert wird. So vermittelte die lokale Berichterstattung der Zeitungen schon im 19. Jh. neben den Nachrichten nationaler und internationaler Bedeutung bereits Wissen über Vorgänge in der unmittelbaren Nachbarschaft und trug nicht wenig zum Wachsen eines auch regionalen Bewusstseins und auch einer auf regionale Inhalte ausgerichteten Politisierung bei. Die Musik aus den Grammophonen wurde schon bald auf den dörflichen Kirchweihfesten nachgespielt. Kino war nicht nur städtisch geprägt, sondern eroberte schon in der Frühzeit die Dörfer. Radio- und Fernsehprogramme waren nicht nur eine Konkurrenz für das lokale Vereinswesen, sondern wurden auch als Anregung für kulturelle Innovationen genutzt. Ju-

Abb. 72:
Open-Air-Festival in Eich 1979.

gendkulturen in der Nachkriegszeit waren stark amerikanisch geprägt und wurden doch in regional gefärbter Variante ausgelebt, seien es die Tanzveranstaltungen der bekannten Bands, die in den 1960er- und 70er-Jahren jedes Wochenende Wanderbewegungen der rheinhessischen Jugend auslösten, oder das Vorbild Woodstock-Festival, das in rheinhessischer Variante seit den frühen 70er-Jahren in Ingelheim, Mainz, Eich oder Mommenheim nachzelebriert wurde. Auslandsreisen wurden häufig erstmals im örtlichen Verein oder beim Besuch französischer Partnergemeinden unternommen und führten neben dem Kennenlernen des Fremden auch zur Belebung des lokalen Vereins- und Gemeindelebens. Auch das Internet schließlich wird nicht nur für weltweite Informationsbeschaffung und Kontakte genutzt, sondern spielt gerade auch in der lokalen und regionalen Kommunikation eine erhebliche Rolle. Die „Öffnung zur Welt" durch beschleunigt ansteigende Mobilität führt parallel, so scheint es, zu einer Verdichtung des Regionalen. „Rheinhessen 2016" kann so auch als Medienereignis, Rheinhessen als medial vermittelter Zusammenhang verstanden werden. Ob diese These stimmt und welche Folgen das für die weitere Entwicklung Rheinhessens hat, kann dann in der Monografie zum 250. Jubiläum Rheinhessens – in welchem Medium auch immer – geklärt werden.

Anmerkungen

1 Bönnen, Annäherungen, S. 126f.; Nagel, Julikrise,
S. 142–145; Mahlerwein, Heimatfront, S. 410–412;
Licht, Oppenheim, S. 248; Exner/Kapfer, Chronik 1914,
S. 13–26; Zuckmayer, Stück, S. 165f.

2 Mahlerwein, Heimatfront, S. 412–414; Rinker-Olbrisch,
Versorgung, S. 320–329; Bönnen, Annäherungen,
S. 40–44; Kißener, Heimatfront, S. 74; Schütz,
Weltkrieg, S. 476.

3 Mahlerwein, Heimatfront, S. 414–416; Bönnen,
Annäherungen, S. 100–105; Neumer, Friesenheim,
S. 109; Oltmer, Migration, S. 278–282; McCarthy,
Prisoner of war, S. 142f.; Doegen, Kriegsgefangene, S. 16f.

4 Mahlerwein, Heimatfront, S. 416; Büllesbach/Hollich/
Tautenwahn, Selzstellung, S. 76–80; Geißler, Weltkrieg;
Schüler/Roschy, Leiselheim, S. 145f.

5 Mahlerwein, Heimatfront, S. 428–431; Teske,
Nagelsäule; Trepp, Lebenserinnerungen; Hoffmann,
Landjuden, S. 357–360.

6 Verzeichnis der Gefallenendenkmäler, online unter http://
www.denkmalprojekt.org/covers_de/d_rheinpfalz.htm
(24.3.2015); Projekt Verlustlisten Erster Weltkrieg, online
unter: http://wiki-de.genealogy.net/Verlustlisten_Erster_
Weltkrieg/Projekt (24.3.2015); http://www.dromersheim.
de/frueher.php?chronik=11&s=67 (25.3.2015); Gau-
Odernheim 2, S. 88; 1200 Jahre Ülversheim, S. 36; Luig,
Mommenheim, S. 33; Curschmann, Undenheim,
S. 85; 1200 Jahre Dittelsheim-Heßloch, S. 38; Dlugosch,
Rheindürkheim, S. 242.

7 Zuckmayer, Stück, S. 219; Geißler, Revolution;
Osthofener Zeitung vom 14. November 1918;
Mahlerwein, Revolution; Dumont, Appenheim, S. 58;
Grass, Orte, S. 214.

8 Schütz, Weltkrieg, S. 479f.; Haren, Volksstaat, S. 110–115;
Hebeisen, Revolution; Pakh, Revolution; Olbrisch,
Novemberrevolution; Gallé, Sozialutopien; Bumann,
Kriegstagebuch, S. 414.

9 Osthofener Zeitung vom 16. November 1918; Luban,
Bolschewiki, Anm. 31; Olbrisch, Novemberrevolution,
S. 202f., 209, 214, 221; Wormser Zeitung (Morgenblatt)
vom 4. Dezember 1918.

10 Dlugosch, Rhein-Dürkheim, S. 249–252; Mahlerwein,
Alsheim-HALASEMIA II, S. 169–171; Luig, Mommenheim, S. 36–39; Süß, Rheinhessen, S. 9–11, 17–19, 64f.,
111–114, 183–185; Schlemmer, Rheinstaatbestrebungen,
S. 32, 91, 127–132.

11 Süß, Rheinhessen, S. 26, 203–215; Tilger/Woog,
Bingerbrück, S. 57; Diehl, Alzey, S. 307; Schütz,
Weltkrieg, S. 485; Bönnen, Blüte, S. 555; Diehl (Hrsg.),
Chronik, S. 138; Wothe, Rheinhessen; Herbert, Best,
S. 40f.; Wehler, Gesellschaftsgeschichte IV, S. 66–68;
Winkler, Weimar, S. 87–98.

12 Wehler, Gesellschaftsgeschichte IV, S. 243–252;
Herbert, Geschichte, S. 201–206; Mahlerwein, Alsheim-
HALASEMIA II, S. 171–176; Luig, Mommenheim,
S. 37–41; Ingelheimer Chronik, S. 94f., 101–104;
Bönnen, Weltkrieg, S. 558.

13 Luig, Mommenheim, S. 37; Konrad, Jahrbuch, S. 278;

Mahlerwein, Alsheim-HALASEMIA II, S. 173–175;
Bönnen, Weltkrieg, S. 565f.; Brüchert-Schunk,
Sozialpolitik, S. 308–317; Brüchert, Wohnungsbau;
Brüchert, Bodenheim, S. 216–218; Hechtsheim während
der Weimarer Republik, S. 37–39.

14 Ingelheimer Chronik, S. 115–118, 143, 148–153,
160; Brüchert, Ausgesteuert, S. 20–54; Köhler,
Arbeitslosigkeit, S. 55f.; Hechtsheim während der
Weimarer Republik, S. 21; Brüchert, Bodenheim, S. 221;
Diehl, Alzey, S. 308f.; Bönnen, Weltkrieg, S. 577; Schütz,
Finthen, S. 366; Mahlerwein, Alsheim-HALASEMIA II,
S. 175f.; Heitmann, Armenpflege.

15 Wahlergebnisse berechnet nach den Angaben in: Klein
(Hrsg.), Reichstagswähler, S. 1144–1350, 1389–1415;
Bönnen, Wahlen; Karneth, Wahlen.

16 Schütz, Weltkrieg, S. 492f.; Bönnen, Blüte, 560,
574–581; Luig, Mommenheim, S. 49–51; Karneth,
Nationalsozialismus; Mahlerwein, Gebremste
„Machtergreifung", S. 61–71; Brüchert, National-
sozialismus, S. 92–95; Hoffmann, Framersheim,
S. 123–135; Kißener, Gau-Odernheim, S. 163–170;
Klausing, Ingelheim, S. 199–204; Würz, Hitlerhausen,
S. 238–258; Würz, Kampfzeit, S. 80–84, 99–105,
112–221; Nitz, Association, S. 201–310; Geschichts-
werkstatt, Bockius, S. 42–48; Seibert, Mord, S. 11–18;
Glaser, Geheimnis, S. 126.

17 Schütz, Weltkrieg, S. 487f.; Bönnen, Blüte, S. 569–571;
Rettinger, Nieder-Olm, S. 38; Gallé, Jazz, S. 186;
Mahlerwein, Musikalische Praxis, S. 118f.; Mahlerwein,
Alsheim-HALASEMIA II, S. 242–244; Ingelheimer
Chronik, S. 115–130.

18 Schütz, Weltkrieg, S. 493f.; Schütz (Hrsg.), Macht-
ergreifung, 165f., 173f., 181; Reuter, Worms 1933,
S. 23–28, 35, 98; Becker, Arbeiterbewegung, S. 230; Ebert,
Machtergreifung, S. 151; Ballmann, „Machtergreifung",
S. 96; Rhein- und Nahe-Zeitung Ausgaben Ende Januar/
Anfang Februar 1933; Hexemer, „Machtergreifung";
Brüchert, Bodenheim, S. 97; Michaelis/Rösch,
Guntersblum; Luig, Mommenheim, S. 53.

19 Reuter, Worms 1933, S. 23, 26; Ballmann, „Machtergrei-
fung", S. 97; Schütz (Hrsg.), Machtergreifung, S. 145;
Schmuck, Ober-Hilbersheim, S. 95; Heller-Karneth, Gau-
Bickelheim, S. 119; Hoffmann, Landjuden, S. 168–170;
Seibert, Dolgesheimer Mord; Arenz-Morch/Ruppert-Kelly,
KZ Osthofen; Herbert, Best, S. 126f.

20 Reuter, Worms 1933, S. 27f.; Rösch/Michaelis,
Guntersblum, S. 105; zu Gau-Algesheim: http://www.
brilmayer-gesellschaft.de/thematische-datenlisten/
diktatur-und-krieg-1933-1945.html (1.5.2015);
Schneider, Arbeiter, S. 101.

21 Schmitz-Berning, Vokabular, S. 277–280; Schütz,
Weltkrieg, S. 494–496; Ballmann, Ingelheim, S. 100–109;
Brüchert, Bodenheim, S. 99; Bönnen, Blüte, S. 582–585;
Reuter, Worms 1933, S. 41; Schüler/Roschy, Leiselheim,
S. 148; Hexemer, Nierstein, S. 222f.; Prieß, Hechtsheim,
S. 15; Rhein- und Nahe-Zeitung vom 28. April, 6. und
9. Mai 1933; zu Gau-Algesheim s. vorherige Anm.;
Ingelheimer Chronik, S. 167f.

22 Schwamb, Köngernheim, S. 218; Peters, Turngemeinde,
S. 225–231; Hattemer, Gleichschaltung; Rhein- und

Nahe-Zeitung vom 9. Mai 1933; Mahlerwein, Alsheim-HALASEMIA II, S. 202f.; Rhein- und Nahe-Zeitung vom 13. und 14. November 1933.

23 Heller-Karneth, Gau-Bickelheim, S. 120; Hehl (Bearb.), Priester, Sp. 637–657; Braun, Bistum, S. 1206–1215; Dürsch, Kirche; Dürsch, Bergmann; Hellriegel (Hrsg.), Widerstehen, Band I: Rheinhessen Teil 2, S. 406–416.

24 Kißener, Gau-Odernheim, S. 171; Brüchert, Bodenheim, S. 96; Michaelis, Guntersblum, S. 104–106; Besier, Kirchen, S. 11–18; Huber, Gemeinden; Kraft, Kirche; Mahlerwein, Alsheim-HALASEMIA II, S. 203–206, 216; Oelschläger, Kirchenkampf, S. 331, 365.

25 Rhein-Nahe-Zeitung vom 15. Juni 1937; Humann, Arbeitsbeschaffung, S. 608, 631–634; Schneider, Hakenkreuz, S. 282–286; Bönnen, Blüte, S. 588–590; Deutschland-Berichte, Zweiter Jahrgang 1935, S. 299f.; Dritter Jahrgang 1936, S. 87.

26 Berkessel, Inszenierung, S. 139; Walb, Konfrontation, S. 31–59; Giesecke, Hitlers Pädagogen, S. 19.

27 Schneider, Hakenkreuz, S. 679; Rhein- und Nahe-Zeitung vom 7., 8., 9., 10., 15., 18. Juni 1937; Steinbauer, Festkultur, S. 252; Hoffmann, Landjuden, S. 192; Bönnen, Blütezeit, S. 593.

28 Frieß-Reimann, Fastnacht, S. 111–114; Keim, Karneval, S. 142–162; Dietmar/Leifeld, Alaaf, S. 62, 102–113; Ingelheimer Chronik, S. 178; Rhein- und Nahe-Zeitung vom 29. Januar 1938.

29 Plainfield, „Komm"; „Der Israelit" vom 9. Oktober 1928; Seibert, Mord, S. 13–19; Hoffmann, Landjuden, S. 137, 169, 171, 174, 182, 204; Holzer, Juden, S. 224–227; Meyer, Ingelheim, , S. 441; Schlösser/Schlösser, Judenverfolgung, S. 24f.; Brodhaecker, Menschen, S. 252.

30 Michaelis, Gemeinde, S. 106, 110; Brodhaecker, Menschen, S. 267–270, 312–325, ; Schwarz, Kindheit, S. 21–48; Deutschland-Berichte, Zweiter Jahrgang 1935, S. 921f.; Mayer, Ingelheim, S. 442; Gutmann; Verein für Sozialgeschichte Mainz (Hrsg.), Gerti Meyer-Jorgensen, S. 46.

31 Michaelis, Gemeinde, S. 117–126; Synagogen Rheinland-Pfalz/Saarland, passim; Angaben zu einzelnen Synagogen auf: http://www.alemannia-judaica.de (15.5.2015); Schlösser/Schlösser, Judenverfolgung, S. 44; Antweiler, Reichspogromnacht, S. 21–31; Graf/Hannah, Schicksal; Beckhardt, Jude; Hoffmann, Landjuden, S. 251–257; Brodhaecker, Menschen, S. 325–350; Krach (Hrsg.), Simon, S. 92–97; Mayer. Ingelheim, S. 452–457; Mahlerwein, Alsheim-HALASEMIA II, S. 253–255.

32 Brüchert-Schunk, Mainzer Juden; Brodhaecker, Menschen, S. 366f.; Mahlerwein, Alsheim-HALASEMIA II, S. 255f.

33 Schlösser, Judenverfolgung, S. 48f.; Brodhaecker, Menschen, S. 221; Zahlen berechnet nach Angaben in: http://www.bundesarchiv.de/gedenkbuch/intro.html.de und http://www.alemannia-judaica.de/(20.5.2015).

34 Schlösser, Judenverfolgung, S. 72 f.; Huttenbach, Destruction, S. 52f.; Brodhaecker, Menschen, S. 390–393; Mahlerwein, Alsheim-HALASEMIA II, S. 254–263.

35 Heuß, Sinti (2000); Heuß, Sinti (1996); Delfeld, „Sonderzug"; Bohrer, Deportation.

36 Die rheinhessische Euthanasiegeschichte wurde vor allem von Renate Rosenau aufgearbeitet: John/Rosenau, Alzey; Rosenau, Die Alzeyer Landes-Heil- und Pflegeanstalt; Rosenau, Medizinverbrechen; Landeszentrale (Hrsg.), Verfolgung, S. 214f.; Sandner, Opfer; Klinkel, Opfer, Bingen 2012; Ruckert, Zwangssterilisationen.

37 Arenz-Morch, Elisabeth Groß; Stein, Schwamb; Keim, Schwamb; Ulrich, Widerstand (2006); Ulrich, Widerstand (2008), S. 93–106; Ulrich, Zum politischen Widerstand; Schiffel, Steffan; Beier, Leuschner, S. 570–575.

38 Wie vorhergehende Anmerkung; Ulrich, Widerstand, S. 29–145; Henk, Tragödie, S. 48; Hirsch, Tätigkeit, S. 146f.; Klaus-J. Becker, Arbeiterbewegung, S. 231f.; Mahlerwein, Alsheim-HALASEMIA II, S. 219f.

39 Mahlerwein, Alsheim-HALASEMIA II, S. 207f.; Dumont, Appenheim, S. 64; Ingelheimer Chronik, S. 202.

40 Die Darstellung des Luftkrieges überwiegend nach: Busch, Luftkrieg, passim; Leiwig, Flieger, passim; außerdem: Woog, Bingerbrück; Wiegers, Inferno; Koch, Worms; Vey, Kriegsjahre, S. 71, 130, 142–149, 211–227.

41 Luig, Mommenheim, S. 78; Mahlerwein, Alsheim-HALASEMIA II, S. 208f.; Rupert-Kelly, Einsatz; Brecher, Kriegswirtschaft, 125–128, 135–138, 148, 157–161, 175–180, 231–240, 316–318, 329–332; Vey, Kriegsjahre, S. 311–328; Kißener, Boehringer Ingelheim, S. 141–170; Brüchert, Zwangsarbeiter; Post, Landwirtschaft, S. 288; Urhegyi, Uhlerborn,; Descourvières, Zwangsarbeit.

42 Brunner/Obermeyer, Außenlager; Fogel, Rollwald, S. 79, 96–100.

43 Wehler, Gesellschaftsgeschichte IV, S. 915 f.; Herbst, Deutschland, S. 256–258; Mahlerwein, Alsheim-HALASEMIA II, S. 211f.

44 Michaelis, Guntersblum, S. 129–132; Schütz, Weltkrieg, S. 508f.; Bönnen, Weltkrieg, S. 605; Zurowski, Hahnheim, S. 142–145; Espenschied/Hintze/Lehmann/ Lehmann/Zydziun, Siefersheim, S. 379f.; Prieß, Hechtsheim, S. 81f.; Vey, Kriegsjahre, S. 157–166; Meyer, Berndes, S.664–680; Kemp, Kornsand; Darmstadt, Kornsand-Morde.

45 Brüchert-Schunk, Frauen, S. 108f.; Ahrens, Stadt, S. 316f.; Link „Schrottelzeit", S. 48–50, 75; Vey, Kriegsjahre, Ingelheim 2009, S. 186; Rückert, Ingelheim, S. 73; Licht, Oppenheim, S. 322; Luig, Mommenheim, S. 82.

46 Mathy, Zerstörung, S. 197, 240–243; Dumont, Landeshaupt- und Universitätsstadt, S. 514f.; Zibell, Worms, S. 607–609; Rückert, Ingelheim, S. 68f.; Bönnen, Heyl, S. 166; Hoffmann, Rheinhessen, S. 86–90, 138f.

47 Kißener, Rheinland-Pfalz, S. 46–50; Brommer, Quellen, S. 34, 255, 781; Rückert, Ingelheim, S. 74f.; Wolfrum, Franzosenzeit; Schneider, Besatzungspolitik; Rothenberger, Hungerjahre, S. 113–122.

48 Weber, Kriegsgefangenschaft; Théofilakis, Besatzungsherrschaft; Vey, 50 Jahre, S. 75–77.

49 Möhler, Entnazifizierung 1992, S. 54–69, 143–156, 229–232, 242–248, 284–298, 344–367, 383–401; Möhler, Entnazifizierung 2001; Möhler, Säuberung, S. 175–192; Schmuck, Entnazifizierung; Kißener,

Rheinland-Pfalz, , S. 31–36; Ahrens, Stadt, S. 317; Dumont, Landeshaupt- und Universitätsstadt, S. 524; Zibell, Worms, S. 631f.; Rückert, Ingelheim, S. 93.

50 Seibert, Mord, passim; Seibert, Kornsandverbrechen; Brüchert, Neubeginn und „Vergangenheitsbewältigung", S. 193f.; Meyer, Prozesse.

51 Kißener, Rheinland-Pfalz, S. 74–80; Martin, Entstehung, S. 69–85, 96–98, 132; Weitzel, Gründung, passim, besonders Quellenanhang S. 207–215; Kusch, Wiedergründung, S. 31–36, 49f., 55, 65–70, 137; Becker, KPD, S. 82f., 91–97, 105, 113, 323.

52 Kißener, Geschichte, S. 69; Dumont, Landeshaupt- und Universitätsstadt, S. 326; Zibell, Worms, S. 613–815; Ingelheimer Chronik, S. 220; Becker, Worms, S. 234–236; Becker, KPD, S. 113.

53 Kißener, Rheinland-Pfalz, S. 53–73; Hudemann, Landesgründung; Galonska, Landesparteiensysteme, S. 83; Springorum, Entstehung, S. 195f.; Verfassung; Wirth, Koblenz.

54 Ingelheimer Chronik, S. 218f.; Dumont, Landeshaupt- und Universitätsstadt, S. 523; Link, Zerstörung, S. 13–32; Zibell, Worms, S. 641f.; Heil, Gemeinden, S. 368; Link, Ernährung, S. 89–100; Link, „Schrottelzeit", S. 59, 82, 192–210; Rothenberger, Hungerjahre, S. 125–140.

55 Link, Leben, S. 194; Rothenberger, Hungerjahre, S. 219–222; Abelshauser, Wirtschaftsgeschichte, S. 120–130; Buchheim, Währungsreform, S. 222; Luig, Mommenheim, S. 90f.

56 Koch, Arno Schmidt; Jirgl, Mond; Sommer, Flüchtlinge, S. 26–33, 93–95, 124–129, 142–148; Neubach, Aufnahme; Messerschmidt, Erinnerungskultur; Statistisches Landesamt, Wohnbevölkerung 1951, S. 16; Statistisches Landesamt, Bevölkerungsentwicklung 1951–1958, S. 49; Landesamt Rheinland-Pfalz, Bevölkerung 1961, S. 9, 62; Mahlerwein-HALASEMIA II, S. 268f.; Mainzer Allgemeine Zeitung vom 28. Juli 1950; Wormser Zeitung vom 8. Februar 1950, 2. März 1951; Interviews mit H. W., Eich, G. W., Eich, G. E., Friesenheim, E. H., Alsheim.

57 Statistisches Landesamt, Wahl Bundestag 1949, S. 70–74; Statistisches Landesamt, Kommunalwahlen 1952, S. 192–201; Statistisches Landesamt, Wahl Bundestag 1953, S. 109*–115*; Statistisches Landesamt, Kommunalwahlen 1956, S. 167–173; Statistisches Landesamt, Wahl 1957, S. 115–121; Statistisches Landesamt, Kommunalwahlen 1960, S. 180–187; Statistisches Landesamt, Wahl Bundestag 1961, S. 225–238; Statistisches Landesamt, Kommunalwahlen 1964, S. 194–200; Statistisches Landesamt, Wahl Bundestag 1965, S. 152–158; Daten ab 1969 nach: http://www.statistik.rlp.de/regionaldaten/(Zeitreihen), (20.7.2015).

58 Zibell, Worms, S. 641; Dumont, Landeshaupt- und Universitätsstadt, S. 530, 534f.; Brühne, Ingelheim, S. 134–136; Kühn, Ingelheim, S. 153f.; Luig, Mommenheim, S. 95f.; Statistisches Landesamt, Volkszählung 1950. Wohnungszählung, Regierungsbezirk Rheinhessen, S. 8; Statistisches Landesamt, Volkszählung 1950. Wohnungszählung, Landesergebnisse, S. 94; Statistisches Landesamt, Wohnungen 1956, S. 59;

Statistisches Landesamt, Hochbautätigkeit 1956–1957, S. 77; Statistisches Landesamt, Bautätigkeit 1958, S. 59; Statistisches Landesamt, Bautätigkeit 1959, S. 62; Statistisches Landesamt, Gebäude 1961, S. 136.

59 Dumont, Landeshaupt- und Universitätsstadt, S. 530; Zibell, Worms, S. 639 Huyer/Krienke, Denkmaltopographie Stadt Alzey, S. 46–48; Krienke, Denkmaltopographie Kreis Mainz-Bingen, S. 114.

60 Statistisches Landesamt, Bauwirtschaft 1963, S. 9; Statistisches Landesamt, Gebäude 1961, S. 46f., 92–94, 112; Statistisches Landesamt, Wasserversorgung 1969, S. 43f.

61 Statistisches Landesamt, Bautätigkeit 1973, S. 68; Mahlerwein, Suburbanisierung; Daten 1987–2013 berechnet nach den Zeitreihen in: http://www.statistik.rlp.de/regionaldaten/(5.8.2015).

62 Zibell, Worms, S. 641; Dumont, Landeshaupt- und Universitätsstadt, S.539, 544f., 552; Oehlschlägel, Ingelheim, S. 214; Vey, Ingelheim, S. 240, 244; Krienke, Alzey, S. 48; http://www.altstadtvereinalzey.de/geschichte.php (5.8.2015); Dölling, Denkmalpflege, S. 154–156; Mindermann, Altstadtsanierung.

63 Daten berechnet nach den Zeitreihen in http://www.statistik.rlp.de/regionaldaten/(5.8.2015); Luig, Mommenheim, S. 106f.; Kirschner/Kuhl, Nieder-Olm, S. 46f.

64 Kißener, Migrationsgeschichte; http://lebenswege.rlp.de/sonderausstellungen/zeitzeugen/hueseyin-kaya/(15.8.2015); Statistisches Landesamt, Bevölkerungsentwicklung 1959, S. 24; Statistisches Landesamt, Bevölkerung 1970, S. 72; http://lebenswege.rlp.de/dauerausstellung/arbeitsmigrationsgeschichte-in-rheinland-pfalz/anwerbe-pioniere/schott-ag/(15.8.2015); Statistisches Landesamt, Gemeindeverzeichnis 1967, S. 152–156; Statistisches Landesamt, Bevölkerungsentwicklung 1966 und 1967, S. 55f.; Stadt Mainz, Statistische Informationen, Tab. 1.2, 1.4 und 1.6; Regionalstatistische Angaben zu 2013: http://www.infothek.statistik.rlp.de/MeineHeimat/meinKreis.aspx (15.8.2015); Demir/Röth/Schäfer, Türken; Interview mit Herrn N. T., Nackenheim.

65 Kreitewolf, Helene Fischer; Reinhardt, Tschugujewka II; Schneider, Charisma; Fischbach/Westerhoff, Synagogen, S. 253; Herbert, Ausländerpolitik, S. 296–322; Statistisches Landesamt, Bevölkerungsentwicklung 1969, S. 43; Kobold/Rashid, Flüchtlinge; Vey, 1981–1989, S. 297; http://mifkjf.rlp.de/aktuelles/einzelansicht/archive/2015/july/article/afa-ingelheim-ist-jetzt-eigenstaendige-erstaufnahmeeinrichtung/.

66 Rothenberger, Amerikaner, S. 28, 43, 102, 114, 145–149; Höhn, Bild.

67 Interviews mit Frau R. E., Friesenheim, Frau G. W., ursprünglich Bodenheim, Herr A. H., Bodenheim, Herr H. K., Bodenheim; Statistisches Landesamt, Schulen 1950/51, S. 54, 69–75, 114; Statistisches Landesamt, Schulen 1961, S. 89–91, 103; Statistisches Landesamt, Ausbildungsstand 1970, S. 27, 50; Kandler, Schulen; http://www.infothek.statistik.rlp.de/MeineHeimat/meineGemeinde.aspx?id=3537 (5.8.2015); Storm, Bildung, S. 632–634; Schaaf, Schulpolitik; Rödel,

Bekenntnisschule.

68 Statistisches Landesamt, Pendelwanderung 1950,
S. 30f., 80–86; Statistisches Landesamt, Verkehrsstruktur,
S. 136–139, 254; Statistisches Landesamt,
Pendelwanderung, S. 30, 66, 113; Statistisches
Landesamt, Pendelwanderung, S. 40–43; Pendlerquoten
2014 berechnet nach den Zeitreihen in http://www.
statistik.rlp.de/regionaldaten/(7.8.2015); Statistisches
Jahrbuch 2006, S. 282; Plappert, Verkehr, S. 254, 272f.

69 Mahlerwein, Aufbruch, S. 94–98; Interviews mit
Frau L. K., Eich, Frau A. S., geb. in Eich, Herr H.
K., Bodenheim, Herr A. H., Bodenheim, Frau C. N.,
Mommenheim, Frau C. H, Mommenheim, Herr V. B,
Friesenheim, Herr E. H., Friesenheim.

70 Wiegers, Gensingen, S. 162f.; Mahlerwein, Aufbruch,
S. 126–133; Mahlerwein, Musikalische Praxis; Auskunft
zu Standorten rheinhessischer dörflicher Jugendzentren
oder -initiativen von David Templin, Hamburg.

71 Der „Spiegel" vom 23. Dezember 1968; Hoffmann,
Rheinhessen, S. 116–120, 151–154; Kißener, Rheinland-
Pfalz, S. 143–147; Heil, Modernisierung,
S. 126–134, darin auch Zitat aus AZ: S. 128;
Mahlerwein, Alsheim-HALASEMIA II, S. 275f.; Müller,
Erbes-Büdesheim, S. 1025f.; Hexemer, SPD, S. 285;
Frank, Zusammenschluß, S. 316f.; Verein Hechtsheimer
Ortsgeschichte (Hrsg.), Hechtsheim 1945–1969,
S. 127–147; Zurowski, Hahnheim, S. 309f.; Wiegers,
Gensingen, S. 186; Krämer, Nachkriegsgeschichte,
S. 358f.; Zink, Framersheim, S. 166; Ahrens, Stadt,
S. 326; Oehlschlägel, Ingelheim, S. 220f.; Wormser
Zeitung vom 14. Oktober 1968; Rhein-Zeitung vom
15. November 2011; Allgemeine Zeitung vom
17. Februar 2014, 13. Januar und 8. Juni 2015.

72 Alle Berechnungen nach den regionalen und lokalen
Daten in Zeitreihen in: http://www.infothek.statistik.rlp.
de/MeineHeimat/meinKreis.aspx (15.8.2015).

73 Interview mit Herrn A. B. aus Friesenheim; Mahlerwein/
Seibert, Gernsheimerfahrt, S. 80–84; Bentz, Gliederung,
S. 22f., 112; Kreuz-Rad-Löwe III, S. 264, 269,
274, 278–281; Vogeley, Betriebsverhältnisse, S. 11;
Wirtschaftlich-statistisches Jahrbuch 1913, S. 8, 15, 27;
Hessen, S. 94, 100, 147, 152; Rheinhessen und seine
Landwirtschaft, S. 70, 77–79; Statistisches Landesamt,
Landwirtschaftliche Betriebszählung 1949, S. 126, 138f.,
166; Statistisches Landesamt, Bodennutzung 1957,
S. 35–37; Statistisches Landesamt, Betriebsverhältnisse
1960, S. 76f., 94; Statistisches Landesamt,
Landwirtschaft, S. 48f., 68; Statistisches Landesamt,
Landwirtschaft 2013, S. 50–52, 64, 91, 116, 162, 166;
http://www.obstbau.rlp.de/Internet/global/themen.nsf/
b81d6f06b181d7e7c1256e920051ac19/c5ce6b444f9178
b3c1257004002e5fec?OpenDocument; grundlegend für
das gesamte Kapitel: Mahlerwein, Landwirtschaft.

74 Vogeley, Betriebsverhältnisse, S. 40–46; Wirtschaftlich-
statistisches Jahrbuch 1913, S. 8, 26; Hessen, S. 162–
165; Statistisches Landesamt, Weinbau 1950–1957,
S. 31, 71, 122; Rheinhessen. Seine Landwirtschaft,
S. 61–68; Kreuz-Rad-Löwe III, S. 142–145, 286–294;
Martin, Wein, S. 224-227; Balon/Faber (Bearb.),
Landkreis Bingen, S. 108–111; Metz, Weinbau;

Breitenfeld, Vermarktung, S. 152–156; Ministerium
für Wirtschaft, Weinwirtschaftsbericht 2010, S. 62–68;
Statistisches Landesamt, Landwirtschaft 2000, S. 66–77;
Statistisches Landesamt, Landwirtschaft 2013; Schwedt,
Wein; Fuchß, Lehr- und Versuchsanstalt; Fuchß,
Weinbaudomäne; Schätzel/Doka, Ausbildung, S. 82;
Krienke, Strukturwandel.

75 Neumer, Friesenheim, S. 104f.; http://www.friesenheim-
rheinhessen.de/index.php?id=112 (23.8.2015);
Wirtschaftlich-statistisches Jahrbuch 1913, S. 5, 7;
Rettinger, Handwerk; Statistisches Landesamt, Handwerk
1949, S. 32, 65, 68f., 74f., 104; Statistisches Landesamt,
Handwerk 1963, S. 9, 47; Statistisches Landesamt,
Handwerk 1963; Statistisches Landesamt, Handwerk
1968, S. 228f., 238f.; Statistisches Landesamt, Handwerk
1977, S. 17; Statistisches Landesamt, Handwerk
2009; Statistisches Landesamt, Handwerk 2012;
Handwerkskammer, Daten; Balon/Faber, Landkreis
Bingen, S. 137.

76 Interview mit Frau M. S-F. aus Alsheim; Heller-
Karneth, MASSA; Neumer, Friesenheim, S. 104f.;
Bentz, Gliederung, S. 38; Hessen, S. 208; Landkreis
Worms, S. 143; Frickert, Industrie, S. 143f.; Statistisches
Landesamt, Arbeitsstättenzählung 1950, S. 184–186,
246, 254; Statistisches Landesamt, Arbeitsstättenzählung
1961, S. 90, 264; Statistisches Landesamt, Arbeitsstätten
des Einzelhandels 1979, S. 11–15, 72f.; Statistisches
Jahrbuch 2006, S. 252; Stadt Mainz, Zentrenkonzept;
Stadt Mainz, Materialien; Wormser Zeitung vom
10./11. November 1959, 4./5. März 1961.

77 Bentz, Gliederung, S. 29–95; Balon/Faber, Landkreis
Bingen, S. 133–136; Frickert, Industrie; Stefan,
Wirtschaft; Kandler/Licht/Rettinger, Landkreis Mainz-
Bingen, S. 239–257; Statistisches Landesamt, Industrie
1950–1960, S. 126f.; Statistisches Landesamt, Industrie
1970, S. 34, 37, 106, 132; Statistisches Landesamt,
Industrie 1975, S. 27, 245; Statistisches Landesamt,
Verarbeitendes Gewerbe 1950–1980, S. 17, 52;
Statistisches Jahrbuch 2006, S. 206, 208; Statistisches
Jahrbuch 2011, S. 227; Statistisches Jahrbuch 2014,
S. 540, 542; Statistisches Landesamt, Verarbeitendes
Gewerbe 2003, S. 44f., 76.

78 Balon/Faber, Landkreis Bingen, S. 124f.; Hessen, S. 262;
Rhein- und Nahezeitung vom 7., 8., 9., 10., 15., 18. Juni
1937; Kandler, Fremdenverkehr; Statistisches Landesamt,
Fremdenverkehr 2003, S. 24f., 29f.; Statistisches
Landesamt, Tourismus, S. 115–124, 175–186; Zeiner,
Wirtschaftsfaktor; Roemer, Konstruktion.

79 Statistisches Handbuch 1909, S. 6*; Hessen, S. 30;
Statistisches Landesamt (Hrsg.), Volks- und
Berufszählung 1946, S. 58–61; Statistisches Landesamt
(Hrsg.), Die wirtschaftliche und soziale Struktur 1961;
Statistisches Landesamt (Hrsg.), Wirtschaftliche und
soziale Struktur 1970, S. 59; Statistisches Landesamt
(Hrsg.), Wirtschaftliche, soziale und berufliche
Gliederung 1970, S. 44f.; Statistische Ämter (Hrsg.),
Erwerbstätige 1970–1991; Statistische Ämter (Hrsg.),
Erwerbstätige 2000–2013.

Identitätsbildung

in Rheinhessen

Nachwort von Volker Gallé

Identitäten werden erzählt, ob sie Personen oder Gruppen betreffen. Daher finden sich Belege für Identitätsbildung stets in Texten, seien sie gesprochen oder geschrieben. Die Kulturgeschichte einer Region – und hier insbesondere die historischen, ethnografischen und literarischen Texte, die sich auf die Region beziehen – halten die Inhalte, Dramaturgien und Veränderungen regionaler Identitätsbildung fest. Das Nachwort dieser Monografie sucht die Identitätsbildung Rheinhessens in ihren wesentlichen Konstanten und Variablen aus den vorhandenen Texten herauszuarbeiten.

Am 8. Juli 1916 verlas Provinzialdirektor Geheimrat Wilhelm Best in einer Sitzung des Provinzialtages einen Erlass von Großherzog Ernst Ludwig zur Hundertjahrfeier Rheinhessens. Darin wird betont, dass der Rhein nicht mehr Grenze sei, die links- und rechtsrheinischen Gebiete seien durch Brücken verknüpft worden. Dann schwenkt der Blick von der regionalen Infrastruktur Hessens zur Kriegssituation: *„Fester noch als tägliche Leben hat das auf den Schlachtfeldern gemeinsam vergossene Blut mit den Söhnen der älteren hessischen Landesteile das ganze Hessenvolk mit dem grossen deutschen Vaterlande zusammengekittet."*[1] Vor allem der Briefwechsel mit dem Pazifisten Fritz von Unruh zeigt allerdings ein Erschrecken Ernst Ludwigs vor der Kriegsgewalt. Eckart G. Franz urteilt, beiden sei ein *„kritisch-gespanntes Verhältnis zur ererbten Stellung in einem stark militärisch-feudalaristokratisch geprägten Gesellschaftssystem"*[2] gemeinsam gewesen. Seine Verwandtschaft mit der russischen Zarenfamilie nutzte der Großherzog zu Friedensvermittlungen, seine Verwandtschaft mit dem britischen Königshaus und die damit verbundene Orientierung an der Verfassung und am Denken der künstlerischen Avantgarde rücken ihn eher in die Nähe Friedrichs III. als dessen Sohnes Wilhelm II. Klaus Dietrich Hoffmann urteilt in seiner *Geschichte der Provinz und des Regie-*

rungsbezirks Rheinhessen aus deutlich regionaler Perspektive: *„Der frühe Tod des der Freisinnigen Partei nahestehenden Kaisers Friedrich III., dessen Vertrauter unser Reichstagsabgeordneter Dr. Bamberger gewesen ist, 1888 nach erst 100 Tagen Regierungszeit, war für Deutschland und Europa eine Katastrophe. Denn von ihm wären die schweren außenpolitischen Fehler seines unreifen Sohnes Wilhelm II. und der von diesem ausgesuchten unfähigen Politiker, die mit zum 1. Weltkrieg und seinen Folgen (Adolf Hitler) führten, mit an Sicherheit grenzender Wahrscheinlichkeit nicht gemacht worden."*[3] Ernst-Ludwig passte sich trotz seiner Bedenken an die deutsch-nationale Kriegsstimmung an. In dieser Haltung spiegelt sich ein politischer Anpassungsprozess, der auch in Rheinhessen die öffentliche Meinung nach der Niederlage der Demokraten 1849 prägte und nur regionale Widerhaken zuließ. In der Antwort des Provinzialtages auf den großherzoglichen Erlass wird vor allem der wirtschaftliche und soziale Aufschwung durch hessische Infrastrukturmaßnahmen seit dem letzten Drittel des 19. Jhs. hervorgehoben: Straßen- und Bahnbau, Bau von Schulen und Krankenhäusern, Förderung von Landwirtschaft und Weinbau. Das entspricht ganz dem Gelöbnis des Großherzogs, die Wohlfahrt des Landes als verpflichtende Aufgabe zu betreiben und sich damit auf die Besitzergreifungsurkunde von 1816 zu beziehen.

In der Vorrede zur Festschrift wird zunächst die Zeit der militärischen französischen Besatzung 1792 bis 1797 als Leidenszeit in Bezug gesetzt zur Notwendigkeit, sich 100 Jahre später vor einer solchen Erfahrung zu schützen. Dann wandert der Blick in die Vergangenheit Rheinhessens als *„altes Kulturland".*[4] Als Schlagworte fallen die römische Besiedlung, die Nibelungensage sowie die Dome und die Katharinenkirche. Die Kriegszerstörungen des 17. Jhs. werden als gravierend herausgestellt, insbesondere die Stadtbrände durch die französischen Truppen Ludwigs XIV. Die Kraft zum Wiederaufbau und das Interesse am Fortschritt werden als Wesenszüge der Menschen in Rheinhessen beschrieben. Mit Blick auf die Bayern und ihre Berge sowie die Friesen und das Meer wird den Rheinhessen eine gleich große Heimatliebe bescheinigt. Die dann doch wohl schwächere Identität am Rhein wird begründet: *„Es lag nahe, zur Hundertjahrfeier eine umfassende Geschichte der Provinz Rheinhessen zu schreiben. Dieser Absicht trat jedoch hindernd der Umstand entgegen, dass die Provinz ungefähr seit dem vierten Jahrzehnt des vorigen Jahrhunderts keine eigene Geschichte mehr hat, ihre Geschichte geht von diesem Zeitraum ganz in der Geschichte des Großherzogtums Hessen und weiter in der Geschichte des ganzen deutschen Volkes auf. Dagegen hat die Provinz in den beiden ersten Jahrzehnten ihres Bestehens noch ihr eigenartiges geschichtliches Leben gehabt.“*[5] Die Autoren der Festschrift beobachten also die Anpassung an die hessische und die deutsche Identität als Hindernis für eine eigene regionale Identität Rheinhessens, die es aber im Vormärz gegeben habe. Aus heutiger Sicht ist dem zuzustimmen. Die Verteidigung der zu französischer Zeit 1797 bis 1814 erworbenen bürgerlichen Freiheitsrechte bestimmte die politische Debatte in Rheinhessen bis zur Revolution von 1848 und unterschied die linksrheinische Provinz vom rechtsrheinischen Hessen. Darmstadt versuchte in dieser Zeit immer wieder, die Selbstverwaltung Rheinhessens zu unterbinden, doch die rheinhessischen Abgeordneten im Landtag wehrten sich dagegen. Als sie die Gelegenheit dazu hatten, drehten sie den Spieß um. So wurden im Juli 1848 die von der Regierung verordneten Kreisämter aufgelöst und ein Regierungsbezirk Rheinhessen mit Sitz in Mainz geschaffen. Der Bezirksrat konnte erstmals von allen männlichen Einwohnern über 21 Jahren frei gewählt werden. Von den 24 Sitzen gingen

18 an die Demokraten, die das Adelssystem durch eine Republik ersetzen wollten. Nach der Niederlage 1849 schraubte die großherzogliche Regierung diese weitgehende Demokratisierung wieder zurück. Erst in der Weimarer Republik erhielten die männlichen Bürger, dann auch die Frauen, erneut ein freies Wahlrecht.

Politisch konnte sich die Region nicht durchsetzen, ihr blieb dennoch eine verbreitete Vorliebe für freie Meinungsäußerung und lokale Selbstverwaltung. Anders als in Bayern und der Pfalz wurde eine regionale Identitätsbildung in Rheinhessen nicht von oben gefördert, sondern eher gebremst. Da es in Rheinhessen keine Landesuniversität gab, übernahmen hauptsächlich Pfarrer der Landeskirche diese Arbeit in Rheinhessen. Und es war mit Heinrich Bechtolsheimer auch ein solcher Pfarrer, der in der Festschrift von 1916 die Aufgabe übernommen hatte, die *„eigenartige“* Geschichte der Region vor 1848 zu erzählen. Im Anfangskapitel „Zeit der Franzosenherrschaft“ beschreibt er *„die Veränderungen, welche die Jahre 1792 bis 1814 gebracht haben“* und *„was von diesen Veränderungen für die spätere Zeit wirksam geblieben ist.“*[6] Er kennzeichnet diese 22 Jahre als *„Fremdherrschaft“*, teilt sie jedoch in zwei Phasen: zum einen 1792 bis 1797 als eine Zeit der Zerstörung, der Plünderungen und Misshandlungen sowie harter *„Frondienste“*[7], zum anderen 1797 bis 1814 als eine Zeit neu erworbener Rechte, die man auch in hessischer Zeit gewahrt wissen wollte. Bechtolsheimer entschuldigt die französische Prägung Rheinhessens im frühen 19. Jh., die 1916 unter der Kriegsperspektive seltsam anmutete, mit den Zuständen, *„die vor der französischen Invasion am linken Rheinufer geherrscht hatten“*[8] und nimmt die Rheinhessen vor dem Vorwurf in Schutz, sie hätten eine undeutsche Gesinnung und seien Franzosenfreunde. Allerdings könne man linksrheinisch zwischen 1797 und 1814 auch keine deutschnationale Gesinnung finden. Die habe es aber auch andernorts in Deutschland erst mit Arndt und Jahn gegeben. Vorher habe feudale Kleinstaaterei geherrscht. Als Gewährsmann zitiert er die dem Badenheimer Bürgermeister und Bauerndichter Isaak Maus zugeschriebene und 1792 erschienene Flugschrift *Ein überrheiner Bauersmann an seinen Churfürsten zu München im Bayerland.* Darin heißt es: *„Sollen wir jubilieren, daß wir fünfzig Jahre lang im Schweiß unseres Angesichtes unser Feld bauen durften, um die Schweine und Hasen der Exzellenzen zu füttern? Oder sollen wir jubilieren, weil man uns oft mitten aus unserer nötigen Arbeit hinwegriß, um den Landschreibern und Oberbeamten im Frondienste große Häuser zu bauen und nach ihren zusamamengestohlenen Landgütern bequeme und kostbare Straßen führen zu müssen?"*[9] Das klingt geradeso wie das *Lied der freyen Wöllsteiner,* das der Mainzer Jakobiner Friedrich Lehne 1793 nach der Marseillaise gedichtet hat:

„Wir pflügten willig unsere Äcker,
viel träge Prasser nährten wir;
Doch seht, sie wurden immer kecker,
erniedrigt waren wir zum Tier.
Geblendet von dem schnöden Glanze,
den ihnen unser Fleiß verschafft,
war stolz und stark durch unsere Kraft
manch fetter Pfaff, manch geiler Schranze."[10]

Weiter zitiert Bechtolsheimer Ludwig Bamberger, 1848 demokratischer Revolutionär und später Reichstagsabgeordneter der Nationalliberalen, aus seiner 1861 erschienenen Schrift *Die Französelei am Rhein* mit einem Vergleich der politischen Zustände links und rechts des Rheins zu hessischer Zeit: *„Geschworenengerichte, Öffentlichkeit, Mündlichkeit, ein aller Welt zugängliches feststehendes Gesetzbuch, allgemeine Gleichheit vor demselben bildeten einen leuchtenden Gegensatz zu den mittelalterlichen Institutionen der angrenzenden Lande von*

Darmstadt oder Nassau. Inquisitionsgerichte, unendliches Schreiberwesen, privilegierte Gerichtsstände, Vermischung der Justiz und Verwaltung und ein legislativer Wust, der auf die Verhältnisse des modernen Lebens nicht mehr anzupassen war, erfüllten den Rheinländer mit Grauen vor einer legalen Berührung mit den allernächsten Städtchen."[11] Es sind diese in der Mainzer Republik angedachten und unter Napoleon linksrheinisch eingeführten rheinischen Institutionen, die auch in der Besitzergreifungsurkunde vom 8. Juli 1816 garantiert werden: *„Die Rechte des Feudalsystems, die Zehnten und Frohnden sind und bleiben in diesem Landesteil unterdrückt. Das wahrhaft Gute, was die Aufklärung und Zeitverhältnisse herbeigeführt, wird ferner bestehen."*[12] Bereits vor 1792 gab es links des Rheins bei den städtischen und ländlichen Eliten eine Orientierung an den Gedanken der Aufklärung. Rousseau und Kant beeinflussten die Professoren und Studenten der Mainzer Universität[13], aber auch Regierungsmitglieder, wie die Gebrüder Dalberg zeigen[14]. In Richtung Westen waren Frontziehungen weniger von Bedeutung als das Suchen denkerischer Ansätze für eine zukunftgerichtete Politik. Schließlich galt der *Code Civil* in Rheinhessen bis ins Jahr 1900, also sogar über die Niederlage der Demokraten von 1849 hinaus.

So ist es auch verständlich, dass noch 1908 in einem Buch über die hessische Verfassungsgeschichte[15] davon gesprochen wird, Hessen habe mit Rheinhessen eine französische Bevölkerung erworben. Bechtolsheimer widerspricht dem und beschreibt die Mentalitätsunterschiede zwischen den Hessen hüben und drüben lieber unpolitisch. Er nimmt die Geografie und die antike Temperamentenlehre als Erklärungsmuster seiner Beobachtungen: *„Der Rheinhesse, ob er nun dem ehedem kurmainzischen Gebiete oder der alten Kurpfalz entstammt, ist lebhaft, er trägt sein Herz auf der Zunge, man weiß schnell,* *woran man mit ihm ist. Der Bewohner der hessischen Gebirge dagegen ist wortkarg und zurückhaltend, vielleicht etwas mißtrauisch, auf alle Fälle aber sehr vorsichtig, hier und da auch etwas verschlagen. Vielleicht geht diese Verschiedenheit zum Teil aus der Verschiedenheit der Landschaft hervor. Es will uns scheinen, als ob das mit Korn und Wein gesegnete rheinhessische Hügelland, dem alles Schroffe, allerdings auch alles Erhabene fehlt, mehr das sanguinische Temperament begünstigte, während der Wechsel von Berg und Tal in Starkenburg und die öden Hochflächen des Vogelsbergs zur Melancholie stimmen.*[16]

Die Beobachtungen sind bei dem Philosophen, Gutsbesitzer und Bürgermeister von Nieder-Saulheim, Johann Neeb (1767–1843), ähnlich, die Begründung dafür aber deutlich politischer. In seinem Sterbejahr ist ein Aufsatz von Neeb mit dem Titel *Grundzüge zur Charakteristik des Bauern in Rheinhessen*[17] erschienen. Angeregt wurde er durch eine etwa 50 Jahre ältere Arbeit des Breslauer Philosophen und Kantkritikers Christian Garve (1742–1798). Dieser habe schlesische und sächsische Bauern vor Augen gehabt, *„ich in Mainz sehe nur rheinhessische Landleute vor mir"*, setzt Neeb dagegen: *„Garve zeichnete den Charakter von Erbunterthanen, von Menschen, die dem Boden angehören, den sie mit ihrem Schweiß bebauen, eine sehr niedere Klasse in der Ordnung der bürgerlichen Gesellschaft; so eine niedere Menschenklasse kennt man in Rheinhessen nicht: die Existenz des hiesigen Landbewohners klebt an keinem Boden, er ist in Vielem sogar freier ans mancher schlesische oder sächsische Grundherr. So gering auch der Grundbesitz eines Rheinhessen sein mag, es ist sein volles Eigenthum, ohne seine Bewilligung kann es niemand betreten."*[18] Dafür sorge das Ruralgesetz. Außerdem werde ihm durch seine Geburt keineswegs der gesellschaftliche Aufstieg, z. B. in ein Ministeramt verwehrt. In Rheinhessen herrsche die *„feste Überzeugung von der Gleichheit der Rechte*

und Pflichten"[19]. Hier sei nämlich *„das französische Gesetzbuch eingeführt"*, die Feudalrechte seien abgeschafft. Letzteres ist fast wortwörtlich die Formulierung aus der Besitzergreifungsurkunde von 1816. Neeb beobachtet auch daraus folgende Sprachänderungen. Während man früher Gutsbesitzer (80 Morgen und mehr und zwei Pferde) und Ackermänner (30 bis 40 Morgen und ein Pferd oder Ochsen- und Kuhgespanne) mit *„Sie"* und das Gesinde sowie Tagelöhner mit *„Er"* angeredet habe, verliere *„dieser separatistische Spracharistokratismus"*[20] immer mehr an Bedeutung: *„Dagegen erweitert mehr und mehr das vertrauliche ‚Du' seinen freundlichen Verbindungskreis. Es verbreitet Greise und jüngere Leute, Beamte und Verwalter in eine demokratisch gleiche Gesellschaft."*[21] Dafür seien aber nicht nur Recht und Moral verantwortlich, die den Rheinhessen *„dreist, das ist vertrauend auf sich"* machten, sondern auch der Wein. Der mache ihn *„leichtgesinnt, gastfrei, in der Denkungsart liberal und frohgemuthet"* Anders als bei Bier und Branntwein bleiben beim Wein auch bei Genuss im Übermaß *„die heiteren und humanen Affekte vorherrschend"*[22]. Es gebe allerdings auch eine Kehrseite: *„Leider artet der einmal angewohnte und genährte Leichtsinn oft in Lüderlichkeit und Leichtfertigkeit bis zur völligen Gutsverschwendung aus."*[23]

Die Restaurationspolitik im Deutschen Bund führte in Rheinhessen nach 1816 zur ständigen Auseinandersetzung mit den Versuchen der Darmstädter Regierung, den Sonderstatus im Linksrheinischen zu nivellieren. Für Mainz bedeutete sie die Besatzung der Bundesfestung mit preußischen und österreichischen Truppen und die Ansiedlung einer zentralen Zensurbehörde. Nach dem Hambacher Fest 1832 formierte sich die Kritik gegen die Bevormundungen in Mainz zunächst in der Vereinsfastnacht. Beim ersten Rosenmontagszug 1838 persiflierte die Ranzengarde das preußische Militär, indem sie von ihren Mitgliedern nicht sechs Fuß Körperlänge wie bei deren Elitetruppe, sondern sechs Fuß Bauchumfang verlangte. Der im gleichen Jahr gegründete Mainzer Carneval-Verein MCV pflegte beim geselligen Beisammensein im Frankfurter Hof auch die politische Satire. Ludwig Kalisch, Redakteur der Vereinszeitschrift *Narrhalla*, dichtete 1841 im Metrum der Büttenreden gegen die Zensur:

„Kommt der Gärtner mit der Schere,
um das Wachstum zu vereiteln?
Nein! Damit der Trieb sich mehre,
muß er Busch und Baum beschneiden.

Nun, so wie in der Natur Brauchtum
mit Gezweig, Geäst und Ranken:
Ei, so macht es die Zensur auch
mit Ideen und Gedanken.

Drum laßt mir die dummen Faxen
mit Zensur und mit Zensoren;
denn nur stärker werden wachsen
die Gedanken, die geschoren.“[24]

Die Narren zogen gegen Mucker und Philister ins Feld. Damit waren Duckmäuser und Spießbürger gemeint, die sich der Restauration anpassten. Kalisch definierte die Mucker in einem närrischen ABC als Wesen, die *„sich von Gottesfurcht und süßen Redensarten“* nähren und *„die Religion mit Löffeln“* fressen. Sie seien *„sehr tolerant gegen jede Intoleranz.“*[25] Das war auch eine Spitze auf das Bündnis der „Heiligen Allianz“, zu dem sich Preußen, Österreich und Russland auf dem Wiener Kongress zusammengeschlossen hatten.

Der Mainzer Rechtsanwalt Franz Zitz (1803–1877), Sohn eines Weinhändlers, wurde zum Sprecher der Märzforderungen. Mit einer Rede vom Balkon des Stadttheaters schwor er am Aschermittwoch, dem 8. März 1848, eine

große Bürgerversammlung auf die neuen Freiheitsrechte ein. Er war Abgeordneter in der zweiten Kammer der hessischen Landstände und wurde im Revolutionsjahr zum Präsidenten des rheinhessischen Bezirksrats und zum Abgeordneten der Nationalversammlung gewählt. Die Mehrheit der Abgeordneten Rheinhessens in diesen politischen Gremien strebte eine deutsche Republik an. Sein Freund Ludwig Bamberger schrieb rückblickend: *„Zitz war ein guter Redner im Geist der französischen Advokatenart (...) Der Ausgangspunkt seiner Popularität war die Präsidentschaft des Karnevalsvereins (...) Diese öffentlichen Belustigungen trugen damals noch nicht ganz den skurrilen Charakter, den sie in neurer Zeit angenommen haben. In der Zeit des politischen Elends flüchtete sich der frondierende Geist in diese Verkleidung, um unter ihrem Schutz nach Hofnarrenart den Mächtigen etliche Wahrheiten zu sagen. So kam es, dass die Führerschaft im Karnevalsverein zur politischen designierte.“*[26]

Es fällt ins Auge, dass zu dieser Zeit auch das Konzept kommunaler Schulen vorangetrieben wurde. Ihre Gründer wie Johann Paulsackel (1805–1855) in Oppenheim und Andreas Holzamer (1805–1883) hatten neben einer integrativen Pädagogik vor allem die Befreiung von religiöser Vormundschaft im Sinn. Paulsackel wurde 1850 seines Amtes als Lehrer enthoben, gründete eine freie Schule, die verboten wurde, und wanderte nach New Orleans aus. Holzamer eröffnete nach seiner Zwangspensionierung durch Bischof Ketteler 1860 eine Privatschule, die Kindern gleich welcher Herkunft offen stand und auf Religionsunterricht verzichtete.

Die Zeit nach 1849 hat die Mentalität Rheinhessens dann durch die politische Niederlage der mehrheitlich anerkannten republikanischen Utopien auf andere Weise geprägt. Zahl-

reiche Protagonisten der Revolution mussten ins westliche Ausland (Frankreich, England, Nordamerika) emigrieren und kamen nicht oder erst in den 1860er-Jahren zurück. Die geistige Westorientierung, die am Rhein bereits in der Aufklärung des 18. Jhs. ihre Wurzeln hat, konnte aber auch durch die notwendigen Anpassungsprozesse an den preußisch dominierten Nationalismus nie ganz unterdrückt werden. Die nationale Einigung wurde als Überwindung feudaler Kleinstaaterei begrüßt, aber sie hatte ihren republikanischen Kopf verloren. So orientierte sich der Kopf linksrheinisch am praktischen Nutzen, sprich: der Verbesserung der Infrastruktur in der industriellen Revolution, wie sie auch von den hessischen Großherzögen vorangetrieben wurde. Technischer Fortschritt und politische Unfreiheit gingen eine unglückliche Verbindung ein, die den Nationalismus des frühen 20. Jhs. befördern sollte. Der Liberalismus spaltete sich in drei Lager, nationalliberal, wirtschaftsliberal und verfassungsliberal. Als seine chauvinistische Gegenkraft entstanden die kolonialistisch und antisemitisch orientierten Alldeutschen, deren langjähriger Vorsitzender Heinrich Claß (1868–1953) aus Alzey stammte. Zunehmend vermischte sich der freiheitliche Grundton der Region im bürgerlichen und vor allem im bäuerlichen Milieu mit dem dominierenden Nationalismus. Aber immer gab es Gegenbewegung.

Als der Düsseldorfer Stadtrat mit Blick auf nationalistische und antisemitische Kritik die Aufstellung eines Heinedenkmals zum 100. Geburtstag des Dichters abgelehnt hatte, machte sich der Mainzer Oberbürgermeister Georg Oechsner (1822–1895), ein Achtundvierziger, dafür stark, das Denkmal von Ernst Herter in Mainz aufzustellen. Als Oechsner aus Krankheitsgründen von seinem Amt zurücktrat, votierte der Mainzer Stadtrat wie in Düsseldorf. Das Denkmal musste nach New York „emigrie-

ren" und steht seit 1899 als „Loreley Fountain" im Stadtteil Bronx. Bei seiner Einweihung war auch der Achtundvierziger Emigrant Carl Schurz zugegen, der von 1877 bis 1881 amerikanischer Innenminister gewesen war. Die Demokraten von 1848 inspirierten aber auch die Arbeiterbewegung am Rhein. So berichtet der Mainzer Anarchosyndikalist Rudolf Rocker (1873–1953) in seinen Memoiren, sein aus Wörrstadt stammender Großvater habe an den Ereignissen von 1848/49 teilgenommen und besonders Robert Blum und Friedrich Hecker verehrt. Rocker beschreibt seine Geburtsheimat: *„Mainz war in meiner Jugend eine Stadt mit starkem demokratischen Einschlag. Die demokratische Gesinnung war dem Volke in Fleisch und Blut übergegangen und machte sich in allen Kreisen der Bevölkerung bemerkbar."*[27] Auch eine „tiefe Abneigung gegen das Preußentum" habe „in allen Schichten des rheinischen Volkes einen deutlichen Ausdruck" gefunden. Rocker musste mehrfach emigrieren, erstmals 1893 nach Paris und London, zum zweiten Mal 1933 nach Nordamerika. In seinem 1910 erschienenen, autobiografisch gefärbten Roman *Der Entgleiste* erzählt der in Nieder-Olm geborene Schriftsteller Wilhelm Holzamer (1870–1907), ein Enkel des Schulgründers Andreas Holzamer, vom belesenen Sprenglermeister Schüssel, einem Sozialdemokraten zur Zeit des bismarckschen Sozialistengesetzes von 1878, das die Partei faktisch verbot. Schüssel ist im Dorf anerkannt. Es heißt: *„Der Schüssel ist Sozialdemokrat – sonst ist er nüchtern, fleißig, ehrlich, ruhig. Der Rheinhesse hat Respekt vor allem, was einen Kopf verrät und Hand und Fuß hat."*[28] Ein Kaplan denunziert Schüssels heimliche Parteiaktivitäten und dieser wird daher wegen Aufreizung zum Klassenhass vor Gericht gestellt. Das Dorf opponiert und die Leute rufen: *„Aber wir sind doch nit in Preußen! Kreuzdunnerkeil! Wir sind doch noch in Hessen! Rheinhessen, zum Teufel, und freie Leut!"*[29] Vor Gericht gab es kaum Belastungs-

zeugen, dafür umso mehr entlastende Stellungnahmen und ein glänzendes Leumundszeugnis des Bürgermeisters. Schüssel wird schließlich freigesprochen. Diese literarische Episode beschreibt nicht nur den Bezug zwischen den Demokraten von 1848 und den Sozialdemokraten, sondern auch das eher kleinbürgerliche sozialdemokratische Milieu in Rheinhessen, das stark von Handwerkern geprägt war und sich auch am ländlichen Raum orientierte. So war der Wormser Gymnasiallehrer Franz Staudinger (1849–1921) in den Leitungsgremien des Zentralverbandes deutscher Konsumvereine tätig, also in der Genossenschaftsbewegung. Der Kantianer und Freimaurer war gut mit August Bebel und Eduard Bernstein bekannt. Eduard David (1863–1930), der 1903 erstmals für die SPD das Mainzer Reichstagsmandat erhielt, veröffentlichte im gleichen Jahr die Schrift *Sozialismus und Landwirtschaft*. Auch er gehörte zum kantianisch orientierten Reformflügel um Bernstein.

„Die im Vergleich zu Preußen und Sachsen liberalere politische Kultur des Großherzogtums Hessen prägte David nachhaltig, genauso wie die weniger auf Konfrontation zielende politische Kultur Süddeutschlands Georg von Vollmar in Bayern formte oder Ludwig Frank in Baden."[30]

Auch wenn die Rheinhessen gegenüber den Restaurationsbestrebungen des Großherzogtums opponierten, so gab es in Hessen – anders als in Preußen – bereits seit 1820 eine Verfassung. *„Die Paulskirche wäre vermutlich besser beraten gewesen, wenn sie ihre Verfassungsgebungskompetenz und auch die deutsche Einigung zunächst auf das Dritte Deutschland, also die Mittel- und Kleinstaaten Süd- West- und Mitteldeutschlands beschränkt hätte, die infolge der napoleonischen Besatzung und ihrer Lage in Europa stärker verwestlicht und die anders als die beiden Großmächte (Preußen und Österreich, der Verf.)*

bereits vor 1848 konstitutionelle Monarchien geworden waren."[31] Großherzog Ernst Ludwig (1868–1937) war in besonderem Maße westorientiert. Seine Mutter Alice war die Tochter der englischen Königin Victoria. Seine künstlerischen Neigungen fanden ihren sichtbarsten Niederschlag in der Förderung des Jugendstils auf der Darmstädter Mathildenhöhe. Eine der Wurzeln des Jugendstils findet sich in der englischen „Arts and Craft"-Bewegung. Aus England kommt auch die Idee der Gartenstadt, die am Rande des Darmstädter Martinsviertels umgesetzt wurde. Carl Zuckmayer schrieb in seiner Autobiografie: *„Unser Großherzog Ernst Ludwig von Hessen und bei Rhein konnte der Sympathie seiner Landsleute, bis in die Kreise der radikalen Intellektuellen und der revolutionären Arbeiterschaft, sicher sein. Er war ein urbaner, nobler, gebildeter Herr, der in Darmstadt, seiner Residenz, schon vor dem Krieg – zum Entsetzen des konservativen Bürgertums – die damals modernste Kunst protegiert hatte und sich in der Kriegszeit niemals zu militanten oder hurra-patriotischen Kundgebungen missbrauchen ließ."*[32]

Identitätsbildung über Feste und Brauchtum, aber vor allem über landes- und volkskundliche Forschung und Publikationen ist ein Thema des 19. Jhs. Mit dem Oktoberfest 1810 und dem staatlichen Auftrag zu einer Landes- und Volkskunde durch König Maximilian II. 1846 war Bayern Vorreiter dieser bis heute nachhaltigen Strategie. Erst 1904–1907 legte Carl Hessler die erste *Hessische Landes- und Volkskunde* vor, die sich allerdings nur auf die alte Landgrafschaft in Nordhessen bezog. In Südhessen übernahmen Vertreter der protestantischen Landeskirche diese Aufgabe. Ab 1922 war der in einem Westhofener Pfarrhaus geborene Jurist Wilhelm Müller Schriftleiter der Zeitschrift *Volk und Scholle* und publizierte zahlreiche Artikel zur rheinhessischen Geschichte und Volkskunde. Erst 1932 publizierte der in Jugenheim,

Westhofen und Bechtolsheim wirkende Pfarrer Wilhelm Hoffmann seine *Rheinhessische Volkskunde.* Die großherzogliche Regierung in Darmstadt hatte offenbar wenig Interesse an einer Identitätsbildung Rheinhessens. Das zeigt sich auch daran, dass sie von Anfang an versuchte, den Provinzialrat durch Kreisämter zu ersetzen. Erst 1874 wurde diese Regionalvertretung wiedereingeführt, allerdings gewählt aus den Kreistagen heraus. Von Seiten der Liberalen und Demokraten aus Rheinhessen wurde die Einführung der Kreisräte 1835 als Affront gegen die garantierten Rechte in der Besitzergreifungsurkunde verstanden.

In der Weimarer Republik kamen die politischen Überzeugungen von 1848 wieder deutlicher zur Geltung. So ist es wohl auch kein Zufall, dass Autoren aus Rheinhessen in Berlin auf eine starke Resonanz stießen. Das gilt besonders für Zuckmayer, dessen antipreußischer Ton die Bühnenerfolge des *Fröhlichen Weinberg* (1925) und des *Hauptmann von Köpenick* (1931) beförderte, in Berlin allerdings mehr als in Mainz. In seinem Freundeskreis gab es mit Carlo Mierendorff und Theodor Haubach prominente Sozialdemokraten, die überregional agierten. Anna Seghers lebte seit 1925 in Berlin und erhielt für ihren Erstling *Der Aufstand der Fischer von St. Barbara* 1928 den Kleist-Preis. Im gleichen Jahr trat sie der KPD bei. Ihr 1942 erschienener Roman *Das siebte Kreuz* ist einer der weltweit bekanntesten Text, der sich mit den Konzentrationslagern des NS-Staats auseinandersetzt. Er spielt in Rheinhessen. Ganz zu Beginn legt die Autorin ein Bekenntnis zu ihrer Geburtsheimat ab, das dem von Zuckmayers *Völkermühle* (Des Teufels General) ähnelt: *„Das ist das Land, von dem es heißt, daß die Geschosse des letzten Krieges jeweils die Geschosse des vorletzten aus der Erde wühlen. Diese Hügel sind keine Gebirge, Jedes Kind kann sonntags zu Kaffee und Streuselkuchen seine Verwandten im*

jenseitigen Dorf besuchen und zum Abendläuten zurück sein. Doch diese Hügelkette war der lange Rand der Welt – jenseits begann die Wildnis, das unbekannte Land (...) Hier lagerten die Legionen und mit ihnen alle götter der Welt, städtische und bäuerliche, Judengott und Christengott, Astarte und Isis, Mithras und Orpheus (...) In der weichen verdunsteten Sonne sind die Völker gargekocht worden. Norden und Süden, Osten und Westen haben ineinandergebrodelt, aber das Land wurde nichts von alledem und behielt doch von allem etwas."[33]

Die Mehrheit der Bevölkerung lehnte die französische Besatzung in Rheinhessen ab. Das gab antiliberalen Stimmen Gewicht, nicht nur im nationalen Lager. So bezog die katholische Schriftstellerin Elisabeth Langgässer noch in ihrem Erzählungsband *Rettung am Rhein* 1938 Stellung gegen die vom Westen inspirierte Aufklärung: *„Es kam die Zeit, wo mit Hörnern und Pfeifen, mit hüpfendem Trommelschlag, rasselnden Schellen und hurtigen, kleinen Maultierkarren die Mohrne in Mainz ihren Einzug hielten – und nicht nur die Mohren, sondern die Mauren, die beim Bart des Propheten schwören und statt des Käpi den roten Fez auf den Wollköpfen tragen (...) Es kamen die Gelben, die Schwarzen, die Braunen (...), machten den Leutnants das Schnalzen und Spucken und den Herrenschritt auf dem Bürgersteig nach und lernten fleißig, wie Christen den Christen Pistole und Peitsche zeigten. Die Rache, allons-enfant, zog über die Kaiserbrücke und ließ die phrygische Zipfelmütze der alten Hure Vernunft wie ein Fähnlein am Reiterspieß flattern."*[34]

Der Abzug der Franzosen wurde 1930 in ganz Rheinhessen gefeiert. Im Vorwort zum *Rheinhessischen Heimatbuch* von 1930, das als „Festgabe zur Befreiung der Rheinlande" erschien, schreiben die Herausgeber Franz Joseph Spang und Heinrich Wothe: *„Unsere Heimat ist uns*

wiedergegeben (...) Elfundeinhalb Jahre haben wir Unsagbares ertragen und erduldet. Aber all das hat nicht vermocht, unsere Treugesinnung ins Wanken zu bringen und das enge Band, das uns seit Jahrtausenden mit unsern rechtsrheinischen Brüdern verbindet, zu lockern.[35] Schulrat Heinrich Hassinger, Referent für Volksbildung und Jugendpflege im Hessischen Ministerium für Kultur und Bildungswesen, bleibt nicht beim *„deutsch-volklichen"* Treuebekenntnis stehen, sondern formuliert als Auftrag für die Zukunft das Gebot der Völkerverständigung: *„Wir Grenzvölker, als die zuerst und zumeist Bedrohten, begrüßen jeden Schritt auf dem Weg zu einer vernunftgemäßen, rechtlich begründeten und zielklaren Politik, die auf die Versöhnung und auf die Verständigung unter den Völkern hinarbeitet. So wollen wir uns der Freiheit freuen.*[36]

Politisch dominierten im Rheinhessen der 1920er-Jahre SPD und Zentrum. Der Liberalismus verlor zunehmend an Bedeutung. Das nationalprotestantische Lager rückte nach 1918 politisch nach rechts. Prälat Wilhelm Diehl gehörte von 1919 bis 1927 als Abgeordneter der DNVP, der deutschnationalen Volkspartei, dem hessischen Landtag an, wurde nach der „Gleichschaltung" allerdings wegen seiner Ablehnung der Deutschen Christen als Präsident der Landeskirche suspendiert. Der Volkstanzforscher von der Au wurde 1934 Mitglied der SA und 1937 der NSDAP, der Sagensammler und Redakteur Wilhelm Müller wurde 1931 Mitglied der NSDAP und 1933 Kreispressewart der NSDAP in Darmstadt.

Das verbreitete Klima von Konfrontation und Gewalt in den 1920er-Jahren beschreibt der in Worms aufgewachsene Autor Georg K. Glaser in seinem Buch *Geheimnis und Gewalt*. Die Gewalt erfasst auch ihn und stößt ihn auch wieder ab. Er verlässt die stalinistische KPD. Ein Schlüsselerlebnis ist die Liquidierung eines

Verräters, mit dessen Angst und Leiden er mitfühlt. In *Jenseits der Grenzen* resümiert er: *„Die Lehre an der Macht muß die alleinig wahre, das lückenlose Ganze bleiben, auf Biegen oder Brechen: ein leiser Zweifel, und die Augen flackern, wenn Kinder in sie schauen. Und sie muß unverändert die Zeiten überdauern: Wer vertilgte heute stolz und fröhlich Ungeziefer, wenn es morgen als Mord und Schande gelten könnte.*[37]

Es ist genau dieses Mitfühlen, unangepasst und nicht an Ordnungen, sondern Begegnungen orientiert, das den Nationalsozialisten immer wieder zu schaffen machte. Daher predigten sie, die Gewalt gegen Juden sei keine Sache persönlichen Hasses, sondern eine Notwendigkeit völkischer Selbstbehauptung. Es gehe nicht um den Einzelnen, sondern um den Kampf zweier Rassen. Man müsse also im Auftrag einer höheren Moral handeln, einer rassistischen Moral allerdings. In Rheinhessen entwickeln sich viele nationalsozialistische Karrieren aus antifranzösischen Impulsen und Aktivitäten, so bei dem Osthofener Karl D'Angelo, Leiter des dortigen KZ (1933/34), bei dem Mainzer Werner Best, Stellvertreter von Heydrich in der Führung des SD (1934–1940) und deutscher Statthalter im besetzten Dänemark, und dem Wormser Hans Hinkel, dem einflussreichsten Kulturpolitiker der NSDAP. Auch in Rheinhessen passte sich die große Mehrheit der Bevölkerung nach 1933 der NS-Diktatur an und suchte ihren Vorteil. Wieder mussten politische Gegner emigrieren, so auch Anna Seghers und Carl Zuckmayer. Seghers stammte zudem aus einer jüdischen Familie, Zuckmayers Mutter aus einer assimilierten jüdischen Familie. Elisabeth Langgässer erhielt trotz ihrer Anpassungsversuche 1936 Publikationsverbot, da ihr katholischer Vater aus einer jüdischen Familie stammte. Der in Framersheim geborene Dichter Karl Schloß flüchtete mit seiner nicht-jüdischen Frau Rosel in die Niederlande. Von dort wurden beide An-

fang 1944 nach Auschwitz, bzw. Ravensbrück deportiert. Sie sind kurz danach in den Konzentrationslagern gestorben. Schloß schrieb 1943 ein ahnungsvolles Gedicht:

„Ich habe manchen Vers gedichtet
und ließ ihn still im Pulte liegen.
Wenn mir nichts einfiel, habe ich geschwiegen,
auf Ruhm und vieles Andere verzichtet.
Ich war seit manchem Jahr ergeben
dem Schweigen als dem wahren Leben.
Still ging die Zeit dahin und eben –
seht, wie man mich zu Grunde richtet.
Seht, wie man mich ezrschlägt in tausend
*   Scherben.*
Ach warum kann ich nicht wie andre auch
friedlich ausatmend meinen letzten Hauch
in einem saubren Bette sterben?"[38]

Inwieweit bei der Mehrheit der Bevölkerung Anteile regionaler Identität in den seit 1871 immer mehr zunehmenden Zeiten nationaler Anpassung Bestand hatten, ist nicht abschließend geklärt. Zu vermuten ist eine Verlagerung aus der politischen Kultur in die Kultur des Alltags, z. B. in den Formen der Fastnacht. Spiegelungen in der Literatur gibt es allerdings durchgängig, auch in der Presse. So schreibt der *Mainzer Anzeiger* 1891: *„Die Mainzer sind ein demokratisch gesinnter, frohlebiger Menschenschlag, der sich nicht von oben herab kommandieren lässt und die Beamten der Regierung nicht als Herren, sondern als Gleichgestellte ansieht."*[39] Aufgrund der von oben ver- oder zumindest behinderten Bildung regionaler Institutionen setzte sich eine starke kommunale Orientierung der Bevölkerung durch. Es ist nur eine Minderheit, die bewusst an den prägenden Idealen des frühen 19. Jhs. festhält. Das wird insbesondere in der Zeit der NS-Diktatur deutlich. Da stammen widerständig handelnde Menschen aus den Milieus der Arbeiterbewegung (SPD und KPD) und des Zentrums. Der in Worms gebo-

rene Publizist Carl Muth hatte 1903 in München die Zeitschrift *Hochland* gegründet, eine kirchenkritische katholische Kulturzeitschrift, die ab 1933 zensiert und 1941 vom NS-Staat verboten wurde. Da stand er in enger Beziehung zu Hans Scholl. Die Bekennende Kirche hat sich dagegen ab 1934 nur langsam aus der nationalprotestantischen Anpassung lösen können. Im Rückblick muss man sagen, dass es langfristig gesehen besser gewesen wäre, man hätte an der regional verankerten republikanischen Linie mehrheitlich festhalten wollen und können.

Und trotz der Schwächung regionaler Identität zwischen 1849 und 1945 zeigt sich schon mit der Gründung des neuen Bundeslandes Rheinland-Pfalz die Fortsetzung alter Tiefenstrukturen. So lehnen die Rheinhessen die neue Landesverfassung mit 52,4 % Mehrheit ab. Hintergrund ist der von katholischer Seite eingeführte Schulartikel, der die Konfessionsschule wieder einführen soll. Gegen diesen Artikel stimmen die Rheinhessen sogar mit 67 % und knüpfen damit an die Tradition kommunaler bzw. freier Schulen aus der ersten Hälfte des 19. Jhs. an. In vielen Gebietskörperschaften entstehen bei den Wahlen sozialdemokratische Mehrheiten.

Am 9. Juli 1966 erschien eine Sonderbeilage der *Allgemeinen Zeitung* zu „150 Jahre(n) Rheinhessen".[40] Als identitätsbildende Wahrzeichen sind auf der Titelseite Zeichnungen zu finden: der Mainzer Dom, die Burg Klopp zu Bingen, die Burgkirche in Ingelheim, die Katharinenkirche in Oppenheim, der Neunröhrenbrunnen von Wörrstadt, das Schloss Alzey und die Dreifaltigkeitskirche mit Siegfriedbrunnen in Worms. Unter der Überschrift „Gewachsene Einheit erhalten" argumentiert Hellmut Wernher gegen Bestrebungen im Vorfeld der Verwaltungsreform, den Regierungsbezirk aufzulösen. Er

verweist auf Proteste aus der Bevölkerung, den Kreis Bingen auszugliedern, und schlägt eine Stärkung des Regierungsbezirks Rheinhessen durch eine Angliederung des *„wirtschaftlich und landsmannschaftlich nach Rheinhessen"* tendierenden Naheraums vor. Dieses Konzept findet sich in der bestehenden Planungsgemeinschaft Rheinhessen-Nahe wieder, während der Regierungsbezirk 1968 mit der Pfalz zusammengelegt wurde. Wernher sieht die *„gewachsene Einheit"* von 1966 in der politischen Neuordnung der napoleonischen Zeit begründet und stellt fest: *„Die Rheinhessen sind leicht zu begeistern, sie steigen auf die Barrikaden, wenn es darum geht, überkommenes Recht und die Freiheit der Persönlichkeit zu verteidigen."* Unter der Überschrift „Oppositionslust und Weltoffenheit, Obrigkeits-Skepsis und Temperament" bringt Anton Maria Keim politische Geschichte und Identität der Region zusammen: *„Die Parlamentarier, die aus Rheinhessen kamen oder die von Rheinhessen gewählt wurden, demonstrieren durchaus etwas vom Charakteristik dieser konturenlosen, versöhnlich milden Landschaft. Oppositionslust mischt sich mit Aufgeschlossenheit gegenüber dem Neuen, Begeisterungsfähigkeit mit Spontaneität, Temperament mit ein wenig Hang zu falschen Propheten. Und so gibt es in Rheinhessen, wo man mit Beharrlichkeit die Schule der Toleranz, die Simultanschule, gegen Bischöfe des 19. und 20. Jahrhunderts verteidigte, auch hier und da regionale Anfälligkeiten für den Rechtsradikalismus. Aber auch das gehört zur Widersprüchlichkeit oder auch Individualität dieses Menschenschlags. Dem weltoffene Liberalität bis zur Aufgabe von Prinzipien, Diskussionsfreude bis zum Krakehlen und Obrigkeitsskepsis bis zum Revoluzzertum eigen sind."* Das ist ein begründeter geschichtspolitischer Rückgriff auf die prägende Tradition des frühen 19. Jhs., auch in ihren Fortführungen bis in die Gegenwart. Es ist das liberal-protestantische Lager, das ab Ende des 19. Jhs. nach rechts driftet. Das hat

auch Keim beobachtet. Im Jahr nach dem Erscheinen der Sonderbeilage sollte die NPD in Rheinland-Pfalz bei den Landtagswahlen 1967 – ähnlich wie in fünf anderen Bundesländern – mit 6,9 % und vier Abgeordneten in den Landtag einziehen. Im Land waren Rheinhessen und die Pfalz die Hochburgen. Vorsitzender der Gruppe wurde der Osthofener Winzer Fritz May, ehemals Mitglied der NSDAP und der Waffen-SS.[41] Keim beobachtet auch die Rückseite der toleranten Grundeinstellung, die im jahrhundertelangen Zusammenleben verschiedener Konfessionen und Kulturen begründet ist, als schnelle Anpassung und Konturlosigkeit.

„Ach wie lieb ich diese Stadt,
die im Schmerz das Lachen hat
niemals nicht verloren,
die in ihre Arme nahm
Römer und Franzosenkram,
Narren hat geboren"[42]

Der Niederrheiner Hanns-Dieter Hüsch (1925–2005), der als Kabarettist vier Jahrzehnte in Mainz lebte, hat diese poetisch-politische Liebeserklärung verfasst. Durch Verordnung der französischen Besatzung wurde das Land Rheinland-Pfalz mit Mainz als Landeshauptstadt 1946 gegründet und erhielt eine Universität. Der Südwestfunk sendete zunächst nur ein Radioprogramm. Universität und Medien schufen in Verbindung mit der Tradition der politisch-literarischen Fastnacht ein Milieu, in dem Kabarett und Kleinkunst gedeihen konnten. 1966 wurde mit dem bis heute bestehenden „unterhaus" eine der bedeutendsten Kleinkunstbühnen Deutschlands gegründet. Das 1989 in eine Stiftung umgewandelte Deutsche Kabarettarchiv ist aus einer 1961 begonnenen Privatsammlung entstanden. Die 68er-Bewegung war von Anfang an nicht nur politisch, sondern auch lebensreformerisch. In

der Kunst schuf sie sich auch Open Air unterschiedlich akzentuierte Orte. In Rheinhessen gab es ab 1972 das Eurofolkfestival in Ingelheim und ab 1975 das „Open-Ohr" in Mainz, ersteres stärker lebensreformerisch, zweiteres stärker politisch betont. Beide gibt es bis heute. Kabarett und Fastnacht halten sich gegenseitig Türen offen. Grenzgänger wie Herbert Bonewitz, Lars Reichow oder Tobias Mann belegen das. Wie im gesamten süddeutschen und südwest-deutschen Raum spielt die Mundart in Alltag, Laienkultur und Kleinkunst eine bedeutende Rolle. Ähnlich der Saalfastnacht Ende des 19. Jhs. ist auch die Kleinkunst mittlerweile in die ganze Region diffundiert. Es gibt zahlreiche zu Bühnen umgebaute Scheunen auf den Dörfern. Die Direktvermarktung des Weins hat dem Tourismus mit Straußwirtschaften und Übernachtungsangeboten auf Bauernhöfen neue Wege gebahnt. Mit den Nibelungenfestspielen hat die Stadt Worms 2002 ein neues Kapitel in der deutschen Festspielgeschichte aufgeschlagen.

Seit dem Jahr 2000 hat Rheinhessen keine politische Struktur als Region mehr, aber wie in den vergangenen 200 Jahren organisiert sich die Region von unten. Die Gründungsjahre der Interessenverbände erzählen von den Schwerpunkten der Identitätsbildung: 1961 Rheinhessenwein, 1987 Rheinhessen-Touristik, 2000 Rheinhessen Marketing, 2005 Rheinhessen Kultur. Der ländliche Raum war Motor der Regionalentwicklung, auch durch die Ausbildung von Interessensgemeinschaften im Dienstleistungszentrum Ländlicher Raum DLR in Oppenheim. Aber ohne die Beteiligung der Städte wird kein Ganzes daraus, zumal hier kulturelle Potenziale von überregionaler Bedeutung beheimatet sind wie die Fastnacht, aber auch die großen Erzählungen von den Nibelungen oder von Hildegard von Bingen. Zu Recht hat schon der Nieder-Olmer Schriftsteller Wilhelm

Holzamer bemerkt, der rheinhessische Bauer sei wegen des geistigen und realen Verkehrs der Rheinregion ein Städter auf dem Land. Und auf dem Land wachsen andererseits nicht nur die regionalen Produkte wie der Wein, die die Städte groß machten, sondern dort finden sich auch Erholungswege und Oasen des Privaten, die für Gäste wie für berufliche Zuwanderer von Bedeutung sind. Im Jahr 2005 hat ein Dachmarkenprozess begonnen, dessen Vernetzungsergebnisse im Jubiläumsjahr gesteigert und nachhaltig gemacht werden können. Schließlich liefert die Geschichte die Geschichten, die für das Selbstverständnis wie für die Außendarstellung der Region benötigt werden. Rheinhessen beginnt, sich zu erzählen. Und auch wenn eine vollständige Kulturgeschichte der Region ebenso noch aussteht wie eine wissenschaftliche Aufnahme mündlicher Überlieferung, finden sich in Wissenschaft, Reisebeschreibung und Literatur doch bereits zahlreiche für Identitätsbildung und Marketing nützliche Beobachtungen und Zitate.

Den ersten Gesamtüberblick über Rheinhessen gab 1835 Wilhelm Heße in seinem Buch *Rheinhessen in seiner Entwicklung von 1798 bis Ende 1834*, das statistisch orientiert war. Erst 1905 erschien mit Karl Johann Brilmayers *Rheinhessen in Vergangenheit und Gegenwart* wieder eine Gesamtübersicht, die Ortsgeschichten alphabetisch gliederte. Der Jubiläumsband von 1916 setzte im Hauptbeitrag von Heinrich Bechtolsheimer den Schwerpunkt auf die französische Zeit und die ersten beiden hessischen Jahrzehnte. Das 1930 erschienene Heimatbuch von Franz Joseph Spang und Heinrich Wothe gab einen Überblick von der Geologie und Vor- und Frühgeschichte bis zum Erscheinungsjahr und enthielt abschließend Kapitel zur französischen Besatzung in den 1920er-Jahren. 1932 erschien Wilhelm Hofmanns *Rheinhessische Volkskunde*, 1976 schrieb Hans-Jörg Kochs mit *Weinpara-*

dies Rheinhessen ein Buch, das neben der Weinkultur auch Informationen über Land und Leute enthielt. *Die Geschichte der Provinz und des Regierungsbezirks Rheinhessen 1816–1985* von Klaus Dietrich Hoffmann bezog sich 1985 hauptsächlich auf die politische Geschichte und die Verwaltungsgeschichte der Region. Ein Jahr später, 1986, erschien in der Reihe *Denkmaltopografien* der erste Band zu Mainz, die Reihe steht mit dem noch fehlenden dritten Band zum Landkreis Alzey-Worms mittlerweile vor ihrem Abschluss. 1992 erschien mein Kunstreiseführer Rheinhessen, der einen historischen und kunstgeschichtlichen Überblick über die Region gibt. Matthias Dietz-Lenssen hat 2014 den Band *Rheinhessen – Spielball der Geschichte* vorgelegt. Es gab also bisher wenig zusammenhängende Veröffentlichungen zur regionalen Geschichte. Demgegenüber stehen eine Vielzahl an lokal oder thematisch bezogenen Büchern und Artikeln sowie bisher ungenutzte Quellen. Mit der neuen Monografie von Gunter Mahlerwein liegt jetzt erstmals ein Band vor, der auf Grund intensiver Quellenstudien einen Überblick über die Geschichte der Region, einschließlich der Vorgeschichte, vom 17. Jh. bis heute gibt, die Sozial- und Wirtschaftsgeschichte miteinbezieht und auch den ländlichen Raum untersucht.

Mit Blick auf das Jubiläumsjahr 2016 soll er einen Beitrag dazu leisten, die historische Entwicklung dieser Landschaft zu verstehen und Entwicklungslinien zu finden. Ganz deutlich wird die starke Prägung durch die napoleonische Zeit, die bis 1849 auch politisch dominant war. Danach blieb sie im Rechtsbereich ebenso wirksam wie in Kultur und Mentalität, hatte sich aber mit der Dominanz nationaler Trends auseinanderzusetzen. Die wiederholte Verweigerung einer regionalen politischen Struktur führte zu einer starken lokalen Orientierung der Rheinhessen. Vorhandene Gemeinsamkeiten in Sprache, Kultur und Mentalität rückten in den Hintergrund. Zur Zeit der Weimarer Republik fand im republikanischen Lager ein bewusster Rückgriff auf die prägende Zeit des Vormärz statt. Das wiederholte sich nach 1945. Die aus der territorialen Vielfältigkeit entstandene Multikonfessionalität und die wiederholte Neubesiedlung der Region sowie ihre für den Handel geeignete Lage am Rhein führten zur Notwendigkeit, sich mit Verschiedenem immer neu zu arrangieren. Das machte regionale Identität schwerer greifbar. Sie war eben nicht nur katholisch oder evangelisch geprägt. Sie kannte Beheimatungen vieler Minderheiten und die Integration deren Kulturen, von Hugenotten und Mennoniten, von Schweizern, Niederländern und Österreichern. Von daher kommt wohl auch ein Hang zur Modernität. Die schwach ausgebildete politische Regionalstruktur förderte eine Orientierung am Besitz, der allerdings durch die Realerbteilung immer stärker geteilt und dadurch verkleinert wurde, wenn auch stets im gleichen Maß für jeden der Erben. So entstanden stark kleinbürgerlich und kleinbäuerlich geprägte Milieus. Die Region ist wirtschaftlich eher mittelständisch geprägt. Den Menschen in Rheinhessen wird häufig ein begeisterungsfähiges Temperament zugeschrieben, dazu ein Denken in Ebenbürtigkeit und eine große Lust an Witz und Spott. Es gibt Wahrzeichen, historische Ereignisse von überregionalem Rang, bekannte Personen der Geschichte und große Erzählungen: Die Dome in Mainz und Worms, Hildegard von Bingen, das Nibelungenlied, die Erfindung des Buchdrucks mit beweglichen Lettern durch Gutenberg, Luthers Widerrufsverweigerung. Dies alles muss mit der Region verbunden werden. Dazu kommt die unübersehbare Zahl begrenzt wahrgenommener Orte und Geschichten, die in einer seit der Römerzeit durchgearbeiteten Landschaft immer neue Zuhörer und Freunde finden können. In Rheinhessen kommt Ge-

schichte kaum an ihr Ende. Und sie spielt in einer fruchtbaren, sonnigen und offenen Landschaft, die vom Wein geprägt ist. Es ist jetzt notwendig, die Aufbruchsstimmung des Jubiläumsjahres zu nutzen und die vorhandenen Bausteine zu einem Ganzen zusammenzufügen, in Form dauerhafter regionaler Infrastrukturen und in Form gemeinsamer Erzählungen.

Anmerkungen

1 Heinrich Bechtolsheimer, Julius Reinhard Dietrich, Kurt Strecker, Beiträge zur rheinhessischen Geschichte, Festschrift der Provinz Rheinhessen zur Hundertjahrfeier 1816–1916, hrsg. von der Historischen Kommission des Großherzogtums Hessen, Mainz 1916, S. VI.

2 Eckart G. Franz (Hrsg.), Friede durch geistige Erneuerung, Fritz von Unruh und Großherzog Ernst Ludwig von Hessen, Darmstadt 1987, S. 21.

3 Klaus Dietrich Hoffmann, Die Geschichte der Provinz und des Regierungsbezirks Rheinhessen, Alzey 1985, S. 54f.

4 Heinrich Bechtolsheimer u. a., Beiträge, S. X.

5 Heinrich Bechtolsheimer u. a., Beiträge, S. XI.

6 Heinrich Bechtolsheimer u. a., Beiträge, S. 4.

7 Heinrich Bechtolsheimer u. a., Beiträge, S. 5.

8 Heinrich Bechtolsheimer u. a., Beiträge, S. 9.

10 Anonym, Das Lied der freyen Wöllsteiner. Nach der Melodie des Marsches der Marseillaise zu singen, Mainz 1793 (Autor: Friedrich Lehne).

11 Heinrich Bechtolsheimer u. a., Beiträge, S. 10f.

12 Nach Klaus Dietrich Hoffmann, op. cit., S. 21.

13 Siehe Jörg Schweigard, Die Liebe der Freiheit ruft uns an den Rhein, Aufklärung, Reform und Revolution in Mainz, Gernsbach 2005.

14 Siehe Volker Gallé, Werner Nell (Hrsg.), Zwischenwelten, Das Rheinland um 1800, Worms 2012.

15 Heinrich Bechtolsheimer u. a., Beiträge, S. 39, Anmerkung 1: Hans Anders, Die Einführung des konstitutionellen Systems im Großherzogtum Hessen, 1908, S. 59–63 und 75.

16 Heinrich Bechtolsheimer u. a., Beiträge, S. 38.

17 Johannes Neeb, Grundzüge zur Charakteristik des Bauern in Rheinhessen, in: Hinterlassene Schriften, Mainz 1846, S. 272 ff.

18 Johannes Neeb, ebenda, S. 272f.

19 Johannes Neeb, ebenda, S. 273.

20 Johannes Neeb, ebenda, S. 276.

21 Johannes Neeb, ebenda, S. 276.

22 Johannes Neeb, ebenda, S. 277.

23 Johannes Neeb, ebenda, S. 277.

24 Ludwig Kalisch, Streifzug durch die Narrhalla, Berlin 1974, S. 29.

25 Ludwig Kalisch, ebenda, S. 77f.

26 Ludwig Bamberger, Erinnerungen, Berlin 1899, S. 29.

27 Rudolf Rocker, Aus den Memoiren eines deutschen Anarchisten, Frankfurt 1974, S. 22.

28 Wilhelm Holzamer, Der Entgleiste, 1907, 2. Auflage, Privatdruck o. J.

29 Wilhelm Holzamer, ebenda, 3. Buch, S. 177f.

30 Wikipedia 15.8.2015 Eduard David, siehe Wilhelm Ribhegge, Frieden für Europa, Essen 1988, S. 92.

31 Christian Jansen, Gründerzeit und Nationsbildung 1849–1871, Paderborn 2011, S. 22.

32 Carl Zuckmayer, Als wär's ein Stück von mir, Frankfurt 1989, S. 221.

33 Anna Seghers, Das siebte Kreuz, Darmstadt 1988, S. 15f.

34 Elisabeth Langgässer, Rettung am Rhein, Düsseldorf 1984, S. 154.

35 Heinrich Wothe (Hrsg.), Rheinhessen – Ein Heimatbuch, III. Band, Eine Festgabe zur Befreiung der Rheinlande 1930, Mainz 1930, S. I.

36 Heinrich Wothe, ebenda, S. VIII.

37 Georg K. Glaser, Jenseits der Grenzen, Düsseldorf 1985, S. 12.

38 Karl Schloß, Die Blumen werden in Rauch aufgehn, Ausgewählte Gedichte und Briefe, ein Gedenkbuch, Wulf Kirsten/Annelore Schösser (Hrsg.), Frankfurt 2003, S. 59.

39 K. d. Hoffmann, S. 59.

40 Sonderbeilage der Allgemeinen Zeitung vom 9.7.1966.

41 Eintrag „May, Fritz" in Munzinger Online/Personen - Internationales Biographisches Archiv, URL: http://www.munzinger.de/document/00000012405 (abgerufen am 5.11.2015) © Munzinger-Archiv GmbH, Ravensburg.

42 Hanns Dieter Hüsch, in: Hajo Schedlich, Protokolle der Phantasie, München 1989, S. 200.

Anhang

Quellenverzeichnis

Adreßbuch der Stadt Worms 1867.

Adreßbuch der Stadt Worms für das Jahr 1900.

Allgemeine Zeitung (Augsburg).

Allgemeine Zeitung (Mainz).

Allgemeine Zeitung des Judentums.

Allgemeiner Bericht der Militaircommission über die Herstellungsarbeiten in den Bundesfestungen Mainz und Luxemburg während des Jahres 1827, o. O. 1828.

http://www.altstadtvereinalzey.de/geschichte.php (5.8.2015).

Amtlicher Bericht über die zwanzigste Versammlung der Gesellschaft deutscher Naturforscher und Ärzte zu Mainz im September 1842, Mainz 1843, S. 314–318.

Artikel „Lichtenberg", in: Conversations-Lexikon der Gegenwart. Dritter Band, Leipzig 1839, S. 307f.

Aspisheimer Chronik. Das letzte Jahrhundert „Aspisheimer Chronik" im Spiegel unserer Alten, nacherzählt von H. Koch, online unter: http://www.aspisheim.de/dorfschelle/images/Dorfschelle13.pdf (26.11.2014).

Aub, Josef: Toleranz und Humanität, ein Wort der Abwehr und Verständigung, Mainz 1859.

Ausländische Juden im Großherzogtum Hessen, in: Zeitschrift für Demographie und Statistik der Juden 3 (1907), S. 63.

Balon, Erich/Faber, Karl-Georg (Bearb.): Landkreis Bingen. Regierungsbezirk Rheinhessen, Speyer 1958 (Die Landkreise in Rheinland-Pfalz 3).

Bamberger, Ludwig: Die Französelei am Rhein, wie sie kam, und wie sie ging, in: Walesrode, Ludwig (Hrsg.): Demokratische Studien 1861, Hamburg 1861, S. 217–284.

Bamberger, Ludwig: Erinnerungen, Berlin 1899.

Beaurain, Jean de: Histoire de quatre dernières campagnes du maréchal de Turenne, Paris 1782.

Beck, Otto: Mainz, sein Handel und Wandel. Eine Volksstudie der Gegenwart, 2. Theil, Mainz 1881.

Beckhardt, Lorenz S.: Der Jude mit dem Hakenkreuz. Meine deutsche Familie, Berlin 2014.

Becker, Johann Nikolaus: Ueber Mainz. In Briefen an Freund R., Frankfurt/M. 1792.

Becker, Gottfried Wilhelm: Der Krieg der Franzosen gegen Rußland, Preußen und Oesterreich 1813 und 1814. Zweites Bändchen, Leipzig 1814.

Beiträge zur Statistik des Großherzogthums Hessen, Band 1, Darmstadt 1862.

Beiträge zur Statistik des Großherzogthums Hessen, Band 3, Darmstadt 1864.

Beiträge zur Statistik des Großherzogthums Hessen, Band 11, Darmstadt 1870.

Beiträge zur Statistik des Großherzogthums Hessen, Band 14, Darmstadt 1875

Beiträge zur Statistik des Großherzogthums Hessen, Band 15, Darmstadt 1877.

Beiträge zur Statistik des Großherzogtums Hessen, Band 63, Darmstadt 1913.

Bemerkungen eines Reisenden durch Deutschland, Frankreich, England und Holland in Briefen an seine Freunde, Altenburg 1775.

Bentz, Hans: Die Gliederung und Entwicklung der Berufsbevölkerung in Rheinhessen, Diss. Gießen 1930.

Johann Jakob Björnståhls Briefe auf seinen ausländischen Reisen an den königlichen Bibliothekar C. C. Gjörwell in Stockholm. Fünfter Band, Leipzig/Rostock 1782.

Bleibtreu, Leopold: Denkwürdigkeiten aus den Kriegsbegebenheiten bey Neuwied von 1792–1797, Bonn 1834.

Bodmann, Ferdinand: Annuaire statistique du Département Mont-Tonnerre pour l'An 1809, Mainz 1808.

Boislisle, A. de (Hrsg.): Lettres de M. de Marville, Lieutenant Général de Police, au Ministre Maurepas, Tome II, Paris 1903.

Boost, Johann Adam: Ueber den Zustand der Rheinlande vor und unter der französischen Regierung in Land- und Staatswirthschaftlicher Hinsicht, Darmstadt 1816.

Boost, Johann Adam: Was waren die Rheinländer als Menschen und Bürger, und was ist aus ihnen geworden?, Mainz 1819.

Bopp, Philipp: Der Landtag im Großherzogthum Hessen in den Jahren 1832 und 1833: in fortlaufend übersichtlicher Darstellung, Darmstadt 1833.

Bopp, Philipp: Der Landtag im Großherzogthum Hessen in den Jahren 1832 und 1833, Band 2, Darmstadt 1833.

Boyse, Samuel: An Historical Review of the Transactions of Europe from the Commencement of the War with Spain in 1739 to the Insurrection in Scotland, Volume II, Reading 1747.

Breidenbach, Moritz Wilhelm August: Commentar über das Großherzoglich Hessische Strafgesetzbuch, Erster Band, Darmstadt 1842.

Brief über Mainz. Aus dem Tagebuche eines Reisenden, in: Berlinisches Magazin der Zeit und ihres Geschmacks, Berlin 1799, S, 161–181.

Brilmayer, Karl Johann: Rheinhessen in Vergangenheit und Gegenwart, Gießen 1905.

Brommer, Peter (Bearb.): Quellen zur Geschichte von Rheinland-Pfalz während der französischen Besatzung, März 1945 bis August 1949, Mainz 1985 (Veröffentlichungen der Kommission des Landtages für die Geschichte des Landes Rheinland-Pfalz, Bd. 6).

Bronner, Johann Philipp: Der Weinbau in Süd-Deutschland. Zweites Heft: Der Weinbau in der Provinz Rheinhessen, von Worms bis Bingen, im Nahethal und Moselthal, Heidelberg 1834.

Brühl, Heinrich: Mainz, geschichtlich, topographisch und malerisch dargestellt, Mainz 1829.

Brühne, Heinz: Die Stadt Ingelheim am Rhein in den Jahren 1949–1956, in: 50 Jahre Stadt Ingelheim am Rhein, Ingelheim 1991, S. 133–150.

Buchner, Karl: Menschen und Begegnungen in Rheinhessen und an der Nahe, in: Lewald, August (Hrsg.): Europa. Chronik der gebildeten Welt 1 (1840), S. 49–63.

Büsch, Johann Georg: Gewerbe-Tabelle (der Zollvereins-Staaten) 1847, Berlin 1847.

Büsching, Anton Friedrich: Erdbeschreibung Sechster Theil, der den westphälischen und chur-rheinischen Kreis enthält, Hamburg ⁷1797.

Bumann, Hans: Kriegstagebuch der Stadt Alzey, Alzey o.J.

Callot, Eduard Ferdinand von: Der Orient und Europa. Erinnerungen und Reisebilder von Land und Meer, Zehnter Teil, Leipzig 1855.

Campagne de Monsieur le Marechal Duc de Noailles, en Allemagne, an MDCCXLIII, Amsterdam 1760.

Cannabich, Johann Günther Friedrich: Lehrbuch der Geographie nach den neuesten Friedensbestimmungen, Weimar ¹⁶1846.

Chronik des Pfarrers Philipp Scherer, auszugsweise in: Abel, Wilhelm: Massenarmut und Hungerkrisen im vorindustriellen Deutschland, Göttingen ³1986, S. 55.

Considerations sur le Département Mont-Tonnerre, o. O. 1816, S. 13–20.

Conversations-Lexicon der Gegenwart, Vierzehntes Heft, Leipzig 1839.

Corpus actorum et gravaminum religionis des Heiligen Röm. Reichs, Frankfurt/Leipzig 1724.

Crome, August Friedrich Wilhelm: Handbuch der Statistik des Großherzogthums Hessen. Erster Theil, Darmstadt 1822.

Cutter, William Richard: Historic Homes and Places and Genealogical and Personal Memoirs Relating to the Families of Middlesex Country Massachusetts, Volume 3, New York 1908, S. 1045–1049.

Cutter, William Richard: Genealogical and Personal Memoirs Relating to the Families of Boston and Eastern Massachusetts, Volume 4, New York 1908.

Dael, Friedrich: Ueber die Arbeitslöhne der handarbeitenden Volksklassen in Rheinhessen, in: Zeitschrift des Vereins für deutsche Statistik 2 (1847), S. 840–853.

Dael, Friedrich: Die Bevölkerungs-Verhältnisse der Stadt Mainz von den ältesten bis zu den neuesten Zeiten, Leipzig 1853.

Dahl, J. Konrad: Statistik und Topographie der mit dem Großherzogthum Hessen vereinigten Lande des linken Rheinufers, Darmstadt 1816.

Das moderne ungläubige Judenthum, in: Der Katholik. Zeitschrift für katholische Wissenschaft und kirchliches Leben 53 (1873), S. 192–200.

Demian, Johann Andreas: Beschreibung oder Statistik und Topographie des Großherzogthums Hessen. Erste Abtheilung: Statistik, Mainz 1824.

Demian, Johann Andreas: Beschreibung oder Statistik und Topographie des Großherzogthums Hessen. Erste Abtheilung: Topographie, Mainz 1825.

Demir, Abu Şehmuz/Röth, Berthold/Schäfer, Ulrike: Die Wormser Türken. Worms 'lu Türkler, Worms 2011.

Der Adler. Allgemeine Welt- und National-Chronik, Unterhaltungsblatt, Literatur- und Kunstzeitung für die Österreichischen Staaten vom 26. Februar 1839.

Der aufrichtige und wohlerfahrene Schweizerbote, 15. Dezember 1832.

Der Evangelischen Gemeinde des Fleckens Bechtolsheim über den Freyhern von Nordeck die führende Religions-Beschwerde betreffend, o. O. u. J. (ca. 1715).

Der Israelit. Ein Centralorgan für das orthodoxe Judentum.

Der israelitische Volksschullehrer, März 1853.

Der Nachläufer zum aufrichtigen und wohlerfahrenen Schweizerboten, 13. August 1831.

Der neue Landtag in Darmstadt, oder kurze Biographien und Charakteristiken sämmtlicher Mitglieder der ersten und zweiten Kammer der Groß. Hess. Ständeversammlung von 1835, Hanau 1835.

Der „Spiegel" vom 23. Dezember 1968.

Der treue Zionswächter. Organ zur Wahrung der Interessen des orthodoxen Judenthums.

Des jetzig französischen Königs allergrausamste Tyranney und unerhörte Mord-Brennerey welche er nach den Welt-bekannt-gebrochenen Armitistii mit dem Heil. Röm. Reich in Teutschland und absonderlich in der Untern Pfaltz auch dero angränzenden und andern Länder und Städten überbarbarisch ausgeübet, o. O. 1689.

Deschamps, Nicholas: Memoires des deux dernières campagnes de M. de Turenne en Allemagne, Paris 1678.

Deutsche Tribüne.

Deutschland-Berichte der Sozialdemokratischen Partei Deutschlands (Sopade) 1934–1940, Nachdruck Frankfurt/Main ⁷1989.

Didaskalia oder Blätter für Geist, Gemüth und Publizität.

Die Neue Europäische Fama, welche den gegenwärtigen Zustand der vornehmsten Höfe entdecket. Der 110. Theil, Leipzig 1744.

Die Pokal- und Adressen-Sendung einer großen Zahl Einwohner des Kurfürstenthums und Großherzogthums Hessen an ihren Landsmann, den Abgeordneten, Hofrat u. Prof. Dr. Welcker in Karlsruhe beschrieben durch einen der Ueberbringer von Pokal und Adressen, Hanau 1832.

Die Verhältnisse der Landarbeiter in Deutschland. Zweiter Band, Leipzig 1892 (Schriftenreihe des Vereins für Socialpolitik 54).

Dieffenbach, Wilhelm: Am Rhein und am Taunus, in: Didaskalia. Blätter für Geist, Gemüth und Publicität, Nr. 207, 30. August 1850.

Diehl, Wolfgang (Hrsg.): Ingelheimer Chronik 1899–1950. Auszüge aus Ingelheimer Zeitungen, Offenbach/M. 1974.

Doegen, Wilhelm: Kriegsgefangene Völker, Band 1: Der Kriegsgefangenen Haltung und Schicksal in Deutschland, Berlin 1921.

Dumont, Daniel: Die Belagerung der Stadt Mainz durch die Franzosen im Jahr 1792 und die Wiedereroberung durch die deutschen Truppen im Jahr 1793, Mainz 1793.

Emele, Joseph: Ueber Amulete und was darauf Bezug hat, In leichten Umrissen, Mainz 1827.

Erklärende Beschreibung der ersten allgemeinen, deutschen Industrie-Ausstellung, Mainz 1842.

Entgegnung auf die von dem Eisenbahn-Comité zu Mainz herausgegebenen „Beiträge zur richtigen Darstellung der Verhältnisse, welche bei den verschiedenen Projecten: Darmstadt, Frankfurt, Mainz und Wiesbaden durch Eisenbahnen zu verbinden, in Erwägung kommen, Darmstadt 1837.

Ewald, L.: Beiträge zur Statistik des Großherzogthums Hessen, in: Zeitschrift des Vereins für deutsche Statistik 2 (1848), S. 988–998.

Exner, Lisbeth/Kapfer, Herbert: Verborgene Chronik 1914, Berlin 2014.

Fäsch, Georg Rudolph: Geschichte des Oesterreichischen Erbfolge-Kriegs, von 1740 bis 1748. Ein Versuch, Zweyter Theil, Dresden 1787.

Falck, Richard: Familienbuch Rau. Geschichte einer kurmainzischen Fischersippe aus Höchst, Eltville und Mainz, o. O. und J. 1956.

Familienstammbaum Rocker, online unter : www.rockerfamilie.de (29.7.2015).

Fränkischer Merkur.

Frankfurter Ober-Postamts-Zeitung.

Franz, Eckhart G./Fleck, Peter (Hrsg.): Der Landtag des Großherzogtums Hessen 1820–1848. Reden aus den parlamentarischen Reform-Debatten des Vormärz, Darmstadt 1998.

Freie Deutsche Schulzeitung, Fünfter Jahrgang 1871.

Friederichs, Heinz F.: Das „Schwarze Buch" der Bundes-Zentralbehörde über revolutionäre Umtriebe 1838–42, in: Hessische Familienkunde 1 (1948), S. 29–54.

Gedenkbuch an die festlichen Tage der Inauguration des Gutenberg-Denkmals in Mainz am 13., 14., 15. und 16. August 1837, Mainz 1837.

Gedenkbuch der vierten Jubelfeier der Erfindung der Buchdruckerkunst in Mainz 1840, Mainz 1841.

Gemeinnützige Wochenschrift. Organ für die Interessen der Technik, des Handels, der Landwirthschaft und der Armenpflege 6 (1856).

Gercken, Philipp Wilhelm: Reisen durch Schwaben, Baiern, angränzende Schweiz, Franken und die rheinischen Provinzen in den Jahren 1779–1782, 1. Theil, Stendal 1783.

Gercken, Philipp Wilhelm: Reisen durch Schwaben, Baiern, angränzende Schweiz, Franken, und die rheinische Provinzen und an der Mosel in den Jahren 1779–1785. Dritter Theil von verschiedenen Ländern am Rhein, an der Mosel und an der Lahn, Stendal 1786.

Gesellschaftsvertrag über die zu Mainz durch Actien errichtete Versicherungs-Anstalt für die Waaren-Transporte auf dem Rhein und Main vom 2. Dezember 1817, in: H. Herman (Hrsg.), Sammlung der seit dem Reichs-Deputations-Hauptschluß vom 25. Februar 1803 in Bezug auf Rheinhandel und Schifffahrt erschienenen Gesetze, Verordnungen und allgemeinen Instructionen, Mainz 1820, S. 319–352.

Gewerbetabelle der Fabrikations-Anstalten und Fabrik-Unternehmungen aller Art im Großherzogthum Hessen für das Jahr 1847 o. O. u. J.

Glaser, Georg K. : Geheimnis und Gewalt. Ein Bericht, Frankfurt/Main 1989.

Goethe, Johann Wolfgang von: Belagerung von Mainz, in: Goethe, Johann Wolfgang von: Werke, Hamburger Ausgabe in 14 Bänden, Band 10, München [9]1989, S. 363–400.

Goethe, Johann Wolfgang von: Sankt-Rochus-Fest zu Bingen, in: Goethe, Johann Wolfgang von: Werke, Hamburger Ausgabe in 14 Bänden, Band 10, München [9]1989, S. 401–428.

Goethe, Johann Wolfgang von: Faust in ursprünglicher Gestalt (Urfaust), in: Goethe, Johann Wolfgang von: Werke, Hamburger Ausgabe in 14 Bänden, Band 3, München [15]1993.

Gouvion Saint-Cyr, Laurent de: Memoires sur les campagnes des armées du Rhin et de Rhin-de-Moselle, de 1792 jusqu'à la paix de Campo Formio, Tome 2, Paris 1829.

Griffet, Henri: Receuil de Lettres, Pour servir d'eclaircissemennt à l'Histoire militaire du Regne de Louis XIV, Tome cinquieme, La Haye 1763.

Griffet, Henri: Receuil de Lettres, Pour servir d'eclaircissemennt à l'Histoire militaire du Regne de Louis XIV, Tome sixieme, La Haye 1763.

Grimmelshausen, Hans Jakob Christoffel von, Der seltzame Springinsfeld, Hamburg 2011.

Großherzoglich Hessisches Regierungsblatt auf das Jahr 1820, Darmstadt 1820.

Großherzoglich Hessisches Regierungsblatt Nr. 38 vom 18. November 1856.

Großherzoglich hessisches Regierungsblatt auf das Jahr 1856, Darmstadt o. J.

Gutmann, Jakob aus Eich, online unter: http://www.google.de/url?sa=t&rct=j&q=&esrc=s&source=web&cd=1&ved=0CCIQFjAA&url=http%3A%2F%2Fwww.politische-bildung-rlp.de%2Ffileadmin%2Ffiles%2FGedenkarbeit%2FAusstellung_Leg_Raub_2014%2FPM_Aufruf_Jakob_Gutmann.doc&ei=1gldVZeuOcvsUtaIgZgJ&usg=AFQjCNEP_VgA97Z8Of3fKBJzpo4X1SYtBQ&bvm=bv.93756505,d.d24 (15.5.2015).

Haffner, Paul: Mainz im Jahre 1863: Ein Bild öffentlichen Lebens. In Briefen skizziert von E. P., Aachen 1863.

Halem, Gerhard Anton von: Blicke auf einen Theil Deutschlands, der Schweiz und Frankreichs bey einer Reise vom Jahre 1790, Erster Theil, Hamburg 1791.

Haller, Carl Ludwig von: Geheime Geschichte der Rastadter Friedensverhandlungen in Verbindung mit den Staatshändeln in dieser Zeit, Band 2, o. O. (Germanien) 1799.

Handwerkskammer Rheinhessen: Daten, Zahlen, Fakten 2014, online unter: http://www.hwk.de/fileadmin/HWK/mediapool/pdf/zahlen_daten_fakten/Rheinhessen/2014.pdf (23.8.2015).

Hansen, Joseph (Hrsg.): Quellen zur Geschichte des Rheinlandes im Zeitalter der Französischen Revolution, Vierter Band 1797–1801, Bonn 1938.

Heil, Adolf: Resultate der Einschätzungen zur Einkommensteuer in Hessen, Sachsen und Hamburg in Bezug auf die Entwickelung des Mittelstandes, Jena 1888.

Hellriegel Ludwig (Hrsg.): Widerstehen und Verfolgung in den Pfarreien des Bistums Mainz 1933-1945, Band I:

Rheinhessen Teil 2: Dekanate Bingen, Gau-Bickelheim, Oppenheim, Worms, Mainz 1990.

Helmken, Franz Theodor: Der Dom zu Coeln, seine Geschichte und Bauweise, Bildwerke und Kunstschätze, Köln 1887.

Henk, Emil: Die Tragödie des 20. Juli 1944, Heidelberg [2]1946.

Hesperus. Encyclopädische Zeitschrift für gebildete Leser vom 5. März 1831.

Heße, Wilhelm: Rheinhessen in seiner Entwickelung von 1798 bis 1834. Ein statistisch-staatswirtschaftlicher Versuch, Mainz 1835.

Hessen in Wort und Zahl. Kurzgefaßte Landeskunde auf Grund der amtlichen Statistik, Darmstadt 1936.

Hessisches Volksblatt vom 22. Januar 1832.

Hofmann, Heinrich Karl: Beiträge zur Erörterung vaterländischer Angelegenheiten. Erster Band, Darmstadt 1831.

Hoof, Johannes op den: Etwas über die Rheinschifffahrt, Mainz 1826.

Hugo, Victor: Der Rhein, Briefe an einen Freund. Uebersetzt von F. W. Dralle Teil III, Stuttgart 1842 (Victor Hugo's gesammelte Werke übersetzt von Mehreren. Dreiundzwanzigster Band).

Jahresbericht der Großherzoglich Hessischen Handelskammer zu Worms für 1857, in: Preussisches Handelsarchiv. Wochenschrift für Handel, Gewerbe und Verkehrsanstalten, Jahrgang 1858, Zweite Hälfte, S. 629–635.

Jahresbericht der Großherzoglich Hessischen Handelskammer zu Worms: für die Jahre 1864/66, Worms 1867.

Jahresbericht der Großherzoglich Hessischen Handelskammer zu Worms: für die Jahre 67/68, Worms 1868.

Jahresbericht der Handelskammer zu Mainz für 1857, in: Preussisches Handelsarchiv. Wochenschrift für Handel, Gewerbe und Verkehrsanstalten, Jahrgang 1858, Zweite Hälfte, S. 462–468.

Jahres-Bericht der Großherzoglichen Handelskammer zu Mainz für das Jahr 1872, Mainz 1873.

Jarry de la Roche, Carl du: Der deutsche Oberrhein während der Kriege seit dem westphälischen Frieden bis 1801, Stuttgart/Tübingen 1842.

Jérome, Joseph: Statistisches Jahrbuch der Provinz Rheinhessen für das Jahr 1824, Mainz o. J.

Jérome, Joseph: Statistisches Jahrbuch der Provinz Rheinhessen für das Jahr 1825, Mainz o. J.

Jeschurun. Wochenschrift zur Förderung jüdischen Geistes und jüdischen Lebens.

Jirgl, Reinhard: Der frühreife Mond schob, rachitisch, über den Bahndamm, in: Die ZEIT vom 24. Oktober 2002, online unter: http://www.zeit.de/2002/44/Der_fruehreife_Mond_Der_fruehreife_Mond_schob_rachitisch (11.7.2015).

Jomini, Antoine-Henri: Relation critique des Campagnes des Francais contre les Coalises depuis 1792, Cinquième Partie, Paris 1806.

Jomini, Antoine-Henri: Histoire critique et militaire des Guerres de la Révolution, Tome Premier, Bruxelles 1840.

Jung, Johann Heinrich: Versuch eines Lehrbuchs der Landwirthschaft der gantzen bekannten Welt, Leipzig 1783.

Kampe, Ferdinand: Geschichte der religiösen Bewegung der neuern Zeit, Band 1, Leipzig 1852.

Kampe, Ferdinand: Geschichte der religiösen Bewegung der neuern Zeit, Band 2, Leipzig 1853.

Keuscher, Die Feuerbrände der Stadt Bingen in den Jahren 1404, 1490, 1540, 1689 und 1850. Ein Beitrag zur Geschichte dieser Stadt, Darmstadt 1853.

Kilian, Rolf/Neumer, Franz/Poller, Oskar: Untertanenverzeichnisse des kurpfälzischen Oberamtes Alzey 1494 – 1576 – 1698, Ludwigshafen 1995.

Klebe, Albert: Reise auf dem Rhein durch die teutschen und französischen Rheinländer nach Achen und Spaa, Frankfurt/Main [2]1806.

Klein, Thomas (Hrsg.): Die Hessen als Reichstagswähler. Tabellenwerk zur politischen Landesgeschichte 1867–1933, Dritter Band: Großherzogtum/Volksstaat Hessen 1867–1933, Marburg 1995.

Kleist, Heinrich von: Der zerbrochne Krug, Stuttgart 1977.

Knoepfel, Stand und Bewegung der jüdischen Bevölkerung im Großherzogtum Hessen während des 19. Jahrhunderts, in: Zeitschrift für Demographie und Statistik der Juden 2 (1906), S. 81–85.

Koch, Karl Heinrich: Das Weinland Rheinhessen, Mainz 1903.

König, Heinrich: Aus dem Leben. Zweiter Theil, Stuttgart 1840.

König, Heinrich: Johannisfeier in Mainz, in: Der Freihafen, Dritter Jahrgang, Drittes Heft, Altona 1840, S. 132–167.

Kössler, Franz: Register zu den Matrikeln und Inscriptionsbüchern der Universität Gießen WS 1807/08–WS 1850, Gießen 1976, online unter: http://geb.uni-giessen.de/geb/volltexte/2006/3612/ (25.6.2014).

Kombst, Gustav: Der deutsche Bundestag gegen Ende des Jahres 1832. Eine politische Skizze, Straßburg 1836.

Krach, Tillmann (Hrsg.): Paul Simon (1884–1977). Meine Erinnerungen. Das Leben des jüdischen Deutschen Paul Simon, Rechtsanwalt in Mainz, Mainz 2003.

Kratter, Franz: Bemerkungen, Reflexionen, Phantasien, Skizzen von Gemaelden und Schilderungen auf meiner Reise durch einige Provinzen Oberdeutschlands, Brünn 1791.

Kreitewolf, Stefan: Helene Fischer wird 30. Von Sibirien auf den Schlagerthron, in: Handelsblatt vom 5.8.2014, online unter: http://www.handelsblatt.com/panorama/aus-aller-welt/helene-fischer-wird-30-von-sibirien-auf-den-schlagerthron/10230128.html (15.8.2015).

Kreuz – Rad – Löwe. Rheinland-Pfalz. Ein Land und seine Geschichte, Band 3: Historische Statistik, hrsg. vom Statistischen Landesamt Rheinland-Pfalz, Mainz 2012.

Krocker, P.: Die Landwirthschaft in der Provinz Rheinhessen, Worms 1882.

Kühn, Heinz: Von den fünfziger in die sechziger Jahre, in: 50 Jahre Stadt Ingelheim am Rhein, Ingelheim 1991, S. 153–180.

Laukhard, Friedrich Christian: Leben und Schicksale, von ihm selbst beschrieben. Dritter Theil, welcher dessen Begebenheiten, Erfahrungen und Bemerkungen während des Feldzugs gegen Frankreich von Anfang bis zur Blockade von Landau enthält, Leipzig 1796.

http://lebenswege.rlp.de/sonderausstellungen/zeitzeugen/hueseyin-kaya/ (15.8.2015).

http://lebenswege.rlp.de/dauerausstellung/arbeitsmigrations-geschichte-in-rheinland-pfalz/anwerbe-pioniere/schott-ag/ (15.8.2015).

Lehne, Friedrich: Historisch-statistisches Jahrbuch des Departements vom Donnersberge für das Jahr 9 der fränkischen Republik, Mainz 1800.

Lehne, Friedrich: Kleinere Schriften verschiedenen Inhalts, Mainz 1839.

Lewald, August: Das Gutenbergfest zu Mainz, in: Europa. Chronik der gebildeten Welt 1837, Band 3, S. 502–516.

Löbe, William (Hrsg.): Jahrbuch der Landwirthschaft und der landwirthschaftlichen Statistik für das Jahr 1849, Leipzig 1850.

McCarthy, Daniel J.: The prisoner of war in Germany, New York 1917.

Mainzer Abendblatt.

Mainzer Allgemeine Zeitung.

Malerische Rheinreise, aus dem Italienischen des Abbate de Bertola, Mannheim 1796.

Massuet, Pierre: Histoire de la guerre presente contenant tout ce qui c'est passé de plus important en Italie, sur le Rhin, en Pologne dans le plupart des Cours de l'Europe, Tome 2, Amsterdam 1736.

Maus, Isaak: Etwas über Ackerbau und Landwirthschaft; die Beförderung des ländlichen Wohlstandes betreffend, Frankfurt/Main 1788.

Maus, Isaak: Rede bei dem Volksfeste, im Kanton Wöllstein – gesprochen von dem Bürger Isaak Maus, Bauersmann in Badenheim, den 23ten Thermidor 6ten Jahres, in: Auernheimer, Richard/Siegert, Reinhard: Isaak Maus und sein Badenheim. Festschrift zu seinem 250. Geburtstag und zugleich ein Beitrag zur Ortsgeschichte von Badenheim, Alzey 1998, S. 87–89.

Medicus, Friedrich Casimir: Von den wahren Methoden der Fruchtbarkeit, in: Bemerkungen der kurpfälzischen physikalisch-ökonomischen Gesellschaft vom Jahre 1772, S. 112–284.

Meusel, Johann Georg: (Hrsg.), Historische Litteratur für das Jahr 1784, Erlangen 1784.

Meyr, Melchior: Ad. Num. V. Continuatio von dem noch immer anhaltenden hartbedruckten Zustande der Evangelisch-Lutherischen Gemeinde des von dem Herzogthum Zweybrücken Lehenrührigen Fleckens Badenheim, o. O. u. J. (ca. 1720).

Ministerium für Wirtschaft, Verkehr, Landwirtschaft und Weinbau Rheinland-Pfalz (Hrsg.): Weinwirtschaftsbericht 2010.

Ministerium für Umwelt und Forsten RLP (Hrsg.): Gewässerwanderwege an der Selz, online unter: http://www.wasser.rlp.de/servlet/is/7843/Selz.pdf?command=downloadContent&filename=Selz.pdf (15.8.2015).

Herrn Maximilian Missons Reisen aus Holland durch Deutschland in Italien, Leipzig 1701.

Misson, Francois Maximilien: Reise nach Italien. Mit vilen neuen anmerckungen und figuren vermehret, Band 1, Leipzig 1713.

Morgenblatt für gebildete Stände vom 6. März 1841 und 25. Februar 1842.

Muth, Johannes: Erinnerungen an 1870/71 (handschriftlich, für die Überlassung dieser Quelle danke ich Herrn Jakob Scheller, Gimbsheim).

Müller, Nikolaus: Liederbuch für die Veteranen der grossen Napoleonsarmee von 1803 bis 1814, Mainz 1837.

Nahmer, Wilhelm von der: Handbuch des rheinischen Particularrechts. Dritter Band enthaltend die Entwicklung der früheren rheinischen Territorial- und Verfassungs-Verhältnisse, Frankfurt/Main 1832.

Narrhalla. Carnevalszeitung für die Saison 1841, 1844, 1845, 1846.

Neeb, Johannes: Die Abschaffung des Bracheliegens einzelner Fluren. Von ihrer Schattenseite betrachtet, in: Zeitschrift für die landwirtschaftlichen Vereine des Großherzogthums Hessen 10 (1840), S. 518–521.

Neeb, Johannes: Wie waren die Zustände der rheinhessischen Landwirthschaft vor der französischen Staatsumwälzung, und wodurch haben sie sich nach derselben anders gestaltet?, in: Neeb, Johannes: Hinterlassene Schriften, Mainz 1846, S. 260–271.

Neeb, Johannes: Ueber die Steuerung des Holzmangels in Rheinhessen, in: Intelligenzblatt für den Kreis Alzey 1838, Nr. 18; Wiederabdruck in: Neeb, Johannes: Hinterlassene Schriften, Mainz 1846, S. 423–429.

Nemnich, Philipp Andreas: Tagebuch einer der Kultur und Industrie gewidmeten Reise. Erster Band, Tübingen 1809.

Neue Mainzer Narrenzeitung 1844, 1845, 1846.

Neue Sammlung geographisch-historisch-statistischer Schriften. Erster Band, Weißenburg [2]1784.

Oehlschlägel, Hans Ulrich: Die Stadt Ingelheim am Rhein in den Jahren 1966-1975, in: 50 Jahre Stadt Ingelheim am Rhein, Ingelheim 1991, S. 183–230.

Ost und West. Blätter für Kunst, Literatur und geselliges Leben vom 2. Februar, 20. und 23. März 1839.

Osthofener Zeitung.

Passavia. Zeitung für Niederbayern vom 28. Januar 1846.

Plainfield, Ruth Oppenheimer: „Komm mei Kind un setz Dich bei mich, ich will dir e Stückske erzähle", in: Heimatjahrbuch Kreis Alzey-Worms 2005, S. 110–113.

Rau, Karl Ferdinand von/Cronenthal, Emil Heinrich Hänel von: Der Krieg der Verbündeten gegen Frankreich in den Jahren 1813, 1814 und 1815, Berlin 1826.

Regensburger Zeitung vom 17. Januar 1839.

Rehden, Freiherr von: Vergleichende Statistik der Bevölkerungs-Verhältnisse Deutschlands und der übrigen Staaten Europa's, in: Zeitschrift des Vereins für deutsche Statistik 2 (1847), S. 1038–1071.

ReichsFriedensCongreß in Rastadt, in: Neueste Weltkunde Band 1, Nr. 2 vom 2. Januar 1798.

Reis, Eduard: Mainzer Silhouetten und Genrebilder. Ein Panorama des heutigen Mainz, Mainz 1841.

Reise einer Französischen Emigrantin durch die Rhein-Gegenden: in Briefen an einen Deutschen Domherren als Nebenstück von Forsters Ansichten. Herausgegeben von Erduin Julius Koch, Berlin 1793.

Rheinische Blätter.

Rhein- und Nahe-Zeitung.

Rhein-Zeitung.

Rheinhessen. Seine Landwirtschaft in Wort und Zahl, Mainz 1962.

Richter, Christoph Gottlieb: Geschichte und Thaten der Allerdurchlauchtigsten und Großmächtigsten Fürstin und Frau Maria Theresia jetzt regirenden Königin von Boeheim, Band 2, o. O. 1744.

Riesbeck, Johann Kaspar: Briefe eines reisenden Franzosen über Deutschland an seinen Bruder. Zweiter Band, Zürich ²1784.

Rückert, Georg: Die Stadt Ingelheim am Rhein in den Jahren 1945–1949, in: 50 Jahre Stadt Ingelheim am Rhein, Ingelheim 1991, S. 65–130.

Ruppin, Arthur: Zur Statistik der Juden im Großherzogtum Hessen, in: Zeitschrift für Demographie und Statistik der Juden 3 (1907), S. 153–156, 167–172.

Rutenberg: Der deutsche Weinbau, namentlich im Jahre 1846 und der Weinhandel Deutschlands, in: Zeitschrift des Vereins für deutsche Statistik 1 (1847), S. 1107–1024.

Saint-Simon, Duc de: Memoires, nach den Originalmanuskripten online unter: http://rouvroy.medusis.com/docs/0105.html?qid=sdx_q0; deutsche Übersetzung: http://gutenberg.spiegel.de/buch/7584/2 (25.6.2015).

Sammlung der Vorschriften, Anweisungen und sonstigen Aufsätze über die Behandlung feindlicher Gebiete, die Polizei, die Justiz, den Kultus und das Postwesen bei der Königlich Preußischen Armee, Berlin ²1816.

Sander, Heinrich: Beschreibung seiner Reisen durch Frankreich, die Niederlande, Holland, Deutschland und Italien: In Beziehung auf Menschenkenntnis, Industrie, Litteratur und Naturkunde insonderheit, Erster Theil Leipzig 1783.

Schaab, Karl Anton: Die Geschichte der Bundesfestung Mainz: historisch und militärisch, nach den Quellen bearbeiter, Mainz 1835.

Schaab, Karl Anton: Diplomatische Geschichte der Juden zu Mainz und dessen Umgebung, mit Berücksichtigung ihres Rechtszustandes in den verschiedenen Epochen, Mainz 1855.

Schaber, Karl Wilhelm Friedrich: Mein Tagebuch der Belagerung von Mainz, geschrieben in Mainz, Frankfurt/Main 1793.

Schacht, Theodor: Der Liberalismus auf dem merkwürdigen Landtage zu Darmstadt 1833, Gießen 1834.

Schieder, Wolfgang (Hrsg.): Säkularisation und Mediatisierung in der vier rheinischen Departements 1803–1813, Teil IV Donnersberg-Departement, Boppard 1991.

Schirges, Georg Gottlieb: Die zweite Welt-Ausstellung, mit besonderer Berücksichtigung der Deutschen Industrie: Briefe aus Paris, Frankfurt/Main 1855.

Schmitt, Sigrid (Hrsg.): Ländliche Rechtsquellen aus den kurmainzischen Ämtern Olm und Algesheim, Stuttgart 1996.

Schneider, Heinrich Konrad: Die Landwirtschaft der Provinz Rheinhessen, Mannheim 1867.

Schücking, Levin: Heinrich von Gagern. Ein Lichtbild, Köln 1849.

Schwarz, Renata: Von Mainz nach La Paz. Kindheit eines jüdischen Mädchens in Deutschland und Flucht nach Bolivien, hrsg. von Hedwig Brüchert, Mainz 2007.

Schwerz, Johann Nepomuk: Beobachtungen über den Ackerbau der Pfälzer, Wien 1816.

Seghers, Anna: Der Kopflohn. Roman aus einem deutschen Dorf im Spätsommer 1932, Frankfurt/Main ¹¹1989.

Seitz, Eduard: Die Rheinhessischen Rechtsinstitutionen in ihrem Verhältnis zur allgemeinen Codifikation des Großherzogthums Hessen und die vermeintlichen landesherrlichen Garantien der Ersteren, Regensburg 1847.

Stadt Mainz: Statistische Informationen zur Stadtentwicklung 2013, https://www.mainz.de/verwaltung-und-politik/buergerservice-online/statistische-informationen.php (15.8.2015).

Stadt Mainz: Zentrenkonzept Einzelhandel, Februar 2005, online unter: https://www.mainz.de/medien/internet/downloads/Zentrenkonzept_Einzelhandel.PDF (23.8.2015).

Stadt Mainz: Materialien zum Zentrenkonzept Einzelhandel, Februar 2005, online unter: https://www.mainz.de/medien/internet/downloads/Zentrenkonzept_Materialband.PDF (23.8.2015).

http://www.statistik.rlp.de/regionaldaten/ (Zeitreihen), (20.7.2015).

Statistische Ämter des Bundes und der Länder (Hrsg.): Erwerbstätige in den alten Ländern der BRD 1970 bis 1991, online unter: https://www.statistik.rlp.de/wirtschaft/erwerbstaetigkeit/statistische-berichte (5.9.2015).

Statistische Ämter des Bundes und der Länder (Hrsg.): Erwerbstätige in den kreisfreien Städten und Landkreisen der Bundesrepublik Deutschland 2000–2013.

Statistisches Jahrbuch für das Großherzogtum Hessen, Darmstadt 1909.

Statistisches Landesamt Rheinland-Pfalz (Hrsg.), Statistisches Jahrbuch 2006.

Statistisches Landesamt Rheinland-Pfalz (Hrsg.): Statistisches Jahrbuch 2011.

Statistisches Landesamt Rheinland-Pfalz (Hrsg.): Statistisches Jahrbuch 2014.

Statistisches Landesamt Rheinland-Pfalz (Hrsg.): Volks- und Berufszählung vom 29. Oktober 1946 (Statistik von Rheinland-Pfalz 2).

Statistisches Landesamt Rheinland-Pfalz (Hrsg.): Die Wahl zum ersten Bundestag am 14. August 1949 (Statistik von Rheinland-Pfalz 4).

Statistisches Landesamt Rheinland-Pfalz (Hrsg.): Das Handwerk in Rheinland-Pfalz. Ergebnisse der Handwerkerzählung vom 30. September 1949 (Statistische Bände 7).

Statistisches Landesamt Rheinland-Pfalz (Hrsg.): Die allgemeinbildenden Schulen Schuljahr 1950/51 (Statistik von Rheinland-Pfalz 8).

Statistisches Landesamt Rheinland-Pfalz (Hrsg.): Die Wohnbevölkerung in Rheinland-Pfalz, Bad Ems 1951 (Statistik von Rheinland-Pfalz 12/IV).

Statistisches Landesamt Rheinland-Pfalz (Hrsg.): Volkszählung am 13. September 1950. Die Wohnungszählung in Rheinland-Pfalz, Heft IV Regierungsbezirk Rheinhessen (Statistik von Rheinland-Pfalz 14/IV).

Statistisches Landesamt Rheinland-Pfalz (Hrsg.): Landwirtschaftliche Betriebszählung am 22. Mai 1949 und Schleppererhebung 1950 in Rheinland-Pfalz (Statistik von Rheinland-Pfalz 16).

Statistisches Landesamt Rheinland-Pfalz (Hrsg.): Volkszählung am 13. September 1950. Die Wohnungszählung in Rheinland-Pfalz, Landesergebnisse (Statistik von Rheinland-Pfalz 19).

Statistisches Landesamt Rheinland-Pfalz (Hrsg.): Volkszählung am 13. September 1950. Die nichtlandwirtschaftliche Arbeitsstättenzählung in Rheinland-Pfalz. Landesergebnisse (Statistik von Rheinland-Pfalz 20/II).

Statistisches Landesamt Rheinland-Pfalz (Hrsg.): Die Kommunalwahlen am 9. November 1952 in Rheinland-Pfalz (Statistik von Rheinland-Pfalz 24).

Statistisches Landesamt Rheinland-Pfalz (Hrsg.): Die Pendelwanderung in Rheinland-Pfalz nach den Ergebnissen der Berufszählung 1950 (Statistik von Rheinland-Pfalz 28).

Statistisches Landesamt Rheinland-Pfalz (Hrsg.): Die Wahl zum zweiten Bundestag am 6. September 1953 (Statistik von Rheinland-Pfalz 29).

Statistisches Landesamt Rheinland-Pfalz (Hrsg.): Die Verkehrsstruktur von Rheinland-Pfalz (Statistik von Rheinland-Pfalz 44).

Statistisches Landesamt Rheinland-Pfalz (Hrsg.): Die Kommunalwahlen am 11. November 1956 in Rheinland-Pfalz (Statistik von Rheinland-Pfalz 46).

Statistisches Landesamt Rheinland-Pfalz (Hrsg.): Die Wahl zum dritten Bundestag am 15. September 1957 (Statistik von Rheinland-Pfalz 53).

Statistisches Landesamt Rheinland-Pfalz (Hrsg.): Der Weinbau in Rheinland-Pfalz 1950–1957 (Statistik von Rheinland-Pfalz 55).

Statistisches Landesamt Rheinland-Pfalz (Hrsg.): Wohnungen, Wohnparteien und Mieten in Rheinland-Pfalz am 25. September 1956 (Statistik von Rheinland-Pfalz 56).

Statistisches Landesamt Rheinland-Pfalz (Hrsg.): Bodennutzung und Ernte in Rheinland-Pfalz 1957 (Statistik von Rheinland-Pfalz 58).

Statistisches Landesamt Rheinland-Pfalz (Hrsg.): Die Hochbautätigkeit in Rheinland-Pfalz 1956–1957 (Statistik von Rheinland-Pfalz 67).

Statistisches Landesamt Rheinland-Pfalz (Hrsg.): Die Bautätigkeit in Rheinland-Pfalz im Jahre 1958 (Statistik von Rheinland-Pfalz 76).

Statistisches Landesamt Rheinland-Pfalz (Hrsg.): Die Bevölkerungsentwicklung in Rheinland-Pfalz 1951–1958, Bad Ems 1960 (Statistik von Rheinland-Pfalz 81).

Statistisches Landesamt Rheinland-Pfalz (Hrsg.): Die Bautätigkeit in Rheinland-Pfalz im Jahre 1959 (Statistik von Rheinland-Pfalz 85).

Statistisches Landesamt Rheinland-Pfalz (Hrsg.): Die Kommunalwahlen am 23. Oktober 1960 in Rheinland-Pfalz (Statistik von Rheinland-Pfalz 87).

Statistisches Landesamt Rheinland-Pfalz (Hrsg.): Die Industrie in Rheinland-Pfalz in den Jahren 1950–1960 (Statistik von Rheinland-Pfalz 89).

Statistisches Landesamt Rheinland-Pfalz (Hrsg.): Die Bevölkerungsentwicklung in Rheinland-Pfalz 1959 (Statistik von Rheinland-Pfalz 91).

Statistisches Landesamt Rheinland-Pfalz (Hrsg.): Die Wahl zum vierten Bundestag am 17. September 1961 (Statistik von Rheinland-Pfalz 94).

Statistisches Landesamt Rheinland-Pfalz (Hrsg.): Die allgemeinbildenden und berufsbildenden Schulen in Rheinland-Pfalz im Jahre 1961 (Statistik von Rheinland-Pfalz 99).

Statistisches Landesamt Rheinland-Pfalz (Hrsg.): Die Pendelwanderung und Arbeitszentren in Rheinland-Pfalz im Jahre 1961(Statistik von Rheinland-Pfalz 113).

Statistisches Landesamt Rheinland-Pfalz (Hrsg.): Die Bevölkerung von Rheinland-Pfalz im Jahre 1961, Bad Ems 1965 (Statistik von Rheinland-Pfalz 114).

Statistisches Landesamt Rheinland-Pfalz (Hrsg.): Die wirtschaftliche und soziale Struktur der Bevölkerung von Rheinland-Pfalz im Jahre 1961 (Statistik von Rheinland-Pfalz 115).

Statistisches Landesamt Rheinland-Pfalz (Hrsg.): Gebäude, Wohnungen und Wohnparteien in Rheinland-Pfalz am 6. Juni 1961 (Statistik von Rheinland-Pfalz 118).

Statistisches Landesamt Rheinland-Pfalz (Hrsg.): Die Betriebsverhältnisse in der Land- und Forstwirtschaft in Rheinland-Pfalz im Jahre 1960 (Statistik von Rheinland-Pfalz 119).

Statistisches Landesamt Rheinland-Pfalz (Hrsg.): Die nichtlandwirtschaftliche Arbeitsstättenzählung in Rheinland-Pfalz im Jahre 1961 (Statistik von Rheinland-Pfalz 123).

Statistisches Landesamt Rheinland-Pfalz (Hrsg.): Die Kommunalwahlen am 25. Oktober 1964 in Rheinland-Pfalz (Statistik von Rheinland-Pfalz 142).

Statistisches Landesamt Rheinland-Pfalz (Hrsg.): Bauwirtschaft und Bautätigkeit in Rheinland-Pfalz im Jahre 1963 (Statistik von Rheinland-Pfalz 144).

Statistisches Landesamt Rheinland-Pfalz (Hrsg.): Die Wahl zum fünften Bundestag am 19. September 1965 (Statistik von Rheinland-Pfalz 152).

Statistisches Landesamt Rheinland-Pfalz (Hrsg.): Das Handwerk in Rheinland-Pfalz. Ergebnisse der Handwerkerzählung am 31. Mai 1963 (Statistische Bände 164).

Statistisches Landesamt Rheinland-Pfalz (Hrsg.): Amtliches Gemeindeverzeichnis von Rheinland-Pfalz 1967 mit Daten zur Bevölkerungsentwicklung in den Jahren 1963 bis 1965 (Statistik von Rheinland-Pfalz 170).

Statistisches Landesamt Rheinland-Pfalz (Hrsg.): Die Bevölkerungsentwicklung in Rheinland-Pfalz in den Jahren 1966 und 1967 (Statistik von Rheinland-Pfalz 193).

Statistisches Landesamt Rheinland-Pfalz (Hrsg.): Das Handwerk in Rheinland-Pfalz. Ergebnisse der Handwerkerzählung vom 31. März 1968 (Statistische Bände 215).

Statistisches Landesamt Rheinland-Pfalz (Hrsg.): Die Bevölkerung in Rheinland-Pfalz 1970. Ergebnisse der Volkszählung 1970 (Statistik von Rheinland-Pfalz 228).

Statistisches Landesamt Rheinland-Pfalz (Hrsg.): Wirtschaftliche und soziale Struktur der Bevölkerung in Rheinland-Pfalz 1970 (Statistik von Rheinland-Pfalz 230).

Statistisches Landesamt Rheinland-Pfalz (Hrsg.): Ausbildungsstand der Bevölkerung in Rheinland-Pfalz 1970 (Statistik von Rheinland-Pfalz 231).

Statistisches Landesamt Rheinland-Pfalz (Hrsg.): Wirtschaftliche, soziale und berufliche Gliederung der Erwerbstätigen in Rheinland-Pfalz 1970 (Statistik von Rheinland-Pfalz 232).

Statistisches Landesamt Rheinland-Pfalz (Hrsg.): Pendelwanderung und Arbeitszentren in Rheinland-Pfalz 1970 (Statistik von Rheinland-Pfalz 233).

Statistisches Landesamt Rheinland-Pfalz (Hrsg.): Die Landwirtschaft in Rheinland-Pfalz 1970 (Statistik von Rheinland-Pfalz 240).

Statistisches Landesamt Rheinland-Pfalz (Hrsg.): Die Bevölkerungsentwicklung in Rheinland-Pfalz 1969 (Statistik von Rheinland-Pfalz 242).

Statistisches Landesamt Rheinland-Pfalz (Hrsg.): Die Industrie in Rheinland-Pfalz 1970 (Statistik von Rheinland-Pfalz 244).

Statistisches Landesamt Rheinland-Pfalz (Hrsg.): Wasserversorgung und Abwasserbeseitigung in Rheinland-Pfalz 1969 (Statistik von Rheinland-Pfalz 253).

Statistisches Landesamt Rheinland-Pfalz (Hrsg.): Bautätigkeit und Wohnungswesen in Rheinland-Pfalz 1973 (Statistik von Rheinland-Pfalz 274).

Statistisches Landesamt Rheinland-Pfalz (Hrsg.): Die Industrie in Rheinland-Pfalz 1975 (Statistik von Rheinland-Pfalz 280).

Statistisches Landesamt Rheinland-Pfalz (Hrsg.): Das Handwerk in Rheinland-Pfalz. Ergebnisse der Handwerkerzählung am 31. März 1977 (Statistische Bände 283).

Statistisches Landesamt Rheinland-Pfalz (Hrsg.): Die Arbeitsstätten des Einzelhandels in Rheinland-Pfalz 1979 (Statistik von Rheinland-Pfalz 295).

Statistisches Landesamt Rheinland-Pfalz (Hrsg.): Verarbeitendes Gewerbe in Rheinland-Pfalz 1950 bis 1980 (Statistik von Rheinland-Pfalz 298).

Statistisches Landesamt Rheinland-Pfalz (Hrsg.): Die Landwirtschaft 2000 mit Vergleichszahlen seit 1949 (Statistische Bände 379).

Statistisches Landesamt Rheinland-Pfalz (Hrsg.): Die Landwirtschaft 2013 mit Vergleichszahlen seit 1949 (Statistische Bände 402).

Statistisches Landesamt Rheinland-Pfalz (Hrsg.): Das Handwerk 2009 (Statistische Berichte 2012).

Statistisches Landesamt Rheinland-Pfalz (Hrsg.): Das Handwerk 2012 (Statistische Berichte 2015).

Statistisches Landesamt Rheinland-Pfalz (Hrsg.): Verarbeitendes Gewerbe sowie Bergbau und Gewinnung von Steinen und Erden 2003 (Statistische Berichte Mai 2004).

Statistisches Landesamt Rheinland-Pfalz (Hrsg.): Gäste und Übernachtungen im Fremdenverkehr 2003 (Statistische Berichte Januar 2005).

Statistisches Landesamt Rheinland-Pfalz (Hrsg.): Tourismus in Rheinland-Pfalz (Statistische Analysen 22, 2011).

Struve, Burkhard Gotthelf: Corpus actorum et graviminum religionis des Heiligen Röm. Reichs : in sich haltend alle nach Ryßwyckischen u. Bad. Friedens-Schluß vorgekommene ... Religions-Beschwerden ..., Frankfurt/Leipzig 1727.

Suckow, Georg Adolph: Betrachtungen über einige für Deutschland wichtige Fabriken und Gewerbe, in: Bemerkungen der kurpfälzischen physikalisch-ökonomischen Gesellschaft vom Jahre 1782, S. 60–104.

Suckow, Georg Adolph: Systematische Beschreibung der vorzüglichsten in den Rheinischen Gegenden bisher entdeckten Mineralien, besonders der Quecksilber-Erze, in: Vorlesungen der Churpfälzischen Physikalisch-Ökonomischen Gesellschaft III (1788), S. 561–644, S. 604–607.

Teutschmuth, Christian: Der frantzösische Attila Ludovicus XIV, Nürnberg 1690.

Theatri Europaei. Dreizehender Theil, Frankfurt/Main 1698.

Theatri Europaei. Vierzehender Theil, Frankfurt/Main 1702.

Trepp, Leo: Auszug aus „Lebenserinnerungen" , online unter: http://www.deutschlandfunk.de/antisemitismus-im-ersten-weltkrieg-die-geschichte-des.886.de.html?dram:article_id=294706 (24.3.2015).

Urkunde über die Vereinigung der beiden bisher getrennt gewesenen protestantischen Konfessionen in der Provinz Rheinhessen zu einer vereinten evangelisch-christlichen Kirche, online unter: http://rheinhessen-evangelisch.de/fileadmin/user_upload/Propstei/Dateien/Unionsurkunde_komplett_kl_web.pdf (25.8.2015).

Venturini, Leo: Chronik des neunzehnten Jahrhunderts. Zweiundzwanzigster Band, Jahr 1825, Altona 1828.

Verein für Sozialgeschichte Mainz (Hrsg.): „Hier sind meine Wurzeln, hier bin ich zu Haus." Das Leben der Gerti Meyer-Jorgensen, geborene Salomon, Mainz 2010.

Verfassung von Rheinland-Pfalz vom 18. Mai 1947, online unter: http://www.verfassungen.de/de/rlp/rlp47-index.htm (5.7.2015).

Verhandlungen in der zweiten Kammer der Landstände des Großherzogthums Hessen im Jahre 1821, Sechszehntes Heft, Darmstadt/Gießen 1821.

Verhandlungen in der ersten Kammer der Landstände des Großherzogthums Hessen im Jahre 1820/21, Darmstadt 1824.

Verhandlungen der zweiten Kammer der Landstände des Großherzogthums Hessen im Jahre 1833, Beilagen, Vierter Band, Darmstadt 1833.

Verhandlungen der zweiten Kammer der Landstände des Großherzogthums Hessen im Jahre 1835/36, Protokolle Fünfter Band, Darmstadt 1836.

Verhandlungen der zweiten Kammer der Landstände des Großherzogthums Hessen im Jahre 1841/42. Protokolle, Dritter Band, Darmstadt 1842.

Verhandlungen der zweiten Kammer der Landstände des Großherzogthums Hessen im Jahr 1847/49. Beilagen Zweiter Band, Darmstadt 1849.

Vey, Anno: Die Stadt Ingelheim am Rhein an der Wende zu den achtziger Jahren, in: 50 Jahre Stadt Ingelheim am Rhein, Ingelheim 1991, S. 233–273.

Vey, Anno: 1981–1989. Von der Planung zur Realisierung, in: 50 Jahre Ingelheim am Rhein, S. 275–322.

Vogeley, Karl: Landwirtschaftliche Betriebsverhältnisse Rheinhessens mit besonderer Berücksichtigung des Weinbaues, Berlin 1907.

Vollständige Verhandlungen vor dem königlich-bayerischen Appellationsgerichte des Rheinkreises gegen Dr. Wirth, Dr. Siebenpfeiffer etc., hrsg. von Ludwig Hoffmann, Zweibrücken 1833.

Vollständige Sammlung der Beschlüsse des Bürger-Regierungs-Kommissärs und der Central-Verwaltungen der vier neuen Departemente auf dem linken Rheinufer 1. Band 1. Heft.

Vorstellungen der Reichsgrafen von Sickingen wegen ihrer Entschädigungen, o. O. 1814.

Wagner, Georg Wilhelm Justin: Statistisch-topographisch-historische Beschreibung des Großherzogthums Hesse. Zweiter Band: Provinz Rheinhessen, Darmstadt 1830.

Wagner, Georg Wilhelm Justin: Statistisch-topographisch-historische Beschreibung des Großherzogthums Hesse. Vierter Band: Beschreibung des Ganzen, Darmstadt 1831.

Walb, Lore: Ich, die Alte – ich, die Junge. Konfrontation mit meinen Tagebüchern 1933–1945, Berlin 1998.

Wedekind, G. W. Freiherr von (Hrsg.): Vaterländische Berichte für das Großherzogthum Hessen und die übrigen Staaten des deutschen Handelsvereins. Erster Band, Darmstadt 1835.

Weinkulturlandschaft Rheinhessen. Wege zur Verbesserung der Erlebbarkeit, online unter: http://www.rheinhessen.de/fileadmin/www.rheinhessen.de/images/urlaub_freizeit_de/sonstige/RH_Weinkulturlandschaft_Kurzfassung_Endversion.pdf (12.4.2013).

Weißheimer, Johann: Tagebuch (unveröffentlicht, für die freundliche Überlassung seines Transkriptes danke ich sehr Herrn Thomas Goller, Osthofen, eine Veröffentlichung durch die Historische Kommission Hessen dieser einzigartigen Quelle ist für 2016 geplant).

Wentzcke, Paul/Klötzer, Wolfgang: Deutscher Liberalismus im Vormärz. Heinrich von Gagern. Briefe und Reden, Göttingen 1959.

Widder, Johann Goswin: Versuch einer vollständigen Geographisch-Historischen Beschreibung der kurfürstlichen Pfalz am Rheine. III. Theil, Frankfurt/Main 1787.

Wirth, Johann Georg August: Das Nationalfest der Deutschen zu Hambach. Erstes Heft, Neustadt a. H. 1832.

Wirtschaftlich-statistisches Jahrbuch für das Großherzogtum Hessen 8 (1913), Darmstadt 1914.

Wörner, Ernst: Gefecht und Zerstörung von Eich, Quartalsblätter des historischen Vereins des Großherzogtums Hessen 1889, S. 53f.

Wormser Zeitung.

Wothe, Heinrich (Hrsg.): Rheinhessen. Ein Heimatbuch III. Band. Eine Festgabe zur Befreiung der Rheinlande 1930, Mainz 1930.

Wundt, Friedrich Peter: Versuch einer statistischen Topographie des churpfälzischen Oberamtes Oppenheim, Mannheim 1791.

Zedler, Johann Heinrich: Großes vollständiges Universal-Lexicon aller Wissenschafften und Künste, Band 59, Halle/Leipzig 1749. Online unter: http://www.zedler-lexikon.de/blaettern/einzelseite.html?id=481034&bandnummer=55&seitenzahl=0468&supplement=0&dateiformat=1.

Zeiner, Manfred: Wirtschaftsfaktor Tourismus für den Kammerbezirk Rheinhessen, Worms und Mainz 2013, Präsentation online unter: http://www.rheinhessen.ihk24.de/blob/mzihk24/servicemarken/pressemitteilungen/downloads/1447226/e99c78918f8dcd19630cfcd819f09e1f/dwif1-data.pdf (26.8.2015).

Zeitschrift für die landwirtschaftlichen Vereine des Großherzogthums Hessen 4 (1834).

Zeitung für die elegante Welt.

Zuckmayer, Carl: Der rötliche Glanz der Erde, in: DIE ZEIT vom 18. März 1966, online unter: http://www.zeit.de/1966/12/der-roetliche-glanz-der-erde (13.7.2014).

Zuckmayer, Carl: Als wär's ein Stück von mir. Erinnerungen, Frankfurt/Main 1969.

Interviews mit Frau M. S-F., Alsheim; Herrn A. B., Friesenheim; Herrn H. W., Eich; Frau G. W., Eich; Frau G. E., Friesenheim; Frau E. H., Alsheim; Herrn N. T., Nackenheim; Frau R. E., Friesenheim; Frau G. W., geb. in Bodenheim; Herrn A. H., Bodenheim; Herrn H. K., Bodenheim; Frau L. K., Eich; Frau A. S., geb. in Eich; Frau C. N., Mommenheim; Frau C. H., Mommenheim, Herr V. B., Friesenheim, Herr E. H., Friesenheim.

Literaturverzeichnis

Abelshauser, Werner: Deutsche Wirtschaftsgeschichte seit 1945, München 2004.

Ahrens, Herbert: Eine Stadt nach dem Zusammenbruch und im Wiederaufbau, in: Friedrich Karl Becker (Hrsg.): 1750 Jahre Alzey, Alzey 1973, S. 316–328.

Antweiler, Bernd: Reichspogromnacht November 1938 in Wöllstein, Wöllstein 2013.

Applegate, Celia: Zwischen Heimat und Nation. Die pfälzische Identität im 19. und 20. Jahrhundert, Kaiserslautern 2007.

Arenz-Morch, Angelika:Wegen „wehrkraftzersetzender Äußerungen" hingerichtet. Das Schicksal der Wormserin Elisabeth Groß und der Nachfolgeprozess gegen ihren Denunzianten, in: Mainzer Geschichtsblätter 12 (2000): Mainz, Wiesbaden und Rheinhessen in der Zeit des Nationalsozialismus, S. 146–160.

Arenz-Morch, Angelika/Ruppert-Kelly, Martina: Die Gedenkstätte KZ Osthofen, Osthofen 2010.

Artikel „Philipp Wasserburg", in: wikipedia, online unter: https://de.wikipedia.org/wiki/Philipp_Wasserburg (5.9.2015).

Augel, Johannes: Italienische Einwanderung und Wirtschaftstätigkeit in rheinischen Städten des 17. und 18. Jahrhunderts, Bonn 1971.

Bahn, Peter: Deutschkatholiken und Freireligiöse. Geschichte und Kultur einer religiös-weltanschaulichen Dissidentengruppe, dargestellt am Beispiel der Pfalz, Mainz 1991 (Studien zur Volkskultur in Rheinland-Pfalz 10).

Ballmann, Simon: Zum „Sieg des deutschen Volkes" läuteten die Kirchenglocken: Die nationalsozialistische „Machtergreifung" in Ingelheim, in: Meyer, Hans-Georg/Klausing, Caroline (Hrsg.): „Freudige Gefolgschaft und bedingungslose Einordnung …"? Der Nationalsozialismus in Ingelheim, Ingelheim 2011, S. 95–117.

Battenberg, Friedrich: Die Gerichtsverfassung in der Herrschaft Dalberg in der Frühen Neuzeit. Ein Beitrag zur Organisation eines ritterschaftlichen Territoriums, in: Archiv für hessische Geschichte und Altertumskunde 40 (1982), S. 9–95.

Becker, Klaus J.: Links von der SPD. Ein Beitrag zur Geschichte der Arbeiterbewegung in Worms, in: Der Wormsgau 17 (1998), S. 224–238.

Behringer, Wolfgang/Clemens, Gabriele: Geschichte des Saarlandes, München 2009.

Beier, Gerhard: Wilhelm Leuschner und das Verbindungsnetz sozialistischer Vertrauensleute in Hessen, in: Knigge-Tesche, Renate/Ulrich, Axel (Hrsg.): Verfolgung und Widerstand in Hessen 1933–1945, Frankfurt/Main 1996, S. 565–592.

Bender, Heinrich Matthäus: Bechtheim. Kleinod des Wonnegaues, Bechtheim 1976.

Berkessel, Hans:„Ein Volk, ein Reich, ein Führer?" – Inszenierung der Volksgemeinschaft und Alltagsleben unterm Hakenkreuz 1934–1939, in: Meyer, Hans-Georg/Berkessel, Hans (Hrsg.): „Eine nationalsozialistische Revolution ist eine gründliche Angelegenheit", Mainz 2000 (Die Zeit des Nationalsozialismus in Rheinland-Pfalz 1), S. 138–153.

Berkessel, Hans: „Die Wucherpille" – ein frühes antisemitisches Hetzblatt am Ende des 19. Jahrhunderts in Mainz, in: Mainzer Geschichtsblätter 13 (2004), S. 160–192.

Berlet, Eduard: Die Seuberts. Chronik einer Familie in ihrer Zeit. Die Entstehung des Weinguts der Stadt Alzey, in: Alzeyer Geschichtsblätter 5 (1968), S. 40–83.

Berlet, Eduard: Die kurpfälzische Oberamtsstadt Alzey im 18. Jahrhundert, in:Alzeyer Geschichtsblätter 6 (1969), S. 66–124.

Berlet, Eduard: Wie Alzey französisch war (1796–1814), in: Alzeyer Geschichtsblätter 7 (1970), S. 58–89.

Besier, Gerhard: Die Kirchen und das Dritte Reich. Spaltungen und Abwehrkämpfe 1934–1937, Berlin/München 2001.

Blaschke, Olaf: Katholizismus und Antisemitismus im Deutschen Kaiserreich, Göttingen 1997.

Blisch, Bernd/Hoffmann, Ralf u. a.: Vom Leben und Sterben. Die Bevölkerung im 17. und 18. Jahrhundert, in: Mathy, Helmut (Hrsg.): Bingen. Geschichte einer Stadt am Mittelrhein. Vom frühen Mittelalter bis zum 19. Jahrhundert, Mainz 1989, S. 333–377.

Bockenheimer, Karl Georg: Geschichte der Stadt Mainz während der zweiten französischen Herrschaft (1798–1814), Mainz 1890.

Bockenheimer, Karl Georg: Franz Konrad Macké. Bürgermeister von Mainz (1756–1844), Mainz 1904.

Böcher, Otto: Zur Geschichte der Alzeyer Juden, in: Becker, Friedrich Karl (Hrsg.): 1750 Jahre Alzey. Festschrift, Alzey 1973, S. 196–206.

Böhme, Astrid/Wittkopf, Helga/Zehnder, Erich (Hrsg.): 1250 Jahre Bretzenheim, Mainz 2002.

Böninger, Beatrice: Großherzoglicher Bürgermeister, (Archiv der Zeitzeugen 15), S. 178–191, online abrufbar unter: http://www.archiv-der-zeitzeugen.com/Files/files/PDFBoeninger_Grossherzog_22.pdf (16.9.2014).

Bönnen, Gerold: Wahlen und Abstimmungen in Worms während der Weimarer Republik: Materialien und Analysen, in: Der Wormsgau 23 (2004), S. 129–165.

Bönnen, Gerold: Von der Blüte in den Abgrund: Worms vom Ersten bis zum Zweiten Weltkrieg (1914–1945), in: Bönnen, Gerold (Hrsg.): Geschichte der Stadt Worms, Stuttgart 2005, S. 545–606.

Bönnen, Gerold: Die Familie Heyl und ihr Wirken (ca. 1850–1980), in: Bönnen, Gerold/Werner, Ferdinand (Hrsg.): Die Wormser Industriellenfamilie von Heyl. Öffentliches und privates Wirken zwischen Bürgertum und Adel, Worms 2010, S. 35–186.

Bönnen, Gerold: Bemerkungen zu ländlicher Bindung, Wohnungsfürsorge und Mobilität der Arbeiterschaft in der Wormser Lederindustrie (ca. 1895–1955), in: Krauß, Martin/Nieß, Ulrich (Hrsg.): Stadt, Land, Heimat. Beiträge zur Geschichte der Metropolregion Rhein-Neckar im Industriezeitalter, Ubstadt-Weiher 2011, S. 133–142.

Bönnen, Gerold: Worms 1914–1918 – Annäherungen an einen vergessenen Krieg, in: Bönnen, Gerold (Hrsg.): „Eine furchtbar ernste Zeit …". Worms, die Region und der „Große Krieg" 1914 bis 1918, Worms 2014, S. 12–133.

Bohrer, Hartmut: „Lobenswertes Entgegenkommen der Reichsbahn" – Die Deportation der Familie Lehmann, in: Mainzer Geschichtsblätter 12 (2000), S. 135–141.

Brandt,Hugo: Geschichte der SPD in Rheinhessen, Worms 1991.

Braun, Guido/Clemens, Gabriele/Klinkhammer, Lutz/Koller, Alexander: Napoleonische Expansionspolitik: zu den ambivalenten Auswirkungen von Eroberung und Integration, in: dies.: (Hrsg.), Napoleonische Expansionspolitik: Okkupation oder Integration?, Berlin 2013, S. 1–17.

Braun, Hermann-Josef: Das christliche Mainz im 19. und 20. Jahrhundert, in: Dumont, Franz/Scherf, Ferdinand/Schütz, Friedrich (Hrsg.): Mainz. Die Geschichte der Stadt, Mainz 1998, S. 935–979.

Braun, Hermann-Josef: Das Bistum von 1886 bis zum Ende des Zweiten Weltkrieges, in: Jürgensmeier, Friedhelm (Hrsg.): Handbuch der Mainzer Kirchengeschichte, Bd. 3: Neuzeit und Moderne, Würzburg 2002, S. 1206–1215.

Brecher, Volker: Kriegswirtschaft in Worms. Arbeitsbedingungen ausländischer und deutscher Beschäftigter in der Lederindustrie und anderen Wirtschaftszweigen 1939–1945, Worms 2003.

Brehmer, Karl: Wilhelm Emmanuel von Ketteler (1811–1877). Arbeiterbischof und Sozialethiker. Auf den Spuren einer zeitlosen Modernität, Regensburg 2009.

Breil, Michaela: Die Augsburger „Allgemeine Zeitung" und die Pressepolitik Bayerns: ein Verlagsunternehmen zwischen 1815 und 1848, Tübingen 1996.

Breitenfeld, Jörg: Vermarktung im Weinbau, in: Statistische Monatshefte Rheinland-Pfalz 6/2001, S. 152–156.

Brenner, Michael: Zwischen Revolution und rechtlicher Gleichstellung, in: Brenner, Michael/Jersch-Wenzel, Stefi/Meyer, Michael A.: Deutsch-Jüdische Geschichte in der Neuzeit, Bd. 2: Emanzipation und Akkulturation 1780–1871, München 1996, S. 287–325.

Brodhaecker, Michael: Menschen zwischen Hoffnung und Verzweiflung. Der Alltag jüdischer Mitmenschen in Rheinhessen, Mainz und Worms während des „Dritten Reiches", Mainz 1999.

Broo, Hanno: Arbeiter- und Volksbildungsbewegung in Mainz. Ein volkskundlich-sozialhistorischer Beitrag zur Vereinsforschung, Mainz 1989.

Brüchert-Schunk, Hedwig: Frauen in der Nachkriegszeit, in: Keim, Anton Maria/Link, Alexander (Hrsg.): Leben in den Trümmern. Mainz 1945 bis 1948, Mainz 1985, S. 105–122.

Brüchert-Schunk, Hedwig: In alle Winde zerstreut. Mainzer Juden in der Emigration, in: Keim, Anton Maria (Hrsg.): Als die letzten Hoffnungen verbrannten. 9./10. November 1938. Mainzer Juden zwischen Integration und Vernichtung, Mainz 1988, S. 79–100.

Brüchert-Schunk, Hedwig: Städtische Sozialpolitik vom Wilhelminischen Reich bis zur Weltwirtschaftskrise. Eine sozial- und kommunalhistorische Untersuchung am Beispiel der Stadt Mainz 1890–1930, Stuttgart 1994.

Brüchert, Hedwig: Ausgesteuert – Die Einführung der Arbeitslosenversicherung, die Weltwirtschaftskrise und ihre Auswirkungen in Mainz 1929–1933, in: Mainzer Geschichtsblätter 10 (1995/96), Zwischen Aufbruch und Krise: die Zwanziger Jahre, S. 20–54.

Brüchert, Hedwig: „Der Kampf um den Wohnungsbau in Mainz", in: Mainzer Geschichtsblätter 10 (1995/96), Zwischen Aufbruch und Krise: die Zwanziger Jahre, S. 101–117.

Brüchert, Hedwig: Antwort auf die Soziale Frage. Daseinsvorsorge und Sozialpolitik der Stadt Mainz (1890–1933), in: Dumont, Franz/Scherf, Ferdinand/Schütz, Friedrich (Hrsg.): Mainz. Die Geschichte der Stadt, Mainz ²1999, S. 899–932.

Brüchert, Hedwig: Frauen- und Kinderarbeit in der Provinz Rheinhessen 1890–1918, unter besonderer Berücksichtigung der Stadt Worms, in: Der Wormsgau 19 (2000), S. 103–128.

Brüchert, Hedwig: Stunde Null? Neubeginn und „Vergangenheitsbewältigung", in: Hans-Georg Meyer/Hans Berkessel (Hrsg.), Die Zeit des Nationalsozialismus in Rheinland-Pfalz Band 3: „Unser Ziel – die Ewigkeit Deutschlands", Mainz 2001, S. 181–201.

Brüchert, Hedwig: Bodenheim von der November-Revolution bis zum Ende des Zweiten Weltkrieges (1918–1945), in: Marschall, Bernhard (Hrsg.): 1250 Jahre Albansgemeinde Bodenheim. Beiträge zur Geschichte und Gegenwart, Alzey 2003, S. 204–234.

Brüchert, Hedwig: Soziale Verhältnisse und Arbeitsbedingungen in der Industriestadt Worms bis zum Ersten Weltkrieg, in: Bönnen, Gerold (Hrsg.): Geschichte der Stadt Worms, Stuttgart 2005, S. 793–823.

Brüchert, Hedwig: Bodenheim in der Zeit des Nationalsozialismus, in: Kißener, Michael (Hrsg.): Rheinhessische Wege in den Nationalsozialismus. Studien zu rheinhessischen Landgemeinden von der Weimarer Republik bis zum Ende der NS-Diktatur, Worms 2010, S. 91–122.

Brüchert, Hedwig: Ausländische Zwangsarbeiter in Mainz während des Zweiten Weltkrieges, online unter: http://www.mainz1933-1945.de/fileadmin/Rheinhessenportal/Teilnehmer/mainz1933-1945/Textbeitraege/Bruechert_Zwangsarbeit_Mainz.pdf (13.6.2015).

Brunner, Daniela/Obermeyer, Justus: Das Außenlager des SS-Sonderlagers/KZ Hinzert in Mainz-Finthen, in: Meyer, Hans-Georg/Berkessel, Hans (Hrsg.): „Für die Außenwelt seid ihr tot!", Mainz 2000 (Die Zeit des Nationalsozialismus in Rheinland-Pfalz 2), S. 260–267.

Buchheim, Christoph: Die Währungsreform 1948 in Westdeutschland, in: Vierteljahrshefte für Zeitgeschichte 36 (1988), S. 189–231.

Buchner, Rudolf: Probleme des deutsch-französischen Verhältnisses auf dem Hambacher Fest, in: Petry, Ludwig (Hrsg.): Hambacher Gespräche 1962, Wiesbaden 1964, S. 95–104.

Budde, Gunilla: Blütezeit des Bürgertums. Bürgerlichkeit im 19. Jahrhundert, Darmstadt 2009.

Büllesbach, Rudolf/Hollich, Hiltrud/Tautenwahn, Elke: Bollwerk Mainz. Die Selzstellung in Rheinhessen, München 2013.

Büttner, Siegfried: Die Anfänge des Parlamentarismus in Hessen-Darmstadt und das du Thilsche System, Darmstadt 1969.

Burkhardt, Johannes: Vollendung und Neuorientierung des frühmodernen Reiches 1648–1763, Stuttgart 2006.

Busch, Dieter: Der Luftkrieg im Raum Mainz während des Zweiten Weltkrieges 1939–1945, Mainz 1988.

Cappel, Albert; Schweizer und Tiroler im 17. Jahrhundert in Pfeddersheim, in: Pfälzisch-rheinische Familienkunde 5 (1966), S. 357–360.

Clemens, Gabriele B.: Napoleonische Armeelieferanten und die Entstehung des rheinischen Wirtschaftsbürgertums, in: Francia 24/2 (1997), S. 159–180.

Curschmann, Dieter: Undenheim. Geschichte eines rheinhessischen Dorfes, Band 1, Alzey 1988.

Dann, Otto: Nation und Nationalismus in Deutschland 1770–1990, München ³1996.

Darmstadt, Raimund: Die Kornsand-Morde. Eine Dokumentation der Nazi-Verbrechen der letzten Kriegstage, in: Mainzer Geschichtsblätter 5 (1989): Faschismus vor der Haustür, S. 147–174.

Degreif, Dieter: „Der Tag der Vereinigung … eine joyeuse entrée". Der Anschluß ‚Rheinhessens' an das hessische Großherzogtum 1816, in: Archiv für hessische Geschichte und Altertumskunde N.F. 51 1993, S. 117–141.

Delfeld, Jacques: Der „Sonderzug" fährt pünktlich um 10.49 Uhr – Das Schicksal der Sinti, in: Meyer, Hans-Georg/Klausing, Caroline (Hrsg.): „Freudige Gefolgschaft und bedingungslose Einordnung …"? Der Nationalsozialismus in Ingelheim, Ingelheim 2011, S. 468–484.

Descourvières, Benedikt: Zwangsarbeit in Deutschland und Worms 1939–1945, online unter: http://www.zwangsarbeit.rlp.geschichte.uni-mainz.de/U_Descourvieres_Q.pdf (13.6.2015).

Die Publizistik der Mainzer Jakobiner und ihrer Gegner. Revolutionäre und gegenrevolutionäre Proklamationen und Flugschriften aus der Zeit der Mainzer Republik (1792/93), Ausstellungskatalog Mainz 1993.

Diehl, Wolfgang: Die Jahre 1914 bis 1945 in Alzey. Streifzüge durch Ereignisse und Verhältnisse, in: Friedrich Karl Becker (Hrsg.): 1750 Jahre Alzey, Alzey 1973, S. 304–315.

Dietmar, Carl/Leifeld, Marcus: Alaaf und Heil Hitler. Karneval im Dritten Reich, München 2010.

Dobras, Wolfgang: Die kurfürstliche Stadt bis zum Ende des Dreißigjährigen Krieges (1462–1648), in: Dumont, Franz/Scherf, Ferdinand/Schütz, Friedrich (Hrsg.): Mainz. Die Geschichte der Stadt, Mainz 1998, S. 227–263.

Döhn, Hans: Eisenbahnpolitik und Eisenbahnbau in Rheinhessen 1835–1914, Diss. Mainz 1957.

Dölemeyer, Barbara: Einflüsse von ALR, Code civil und ABGB auf Kodifikationsdiskussionen und -projekte in Deutschland, in: iuscommune 7 (1978), S. 179–225.

Dölemeyer, Barbara: Ministère public und Staatsanwaltschaft – Der Einfluss des modèle judiciaire francais im Rheinland, in: Durand, Bernard/Mayali, Laurent/Schioppa, Antonio Padoa/Simon, Dieter (Hrsg.): Staatsanwaltschaft. Europäische und amerikanische Geschichten, Frankfurt 2005, S. 95–104.

Dölling, Regine: Denkmalpflege und Stadtsanierung. Das Beispiel Alzey, in: Becker, Friedrich Karl (Hrsg.): 700 Jahre Alzey. Festschrift, Alzey 1977, S. 150–165.

Dorn, Franz: Das Erbrecht des Code civil und seine Auswirkungen auf den bäuerlichen Grundbesitz in den Gebieten des „Rheinischen Rechts", in: Schubert, Werner/Schmoeckel, Matthias (Hrsg.): 200 Jahre Code civil: die napoleonische Kodifikation in Deutschland und Europa, Köln 2005, S. 17–46.

Dotzauer, Winfried: Der kurpfälzische Wildfangstreit und seine Auswirkungen im rheinhessisch-pfälzischen Raum, in: Gerlich, Alois (Hrsg.): Regionale Amts- und Verwaltungsstrukturen im rheinhessisch-pfälzischen Raum (14.–18. Jahrhundert), Stuttgart 1984, S. 81–105.

Drobner, Martina: Zur Entwicklung der Mainzer Jüdischen Gemeinde im Kontext gesamtgesellschaftlicher Prozesse des 19. Jahrhunderts, Frankfurt/M. 2000.

Dürsch, Klaus: „…als ob nichts Wichtiges in unserer Gemeinde geschehen wäre." – Die katholische Kirche im Nationalsozialismus, in: Meyer, Hans-Georg/Klausing, Caroline (Hrsg.): „Freudige Gefolgschaft und bedingungslose Einordnung …"? Der Nationalsozialismus in Ingelheim, Ingelheim 2011, S. 167–202.

Dürsch, Klaus: „Der Pfaffe ist die Ausgeburt der Hölle" – Der Ober-Ingelheimer Kaplan Jakob Bergmann, in: Meyer, Hans-Georg/Klausing, Caroline (Hrsg.):„Freudige Gefolgschaft und bedingungslose Einordnung …"? Der Nationalsozialismus in Ingelheim, Ingelheim 2011, S. 638–648.

Dufraisse, Roger: Les populations de la rive gauche du Rhin et le service militaire à la fin de l'Ancien Régime et à l'Epoque Révolutionnaire, in: Revue Historique 231 (1964), S. 103–140.

Dufraisse, Roger: Les notables de la rive gauche du Rhin à l'époque napoléonienne, in: Annales historiques de la Révolution francaise 42 (1970), S. 450–472.

Dumont, Franz: Der Raum Nieder-Olm in der Franzosenzeit (1792–1814/16), in: Spieß, Karl-Heinz (Hrsg.): Nieder-Olm. Der Raum der Verbandsgemeinde in Geschichte und Gegenwart, Alzey 1983, S. 149–187.

Dumont, Franz: Im Zeitalter der Französischen Revolution und Napoleons, in: Helmut Mathy (Hrsg.), Bingen. Geschichte einer Stadt am Mittelrhein. Vom frühen Mittelalter bis zum 19. Jahrhundert, Mainz 1989, S. 333–377.

Dumont, Franz: Freiheitsbäume an der Rheinfront. Oppenheim und seine Umgebung im Zeitalter der Französischen Revolution und Napoleons, in: Oppenheimer Hefte 2 (1991), S. 11–42.

Dumont, Franz: Die Mainzer Republik von 1792/93. Studien zur Revolutionierung in Rheinhessen und der Pfalz, Alzey ²1993.

Dumont, Franz: „…mit demokratischen Schriften tapeziret" Wege und Wirkung der Mainzer Revolutionspublizistik auf dem Land, in: Die Publizistik der Mainzer Jakobiner. Revolutionäre und gegenrevolutionäre Proklamationen und Flugschriften aus der Zeit der Mainzer Republik (1792/93), Ausstellungskatalog Mainz 1993, S. 114–127.

Dumont, Franz/Stauder, Heiner: Unter der Trikolore – Hechtsheim im Zeitalter der Französischen Revolution und Napoleons, in: Hechtsheimer Ortsgeschichte Heft 6 (1996), S. 89–131.

Dumont, Franz: Mayence, das französische Mainz (1792/98–1814), in: Dumont, Franz/Scherf, Ferdinand/Schütz, Friedrich (Hrsg.): Mainz. Die Geschichte der Stadt, Mainz 1998, S. 319–374.

Dumont, Franz: Helfen und Heilen – Medizin und Fürsorge in Mittelalter und Neuzeit, in: Dumont, Franz/Scherf, Ferdinand/Schütz, Friedrich (Hrsg.): Mainz. Die Geschichte der Stadt, Mainz 1998, S. 771–805.

Dumont, Franz: Worms im Zeitalter der Französischen Revolution und Napoleons (1789/92–1814/16), in: Gerold Bönnen (Hrsg.), Geschichte der Stadt Worms, Stuttgart 2005, S. 353–400.

Dumont, Franz/Stauder, Heiner: Unter der Trikolore – Hechtsheim im Zeitalter der Französischen Revolution und Napoleons, in: Hechtsheim vom Mittelalter bis zum Ende der napoleonischen Zeit. Hechtsheim, 1996. (Schriftenreihe des Vereins Hechtsheimer Ortsgeschichte 6), S. 89–131.

Durning, Dan W.: Revisiting Klingelhoeffer: An Early German Immigrant in Arkansas, online unter: http://de.scribd.com/doc/69943845/Revisiting-Klingelhoeffer-An-Early-German-Immigrant-in-Arkansas (15.11.2015).

Ebersold, Günther: Karl August Reichsfürst von Bretzenheim, Norderstedt 2004.

Ebert, Elke: Die nationalsozialistische Machtergreifung in Alzey, in: Alzeyer Geschichtsblätter 23 (1988), S. 144–167.

Egler, Anna: Die Spanier in der linksrheinischen Pfalz 1620–1632: Invasion, Verwaltung, Rekatholisierung, Mainz 1971.

Ehmer, Josef: Bevölkerungsgeschichte und historische Demographie 1800–2000, München 2004.

Engelhaupt, Heinz: Die Einführung der hessen-darmstädtischen Verwaltung im nördlichen Teil des Departements Donnersberg, Diss. Mainz 1971.

Ernst, Albrecht: Die reformierte Kirche der Kurpfalz nach dem Dreißigjährigen Krieg (1649–1685), Stuttgart 1996.

Espenschied, Philipp/Hintze, Volker/Lehmann, Ilse Ruth/Lehmann, Karl Ludwig/Zydziun, Elke: 800 Jahre Siefersheim 1206–2006, Siefersheim 2006.

Faber, Karl-Georg: Die Rheinlande zwischen Restauration und Revolution. Probleme der rheinischen Geschichte von 1814 bis 1848 im Spiegel der zeitgenössischen Publizistik, Wiesbaden 1966.

Faber, Rolf: Der Mainzer Nebeljungenstreich von 1841, in: Wiesbadener Leben 5/1991, S. 25f., online unter: http://www.wiesbaden.de/microsite/stadtlexikon/a-z/Mainzer_Nebeljungenstreich.php (8.11.2014).

Fehrenbach, Elisabeth: Traditionale Gesellschaft und revolutionäres Recht: die Einführung des Code Napoleon in den Rheinbundstaaten, Göttingen 1974.

Fellmann, Walter: Artikel Kriegsheim, in: Global Anabaptist Mennonite Encyclopedia Online. Online unter: http://gameo.org/index.php?title=Kriegsheim_(Rheinland-Pfalz,_Germany)&oldid=120749 (24.5.2014).

Fischbach, Stefan/Westerhoff, Ingrid (Bearb.): „… und dies ist die Pforte des Himmels". Synagogen Rheinland-Pfalz – Saarland, Mainz 2005.

Flegel, Christoph: Die lutherische Kirche in der Kurpfalz von 1648 bis 1716, Mainz 1999.

Foerster, Cornelia: Der Preß- und Vaterlandsverein von 1832/33. Sozialstruktur und Organisationsformen der bürgerlichen Bewegung in der Zeit des Hambacher Festes, Trier 1982.

Fogel, Heidi: Das Lager Rollwald. Strafvollzug und Zwangsarbeit 1938 bis 1945, Rodgau 2004.

Frank, Paul: Der Zusammenschluß der Gemeinde Schwabsburg mit der Gemeinde Nierstein am 1. Juli 1970, in: Frieß-Reimann, Hildegard/Schmitt, Sigrid (Hrsg.):Nierstein. Beiträge zur Geschichte und Gegenwart eines alten Reichsdorfes, S. 316f.

Franz, Eckhart G.: Nachhall Hambachs in Kurhessen: die Volksfeste von Bergen und Wilhelmsbad, in: Petry, Ludwig: Hambacher Gespräche 1962, Wiesbaden 1964, S. 73–94.

Franz, Eckhart G./Fleck, Peter/Kallenberg, Fritz: Großherzogtum Hessen (1800) 1806–1918, in: Heinemeyer, Walter (Hrsg.): Handbuch der hessischen Geschichte, Vierter Band: Hessen im Deutschen Bund und im neuen Deutschen Reich (1806) 1815 bis 1945, Zweiter Teilband: Die hessischen Staaten bis 1945, Marburg 2003, S. 673–884.

Freckmann, Klaus: Zornheim und Sörgenloch – Beispiele rheinhessischer Dorfbilder 1850–1940, in: Spieß, Karl-Heinz (Hrsg.): Nieder-Olm. Der Raum der Verbandsgemeinde in Geschichte und Gegenwart, Alzey 1983, S. 349–363.

Frickert, Heribert: Industrie und Handel im Landkreis Worms, in: Landkreis Worms. Monographie einer Landschaft, Darmstadt/Mainz 1963, S. 125–144.

Fridberg, Sigmund: Das Judenviertel um 1860, in: Menora. Jüdisches Familienblatt für Wissenschaft/Kunst und Literatur 5 (1927), S. 785–789.

Frieß-Reimann, Hildegard: Fastnacht in Rheinhessen. Die Diffusion der Mainzer Fastnacht von der Mitte des 19. Jahrhunderts bis zur Gegenwart, Diss. Mainz 1978.

Frieß-Reimann, Hildegard: Landschaft und Dorfbild, in: 150 Jahre Landkreis Alzey-Worms, Mainz 1985, S. 111–126.

Frieß-Reimann, Hildegard: Der Siegeszug des Prinzen Karneval: die Ausbreitung einer bürgerlichen Festform unter besonderer Berücksichtigung von Rheinhessen, Mainz 1988.

Frieß-Reimann, Hildegard: Johann Maria Kertell (1771–1839) – Gründer der Mainzer Ranzengarde und seine Zeit, in: Matheus, Michael (Hrsg.): Fastnacht/Karneval im europäischen Vergleich, Mainz 1999, S. 85–90.

Frieß-Reimann, Hildegard: Landwirtschaft und Weinbau, in: Marschall, Bernhard (Hrsg.): 1250 Jahre Albansgemeinde Bodenheim. Beiträge zur Vergangenheit und Gegenwart, Alzey 2003, S. 237–262.

Fuchs, Konrad: Wirtschaftliche Entwicklung seit der Industrialisierung, in: Mathy, Helmut (Hrsg.): Bingen. Geschichte einer Stadt am Mittelrhein. Vom frühen Mittelalter bis zum 19. Jahrhundert, Mainz 1989, S. 470–493.

Fuchs, Trude/Horter, Lothar/Schweizer, Günter: Mölsheim. Aus der Geschichte eines rheinhessischen Dorfes im Zellertal, Mölsheim 2002.

Fuchß, Peter: Staatliche Lehr- und Versuchsanstalt Oppenheim – 100 Jahre im Dienst des rheinhessischen Weinbaus, in: Fuchß, Peter (Hrsg.): Festschrift 100 Jahre Staatliche Lehr- und Versuchsanstalt Oppenheim. 1895–1995, Oppenheim 1995, S. 13–25.

Fuchß, Peter: Die Geschichte der rheinhessischen Staatlichen Weinbaudomäne, in: Fuchß, Peter (Hrsg.): Festschrift 100 Jahre Staatliche Lehr- und Versuchsanstalt Oppenheim. 1895–1995, Oppenheim 1995, S. 26–39.

Gallé, Volker: Rheinhessen: Entdeckungsreisen im Hügelland zwischen Worms und Bingen, Mainz und Alzey, Köln 1992.

Gallé, Volker: Die Belagerung von Mainz aus der Sicht Goethes und Laukhardts, in: Landtag Rheinland-Pfalz (Hrsg.): Die Mainzer Republik. Der Rheinisch-Deutsche Nationalkonvent, Mainz 1993, S. 213–218.

Gallé, Volker: Das „Wormser Paar". Die Sozialutopien von Peter Bender, in: Heimatjahrbuch für die Stadt Worms 2007, S. 18–22.

Gallé, Volker: Schweiz – Toskana – Ukraine: Alles ist Rheinhessen, Alzey 2010 (Rheinhessenessay 1).

Gallé, Volker: Der Jazz und die Irokesen. Alzeyer Tanzkultur mit Amerikaimporten 1911 bis 1920, in: Heimatjahrbuch Landkreis Alzey-Worms 2015, S. 185–190.

Galonska, Andreas: Landesparteiensysteme im Föderalismus: Rheinland-Pfalz und Hessen 1945–1996, Wiesbaden 1999.

Geißler, Hartmut: Der Erste Weltkrieg – seine Auswirkungen in Ingelheim, online unter: http://www.ingelheimer-geschichte.de/index.php?id=356 (24.3.2015).

Geißler, Hartmut: Die Revolution in Ingelheim 1918, online unter: http://www.ingelheimer-geschichte.de/index.php?id=357 (25.3.2015).

Gemeinde Dittelsheim-Hessloch (Hrsg.): Festschrift zur 1200-Jahr-Feier der Gemeinde Dittelsheim-Heßloch, Obertshausen 1974.

Gemeinde Eckelsheim (Hrsg.), Eckelsheim und seine Geschichte 1293–1993, Eckelsheim 1993.

Geschichtswerkstatt Geschwister Scholl, Fritz Bockius. Zentrumsabgeordneter und NS-Opfer, Bensheim 2010.

Gestrich, Andreas: Geschichte der Familie im 19. und 20. Jahrhundert, München 1999.

Gieraths, Günther: Die Kampfhandlungen der brandenburg-preußischen Armee 1626–1807, Berlin 1964.

Giesecke, Hermann: Hitlers Pädagogen. Theorie und Praxis nationalsozialistischer Erziehung, Weinheim/München [2]1999.

Gemeinde Gimbsheim (Hrsg.): 1200 Jahre Gimbsheim. Beiträge aus der Geschichte der Gemeinde, Oppenheim 1967.

Gemeinde Gau-Odernheim (Hrsg.): Die Geschichte von Gau-Odernheim, Band 1: Die Geschichte der ehemaligen freien Reichsstadt „Odernheim", Mainz 1954.

Graf, Hans-Dieter/Hannah, Gabriele: „…werde ich nie den November 1938 vergessen." Das Schicksal der jüdischen Familie Heß aus Hamm am Rhein in der Zeit des Nationalsozialismus, in: Heimatjahrbuch Alzey-Worms 2015, S. 109–114.

Grass, Karl-Heinz: Die Orte der Verbandsgemeinde Nieder-Olm in der Weimarer Republik und in der NS-Zeit, in: Spieß, Karl-Heinz (Hrsg.): Nieder-Olm. Der Raum der Verbandsgemeinde in Geschichte und Gegenwart, Alzey 1983, S. 212–264.

Grünewald, Christoph Julius Johannes: Von Westhofener Häusern und Leuten, Westhofen 1984.

Grünfeld, Richard: Zur Geschichte der Juden in Bingen am Rhein. Festschrift zur Einweihung der neuen Synagoge in Bingen (21. September 1905), Bingen 1905.

Gute Gründe für Rheinhessenwein. Steine. Böden. Terroir, herausgegeben von Rheinhessenwein e.V. und vom Landesamt für Geologie und Bergbau Rheinland-Pfalz, Mainz o. J.

Hahn, Felix: Die Napoleonsteine in Rheinhessen unter besonderer Berücksichtigung des Steines in Oppenheim, in: Oppenheimer Hefte 17 (1998), S. 2–42.

Hahn, Hans-Werner: Die Industrielle Revolution in Deutschland, München 2005.

Hahn, Hans-Werner: Wirtschaft und Verkehr, in: Speitkamp, Winfried (Hrsg.): Bevölkerung, Wirtschaft und Staat in Hessen 1806–1945, Marburg 2010 (Handbuch der Hessischen Geschichte 1), S. 73–249.

Hahn, Hans-Werner: Zwischen Rheinbund und Revolution von 1848/49: Der Staatskonservatismus des hessen-darmstädtischen Ministers du Thil, in: Grothe, Ewald (Hrsg.): Konservative deutsche Politiker im 19. Jahrhundert. Wirken – Wirkung – Wahrnehmung, Marburg 2010, S. 35–51.

Hamburger, Ernest: Juden im öffentlichen Leben Deutschlands. Regierungsmitglieder, Beamte und Parlamentarier in der monarchischen Zeit 1848–1918, Tübingen 1968.

Haren, Tobias: Der Volksstaat Hessen 1918/19: Hessens Weg zur Demokratie, Berlin 2003.

Harsch, Theo: Der Durchstich am Geyer, in: Biewohlak-Hübel, Gerold (Hrsg.): Damals auf dem Kühkopf, Frankfurt/M. 1988, S. 60–76.

Hattemer, Lisa: Gleichschaltung und Unterdrückung in der nationalsozialistischen Zeit am Beispiel vom Radsportverein 1898 e.V, Gau-Algesheim, online unter:http://www.fahrradmuseum-rheinhessen.de/veroeffentlichungen/facharbeit-lisa-hattemer.html (1.5.2015).

Hausmann, Ulrich: Wohnen und Wirtschaften der Mainzer Juden im 16. und 17. Jahrhundert, unveröffentlichte Magisterarbeit Universität Mainz 2010.

Hausmann, Ulrich: InterJudeos oder ‚unter' Christen? Zum Mit-, Neben- und Gegeneinander von Juden und Christen in der kurfürstlichen Residenzstadt Mainz am Rhein im 16. und 17. Jahrhundert, in: Mainzer Zeitschrift 109 (2014), S. 77–102.

Hebeisen, Michael: Die Revolution die nicht stattfand, in: Roth, Jonathan (Hrsg.). Sozialdemokratie in Rheinland-Pfalz – Dokumente aus drei Jahrhunderten, 2013, online unter: www.sozialdemokratie-rlp.de/dokumente/die-revolution-die-nicht-stattfand.html (28.3.2015).

Hechtsheimer Ortsgeschichte, Hechtsheim während der Weimarer Republik. Die Zeit von 1918 bis 1933, Mainz-Hechtsheim 1995.

Hehl, Ulrich von (Bearb.): Priester unter Hitlers Terror. Eine biographische und statistische Erhebung, Mainz 1984, Sp. 637–657.

Heil, Peter: Gemeinden sind wichtiger als Staaten: Idee und Wirklichkeit des kommunalen Neuanfangs in Rheinland-Pfalz 1945–1947, Mainz 1997.

Heil, Peter: Von der Integration zur Modernisierung der Verwaltung, in: Borck, Heinz-Günther (Hrsg.): Beiträge zu 50 Jahren Geschichte des Landes Rheinland-Pfalz, Koblenz 1997, S. 115–137.

Heinzelmann, Josef: Ludwig Kalisch – Die Revolution der Narren, die Emigration der Revolutionäre und die Emanzipation der Juden als die Emanzipation der Menschheit, in: Mainzer Geschichtsblätter 11 (1999), S. 125–138.

Heitmann, Dagmar: Armenpflege in Mainz in der Weimarer Zeit, Mainz 1993.

Heller-Karneth, Eva: Drei Konfessionen in einer Stadt. Zur Bedeutung des konfessionellen Faktors im Alzey des Ancien Régime, Würzburg 1996.

Heller-Karneth, Eva/Karneth, Rainer: Framersheim zur Franzosenzeit, in: Zink, Frank (Hrsg.): Die Chronik der Gemeinde Framersheim: die Geschichte unseres Dorfes, Alzey 1998, S. 65–100.

Heller-Karneth, Eva: Das „vollkommen katholische und friedliche" Gau-Bickelheim. Zum Aufstieg des Nationalsozialismus im Alzeyer Land, in: Museum Alzey und Altertumsverein für Alzey und Umgebung e.V. (Hrsg.), „Beseelt mit Hitlergeist" … bis zum bitteren Ende. Nationalsozialismus im Alzeyer Land. Begleitband zur Sonderausstellung im Museum Alzey 2012, S. 112–136.

Heller-Karneth, Eva: MASSA geht hoch hinaus, in: Heimatjahrbuch Landkreis Alzey-Worms 2015, S. 106–108.

Herbert, Ulrich: Best. Biographische Studien über Radikalismus, Weltanschauung und Vernunft, 1903–1989, Bonn 1996.

Herbert, Ulrich: Geschichte der Ausländerpolitik in Deutschland, München 2001.

Herbert, Ulrich: Geschichte Deutschlands im 20. Jahrhundert, München 2014.

Herbst, Ludolf: Das nationalsozialistische Deutschland 1933–1945, Frankfurt/Main 1996.

Heuß, Herbert: Die Verfolgung der Sinti in Mainz und Rheinhessen 1933–1945, Landau 1996.

Heuß, Herbert: Die nationalsozialistische Verfolgung der Sinti in Rheinhessen, in: Meyer, Hans-Georg/Berkessel, Hans (Hrsg.): „Eine nationalsozialistische Revolution ist eine gründliche Angelegenheit", Mainz 2000 (Die Zeit des Nationalsozialismus in Rheinland-Pfalz 1), S. 288–296.

Hexemer, Hans-Peter: 1933: Die „Machtergreifung" in Nierstein, in: Hildegard Frieß-Reimann/Sigrid Schmitt (Hrsg.), Nierstein. Beiträge zur Geschichte und Gegenwart eines alten Reichsdorfes, Alzey 1992, S. 220–225.

Hexemer, Hans Peter: Das Wirken der SPD in Nierstein seit 1874, in: Hildegard Frieß-Reimann/Sigrid Schmitt (Hrsg.), Nierstein. Beiträge zur Geschichte und Gegenwart eines alten Reichsdorfes, Alzey 1992, S. 282–286.

Hill, Georg K.: Weinbau um das Kirchlein Maria Magdalena zu Hangen-Wahlheim, in: Eckert, Erwin/Mahlerwein, Gunter/Spies, Karl (Hrsg.): Kirchenruine Maria Magdalena Hangen-Wahlheim. Eine Initiative, Alzey 2003, S. 141–154.

Hill, Georg: Zwischen Notstand und Umweltverträglichkeit – 100 Jahre Rebschutz in Rheinhessen, online unter: http://www.dlr-rheinpfalz.rlp.de/internet/global/themen.nsf/a20ccd4f38ac9025c1256ea6004f63d3/7f4e12f1fe18b085c125737f002ba728?OpenDocument (3.10.2014).

Hilzinger, Sonja: Elisabeth Langgässer. Eine Biografie, Berlin 2009.

Hirsch, Harald: Die Tätigkeit des Sondergerichts Darmstadt im Kreis Bingen 1933–1945, in: Binger Geschichtsblätter 21 (2000), S. 121–162.

Höhn, Maria: Bild und Wahrnehmung der GIs n der BRD 1945–1989, in: Kremp, Werner/Tunali, Martina/Tönnesmann, Wolfgang (Hrsg.): Amerikaner in Rheinland-Pfalz – Alltagskulturelle Begegnungen, Trier 2008, S. 127–146.

Hoferichter, Carl Horst: Das Oberamt Alzey im letzten Jahrhundert seines Bestehens in der kurpfälzischen Landesstatistik, in: Alzeyer Geschichtsblätter 11/12 (1976), S. 89–154.

Hoffmann, Dieter: „…wir sind doch Deutsche." Zu Geschichte und Schicksal der Landjuden in Rheinhessen, Alzey 1992.

Hoffmann, Dieter: Framersheim: Eine Keimzelle der Bewegung, in: Kißener, Michael (Hrsg.): Rheinhessische Wege in den Nationalsozialismus. Studien zu rheinhessischen Landgemeinden von der Weimarer Republik bis zum Ende der NS-Diktatur, Worms 2010, S. 123–160.

Hoffmann, Klaus Dietrich: Die Geschichte der Provinz und des Regierungsbezirks Rheinhessen: 1816–1985, Alzey 1985.

Hoffmann, Wilhelm: Rheinhessische Volkskunde, Bonn/Köln 1932.

Holzem, Andreas, Kirchenreform und Sektenstiftung: Deutschkatholiken, Reformkatholiken und Ultramontane am Oberrhein (1844–1866), Paderborn 1994.

Holzer, Gerhard: Juden im Alzeyer Land, in: Museum Alzey und Altertumsverein für Alzey und Umgebung e.V. (Hrsg.), „Beseelt mit Hitlergeist" … bis zum bitteren Ende. Nationalsozialismus im Alzeyer Land. Begleitband zur Sonderausstellung im Museum Alzey 2012, S. 224–240.

Huber, Helmut: Zwischen Kreuz und Hakenkreuz – Die Geschichte der evangelischen Gemeinden, in: Meyer, Hans-Georg/Klausing, Caroline (Hrsg.):„Freudige Gefolgschaft und bedingungslose Einordnung …"? Der Nationalsozialismus in Ingelheim, Ingelheim 2011, S. 145–166.

Hubert, Michel: Deutschland im Wandel: Geschichte der deutschen Bevölkerung seit 1815, Stuttgart 1998.

Hudemann, Rainer: Landesgründung und Verfassunggebung im Spannungsfeld von Besatzungsmacht und deutscher Politik, in: Borck, Heinz-Günther (Hrsg.): Beiträge zu 50 Jahren Geschichte des Landes Rheinland-Pfalz, Koblenz 1997, S. 61–88.

Hudemann-Simon, Calixte: Réfractaires et déserteurs de la Grande Armée en Sarre (1802–1813) Comparaison avec les autres départements rhénans annexés et l'ensemble de l'Empire, in: Revue Historique 277 (1987), S. 11–45.

Hüttmann, Hans-Dieter: Untersuchungen zur Verfassungs-, Verwaltungs- und Sozialgeschichte der freien und Reichsstadt Worms 1659–1789, Worms 1970.

Huff, Tobias: „Jahr ohne Sommer" – Die Klimaanomalie von 1816 und ihre Folgen für Rheinhessen, in: Zeitschrift für Agrargeschichte und Agrarsoziologie 58 (2010), S. 51–69.

Humann, Detlev: „Arbeitsschlacht". Arbeitsbeschaffung und Propaganda in der NS-Zeit 1933–1939, Göttingen 2011.

Huttenbach, Henry R.: The Destruction of the Jewish Community of Worms 1933–1945. A Study of the Holocaust Experience in Germany, New York 1981, Anlagen; Henry R. Huttenbach, Herta Mansbacher.Porträt einer jüdischen Lehrerin, Heldin und Märtyrerin (1885–1942), Worms 1981.

Huyer, Michael/Krienke, Dieter: Denkmaltopographie Bundesrepublik Deutschland. Kulturdenkmäler in Rheinland-Pfalz Band 20.2: Stadt Alzey, Worms 2014.

Jalabert, Laurent: Catholiques et Protestants sur le rive gauche du Rhin. Droits, confessions et coéxistencesréligieuse de 1648 à 1789. Thèse de Doctorat d'Histoire Nancy 2006, online unter: http://docnum.univ-lorraine.fr/public/NANCY2/doc282/2006NAN21020.pdf.

Jansen, Sarah: „Schädlinge". Geschichte eines wissenschaftlichen und politischen Konstrukts 1840–1920, Frankfurt/Main 2003.

John, Elfriede/Rosenau, Renate:„In Alzey ist nichts passiert …" Die Alzeyer Landes-Heil- und Pflegeanstalt in der Zeit des Nationalsozialismus, in: Museum der Stadt Alzey (Hrsg.), „Ein friedliches, schmuckes Dörfchen"? Aus der Geschichte der Rheinhessen-Fachklinik Alzey, Alzey 2000, S. 120–165.

Kandler, Otto: Schulen und Schüler im Raum Mainz-Bingen heute, in: Kandler, Otto/Licht Wolfgang/Rettinger, Elmar (Hrsg.): Der Landkreis Mainz-Bingen. Region und Unterricht, Bad Kreuznach 1997, S. 297–301.

Kandler, Otto: Der Fremdenverkehr und Ausflugsverkehr, in: Kandler, Otto/Licht, Wolfgang/Rettinger, Elmar (Hrsg.): Der Landkreis Mainz-Bingen. Region und Unterricht, Bad Kreuznach 1997, S. 279–285.

Karenberg, Dagobert: Die Entwicklung der Verwaltung in Hessen-Darmstadt unter Ludewig I. (1790–1830), Darmstadt 1964.

Karneth, Rainer: Ein "Lehrer" Hitlers aus Alzey – Heinrich Claß, in: Heimatjahrbuch Landkreis Alzey-Worms 1996, S. 87–92.

Karneth, Rainer: Wahlen, Milieus und Parteien. Eine knappe Zahlenskizze zum Wahlverhalten vor 1933 im Alzeyer Land, in: Museum Alzey und Altertumsverein für Alzey und Umgebung e.V. (Hrsg.), „Beseelt mit Hitlergeist" …

bis zum bitteren Ende. Nationalsozialismus im Alzeyer Land. Begleitband zur Sonderausstellung im Museum Alzey 2012, S. 30–42.

Karneth, Rainer: „Träger der Idee Adolf Hitlers". Der Nationalsozialismus im Alzeyer Land vor 1933, in: Museum Alzey und Altertumsverein für Alzey und Umgebung e.V. (Hrsg.), „Beseelt mit Hitlergeist" … bis zum bitteren Ende. Nationalsozialismus im Alzeyer Land. Begleitband zur Sonderausstellung im Museum Alzey 2012, S. 43–83.

Karneth, Rainer: Romantisieren in Alzey – Der Wiederaufbau des Alzeyer Schlosses, in: Simon, Michael/Seidenspinner, Wolfgang/Niem, Christina (Hrsg.): Episteme der Romantik. Volkskundliche Erkundungen, Münster 2014, S. 109–132.

Karneth, Rainer: Der Rheinhessen Identität(?) – Regionale Identitäten zwischen „Volksgeist" und Event, erscheint 2016.

Kaufhold, Barbara: Deutsche Sektreklame von 1879–1918. Ihre Entwicklung unter wirtschaftlichen, gesellschaftlichen und künstlerischen Aspekten, Diss. Bochum 2002, online unter: http://www-brs.ub.ruhr-uni-bochum.de/netahtml/HSS/Diss/KaufholdBarbara/diss.pdf (18.9.2014).

Keim, Anton Maria: Die Judenfrage vor dem hessischen Landtag in der Zeit von 1820 bis 1849. Ein Beitrag zur Geschichte der Juden im Vormärz, Diss. Mainz 1953.

Keim, Anton Maria: 11mal politischer Karneval. Weltgeschichte aus der Bütt. Geschichte der demokratischen Narrentradition vom Rhein, Frankfurt/Main 1969.

Keim, Anton Maria: Ludwig Schwamb und die Widerstandsbewegung gegen Hitler im Rhein-Main-Gebiet, in: Meyer, Hans-Georg/Berkessel, Hans (Hrsg.): „Eine nationalsozialistische Revolution ist eine gründliche Angelegenheit", Mainz 2000 (Die Zeit des Nationalsozialismus in Rheinland-Pfalz 1), S. 400–406.

Keim, Anton Maria: Ludwig Kalisch. Karneval und Revolution, Ingelheim 2003.

Kemp, Wolfgang: NS-Verbrechen der letzten Tage – die Morde auf dem Kornsand bei Nierstein am 21. März 1945, in: Meyer, Hans-Georg/Berkessel, Hans (Hrsg.): „Unser Ziel – die Ewigkeit Deutschlands", Mainz 2001 (Die Zeit des Nationalsozialismus in Rheinland-Pfalz 3), S. 150–160.

Kemp, Wolfgang: Die jüdische Gemeinde Bodenheim/Nackenheim, in: Marschall, Bernhard (Hrsg.): 1250 Jahre Albansgemeinde Bodenheim. Beiträge zur Geschichte und Gegenwart, Alzey 2003, S. 182–203.

Kermann, Joachim (Hrsg.): Die deutsch-polnischen Beziehungen zur Zeit des Hambacher Festes, Speyer 1981.

Kermann, Joachim: Pfälzer unter Napoleons Fahnen. Veteranen erinnern sich. Erlebnisberichte anläßlich der 200. Wiederkehr der Französischen Revolution, Speyer 1989.

Kiesewetter, Hubert: Regionale Industrialisierung in Deutschland zur Zeit der Reichsgründung, in: Vierteljahrschrift für Sozial- und Wirtschaftsgeschichte 73 (1986), S. 38–60.

Kim, Phil-young: Ein deutsches Reich auf deutschem Fundament. Einstellungen zur deutschen Nation in der strengkirchlichen deutschen Presse 1848–1850, Frankfurt/Main 2010.

Kirschner, Hans Valentin/Kuhl, Dieter: Die Stadt Nieder-Olm nach 1945 – Der Versuch einer soziologischen Betrachtung, in: Kirschner, Hans Valentin/Kuhl, Dieter/Rettinger, Elmar (Hrsg.): Nieder-Olm im Herzen von Rheinhessen. Geschichte und Gegenwart, S. 43–56.

Kißener, Michael: Kleine Geschichte des Landes Rheinland-Pfalz, Leinfelden-Echterdingen 2006.

Kißener, Michael: Gau-Odernheim: „Stütze für das nationalsozialistische Werden in Rheinhessen", in: Kißener, Michael (Hrsg.): Rheinhessische Wege in den Nationalsozialismus. Studien zu rheinhessischen Landgemeinden von der Weimarer Republik bis zum Ende der NS-Diktatur, Worms 2010, S. 161–179.

Kißener, Michael: Migrationsgeschichte im Überblick. Entwicklungen in Rheinland-Pfalz im 20. Jahrhundert, in: Mitteilungen des Historischen Vereins der Pfalz 109 (2011), S. 229–240.

Kißener, Michael: Grundzüge der historischen Entwicklung, in:Kahlenberg, Friedrich P./Kißener, Michael: Kreuz, Rad, Löwe. Rheinland-Pfalz. Ein Land und seine Geschichte, Band 2: Vom ausgehenden 18. bis zum 21. Jahrhundert, Mainz 2012, S. 57–150.

Kißener, Michael: Heimatfront. Mainz und der deutsche Südwesten im Ersten Weltkrieg, in: Landeszentrale für politische Bildung Rheinland-Pfalz (Hrsg.), Zeitenwende. Hundert Jahre erster Weltkrieg, Mainz 2014, S. 73–87.

Kißener, Michael: Boehringer Ingelheim im Nationalsozialismus. Studien zur Geschichte eines mittelständischen chemisch-pharmazeutischen Unternehmens, Stuttgart 2015.

Kläger, Michael: Die Mainzer Stadt- und Festungserweiterung. Kommunale Politik in der zweiten Hälfte des 19. Jahrhunderts, Mainz 1988.

Klausing, Caroline: Die „Revolution des Geistes" oder Wie Ingelheim am Rhein nationalsozialistisch wurde, in: Kißener, Michael (Hrsg.): Rheinhessische Wege in den Nationalsozialismus. Studien zu rheinhessischen Landgemeinden von der Weimarer Republik bis zum Ende der NS-Diktatur, Worms 2010, S. 193–234.

Klenke, Dietmar: Der singende „deutsche Mann". Gesangvereine und deutsches Nationalbewusstsein von Napoleon bis Hitler, Münster 1998.

Klinkel, Nina: „…dann kimmste nooch Alse!" Die nationalsozialistische Aktion T 4 und ihre rheinhessischen Opfer, Bingen 2012.

Klippel, Jakob: Die rheinhessische Landschaft,in: Wothe, Heinrich (Hrsg.): Rheinhessen. Ein Heimatbuch, III. Band, Mainz 1930, S. 1–23.

Klug, Ernst: Wörrstadt: die Geschichte einer kleinen Stadt, Wörrstadt 1972.

Klussmann, Paul Gerhard: Warum ist es am Rhein so schön? Symbolgeschichte und Landschaftserfahrung am deutschen Strom, in: Flegel, Silke/Hoffmann, Frank (Hrsg.): Stadt – Land –Fluss. Eine kulturwissenschaftliche Deutschlandreise, Berlin 2011, S. 19–36.

Kneib, Gottfried: Baukonjunkturen anhand des Dorfbeispiels Zornheim/Rheinhessen, in: Großmann, G. Ulrich/Freckmann, Klaus/Klein, Ulrich (Hrsg.): Hausforschung und Wirtschaftsgeschichte in Rheinland-Pfalz, Marburg 1993 (Jahrbuch für Hausforschung 41), S. 231–245.

Kneib, Gottfried: Zornheim: Einwohner und Gehöfte im 18. und 19. Jahrhundert, Zornheim 2001.

Knodt, Manfred: Eppelsheim unter französischer Herrschaft, in: Steitz, Heinrich (Hrsg.): 782-1982. 1200 Jahre Eppelsheim. Beiträge zur Geschichte und Gegenwart der Gemeinde, S. 75–80.

Knöpp, Friedrich: „Jaup, Carl", in: Neue Deutsche Biographie 10 (1974), S. 369 f., online unter: http://www.deutsche-biographie.de/sfz57206.html (2.1.2015).

Kobold, Margit/Rashid, Gisela: Flüchtlinge in Mainz. Eine Dokumentation, in: Mainzer Geschichtsblätter 9 (1994), S. 170–179.

Koch, Hans-Jörg: Arno Schmidt in Rheinhessen. Auch ein „Nachkriegs-Dokument", in: Alzeyer Geschichtsblätter 29 (1995), S. 86–90.

Koch, Jörg: Als Worms unterging. 21. Februar 1945, Gudensberg-Gleichen 2004.

Köhler, Manfred H.W.: „Haben wir all vergessen, daß wir Menschen sind?" Arbeitslosigkeit und städtische Führungsorgane in der Weltwirtschaftskrise in Frankfurt am Main 1929–1933, in: Mainzer Geschichtsblätter 10 (1995/96), Zwischen Aufbruch und Krise: die Zwanziger Jahre, S. 55–90.

Köhler, Manfred H.W.: Freie Gleichheit und gleiche Freiheit. Bodenheim vom Vormärz bis zur Reichseinigung, in: Marschall, Bernhard (Hrsg.): 1250 Jahre Albansgemeinde Bodenheim. Beiträge zur Geschichte und Gegenwart, Alzey 2003, S. 144–181.

Köhler, Manfred H. W.: Festhalten an Verfassung und Recht – und Trotz jeglicher Willkürherrschaft. Der „wahre Volksmann" Karl Behlen (1811–1874) aus Armsheim, in: Heimatjahrbuch Landkreis Alzey-Worms 2004, S. 45–49.

Köhler, Manfred H. W.: Volksrechte und Erdenglück. Vormärz und Revolution von 1848/49 in Oppenheim und Nierstein. Das politische Schicksal des Oppenheimer Lehrers Johannes Paulsackel, Darmstadt/Marburg 2004.

Kölsch, Lucie: Wormser Sozialdemokraten unter dem Sozialistengesetz 1878–1890, in: Brandt, Hugo: Geschichte der SPD in Rheinhessen, Worms 1991, S. 145–150.

Konersmann, Frank: Duldung, Privilegierung, Assimilation und Säkularisation. Mennonitische Glaubensgemeinschaften in der Pfalz, in Rheinhessen und am nördlichen Oberrhein (1664–1802), in: Häberlein, Mark/Zürn, Martin (Hrsg.): Minderheiten, Obrigkeit und Gesellschaft in der Frühen Neuzeit. Integrations- und Abgrenzungsprozesse im süddeutschen Raum, St. Katharinen 2001, S. 339–375.

Konrad, Georg Walter: Jahrbuch 20. Jahrhundert, in: Karl A. Deynet (Hrsg.): 1200 Jahre Osthofen, Osthofen 1984, S. 216–415.

Krämer, Gerhard: Aspekte der Nachkriegsgeschichte, in: Marschall, Bernhard (Hrsg.): 1250 Jahre Albansgemeinde Bodenheim. Beiträge zur Geschichte und Gegenwart, Alzey 2003, S. 355–369.

Kraft, Tobias: Kirche zwischen Anpassung und Widerstand. Evangelische Gemeinden des Alzeyer Landes im Sog der NS-Diktatur, in: Museum Alzey und Altertumsverein für Alzey und Umgebung e.V. (Hrsg.), „Beseelt mit Hit-lergeist" ... bis zum bitteren Ende. Nationalsozialismus im Alzeyer Land. Begleitband zur Sonderausstellung im Museum Alzey 2012, S. 137–154.

Krauss, Karl-Peter: Deutsche Auswanderer in Ungarn. Ansiedlung in der Herrschaft Bóly im 18. Jahrhundert, Stuttgart 2003.

Kriedte, Peter: Krefeld und die Notabelngesellschaft der französischen Zeit, in: Annalen des historischen Vereins für den Niederrhein 208 (2005), S. 203–224.

Krienke, Christoph: Strukturwandel im Anbaugebiet Rheinhessen in: Fuchß, Peter (Hrsg.): Festschrift 100 Jahre Staatliche Lehr- und Versuchsanstalt Oppenheim. 1895–1995, Oppenheim 1995, S. 104–115.

Krienke, Dieter: Kreis Mainz-Bingen, Worms 2007 (Kultur-denkmäler in Rheinland-Pfalz Band 18.1).

Krienke, Dieter: Kreis Mainz-Bingen, Worms 2011 (Kultur-denkmäler in Rheinland-Pfalz 18.2).

Krings, Wilfried: Über die Toskana – in Italien, in Franken und anderswo. Abschiedsvorlesung vom 10. Mai 2006, online unter: http://www.uni-bamberg.de/fileadmin/uni/fakultaeten/ggeo_lehrstuehle/geographie_1/WS05_06/krings/Abschiedsvorlesung.pdf (14.5.2014).

Krome, Jürgen: Die Revolution 1848/49, in: Mathy, Helmut (Hrsg.): Bingen. Geschichte einer Stadt am Mittelrhein. Vom frühen Mittelalter bis zum 19. Jahrhundert, Mainz 1989, S. 381–449.

Kühn, Hans: Politischer, wirtschaftlicher und sozialer Wandel in Worms 1798–1866, Worms 1975.

Kühn, Marie/Löw, Jennifer: Lassalle in Mainz, in: Roth, Jonathan (Hrsg.): Sozialdemokratie in Rheinland-Pfalz. Dokumente aus drei Jahrhunderten, online unter: www.sozialdemokratie-rlp.de/dokumente/lassalle-in-mainz.html (2.9.2015).

Kulenkampff, Angela: Österreich und das Alte Reich. Die Reichspolitik des Staatskanzlers Kaunitz unter Maria Theresia und Joseph II., Köln 2005.

Kupferberg, Christian Adalbert (Hrsg., in Zusammenarbeit mit Wilhelm Treue): Christian Adalbert Kupferberg 1824–1876, Mainz/Berlin 1975.

Kusch, Katrin: Die Wiedergründung der SPD in Rheinland-Pfalz nach dem Zweiten Weltkrieg (1945–1951), Mainz 1989.

Landeszentrale für politische Bildung (Hrsg.): Verfolgung und Widerstand in Rheinland-Pfalz 1933–1945, Band 1: Gedenkstätte Osthofen – Ausstellungskatalog, Mainz 2008.

Lautzas, Peter: Die Belagerung von Mainz im Jahre 1793, in: Landtag Rheinland-Pfalz (Hrsg.): Die Mainzer Republik. Der Rheinisch-Deutsche Nationalkonvent, Mainz 1993, S. 206–212.

Leiwig, Heinz: Flieger über Rheinhessen. Der Luftkrieg 1939 bis 1945, Alzey 2002.

Leser, Hartmut: Landeskundlicher Führer durch Rheinhessen. Rheinhessisches Tafel- und Hügelland, Berlin/Stuttgart 1969.

Licht, Hans (Hrsg.): Oppenheim. Geschichte einer alten Reichsstadt, Oppenheim 1975.

Liebeschütz, Rahel: Simon Belmont (1789–1869), in: Alzey-er Geschichtsblätter 9 (1972), S. 52–75.

Ligou, Daniel: Jeanbon St. André, membre du Grand Comi-té de salut public (1749–1813), Paris 1989.

Link, Alexander: Zerstörung und Wiederaufbau, in: Keim, Anton Maria/Link, Alexander (Hrsg.): Leben in den Trümmern. Mainz 1945 bis 1948, Mainz 1985, S. 13–32.

Link, Alexander: Ernährung und Versorgung, in: Keim, Anton Maria/Link, Alexander (Hrsg.), Leben in den Trüm-mern. Mainz 1945 bis 1948, Mainz 1985, S. 89–100.

Link, Alexander: Leben in den Trümmern: Mainzer erzählen. Eine Montage von Interviewauszügen, in: Keim, Anton Maria/Link, Alexander (Hrsg.), Leben in den Trümmern. Mainz 1945 bis 1948, Mainz 1985, S. 163–195.

Link, Alexander: „Schrottelzeit". Nachkriegsalltag in Mainz, Mainz 1990.

Luban, Ottokar: Russische Bolschewiki und deutsche Links-sozialisten am Vorabend der deutschen Novemberrevolu-tion. Beziehungen und Einflussnahmen, in: Jahrbuch für historische Kommunismusforschung 22 (2009), S. 283–298.

Lubojanski, Gerhard: Als der Dampf Rheinhessen eroberte, in: Marschall, Bernhard (Hrsg.): 1250 Jahre Albansge-meinde Bodenheim. Beiträge zur Geschichte und Gegen-wart, Alzey 2003, S. 332–339.

Mahlerwein, Gunter: Die Revolution 1918/19 und ihre Aus-wirkungen in Gimbsheim am Rhein und seiner Kreisstadt Worms (masch.schriftl. Beitrag zum Gustav-Heinemann-Preis, Wettbewerb für die Schuljugend zum Verständnis deutscher Freiheitsbewegungen 1975).

Mahlerwein, Gunter: Alsheim-HALASEMIA. Geschichte eines rheinhessischen Dorfes. Band 1: Von den Anfängen bis zum Ende des 18. Jahrhunderts, Alsheim 1996.

Mahlerwein, Gunter: Die Herren im Dorf. Bäuerliche Oberschicht und ländliche Elitenbildung in Rheinhessen zwischen 1700 und 1850, Mainz 2001.

Mahlerwein, Gunter: Weizen, Wein und Weihnachtsball. 100 Jahre Landwirtschaftliches Kränzchen Alzey-Worms, Alzey 2001.

Mahlerwein, Gunter: Geschichte Bodenheims in der franzö-sischen Zeit 1792–1814, in: Marschall, Bernhard (Hrsg.), 1250 Jahre Albansgemeinde Bodenheim. Beiträge zur Vergangenheit und Gegenwart, Alzey 2003, S. 129–143.

Mahlerwein, Gunter: Alsheim-HALASEMIA. Geschichte ei-nes rheinhessischen Dorfes. Band 2: Von der französischen Revolution bis heute, Alsheim 2004.

Mahlerwein, Gunter: Policey in Worms – Normentstehung und –publikation im 18. Jahrhundert, in: Der Wormsgau 23 (2004), S. 77–86.

Mahlerwein, Gunter: Die Reichsstadt Worms im 17. und 18. Jahrhundert, in: Gerold Bönnen (Hrsg.), Geschichte der Stadt Worms, Stuttgart 2005, S. 291–352.

Mahlerwein, Gunter: Karl Marx aus Alsheim. Zur Biogra-phie eines jüdischen Lehrers und Dirigenten, in: Heimat-jahrbuch 2005 Landkreis Alzey-Worms, S. 105–107.

Mahlerwein, Gunter: Rundweg Demokratie, Worms 2007.

Mahlerwein, Gunter: The consequences of the potato blight in South Germany, in: Gráda, Cormac Ó/Paping, Richard/Vanhaute, Eric (Hrsg.): When the Potato failed. Causes and Effects of the Last European Subsistence

Crisis, 1845–1850, Turnhout 2007 (Comparative Rural History of the North Sea Area 9), S. 213–223.

Mahlerwein, Gunter: Jakobiner und ländliche Gesellschaft in linksrheinischen Dörfern im Umfeld der Mainzer Republik, in: Der Wormsgau 26 (2008), S. 39–52.

Mahlerwein, Gunter: Aufbruch im Dorf. Strukturwandel im ländlichen Raum Baden-Württembergs nach1950, Stuttgart 2008.

Mahlerwein, Gunter: Die Entwicklung der Gesellschaft von 1783 bis zum Ende des Ersten Weltkriegs, in: Bönnen, Gerold/Oelschläger, Ulrich (Hrsg.), 1783–2008. Vereinigte Kasino- und Musikgesellschaft Worms. Festschrift zur 225-Jahrfeier, Worms 2008, S. 16–119.

Mahlerwein, Gunter: Modernisierung der ländlichen Gesellschaft – der Beitrag der Suburbanisierung, in: Zeitschrift für Agrargeschichte und Agrarsoziologie 57/2 (2009), S. 13–29.

Mahlerwein, Gunter: Umbruch auf dem Land. Revolutionäre Neuerungen und traditionelle Praktiken in der rheinhessischen Landwirtschaft im 18. und 19. Jahrhundert, in: Felten, Franz J. (Hrsg.): Wirtschaft an Rhein und Mosel. Von den Römern bis ins 19. Jahrhundert, Stuttgart 2010, S. 91–112.

Mahlerwein, Gunter: Gebremste „Machtergreifung": Alsheim vor dem 30. Januar 1933 und in der Frühzeit des „Dritten Reiches", in: Kißener, Michael (Hrsg.), Rheinhessische Wege in den Nationalsozialismus. Studien zu rheinhessischen Landgemeinden von der Weimarer Republik bis zum Ende der NS-Diktatur, Worms 2010, S. 61–90.

Mahlerwein, Gunter: Johann Philipp Bandel (1785–1866). Ein Wormser Demokrat und Kunstsammler, Worms 2011.

Mahlerwein, Gunter: Rheinhessen als Raum. Raumbildungsprozesse im 18. und 19. Jahrhundert, in: Mitteilungsblatt zur rheinhessischen Landeskunde N.F. 13 (2011), S. 5–19.

Mahlerwein, Gunter: Demografie, Gesellschaft, Alltag, in: Clemens, Lukas/Felten, Franz J./Schnettger, Matthias (Hrsg.): Kreuz, Rad, Löwe. Rheinland-Pfalz. Ein Land und seine Geschichte, Band 1: Von den Anfängen der Erdgeschichte bis zum Ende des Alten Reiches, Mainz 2012, S. 607–672.

Mahlerwein, Gunter: Wirtschaftsgeschichte, in: Clemens, Lukas/Felten, Franz J./Schnettger, Matthias (Hrsg.): Kreuz, Rad, Löwe. Rheinland-Pfalz. Ein Land und seine Geschichte, Band 1:Von den Anfängen der Erdgeschichte bis zum Ende des Alten Reiches, Mainz 2012, S. 673–694.

Mahlerwein, Gunter: „Oben bleiben" – Strategien wirtschaftlicher, politischer und kultureller Positionierung der bäuerlichen Oberschicht in Südwestdeutschland 1750–1850 ?, in: Freist, Dagmar/Schmekel, Frank (Hrsg.): Hinter dem Horizont, Bd. 2 Projektion und Distinktion ländlicher Oberschichten im europäischen Vergleich, 17. bis 19. Jahrhundert, Münster 2013, S. 19–27.

Mahlerwein, Gunter: Das Dorf als Heimatfront – Rheinhessische Landgemeinden im Ersten Weltkrieg, in: Bönnen, Gerold (Hrsg.): „Eine furchtbar ernste Zeit …". Worms, die Region und der „Große Krieg" 1914 bis 1918, Worms 2014, S. 408–423.

Mahlerwein, Gunter: Zwischen ländlicher Tradition und städtischer Jugendkultur? Musikalische Praxis in Dörfern, in: Kersting, Franz-Werner/Zimmermann, Clemens (Hrsg.): Stadt-Land-Beziehungen im 20. Jahrhundert, Paderborn 2015, S. 113–136.

Mahlerwein, Gunter: Grundzüge der Agrargeschichte, Band 3: Die Moderne 1880–2010, Köln 2016.

Mahlerwein, Gunter: Nationalgüter, in: Enzyklopädie der Neuzeit Online. Ed. Friedrich Jaeger. Brill Online, 2015. Reference. 25 September 2015 http://isplb03-aux13. semantico.net/entries/enzyklopaedie-der-neuzeit/national-guter-a2912000.

Mahlerwein, Gunter: Die Geschichte der Familie Hahn in Heßloch/Hochborn (unveröffentl.Manuskript).

Mahlerwein, Gunter/Seibert,Otto Albert: Geschichte der Familie Seibert & Geschichte Hof Gernsheimerfahrt, Hamm 2006.

Mahlerwein, Helmut: 300 Jahre Gimbsheimer Ortsgeschichte, in: Gemeinde Gimbsheim (Hrsg.): 1200 Jahre Gimbsheim 767–1967. Beiträge aus der Geschichte der Gemeinde, Oppenheim 1967, S. 133–215.

Malettke, Klaus: Die Bourbonen. Band 1: Von Heinrich IV. bis Ludwig XIV. 1589–1715, Stuttgart 2008.

Martin, Anne: Die Entstehung der CDU in Rheinland-Pfalz, Mainz 1995.

Martin, Gerald P. R.: Der Wein – rheinhessischer goldener Schatz, in: Martin, Gerald P.R. (Hrsg.): Rheinhessen und das Nahetal. Weinland und Völkerbrücke, Essen 1962.

Matheus, Ricarda: „Die sogenannten hiesigen Kaufleute … sind im grunde nur Krämer". Mainzer Großhändler in der zweiten Hälfte des 18. Jahrhunderts, in: Matheus, Michael/Rödel, Walter G. (Hrsg.): Bausteine zur Mainzer Stadtgeschichte, Stuttgart 2000, S. 171–195.

Mathy, Helmut: Der Mainzer „Armenvater" A. F. Rulffs, in: Horst Reber: Goethe: „Die Belagerung von Mainz 1793". Ursachen und Auswirkungen, Mainz 1993, S. 84–89.

Mathy, Helmut: Jeanbon St. André. Der Präfekt Napoleons in Mainz und Förderer des Gutenberggedankens, Mainz 1969.

Mathy, Helmut: Der Mainzer „Armenvater" A. F. Rulffs, in: Horst Reber: Goethe: „Die Belagerung von Mainz 1793". Ursachen und Auswirkungen, Mainz 1993, S. 84–89.

Mathy, Helmut: Zerstörung und Aufbau in Mainz, in: Düwell, Kurt/Matheus, Michael (Hrsg.): Kriegsende und Neubeginn. Westdeutschland und Luxemburg zwischen 1944 und 1947, Stuttgart 1997, S. 193–243.

May, Georg: Das Recht des Gottesdienstes in der Diözese Mainz zur Zeit von Bischof Joseph Ludwig Colmar (1802–1818), Amsterdam 1987.

Mecocci, Micaela: Kathinka Zitz-Halein. Ein politisches und literarisches Frauenschicksal in Mainz zur Zeit der 1848er Revolution, in: Mainzer Geschichtsblätter 11 (1999), Mainz und Rheinhessen in der Revolution von 1848/49 , S. 85–108.

Messerschmidt, Rolf: Erinnerungskultur und gelungene Eingliederung – ein unlösbares Spannungsverhältnis? Regionalhistorische Integrationsbilanzen für Hessen und Rheinland-Pfalz, in: Krauss, Marita (Hrsg.), Integrationen. Vertriebene in den deutschen Ländern nach 1945, Göttingen 2008, S. 48–69.

Metz, Hermann: Der Weinbau des Landkreises Worms zwischen heute und morgen, in: Landkreis Worms. Monographie einer Landschaft, Darmstadt/Mainz 1963, S. 67–69.

Meyer, Hans-Georg/Mentgen, Gerd: Sie sind mitten unter uns. Zur Geschichte der Juden in Ingelheim, Ingelheim 1998, S. 294–302.

Meyer, Hans-Georg: Die Prozesse gegen die Täter der Judenpogrome, in:Meyer, Hans-Georg/Klausing, Caroline (Hrsg.):„Freudige Gefolgschaft und bedingungslose Einordnung …"? Der Nationalsozialismus in Ingelheim, Ingelheim 2011, S. 563–582.

Meyer, Hans-Georg: „Wer mit Juden handelt, gilt daher als unehrenhaft" – Die Geschichte der israelitischen Gemeinde Ingelheim, in: Meyer, Hans-Georg/Klausing, Caroline (Hrsg.):„Freudige Gefolgschaft und bedingungslose Einordnung …"? Der Nationalsozialismus in Ingelheim, Ingelheim 2011, S. 420–467.

Meyer, Hans-Georg: „Die Revolution frisst ihre Kinder" – Der Volkssturmführer Hermann Berndes, in: Meyer, Hans-Georg/Klausing, Caroline (Hrsg.):„Freudige Gefolgschaft und bedingungslose Einordnung …"? Der Nationalsozialismus in Ingelheim, Ingelheim 2011, S. 664–680.

Meyer, Michael A.: Jüdische Gemeinden im Übergang, in: Brenner, Michael/Jersch-Wenzel, Stefi/Meyer, Michael A.: Deutsch-Jüdische Geschichte in der Neuzeit, Band 2: Emanzipation und Akkulturation 1780–1871, München 1996, S. 96–134.

Michaelis, Dieter: Guntersblum im „Dritten Reich", in: Ortsgemeinde Guntersblum (Hrsg.): Guntersblumer Geschichte(n). Vergangenheit und Gegenwart eines rheinhessischen Dorfes, Band 2, Hamm/Rhein 1997, S. 101–111.

Michaelis, Dieter: Die Jüdische Gemeinde Guntersblum, Berlin 2014.

Mindermann, Kerstin: Altstadtsanierung Mainz 1972–2013, Mainz 2013.

Möhler, Rainer: Entnazifizierung in Rheinland-Pfalz und im Saarland unter französischer Besatzung von 1945 bis 1952, Mainz 1992.

Möhler, Rainer: Politische Säuberung im Südwesten unter französischer Besatzung, in: Düwell, Kurt/Matheus, Michael (Hrsg.): Kriegsende und Neubeginn. Westdeutschland und Luxemburg zwischen 1944 und 1947, Stuttgart 1997, S. 175–192.

Möhler, Rainer: Entnazifizierung in Rheinland-Pfalz unter französischer Besatzung, in: Meyer, Hans-Georg/Berkessel, Hans (Hrsg.): Die Zeit des Nationalsozialismus in Rheinland-Pfalz Band 3: „Unser Ziel – die Ewigkeit Deutschlands", Mainz 2001, S. 217–227.

Mörz, Stefan: Aufgeklärter Absolutismus in der Kurpfalz während der Mannheimer Regierungszeit des Kurfürsten Karl Theodor (1742–1777), Stuttgart 1991.

Müller, Michael Ernst/Müller, Johann: Dromersheim 756–1956, Bingen 1956.

Nagel, Daniel: „Wir haben den Krieg nicht gewollt" – Julikrise und Augusterlebnis 1914 in der Berichterstattung der Wormser Presse, in: Bönnen, Gerold (Hrsg.): „Eine furchtbar ernste Zeit …". Worms, die Region und der „Große Krieg" 1914 bis 1918, Worms 2014, S. 134–157.

Napp-Zinn, Anton Felix: Johann Friedrich von Pfeiffer und die Kameralwissenschaften an der Universität Mainz, Wiesbaden 1955.

Neubach, Helmut: Aufnahme, Eingliederung und Leistung der Vertriebenen, in: Borck, Hans-Günther/Kerber, Dieter (Hrsg.): Beiträge zu 50 Jahren Geschichte des Landes Rheinland-Pfalz, Koblenz 1997, S. 499–533.

Neumann, Detlev: Die Übergangszeit 1814–1816, in: 150 Jahre Landkreis Alzey-Worms, S. 35–46.

Neumann, Detlev: Die Provinz Rheinhessen bis zur Einrichtung der Kreisverwaltung, in: 150 Jahre Landkreis Alzey-Worms, S. 47–73.

Neumer, Franz: Friesenheim. Geschichte eines Dorfes in Rheinhessen, Alzey 2001.

Niedecken, Karl: Bingen im dreißigjährigen Krieg, Bingen o. D.

Nipperdey, Thomas: Nationalidee und Nationaldenkmal in Deutschland im 19. Jahrhundert, in: Nipperdey, Thomas: Gesellschaft, Kultur, Theorie. Gesammelte Aufsätze zur neueren Geschichte, Göttingen 1976, S. 133–176.

Nitz, Theodore Allen: „Alte Kämpfer": Association, Myth, and Ritual in theRiseof National Socialism in Volksstaat Hessen, 1920–1928, Diss. Washington 1999.

Oelschläger, Ulrich: Der Kirchenkampf und die Juden in der EKHN, in: Grunwald, Klaus-Dieter/Oelschläger, Ulrich (Hrsg.): Evangelische Landeskirche Nassau-Hessen und Nationalsozialismus. Auswertungen der Kirchenkampfdokumentation der EKHN, Darmstadt 2014, S. 295–365.

Olbrisch, Silke: Die Novemberrevolution 1918 in Worms unter besonderer Berücksichtigung des Arbeiter- und Soldatenrates, in: Archiv für hessische Geschichte und Altertumskunde 61 (2003), S. 193–226.

Oltmer, Jochen: Migration und Politik in der Weimarer Republik, Göttingen 2005.

Ortsgemeinde Dienheim (Hrsg.): 1200 Jahre Weinbaugemeinde Dienheim am Rhein, Oppenheim 1956.

Ortsgemeinde Guntersblum (Hrsg.): Guntersblumer Geschichte(n). Vergangenheit und Gegenwart eines rheinhessischen Dorfes, Band 1 und 2, Hamm/Rhein 1997.

Ortsgemeinde Schornsheim (Hrsg.): Schornsheim. Die Geschichte eines Dorfes 782–1982, o.O. und o. J.

Pakh, Judith: Die Revolution in Hessen – einige Grundzüge, in: Plener, Ulla (Hrsg.): Die Novemberrevolution 1918/1919 in Deutschland. Für bürgerliche und sozialistische Demokratie. Allgemeine, regionale und biographische Aspekte. Beiträge zum 90. Jahrestag der Revolution, Berlin 2009, S. 131–146.

Peters, Cornelia: Vom Sport zum Wehrturnen – Die Turngemeinde 1847 Nieder-Ingelheim, in: Meyer, Hans-Georg/Klausing, Caroline (Hrsg.): „Freudige Gefolgschaft und bedingungslose Einordnung …"? Der Nationalsozialismus in Ingelheim, Ingelheim 2011, S. 222–238.

Petersen, Karsten: „Ich höre den Ruf nach Freiheit". Wilhelm Emmanuel von Ketteler und die Freiheitsforderungen seiner Zeit. Eine Studie zum Verhältnis von konservativem Katholizismus und Moderne, Paderborn 2005.

Petry, Ludwig: Der Ingelheimer Grund vom Ausgang des 14. bis zur Mitte des 19. Jahrhunderts, in: Autenrieth, Johanne

(Hrsg.): Ingelheim am Rhein. Forschungen und Studien zur Geschichte Ingelheims, Ingelheim 1964, S. 201–274.

Pfeifer, Helmut: Die Anfänge der Demokratie in Bretzenheim, in: Böhme, Astrid/Wittkopf, Helga/Zehnder, Erich (Hrsg.): 1250 Jahre Bretzenheim, Mainz 2002, S. 134–137.

Pfister, Christian: Bevölkerungsgeschichte und Historische Demographie 1500–1800, München 1994.

Pfister, Hans Ulrich: Die Auswanderung der Zürcher Täufer in der Mitte des 17. Jahrhunderts, in: Leu, Urs B./Scheidegger, Christian (Hrsg.): Die Zürcher Täufer 1525–1700, Zürich 2007, hier: S. 247–276.

Planert, Ute: Vorbild oder Feindbild? Das Zeitalter Napoleons im Gedächtnis des 19. und 20. Jahrhunderts, in: Jahrbuch für Europäische Geschichte 14 (2013), S. 5–38.

Plappert, Rainer: Verkehr und Verkehrspolitik, in: Borck, Heinz-Günther (Hrsg.): Beiträge zu 50 Jahren Geschichte des Landes Rheinland-Pfalz, Koblenz 1997.

Pollard, Annegret Faulstroh: Carnival as history: Mainz 1838–1888, Michigan, Univ. Diss 1993.

Post, Rudolf: Landwirtschaft und landwirtschaftliche Zwangsarbeit in der NS-Zeit am Beispiel der Orte Gabsheim und Schornsheim (Kreis Alzey-Worms), in: Museum Alzey und Altertumsverein für Alzey und Umgebung e.V. (Hrsg.), „Beseelt mit Hitlergeist" … bis zum bitteren Ende. Nationalsozialismus im Alzeyer Land. Begleitband zur Sonderausstellung im Museum Alzey 2012, S. 267–290.

Pott, Rosemarie: Die wirtschaftliche Entwicklung der Stadt Mainz unter dem Großherzogtum Hessen 1815–1914, Diss. Mainz 1968.

Press, Volker: Kriege und Krisen. Deutschland 1600–1715, München 1991.

Prieß, Karl: Hechtsheim zur Zeit des Nationalsozialismus. „Drittes Reich" von 1933–1945, Mainz-Hechtsheim 2003 (Schriftenreihe des Vereins für Hechtsheimer Ortsgeschichte 10).

Pulzer, Peter: Die Wiederkehr des alten Hasses, in: Lowenstein, Steven M./Mendes-Flohr, Paul/Pulzer, Peter/Richarz, Monika: Deutsch-jüdische Geschichte in der Neuzeit, Dritter Band: Umstrittene Integration 1871–1918, München 1997, S. 193–248.

Rack, Klaus-Dieter/Vielsmeier, Bernd (Hrsg.), Hessische Abgeordnete 1820–1933. Biografische Nachweise für die Erste und Zweite Kammer der Landstände des Großherzogtums Hessen 1820–1918 und den Landtag des Volksstaats Hessen 1919–1933, Darmstadt 2008.

Radkau, Joachim: Die Ära der Ökologie. Eine Weltgeschichte. München 2011.

Rapp, Eugen Ludwig/Böcher, Otto: Die Geschichte der Oppenheimer Juden und das hebräische Inschriftfragment am Gelben Haus, in: Stadt Oppenheim (Hrsg.): 1200 Jahre Oppenheim am Rhein, Oppenheim 1965, S. 91–105.

Raumer, Kurt von: Die Zerstörung der Pfalz von 1689 im Zusammenhang der französischen Rheinpolitik, München/Berlin 1930.

Raymond, Petra: Von der Landschaft im Kopf zur Landschaft aus Sprache: die Romantisierung der Alpen in den Reiseschilderungen und die Literarisierung des Gebirges in der Erzählprosa der Goethezeit, Tübingen 1993.

Reichardt, Rolf E.: Das Blut der Freiheit. Französische Revolution und demokratische Kultur, Frankfurt/M. 1998.

Reidel, Katharina M.: Die Stadt des Domkapitels, in: Helmut Mathy (Hrsg.), Bingen. Geschichte einer Stadt am Mittelrhein. Vom frühen Mittelalter bis zum 19. Jahrhundert, Mainz 1989, S. 73–170.

Reimann, Anton: Trauungen Auswärtiger im katholischen Kirchenbuch Worms-Herrnsheim 1633–1798, in: Pfälzisch-rheinische Familienkunde 7 (1971), S. 181–198.

Reinhard, Wolfgang: Geschichte der Staatsgewalt. Eine vergleichende Verfassungsgeschichte von den Anfängen bis zur Gegenwart, München 1999.

Reinhardt, Achim: Tschugujewka II am Rhein – zwölf Jahre nach Ankunft der Pfingstler. Bemerkungen zu Migration und Kulturtransfer am Beispiel der „Pfingstgemeinde" in Guntersblum, in: Informationen – Volkskunde in Rheinland-Pfalz 15 (2000), S. 43–54.

Reitzel, Adam Michael: Geschichte der Gesellschaft „Casino Hof zum Gutenberg" Mainz/Rhein, Mainz 1973.

Rettinger, Elmar: Das Handwerk, in: Kandler, Otto/Licht, Wolfgang/Rettinger, Elmar (Hrsg.): Der Landkreis Mainz-Bingen. Region und Unterricht, Bad Kreuznach 1997, S. 231–238.

Rettinger, Elmar: Die Umgebung der Stadt Mainz und ihre Bevölkerung vom 17. bis 19. Jahrhundert, Stuttgart 2002.

Rettinger, Elmar: Zweitausend Jahre wechselvolle Geschichte – Nieder-Olm von den Anfängen bis 1945, in: Kirschner, Hans Valentin/Kuhl, Dieter/Rettinger, Elmar (Hrsg.): Nieder-Olm im Herzen von Rheinhessen. Geschichte und Gegenwart, Mainz 2014, S. 13–42.

Reuter, Fritz: Peter und Johann Friedrich Hamman. Handzeichnungen von Worms aus der Zeit von und nach der Stadtzerstörung 1689 im „Pfälzischen Erbfolgekrieg", Worms 1989.

Reuter, Fritz: Karl Hofmann und „das neue Worms". Stadtentwicklung und Kommunalbau 1882–1918, Darmstadt/Marburg 1993.

Reuter, Fritz: Worms zwischen Reichsstadt und Industriestadt 1800–1882, Worms 1993.

Reuter, Fritz: Worms 1933. Zeitzeugnisse und Zeitzeugen, Worms 1994.

Reuter, Fritz: Warmaisa – das jüdische Worms. Von den Anfängen bis zum jüdischen Museum des Isidor Kiefer (1924), in: Bönnen, Gerold (Hrsg.): Geschichte der Stadt Worms, Stuttgart 2005, S. 664–690.

Reves, Christiane: Von Kaufleuten, Stuckateuren und Perückenmachern. Die Präsenz von Italienern in Mainz im 17. und 18. Jahrhundert, in: Matheus, Michael/Rödel, Walter G. (Hrsg.): Bausteine zur Mainzer Stadtgeschichte, Stuttgart 2000, S. 135–160.

Rheingans, Stefan, Handel und Handwerk in der geistlichen Residenzstadt Mainz im 18. Jahrhundert. Aspekte sozialer Strukturen und sozialen Verhaltens, in: Matheus, Michael/Rödel, Walter G. (Hrsg.): Bausteine zur Mainzer Stadtgeschichte, Stuttgart 2000, S. 161–170.

Richarz, Monika: Die Entwicklung der jüdischen Bevölkerung, in: Meyer, Michael H. (Hrsg.): Deutsch-Jüdische Geschichte in der Neuzeit III: Umstrittene Integration 1871–1918, München 1997, S. 13–38.

Rinker-Olbrisch, Margit/Olbrisch, Torben: Der Wormser Veteranen-Verein und sein Denkmal von 1848 für die Kriegsteilnehmer in der Grande Armée Napoleons, in: Der Wormsgau 26 (2008), S. 53–74.

Rinker-Olbrisch, Margit: Alles nur ein „Kartenspiel"? – die Versorgung der Zivilbevölkerung, in: Bönnen, Gerold (Hrsg.): „Eine furchtbar ernste Zeit …". Worms, die Region und der „Große Krieg" 1914 bis 1918, Worms 2014, S. 304–407.

Rödel, Eva: Der Streit um die Bekenntnisschule. Der „Schulkampf" in Rheinhessen und seine Folgen 1952–1955, Ubstadt-Weiher u. a. 2013.

Rödel, Walter G.: Leben, Lieben, Sterben. Die Bevölkerung in der Neuzeit, in: Dumont, Franz/Ferdinand Scherf/Friedrich Schütz (Hrsg.), Mainz. Die Geschichte der Stadt, Mainz 1998, S. 651–678.

Roemer, Nils: Die touristische Konstruktion jüdischer Vergangenheiten in Worms, in: Werkstatt Geschichte 36 (2004), S. 57–72.

Rosenau, Renate unter Mitarbeit von Gunda John und Hedi Klee: Die Alzeyer Landes-Heil- und Pflegeanstalt in der Zeit des Nationalsozialismus, in: Willenberg, Wolfgang (Hrsg.):100 Jahre Rheinhessen Fachklinik. Festschrift zum 100jährigen Gründungsjubiläum, Alzey 2008, S. 66–100.

Rosenau, Renate: Auslesen und Ausmerzen: Nationalsozialistische Medizinverbrechen an Ingelheimern, in: Meyer, Hans-Georg/Klausing, Caroline (Hrsg.):„Freudige Gefolgschaft und bedingungslose Einordnung …"? Der Nationalsozialismus in Ingelheim, Ingelheim 2011, S. 383–419.

Rothenberger, Karl-Heinz: Die Hungerjahre nach dem Zweiten Weltkrieg. Ernährungs- und Landwirtschaft in Rheinland-Pfalz 1945–1950, Boppard 1980.

Rothenberger, Karl-Heinz: Die Amerikaner in der Pfalz und in Rheinhessen (1950–2010). Große Politik – Militär – Ziviles, Kaiserslautern 2010.

Rowe, Michael: Between Empire and Hometown: Napoleonic Rule on the Rhine, 1799–1814, in: The Historical Journal 42 (1999), S. 643–674.

Rowe, Michael: From Reich to State. The Rhineland in the Revolutionary Age, 1780–1830, Cambridge 2003.

Rowe, Michael: France, Prussia, or Germany? The Napoleonic Wars and Shifting Allegiances in the Rhineland, in: Central European History 39 (2006), S. 611–640.

Ruckert, Frederic: Zwangssterilisationen im Dritten Reich 1933–1945. Das Schicksal der Opfer am Beispiel der Frauenklinik des Städtischen Krankenhauses und der Hebammenlehranstalt Mainz, Stuttgart 2012.

Ruiz, Alain: Bemerkungen zur Entstehung der Napoleon-Legende, in: George, Marion/Rudolph, Andrea (Hrsg.): Napoleons langer Schatten über Europa, Dettelbach 2008, S. 409–422.

Rummel, Walter/Maier, Franz/Hennig, Joachim: Verfassung, Verwaltung und Justiz, in: Kahlenberg, Friedrich P./

Kißener, Michael: Kreuz, Rad, Löwe. Rheinland-Pfalz. Ein Land und seine Geschichte, Band 2: Vom ausgehenden 18. bis zum 21. Jahrhundert, Mainz 2012, S. 179–258.

Rupert-Kelly, Martina: Der Einsatz von ausländischen Zwangsarbeitern – Eine Spurensuche, in: Meyer, Hans-Georg/Klausing, Caroline (Hrsg.):„Freudige Gefolgschaft und bedingungslose Einordnung …"? Der Nationalsozialismus in Ingelheim, Ingelheim 2011, S. 343–380.

Sandner, Peter: „…zum Leben gewiß nicht mehr tauglich gewesen". Mainzer Opfer der NS-„Euthanasie"-Verbrechen und die Rolle von Mainz und Rheinhessen im Rahmen der sogenannten „Vernichtung lebensunwerten Lebens", in: Mainzer Geschichtsblätter 9 (1994), S. 89–129.

Schaab, Meinrad: Geschichte der Kurpfalz, Band 2: Neuzeit, Stuttgart/Berlin/Köln 1992.

Schaaf, Erwin: Schulpolitik, Schule und Hochschule, in: Borck, Heinz-Günther (Hrsg.): Beiträge zu 50 Jahren Geschichte des Landes Rheinland-Pfalz, Koblenz 1997, S. 315–344.

Schätzel, Otto/Doka, Frank: Marktwirtschaftliche Ausbildung und Beratung : zeitgemäß, notwendig, aktuell, in: Fuchß, Peter (Hrsg.): Festschrift 100 Jahre Staatliche Lehr- und Versuchsanstalt Oppenheim. 1895–1995, Oppenheim 1995, S. 82–103.

Schiffel, Sina: Jakob Steffan – Streitbarer Sozialdemokrat, Verfolgter des NS-Regimes, Politiker der „ersten Stunde" in Rheinland-Pfalz, in: Mainzer Geschichtsblätter 15 (2014): Lebensläufe in Zeiten der Diktatur 1933–1945, S. 195–208.

Schiffmann, Dieter/Nestler, Gerhard/Becker, Klaus J.: Öffentlichkeit und Gesellschaft: Parteien, Gewerkschaften, Medien, in: Kahlenberg, Friedrich P./Kißener, Michael: Kreuz, Rad, Löwe. Rheinland-Pfalz. Ein Land und seine Geschichte, Band 2: Vom ausgehenden 18. bis zum 21. Jahrhundert, Mainz 2012, S. 389–480.

Schlachta, Astrid von: Gefahr oder Segen? Die Täufer in der politischen Kommunikation, Göttingen 2007.

Schlemmer, Martin: „Los von Berlin": die Rheinstaatbestrebungen nach dem Ersten Weltkrieg, Köln/Weimar/Wien 2007.

Schlösser, Annelore/Schlösser, Karl: Keiner blieb verschont. Die Judenverfolgung 1933–1945 in Worms, Worms 1987.

Schmahl, Helmut: Die Auswanderung aus Rheinhessen im 18. und 19. Jahrhundert unter besonderer Berücksichtigung von Ober-Flörsheim und Umgebung, unveröff. Staatsexamensarbeit, Mainz 1993.

Schmahl, Helmut: „Deutschland liefert uns gegenwärtig eine schlimme Zeit …" Lebensbedingungen in Rheinhessen in den Jahren vor 1848, in: Mainzer Geschichtsblätter 11 (1999), Mainz und Rheinhessen in der Revolution von 1848/49, S. 7–19.

Schmahl, Helmut: Verpflanzt, aber nicht entwurzelt. Die Auswanderung aus Hessen-Darmstadt (Provinz Rheinhessen) nach Wisconsin im 19. Jahrhundert, Frankfurt/Main 2000.

Schmahl, Helmut: Das Simultaneum in Gau-Odernheim vom 17. bis zum 19. Jahrhundert, in: Mitteilungsblatt zur rheinhessischen Landeskunde Neue Folge 6 (2004), S. 17–24.

Schmahl, Helmut: Radikalpietisten in der atlantischen Welt: Die Auswanderung der Gimbsheimer „Erweckten" nach Ephrata/Pennsylvania in den Jahren 1749 und 1751, in: Mitteilungsblatt zur rheinhessischen Landeskunde N.F 7 (2005), S. 17–36.

Schmahl, Helmut: Aufbruch nach Amerika. Die deutsche und rheinland-pfälzische Nordamerika-Auswanderung im 18. und 19. Jahrhundert, in: Auswanderung nach Amerika, Mainz 2009 (Schriftenreihe des Landtags Rheinland-Pfalz 43), S. 91–134.

Schmelz, Uziel Oskar: Die jüdische Bevölkerung Hessens von der Mitte des 19. Jahrhunderts bis 1933, Tübingen 1996.

Schmitt, Friedrich: Die provisorische Verwaltung des Gebietes zwischen Rhein, Mosel und französischer Grenze durch Österreich und Bayern in den Jahren 1814–1816, Meisenheim/Glan 1961.

Schmitz-Berning, Cornelia: Vokabular des Nationalsozialismus, Berlin ²2007.

Schmuck, Heiko: Ober-Hilbersheim. Illustrierte Dokumentation eines rheinhessischen Dorfes im 19. und 20. Jahrhundert, Horb/Neckar 1999.

Schmuck, Tobias: „Rückkehr in die Gemeinschaft des Volkes nicht versagt" – Entnazifizierung am Beispiel Ingelheims, in: Meyer, Hans-Georg/Klausing, Caroline (Hrsg.):„Freudige Gefolgschaft und bedingungslose Einordnung …"? Der Nationalsozialismus in Ingelheim, Ingelheim 2011, S. 545–562.

Schnabel-Schüle, Helga: Kirche und Konfessionen, in: Clemens, Lukas/Felten, Franz J./Schnettger, Matthias (Hrsg.), Kreuz, Rad, Löwe. Rheinland-Pfalz. Ein Land und seine Geschichte, Band 1:Von den Anfängen der Erdgeschichte bis zum Ende des Alten Reiches, Mainz 2012, S. 695–754.

Schneider, Dieter Marc: Französische Besatzungspolitik in Deutschland: Le reve d'une „libération" des pays rhénans, in: Mehringer, Hartmut/Schwartz, Michael/Wentker, Hermann (Hrsg.): Erobert oder befreit? Deutschland im internationalen Kräftefeld und die Sowjetische Besatzungszone (1945/46), München 1998, S. 29–43.

Schneider, Michael: Unterm Hakenkreuz. Arbeiter und Arbeiterbewegung 1933 bis 1939, Bonn 1999.

Schneider, Thomas: Charisma im Alltag. Anmerkungen zum Spaltungsprozeß einer Pfingstgemeinde, in: Informationen – Volkskunde in Rheinland-Pfalz 17 (2002), S. 59–85.

Schnettger, Matthias: Die Territorien im Überblick, in: Clemens, Lukas/Felten, Franz J./Schnettger, Matthias (Hrsg.): Kreuz, Rad, Löwe. Rheinland-Pfalz. Ein Land und seine Geschichte, Band 1: Von den Anfängen der Erdgeschichte bis zum Ende des Alten Reiches, Mainz 2012, S. 537–573.

Schnettger, Matthias: Politische Ereignisse von der Reformation bis zur Französischen Revolution, in: Clemens, Lukas/Felten, Franz J./Schnettger, Matthias (Hrsg.), Kreuz, Rad, Löwe. Rheinland-Pfalz. Ein Land und seine Geschichte, Band 1: Von den Anfängen der Erdgeschichte bis zum Ende des Alten Reiches, Mainz 2012, S. 505–536.

Scholl, Hermann: Chronik Gau-Heppenheim. Häuser – Höfe – Heppenheimer, Alzey 2004.

Schrohe, Heinrich: Die Stadt Mainz unter kurfürstlicher Verwaltung (1462–1792), Mainz 1920.

Schüler, Eugen/Roschy, Richard: Worms-Leiselheim. Ortschronik, Worms 2001.

Schütz, Friedrich: (Hrsg.), Die Machtergreifung der Nationalsozialisten 1933 in Mainz. Eine Dokumentation, Mainz 1983, S. 138–145.

Schütz, Friedrich: Der Vormärz in Mainz und Rheinhessen, in: Hambach 1832. Anstöße und Folgen, Wiesbaden 1984 (Geschichtliche Landeskunde 24), S. 77–99.

Schütz, Friedrich:, 900 Jahre Mainz-Finthen, Mainz 1992.

Schütz, Friedrich: Vom Ersten zum Zweiten Weltkrieg (1914–1945), in: Dumont, Franz/Scherf, Ferdinand/Schütz, Friedrich (Hrsg.): Mainz. Die Geschichte der Stadt, Mainz 1998, S. 475–509.

Schütz, Friedrich: Magenza, das jüdische Mainz, in: Dumont, Franz/Scherf, Ferdinand/Schütz, Friedrich (Hrsg.): Mainz. Die Geschichte der Stadt, Mainz 1998, S. 679–702.

Schütz, Friedrich: Die moderne Mainzer Fastnacht, in: Dumont, Franz/Scherf, Ferdinand/Schütz, Friedrich (Hrsg.): Mainz. Die Geschichte der Stadt, Mainz 1998, S. 809–834.

Schütz, Friedrich: Hechtsheim im 19. Jahrhundert, in: Hechtsheimer Ortsgeschichte. Hechtsheim im 19. Jahrhundert (Schriftenreihe des Vereins Hechtsheimer Ortsgeschichte VII, Dezember 2000), S. 33–103.

Schulz, Andreas: Herrschaft durch Verwaltung. Die Rheinbundreformen in Hessen-Darmstadt unter Napoleon (1803–1815), Stuttgart 1991.

Schulz, Andreas: Der „deutsche" Napoleon – charismatisches Vorbild der Nationalbewegung?, in: Möller, Frank (Hrsg.), Charismatische Führer der deutschen Nation, München 2004, S. 19–42.

Schulz, Andreas: Lebenswelt und Kultur des Bürgertums im 19. und 20. Jahrhundert, München 2005.

Schwamb, Walter: 1225 Jahre Köngernheim. Von Cuningesheim bis Köngernheim. Ein Dorf und seine Geschichte, Köngernheim 2006.

Schwedt, Herbert: Wein und Festkultur im 20. Jahrhundert, in: Gerlich, Alois (Hrsg.): Weinbau, Weinhandel und Weinkultur, Stuttgart 1993, S. 283–293.

Schwedt, Herbert: Der Prinz, der Rhein, der Karneval, in: Matheus, Michael (Hrsg.): Fastnacht/Karneval im europäischen Vergleich, Stuttgart 1999, S. 62–83.

Seibert, Winfried: Dolgesheimer Mord. Der Tod des Juden Julius Frank im Frühjahr 1933. Eine Annäherung, Frankfurt/M. ²2002.

Seibert, Winfried: Das Kornsandverbrechen und die Justiz, online unter: http://www.hans-dieter-arntz.de/das_kornsandverbrechen_und_die_justiz.html (4.7.2015).

Siemann, Wolfram: „Deutschlands Ruhe, Sicherheit und Ordnung". Die Anfänge der politischen Polizei 1806–1866, Tübingen 1985.

Siemann, Wolfram: Vom Staatenbund zum Nationalstaat. Deutschland 1806–1871, München 1995.

Sommer, Michael: Flüchtlinge und Vertriebene in Rheinland-Pfalz. Aufnahme, Unterbringung und Eingliederung, Mainz 1990.

Spangenberg, Ilse: Hessen-Darmstadt und der Deutsche Bund 1815–1848, Darmstadt 1969.

Sperber, Jonathan: Rhineland Radicals. The Democratic Movement and the Revolution of 1848–1849, Princeton 1991.

Sprenger, Kai-Michael: Friedrich Lehne und die Griechenbegeisterung in Mainz zu Beginn des 19. Jahrhunderts. Zur Resonanz freiheitlicher Bewegungen in Mainz, in: Mainzer Geschichtsblätter 11 (1999) S. 170–190.

Springorum, Ulrich: Entstehung und Aufbau der Verwaltung in Rheinland-Pfalz nach dem Zweiten Weltkrieg (1945–1947), Berlin 1982.

Staatliche Rhein-Neckar-Hafengesellschaft (Hrsg.): Rhein-Neckar-Hafen Mannheim. Einblick in die Entwicklung eines Binnenhafens, Mannheim ²1999.

Stadt Gau-Algesheim (Hrsg.): Gau-Algesheim. Historisches Lesebuch, Gau-Algesheim 1999.

Stauder, Heiner: „Fast alle Hauptarthen werden hier vortheilhaftgebauet", Streiflichter aus der Geschichte der Bretzenheimer Landwirtschaft in vorindustrieller Zeit, in: Astrid Böhme/Helga Wittkopf/Erich Zehnder (Hrsg.), 1250 Jahre Bretzenheim, S. 122–125.

Steen, Jürgen: Vormärzliche Gutenbergfeste (1837 und 1840), in: Düding, Dieter/Friedmann, Peter/Münch, Paul (Hrsg.), Öffentliche Festkultur, Reinbek 1988, S. 147–165.

Stein, Christina: Ludwig Schwamb – ein rheinhessischer Widerstandskämpfer gegen die nationalsozialistische Diktatur, in: Mainzer Geschichtsblätter 15 (2014): Lebensläufe in Zeiten der Diktatur 1933–1945, S. 209–231.

Stein, Wolfgang Hans: Französisch als Sprache der Verwaltungsöffentlichkeit in den rheinischen Departements 1798 bis 1814. Ein aktenkundlicher Befund, in: Lüsebrink, Hans-Jürgen/Reichardt, Rolf (Hrsg.): Kulturtransfer im Epochenumbruch: Frankreich – Deutschland 1770 bis 1815. Band 1, Leipzig 1997, S. 259–308.

Steinbauer, Pia: Der verordnete Jubel – die nationalsozialistische Festkultur, in: Meyer, Hans-Georg/Klausing, Caroline (Hrsg.):„Freudige Gefolgschaft und bedingungslose Einordnung …"? Der Nationalsozialismus in Ingelheim, Ingelheim 2011, S. 239–254.

Stefan, Jacqueline: Die Wirtschaft Rheinhessens, in: Rheinhessen. Landschaft, Wein und Kultur, Mannheim 1970, S. 47–53.

Stievermann, Dieter: Absolutismus und Aufklärung (1648–1806), in: Schaab, Meinrad/Schwarzmaier, Hansmartin (Hrsg.): Handbuch der baden-württembergischen Geschichte, Band 1: Allgemeine Geschichte Teil 2: Vom Spätmittelalter bis zum Ende des Alten Reiches, Stuttgart 2000, S. 307–456.

Storm, Monika: Bildung und Wissenschaft, in: Kahlenberg, Friedrich P./Kißener, Michael: Kreuz, Rad, Löwe. Rheinland-Pfalz. Ein Land und seine Geschichte, Band 2: Vom ausgehenden 18. bis zum 21. Jahrhundert, Mainz 2012, S. 621–662.

Süß, Martin: Rheinhessen unter französischer Besatzung. Vom Waffenstillstand im November 1918 bis zum Ende der Separatistenunruhen im Februar 1924, Stuttgart 1988.

Teske, Frank: Die Mainzer Nagelsäule – zur Geschichte eines Mainzer Denkmals, in: Mainz und der Erste Weltkrieg, Mainzer Geschichtsblätter 14 (2008), S. 79–90.

Théofilakis, Fabien: „Vergesst die deutschen Kriegsgefangenen nicht!" Die deutsche Gesellschaft, die französische Besatzungsherrschaft und die christlichen Kirchen (1945–1948), in: Francia 35 (2008), S. 453–484.

Tilger, Anne-Marie/Woog, Carl: Chronik von Bingerbrück, Bingen 1986.

Ullrich, Volker: Das erhabene Ungeheuer: Napoleon und andere historische Reportagen, München 2008, S. 27–30.

Ulrich, Axel: Politischer Widerstand gegen das „Dritte Reich" im Rhein-Main-Gebiet, Wiesbaden 2006, S. 203–225.

Ulrich, Axel: Politischer Widerstand gegen den Nationalsozialismus in Mainz, in: Dobras, Wolfgang (Hrsg.): Der Nationalsozialismus in Mainz 1933–45, Mainz 2008, S. 93–106.

Ulrich, Axel: Zum politischen Widerstand gegen das „Dritte Reich" in Mainz, in: Mainzer Zeitschrift 103 (2008), S. 215–229.

Urhegyi, Karl: 4400 Jahre Uhlerborn, online unter: http://www.regionalgeschichte.net/rheinhessen/heidesheim/einzelaspekte/ortsteil-uhlerborn.html (13.6.2015).

Verein Hechtsheimer Ortsgeschichte (Hrsg.): Hechtsheim vom Ende des Zweiten Weltkriegs bis zur Eingemeindung 1945–1969, Mainz-Hechtsheim 2007.

Vey, Anno: Ingelheim während der Kriegsjahre 1939–1945, Ingelheim 2009.

Vogler, Bernard: Artikel Simultaneum, in: Theologische Realenzyklopädie 31, S. 280–283.

Weber, Christiane: Kriegsgefangenschaft in den Rheinwiesenlagern (1945 bis 1948), Mainz/Osthofen 2015 (Blätter zum Land 63).

Weber, Friedrich W.: Graf Ludwig, der letzte Kolb von Wartenberg: mit Nachrichten über die pfälzische Grafschaft Wartenberg und die Grafschaft Wartenberg-Roth in Oberschwaben, Otterbach 1988.

Wehler, Hans-Ulrich: Deutsche Gesellschaftsgeschichte, Zweiter Band: Von der Reformära bis zur industriellen und politischen „Deutschen Doppelrevolution" 1815–1845/49, München 1987.

Wehler, Hans-Ulrich: Deutsche Gesellschaftsgeschichte, Vierter Band: Vom Beginn des ersten Weltkriegs bis zur Gründung der beiden deutschen Staaten 1914–1949, München 2003.

Weisrock, Peter: Die jüdische Gemeinde von Nieder-Olm, in: Kirschner, Hans-Valentin/Kuhl, Dieter/Rettinger, Elmar (Hrsg.): Nieder-Olm im Herzen von Rheinhessen. Geschichte und Gegenwart, Mainz 2014, S. 107–124.

Werner, Ferdinand: Von Wohnhäusern, Landsitzen und Villen, in: Bönnen, Gerold/Werner, Ferdinand (Hrsg.): Die Wormser Industriellenfamilie von Heyl. Öffentliches und privates Wirken zwischen Bürgertum und Adel, Worms 2010, S. 187–312.

Wettengel, Michael: Die Revolution von 1848/49 im Rhein-Main-Raum. Politische Vereine und Revolutionsalltag im Großherzogtum Hessen, Herzogtum Nassau und in der Freien Stadt Frankfurt, Wiesbaden 1989.

White, Dan S.: The Splintered Party. National Liberalism in Hessen and the Reich 1867–1918, Cambridge/Massachusets 1976.

Wild, Adolf: Gutenberg als revolutionäre Losung. Von der Spätaufklärung und den Mainzer Jakobinern zum Gutenbergfest von 1837, in: Landtag Rheinland-Pfalz (Hrsg.): Die Mainzer Republik. Der Rheinisch-Deutsche Nationalkonvent, Mainz 1993, S. 282–290.

Wiegers, Hilke: Vor 50 Jahren – Inferno am Rhein-Nahe-Eck, in: Binger Geschichtsblätter 18 (1995), S. 7–40.

Wiegers, Hilke: Gensingen. Spannende Geschichte(n) einer lebendigen rheinhessischen Gemeinde, Gensingen 2014.

Wimmer, Clemens Alexander: Der Mathildenhof in Nierstein: Zur Geschichte und Baugeschichte, online unter: http://www.ahr-info.de/fileadmin/Nierstein_Bau_III.pdf (16.9.2014).

Wimmer, Clemens Alexander: Die Gartenanlage Mathildenhof in Nierstein, online unter: http://www.ahr-info.de/fileadmin/downloads/vertiefungsstudie_auszug2.pdf (16.9.2014).

Winkler, Heinrich August: Weimar 1918–1933. Die Geschichte der ersten deutschen Demokratie, München 1993.

Winkler, Heinrich August: Der lange Weg nach Westen. Band 1: Deutsche Geschichte vom Ende des Alten Reiches bis zum Untergang der Weimarer Republik, München ⁴2002.

Wippermann, Karl: „Jaup, Heinrich Karl", in: Allgemeine Deutsche Biographie, 13 (1881), S. 733–736, online unter: http://de.wikisource.org/wiki/ADB:Jaup,_Carl (2.1.2015).

Wirth, Eva: Koblenz oder Mainz? Die rheinland-pfälzische Landeshauptstadtfrage, Mainz 2010 (Blätter zum Land 1/2010).

Wolfrum, Edgar: Das Bild der „düsteren Franzosenzeit". Alltagsnot, Meinungsklima und Demokratisierungspolitik in der französischen Besatzungszone nach 1945, in: Martens, Stefan (Hrsg.): Vom „Erbfeind" zum „Erneuerer". Aspekte und Motive der französischen Deutschlandpolitik nach dem Zweiten Weltkrieg, Sigmaringen 1993, S. 87–115.

Woog, Carl: Bingerbrück in schwerer Zeit, in: Binger Geschichtsblätter 7 (1982), S. 24–35.

Würz, Markus: „Gruß aus Hitlerhausen (z. Zt. noch Stadecken genannt)" – Die „Burg" der NS-Bewegung im nördlichen Rheinhessen, in: Kißener, Michael (Hrsg.): Rheinhessische Wege in den Nationalsozialismus. Studien zu rheinhessischen Landgemeinden von der Weimarer Republik bis zum Ende der NS-Diktatur, Worms 2010, S. 235–261.

Würz, Markus: Kampfzeit unter französischen Bajonetten. Die NSDAP in Rheinhessen in der Weimarer Republik, Stuttgart 2012.

Ziehen, Wolfgang: Wald und Steppe in Rheinhessen. Ein Beitrag zur Geschichte der Naturlandschaft, Mainz 1968.

Zink, Frank: Die Chronik der Gemeinde Framersheim: die Geschichte unseres Dorfes, Alzey 1998.

Zschunke, Peter: Konfession und Alltag in Oppenheim. Beiträge zur Geschichte von Bevölkerung und Gesellschaft einer gemischtkonfessionellen Kleinstadt in der Frühen Neuzeit, Wiesbaden 1984.

Zucker, Stanley: Kathinka Zitz-Halein and female civic activism in mid-nineteenth century Germany, Illinois 1991.

Zucker, Stanley: Ludwig Bamberger, German Liberal Politician and Social Critic, 1823–1899, Pittsburgh 1975.

Zurowski, Marek: Hahnheim 764–1990. Aus der Geschichte einer rheinhessischen Weinbaugemeinde, Horb am Neckar 1991.

Abbildungsnachweis

Wir haben uns bemüht, für alle Abbildungen die entsprechenden Rechteinhaber zu ermitteln. Sollten dennoch Ansprüche offen sein, bitten wir um Benachrichtigung.

Titelbild: Hessisches Staatsarchiv Darmstadt, R4 Nr. 4251 UF; © dieth & schröder / Rheinhessenwein e. V.; Aufnahme: Thomas Huckle, Wendelsheim; Privatbesitz Weingut Domhof, Familie Baumann, Guntersblum.

Foto/Abb: Museum Alzey (S. 18, 171, 272, 273, 274, 303, 372).

Foto: Museum Alzey/Blu (S. 343).

bpk | IMEC, Fonds MCC | Gisèle Freund (S. 275).

Hessisches Staatsarchiv Darmstadt, SignaturE 1/L 41/2, (S. 16).

Archiv des DRK Gau-Algesheim, heute vertreten durch den Vorstandsvorsitzenden Herr Raimund Haus (S. 255).

Boehringer Ingelheim Historisches Archiv (S. 180).

© GDKE_UrsulaRudischer(Landesmuseum Mainz) (S. 138).

© fotoarchiv rpw ingelheim (S. 280).

MWKEL RLP & MULEWF RLP (2013). = Ministerium für Wirtschaft, Klimaschutz, Energie und Landesplanung Rheinland-Pfalz & Ministerium für Landwirtschaft, Ernährung, Weinbau und Forsten Rheinland-Pfalz (Hrsg., 2013): Weinbergsböden in Rheinland-Pfalz: Steine.Böden.Terroir. Mainz (S. 21).

Stadtarchiv Mainz, BPSF / 124 A (S. 341); BPSF / 419 A (S. 291); BPSF / 1149 A (S. 296); BPSF / 1152 A (S. 169); BPSF / 2367 A (S. 181); BPSF / 2539 A (S. 159); BPSF / 2778 A (S. 92); BPSF / 13028 A (S. 341); BPSF / 13630 A (S. 182); BPSF / 15032 A (S. 264); BPSK / 36 (S. 258); BPSK / 625 (S. 261).

Wissenschaftliche Stadtbibliothek Mainz, Johannes Neeb: Hinterlassene Schriften. Mit dem Porträt und der Biographie des Verfassers. Mainz, Evler 1846, Signatur 17/114 a (S. 123).

Kompetenzzentrum Weinmarkt & Weinmarketing, Rheinland-Pfalz. DIENSTLEISTUNGSZENTRUM LÄNDLICHER RAUM (DLR), RHEINHESSEN NAHE HUNSRÜCK (S. 29).

NS-Dokumentationszentrum Rheinland-Pfalz (S. 279).

Landesarchiv Speyer, G11 Nr. 113 I (S. 113); LAS X3 Nr. 111 (S. 295).

Stadtarchiv Wiesbaden(S. 307).

Herzog August Bibliothek Wolfenbüttel, a-07379 (S. 208); a-24862 (S. 229).

Stadtarchiv Worms, Abt. 1B Nr. 48-13 (S. 48); Abt. 1B Nr. 48-14 (S. 46); Abt. 185 Nr. 503, S. 10 (S. 332); Abt. 217 Nr. 371 (S. 178); Abt. 218 Nr. 47-1 (S. 52); CH2033 (S. 253); CH2082 (S. 252); E0160 (S. 295); F0981/26 (S. 341); F1405/40 (S. 338); F2477/14 (S. 339); H2102/1 (S. 289); JRO_0198_05 (S. 349); JRO_2749_05 (S. 347); M01024 (S. 313); M01055/1 (S. 312); M12157/2 (S. 374); OG248 (S. 371).

Gottfried Braun, Schwabenheim (S. 307).

Viktor Bruchert, Projektgruppe Eurofolkfestival (S. 379).

© Jacques-Louis David, via Wikimedia Commons [public domain]: https://commons.wikimedia.org/wiki/File%3AJeanbon_St._Andr%C3%A9_1795_portrait_by_Jacques-Louis_David.jpeg (S. 111).

Frauen in Rheinhessen – 1816 bis heute

Petra Plättner / Susanne Kern (Hrsg.)

224 Seiten, 103 Abbildungen
16,5 x 21 cm
geb. mit Schutzumschlag und Lesebändchen

€ 19,90 (D) / 19,90 sFr / € 20,50 (A)
ISBN: 978-3-945751-05-3

Künstlerinnen, Wissenschaftlerinnen und Politikerinnen

Ob in Kunst, Wirtschaft oder Literatur – neben berühmten Männern waren es Frauen, die die Entwicklung der Region Rheinhessen mitprägten und dieser ihre eigene kulturelle Identität verliehen. Ihre Biografien dokumentieren Einzelschicksale und sind gleichzeitig Spiegel der 200-jährigen Geschichte Rheinhessens.

Denkt man an berühmte rheinhessische Persönlichkeiten, so fallen einem zunächst Männer wie der Lyriker Stefan George, der Schriftsteller Carl Zuckmayer oder der Verleger Bernhard Schott ein. Dass ebenfalls viele bemerkenswerte Frauen für die Geschichte dieser Region von Bedeutung sind, beweist das Herausgeberinnen-Duo Plättner/Kern in dem vorliegenden Band.

Das Buch enthält dabei nicht nur bereits bekanntere Biographien, wie die der Schriftstellerinnen Anna Seghers und Ida Hahn-Hahn, sondern auch Lebensgeschichten jener Frauen, die bislang kaum im Licht der Öffentlichkeit standen oder im Schatten ihrer Männer blieben, wie Sophie von Heyl zu Herrnsheim oder Frederike Roock.

Sie alle prägten auf unterschiedlichste Art das Bild der Region auch in vermeintlichen Männerdomänen, ob musikalisch, wie die Komponistin Johanna Senfter als Meisterschülerin von Max Reger, ob als Politikerin, wie Lucie Kölsch, oder als Wissenschaftlerin, wie die Pharmazeutin Hertha Hafer. Für manche von ihnen wurde Rheinhessen auch zu einer neuen Heimat, wie im Fall der Malerin Margit Manz. Andere, wie die Schauspielerin Sybille Schloß, der Wolfgang Koeppen einen Roman widmete, führte ihr Weg hinaus in die große Welt.

Die Herausgeberinnen

Dr. Susanne Kern ist als Mitarbeiterin der Forschungsstelle „Die Deutschen Inschriften" für die Akademie der Wissenschaften und der Literatur in Mainz tätig. Zuvor absolvierte sie ihr Studium der Kunstgeschichte, Klassischen Archäologie sowie Mittelalterlichen und Neueren Geschichte in Mainz, Paris und München.

Petra Plättner war nach ihrem Studium der Angewandten Kulturwissenschaften an der Universität Hildesheim von 1991 bis 2003 als Mitarbeiterin des Schiller-Nationalmuseums an der Umsetzung zahlreicher literarischer Publikationen und Ausstellungen beteiligt, unter anderem zu Paul Celan und Franz Kafka. Seit 2004 arbeitet sie als Referentin der Klasse der Literatur und der Musik an der Akademie der Wissenschaften und der Literatur in Mainz.

Weitere Titel aus unserem Programm finden Sie unter
www.na-verlag.de
Besuchen Sie uns auf Facebook!
www.facebook.com/NuennerichAsmusVerlag

Rheinhessen – Himmel und Erde

Mit Texten von Volker Gallé und Fotografien von
Robert Dieth und Iris Schröder

Rheinhessenwein e. V. (Hrsg.)

168 Seiten, 238 Abbildungen
30,4 x 23,3 cm
geb. mit Schutzumschlag

€ 29,90 (D) / 29,90 sFr / € 30,80 (A)
ISBN: 978-3-945751-06-0

Eine Liebeserklärung – Bilder aus dem Land der tausend Hügel

Johannes Gutenberg und Mainz, Wein, Kunsthandwerk, Wirtschaft und Wissenschaft, Lebensart und Feste feiern,
geschichtsträchtige Städte und verwunschene Dörfer, weite Blicke auf eine sanft geschwungene Hügellandschaft –
das alles ist Rheinhessen. Pünktlich zum 200. Jubiläum 2016 porträtiert der vorliegende Bildband die Weinmetro-
pole in bestechend schönen Fotografien und unterhaltsamen Texten.

Die junge Region war noch vor ihrer Geburtsstunde 1816 einem stetigen geographischen und politischen Wandel
unterzogen. War mal römisch germanisches Grenzgebiet, Zankapfel wechselnder Herrscher im hohen Mittelalter und
zwanzig Jahre lang Teil des Frankreichs der Revolutionszeit. Erst lange Zeit nach seiner Gründung, mit der Eingliederung in das neue Bundesland Rheinland-Pfalz 1946 und der Trennung von Hessen, fand es zu seiner heutigen Form.

Das einzigartige Lebensgefühl der Menschen aus dieser Region – wie sie wohnen, leben und feiern – hält der vorliegende Band fest. Mit ungewöhnlichen Perspektiven auf die Region und kreativem Zusammenspiel von Bild und
Text kommt der Leser den Toren zum großen Weinland am Rhein – Mainz, Bingen, Ingelheim, Worms und Alzey –
ganz nah.

Herausgeber und Autor

Rheinhessenwein e. V. nimmt verschiedenste Aufgaben der Werbung und Öffentlichkeitsarbeit für die Weine aus Rheinhessen
wahr. Mit dem Buch „Rheinhessen – Himmel und Erde" wurden die Fotografen Robert Dieth & Iris Schröder (St. Johann)
beauftragt, der Region, ihrer verschiedenen Lebenswelten und den Menschen fotografisch auf die Spur zu kommen. Verstärkt
werden die Impressionen durch Texte von Volker Gallé, der als gebürtiger Alzeyer, Kulturkoordinator der Stadt Worms und
Vorsitzender der Nibelungenliedgesellschaft selbst tief verwurzelt in der Region ist.

Weitere Titel aus unserem Programm finden Sie unter
www.na-verlag.de
Besuchen Sie uns auf Facebook!
www.facebook.com/NuennerichAsmusVerlag